Coleção
Direito Penal e Criminologia

Direção
Íñigo Ortiz de Urbina
Ramon Ragués
Luís Greco

DOLO E RISCO NO DIREITO PENAL

FUNDAMENTOS E LIMITES PARA A NORMATIVIZAÇÃO

WAGNER MARTELETO FILHO

DOLO E RISCO NO DIREITO PENAL

FUNDAMENTOS E LIMITES PARA A NORMATIVIZAÇÃO

Marcial Pons

MADRI | BARCELONA | BUENOS AIRES | SÃO PAULO

Dolo e Risco no Direito Penal
Fundamentos e limites para a normativização
Wagner Marteleto Filho

CIP-Brasil. Catalogação na Publicação

M376d

Marteleto Fiho, Wagner.
Dolo e risco no direito penal: fundamentos e limites para a normativização / Wagner Marteleto Filho. - São Paulo, SP: Marcial Pons, 2020.
506 p. : 16 x 23 cm

ISBN 978-65-86696-15-8

1. Crime doloso - Brasil. 2. Culpa (Direito). 3. Premeditação (Direito). I. Título.

CDD 345.04

www.marcialpons.com.br

Impresso no Brasil

Dedico este trabalho às três pessoas mais importantes da minha vida:

à "dona" Solange, minha mãe, que me ensinou, desde bem cedo, os valores que mais importam;

à minha esposa Juliana, por sempre ter me apoiado, em todos o momentos, e por ser a minha inspiração diária, há mais de duas décadas;

à Carolina, minha filha, com quem aprendi que o amor é mesmo infinito.

Ao meu pai, in memorian.

PREFÁCIO

O livro que é agora apresentado ao público académico resulta do trabalho entusiasmado e persistente do Doutor Wagner Marteleto, que foi um brilhante doutorando no Curso de Doutoramento na Faculdade de Direito de Lisboa. Foi um enorme prazer dialogar e argumentar com um investigador insaciavelmente curioso, atento e criativo.

A obra sobre o dolo que apresenta é verdadeiramente notável enquanto expressão de uma análise do estado da discussão sobre uma das questões mais "nobres" do pensamento secular do Direito Penal, para citar a memória do Professor Eduardo Correia, quando ainda mestranda lhe comuniquei que iria fazer a minha dissertação de mestrado sobre o problema do dolo eventual.

Na verdade, se há questões de que não conseguimos facilmente sair ao longo de todo um percurso académico é exatamente a que ocupa centralmente este livro, inultrapassável para todos os que se dediquem ao estudo avançado do Direito Penal.

Wagner Marteleto procura, neste livro, não só informar cientificamente como fechar a discussão sobre um conjunto de problemas que dividiram a doutrina e por vezes desorientaram a jurisprudência.

Procurou Wagner Marteleto critérios compreensíveis e praticáveis pelos tribunais, não ficando a pairar na mera contemplação dos problemas.

Está assim lançado o desafio para todos os que se dediquem ao tratamento desta mesma questão, tornando obrigatória a discussão com este autor.

A sua metodologia é verdadeiramente robusta e sistemática, assentando, sobretudo, numa específica compreensão das relações do conceito de dolo com uma comunicação não manipulável pelos intervenientes no discurso penal, com uma extenuante objetividade do discurso penal.

O desafio que deixa a todos os que continuem a ter dúvidas e a trabalhar sobre o tema em função dos casos concretos é saber se a objetividade inflexível de uma normativização impiedosa não terá de ser humanamente compensada com aquele espaço ínfimo (de entendimento), que, citando Paul Claudel, será o palácio esplêndido (da alma humana), no qual, para se entrar, será preciso ser uma formiga.

Mas, deixando estas dúvidas no ar aos futuros leitores, é com grande prazer e mesmo orgulho que deixo meu testemunho de orientadora de um dos trabalhos mais isentos, sérios, esforçados e independentes intelectualmente de um aluno que foi sempre, pela sua posição intelectual, um par.

Como coordenadora do Centro de Investigação de Direito Penal e Ciências Criminais, louvo ainda a constante dedicação do Doutor Wagner Marteleto, aproveitando para me mostrar sensibilizada com a oportunidade que temos tido de cruzar a experiência intelectual portuguesa com a criatividade sempre gentil e nunca arrogante do pensamento dos colegas brasileiros, de que Wagner Marteleto é um dos mais dignos representantes.

Não posso deixar de terminar sem citar o magnífico Guimarães Rosa, no conto "Cara-de-Bronze", em que um rico fazendeiro encarrega um seu vaqueiro de uma missão original: "queria era que se achasse para ele o quem das coisas". Este quem das coisas é o que nos fará continuar a pensar o pensamento de Wagner Marteleto. É esse quem das coisas que também peço a Wagner Marteleto que continue a buscar.

Linda-a-Velha, 24 de julho de 2020

MARIA FERNANDA PALMA

APRESENTAÇÃO

Tenho enorme prazer em apresentar o livro de Wagner Marteleto, a sua tese de doutorado defendida na Universidade de Lisboa, sob a orientação de Maria Fernanda Palma - uma das raras obras que me movem a desatender o meu princípio de só prefaciar livros em cuja confecção estive, de alguma forma, envolvido. Resolvi assim proceder pela impressionante qualidade da obra e pelo respeito de que, por havê-la escrito, o autor se tornou merecedor.

Quem escreve muitos prefácios corre o risco de fazer dessa tarefa uma rotina, de repetir-se. Parece-me que a melhor maneira de prefaciar a obra de Marteleto é situá-la no contexto da discussão nacional.

O trabalho tem por objeto o conceito de dolo, o dolo eventual, tema de enorme relevância prática. Nos crimes de sangue, como o homicídio, é esse conceito que determina se, o autor será submetido a uma pena mínima de seis ou mesmo de doze anos, ou se poderá bastar uma pena mínima de um ano; e na maioria dos demais crimes, ele decidirá se o direito penal sequer se interessa pelo que fez o sujeito. Marteleto não escolheu tarefa fácil, uma vez que há sobre o tema farta literatura, não apenas estrangeira: a doutrina brasileira igualmente se debruçou detidamente sobre ele, merecendo destaque a monografia de Eduardo Viana, também tese de doutorado, também publicada na presente coleção, sob o título "Dolo como compromisso cognitivo". Estou ciente de que o trabalho de Marteleto foi concluído e defendido com total independência do trabalho de Viana, que acabou sendo levado em conta apenas para a presente publicação. Seria deveras interessante que os dois autores se resenhassem mutuamente, como fizeram, a seu tempo, Hassemer e Amelung, que dedicaram cada qual a sua tese (de habilitação/livre-docência) à teoria do bem jurídico.

Marteleto coincide com Viana na defesa de uma teoria cognitivista do dolo, isto é, no sentido de um "dolo sem vontade", como também eu defendera há alguns anos, em um de meus artigos de maior ressonância (no *Liber Amicorum* para Sousa e Brito, Lisboa, 2009). É uma enorme satisfação observar que uma ideia que causara estranheza à época em que a avancei hoje seja defendida nos dois mais imponentes trabalhos escritos sobre o tema em língua portuguesa, de forma que a teoria cognitivista do dolo já não pode mais seguir ignorada pela grande doutrina.

A abordagem de Marteleto, sua perspectiva teórica, sua fundamentação, apresentam, por sua vez, caráter verdadeiramente pioneiro para a doutrina de língua portuguesa: o autor move-se, inspirado especialmente em Jakobs e Kindhäuser, no marco de uma concepção comunicativa do direito penal, do delito e da pena, que entende todas essas grandezas como mensagens, detentoras de sentido. E, diferentemente de autores brasileiros que, seguindo a Vives Antón, defendem algo próximo, uma concepção que se designa como "significativa" do delito, que se reporta a Wittgenstein e a Habermas, dentre os quais destaco Paulo Busato, o ponto de referência da teoria de Marteleto é a vigência da norma, vigência essa que se veria desafiada de forma frontal pelo autor doloso, o que não ocorreria no caso de culpa. Não compete a mim, como prefaciador, discutir o acerto dessa concepção (com a qual adianto não concordar); o que, sim, me parece importante e louvável é que essa perspectiva, que ocupa posição de destaque na melhor discussão dogmática internacional, agora encontre também no Brasil, na figura de Marteleto, um representante de peso. Outra importante contribuição de Marteleto é a sua propositura de um catálogo de indicadores do dolo eventual, com o que ele caminha ao lado de boa parte da doutrina mais moderna, que faz um esforço no sentido de retirar o dolo da opaca "cabeça do agente" e, principalmente, de tornar a admissão do dolo pelo julgador um pouco mais controlável, um pouco menos discricionária.

Penso que a Universidade de Lisboa, a Ciência do Direito Penal brasileira, o Ministério Público do Estado de Minas Gerais – cujos quadros Marteleto integra – e, é claro, o próprio autor, podem orgulhar-se do presente trabalho, que enriquece sobremaneira o debate de língua portuguesa. Cumprimento o autor, desejando a seu livro a merecida acolhida e exortando-o a que continue a contribuir para a discussão científica com a sua inteligência e criatividade.

Berlim, agosto/setembro de 2020

Prof. Dr. Luís Greco (LL.M.)

Professor Catedrático de Direito Penal Direito Processual Penal, Direito Penal Estrangeiro e Teoria do Direito Penal – Universidade Humboldt, Berlim)

NOTA PRÉVIA

O presente trabalho consiste, em essência, na tese doutoral defendida na Faculdade de Direito da Universidade de Lisboa, orientada pela Professora Doutora Maria Fernanda Palma, tendo sido arguentes, no Júri, os Professores Doutores Frederico da Costa Pinto e Paulo de Sousa Mendes. O trabalho foi aprovado com distinção e louvor, por unanimidade, pelo Júri.

Houve algumas alterações, especialmente no sentido de se incorporar a literatura brasileira mais atualizada acerca do dolo, notadamente os relevantes trabalhos publicados entre 2017 e 2020. Também foram consideradas as críticas e objeções apresentadas pelos membros do Júri, aos quais só me cabe, neste momento, renovar os sinceros agradecimentos pela importante contribuição ao trabalho que ora se oferece ao público.

AGRADECIMENTOS

"Assumindo o risco" de omissão na menção nominal a todos que me auxiliaram neste trabalho, desejo agradecer, em particular:

À Senhora Professora Doutora Maria Fernanda Palma, que fez germinar a ideia desta investigação há alguns anos, e sempre foi um referencial seguro durante o longo e difícil caminho da pesquisa. Não posso agradecer o bastante, pelo acolhimento fraterno em Lisboa, pela atenção que sempre teve comigo e pela confiança no trabalho.

Ao Mestre Bruno de Oliveira Moura, que a todo tempo esteve pronto para discutir dezenas de problemas desta tese, pelos conhecimentos valiosos que comigo fraternalmente compartilhou, sempre a oferecer muito mais do que de mim recebia. Após a entrega da tese, minha dívida ainda se ampliou, em face das críticas que anteciparam àquelas do júri e da análise sempre sincera e rigorosa do presente trabalho, o que conduziu, inclusive, à signifitivas alterações de rota.

Ao Doutor Rafael Vianna, meu amigo de todas as horas, pelo convívio acadêmico e pessoal em Lisboa, em um tempo inesquecível, e por ter procurado, a todo custo, fortalecer a minha confiança, sem me deixar cair nas horas mais difíceis.

À Mestre Catarina Abegão Alves, pelo acolhimento e amizade em Lisboa, e por toda a disponibilidade para discutir os pontos mais sensíveis deste trabalho, com contributos relevantes pelos quais ficarei sempre em débito.

Ao Senhor Professor Doutor Paulo de Sousa Mendes, por ter me ensinado, pelo exemplo, os melhores caminhos da pesquisa científica.

Ao Bel. Leonardo Rodrigues, analista do Ministério Público de Minas Gerais, que por sua competência na lida com os assuntos da Promotoria, contribuiu decisivamente para que eu tivesse condições de me dedicar ao presente trabalho.

À Professora Doutora Beatriz Corrêa Camargo, pelos ensinamentos de Direito Penal, pela incansável disposição para a troca de ideias e pelos estímulos constantes para a publicação da tese.

Ao Professor Doutor Luís Greco, pelas precisas sugestões de modificação e pela confiança no trabalho, ao ponto de encampar sua publicação nesta coleção, que coordena com tanto esmero.

Ao Ministério Público de Minas Gerais e ao Colégio de Diretores de Escolas do Ministério Público, por terem tornado possível a realização deste trabalho de doutoramento.

Ao *Max Planck Institut für ausländisches und internationales Strafrecht*, por ter me recebido por três vezes como investigador interno, possibilitando a realização da pesquisa bibliográfica, sem a qual esta investigação estaria totalmente inviabilizada.

ABREVIATURAS

ArchCrim - Archiv des Criminalrechts
art. - artigo
ARSP - Archiv für Rechts- und Sozialphilosophie
AT - Allgemeiner Teil (Parte Geral)
Aufl. - Auflage (edição)
Bd. - Band
BGH - Bundesgerichtshof (Superior Tribunal de Justiça - alemão - equivalete ao STJ brasileiro)
BGHSt - Entscheidungen des Bundesgerichtshofes in Strafsachen
CP - Código Penal
Ed. - edição
et al. - et alii (e outros)
FS - Festschrift
GA - Goldtammer's Archiv für Strafrecht
GS - Gedächtnisschrift
GS - Gerichtssaal
Hrsg. - Herausgeber (organizador)
i.e. - id est (isto é)
JA - Juristische Arbeitsblätter
JURA - Juristische Ausbildung

JR	–	Juristische Rundschau
JuS	–	Juristische Schulung
JZ	–	Juristenzeitung
LG	–	Landgericht
LK	–	Strafgesetzbuch – Leipziger Kommentar
MK	–	Münchener Kommentar zum Strafgesetzbuch
NJW	–	Neue Juristische Wochenschrift
n.m.	–	número de margem
n.r.	–	nota de rodapé
NK	–	Strafgesetzbuch – Nomos Kommentar
NStZ	–	Neue Zeitschrift für Strafrecht
OLG	–	Oberlandsgericht
ÖZStR	–	Österreische Zeitschrift für Strafrecht
Op. cit.	–	opere citato
Org.	–	organizador
p., pp.	–	página, páginas
reimp.	–	Reimpressão
RG	–	Reichsgericht (Superior Tribunal de Justiça alemão, até 1945)
RGSt	–	Entscheidung des Reichsgerichts in Strafsachen
RPCC	–	Revista Portuguesa de Ciência Criminal
SchwZStrR	–	Schweizerische Zeitschrift für Strafrecht - Revue
SJZ	–	Süddeutsche Juristen Zeitung
SK	–	Systematischer Kommentar zum Strafgesetzbuch
StGB	–	Strafgesetzbuch (Código Penal)
STJ	–	Supremo Tribunal de Justiça (Portugal)
StR	–	Revisionen in Strafsachen
v.g.	–	verbi gratia
ZIS	–	Zeitschrift für Internationale Strafrechtsdogmatik
ZStW	–	Zeitschrift für die gesamte Strafrechtswissenschaft

SUMÁRIO

PARTE II

DO PSICOLOGISMO AO NORMATIVISMO

CAPÍTULO I

CAPITULO II

PARTE III
FUNDAMENTAÇÃO DA RESPONSABILIDADE DOLOSA

CAPITULO I

CAPÍTULO II

CAPÍTULO III

PARTE IV
ANALÍTICA DO DOLO: ELEMENTOS E FORMAS DO DOLO

CAPÍTULO I

CAPÍTULO II

PARTE V

DOS CRITÉRIOS PARA UM SISTEMA DE ATRIBUIÇÃO DO DOLO: *PLÄDOYER* POR UM "CATÁLOGO OBJETIVO" DE INDICADORES

CAPÍTULO I

CAPÍTULO II

INTRODUÇÃO

1. O nível de uma ciência, então o afirmava Heidegger[1], se determina em face de sua capacidade de permitir uma crise de seus conceitos fundamentais.

No âmbito do Direito Penal, o conceito nuclear da imputação subjetiva é o dolo, tradicionalmente definido com a fórmula curta "*conhecimento e vontade de realização das circunstâncias do tipo objetivo*"[2]. Esta fórmula imprecisa[3] esclarece menos do que pretende e diz mais do que deveria, e tem sido objeto de intensa controvérsia há pelo menos dois séculos, o que parece ter se intensificado na segunda metade do século XX e início do século XXI, inclusive com recentes tratamentos monográficos, na Alemanha[4] e no Brasil[5].

---

1. *Ser e tempo.* (trad. Fausto Castilho). Petrópolis: Vozes, 2012, p. 53.

2. Veja-se o julgado do antigo *Reichgerichts*: RGSt 51, 305 (311). Com múltiplas referências, veja-se apenas: KÜHL, Kristian. *Strafrecht, Allgemeiner Teil.* 7. Aufl. München: Vahlen, 2012, §5, n.m.6, p. 80.

3. Criticamente, a afirmar que a fórmula, além de imprecisa, conduz a erro: FREUND, Georg. *Strafrecht, Allgemeiner Teil.* 2. Aufl. Berlin: Springer, 2009, §7, n.m.41, p. 271. Indaga, o Autor: quem quer, efetivamente, realizar o tipo? Em regra, o que o agente quer é efetivamente outra coisa, sendo a realização do tipo um resultado colateral indesejado. Além disso, o agente não conhece, quando da ação, todas as circunstâncias do tipo, uma vez que o resultado ainda não ocorreu. Se tais críticas devem conduzir à completa rejeição da fórmula, fica por ora em aberto.

4. Vejam-se, nos últimos anos: STUCKENBERG, Carl-Friedrich. *Vorstudien zu Vorsatz und Irrtum im Völkerstrafrecht. Versuch einer Elementarlehre für eine übernationale Vorsazdogmatik:* Berlin: De Gruyter Recht, 2007. SAFFERLING, Christoph J.M. *Vorsatz und Schuld. Subjektive Täterelemente im deutschen und englischen Strafrecht.* Marburg: Mohr Siebeck, 2008. BUNG, Jochen. *Wissen und Wollen im Strafrecht. Zur Theorie und Dogmatik des subjektiven Tatbestands.* Frankfurt am Main: Vittorio Klosterman, 2009. Todas estas foram objeto de recensão em: GRECO, Luís. Neue Wege der Vorsatzdogmatik- Eine Auseinandersetzung mit drei neuen Monographien zum Vorsatzbegriff. *ZIS,* 13 (2009), pp. 813-821. Há mais tempo: FRISCH, Wolfgang. *Vorsatz und Risiko. Grundfragen des tatbestandsmäßigen Verhaltens und des Vorsatzes. Zugleich ein Beitrag zur Behandlung außertatbestandlicher Möglichkeitsvorstellungen.* München: Carl Heymanns, 1983.

5. Vejam-se, recentemente: VIANA, Eduardo. *Dolo como compromisso cognitivo.* São Paulo:

1.1. A disputa, essencialmente, se dá em torno dos dois elementos conceituais, quais sejam, o conhecimento e a vontade, sobretudo porque a lei ou bem refere-se apenas ao primeiro (caso da Alemanha, no §16, do *StGB*, interpretado a *contrario sensu*), ou refere-se ao último de modo direto exclusivamente no caso do "dolo direto de primeiro grau" (art. 14, 1, do CP Português, no tocante à intenção, e art.18, I, primeira parte, do CP Brasileiro), e apenas de modo indireto (art.14, 3, do CP Português, quanto ao "*conformar-se*", e art. 18,I, parte final, do CP Brasileiro, quanto ao "assumir o risco") na definição do dolo eventual.

Mas o problema do conceito de dolo ultrapassa significativamente a controvérsia sobre os dois elementos conceituais e passa, sobretudo, pela definição do fundamento material da responsabilidade qualificada, mais extensa e intensa, em comparação com a culpa.

Pode-se indagar, desde logo: é possível que haja dolo sem vontade - seja como propósito, seja como um "conformar-se", no sentido psicológico - e, mais radicalmente ainda, sem que haja conhecimento? Há casos de desconhecimento, motivados pela indiferença ao Direito, que merecem também a punição qualificada do dolo? O conhecimento é sempre exigido em um sentido psicológico? São estes os poblemas principais a enfrentar aqui.

2. Esta é uma investigação conceitual[6]; mais especificamente, é uma investigação teleológico[7]-analítica, sobre o conceito de dolo: sobre seus elementos e seu

Marcial Pons, 2017. HORTA, Frederico. *Elementos normativos das leis penais e o conteúdo intelectual do dolo. Da natureza do erro sobre o dever extrapenal em branco.* São Paulo: Marcial Pons, 2016. LUCCHESI, Guilherme Brenner. *Punindo a culpa como dolo. O uso da cegueira deliberada no Brasil.* São Paulo: Marcial Pons, 2018. GOMES, Enéias Xavier. *Dolo sem vontade psicológica. Perspectivas de aplicação no Brasil.* Belo Horizonte: D'Plácido, 2017.

6. A ênfase no conceito consiste em uma indicação metodológica e em uma declaração de intenções. O prioritário, para a ciência penal, não são os "entes em si", enquanto fenômenos empíricos, ou seja, enquanto faticidades (homem, coisas, estados mentais etc), nem "realidades ontológicas", mas sim os conceitos, que devem compreendê-los normativamente em suas facticidades. Para isto, será especialmente considerada a dialética hegeliana, que procurou superar a cisão entre o racional (como o *noumenon* kantiano) e o empírico, estabelecendo-se uma unidade entre ambos, que se reflete no conceito.

A respeito de o que se deve exigir de uma definição, anota Ingeborg Puppe: a) o conceito deve ser livre de contradição; b) não deve ser circular: uma definição não deve conter o "*definiendum*" no "*definiens*"; c) a definição não deve ser redundante, ou seja, conter uma característica conceitual de modo múltiplo; d) a definição deve ser intensionalmente completa: deve conter todas as características do conceito; e) deve ser extensionalmente completa: precisa abarcar todos os casos que devem ser subsumidos à ela; f) deve ser gramaticalmente correta, vinculando cada característica conceitual com a outra, mantendo-se correta e expressando-se de modo completo. *Kleine Schule des juristischen Denkens.* 3. Aufl. Göttingen: Vandenhoeck, 2014, p. 78.

7. O método teleológico não é necessariamente funcionalista. O método teleológico procura interpretar as normas e conceitos segundo os objetivos que devam ser buscados pelo Direito, uma vez que a realização destes se afigura necessária, justa ou útil para a vida das pessoas em uma determinada sociedade. O método funcionalista assume várias acepções, tanto podendo se voltar para

objeto de referência; sobre seus indicadores e, ainda mais especialmente, sobre os fundamentos materiais da responsabilidade qualificada do atuar doloso. E o dolo é um conceito que se encontra em crise, a qual se apresenta, notadamente, em dois planos mais evidentes: a) o das teorias de acento "psicológico-descritivo", a respeito dos dados psicológicos do conceito, que devem ser *determinados* e b) o das teorias de acento "normativo-atributivo", também a respeito dos elementos do conceito, que devem ser *atribuídos* (notadamente o elemento volitivo, mas também o intelectual, quanto ao juízo sobre o conhecimento) a partir da consideração de determinados indicadores objetivos e subjetivos.

Caso iniciemos a análise do conceito de dolo a partir das teorias de acento "psicológico-descritivo", identificaremos algo em comum, como sendo uma exigência de base: para a afirmação do dolo, pressupõe-se que o agente tenha "tomado como possível", em um nível subjetivo, ou psicológico-individual, a ocorrência do resultado. Essas teorias, de acento psicológico, geralmente são separadas em dois blocos, e são classificadas em "teorias da vontade" e "teorias da representação". Para as teorias da representação, de acento cognitivo (teorias da possibilidade e probabilidade "clássicas"), basta a presença do componente intelectual, em uma maior ou menor intensidade, para o preenchimento do dolo. Já para as denominadas teorias da vontade (teorias do "consentimento estritas", da "conformação" e da "aprovação"), associado ao aludido componente intelectual, exige-se ainda que o agente ostente um determinado posicionamento emocional (*Einstellung*) em face do resultado ilícito, seja como um efetivo "consentimento" (*Einwilligung*), um "conformar-se" (*Sich-Abfinden*), um "assumir aprovadoramente/resignar-se" (*billigende Inkaufnahme*) ou, posteriormente, na fórmula tradicional do BGH, um "aprovar no sentido jurídico" (*Billigen im Rechtssinne*).

Note-se que a crise conceitual se revela já neste primeiro grande grupo, porque muitas vezes as duas correntes citadas, suposta e pretensamente conflitantes, oferecem a mesma resposta para um mesmo caso – o que se afigura redundante (pois não seriam necessárias duas teorias, senão apenas uma) -, ou, ainda pior, ocorre de os representantes da segunda teoria (que exigem um "elemento a mais", sob a roupagem do posicionamento emocional do agente), afirmarem o dolo em hipótese na qual os adeptos da primeira teoria, aparentemente menos exigente, o neguem, – o que se revela contraditório.

a estabilização normativa (funcionalismo sistêmico), como perseguir objetivos político-criminais (funcionalismo teleológico). Sobre isto, veja-se: PUPPE, Ingeborg. *Kleine Schule des juristischen Denkens*, 2008, p. 142. GRECO, Luís. Das Subjcktive an der objektive Zurechnung: zum "Problem" des Sonderwissens, ZStW, 117 (2005), p. 536. Ainda acerca do objeto do método funcionalista, veja-se, criticamente: PALMA, Maria Fernanda. *Direito Penal – Parte Geral. A teoria geral da infracção como teoria da decisão penal.* 4 ed. Lisboa: AAFDL, 2019, p. 43. A mesma: Do sentido histórico do ensino do direito penal na universidade portuguesa à actual questão metodológica. *RPCC* 9 (1999), pp. 439 e ss.

Tome-se como primeiro exemplo o "caso do golpe de machado" (*Beil-Fall*)[8]: o marido, em razão de um acesso de fúria, lança um machado contra a esposa, no escopo de assustá-la; contudo, o instrumento atinge a vítima, que morre. Por certo, o agente, como sujeito racional que é, reconhece o elevado perigo da ação para a vida da vítima, ao lançar o instrumento corto-contundente contra ela. Porém, dá-se como estabelecido/presumido que o agente "confiou" que a vítima pudesse se desviar a tempo, o que não ocorreu de fato. Trata-se de uma hipótese de dolo eventual ou de negligência consciente? Os teóricos das teorias da representação e da vontade poderiam chegar à mesma solução, quer seja afastando o dolo, quer seja afirmando-o, com emprego de estratégias de fundamentação distintas: não seria, argumentativamente, errada nenhuma resposta, para nenhum dos grupos de teorias, como passo a demonstrar.

É viável, em termos de fundamentação, que os adeptos da "teoria da possibilidade" sustentem que embora o sujeito tenha conhecido o risco, não tomou a ocorrência do resultado como "concretamente possível" (Welzel), ou a "deslocou" (*verdrängt*) (Schmidhäuser/Schröder), negando-se, assim, o dolo. E os representantes das teorias volitivas poderiam também negar o dolo, a sustentar que o marido, embora tenha considerado possível, concretamente, o resultado, de modo algum "consentiu", "aprovou", ou "tomou em compra" o resultado morte. De modo diverso, os representantes das teorias da representação poderiam defender que o risco conhecido era tão intenso e o resultado morte tão elevadamente provável, que o agente contou com ele, positivando-se o dolo. Já os volitivistas poderiam bem sustentar que a ação foi tão agressiva que o agente não poderia honestamente esperar por uma boa saída e conformou-se com o resultado, superando o instinto inibitório, dado como presente nos casos de homicídio[9].

Essa curiosa situação de resultados por vezes – ou até no mais das vezes – coincidentes entre os dois grupos de teorias supostamente "adversárias" foi designada, sugestivamente, por Ramón Ragués i Vallès como o "*consenso divergente*"[10].

O segundo plano da crise – que é o que mais interessará para esta investigação, diga-se desde logo – se encontra em uma crescente tendência de

---

8. Exemplo concebido por Ellen Schlüchter. *In*: *Grenzen strafbarer Fahrlässigkeit. Aspekte zu einem Strafrecht in Europa*. Nürnberg: EuWi, 1996, p. 8.

9. Sobre isso: SCHLÜCHTER, Ellen. *Grenzen strafbarer Fahrlässigkeit*, 1996, p. 11.

10. *El dolo y su prueba en el proceso penal*. Barcelona: Bosch, 1999, pp. 83 e ss. e 125. Esse consenso se dá, notadamente, no âmbito dos fenômenos psíquicos irracionais, os quais podem afetar tanto o "elemento intelectual" como o volitivo, sob a forma do "confiar", resultando em que as teorias acabam por se encontrar no que toca às condições de aplicação do conceito de dolo, ainda que com terminologias distintas.

normativização[11] do conceito de dolo, tanto no que concerne ao controvertido elemento volitivo[12], como no que toca, sobretudo, ao (aparentemente incontroverso) elemento cognitivo[13].

O dolo, nesta compreensão, deixa de ser visto como um "fato psicológico" a ser pesquisado "na cabeça do agente" e passa a ser tomado como um título específico de responsabilidade, a ser adscrito/atribuído. A vontade, se é considerada, o é em uma perspectiva exteriorizada/atributiva/extrovertida, associada à lógica do silogismo prático ("de fora para dentro"), como um critério de interpretação de máximas de ação, e não como um fato psicológico a ser determinado. E o conhecimento, começa-se a postular com alguma insistência, pode também ser parcialmente, ou integralmente, normativizado[14]: primeiramente, transferindo-se o juízo sobre o perigo conhecido/representado ao terceiro[15] e retirando-o do agente (ao que designarei como "primeiro plano de normativização"); segundo, a aceitar-se o desconhecimento como um caso doloso, sobretudo em situações de cegueira perante os fatos (*Tatsachenblindheit*) decorrente de indiferença/cegueira ao Direito (*Rechtsblindheit*)[16], com importantes repercussões no tratamento do erro, especialmente de tipo e de tipo permissivo (ao que designarei "segundo plano de normativização").

3. Na jurisprudência alemã as discrepâncias e inconsequências resultantes desta crise conceitual são evidentes.

No conhecido caso do "golpe de caratê" (*Karateschlagfall*[17]), deu-se que

---

11. Acerca da normativização dos conceitos jurídicos, de seu significado, vantagens e problemas, veja-se: NEUMANN, Ulfried. Neue Entwicklungen im Bereich der Argumentationsmuster zu Begründung oder zum Ausschluss strafrechtlicher Veranwortlichkeit. *ZStW* 99 (1987), pp. 569 e 573-574.

12. Veja-se: PUPPE, Ingeborg. Der Vorstellungsinhalt des Dolus Eventualis. *ZStW* 103 (1991), pp. 1 e 17.

13. Veja-se: JAKOBS, Günther. Gleichgültigkeit als dolus indirectus. *ZStW* 114 (2002), pp. 584 e 588.

14. Se o elemento intelectual deve, ou não, integrar o conceito de dolo; se pode ser normativizado parcial ou completamente, é algo que também depende de uma valoração jurídica, da expressão deste valor. Pode-se justificar sua manutenção, como fato psicológico, por exemplo, a partir da ideia da evitabilidade, em um sentido psicológico: o conhecimento é que irá preencher a mais facilitada evitabilidade do injusto por parte do agente doloso, e fundamentar, por isso, a punição qualificada do dolo. Neste sentido, por exemplo: GAEDE, Karsten. Auf dem Weg zum potentiellen Vorsatz? *ZStW* 121 (2009), p. 279.

15. PUPPE, Ingeborg. Der Vorstellungsinhalt des Dolus Eventualis. *ZStW* 103 (1991), p. 14. Contra, a exigir o julgamento acerca do conhecimento pelo próprio agente, veja-se: FRISCH, Wolfgang. *Vorsatz und Risiko*, 1983, p. 192. Em boa verdade, para Frisch o conhecimento já inclui referido julgamento pessoal, pois quem sabe acerca de uma facticidade forma um juízo acerca dela. Op. cit. p. 193.

16. Uma análise esclarecedora pode-se ver em: GAEDE, Karsten. Auf dem Weg zum potentiellen Vorsatz? *ZStW* 121 (2009), pp. 239-280.

17. BGH NStZ 1988, 175. O BGH claramente, na delimitação entre o dolo e a negligência, deu

o acusado estava a cuidar de três crianças, sendo seus próprios filhos e o filho de sua namorada, de nome Sven. Irritado com os gritos do pequeno Sven, o acusado, um lutador de caratê com formação, desferiu uma violenta pancada na cabeça da vítima. Momentos depois, uma vez que a vítima voltou a gritar, o acusado desferiu-lhe, com o canto da mão, outro violento golpe contra a cabeça, causando sua morte. O Tribunal Estadual condenou o acusado por homicídio doloso, mas o BGH anulou a condenação. O BGH considerou que o Tribunal *a quo*, na avaliação da prova, apenas tomou como fundamento que o acusado conhecia a periculosidade do golpe de caratê, com o canto da mão, contra a cabeça da vítima. Contudo, para o BGH, o Tribunal deixou de considerar o "elevado obstáculo psíquico" que se dá face ao resultado morte (doutrina da *Hemmschwelle*[18]), bem como fatores subjetivos, como a personalidade do acusado e outras particularidades do caso (relação do acusado com a mãe da vítima etc). Para o BGH, o Tribunal deixou de relevar, especialmente, o posicionamento do acusado em face do bem jurídico, particularmente sua relação com as crianças; o fato de jamais ter atuado com violência semelhante; a circunstância de o acusado ter alimentado a vítima com uma banana, entre os atos de violência, bem ainda de ter dado um banho na criança; as tentativas desesperadas de reanimação, e outros aspectos considerados relevantes para a aferição do dolo, em um tratamento conjunto dos indicadores[19] ("*Gesamtbetrachtung*").

Já em um sentido verdadeiramente oposto, o BGH decidiu o denominado "caso da gasolina" (*Benzinfall*[20]): o ofendido - que seria masoquista - solicitou à acusada que o algemasse à cama e banhasse seu corpo com gasolina, bem como, em seguida, aproximasse um isqueiro aceso de sua pele. Na primeira vez, não houve qualquer queimadura. Ao repetir o procedimento, contudo,

prioridade ao caráter do imputado e a sua consciência geral. Veja-se, criticamente: PUPPE, Ingeborg. *Strafrecht, Allgemeiner Teil. Im Spiegel der Rechtsprechung*. 2. Aufl. 2011, §9, n.m.24, p. 121.

18. A inadequação da teoria do "elevado instinto inibitório" deriva, - para além do seu evidente psicologismo -, de que vem sendo aplicada com indisfarçável base político-criminal. Assim, por exemplo, o BGH não a faz incidir em casos de violência motivada por xenofobia, uma vez que tais situações têm motivações desumanas. Sobre isso: PUPPE, Ingeborg. Begriffskonzeptionen des dolus eventualis. *GA*, 2005, p. 77. Não se questiona que a motivação desumana esteja mesmo caracterizada, mas se o que está em causa é o tal "instinto inibitório", não se faz consequente aplicar a teoria em determinados casos e afastá-la, *a priori*, em outros. E isso ainda que o resultado seja normativamente adequado. O problema está no critério de correção, não no resultado.

19. Veja-se: PUPPE, Ingeborg. *AT*, 2011, §9, p. 121. Também: ROXIN, Claus. Zur Normativierung des dolus eventualis und zur Lehre von der Vorsatzgefahr. *In*: ROGALL, *Klaus et al.* (Hrsg.). *Festschrift für Hans-Joachin Rudolphi*. Neuwied: Luchterhand, p. 246.

20. BGH NStZ 2000, 583. Recentemente, em novo julgado (BGH NStZ 2013 159), o BGH não reconheceu o dolo eventual em um caso no qual dois acusados, após uma desavença com a vítima, deitaram "tynner"no corpo da última e a incendiaram. Os agentes, de seguida, tentaram apagar o fogo e acionaram o resgate. A vítima faleceu um dia após, no hospital. O BGH considerou a ambivalência do comportamento, como também o estado alcoólico dos imputados, que teriam sobvalorizado o risco, e afastou o dolo homicida. Veja-se: PUPPE, Ingeborg, *AT*, 2016, §9, n.m.29, pp. 129-130.

ocorreu uma violenta explosão, que resultou na morte da vítima, bem como em queimaduras em 20% do corpo da própria acusada. O BGH anulou a decisão do Tribunal Estadual, reconhecendo a ocorrência do homicídio doloso. Considerou, fundamentalmente, o BGH, que a instância inferior incorreu em um "erro de valoração jurídica": a acusada, para o BGH, ao se revelar feliz com a primeira conduta sem resultado danoso, reconheceu o elevado perigo de que se verificasse um incêndio, não sendo correto aceitar que aquela tenha "confiado na boa saída". Ao contrário, ainda que o resultado fosse, de fato, indesejável e colocasse a própria acusada em situação de perigo, o que se poderia reconhecer seria a simples esperança de que nada se passasse, esperança esta que não afasta o dolo. Ao reconhecer o elevado perigo e ainda assim atuar, a acusada, para o BGH, "tomou em compra o resultado", procedendo com dolo homicida. Por último, concluiu, o BGH, que o Tribunal *a quo* fez exigências muito elevadas ao designado elemento volitivo[21].

Indaga-se, então: qual foi o critério de distinção entre o "caso da gasolina" e o "caso do golpe de caratê"? Por que a análise global dos dados objetivos e subjetivos (indicadores), no primeiro caso, resultou em uma decisão judicial desfavorável à ré - que inclusive teve graves consequências para si, quedando com o corpo parcialmente queimado e ficando próxima da morte - e resultou em um tratamento atenuado do carateca profissional, que espancou, por duas vezes, uma criança de tenra idade? Seria mesmo a banana ministrada à vítima, entre as agressões, um critério relevante, como destacou, não sem alguma ironia, Puppe?

4. Estas poucas linhas apontam para uma elevada insegurança, especialmente na aplicação do conceito para a solução de casos limítrofes de dolo eventual-culpa consciente, o que decorre tanto (e principalmente) de uma indefinição acerca dos elementos conceituais de relevo (conhecimento e vontade), como também da seleção dos indicadores dos referidos elementos conceituais.

Afinal, o que está em causa: o não-acatamento da norma de comportamento embora presente o conhecimento do elevado risco? O posicionamento emocional do agente em face do resultado, traduzido em um pretenso "componente de culpabilidade" do dolo? O que importa é aquilo que o sujeito concreto pretendeu comunicar, ou o que ele efetivamente, segundo um parâmetro racional, comunicou/expressou, como pessoa, com o comportamento?[22]

5. Parte-se da hipótese de que o conceito de dolo, em si, se constrói a

---

21. Veja-se: PUPPE, Ingeborg. *AT,* 2011, §9, n.m. 26, pp. 122-123.

22. No último sentido: PUPPE, Ingeborg. Der Vorstellungsinhalt des Dolus Eventualis. *ZStW* 103 (1991), p. 14. Ressalta, a Autora, que o agente, desde que imputável, é tomado com uma pessoa autônoma, que atua através de máximas, e é portanto competente para tomar parte em um processo comunicativo, que tem por objeto da validade de uma norma. Proximamente: JAKOBS, Günther. *Der strafrechliche Handlungsbegriff. Kleine Studie.* München: C.H. Beck. 1992, p. 27.

partir de considerações teleológicas, estritamente vinculadas ao merecimento da pena: é a *ratio* da punição qualificada quem dará o conteúdo e os contornos do conceito[23]. E é o conceito, por sua vez, normativamente construído quem permitirá ao aplicador do Direito legitimar uma condenação por delito doloso[24], respeitando-se os elementos conceituais previamente definidos.

6. O delinquente, como agente moral, comunica algo com seu comportamento falho, e este algo é definido, pela lei penal, como um ilícito; o fato não é um simples evento, senão um acontecimento portador de sentido[25]. A pena, por seu lado, é a resposta a esta comunicação, como num sentido "hegeliano"[26] de discurso e resposta (*Rede und Gegenrede*)[27]. Mas o que o agente comunica, ou seja, o significado de sua comunicação, nem sempre - e nem mesmo na maioria dos casos -, corresponde à sua intenção em um sentido estrito ou, mais coloquialmente, à sua "vontade" ou "propósito" no sentido psicológico. Antes, este significado é atribuído socialmente; é adscrito[28], segundo padrões de intencionalidade objetiva[29], aos quais o agente está também submetido como integrante da comunidade.

---

23. Em defesa do método teleológico para a construção do conceito de dolo, mas sob fundamentos distintos, indiquem-se, por ora: ENGISCH, Karl. *Untersuchungen über Vorsatz und Fahrlässigkeit im Strafrecht.* (2ª Neudrucke). Berlin: Scientia Verlag Aalen, 1995, pp. 27 e 30-31. FRISCH, Wolfgang. *Vorsatz und Risiko*, 1983, p. 168 e 260. SCHROTH, Ulrich. *Vorsatz als Aneignung der unrechtskonstituierenden Merkmale.* Frankfurt am Main: Peter Lang, 1994, p. 8. SCHMIDHÄUSER, Eberhard. *Vorsatzbegriff und Begriffsjurisprudenz im Strafrecht.* Tübingen: J.C.B. Mohr, p. 15. PUPPE, Ingeborg. Der Vorstellungsinhalt des Dolus Eventualis. *ZStW* 103 (1991), p. 2. STUCKENBERG, Carl-Friedrich. *Vorstudien...*, 2007, pp. 406 e 428. PAWLIK, Michael. *Das Unrecht des Bürgers*, 2012, p. 365-367. HRUSCHKA, Joachim. Über Schwierigkeiten mit dem Beweis des Vorsatzes. *In:* GÖSSEL, Karl Heinz. KAUFFMANN, Hans. (Hrsg.). *Festschrift für Theodor Kleinknecht zum 75. Geburstag am 18. August 1985.* München; C.H. Beck, 1985, p. 201. Claro que, como premissa, deverá ser tomada - e será efetivamente tomada -, uma posição no que se refere aos fundamentos e fins da pena.

24. Assim: SCHROTH, Ulrich. *Vorsatz als Aneignung*, 1994, p. 1.

25. JAKOBS, Günther. *Sobre la normativización de la dogmática jurídico-penal.* (trad. Manuel Cancio Meliá e Bernardo Feijoó Sánchez). Madrid: Civitas, 2003, p. 93.

26. Evidentemente podem se encontrar as bases do crime como "ação comunicativa" no plano das teorias retributivas de Kant e Hegel, embora nenhum deles tenha desenvolvido propriamente uma "teoria da comunicação". Veja-se, sobre isso: GÜNTHER, Klaus. Criminal Law, Crime and Punischment as Communication. *In*: Simester A.P. *et al.* (Org.). *Liberal criminal theory. Essays for Andreas von Hirsch.* Oxford:Hart Publishing, 2014, 2014, p. 128.

27. Veja-se: LESCH, Heiko Hartmut. Zur Einführung in das Strafrecht. Über den Sinn und Zweck staatlichen Strafens (2. Teil). *JA* 12 (1994), p. 598.

28. Sobre o adscritivismo, essencial: HART, H.L.A. The ascritption of responsability and Rights. In: Proceedings of the Aristotelian Society, 49 (1948), p. 171-194). Informativo: KORIATH, Heinz. *Grundlagen strafrechtlicher Zurechnung.* Berlin: Duncker & Humblot, 1994, pp. 379 e ss.

29. Acerca da intenção, como um conceito adscritivo, vinculado à ação (*intention in action*), veja-se: DUFF, R.A. *Intention, agency & criminal liability. Philosophy of action and the criminal law.* Oxford: Basil Blackwell, 1990, pp. 130 e ss. Já aqui cumpre advertir que nesta investigação rejeitam-se tanto o "dualismo ontológico" como o "behaviorismo", e procura-se explicar intenções segundo a ótica da filosofia da ação, ou seja, rejeitando-se a ideia de que a intenção consiste em um estado mental oculto, inferido a partir do comportamento.

6.1. Tomemos, então, o ponto de partida de que o sujeito, como agente moral e racional, comunica, com o crime, que a norma não vigora[30]: o agente nega, com o crime, a pretensão de validade da norma[31] para o caso; a ausência de punição deriva, comunicativamente, que ele, de fato, tem razão[32]. A pena, como resposta, significa que o agente não tem razão, estabelecendo-se uma dialética e indicando que a norma penal segue como um padrão válido de orientação.

Mas a intensidade da pena há de se graduar segundo a intensidade desta negação, em deferência ao "princípio da culpa". E o que identifica, então, essa intensidade? O conhecimento efetivo da factualidade típica e a realização da ação, desvelando-se que a norma não foi tomada com um padrão relevante para a decisão? A evitabilidade facilitada em que se encontra o agente que conhece o que faz[33], em relação àquele que não conhece, pressuposta a motivação leal ao Direito? O que legitima, afinal, a sensível distinção material entre o dolo e a culpa?

7. "Matar alguém", por exemplo, é uma comunicação plurívoca. É possível que o agente tenha matado o ofendido por estar a dirigir em velocidade incompatível com a via, sem se atentar para os pedestres: o agente não questiona a correção da proibição de matar, mas apenas não reconhece que está a realizá-la (premissa menor = isso é uma ação de matar), pois julga mal e atua com descuido; ou então, que tenha matado a vítima por vingança; ou ainda, que a tenha matado em ordem de obter sua herança: nos dois últimos casos, o agente questiona a própria proibição de matar (premissa maior= matar é proibido). O mesmo "fato" objetivo - occisão da vida humana, de modo proibido e violento - não *comunica*, nestes casos, a mesma coisa. O que muda o significado de tais atos é o aspecto subjetivo do injusto, que pode se adscrever segundo uma "pergunta sobre o porquê" ("*why question*", no sentido intencionalisa de Anscombe[34]). É intuitivo que, no primeiro caso, a pena, como resposta, seja menos intensa do que nos dois últimos[35]. Mas esta intuição é suficiente para fundamentar a censura mais intensa e extensa do atuar doloso?

---

30. ssim: PUPPE, Ingeborg. Der Vorstellungsinhalt des Dolus Eventualis. *ZStW* 103 (1991), pp. 14-15.

31. Ele desenvolve, assim, outro projeto de mundo; ele diz, por exemplo, que alguém não tem o direito de andar pelo Campus, de modo indene, na posse de uma carteira. A pena afirma, então, que este projeto de mundo é inadequado. Veja-se: LESCH, Heiko H. Zur Einführung in das Strafrecht. Über den Sinn und Zweck staatlichen Strafens (2. Teil). *JA* 12 (1994), p. 59

32. Veja-se: GÜNTHER, Klaus. Criminal Law, Crime and punischment as communication, 2014, p. 129.

33. Assim: FRISCH, Wolfgang. *Vorsatz und Risiko,* 1983, p. 191. A respeito do problema da evitabilidade, mas já de modo associado à questão do erro sobre a ilicitude e da dúvida sobre a proibição (consciência eventual da injusto), e também quanto à *ratio* da deslinda do erro de tipo e de proibição, veja-se: LEITE, Alaor. *Dúvida e erro sobre a proibição no direito penal. A atuação nos limites entre o proibido e o permitido.* São Paulo: Atlas, 2013, pp. 76-77; 93-94.

34. *Intention*. Basil: Blackwell, 2. ed., 1963, p. 6.

35. Sobre a diferença de "peso" do mesmo ilícito (em termos de resultado): ENGISCH, Karl. *Untersuchungen über Vorsatz und Fahrlässigkeit im Strafrecht,* 1995, p. 50.

7.1. Parece também razoável considerar, inicialmente, que no comportamento doloso, o "ato de fala" se apresenta completo e perfeito: o agente pressupõe uma correção fática (=conhece o contexto factual), normativa (=tem um juízo de valor acerca do que faz) e é sincero em seu projeto de mundo. Já no comportamento negligente, há uma comunicação imperfeita, dúbia, pois o agente, em face de um erro ou ignorância sobre os pressupostos fáticos (contexto factual)[36], deixa de atender a pretensão da norma por ajuizar mal[37], e o faz sinceramente.

O que resta indiciado, no plano do dolo, é que o agente não tomou a norma como um parâmetro relevante para sua decisão[38], negando, em um silogismo prático, a premissa maior (ou seja, a própria máxima de comportamento)[39]. Na atuação culposa a premissa maior não é rejeitada (o comando normativo em si, como, no caso do exemplo, a proibição de matar), ocorrendo um erro restrito à premissa menor do silogismo (ou seja, a presença de suas condições de aplicação), que configura uma contradição apenas mediata com a norma[40].

8. Parte-se, aqui, da hipótese de que a diferença entre dolo e negligência não se deve procurar em um obscuro processo psíquico - ou seja, saber se o agente "deslocou", "não tomou a sério", foi "indiferente" etc, no que toca ao conhecimento do risco do resultado - mas sim se o caráter lesivo/objetivo da ação é tão evidente e unívoco que um agente racional só poderia ter atuado no caso de ter um posicionamento de não-rejeição do resultado[41]. Esta parece ser a ideia geral que se deve continuar a desenvolver[42].

9. A definição do dolo exige, destarte, atenção a dois planos, a saber: o "material", de sua justificação e fundamentação, com vinculação direta à determinada concepção de culpabilidade e também de pena; e o "analítico", que se relaciona aos seus possíveis elementos (volitivo e cognitivo), a seu objeto de referência (norma de comportamento ou tipo objetivo; nexo de causalidade em seus aspectos essenciais), às suas formas/espécies e seus critérios de atribuição (catálogo fechado ou aberto de indicadores).

---

36. Veja-se: JAKOBS, Günther. *Strafrecht, Allgemeiner Teil. Die Grundlagen und die Zurechnungslehre*. Berlin: Walter de Gruyter, 1991, §8, n.m.5, p. 258

37. Assim: JAKOBS, Günther. Über die Behandlung von Wollensfehlern und von Wissensfehlern. *ZStW* 101 (1989), pp. 531-532.

38. Por todos: JAKOBS, Günther. Gleichgültigkeit als dolus indirectus. *ZStW* 114 (2002), p. 586.

39. Veja-se: STUCKENBERG, Carl-Friedrich. *Vorstudien...*, 2007, p. 430.

40. JAKOBS, Günther. *AT*, 1991, §8, n.m.5, p. 258.

41. Veja-se: PUPPE, Ingeborg. Der Vorstellungsinhalt des Dolus Eventualis. *ZStW* 103 (1991), p. 15. Ainda, a mesma: *Kleine Schule des juristischen Denkens*, 2014, pp. 268-269, com apoio na teoria da argumentação.

42. Acerca da necessidade de se libertar a teoria da imputação subjetiva, no que concerne ao dolo e ao erro, de todo o psicologismo: HEUCHEMER, Michael. *Der Erlaubnistatbestandsirrtum*. Berlin: Duncker & Humblot, 2005, pp. 290-291.

9.1. No tocante aos fundamentos e fins da pena, e correspondentemente ao fundamento material da responsabilidade mais extensa e intensa do atuar doloso[43], sabe-se que é possível trilhar múltiplos caminhos.

Pode-se, primeiramente, arrancar de uma concepção preventivo-geral negativa, essencialmente da pena como instrumento de dissuasão (*Abschreckung*), remontando-se a Feuerbach[44], e que vai obviamente colocar no centro do palco um conceito de dolo psicológico[45], pois o que interessa é o efetivo controle do comportamento do *homo phaenomenon* através da dissuasão[46], funcionando a pena como um contramotivo cognitivo para o delito.

Pode-se, ainda, partir de uma concepção preventivo-geral positiva, que toma por base a confirmação contrafática da validade da norma tal qual, ou a proteção mediata do bem jurídico, e procura justificar a punição qualificada do atuar doloso em uma maior necessidade de tal confirmação, diante do caráter especialmente perturbador do ataque[47], para fins de prevenção geral positiva (através do exercício da fidelidade à norma). O atuar doloso, neste sentido, indicia uma maior falta de lealdade ao Direito e exige uma reprovação mais intensa, diante de seu efeito especialmente contaminador[48].

Também se pode partir de uma concepção "funcional-retributiva" ou "simbólico-expressiva", considerando-se que o comportamento doloso simboliza, de modo especialmente intenso, uma negação de validade da norma que exige, em termos de resposta (também simbólica), uma punição equivalente, para a compensação da culpabilidade[49] e para a manutenção das condições bá-

---

43. Acerca da necessidade de se construir o conceito segundo os fundamentos e fins da pena imposta ao atuar doloso: FRISCH, Wolfgang. *Vorsatz und Risiko,* 1983, p. 31.

44. Essencial, por todos, sobre a teoria penal de Feuerbach: GRECO, Luís. *Lebendiges und Totes in Feuerbachs Straftheorie. Ein Beitrag zur gegenwärtigen strafrechtlichen Grundlagendiskussion.* Berlin: Duncker & Humblot, 2009, p. 45. No que toca ao dolo, a questão é simples: se a pena visa dissuadir, somente nos casos em que a pena pode ser um motivo efetivo, ou seja, naqueles em que o sujeito conhece a ilicitude do que quer praticar, é que a ameaça penal atua. Daí que o dolo, nesta concepção, exige o conhecimento pleno da ilicitude (para Feuerbach até mesmo da subsunção legal), e se restringe à intenção (como propósito). Veja-se: STUCKENBERG, Carl-Friedrich. *Vorstudien...,* 2007, p. 566.

45. Criticamente: LESCH, Heiko H. *Der Verbrechensbegriff,* 1999, p. 6.

46. O indivíduo, em uma perspectiva racional e egoísta, se convence de que a violação da norma não compensa, uma vez que o ganho que obterá será inferior ao prejuízo que arcará com a pena. Criticamente: PAWLIK, Michael. *Person, Subjekt, Bürger. Zur Legitimation von Strafe.* Berlin: Duncker & Humblot, 2004, p. 35.

47. Assim: ROXIN, Claus. *FS-Rudolphi*, 2004, p. 249.

48. Assim: STUCKENBERG, Carl-Friedrich. *Vorstudien...,* 2007, p. 428. Na perspectiva do Autor, há que se distinguir „indicia" de „manifesta". O atuar doloso indicia a deslealdade ao Direito, na medida em que não necessariamente inclui a consciência do injusto, se contentando com uma consciência mínima de realização do tipo. Para o Autor, se o dolo efetivamente manifestasse a deslealdade ao Direito então haveria de exigir a consciência do injusto, entendimento que se vincula à "teoria do dolo", não acolhida na legislação.

49. Neste sentido: LESCH, Heiko H. *Der Verbrechensbegriff,* 1999, p. 204. Observa, o Au-

sicas da coexistência social[50], confirmando-se contrafaticamente a expectativa de validade da norma.

10. Já no campo "analítico", é preciso enfrentar as controvertidas questões dos elementos, do objeto de referência do conceito, de seus aspectos assertórios, e também da definição do sujeito da imputação.

A referência à dimensão (teleológico)normativa do conceito não escusa o descuido do "componente descritivo", que deve ser pré-definido na construção conceitual, pena de se recair em um nominalismo normativista vazio[51].

A sociedade é formada por seus membros, através de regras racionais presentes no mundo da vida[52]. E o sujeito da imputação é uma pessoa, reconhecido como portador de direitos e deveres nesta sociedade concreta[53]. Nesta perspectiva – que aqui é acolhida como hipótese de trabalho, diga-se desde logo – a pessoa, como portadora de direitos e deveres, comporta-se em um esquema de dever-liberdade[54]. Daí que, de quem seja definido como pessoa, seja esperado o seguimento da norma, o que acaba por ser consagrado com a prevalência da teoria normativa da culpa, notadamente no que se refere à exigibilidade e à problemática da consciência da ilicitude (que deixa de ser exigida em um sentido psicológico, equiparando-se, à consciência psicológica, a falta de consciência censurável).

E então surge uma indagação inevitável: se ao plano da culpabilidade e da consciência da ilicitude a normativização se aceita hoje, ampla e consensualmente; se na culpa do que se trata é da pessoa racional, com uma capacidade de ação e seguimento da norma atribuídas/adscritas (ainda que de modo refutável, caso presentes as causas de exclusão/desculpa); por qual razão isso há de se alterar no que se refere ao dolo[55]? Por que o objeto de referência se modifica, e passa-se a exigir a determinação de "realidades psicológicas", sem vinculação a uma valoração?[56] Por que prevalece o "princípio epistêmico" (ou do conhecimento) em face do "princípio da responsabilidade"?

tor, que o injusto penal consiste em um ataque contra o dever enquanto símbolo da expectativa de validade contrafática, enquanto uma falta tangente ao consenso acerca da vinculabilidade da norma para a situação. Neste sentido, há uma diferença quantitativa entre o dolo e a negligência, tendo por objeto a drástica diferença simbólica da lesão ao dever, ao plano da comunicação social.

50. Veja-se: LESCH, Heiko H. Zur Einführung in das Strafrecht. Über den Sinn und Zweck staatlichen Strafens (2. Teil). *JA* 12 (1994), p. 599.

51. Veja-se: STUCKENBERG, Carl-Friedrich. *Vorstudien...*, 2007, p. 46.

52. Veja-se: DIAS, Augusto Silva. *«Delicta in Se» e «Delicta Mere Prohibita»*, 2008, p. 708.

53. HSU, Yu-An. *Doppelindividualisierung und Irrtum*, 2007, p. 128.

54. Assim: JAKOBS, Günther. *Norm, Person, Geselschaft*. Berlin: Duncker & Humblot, 3. Aufl., 2008, p. 89.

55. A postular que esta normativização deve cobrir também o dolo: JAKOBS, Günther. Gleichgültigkeit als dolus indirectus. *ZStW* 114 (2002), p. 599.

56. A observar que o dolo se apresenta como uma relíquia do conceito psicológico de culpa,

11. É certo que, por pelo menos dois séculos, o conceito de dolo foi trabalhado, debatido e disputado nas sendas do "psicologismo" e do ontologismo, identificando-se o dolo com um fato[57] e atribuindo-se ao juízo pessoal do agente[58], seja em termos volitivos/emocionais (teorias volitivas clássicas) ou cognitivos (teorias cognitivas clássicas), a competência para ajuizar sobre a ação e, no limite, para decidir sobre a própria censura[59].

Mas como já se assinalou acima, contemporaneamente o que se nota é uma irreversível tendência de "normativização" do conceito de dolo[60], afastando-se, a doutrina, das perspectivas iniciais de acento psicológico[61].

Há um "quase consenso" no sentido de que o dolo se atribui ou adscreve e não se determina[62] ou descreve: o dolo não é, assim, um *fato*, mas um título de imputação de responsabilidade[63]. Além disso, caminha-se para uma objetivação/normativização no sentido da transferência da competência para julgar sobre a qualidade do perigo conhecido, do agente para o Direito (através do terceiro/julgador)[64].

como um corpo estranho na teoria da imputação puramente normativa: LESCH, Heiko H. *Der Verbrechensbegriff,* 1999, p. 14, sobretudo n.r. 88. Em uma perspectiva oposta, que procura JuStificar a exigência do conhecimento como dado psicológico vinculado à *ratio* da punição dolosa: FRISCH, Wolfgang. *Vorsatz und Risiko*, 1983, p. 196.

57. Veja-se: RADBRUCH, Gustav. Über den Schuldbegriff. *ZStW* 24 (1904), p. 333. Também: FRANK, Reinhard. *In*: FRANK, Reinhard (Hrsg.). *Festschrift für die juristische Fakultät in Gießen zum Universitäts-Jubiläum.* Gießen: Topelmann Verlag, 1907, p. 521.

58. Em boa verdade isso nunca se fez; isso é apenas algo que se dizia, ou que ainda se diz fazer, ocultando-se o fato de que o julgador apenas presume um determinado "estado psicológico" e um determinado "posicionamento emocional" do agente.

59. Neste sentido, corretamente: HERZBERG, Rolf Dietrich. Die Abgrenzung von Vorsatz und bewusster Fahrlässigkeit - ein Problem des objektiven Tatbestandes, *JuS* 26 (1986), p. 256 e 261. Veja-se ainda: HSU, Yu-An. *Doppelindividualisierung und Irrtum*, 2007, p. 127. Não que isso já tenha sido aplicado verdadeiramente, pois nunca se atribuiu, efetivamente, ao sujeito a última palavra; quem sempre falou por ele, ainda que de modo disfarçado, como que se passando por ele, foi o julgador.

60. Sobre isso: VOGEL, Joachim. Normativierung und Objektivierung des Vorsatzes? *GA* 2008, p. 388. Veja-se, ainda: HSU, Yu-An. *Doppelindividualisierung und Irrtum*, 2007, pp. 128 e ss. Por normativização entende-se o rechaço da ideia de que a afirmação do dolo, no caso concreto, depende da averiguação de certos fenômenos psicológicos. Em uma perspectiva normativa, as afirmações sobre o estado mental alheio (conhecimento e vontade) tem um caráter adscritivo, não descritivo. Corretamente: RAGUÉS I VALLÈS, Ramón. *El dolo y su prueba en el proceso penal,* 1999, p. 275.

61. Assim: PAWLIK, Michael. *Das Unrecht des Bürgers,* 2012, p. 366. SCHROTH, Ulrich. *Vorsatz als Aneignung*, 1994, p. 16. Também: HSU, Yu-An. *Doppelindividualisierung und Irrtum*, 2007, p. 120: "*os fatos não valem como critério de valor, mas apenas como conteúdo da comprovação do injusto*".

62. PUPPE, Ingeborg. *Begriffskonzeptionen des dolus eventualis. GA* 2006, p. 75.

63. Veja-se: HRUSCHKA, Joachim. *FS-Kleinknecht,* 1985, p. 202. PAWLIK, Michael. *Das Unrecht des Bürgers,* 2012, p. 366. STUCKENBERG, Carl-Friedrich. *Vorstudien...*, 2006, p. 406. SAFFERLING, Christoph J.M. *Vorsatz und Schuld...*, 2008, p. 174.

64. Assim: PUPPE, Ingeborg. Der Vorstellungsinhalt des dolus eventualis, *ZStW* 103 (1991), p. 21. Note-se: em termos de conhecimento, o que se exige do agente é que tenha tido a percepção das

12. A apontada tendência de normativização do conceito se dá sob a forma de duas perspectivas, uma delas configurando uma releitura das teorias volitivas ("normativismo volitivo")[65] e a outra uma releitura das teorias da representação ("normativismo cognitivo")[66].

13. Conforme esclarece Puppe[67], os "volitivistas" e a jurisprudência predominante, sobretudo no âmbito do BGH, pleiteiam pela aplicação de um "catálogo aberto" de indicadores, ou por um tratamento conjunto (*Gesamtbetrachtung*) de todas as circunstâncias relevantes do caso concreto[68]; rejeita-se estabelecer, de modo geral e abstrato, quais as circunstâncias são relevantes e quais não são para decidir sobre o dolo. E para demonstrar o velho postulado da aprovação, rejeita-se um catálogo fechado de indicadores do dolo; ao invés disso atribui-se um peso relativo a todos os indicadores relevantes, que devem falar pró ou contra a afirmação do dolo.

Como seu modelo principal, a atualmente majoritária "teoria da decisão" (*Entscheidungstheorie)*, defendida, dentre outros, ainda que com bases diversas, por Roxin[69], Freund[70], Hassemer[71], Días-Pita[72], Fernanda Palma[73], Safferling[74] e Schroth[75]), afirma a presença do dolo caso o agente decida-se[76] pelo comportamento antinormativo, com a consciência concreta do perigo de realização do

circunstâncias fáticas que configuram, segundo uma valoração objetiva, uma determinada classe de perigo. Veja-se ainda, sobre isso: PÉREZ-BARBERÁ, Gabriel. *El dolo eventual. Hacia el abandono de la ideia de dolo como estado mental.* Buenos Aires: Hammurabi, 2011.

65. ROXIN, Claus. *FS-Rudolphi*, 2004, p. 252.

66. Para uma breve visão geral do tema, veja-se, apenas: ROXIN, Claus. *FS-Rudolphi*, 2004, p. 243.

67. PUPPE, Ingeborg. *AT,* 2011, §9, n.m.5, p. 114.

68. Na jurisprudência recente: BGH 2 StR 54/14; BGH 2 StR 148/13; BGH NStZ 2015, 266; BGH NJW 2014, 3382; BGH 3 StR 172/17; BGH 3 StR, 385/19; BGH 4 StR 399/17,12, o último a explicitar a necessidadede "consideração global" dos indicadores, em caso de acidente de trânsito com morte (julgados iniciados com "StR" disponíveis em www.bundesgerichtshof.de).

69. Zur Abgrenzung von bedingtem Vorsatz und bewusster Fahrlässigkeit, *JuS* 1964, p. 53. Roxin sintetiza a definição do dolo como sendo a realização do "plano do autor", no qual se incluem tanto o objetivo final, como os meios, como ainda as circunstâncias colaterais tidas como necessárias (dolo direto de segundo grau) ou possíveis (dolo eventual). Posteriormente, o mesmo Autor, ainda neste sentido: *FS-Rudolphi,* 2004, p. 244-245.

70. *T,* 2009, §6, p. 274 e ss; 279. Também, o mesmo: Die Definitionen von Vorsatz und Fahrlässigkeit. *In:* HILLENKAMP, Thomas. WOLTERS, Jurgen. *Festschrift für Wilfried Küpper zum .70 Geburstag, 2007,* p. 82.

71. *GS-Kaufmann*, 1989, p. 309.

72. *Los limites del dolo eventual.* (tese). Sevilla, 1993, *passim.*

73. *Direito Penal - Parte Geral,* 2017, pp. 142-143, partindo de uma determinada lógica de aceitação de riscos comparada à intencionalidade para a fundamentação do dolo direto de segundo grau e eventual.

74. SAFFERLING, Christoph J. M. *Vorsatz und Schuld,* 2008, p. 176.

75. *Vorsatz als Aneignung*, 1994, p. 68.

76. Já assim se manifestava, no início do século XIX, v. WEBER: Über die verschiedenen Arten des Dolus, *Neues Archiv des Criminalrechts, 7 (1825),* p. 549. Criticamente: PAWLIK, Michael. *Der Unrecht des Bürgers,* 2012, p. 379, especialmente nota 710.

tipo[77]. Essa decisão incluiria os componentes intelectual e volitivo, não conflitando, assim, com a definição tradicional do dolo, enquanto conhecimento e vontade de realização do tipo objetivo[78].

Por sua vez, os defensores das contemporâneas teorias "normativo-cognitivas" censuram os volitivistas, sustentando que o método por eles utilizado conduz a uma prática arbitrária e inconsistente de delimitação entre o dolo e a negligência[79]. Isso decorreria exatamente do "catálogo aberto", que permite ao julgador decidir sobre quais os indicadores serão levados em conta para a decisão e, notadamente, sobre o peso destes, reduzindo-se a segurança jurídica. Por exemplo: em casos de ataques perigosos para a vida, toma-se, em certas hipóteses, como indicador contrário ao dolo, a circunstância de que o agente não tenha qualquer motivo racional para o homicídio, e/ou nenhum interesse na morte da vítima (BGH NStZ 1994, 585); em outros, a falta de tal motivo sequer é levada em conta (BGH NStZ 2007, 700); a personalidade do agente (BGH 4 StR 84/15) etc.

Por tais razões, os cognitivistas delimitam estreitamente os indicadores do dolo no plano da qualidade do perigo[80], que o agente conscientemente realizou, ou seja, o designado "perigo doloso"[81] ou "desprotegido". O fator decisivo passa a ser a intensidade/qualidade do perigo, o qual, contudo, não pode se determinar a partir de um critério exclusivamente quantitativo-probabilístico numérico.

As teorias normativo-cognitivas, defendidas, dentre outros, na literatura alemã por Jakobs[82], Herzberg[83], Pawlik[84] e Puppe[85], e na literatura brasileira especialmente por Eduardo Viana[86], têm em comum, assim, uma análise inicial no âmbito do tipo objetivo e da qualidade do perigo, exigindo, desde logo, para o dolo a criação consciente de um risco objetivamente relevante ou especialmente adequado para a causação do resultado. Não se trata, neste sentido, do simples risco proibido, que se demanda para qualquer modalidade de imputação subjetiva,

---

77. Assim também: OTTO, Harro. *Grundkurs Strafrecht. Allgemeine Strafrechtslehre.* 7ª Aufl. Berlin: Walter de Gruyter, 2004, §7, n.m.44, p. 87.

78. Criticamente, a indicar que a teoria da decisão não implica verdadeiramente em uma renúncia no tocante à alternativa entre características volitivas e cognitivas, veja-se: KARGL, Walter. *Der strafrechtliche Vorsatz auf der Basis der kognitiven Handlungstheorie.* Frankfurt am Main: Peter Lang, 1993, p. 48.

79. PUPPE, Ingeborg. *AT,* 2011, §9, n.m.9, p. 115.

80. Criticamente, ROXIN, Claus: *FS-Rudolphi,* 2004, p. 245.

81. PUPPE, Ingeborg. *AT,* 2011, §9, p. 116, n.m. 11.

82. Confira-se: Gleichgültigkeit als dolus indirectus. *ZStW* 114 (2002), *passim.*

83. Exemplificativamente, no artigo: Die Abgrenzung von Vorsatz und bewusster Fahrlässigkeit - ein Problem des objektives Tatbestandes, *JuS 1986, passim.*

84. Veja-se: *Person, Subjekt, Bürger*, 2004, p. 85.

85. Confira-se: Der Vorstellungsinhalt des dolus eventualis. *ZStW* 103 (1991), p. 14.

86. *Dolo como compromisso cognitivo,* 2017, p. 172; 294.

em face das exigências da própria imputação objetiva[87]; cuida-se, isso sim, de uma intolerável incrementação do risco proibido, como primeira e última condição para a análise da presença do dolo. Essa incrementação será considerada a partir de fórmulas diversas, tais como o "perigo desprotegido" (*unabgeschirmte Gefahr* - Herzberg[88]); a elevação de um risco proibido socialmente habituado (Jakobs); ou a realização de um "perigo doloso" (*Vorsatzgefahr*[89] - Puppe). Mas mesmos estes Autores, em regra, ainda exigem um efetivo conhecimento do sujeito acerca do risco proibido criado[90], conquanto que desloquem a *valoração* de tal perigo, em última análise, para o julgador (enquanto terceiro racional). A sensível diferença consiste em que, nas situações em que este "risco proibido elevado", "perigo desprotegido", ou "perigo doloso" não se faz presente, os defensores dessas teorias já não outorgam qualquer relevância à posição psicológica do agente, mesmo que haja a intenção de realizar o resultado injusto e que haja a criação de um risco proibido baixo. A valoração do risco é já um problema para o aplicador do direito e não para o próprio agente, sendo o primeiro quem deve decidir sobre se a conduta comunicou um ataque doloso ao bem jurídico[91]. Na conhecida e precisa síntese de Herzberg[92]: "*não se trata de indagar se o autor tomou a sério um perigo reconhecido, mas sim se ele reconheceu um perigo que deve ser levado a sério*".

Surgem, assim, múltiplas indagações: a realização intencional de um perigo reduzidíssimo, tal como o tiro à distância efetuado por um autor imperito ("caso *Thyrén*"[93]); a contaminação intencional do parceiro sexual com o vírus HIV, através de uma relação sexual convencional (em que o risco de contagem é da ordem de 1%) etc, devem ser imputadas a título de dolo[94]? Nesse campo, a questão da realização, ainda que intencional, de perigos proibidos reduzidos se apresenta de todo controvertida[95], tendo o debate sido reacendido pela deci-

87. PUPPE, Ingeborg. *AT*, 2011, §7, pp. 89-90.

88. Die Abgrenzung von Vorsatz und bewusster Fahrlässigkeit - ein Problem des objektives Tatbestandes, *JuS 1986,* p. 254.

89. PUPPE, Ingeborg. Der Vorstellungsinhalt des dolus eventualis, *ZStW* 103 (1991), pp. 17 e ss.

90. Com exceções para Jakobs e Pawlik, que admitem a inclusão dos casos de indiferença e cegueira na área do dolo, como será visto em lugar próprio.

91. PUPPE, Ingeborg. Der Vorstellungsinhalt des dolus eventualis, *ZStW* 103 (1991), p. 14-15.

92. Die Abgrenzung von Vorsatz und bewusster Fahrlässigkeit - ein Problem des objektives Tatbestandes. *JuS (1986),* p. 262.

93. Vejam-se os comentários sobre o exemplo em: THYRÉN, J.C.W. *Abhandlungen aus dem Strafrechte und der Rechtsphilosophie*. Lund: Gleerupska Univ.-Bokhandeln, 1894, p. 139. O exemplo é uma variação de outro mais antigo, de Berner, em que um atirador pretende testar o alcance de seu rifle e atira contra um homem à distância, sem saber se pode ou não atingi-lo. Veja-se: BERNER, Albert Friedrich. *Grundlinien der criminalistischen Imputationslehre*. Berlin: Ferdinand Dümmler, 1843, p. 187.

94. Em sentido crítico: PUPPE, Ingeborg. Der Vorstellungsinhalt des dolus eventualis. *ZStW,* 103 (1991), pp. 8-10.

95. Criticamente em relação à teoria da probabilidade, precisamente em face de não dar resposta

são do BGH alemão, no denominado "caso-AIDS" (BGHSt 36,1), em que se reconheceu a prática de tentativa de lesões corporais graves, nada obstante a baixíssima probabilidade de contágio[96], e se afastou, contudo o dolo homicida, em que pese a reconhecida letalidade da doença.

De outra banda, a realização consciente de um perigo elevadíssimo - cuja vinculação com o resultado foi representada pelo autor, mas afastada/repelida (*verdrängen*) em virtude de uma confiança irracional na boa saída - torna ainda legítima a imputação dolosa, ou deve-se reconhecer sempre a mera negligência consciente?[97]

14. Há que se enfrentar, portanto e fundamentalmente, os limites da normativização conceitual[98].

Isso vale, notadamente, no que se aplica ao elemento cognitivo, em face das recentes propostas de que se abranjam hipóteses de desconhecimento acerca da factualidade típica, fundados em indiferença ao Direito, como casos dolosos[99]. A pergunta é sobre a possibilidade de se aceitar esta proposta, formulada por Jakobs[100], Pawlik[101], Lesch[102] dentre outros, de *lege lata*[103], ou se ela é ao menos recomendável, de *lege ferenda*.

A verdadeira ruptura com um rígido sistema de imputação subjetiva psicologista, que desemboca no afastamento do dolo em situações de desconhecimento ou erro, seja qual for o fundamento destes, pode permitir um novo tratamento do erro sob a égide do princípio da responsabilidade, que é o que cobra, no limite, uma teoria da imputação normativamente orientada.

15. A ideia, de partida, é de que o agente doloso recebe uma punição mais extensa e intensa porque atinge de forma direta a expectativa de reciprocidade, colocando em causa, explicitamente, a própria validade da norma. O agente "diz", com a ação, que "o resultado deve ser, ou pode ser". A norma, por sua

satisfatória a esses casos de intenção nos cenários de reduzida probabilidade, veja-se: ENGISCH, Karl. *Untersuchung...*, 1995, pp. 166-167.

96. Vejam-se tanto a descrição do julgado como as críticas de Puppe, in: *AT*, 2011, §9, pp. 118 e ss.

97. Criticamente às teorias da representação, no que toca ao problema do afastamento do dolo em virtude do deslocamento da representação (*Verdrängung des Wissens*) pelo agente, confira-se: PUPPE, Ingeborg. Der Vorstellungsinhalt des dolus eventualis, *ZStW* 103 (1991), p. 12.

98. Para uma breve introdução ao problema: VOGEL, Joachim. Normativierung und Objektivierung des Vorsatzes. *GA* 2006, pp. 389 e ss.

99. GAEDE, Karsten. *Auf dem Weg zum potentiellen Vorsatz?* ZStW 121 (2009), p. 242.

100. Gleichgültigkeit als dolus indirectus. *ZStW* 114 (2002), p. 586.

101. *Das Unrecht des Bürgers*, 2012, p. 394.

102. Dolus directus, indirectus und eventualis. *JA* 1997, p. 802, embora a apontar que esta normativização só se admite de *lege ferenda*. Op. cit. p. 807.

103. A questão é: esta concepção é compaginável com o §16, I, do *StGB*, e com os artigos 14 e 16, 1, do CP Português e art.18, I, do CP Brasileiro?

vez, afirma que o resultado “não deve ser”[104]. E se isto se identifica de um modo objetivo, a partir do comportamento exteriorizado, então o substracto psicológico do sujeito (vontade, conhecimento/desconhecimento) embora seja objeto de valoração, não é já sua medida[105].

16. Uma vez definida a *ratio* da punição qualificada do dolo, e uma vez examinados seus elementos conceituais, restará, de modo consequente, curar acerca dos critérios de atribuição/indicadores[106], com apreciação crítica de “*leading-cases*”, no escopo de que o conceito seja efetivamente operacionalizado e colocado em teste.

---

104. PUPPE, Ingeborg. Der Vorstellungsinhalt des Dolus Eventualis. *ZStW* 103 (1991), p. 14.

105. HSU, Yu-An. *Doppelindividualisierung und Irrtum*, 2007, p. 178.

106. Acerca da necessidade de se levar em conta, após a definição conceitual, os critérios de aplicação do conceito abstrato, veja-se: RAGUÉS I VALLÈS, Ramon. *El dolo y su prueba en el proceso penal,* 1999, p. 367. A respeito destes critérios, dedicar-se-á a última parte desta investigação. Também: FRISCH, Wolfgang. *GS-Mayer*, p. 552.

PARTE I

NOTAS SOBRE O MÉTODO.
DOS TIPOS E USOS DOS CONCEITOS JURÍDICOS.
FUNDAMENTOS DO DOLO
(PRIMEIRA APROXIMAÇÃO).

CAPÍTULO I

MÉTODO E CONCEITOS MENTALÍSTICOS

1. Notas sobre o método e suas aplicações à presente investigação

Pode-se, em uma aproximação inicial, assinalar que há duas grandes tradições na ciência e na filosofia do método científico: a de Aristóteles e a de Galileu. A última se volta para o método de "esclarecimento mecanicista", enquanto a primeira tem por objeto o "esclarecimento teleológico"[107].

As perspectivas "antipositivistas" destacam-se pela defesa do "dualismo metodológico"[108], postulando, sob uma variada ordem de fundamentos, a autonomia do método teleológico-hermenêutico para as denominadas "ciências do espírito" (*Geisteswissenchaften*), na tradição de Autores como Max Weber ("ações teleológicas" - *zweckrationale Handeln*) e dos neokantianos. Há uma transição do esclarecimento (*Erklärung*) para o entendimento (*Verstehen*), em que o silogismo prático, de raiz aristotélica, passa a ocupar um papel central[109].

A defesa do dualismo metodológico[110], por parte dos representantes da filo-

---

107. Assim: WRIGHT, Georg Henrik v. *Explanation and understanding*. London: Routledge, 2012 (1ª ed. 1971), p. 1. Também, sob a ótica da filosofia da linguagem: KINDHÄUSER, Urs. *Intentionale Handlung,* 1980, p. 216. Aponta, o Autor, que sob o aspecto empírico caem os processos que podem ser designados como causais. No que toca ao sentido (*Sinn*), este somente se desenvolve no plano das comunicações e interações humanas, na área da intersubjetividade constituída na linguagem.

108. Veja-se: WRIGHT, Georg Henrik v. *Explanation and understanding,* 2012, p. 5.

109. WRIGHT, Georg Henrik v. *Explanation and understanding,* 2012, pp. 5-6; 26.

110. Ao invés de muitos, veja-se apenas: WRIGHT, Georg Henrik v. *Explanation and Understanding,* 2009, pp. 29-33.

sofia da ação e da linguagem, foi recebida com considerável aceitação também pela ciência penal contemporânea[111].

O ponto de ligação desta disputa metodológica com a presente investigação está em que o distanciamento do conceito de dolo de sua base originalmente "psicológico-naturalista" também possui uma raiz epistemológica fincada no dualismo metodológico e em uma compreensão da ação em um sentido prático/ /intencional[112].

Não se cuida, assim, da "determinação" de "estados mentais", em uma perspectiva de esclarecimento causal[113], mas sim do "entendimento" (*Verstehen*)[114] de um determinado comportamento, nos termos teleológicos/intencionais de um silogismo prático.

Neste trabalho, o ponto de partida é, portanto, o do dualismo metodológico, reivindicando-se, para as ciências sociais ou "do espírito", um método próprio: o intencional-teleológico, do "entendimento".

Não há, de fato, relação causal alguma entre fenômenos mentais e comportamentos humanos[115]. Os estados mentais são *disposições* e, em face disso, somente podem ser esclarecidos (*rectius*, entendidos) em termos disposicionais[116] (ou seja, não-causais e não observáveis diretamente).

---

111. Por exemplo: KINDHÄUSER, Urs. *Intentionale Handlung,* p. 91. O mesmo: *Gefährdung als Straftat. Rechtstheoretische Untersuchungen zur Dogmatik der abstraten und konkreten Gefährdungsdelikte.* Frankfurt am Main: Vittorio Klostermann, 1989, p. 94. Criticamente: STUCKENBERG, Carl-Friedrich. *Vorstudien..., 2007,* p. 84, com referências na n.r. 390. MYLONOPOULUS, Christos. *Komparative und Dispositionsbegriffe im Strafrecht,* 1998, p. 126.

112. Um agente conhece suas intenções privilegiadamente não porque tem acesso ao âmbito "interno de sua mente", mas sim porque ele é o agente de suas intenções. Veja-se: DUFF, R.A. *Intention, agency & criminal liability,* 1990, p. 134.

113. No mesmo sentido: RYLE, Gilbert. *The concept of mind.* Chicago: University of Chicago, 2000, p. 113. Aplica, aqui, o Autor a crítica fundada na "geografia lógica" dos conceitos, a distinguir os de natureza causal/empírica, daqueles mentalísticos. Tratarei disso mais desenvolvidamente na Parte II desta investigação, infra.

114. Uma das notas do método hermenêutico, ou do entendimento, é a empatia, ou seja, a capacidade (e necessidade de fazê-lo) de assumir a perspectiva do outro para a compreensão intencional (dimensão semântica) de uma ação. Veja-se: WRIGHT, Georg Henrik v. *Explanation and understanding,* 2012, pp. 6; 83 e ss.

115. Jochen Bung assume uma posição epistemológica e normativamente crítica à aplicação da teoria de Ryle no Direito Penal. Para o Autor, a abordagem de Ryle dos conceitos mentais conduz a uma normativização ilimitada, e à desconsideração dos elementos da imputação subjetiva, que passam a ser meros ornamentos. Perde-se a tensão entre o objetivo e o subjetivo, reduzindo-se tudo à análise da conduta exteriorizada. Abandonam-se, assim, as exigências de atenção aos aspectos da imputação subjetiva, e até mesmo às demandas da causalidade, uma vez que a ação deixa de ser compreendida como causa; o que o agente sabia ou queria passa a ser irrelevante, em face de cada estrutura da imputação (objetiva), as quais atuam fora da influência de suas forças mentais. Veja-se: *Wissen und Wollen im Strafrecht,* 2008, pp. 96-97. Para o Autor, tudo isso tem um efeito perigoso para o Direito Penal, na medida em que se perde um nível probatório, com prejuízo para a segurança jurídica.

116. Neste sentido: MYLONOPOULUS, Christos. *Komparative und Dispositionsbegriffe im*

As sentenças do tipo: "ele agiu por vaidade"; "ele passou o sal ao vizinho da mesa por gentileza" consistem em esclarecimentos disposicionais, e não causais[117]. E não há aqui nada de arbitrário em tais atribuições, uma vez que elas também são balizadas normativamente[118], por regras sociais ou jurídicas, em uma comunidade de vida.

A possibilidade de se dizer algo claro acerca dos comportamentos humanos se confirma, desde que não se recorra, para isso, ao método das ciências naturais, ou seja, desde que não se definam conceitos da nossa experiência cotidiana nesta última "chave"[119], e fora de sua geografia lógica[120].

Ryle identifica, aqui, o mito do "fantasma na máquina" e defende que tudo isso se dá em face do erro categorial: a "doutrina oficial" tenta explicar, sob a perspectiva causal, fenômenos que não podem ser esclarecidos nesta linguagem[121]. A vontade é representada como um processo epifenomenal não-corpóreo e compreendido como um conceito "quase-mecânico"[122]. Sob a perspectiva do dualismo cartesiano (ou "dualismo ontológico"), as intenções são inferidas a partir do comportamento, já que as primeiras são um "estado mental escondido", inacessível para o terceiro[123].

Em termos epistemológicos, o decisivo erro categorial consiste em considerar que expressões mentais como "querer", "pensar", "lembrar" sejam acontecimentos vinculados ao âmbito interno da pessoa, e que "causam" comportamentos externos. Daí - dessa troca de categorias - deriva que existe uma dependência causal entre fenômenos mentais ocultos e comportamentos humanos[124].

Strafrecht, 1998, p. 126. Em uma crítica a Ryle, no sentido de que as disposições possuem "caráter fáctico", uma vez que podem ser constatadas empiricamente: PÉREZ-BARBERÁ, Gabriel. *El dolo eventual,* 2011, p. 734.

117. Veja-se: MAURER, Ruth. *Das voluntative Element des Vorsatzes als Beweisthema vor Gericht,* 2007, p. 34. Também: STUCKENBERG, Carl-Friedrich. *Vorstudien zu Vorsatz und Irrtum,* 2007, pp. 83-85.

118. Veja-se: STUCKENBERG, Carl-Friedrich. *Vorstudien zu Vorsatz und Irrtum,* 2007, p. 85, n.r.390.

119. Assim: KINDHÄUSER, Urs. *Intentionale Handlung,* 1980, p. 72.

120. A lógica a que se refere Ryle não é a formal, mas sim a material, ou seja, relacionada ao emprego conceitual na linguagem cotidiana. Ou seja, do que se trata, para Ryle, é da aplicação correta dos conceitos. Sobre isso, criticamente: BUNG, Jochen. *Wissen und Wollen im Strafrecht,* 2011, p. 92.

121. Jochen Bung questiona sobre se, uma vez aceita a proposta de Ryle, isso não deveria conduzir a um cancelamento da distinção entre tipo objetivo e subjetivo. In: BUNG, Jochen. *Wissen und Wollen im Strafrecht,* 2009, p. 90.

122. Veja-se: KINDHÄUSER, Urs. *Intentionale Handlung,* 1980, p. 71.

123. Criticamente, quanto ao causalismo do ato de vontade: STUCKENBERG, Carl-Friedrich. *Vorstudien...,* 2007, pp. 71-73.

124. Criticamente: BUNG, Jochen. *Wissen und Wollen im Strafrecht,*2009, p. 95. O Autor subscreve um „quase-dualismo", na linha proposta por Donald Davidson, que concebe, em determinado sentido, uma relação de causa e efeito no que tange ao pensamento, ao querer e às ações.

Tudo isso é bem recebido por parte da dogmática contemporânea[125], e tem um relevo especial para a problemática do conceito de dolo, aqui investigado de modo refratário a uma concepção psicologista. Nesta perspectiva, o dolo não designa qualquer "facticidade interna", a ser "determinada" no processo, mas sim uma disposição[126] ou um julgamento de imputação.

2. Conexões entre a ação e o dolo

Partindo-se do dualismo metodológico, e esclarecida a natureza disposicional dos fenômenos mentais, a ação constitui um ato de comunicação do sujeito que, no plano do Direito Penal, configura uma falha em face das exigências de cooperação feitas pela comunidade jurídica[127]. A ação contém, já em si, um *fato* (na perspectiva Kantiana, de "fato" como "ação livre", não como um caso de necessidade)[128]. Não se trata, por um lado, da mera voluntariedade (causalismo), nem tampouco do exercício de uma finalidade ontologicamente considerada (finalismo), mas sim de um comportamento intrinsecamente valorado, tanto como livre, como com um significado em face de uma expectativa normativa (ilícito)[129]. Em uma palavra, trata-se, desde logo, de uma ação imputável[130].

Por sua vez, a intencionalidade não configura um componente da ação, mas sim permite apresentar a ação em uma determinada relação de sentido[131]:

Mais que isso, Bung sustenta que uma normativização radical da imputação, decorrente da aplicação da filosofia da mente na perspectiva de Ryle, não só marginaliza o significado da causalidade na imputação objetiva, como também pode atingir o núcleo da imputação subjetiva, tornando-a independente da vontade e do conhecimento do agente. Op. cit. p. 96. Proximamente, quanto aos limites da normativização, veja-se: STUBINGER, Stephan. Bedingter Tötungsvorsatz beim unbedingten Rasen? *In*: BÖSE, Martin et al. (Hrsg.). *Festschrift für Urs Kindhäuser zum 70. Geburstag*. Bonn: Nomos, 2019, p. 531.

125. Assim: GRASNICK, Walter. Über Schuld, Strafe und Sprache, 1987, p. 73. KINDHÄUSER, Urs. *Intentionale Handlung,* 1980, p. 94.

126. Veja-se: MYLONOPOULOS,Christos. Vorsatz als Dispositionsbegriff. *In*: FREUND, Georg *et al.* (Hrsg.). *Grundlagen und Dogmatik des gesamtem Strafrechtssystems. Festschrift für Wolfgang Frisch zum 70. Geburstag*. Berlin: Duncker &Humblot, 2013, pp. 357 e ss.

127. *Das Unrecht des Bürgers,* 2012, p. 297. Veja-se, ainda: ALMEIDA, Luís Duarte. Description, Ascription, and Action in the Criminal Law, *Ratio Juris* 20 2 (2007), p. 182, acerca da dependência, na adscrição da ação, das regras de conduta aceitas.

128. PAWLIK, Michael. *Das Unrecht des Bürgers,* 2012, p. 297.

129. Assim: ALMEIDA, Luís Duarte de. Description, Ascription, and Action in the Criminal Law, *Ratio Juris* 20 2 (2007), p. 183.

130. A ação é descrita, em um sentido conceitual, na parte especial dos Códigos Penais. A performance da ação que «instancia a descrição» de um delito impõe ao agente um dever de responder pela conduta, e apresentar eventuais defesas. Este é um modelo adscritivo. Veja-se, sobre isso: ALMEIDA, Luís Duarte. Description, Ascription, and Action in the Criminal Law, *Ratio Juris* 20 2 (2007), p. 188..

131. Assim: KINDHÄUSER, Urs. Der Vorsatz als Zurechnungskriterium, *ZStW* 96 (1984), p. 22. Próximo: KORIATH, Heinz. *Grundlagen strafrechlicher Zurechnung*. 1994, p. 362: "*ações são assim, para dizer resumidamente, construtos de interpretação*".

a intencionalidade nada mais é senão o fundamento da ação, de acordo com uma interpretação contextual e perspectivada[132]. Donde resulta que este modelo teleológico de compreender a ação não se compatibiliza com a autonomização do elemento volitivo[133] ao plano do dolo, pois a vontade já é algo imanente à própria ação[134], como uma sua estrutura geral, presente nas duas modalidades de imputação subjetiva (dolo e culpa) e não funciona como fator de discrimen entre elas.

De tudo quanto foi dito, também se pode concluir que os conceitos mentalísticos não têm o significado de nomes para entidades privadas[135] [136];eles só ganham significado através de seu uso pragmático, tocam regras de comunicação e interação social e são, em seu sentido, sempre vinculados às ações[137].

O atuar doloso não pressupõe a identificação de um "ato de vontade", nem de um "ato de conhecimento" enquanto facticidades psíquicas, mas sim de que a orientação da ação de alguém se interprete, objetivamente, como dolosa[138]. Esta interpretação, por sua vez, depende de padrões e critérios específicos, o que pressupõe a existência de uma comunidade comunicativa; pressupõe, ainda, no caso da imputação penal, a existência de regras próprias, tais como os artigos 18, 20 e 21 do CP Brasileiro, os artigos 14, 15, 16 e 17 do CP Português, e os §§15, 16 e 17 do *StGB*. Em resumo: o dolo não "existe" como realidade, mas como interpretação, segundo determinados critérios; ele subsume fatos e não é subsumido[139].

3. Da normativização conceitual e do uso dos conceitos jurídicos

A perspectiva metodológica acima desenvolvida - dualismo metodológico - contribui, também, para a compreensão e análise dos conceitos jurídicos, notadamente da normativização conceitual e do uso atributivo.

---

132. Crítico, a distinguir a intencionalidade da motivação: MERKEL, Reinhard. *FS-Kindhäuser*, 2019, p. 291. O mesmo: *Willensfreiheit und rechtliche Schuld. Eine strafrechtsphilosophische Untersuchung*. 2. Aufl. Baden-Baden: Nomos, 2014, pp. 15-16.

133. Na verdade, na adscrição, não há autonomização do mental enquanto algo a ser positivamente verificado; ao contrário, o que se há de verificar é sobre a existência de uma defesa ou refutação que, se não existir, implica na manuteção da adscrição. ALMEIDA, Luís Duarte. Description, Ascription, and Action in the Criminal Law. *Ratio Juris*, 20 (2007), p. 183.

134. KINDHÄUSER, Urs. Der Vorsatz als Zurechnungskriterium, *ZStW* 96 (1984), n.r.70, p. 22.

135. Veja-se: KINDHÄUSER, Urs. *Intentionale Handlung,* 1980, p. 216.

136. Veja-se, sobre isto: PALMA, Maria Fernanda. Do sentido histórico do ensino do direito penal na universidade portuguesa à actual questão metodológica. *RPCC* 9 (1999), p. 445, ao conferir primazia à linguagem, às regras e contextos sociais, para a definição da ação.

137. Assim: KINDHÄUSER, Urs. *Intentionale Handlung,* 1980, p. 217.

138. Corretamente: SCHROTH, Ulrich. *Vorsatz als Aneignung,* 1994, p. 15.

139. Assim: PÉREZ-BARBERÁ, Gabriel. *El dolo eventual,* 2012, p. 817.

Normativização, em uma primeira aproximação, significa a transição para uma compreensão conceitual que leva em conta, essencialmente, a função do conceito no interior de um conjunto de regras do Direito (Penal, no caso)[140]. Trata-se de uma perspectiva "metódica", e não "deôntica", de se trabalhar os conceitos: por exemplo, ao invés de se considerar um instituto em uma perspectiva psicológico-empírica (como no método causal-naturalista-positivista), este é tratado em uma perspectiva funcional-teleológica[141].

Há, por outro lado, múltiplos tipos, e tipos de usos, dos conceitos jurídicos, dentre eles, o descritivo, o valorativo, o assertório e o atributivo, todos eles interessando, de algum modo, para a investigação do conceito de dolo.

Note-se que os conceitos não são puramente descritivos nem puramente prescritivos, na medida em que ambos os aspectos são inseparáveis. Não se extraem valores diretamente de fatos brutos (por exemplo, a afirmar-se: vontade "é" dolo, ou o conhecimento "é" dolo[142]), pena de se incorrer na falácia naturalista. De outra banda, não há puramente valoração – "tal fato merece a pena do dolo"- , pois se a valoração não se refere a algo (a um substracto fáctico qualquer) ela não é deste mundo[143].

O que importa acentuar é que a valoração pressupõe uma premissa descritiva, mas a escolha desta premissa, de sua vez, já pressupõe, *per se*, uma valoração. Uma vez realizada a escolha normativa da premissa descritiva (por exemplo, o conhecimento, como objeto de referência do dolo, conforme previsto no §16 do *StGB* (à inversa), no artigo 18 do CP Brasileiro e no art. 14 do CP Português, a aplicação consequente do conceito jurídico deve ser mantida na bitola do seu objeto de referência descritivo: não se pode afirmar que o dolo exige o conhecimento (por uma escolha normativa – certa ou errada) e, de seguida, dispensar o conhecimento para o reconhecimento do dolo, por uma questão valorativa (o agente merece ser punido com a pena do dolo, mesmo sem conhecimento em casos tais e tais). Obviamente, tratando-se de caso de escolha legislativa, a correção material do conceito pode ser criticada, postulando-se sua alteração, de *lege ferenda*.

Por fim, os conceitos atributivos estabelecem que, ao fundamento da deter-

---

140. NEUMANN, Ulfried. Neue Entwicklungen im Bereich der Argumentationsmuster zur Begründung oder zum Ausschluss strafrechlicher Verantwortlichkeit, *ZStW* 99 (1987), p. 568.

141. Veja-se: NEUMANN, Ulfried. Neue Entwicklungen im Bereich der Argumentationsmuster zur Begründung oder zum Ausschluss strafrechlicher Verantwortlichkeit, *ZStW* 99 (1987), p. 573.

142. Isso, contudo, era precisamente a proposta do naturalismo. Veja-se: PUPPE, Ingeborg. *Kleine Schule des juristischen Denkens*, 2014, p. 29.

143. Assim, corretamente: STUCKENBERG, Carl-Friedrich. *Vorstudien...*, 2007, p. 43. Também: KINDHÄUSER, Urs. *Intentionale Handlung*, p. 14. PUPPE, Ingeborg. Vom Naturalismus zum Normativismus, von der Systematik zur Topik. Der niedergang der deutschen Strafrechtswissenschaft vom Allgemeiner Teil. *ZIS*, 4 (2020), p. 144.

minação de uma facticidade outra é aceita, isto é, outra é atribuída[144]. Note-se que não se trata de uma presunção, a qual deve ser sempre prevista em lei, mas sim de uma imputação pragmaticamente construída, a partir de pressupostos fáticos não determinados nem determináveis em um rol exaustivo. O conceito normativo de culpabilidade, por exemplo, é aplicado de modo atributivo na medida em que o indivíduo é tomado como capaz de ponderar e de agir de acordo com o que determina a lei[145], salvo se estiverem presentes certas circunstâncias perturbadoras, que ou bem reduzam ou eliminem a capacidade intelectual (por doença mental), ou bem reduzam ou eliminem a liberdade de ação (coação/erro).

No caso do dolo, também se verifica, especialmente quanto ao *dolus eventualis*, uma aplicação atributiva[146] de elementos conceituais, notadamente do volitivo[147].

De qualquer sorte, para que o conceito de dolo seja aplicado de modo atributivo, cumpre primeiro esclarecer claramente, o que deve ser considerado como facticidade relevante e o porquê deste "o que" ser, afinal, o fiel da balança[148].

---

144. PUPPE, Ingeborg. *Kleine Schule des juristischen Denkens,* 2014, p. 48.

145. Veja-se: JAKOBS, Günther. *Das Schuldprinzip,* 1993, pp. 28 e 35.

146. Veja-se: MYLONOPOULOS, Christos. Das Verhältnis von Vorsatz und Fahrlässigkeit und der Grundsatz in dubio pro reo. Eine strafrechtlich-rechtsheoretische Untersuchung, *ZStW* 99 (1987), p. 688, a se ressaltar o julgamento adscritivo em contraponto ao descritivo no que se refere ao dolo.

147. PUPPE, Ingeborg. *Kleine Schule des juristischen Denkens,* 2014, p. 51.

148. Assim: PUPPE, Ingeborg. *Kleine Schule des juristischen Denkens,* 2014, p. 52-53.

CAPÍTULO II

FUNDAMENTOS DA RESPONSABILIDADE DOLOSA

1. Competências, incumbências e deveres de cooperação

Arranca-se, aqui, de uma ideia básica, que possui raízes já no pensamento de Hobbes, no sentido de que a guerra não consiste em uma luta efetiva, mas sim na prontidão, a todo tempo, para a luta, em face da constante desconfiança no outro. O estado de liberdade não se constrói sob uma expectativa de que o outro cidadão não vá empreender uma lesão intencional contra o (meu) direito, mas sim, e fundamentalmente, na confiança de que seu próprio direito será respeitado, inclusive com o esforço de todos para a evitação da lesão[149].

A hostilidade ao Direito, identificadora do comportamento doloso, deve ter, como se viu, seus contornos estabelecidos. Seu conteúdo pode, em uma forma de ver as coisas, ser preenchido de modo restrito, aceitando-se tão somente o propósito de realização do injusto, e na consciência de que isso se dá, como pretendia Feuerbach[150], para se manter consequente com a teoria da dissuasão

---

149. Veja-se, sobre o dever (geral) de cuidado, e o desenvolvimento de estratégias para a evitação do perigo para terceiros, no tráfego social: SCHILD, Wolfgang. *FS-Jakobs,* 2007, pp. 603-604.

150. Note-se que isso é coerente com o momento político e filosófico em que Feuerbach elaborou sua teoria. Uma ideia central, de raiz kantiana, e também fincada no pensamento contratualista-liberal, era de que o dever se configurava negativamente, no sentido do *neminem laedere*. A forma básica do injusto consistia na lesão ao Direito de terceiro, violando, o sujeito, o dever negativo de respeitar a liberdade do outro. Não se concebia, portanto, um dever geral positivo, de evitar positivamente uma lesão ao Direito, mas sim, essencialmente, um dever negativo, de não atuação. Esse pensamento influenciou o desenvolvimento da teoria da posição de garante, de modo vinculado, exclusivamente, ao ilícito omissivo. Veja-se: PAWLIK, Michael. *Das Unrecht des Bürgers,* 2012, pp. 168-170.

e prevenção geral negativa. A conhecida sentença de Binding, acerca da "*caça do dolo na negligência*" (*Jagd nach dem Vorsatz in der Fahrlässigkeit*[151]) traduz uma inclinação de se partir do dolo para se desenvolver os pressupostos da imputação subjetiva[152], em uma relação qualitativa (*aliud*)[153].

Ou, ao contrário, pode-se partir das estruturas da *Zuständigkeit* (competência) e *Obliegenheit* (incumbência) conectando-se a hostilidade ao Direito ao não atendimento do exigido normativamente para a realização da ação, do sujeito em seu papel[154]. Em outras palavras, o que se encontra no centro é o adequado preenchimento da exigência normativa[155], e também a incumbência do sujeito para satisfazê-la, ou seja, a evitabilidade[156] pessoal como categoria comum e de ligação entre o dolo e a culpa.

Em linhas gerais, ações que se revelam, em um julgamento racional-objetivo[157], ainda associáveis com a máxima de evitação da violação da lei, merecem uma punição mais branda em face daquelas ações que não recebem, de um modo realista, tal interpretação[158]. As primeiras configuram apenas uma "falta de amizade ao Direito", enquanto as últimas caracterizam a "hostilidade", inerente ao comportamento doloso. Dito de outro modo: o nível de evitabilidade se estabelece em função da possibilidade objetiva do distanciamento da regra[159].

---

151. *Die Normen und ihre Übertretung. Band IV,* 1914, §272, p. 328.

152. Veja-se, neste sentido: ENGISCH, Karl. *Untersuchungen...,* 1995, p. 58. Atualmente: BUNG, Jochen. *Wisen und Wollen im Strafrecht,* 2009, p. 178. Criticamente: PAWLIK, Michael. *Das Unrecht des Bürgers,* 2012, pp. 368 e 371.

153. Assim: STERNBERG-LIEBEN, Detlev. SCHUSTER, Frank. §15. *In*: ESER, Albin *et al.* (*Hrsg.*). *Schönke/Schröder Strafgesetzbuch Kommentar.* München: C.H. Beck, 2014, §15, n.m.3, p. 249, com múltiplas referências. Destacam, os Autores, que, por um lado, a falta de dolo nada diz sobre a negligência e que, ao mesmo tempo, a punição por negligência só entra em consideração caso o dolo não se faça presente. Mas isso significa que os Autores referidos partem do dolo, e não da negligência. Como é óbvio, se a negligência é o padrão mínimo de injusto, ela é uma condição necessária do dolo, mas a não conformação do dolo não conduz, *eo ipso*, à afirmação da negligência, o que não impede uma relação normativamente nivelada entre as duas categorias.

154. Assim: PAWLIK, Michael. *Das Unrecht des Bürgers,* 2012, pp. 302 e 372. O mesmo: *Person, Subjekt, Bürger,* 2004, p. 85.

155. Veja-se: PAWLIK, Michael. *Das Unrecht des Bürgers,* 2012, p. 375.

156. Ao vincular a culpabilidade à evitabilidade, como pressuposto de legitimação da pena, veja-se, recentemente: LEITE, Alaor. *Notstand und Strafe. Grundlinien einer Revision des Schuldbegriffs.* Berlin: Duncker & Humblot, 2019, p. 195

157. O juízo de valor é objetivo e tem por referência a violação do dever, por parte do sujeito. Somente uma pessoa pode violar o dever e realizar um comportamento incompatível com a norma, daí que a imputação, com conteúdo de reproche e sob a medida do padrão da norma, sempre tem que se referir a um sujeito. Veja-se, assim: KELSEN, Hans. *Hauptprobleme der Staatsrechtslehre,* 1923, pp. 66-67.

158. Neste sentido: PAWLIK, Michael. *Das Unrecht des Bürgers,* 2012, p. 375. Esclareça-se que, no essencial, a compreensão do dolo como evitabilidade facilitada, desveladora de hostilidade ao Direito, aqui adotada, toma como ponto de partida a concepção de Pawlik, a que ora se alude com alguma insistência.

159. PÉREZ-BARBERÁ, Gabriel. *El dolo eventual,* 2011, p. 668.

Caso se parta da evitabilidade[160], ocorre uma verdadeira inversão da compreensão tradicional do dolo: já não mais a circunstância positiva, ou seja, a vontade de realização do resultado injusto, mas sim o aspecto negativo, isto é, a falta de vontade e esforço para omitir o comportamento violador da norma, em que pese sua massiva perigosidade[161], configura a hostilidade ao Direito, típica do comportamento doloso.

Primeiro, com apoio na figura do *dolus indirectus* rejeita-se a possibilidade de uma repressão/deslocamento do padrão de medida do cidadão racional a favor de um indivíduo concreto[162], e de um mecanismo altamente irracional de processamento da percepção do risco[163]. Com isso, consequentemente, será questionada a própria relevância do componente volitivo e do correlato "posicionamento (*Einstellung*) emocional" do agente no âmbito da conceituação e atribuição do dolo[164].

Segundo, com respaldo nas estruturas da competência e incumbência, direcionadas à pessoa, deve-se aferir em que medida o desconhecimento, enquanto facticidade psíquica, pode, ou não, exonerar, nos casos em que o agente deixou, por indiferença, de gerar os conhecimentos necessários para a ação. Isso terá imporantes reflexos no tratamento dos casos de erro, seja acerca dos desvios dos processos causais, seja no que concerne ao erro sobre os elementos do tipo e ao erro sobre os pressupostos fáticos das causas de justificação.

2. Sobre o sujeito da imputação

O sujeito da imputação deve ser construído em um nível comunicativo[165] – normativo[166], em distinção com o indivíduo, enquanto unidade psicofísica[167], e

---

160. Também neste sentido: HOYER, Andreas. *Strafrechtsdogmatik nach Armin Kaufmann. Lebendiges umd Totes in Armin Kaufmanns Normentheorie*. Berlin: Duncker & Humblot, 1997, p. 339.

161. Neste sentido, corretamente: FREUND, Georg. *AT*, §7, n.m.39, p. 270. PAWLIK, Michael. *Das Unrecht des Bürgers*, 2012, p. 375 e 380.

162. Contra, a defender que o que está em causa é sempre a efetiva representação do sujeito concreto, na medida em que, só assim, a ameaça Penal tem algum sentido: RINCK, Klaus. *Der Zweistufige Deliktsaufbau*. Berlin: Duncker & Humblot, 2000, p. 63.

163. Contra a posição da doutrina dominante, que ainda atualmente aceita a confiança irracional como fator de exclusão do dolo. Veja-se, por exemplo: FRISTER, Helmut. *AT*, 2015, §11, n.m.23, p. 146.

164. A autonomia do elemento volitivo afigura-se normativamente inadequada. Ela cobra, na verdade, um preço que não se está disposto a pagar: a negação do dolo em casos de risco elevadíssimo, nos quais o agente, embora consciente do risco, crê, irracionalmente, que tudo correrá bem. De outro lado, a autonomia do elemento volitivo conduz à afirmação do dolo em casos de baixíssimas probabilidades, em face do posicionamento do agente em face do resultado. Criticamente: PAWLIK, Michael. *Das Unrecht des Bürgers*, 2012, pp. 377-378.

165. Assim: LESCH, Hieko Hartmut. *Der Verbrechensbegriff*, 1999, pp. 186-187.

166. Assim: JAKOBS, Günther. *Das Schuldprinzip*, 1993, pp. 29-30.

167. Veja-se: HEUCHEMER, Michael. *Der Erlaubnistatbestandsirrtum*, 2005, p. 42.

inacessível diretamente. No Direito Penal se situa exclusivamente o sistema da pessoa[168], na medida em que o que está sempre em causa é a comunicação[169], que já pressupõe a competência para comunicar[170].

A pessoa, no mundo social, é depositária de expectativas normativas; a defraudação de tais expectativas não deve conduzir a seu abandono[171]; ao contrário, a pena confirma - em um plano essencialmente "simbólico-comunicativo" - que a expectativa deve ser mantida[172], aplicando-se àquele, enquanto pessoa, com competência para o seguimento da norma[173].

Não é legítimo pretender a fruição da segurança e da liberdade sem o contraponto/sinalagma do cumprimento do dever de correalização, e sem deixar de reconhecer os direitos dos demais cidadãos, em uma troca de papéis[174]. O injusto[175], sob tal perspectiva, consiste, precisamente, na violação do dever

---

168. No que se refere ao ilícito pessoal e ao conceito de pessoa social, veja-se: COSTA, Antonio Manuel de Almeida. *Ilícito pessoal, imputação objectiva e comparticipação em direito penal,* 2014, p. 600.

169. GONZÁLES-RIVERO, Pilar. *Strafrechtliche Zurechnung bei Defektzuständen. Zugleich ein Beitrag zur allgemeinen Zurechnungslehre.* Berlin: Duncker & Humblot, 2001, pp. 119-123.

170. Veja-se: JAKOBS, Günther. *Sobre la normativización de la dogmática jurídico-penal,* 2003, p. 43.

171. A mudança da ordem normativa deve se dar de acordo com seus processos disponíveis, e não através de sua negação. Assim: JAKOBS, Günther. *Das Schuldprinzip,* 1993, p. 29. No sentido de que a função essencial do Direito Penal não é o controle de comportamentos, senão o asseguramento de expectativas normativas: LESCH, Heiko Hartmut. *Der Verbrechensbegriff,* 1999, p. 187.

172. A norma não promete comportamentos conformes, mas protege aquele que os espera, através da generalização social das expectativas. LESCH, Heiko Hartmut. *Der Verbrechensbegriff,* 1999, p. 189.

173. Veja-se: JAKOBS, Günther. *Sobre la normativización de la dogmática jurídico-penal,* 2003, p. 50. O mesmo: *Das Schuldprinzip,* 1993, p. 29. Acentua, o Autor, a expectativa de conformidade (à norma) segundo o papel do agente como contraface da liberdade de comportamento, em uma sociedade na qual os contatos anônimos devem ser possibilitados. Por outras palavras, não se faz possível assegurar a liberdade de comportamento em uma sociedade tal qual, caso se faça depender tudo de uma autodeterminação subjetiva do sujeito, em um entendimento psicologista da autonomia subjetiva. Veja-se ainda, o mesmo:Rechtsgüterschutz? Zur Legitimation des Strafrechts. *In*: PAWLIK, Michael. *Günther Jakobs Stafrechtswissenschaftliche Beiträge*, 2017, p. 90.

174. Proximamente, a apontar para a relação sinalagmática entre a liberdade e a lealdade ao Direito: JAKOBS, Günther. *Das Schuldprinzip,* 1993, p. 35. Também, com referência ao dever de reconhecimento recíproco e sua defraudação como fundamento da pena: VELTEN, Petra. *Normkenntnis und Normverständnis.* Baden-Baden: Nomos, 2002, p. 197.

175. O injusto de que aqui se trata (designado como "injusto do cidadão") acabará por se revelar, também, "intrinsecamente culposo". Nada obstante o predomínio da concepção lisztiana, aparentemente, seja algo acabado, feito de "pedra e cal", há vozes divergentes, a postular por um injusto intrinsecamente culposo, enquanto expressão do sujeito. Cf: MENDES, Paulo de Sousa. *O torto intrinsecamente culposo como condição necessária da imputação da pena,* 2007, p. 25. O Autor chama a atenção para as bases utilitaristas em que se finca a separação entre injusto e culpa, muitas vezes não questionadas por todos os que acolhem - por razões exclusivamente sistemático--analíticas -, o tradicional sistema do crime. Para Mendes, é preciso opor a tal modelo aquele outro da ética das virtudes, que conduzirá à redefinição das categorias do crime e "à revitalização do injusto intrinsecamente culposo como categoria central da responsabilidade moral e da imputação da pena". Op. cit. p. 26.

do cidadão de contribuir, inclusive positivamente[176], para a correalização do estado de liberdade, e que desvela o não-reconhecimento-do-outro, bem assim, especialmente, da comunidade jurídica tal qual[177].

Em um plano abstrato, a imputação *pessoal* parte da premissa de que a pessoa é o ente de maior abstração, que compreende uma possibilidade absoluta de determinação e, correlatamente, deve respeitar esta mesma esfera de possibilidade do outro[178] (em um sentido negativo, do *neminen laedere*). Exige-se, assim, neste nível, simplesmente uma proteção do potencial de ação do outro, configurando, o injusto pessoal, uma objetiva violação deste potencial[179]. Esta concepção do ilícito em um sentido designadamente negativo, de não extrapolar as fronteiras da própria liberdade, bem ainda no sentido de compreendê-lo como um ataque - agora "positivo" - à esfera do outro, já se apresenta em Feuerbach[180].

No segundo patamar, o que se tem é o *sujeito*[181], como uma concreção da pessoa, ou, dito de modo mais intenso e "hegeliano", como a "*realidade da pessoa*"[182]. O sujeito confere à sua vida uma específica forma, possui um projeto de vida que se realiza em comunidade: a realidade da pessoa se constitui na comunicação social[183]. Na medida em que possui um projeto de vida concreto, realizado em certa comunidade, do sujeito também se exige, correlatamente, a atenção e respeito ao projeto de vida dos outros sujeitos, segundo os parâmetros da comunidade em que está inserido. O injusto subjetivo configura, precisamente, uma desatenção ao projeto de vida da vítima[184].

O *cidadão*, enquanto destinatário e co-portador da ordem jurídica libertária,

176. Para uma crítica à concepção negativa do Direito, notadamente em Kant, em termos do *neminem laedere*, veja-se: PAWLIK, Michael. *Unrecht des Bürgers,* 2012, pp. 163-165.

177. Assim: PAWLIK, Michael. *Person, Subjekt, Bürger,* 2004, p. 90 e ss. Isso, como esclarece Pawlik, conduz a uma desprivatização (*Entprivatisierung*) do Direito Penal, estabelecendo-se uma relação entre o cidadão e a comunidade (e entre o injusto e a pena), mas não uma relação entre o autor do ilícito e a vítima, ou o bem jurídico. Idem*: Das Unrecht des Bürgers,* 2012, p. 280.

178. A raiz hegeliana deste pensamento é um tanto quanto evidente. Sobre isso, veja-se: SEELMANN, Kurt. Hegels Straftheorie. *In*: HIRSCH, Andreas v. NEUMANN, Ulfried. SEELMANN, Kurt. (Hrsg.). *Strafe - Warum?* Baden-Baden: Nomos, 2011, pp. 80-81. Esclarece, o Autor, que para Hegel, o delinquente viola o dever de reconhecimento do outro como sujeito de Direito, e essa relação deve ser restaurada, através da redução do status jurídico do delinquente. Só assim, para Hegel, o nivelamento e a troca de lados (*Wechselseitigkeit*) entre os sujeitos de Direito pode ser restabelecida.

179. Veja-se: PAWLIK, Michael. *Person, Subjekt, Bürger,* 2004, p. 77.

180. *Lehrbuch,* 1826, §21, p. 24. No sentido de que esta é uma compreensão teorética dos deveres, no sentido negativo, com raiz no pensamento kantiano, veja-se: PAWLIK, Michael. *Unrecht des Bürgers,* 2012, p. 169.

181. Desenvolvidamente, sobre a distinção entre pessoa e sujeito: Der rechtfertigende Defensivnotstand im System der Notrechte. *GA* 1 (2003), p. 15.

182. O contato social e a relação com outras pessoas constitui o indivíduo em pessoa real: HEGEL, Georg Wilhem Friedrich. *Grundlinien der Philosophie des Rechts.* Berlin, 1821, §331.

183. Sobre Hegel, ver: LESCH, Heiko Hartmut. *Der Verbrechensbegriff,* 1999, p. 186.

184. Assim: PAWLIK, Michael. *Person, Subjekt, Bürger,* 2004, p. 78.

é também corresponsável por sua manutenção[185], algo que vai, portanto, além do dever do *sujeito* (essencialmente negativo, conectado ao *leminen laedere*, ainda que expressável em um dever de agir para a evitação de um dano). Para que haja a fruição da liberdade, é preciso que se mantenha uma situação de segurança jurídica generalizada[186], o que, por seu lado, depende, em grande medida, da lealdade[187] dos cidadãos à ordem jurídica, e impõe que todos desenvolvam esforços para preencher, na medida do razoável e exigível, a incumbência de evitar a lesão da norma.

Assim, o dever de se comportar lealmente, atribuído ao cidadão, entrosa-se com a ideia da incumbência (*Obliegenheit)*: o cidadão se vê incumbido de obter os conhecimentos jurídicos e também fáticos necessários para a realização de certas atividades, não podendo se exonerar, com apelo ao erro sobre a ilicitude *verbi gratia*, de uma atuação ilícita caso não tenha cumprido minimamente a incumbência de se informar[188].

Mas o modelo da imputação ao cidadão, vinculado às estruturas da competência/responsabilidade (*Zuständigkeit*) e da incumbência (*Obliegenheit)* repercute não apenas no campo da culpabilidade, especificamente do conhecimento exigido da norma (e do injusto), mas também, já, nas estruturas do dolo, da negligência e do erro, globalmente, ou seja, em todos os âmbitos do sistema de imputação subjetiva.

Assim, aquele que de modo absolutamente censurável – por indiferença completa ao Direito – se fecha para o conhecimento concreto[189] necessário ao

185. A ideia de responsabilidade/competência não se associa, neste sentido, apenas aos delitos omissivos impróprios, mas também aos comissivos. Isso acaba por ficar claro, mesmo para a doutrina tradicional - ainda que no âmbito inadequado -, ao se cuidar da "imputação objetiva", no sentido de se restringir a responsabilidade do agente, em casos, por exemplo, de conduta de risco da vítima (como nos casos de excesso de legítima defesa, em quea competência pela origem do conflito é da vítima, no que toca ao excesso). O que se vê é que a competência, conectada concretamente à incumbência, acaba por representar a base de toda a imputação penal de responsabilidade. Veja-se: PAWLIK, Michael. *Das Unrecht des Bürgers,* 2012, p. 161. Sobre o tema, e a concepção de Pawlik, veja-se: MARTELETO FILHO, Wagner. Recensão a Michael Pawlik, Das Unrecht des Bürgers. Grundlinien der Allgemeinen Verbrechenslehre. *Anatomia do Crime,* 8 (2018), p. 152 e ss.

186. Proximamente: LESCH, Heiko Hartmut. *Der Verbrechensbegriff,* 1999, p. 186.

187. Não no sentido de que o dever se cumpra por lealdade, mas sim de que sua ação seja leal ao Direito.

188. Desenvolvidamente, sobre a ideia da incumbência como "obrigação consigo mesmo", e como fundamento para a punição de um injusto de resultado, sem uma anterior violação direta ao dever: MOURA, Bruno. A imprudência como sucedâneo do dolo faltante. Nótula sobre o argumento a maiori ad minus no direito penal. *REC,* 69 (2018), p. 26-28.

189. O conhecimento, seja fático seja da norma, pode ser o "portador sintomático", ou o indicador, da deslealdade ao Direito, decorrendo daí sua relevância enquanto facticidade a ser determinada e valorada. Contudo, o desconhecimento, em si, não é portador de um valor, devendo, antes, ser valorado: somente no contexto normativo a facticidade receberá o significado. Veja-se, sobre isso, ainda que voltada para a problemática do conhecimento da norma: MANSO-PORTO, Teresa. *Normunkenntnis aus belastenden Gründen,* 2009, p. 107.

controle do seu comportamento, poderá não merecer a exoneração da censura dolosa[190], o que desafia uma revisão, ou mesmo uma redução teleológica do §16 e 16, 1 do *StGB*, dos artigos 18 e 20 do CP Brasileiro e dos artigos 14, 15 e 16 do CP Português, de *lege lata,* ou uma alteração de tais normas, de *lege ferenda*[191].

O desconhecimento, em si mesmo, enquanto dado bruto, não é, assim, um suficiente para a exoneração, nem mesmo para a mitigação da responsabilidade[192].

3. Da delimitação entre o ilícito e a culpabilidade e da posição do dolo

A separação entre o ilícito e a culpabilidade, enquanto categorias sistemáticas autônomas, ainda é acolhida majoritariamente[193], em que pesem as críticas que contemporaneamente tem recebido[194].

Essa concepção foi desenvolvida originariamente pela Escola clássico-

---

190. *Person, Subjekt, Bürger,* 2004, p. 85. O problema da cegueira perante os fatos derivada da indiferença ao Direito é um tema altamente controvertido sobre o qual me debruçarei na Parte V desta investigação, quando da análise do elemento cognitivo do dolo. No sentido de que o conhecimento é sempre imprescindível ao dolo, reporto-me, por ora, apenas a Wolfgang Frisch, *in*: *Vorsatz und Risiko,* 1983, p. 169.

191. Este ponto, que é um dos problemas nucleares da investigação, será desenvolvido na Parte V do trabalho.

192. No mesmo sentido: MANSO-PORTO, Teresa. *Normunkenntnis aus belastenden Gründen,* 2009, pp. 40 e 108-109. Assinala, a Autora, que o conhecimento e o desconhecimento só obtém significado no âmbito de um contexto normativo. A obtenção do conhecimento depende da própria motivação do sujeito. A falta da representação correta, ao fundamento de um puro motivo individual, como a indiferença, não pode, assim, premiar o agente, visto que isto se revela obviamente contrário aos fins da pena. Tudo isso para indicar a inadequação de uma perspectiva psicologista, que conduz a soluções arbitrárias e necessita, por isso, de um corretivo normativo. Frequentemente, essa correção acaba vindo de modo oculto, a partir de uma ficção psicológica, que falseia o conhecimento para o Direito Penal (para se afirmar o dolo, por exemplo), ao invés de efetivamente (des)valorar um desconhecimento censurável. Também: HEUCHEMER, Michael. *Der Erlaubnistatbestandsirrtum,* 2005, p. 40.

193. Assim, por exemplo: JESCHECK, Hans-Heinrich. WEIGEND, Thomas. *AT,* 1996, §39, n.m.1, p. 425, apontando, os Autores, que se trata do "*ponto angular da teoria do delito*". Também, contrariamente à dissolução da culpabilidade no ilícito: GRECO, Luís. Wider die jüngere Relativierung der Unterscheidung von Unrecht und Schuld, *GA* 2009, p. 636 e ss, com referências; p. 646. Na literatura brasileira, veja-se: LEITE, Alaor. *Dúvida e erro sobre a proibição no direito penal,* 2013, p. 88 e ss. A defender esta separação, e acerca do desenvolvimento das teorias sobre a natureza das categorias do crime, bem como sobre a relação entre elas, passando pelo naturalismo, neo-kantismo e funcionalismo, veja-se, na literatura portuguesa recente: PINTO, Frederico de Lacerda da Costa. *A categoria da punibilidade na teoria do crime.* Coimbra: Almedina, 2013, pp. 380-383. Mais distante, a reconhecer a distinção ao nível analítico, mas a apontar para a relação íntima entre ambas as categorias: SANTOS, José Beleza dos. *Lições de direito criminal.* Coimbra: Almedina, 1949, p. 5.

194. Veja-se: PAWLIK, Michael. »Der wichstigste dogmatische Fortschritt der letzten Menschenalter«? Anmerkung zur Unterscheidung zwischen Unrecht und Schuld im Strafrecht. *In*: DANNECKER, Gerhard *et al.* (Hrsg.). *Festschrift für Harro Otto zum 70. Geburstag am 1. April 2007.* Köln: Carl Heymanns, 2007, p. 133 e ss. WALTER, Tonio. *Der Kern des Strafrechts,* 2006, p. 84. JAKOBS, Günther. *Der strafrechtliche Handlungsbegriff,* 1992, p. 43.

-naturalista (Liszt-Radbruch-Beling)[195], sobretudo com a separação entre objetivo/subjetivo, interno/externo, em que a culpabilidade consistiria na ligação psicológica entre o agente e o fato[196]. Daí que, neste modelo, o ilícito fosse considerado "puramente" objetivo[197], e a culpabilidade "subjetiva", em suas modalidades do dolo e da culpa, com numa relação de precedência lógica entre o objetivo e o subjetivo[198].

Por sua vez, a teoria finalista e o seu correspondente (embora não exclusivo) modelo do "ilícito pessoal", fizeram inserir os elementos subjetivos já no primeiro nível sistemático, alocando-se o dolo e a culpa no tipo[199], como "objeto de valoração", ao qual o juízo de censurabilidade (culpabilidade) se direciona[200].

Assim, ainda que sem alterar a construção inicial (em termos de separação entre o ilícito típico e a culpabilidade), desde o finalismo o dolo foi alocado no tipo[201], o que implicou em uma incontornável "subjetivização" do ilícito – conferindo-se ao tipo uma posição "lógica e metodologicamente"[202] anterior em relação à própria ilicitude (como sua qualidade) e à culpabilidade, estrutura esta aceita inclusive por modelos funcionalistas contemporâneos[203].

Mas o problema não se encontra em um nível lógico, nem tampouco em se conceber o ilícito neste sentido como um simples "conceito de apoio" (*Hilfsbegriff*), que prepara o julgamento da culpabilidade[204]. O problema está em saber

---

195. Acerca da ilicitude como contrariedade da ação (típica) com a ordem jurídica, veja-se: por todos: BELING, Ernst. *Die Lehre vom Verbrechen,* 1906, p. 33. Criticamente: SCHROTH, Ulrich. *Vorsatz als Aneignung,* 1994, pp. 29 e ss.

196. Explicativamente: PAWLIK, Michael. *FS-Otto,* 2007, p. 135. Também: OTTO, Harro. Personale Unrecht, Schuld und Strafe. *ZStW* 87 (1975), pp. 540 e ss.

197. Veja-se: PALMA, Maria Fernanda. *Direito Penal - Parte Geral,* 2019, pp. 232-233.

198. Veja-se: PUPPE, Ingeborg. *FS-Otto*, 2007, p. 393.

199. Numa evolução da perspectiva neokantitista, e do pensamento de Mezger acerca dos elementos subjetivos do injusto. A ação só é ilícita, neste sentido, caso seja reconhecida como "*a obra do autor*" (*als Werk eines bestimmten Täters).* Veja-se: WELZEL, Hans. *Das deutsche Strafrecht,* 1969, p. 62. Welzel acentua que, muito além da lesão de um bem jurídico, a ilicitude consiste na desaprovação de um fato relacionado a um determinado agente. O injusto pessoal é constatável na medida em que um mesmo resultado pode ter um peso distinto a depender do agente: uma lesão corporal praticada por um servidor público no exercício da função tem um peso diverso da praticada por um particular. Sobre o tema, informativamente, acerca da conexão com a teoria limitada da culpa, veja-se, com múltiplas referências: RINCK, Klaus. *Der zweistufige Deliktsaufbau,* 2000, p. 171.

200. Informativo, sobre isso: DIAS, Jorge de Figueiredo. *O problema da consciência da ilicitude em direito penal,* 1987, pp. 67-68.

201. Sobre a problemática do erro de tipo permissivo, e da distinção entre "dolo do tipo" e "dolo do injusto", associada à referência ao erro sobre as circunstâncias típicas e ao erro acerca da presença de uma justificante, veja-se: RINCK, Klaus. *Der zweistufige Deliktsaufbau,* 2000, p. 172.

202. Veja-se, informativo: DIAS, Jorge de Figueiredo. *O problema da consciência da ilicutde em direito penal,* 1987, pp. 68 e 86.

203. Sobre isso: PINTO, Frederico de Lacerda da Costa. *A categoria da punibilidade na teoria do crime*, 2013, pp. 382; 384.

204. Com recurso às categorias das "regras de constatação" (plano descritivo), "regras de conduta" (plano prescritivo) e "regras de imputação" (plano adscritivo), e a defender a aplicação

se um tal conceito de ilícito penal, independente de culpabilidade, "encontra" a verdadeira função do Direito Penal[205]. E a resposta há de ser negativa: se não há culpabilidade não há pena, e esta é a consequência jurídica "típica" e essencial do Direito Penal[206].

Por outro lado, o que se verifica é que boa parte das concepções que trabalham com a hipótese do "ilícito pessoal" – que pressupõem, assim, um dolo alocado no tipo, à ele direcionado e em certo sentido, "livre de elementos de culpabilidade" e "neutro" (desconectado da consciência da ilicitude e também dos problemas da responsabilidade e competência pela obtenção do conhecimento factual) ou "natural" (como conhecimento e vontade enquanto momentos puramente psicológicos) – valem-se de elementos/momentos de culpabilidade já para a análise do "dolo do tipo" (*Tatbestandvorsatz*)[207]. Isso ocorre, inegavelmente, com as concepções contemporâneas – e mesmo majoritárias – do "dolo como decisão"[208], que consideram a "tomada de posição" do agente em face do bem jurídico (que em regra é identificada com o elemento volitivo, como um momento de culpabilidade) e não apenas o controle da ação (como no finalismo)[209]. E isto é incontornável nos casos em que há elementos do tipo essencialmente normativos, como também nas "situações de garante", em que o conhecimento da ilicitude se afigura mesmo necessário para a própria realização do tipo, não havendo possibilidade de se cogitar de um *dolus naturalis* pois o objeto de referência não é, desde logo, um "fato bruto".

Um caminho possível para a superação do problema sistemático, e muitas vezes trilhado, é a construção de um conceito de dolo "duplamente funcional", ou seja, que atenda às necessárias funções do "dolo do tipo" (ou seja, a demar-

dessa tricotomia para a preservação de um ilícito objetivo (vinculado a uma linguagem descritiva, em oposição à linguagem adscritiva como "idioma da imputação"): MOURA, Bruno. *Ilicitude penal e justificação,* 2016, pp. 124-127. O Autor ainda retoma a questão ao opor, de seguida, as noções de "contrariedade à norma" e "contrariedade ao dever", sustentando que uma conduta pode ser antinormativa sem violar um dever (fato típico sem dolo), e vice-versa (caso da tentativa). Neste sentido, a contrariedade à norma constitui o "objeto da imputação", e as "*aptidões intencionais do agente constituem o fundamento da imputação*". Op. cit. 140-141. Não tenho qualquer "objeção analítica" a tais conclusões, caso estas se mantenham em um plano (formal-analítico) de meta-regras. Do que discordo é da possibilidade de se conceber um ilícito penal "não-culposo".

205. Veja-se: JAKOBS, Günther. *Der strafrechtliche Handlungsbegriff,* 1992, p. 43. O mesmo: Altes und Neues zum strafrechtlichen Vorsatzbegriff, 2017, p. 627.

206. Também a apontar que violação da norma de comportamento pressupõe a culpabilidade: RENZIKOWSKI, Joachim. *Direito penal e teoria das normas. Estudos críticos sobre as teorias do bem jurídico, da imputação objetiva e do domínio do fato.* (LEITE, Alaor, TEIXEIRA, Adriano e ASSIS, Augusto, org.). São Paulo: Marcial Pons, 2017, p. 51 e ss.

207. Sobre o dolo do tipo, na perspectiva do injusto pessoal, veja-se apenas: WELZEL, Hans. *Das deutsche Strafrecht,* 1969, pp. 64-65.

208. Sobre o tema: FRISTER, Helmut. *Strafrecht Allgemeiner Teil.* München: C.H.Beck, 2015, § 11, n.m.24, p. 146.

209. No sentido desta crítica, veja-se: PAWLIK, Michael. *Das Unrecht des Bürgers,* 2012, p. 404.

cação da área da punibilidade e a delimitação com a culpa, a partir do sentido jurídico-social da ação[210], o que se refere ao "tipo de garantia"[211]) e do "dolo da culpabilidade" (em termos de justificação axiológico-material da pena mais extensa e intensa do comportamento doloso, motivada pela efetiva "decisão contra o bem jurídico" ou "contra a norma", com estabelecimento de critérios para se verificar quando esta decisão se dá)[212], mas sem que as fronteiras sistemáticas entre o ilícito e a culpabilidade tenham que ser borradas ou canceladas[213].

Mas outra via então se apresenta: construir um conceito de dolo que já arranca de uma unidade incindível entre ilícito e culpabilidade[214], permitindo conectar o próprio dolo aos pressupostos da responsabilidade e da competência, apresentando soluções sustentáveis dos problemas[215], inclusive de *lege ferenda*.

A importância de se tomar como pressuposto este conceito de ilícito penal intrinsicamente culposo, para a presente investigação, salta mesmo aos olhos. Trata-se de recusar um conceito de dolo naturalístico ou psicológico, como um dolo do tipo "neutro", desagregado de um componente tipicamente de responsabilidade e de culpabilidade, qual seja, a posição de contrariedade direta e imediata ao ordenamento como justificativa - e também exigência - de uma punição mais intensa e extensa do comportamento doloso.

Na concepção aqui acolhida, o ilícito penal é o *ilícito imputável*, que toma como parâmetro que o agente atuou de modo diverso daquilo que deveria corresponder, no âmbito de sua competência[216]. O *proprium* do ilícito penal não é a lesão de um determinado bem jurídico (objeto da norma - *Normgegenstand*), como sustenta a doutrina ainda majoritária, em uma tradição naturalista da teoria do Direito e do delito[217], mas sim a defraudração da expectativa normativa[218]

---

210. Veja-se: SCHROTH, Ulrich. *Vorsatz als Aneignung,* 1994, pp. 34-35.

211. Acerca do tipo de garantia, veja-se: DIAS, Jorge de Figueiredo. *Direito Penal - Parte Geral, Tomo I,* 2012, pp. 270-271, a deslindar o tipo de ilícito e o tipo de garantia.

212. Figueiredo Dias sustenta que dolo e negligência constituem primariamente elementos do tipo de ilícito subjectivo, *"que mediatamente relevam também como graus de culpa"*, defendendo uma localização e valoração duplas. Veja-se: *Direito Penal - Parte Geral, Tomo I,* 2012, pp. 272-273.

213. É esta a proposta, por exemplo, de Ulrich Ziegert. *Vorsatz, Schuld, und Vorverschulden,* 1987, p. 162.

214. Assim: JAKOBS, Günther. *Der strafrechtliche Handlungsbegriff,* 1992, pp. 41-43.

215. Para este último caminho: PAWLIK, Michael. *Das Unrecht des Bürgers,* 2012, pp. 258 e ss. Ainda que em bases distintas, também: WALTER, Tonio. *Der Kern des Strafrechts,* 2006, p. 84. LESCH, Heiko Hartmut. *Der Verbrechensbegriff,* 1999, p. 217.

216. No que acompanho, novamente Michael Pawlik, *in*: *Das Unrecht des Bürgers,* 2012, p. 281.

217. Criticamente: LESCH, Heiko Hartmut. *Der Verbrechensbegriff,* 1999, p. 177 e ss.

218. Veja-se: JAKOBS, Günther. *Der strafrechtliche Handlungsbegriff,* 1992, p. 41. O mesmo: *FS-Rudolphi,* 2004, p. 119, a acentuar a unidade de sentido do ilícito. Ainda: PAWLIK, Michael. *Das Unrecht des Bürgers,* 2012, p. 271. Expressamente: LESCH, Heiko Hartmut. *Der Verbrechensbegriff,* 1999, p. 193. OTTO, Harro. Personale Unrecht, Schuld und Strafe. *ZStW* 87 (1975), p. 561 e ss.

(um ataque à validade da norma - *Normgeltung*), em termos de demonstração de falta de consenso acerca da vinculabilidade da norma na situação[219], que sempre se dá de modo conectado à evitabilidade pessoal[220]. A circunstância de uma contrariedade objetiva à norma (plano descritivo) viabilizar a defesa por parte do atacado (perspectiva do ofendido[221]), bem assim a lesão do bem jurídico, não traduzem a essência do injusto (penal), nem muito menos pode esclarecer a ligação funcional entre o ilícito e a pena[222]. Isso, aliás, decorre já da amplamente aceita concepção de ilícito pessoal, que não se reduz a uma simples "causação do resultado", e sim se traduz no confronto entre um comportamento controlado e a norma de comportamento[223].

Nesse sentido, o ilícito penal não se traduz em uma relação interpessoal entre o agente e a vítima, nem na lesão de um bem jurídico, mas sim no ataque do agente ao dever tal qual - enquanto símbolo[224] - e à expectativa da comunidade jurídica[225].

Mas, se em termos de fundamento e objetivo da pena é possível defender que um dolo "não-neutral" expressa o ataque direto à norma[226], e que deve ser refutado com maior intensidade (=fundamento da pena do dolo), isso não dispensa estabelecer os critérios, em um plano teleológico-analítico, que justifiquem/legitimem a afirmação, inclusive perante o próprio agente, de que o comportamento teve efetivamente este caráter.

O que importa ver, neste plano, é que a norma penal, em um sentido funcional (leia-se: que traduz a relação entre ilícito e pena), não tem por escopo o

219. LESCH, Heiko Hartmut. *Der Verbrechensbegriff,* 1999, p. 190.

220. Ainda que em outras bases e a partir de fundamentos associados à prevenção geral: FRISCH, Wolfgang. *Vorsatz und Risiko,* 1983, p. 100.

221. Sobre isso, veja-se: KORIATH, Heinz. *Grundlagen strafrechtlicher Zurechnung,* 1994, p. 265.

222. Assim: LESCH, Heiko Hartmut. *Der Verbrechensbegriff,* 1999, p. 184.

223. Assim: PAWLIK, Michael. *Das Unrecht des Bürgers,* 2012, p. 271.

224. Isto não significa, à evidência, desconsiderar a necessidade de conexão da norma com a função social, nem tampouco ignorar o caráter subsidiário do Direito Penal. Mas a discussão acerca dos tipos de bens jurídicos que devam ser tutelados, embora relevante, não é um problema da teoria da pena nem do conceito dogmático da ilícito penal. Neste âmbito, interessa problematizar a relação funcional entre a pena e o injusto, e não a legitimidade de uma "casual" incriminação. De qualquer modo, sobre o significado da função social da norma penal, de modo articulado ao problema do bem jurídico: AMELUNG, Knut. *Rechtsgüterschutz und Schutz der Geselschaft.* Frankfurt: Athenäum, 1972, p. 370.

225. Ainda que por um caminho diverso, centralizado na ética das virtudes e na filosofia prática de Pufendorf, proximamente: MENDES, Paulo de Sousa. *O torto intrinsecamente culposo como condição necessária da imputação da pena*, 2007, pp. 26-27.

226. A ressaltar que mesmo em uma perspectiva de imputação funcional e normativa, que não tem qualquer conexão com um querer o ilícito no sentido psicológico, não há razão para desconsiderar, em termos simbólicos, o *Dasein* do atuar doloso: LESCH, Heiko Hartmut. *Der Verbrechensbegriff,* 1999, pp. 204-205.

controle de comportamentos, e sim o de estruturar, contrafaticamente, a estabilização de expectativas. O que o Direito Penal garante, assim, não é o objeto da norma (*Normgegenstand*) - pois no que concerne à lesão do bem jurídico o Direito Penal sempre intervém tarde demais - mas sim a validade da norma (*Normgeltung*), o dever (*Sollen*) em si[227].

Enfim, o que está em jogo não é o resultado naturalístico, nem a violação de um bem jurídico qualquer, mas sim, e sempre, a comunicação de negativa de validade da norma. Isso é, em uma palavra, o que define o ilícito penal[228], esgotando-se, a pena, em sua função de confirmar, contrafaticamente, que a expectativa de validade da norma se mantém. Se o dolo expressa uma negativa da norma mais frontal e direta do que a culpa, então a responsabilidade dolosa deve ser qualificada.

Balanço da primeira parte

1. Neste trabalho, o ponto de partida é o do dualismo metodológico, reivindicando-se, para as ciências sociais ou "do espírito", um método próprio: o "intencional-teleológico", do "entendimento".

2. Os estados mentais são *disposições* e, em face disso, somente podem ser esclarecidos (*rectius*, entendidos) em termos disposicionais.

3. Entre o comportamento e a intenção há, assim, uma relação lógica, mas não uma relação causal, como também entre a ação e o resultado há uma relação lógica, mas não do tipo causal.

4. A ação constitui um ato de comunicação do sujeito que, no plano do Direito Penal, configura uma falha em face das exigências de cooperação feitas pela comunidade jurídica

5. Há múltiplos usos dos conceitos jurídicos, dentre eles, o descritivo, o valorativo, o assertório e o atributivo, todos eles interessando, de algum modo, para a investigação do conceito de dolo. De mais relevante, observa-se que o dolo se imputa/adscreve, ainda que com referência a dados psicológicos de relevância.

---

227. Assim: LESCH, Jarko. *Der Verbrechensbegriff*, 1999, p. 203.

228. Veja-se: LESCH, Jarko. *Der Verbrechensbegriff*, 1999, pp. 192-193 e 277. O mesmo: Die Begründung mittäterschaflicher Haftung als Moment der objektiven Zurechnung. *ZStW* 105 (1993), pp. 272-273. Criticamente: PINTO, Frederico de Lacerda da Costa. *A categoria da punibilidade na teoria do crime*, p. 398. Chama a atenção, o Autor, sobretudo para a circunstância de que a função garantística do tipo se substitui por uma função de permitir a atribuição do comportamento merecedor de pena. Se esta crítica é justificada, ou ao menos parcialmente justificada, será algo a ser tratado no curso desta investigação.

6. No que se refere aos fundamentos da responsabilidade do dolo, trata-se de aferir com respaldo nas estruturas da competência e incumbência, direcionadas à pessoa, em que medida o comportamento se afastou da norma de comportamento, comunicando uma negação direta (hostilidade ao Direito), seja em face do conhecimento do contexto da ação, seja por força de um desconhecimento motivado por indiferença (com referência ao *dolus indirectus*). A aproximação ou distanciamento do agente, em face da norma, sua negativa direta (dolo), ou oblíqua (negligência), do comando normativo, é quem dará a dimensão axiológica da classificação do ilícito penal, como sendo do tipo doloso ou do tipo negligente.

PARTE II

DO PSICOLOGISMO AO NORMATIVISMO

CAPÍTULO I

"A CAÇA DO DOLO NA NEGLIGÊNCIA"

O objetivo do presente capítulo não é o de apresentar um aprofundado estudo histórico, que obviamente excederia os limites da presente investigação; o que se pretende, apenas, é fornecer um panorama não linear do desenvolvimento da teoria da imputação subjetiva, no sentido de que se possa compreender melhor as várias etapas da construção conceitual do dolo e da negligência, e de seus reflexos na discussão contemporânea.

A exposição se restringirá a abordar a evolução do tema na Europa continental, passando pelo Direito Romano, Canônico, Germânico e Comum, com dedicada atenção aos Glosadores e Pós-Glosadores, especialmente ao desenvolvimento da *Doctrina Bartoli* e do *dolus indirectus* (Carpzov e Covarruvias), em vista da importância para o conceito de dolo aqui em desenvolvimento, que irá retomar, em certa medida, a teoria do *dolus indirectus*.

Interessa por em destaque, no desenvolvimento da teoria da imputação subjetiva, a contraposição entre perspectivas acentuadamente normativas (que dispensam o elemento volitivo e, excepcionalmente, mesmo o elemento intelectual) e psicológicas (que estabelecem uma fronteira rígida entre conhecimento e desconhecimento)[229].

---

229. A reconhecer esta dicotomia no desenvolvimento da teoria do dolo, veja-se: HEUCHEMER, Michael. *Der Erlaubnistatbestandsirrtum,* 2005, p. 267. Também, contrapondo-se a perspectiva normativa de Hegel à psicologista de Feuerbach: SAFFERLING, Christoph J.M. *Vorsatz und Schuld,* 2008, p. 23.

1. Direito Romano e Germânico

Faça-se, aqui, desde logo, um necessário recorte e parta-se da ideia inicial da censura do resultado (*Erfolgshaftung*). O desvalor do fato situava-se, centralizadamente, no resultado e o que se avaliava era o dano gerado pelo fato, e não a intenção ou o propósito[230]. Daí a parêmia: "*O fato matou o homem*"[231].

Se o Universo era considerado um "Cosmos", e se esta ordem cosmológica se abalava, não era possível considerar o abalo como um mero acaso. Daí a inutilidade de se perquirir a respeito da vontade e do conhecimento do agente, na medida em que o fato por ele produzido se inseria nesta ordem, representando uma "fenda" (*Riss*) na construção do mundo, que *per se* exigia a punição[232], inclusive para fins de se aplacar a ira divina[233]. Assim, aquele que empreende uma *res illicita* deixa o plano do cosmológico calculável, e deve aceitar as consequências do caos (*Versanti in re illicita omnia imputantur quae sequuntur ex delicto*)[234].

Essa forma de imputação prevaleceu no Direito Penal "Antigo", mas experimentou, já no Império Romano (753-510 A.C.), uma delimitação tocante ao homicídio, passando-se, então, a distinguir entre "*dolus*" e "*casus*", mas de modo restritivo ao referido delito[235]. A oposição conceitual se fez presente na "*Lei das Doze das Tábuas*" (452-450 A.C.), ampliando-se então para outros tipos de ilícitos, e passando-se, gradativamente, a inserir a exigência do *dolus malus*[236].

Já nesse momento histórico o fato penal se configurava exclusivamente como obra da vontade (*Willenswerk*), e o *dolus* representava a única forma autônoma de responsabilidade[237], ao passo em que as causações não-dolosas eram tidas como "*casus*", não ostentando dignidade penal, e eram imputadas ao destino[238].

---

230. Sobre o tema, e o desenvolvimento histórico, veja-se: ZIMMERMANN, Abraham. *Dolus eventualis*. Leipzig: Buchdruckerei Robert Noske, 1913, pp. 1-2.

231. Veja-se: DUTTGE, Gunnar. §15. *In*: JOECKS, Wolfgang. MIEBACH, Klaus. Münchener Kommentar. Strafgesetzbuch: München: C.H. Beck, 2003, §15, n.m. 42, p. 567.

232. Veja-se: STUCKENBERG, Carl-Friedrich. *Vorstudien...*, 2007, p. 501. Também: JAKOBS, Günther. *Das Schuldprinzip*, 1993, pp. 10-11.

233. Veja-se: SCHLÜCHTER, Ellen. *Grenzen strafbarer Fahrlässigkeit*, 1996, p. 28.

234. Informativo: JAKOBS, Günther. *Das Schuldprinzip*, 1993, p. 22.

235. Veja-se: SCHLÜCHTER, Ellen. *Grenzen strafbarer Fahrlässigkeit*, 1996, p. 29.

236. DUTTGE, Gunnar. *MK*, 2003, §15, n.m. 43, p. 567. A respeito da relação entre o dolo e o erro, e da não exclusão do dolo em face do erro sobre matérias penais e do *jus gentium*, salvo em casos excepcionais, veja-se: SAVIGNY, Friedrich Karl. *System des heutigen römischen Rechts. Band 3*. Aalen: Scientia Verlag, 1981(2. Neud. der Ausgabe Berlin, 1840), p. 389.

237. Confira-se: SCHLÜCHTER, Ellen. *Grenzen strafbarer Fahrlässigkeit*, 1996, pp. 29-30. Veja-se ainda: DAHM, Georg. *Das Strafrecht Italiens im ausgehenden Mittelalter. Untersuchungen über die Beziehungen zwischen Theorie und Praxis im Strafrecht des Spätmittelalters, namentlich im XIV. Jarhhundert*. Berlin: Walter de Gruyter, 1931, p. 256. Também: ZIMMERMANN, Abraham. *Dolus eventualis*, 1913, p. 3, sobre a punição do dolo com a *poena ordinaria*.

238. DUTTGE, Gunnar. *MK*, 2003, §15, n.m. 43, p. 567. Veja-se ainda: DAHM, Georg. *Das Strafrecht Italiens im ausgehenden Mittelalter*, 1931, p. 257.

Um próximo desenvolvimento foi implementado pela *Lex Aquilia* (287 - 286 A.C.), que era restrita também às perpetrações dolosas. Verifica-se, contudo, uma sucessiva pressão para a ampliação do campo da censura, que passa a alcançar, com o Édito de Adriano (117-138 D.C.), embora apenas nos casos de incêndio e homicídio[239], também as hipóteses "não-queridas". A determinação da pena dependia de saber se o incendiário procedeu com "*sciens prudensque*" ou apenas com negligência, predicando-se, a última situação, com o novo termo "*culpa*".

A *culpa*[240], de sua parte, se dividia, então, em três modalidades: *culpa levissima, levis* e *lata*. Nos termos do *Digesto* de Ulpiano: "*Culpa lata est nimia neglegentia, id est non intellegere, quod omnes intellegunt*"[241]. Ressalte--se, contudo, que apenas a *culpa lata*, nesta fase, justificava a censura de um *crimen publicum*.

No Direito Germânico distinguiam-se, de início, os fatos praticados com propósito/intenção, daqueles denominados como "*Ungefährwerke*", ou seja, em uma tradução não literal, "sem intenção ilícita"[242]. O que releva destacar, contudo, é que a interpretação da intenção, neste momento histórico, não tinha por objeto de referência aquilo que se passava com o agente individual, em sua situação e condições psíquicas, mas sim apenas o acontecimento externo e sua própria tipicidade[243]. Com o desenvolvimento do Direito Germânico comum, fortemente influenciado pelo Direito Romano, surge uma terceira categoria ao lado da "obra da vontade" (*Willenswerk*) e do acaso (*casus*). Na *Lex Visigothorum* (4-5 D.C.) aparece o conceito de "*Unvorsichtigkeit*", "*incautus*", cuja semântica dá o sentido de falta de cuidado, isto é, de não aplicação, pelo agente, da exigida atenção para a evitação do resultado, o que se vê como uma forma embrionária da negligência contemporânea. De se observar que esta modalidade, contudo, se vinculava apenas a determinadas formas de comportamento, não valendo ainda como regra geral[244].

Na *Constitutio Criminalis Bambergensis* e na *Constitutio Criminalis Carolina* são previstos tipos específicos de negligência, que são diferenciados das formas

239. Como, por exemplo, na *Lex Cornelia de sicariis et veneficiis,* restringida pelo Édito de Adriano. Veja-se: STUCKENBERG, Carl-Friedrich. *Vorstudien...*, 2007, p. 508.

240. Ao me referir á "culpa" neste tópico o farei sempre em itálico, indicando a negligência, para se evitar confusões com o termo "culpa" como sinônimo de responsabilidade penal *lato sensu*, ou culpabilidade.

241. DUTTGE, Gunnar. *MK,* 2003, §15, n.m. 44, p. 568.

242. Veja-se: SCHLÜCHTER, Ellen. *Grenzen strafbarer Fahrlässigkeit,* 1996, p. 32. SCHAFFSTEIN, Friedrich. *Die allgemeinen Lehren vom Verbrechen in ihre Entwicklung durch die Wissenschaft des gemeinen Strafrechts*. Aalen: Scientia, 1986, p. 146.

243. DUTTGE, Gunnar. *MK,* 2003, §15, n.m. 45, p. 568. Também: SCHLÜCHTER, Ellen. *Grenzen strafbarer Fahrlässigkeit,* 1996, p. 33.

244. Assim: SCHLÜCHTER, Ellen. *Grenzen strafbarer Fahrlässigkeit,* 1996, p. 33.

dolosas pela dissociação com a maldade[245] - com o conhecimento e vontade -, e pela associação com a leviandade, a falta de cuidado, e a estupidez (um erro cognitivo, *intellectus vitium*), em termos de uma relação de *aliud*. O artigo 172 da *CCB* cuidava, assim, de homicídios involuntários desculpáveis; associava-se a punição do homicídio involuntário a ações proibidas ou às derivadas da inobservância das regras de cuidado[246]. Faltava, contudo, um tipo geral autônomo de negligência[247].

Por seu lado, o Direito Canônico, em meados do século XII, tomava a *culpa* como culpa da vontade (*Willenschuld - dolus - voluntas vitium*)[248], demonstrada por sinais externos, "*signa exteriora*"[249], que passam a assumir a função de presunções jurídicas. A consciência da ilicitude, no Direito Canônico, sempre se exigiu para o dolo; porém, qualquer desvio mínimo das regras da Igreja já tornava imputável o resultado vinculado, fosse ele provável, previsível, ou não; contentava-se com a prática da ação proibida para a imputação dos resultados danosos subsequentes, sob a base da doutrina do "*versanti in re illicita imputantur omnia quae sequuntur ex delicto*"[250].

Já como restrição à doutrina do *versari*, os Glosadores e Pós-Glosadores (citem-se Bartolus e Baldus de Ubaldis) faziam exigências para a punição do acaso (fatos não-dolosos)[251], ao associarem um determinado grau de probabilidade entre a ação ilícita o resultado à ela vinculado[252]. Mister aprofundar este tópico, dada a relevência dos Glosadores e Pós-Glosadores para a presente investigação, notadamente no que toca ao desenvolvimento do conceito de *dolus indirectus*.

1.1. Glosadores e Pós-Glosadores: em especial, a doutrina do *dolus indirectus*

As escolas dos Glosadores e Pós-Glosadores tiveram influência no pensamento jurídico de toda a Europa[253], formando, a par de regras e costumes

---

245. Acerca da associação do dolo com a maldade, com a má-vontade, na *Constituto Criminalis Carolina*, veja-se: LUDEN, Heinrich. *Abhandlungen aus dem gemeinen teutschen Strafrechte. Zweiter Band. Ueber den Thatbestand des Verbrechens.* Göttingen: Handerhöd und Ruprecht, 1840, p. 530.

246. Veja-se: SCHLÜCHTER, Ellen. *Grenzen strafbarer Fahrlässigkeit,* 1996, p. 39.

247. Veja-se: DUTTGE, Gunar. *MK,* 2003, §15, n.m.49, p. 570.

248. Veja-se: SCHAFFSTEIN, Friedrich. Die allgemeinen Lehren vom Verbrechen. Aalen: Scientia Verlag Aalen, 1986, p. 94, acerca da "culpa da vontade"no Direito Romano e Germânico.

249. Veja-se: STUCKENBERG, Carl-Friedrich. *Vorstudien...,* 2007, p. 515.

250. Veja-se: JAKOBS, Günther. *Das Schuldprinzip,* 1993, p. 22.

251. Veja-se: STUCKENBERG, Carl-Friedrich. *Vorstudien...,* 2007, p. 532.

252. Assim: SCHLÜCHTER, Ellen. *Grenzen strafbarer Fahrlässigkeit,* 1996, p. 35. Também: ZIMMERMANN, Abraham. *Dolus eventualis,* 1913, p. 3.

253. Acerca do método de trabalho dos glosadores, que passam a dar especial relevo à lei, em especial ao *Corpus Iuris Civilis*, veja-se, conquanto que aplicado à questão da consciência da ilicitude, especialmente ao problema do erro de direito: DIAS, Jorge de Figueiredo. *O problema da consciência da ilicitude em direito penal,* 1987, p. 39.

locais, uma "doutrina" comum[254]. Essencialmente, exigia-se, com atenção ao Direito Romano, um fato doloso para a "pena ordinária", ressaltando-se que a negligência, mesmo na forma mais grave (*culpa lata*) somente se punia com uma "pena extraordinária", em casos excepcionais[255].

Nada obstante, no século XIV, através da *Doctrina Bartolis,* dá-se uma ampliação da área do dolo[256], abrangendo-se os resultados prováveis ou habituais da ação (ilícita), sobretudo em se tratando de delitos violentos, no *dolus indirectus*[257] *(voluntas indirecta).* Isso implica em uma recusa à vinculação do resultado com o propósito (*dolus* como *animus,* ou *Absicht*) e com o próprio conhecimento enquanto "estado psíquico", permitindo-se a imputação do dolo a partir dos indícios objetivos e das circunstâncias do fato. De se anotar, contudo, que essa doutrina, que ainda seguia a tradição canônica, tinha por objeto, exclusivamente, as ações ilícitas intencionais[258], referindo-se, portanto, a efeitos colatarais da ação. Digno de nota que Baldus restringiu a *Doctrina Bartoli*, na medida em que passou a exigir o conhecimento efetivo, mesmo para os casos de *dolus indirectus*[259], em que a vontade se afirmava indiretamente, mas não o conhecimento.

A extensão da área do dolo e do próprio conceito material – já que até então se trabalhava com as categorias do *dolus verus* e *dolus praesumptus*, discutindo-se se o último era uma categoria material ou um meio de prova[260] – experimentou outra relevante alteração, no século XVII, com a influente doutrina do Pós-Glosador Benedikt Carpzov (1595-1666)[261], através da categoria do

254. Sobre este desenvolvimento, veja-se: STUCKENBERG, Carl-Friedrich. *Vorstudien...*, 2007, p. 532.

255. Sobre a necessidade de se compatibilizar o Direito Romano, vinculado ao âmbito subjetivo, com o Direito Comum Germânico, vinculado à ideia da censura pelo resultado, veja-se: ZIMMERMANN, Abraham. *Dolus eventualis,* 1913, p. 3.

256. No sentido da extensão do conceito de dolo para atender necessidades de prova, e com referência específica a Bartolus, veja-se: DAHM, Georg. *Das Strafrecht Italiens im ausgehenden Mittelalter,* 1931, p. 262.

257. Sobre o desenvolvimento do tema: MARTELETO FILHO, Wagner. *Dolus indirectus* ontem e hoje. *RBCCRIM* 168 (2020), p. 69 e ss.

258. Veja-se: STUCKENBERG, Carl-Friedrich. *Vorstudien...*, 2007, p. 538. Também: HARDWIG, Werner. *Die Zurechnung. Ein Zentralproblem des Strafrechts.* Hamburg: Cram, de Gruyter: 1957, p. 25 (nova citação). Também: ZIMMERMANN, Abraham. *Dolus eventualis,* 1913, p. 4.

259. Veja-se: PÉREZ-BARBERÁ, Gabriel. *El dolo eventual,* 2011, pp. 162 e 169.

260. Informativo: STUCKENBERG, Carl-Friedrich. *Vorstudien zu Vorzatz und Irrtum,* 2007, p. 537.

261. Especialmente em: *Benedictii Carpzovii practicae novae rerum criminalium imperialis saxônica. Pars prima.* Leipzig: J.F. Gleditisch, 1724, *Quaestio 1, pars prima.* Sobre a biografia de Benedict Carpzov e sua influência para o desenvolvimento da ciência do Direito alemã, é muito importante ver: SCHMIDT, Eberhard. *Einführung in die Geschichte der Deutschenstrafrechtspflege.* 3 ed. Göttingen: Vandenhoeck & Ruprecht, 1995, pp. 153 e ss. A respeito da *Practica nova imperialis Saxonica rerum criminalium,* com as notas respectivas traduzidas, veja-se, por todos: PUPPE, Ingeborg. Die Vorstellungsinhalt des Dolus Eventualis, *ZStW* 103 (1991), pp. 23-26. Veja-se ainda,

dolus indirectus, e com a retomada da *Doctrina Bartolis*: não apenas o querido, mas também aquilo que se vincula ao querido de modo imediato ou necessário; ao se querer a causa também se quer, mediatamente, o efeito, em termos de *animus indirectus,* ou seja, o dano que regularmente se liga à ação ("*immediate et necessario*"), também integra o dolo[262].

Com suporte no Direito Canônico, no pensamento de Thomas de Aquino e de Covarruvias, Carpzov sustentava que aquele que fere a outrem com um instrumento adequado a causar-lhe a morte, já em razão da incontrolabilidade da lesão, teve *animus occidendi*, e sua vontade abrange, assim, o resultado[263]. Ressalta que nestes casos o agente sabe, ou ao menos precisa saber – *"quia scit, aut saltem scire debeat"*[264] –, em face da natureza do meio, que o resultado pode ocorrer.

Do ponto de vista prático, Carpzov defendia que, nestas situações, incontáveis homicídios permaneceriam impunes, pois bastaria que o agente afirmasse que apenas queria ferir para se esquivar da censura, o que dificilmente poderia ser refutado[265]. A perspectiva era, então, inegavelmente normativa: cuida-se da inclusão de casos de falta de intenção homicida[266], enquanto propósito, no campo do *homicidium dolosum.* A bem da verdade, a doutrina também teve o efeito de afirmar a equivalência do desconhecimento irracional ao conhecimento, abrindo a possibilidade de uma consequente normativização do conceito[267]: *scire* e *scire ac debere* passam a integrar o dolo[268].

especialmente no que toca à metodologia de Carpzov, de procurar fundamentar tudo a partir da lei, através de ampliações e restrições: HEGLER, August. *Die praktische Thätigkeit der Juristenfakultäten des 17. und 18. Jahrhunderts in ihrem Einfluss auf die Entwickung des deutschen Strafrechts von Carpzov ab.* Freiburg: J.C.B. Mohr, 1899, p. 17.

262. Sobre isso: PUPPE, Ingeborg. Die Vorstellungsinhalt des Dolus Eventualis. *ZStW* 103 (1991), p. 26, a apontar que esta é uma distinção importante entre a doutrina de Carpzov e a doutrina do *versari in re illicita* do Direito Canônico, pois há a exigência de que o resultado seja uma consequencia "imediata e típica da ação". DUTTGE, Gunnar. *MK,* 2003, §15, n.m.50, p. 672. Também: SCHLÜCHTER, Ellen. *Grenzen strafbarer Fahrlässigkeit,* 1996, p. 40. Ainda, acerca da exclusão do resultado „per accidens": LOBE, Adolf. *Die allgemeinen strafrechtlichen Begriffe nach Carpzov.* Leipzig: Von Veit &Comp, 1894, p. 12.

263. CARPZOV, Benedict. *Practica novae, qu.* 1, n. 28. Veja-se: STUCKENBERG, Carl-Friedrich. *Vorstudien...,* 2007, p. 558. Também: PÉREZ-BARBERÁ, Gabriel. *El dolo eventual,* 2011, p. 165. HEUCHEMER, Michael. *Erlaubnistatbestandsirrtum,* 2005, pp. 266-267, a observar que, de acordo com Carpzov o *scire* e o *scire ac debere* devem ser equiparados.

264. *Practicae novae rerum criminalium,* 1724, *Qua*estio 1, n.29.

265. *Practicae novae rerum criminalium,* 1724, *Quaestio* 1, n.29. Veja-se, sobre isto: LOBE, Adolf. *Die allgemeinen strafrechtlichen Begriffe nach Carpzov*, 1894, pp. 10-11.

266. Sobre a exceção para o caso de parricídio, na Questio 15, a exigir dolo direto, veja-se ZIMMERMANN, Abraham. *Dolus eventualis,* 1913, p. 5.

267. Veja-se ainda: HEUCHEMER, Michael. *Der Erlaubnistatbestandsirrtum,* 2005, p. 266, a defender, com alterações, a aplicação da principiológia para fins de uma adequada normativização do dolo.

268. O tema é, contudo, controverso. Veja-se, no sentido do *scire ac debere*: KLEE, K. *Der*

Ainda que a doutrina do *dolus indirectus* tenha sido desenvolvida por razões pragmáticas, notadamente de dificuldades de prova, seu pensamento normativo fundamental consiste em que o agente que tem conhecimento acerca do resultado de sua ação, ou aquele que racionalmente não pode deixar de contar com tal conhecimento, em face da regularidade do resultado associado ao meio empregado (*tendit verisimiliter ad finem secutum*)[269], não pode dele se esquivar alegando que este não era objeto de sua intenção[270], ou de que não foi tomado em sua vontade[271].

A doutrina de Carpzov - apoiada em Thomas de Aquino e Aristóteles - e do *dolus indirectus* recebeu amplo reconhecimento no Direito Germânico Comum[272], e começou a ser revisada no século XVIII, com v. Böhmer. Para este último Autor, aquele que "quer" o acontecimento anterior, não pode deixar de querer (na verdade consentir - *Einwilligung*) seu efeito, caso este seja conhecido e previsível, embora não seguro[273]. Desse pensamento se extrai a consideração de que v. Böhmer foi mesmo o Autor do pensamento geral do atual *dolus eventualis*[274].

Ainda no que se refere a v. Böhmer é importante destacar que exigia, para a afirmação do dolo (fora do âmbito do conhecimento seguro), a vinculação

Dolus indirectus als Grundform der vosätzlichen Schuld. Berlin: R.V. Decker, 1906, p. 14. Sobre a posição contrária, com referências: STUCKENBERG, Carl-Friedrich. *Vorstudien ...,* 2007, p. 599, n.r.403.

269. STUCKENBERG, Carl-Friedrich. *Vorstudien...,* 2007, p. 538.

270. Jakobs ressalta que a rejeição da doutrina do *dolus indirectus* representou (indevidamente) uma decisão por uma concepção "naturalista-psicológica" do dolo, em detrimento de uma concepção normativa. *Das Schuldprinzip,* 1993, p. 22, n.r.27.

271. Veja-se: PUPPE, Ingeborg. Die Vorstellungsinhalt des Dolus Eventualis. *ZStW* 103 (1991), p. 27. A Autora, aqui, rechaça várias críticas unilaterais e indevidas ao pensamento de Carpzov. Contra, a defender que a figura do *dolus indirectus* não oferece nada além do que oferecem as teorias volitivas contemporâneas, apenas encontrando um modo de ampliar, por razões práticas e por vezes discricionárias, o conceito de vontade, como se o dolo fosse vontade: PÉREZ-BARBERÁ, Gabriel. *El dolo eventual,* 2011, p. 167. Ainda, para o ultimo Autor, o único aspecto relevante da doutrina do *dolus indirectus* consiste na verdadeira objetivização/normativização do conhecimento, nele fazendo incluir aquilo que o agente deveria conhecer. Assim, segundo Pérez-Barberá, Puppe, equivocadamente, exige o conhecimento efetivo, algo que Carpzov já não requer. Na intepretação de Pérez-Barberá, assim, o relevo da teoria do *dolus indirectus* é, precisamente, a prescindibilidade do conhecimento efetivo. Isso porque, para ele, ainda que nem sempre se possa prescindir do conhecimento efetivo, há que se averiguar em que hipóteses este deve ser exigido e em que hipóteses pode ser dispensado para a imputação dolosa.

272. Uma apresentação geral da *Practica nova imperialis Saxonica rerum criminalis* foi desenvolvida em: LOBE, Adolf. *Die allgemeinen strafrechtlichen Begriffe nach Carpzov.* 1894, *passim.*

273. Veja-se: HSU, Yu-An. *Doppelindividualisierung und Irrtum,* 2007, p. 195.

274. LÖFFLER, Alexander. *Die Schuldformen des Strafrechts. In Vergleichend-Historischer und Dogmatischer Darstellung.* Leipzig: Von C.L.Hirschfeld, 1895, p. 172. Também: STUCKENBERG, Carl-Friedrich. *Vorstudien zu Vorsatz und Irrtum,* 2007, p. 561. SCHEFFLER, Uwe. J.S.F. von Böhmer (1704-1772) und der dolus eventualis. - Kann der große Professor der alten Viadriana dem heutigen Strafrecht noch etwas geben? *Jura* 7 (1995), p. 352. ZIMMERMANN, Abraham. *Dolus eventualis,* 1913, p. 8.

com o consentimento do resultado, consentimento este que se extraía, porém, diretamente do conhecimento: o sujeito que, embora conhecedor do perigo do resultado, de sua probabilidade, ainda assim opta por agir, consente no resultado (*animus eventualis*). Böhmer se contentava, neste aspecto, com o conhecimento da simples possibilidade do resultado, mas exigia o conhecimento no sentido psicológico, diferentemente de Carpzov. De todo jeito, o Autor é apontado como o precursor da teoria do consentimento (*Einwilligungstheorie*)[275], que será objeto de análise em momento próprio.

Neste ponto da investigação, cumpre acentuar o potencial da doutrina do *dolus indirectus* para o fornecimento de bases estruturais para uma consequente normativização do conceito de dolo e para o abandono de uma perspectiva psicologista da imputação[276].

Antes de contrapor as bases da doutrina Carpzov e do *dolus indirectus*, com as tendências subjetivistas do século XIX, realizo, já agora, uma breve aproximação do histórico do conceito de dolo no Direito português.

2. Sobre o "Direito Penal do Iluminismo" e os impactos na imputação subjetiva

O período do Iluminismo, em sua reconhecida fertilidade filosófica, obviamente repercutiu intensamente na teoria da imputação subjetiva, desenvolvendo-se as bases conceituais para concepções modernas e contemporâneas, sobretudo no que toca aos elementos volitivo e cognitivo do dolo[277].

Importante, aqui, contrapor duas linhas de pensamento: a acentuadamente volitiva e psicológica, desenvolvida sobretudo por Feuerbach, sob a base de sua teoria penal da dissuasão e da prevenção geral negativa, de matriz positivista; a destacadamente racional-cognitiva e normativa, que tem por base a teoria penal e da imputação de Hegel[278].

2.1. Feuerbach: a subjetivização da imputação, o dolo como propósito e a rejeição do *dolus eventualis*

As teorias aqui agrupadas identificam o dolo com o propósito (*Absicht*), mas no sentido restrito, a significar o esforço imediato de realização do tipo[279].

275. Veja-se: SCHLÜCHTER, Ellen. *Grenzen strafbarer Fahrlässigkeit*, 1996, p. 43.

276. De acordo: HEUCHEMER, Michael. *Der Erlaubnistatbestandsirrtum*, 2005, p. 267.

277. Acerca deste desenvolvimento, veja-se: DEMURO, Gean Paolo. Il dolo tra affetto ed effetto. Alberto di Simoni e la scienza penalistica italiana dela seconda metà del XVIII secolo. *Diritto@Storia* n.10 (2011-2012), p. 2.

278. No sentido desta oposição: LESCH, Hartmut H. *Der Verbrechensbegriff*, 1999, p. 152.

279. Sobre essas teorias, é essencial ver: ENGISCH, Karl. *Untersuchungen über Vorsatz und Fahrlässigkeit im Strafrecht*, 1995, p. 88 e ss.

O ponto comum, nestas teorias, fortemente influenciadas pelo pensamento de Feuerbach, é o de que a representação do resultado como certo ou possível não se faz suficiente para a afirmação do dolo.

Para Feuerbach, o princípio da imputação se define e desenvolve segundo o conceito de pena[280]: se o objetivo da pena é exercer a coação psicológica em face do autor potencial (*Abschreckungstheorie*[281]), então esta só pode ser aplicada se a pessoa que violou a lei for passível de coação psicológica. Bem por isto, o conhecimento da lei penal, a subsunção correta do comportamento à lei, e a realização da ação em plena capacidade são pressupostos de toda a imputação subjetiva, tanto do dolo quanto da própria negligência (*culpa*)[282]. Especificamente para o dolo, há uma dupla exigência: a vontade de realização do fato e o conhecimento da sua punibilidade[283]. No caso da negligência, deve haver uma consciente violação da *obligatio ad diligentiam*.

A evidente "vantagem prática" dessa posição consistia em permitir uma delimitação bastante simples e precisa entre o dolo e a negligência[284]: a *culpa stricto sensu* se estabelece em um sentido negativo, na medida em que a vontade não se direciona ao objetivo ilícito. Mas aqui surge o problema da determinação da natureza da culpa como negligência[285].

Se para a teoria da coação psicológica o que interessa é a influência da lei na vontade do agente, indaga-se: como essa influência pode se dar?[286] Para tentar

280. Sobre isso: PAWLIK, Michael. *Das Unrecht des Bürgers,* 2012, p. 367-368 e 384.

281. Veja-se: FEUERBACH, Anselm Ritter v. *Lehrbuch des gemeinen in Deutschland gültigen peinlichen Rechts.* Giessen: Georg Friedrich Heyer, 1823, § 13, p. 19, no sentido de que o sujeito deve representar que a realização de seu desejo está associada ao sofrimento de um mal maior, o que torna a não realização menos penosa do que ter que suportar o resultado.

282. Veja-se, sobre isso: GRECO, Luís. *Lebendiges und Totes in Feuerbachs Straftheorie,* 2009, p. 60. Também: STUCKENBERG, Carl-Friedrich. *Vorstudien...,* 2007, p. 566. PAWLIK, Michael. *Das Unrecht des Bürgers,* 2012, pp. 313 e 384. Esclarece, Pawlik, que ao tempo de Feuerbach a maior glória do criminalista consistia em se passar por psicólogo. O que importava era empreender uma investigação da alma do acusado, e descobrir o que efetivamente ele quis. E o fio condutor da empreitada, para Feuerbach, era o pensamento da dissuasão. Daí a absoluta ausência de espaço, na perspectiva de Feuerbach, para o *dolus indirectus* e mesmo para o *dolus eventualis.*

283. *Lehrbuch,* 1823, § 54, p. 51. Veja-se: GRECO, Luís. *Lebendiges und Totes in Feuerbachs Straftheorie,* 2009, p. 60-61, observando, o Autor, que em face de tal posicionamento, Feuerbach se revelava um consequente defensor da teoria volitiva, uma vez que, para ele, apenas os casos de propósito (*Absicht*) ou, quando menos, de dolo alternativo (em que há uma pluralidade de intenções ilícitas), podem ser reconhecidos como dolosos. Se o autor atua em consciência da possibilidade ou probabilidade do resultado, mas sem objetivá-lo, o que se é de reconhecer é a negligência.

284. Veja-se: FRANK, Reinhardt. Vorstellung und Wille in der modernen Doluslehre. *ZStW* 12 (1890), p. 176. ENGISCH, Karl. *Untersuchungen...,* 1995, p. 88.

285. Por óbvio, não se pode determinar o conteúdo de algo que é, a partir daquilo que se diz que este algo *não é.* Se dolo é querer, e se sobra o não-querer para a negligência, ainda assim não se esclarece o que a negligência é.

286. FRANK, Reinhardt. Vorstellung und Wille in der modernen Doluslehre. *ZStW,* 12 (1890), p. 176.

solucionar o problema, Feuerbach recorre à "*obligatio ad diligentiam*"[287], em relação a qual o agente deve estar consciente para poder se justificar a punição pelo delito negligente, ainda que não atue no conhecimento de que viola uma norma específica (o que é exigido para o caso do dolo)[288]. É fácil notar que a representação, portanto, encontra um papel central na teoria do delito negligente[289].

Como é sabido, Feuerbach, em seu vigoroso ataque contra a "*Doctrina Bartoli*", censura o *dolus indirectus*[290], e defende que a previsão de um resultado não pode conduzir, de modo algum, a afirmar que tal resultado tenha sido *querido*. Acaba por reduzir, assim, o Autor, o dolo ao propósito (*Absicht* - dolo direto de primeiro grau, ainda que este possa ser indeterminado[291]). Isso é coerente com a doutrina da coação psicológica e implica em uma noção extraordinariamente restrita do comportamento hostil ao Direito[292], que desenboca, no caso doloso, no *dolus malus*[293].

Em termos de fundamentação da responsabilidade qualificada, Feuerbach, consequentemente, defendia que o agente doloso só pode ser dissuadido com uma ameaça penal drástica, em face dos afectos hostis e das paixões envolvidas na perpetração dolosa. Já a *culpa* (culpa *stricto sensu*) possui por fonte a leviandade, não indicando o afeto hostil e a contrariedade direta à ordem jurídica derivada de uma má vontade, não exigindo mais que uma advertência[294].

As formas de dolo, para Feuerbach, são duas: o *dolus determinatus* e o *dolus indeterminatus*. O *dolus determinatus*, consistente no propósito (*Absicht*), em que o resultado é o objetivo exclusivo do agente. E o *dolus indeterminatus*, que conta com duas formas, a saber: o agente realiza a ação delituosa, sendo indiferente no que toca ao resultado ilícito que pode ser produzido, tanto podendo

287. Informativo: PAWLIK, Michael. *Das Unrecht des Bürgers,* 2012, p. 307.

288. Veja-se: PAWLIK, Michael. *Das Unrecht des Bürgers,* 2012, p. 368.

289. Sobre isso: FRANK, Reinhardt. Vorstellung und Wille in der modernen Doluslehre. *ZStW* 12 (1890), p. 177. Veja-se ainda: STUCKENBERG, Carl-Friedrich. *Vorstudien...,* 2007, p. 567.

290. Com notas sobre Carpzov, Klein, Klee, Leuschner e outros, veja-se: GRECO, Luís. *Lebendiges und Totes in Feuerbachs Straftheorie,* 2009, p. 61, n.r. 186.

291. *Lehrbuch,* 1823, § 59, p. 61.

292. Veja-se: NAUCKE, Wolfgang. *Über die Zerbrechlichkeit des rechtsstaatlichen Strafrechts. Materialien zur neurern Strafrechtsgeschichte*. Baden-Baden: Nomos, 2000, p. 196.

293. Assim: PAWLIK, Michael. *Der Unrecht des Bürgers*, 2012, p. 374.

294. Veja-se, criticamente: STUCKENBERG, Carl-Friedrich. *Vorstudien...,* 2007, p. 424. Críticas acerca da incoerência de Feuerbach, face às premissa da teoria da dissuasão: BAR, Ludwig v. *Geschichte des Deutschen Strafrechts und der Strafrechstheorie,* 1 Band, 1882, p. 176. Opostamente, a ressaltar que Feuerbach não considerava que estes eram casos de delitos deviam ser passíveis de penas mais severas, e que reconhecia que não eram objeto da teoria da dissuasão: NAUCKE, Wolfgang. *Über die Zerbrechlichkeit des rechtsstaatlichen Strafrechts,* 2000, pp. 197 e 200. De acordo com Naucke, a teoria da dissuasão, ao plano objetivo, tinha por referência apenas os delitos graves(*Vergehen*), não abrangendo as contravenções e os delitos de bagatela. Com isso, Feuerbach se apresenta coerente com a teoria penal kantiana, ao direcionar a teoria da dissuasão aos casos que efetivamente colocam em risco o Estado e a liberdade individual.

ser um como outro; ou então o agente realiza a ação com um fim delituoso específico, mas sabe ou prevê que provavelmente, com a ação, outro delito poderá ser produzido[295 296].

O contemporâneo de Feuerbach, Kleinschrod, também compreendia o *dolus malus* como a essência do atuar doloso. Assim, o criminoso que claramente antevê que sua ação é ilícita e punível, despreza essencialmente a ordem da lei e faz vítima a sociedade. Esse desprezo perante a lei, essa determinação livre da vontade para uma ação ilícita constitui a natureza do dolo, que era compreendido como um fato psicológico e interno, cuja prova cabal dependia sempre da confissão[297].

Também Liepmann, em uma recusa frontal ao dolo eventual, restringia o dolo aos casos de propósito, afirmando que o dolo sempre pressupõe um objetivo diretamente antissocial por parte do agente[298]. Ainda no que se refere ao dolo como propósito, nele se inserem os meios representados como necessários para o objetivo, ainda que sua realização seja tida como possível[299]. Para o Autor, o principal fundamento para o rechaço do dolo eventual é que exigir do juiz que este estabeleça, em termos psicológicos, quando o agente consentiu no resultado, para o caso de que ocorra, consiste em impor-lhe uma tarefa impossível. Ainda segundo Liepmann, a jurisprudência do *Reichsgericht* (Tribunal do Império alemão) se inclinava a reconhecer o dolo, ao custo de uma redução da área da negligência[300].

Na mesma linha de pensamento, também se pronunciava Stübel, para quem o conhecimento do resultado não-buscado, como provável, constitui a negligência (*culpa*), enquanto a consciência da simples possibilidade não configura ilícito penal[301].

---

295. Veja-se: FEUERBACH, Anselm v. Ritter. *Lehrbuch,* 1823, §58, p. 60. Note-se a diferença sensível com o atual dolo eventual: Feuerbach exigia que houvesse intenção quanto ao objetivo ilícito da ação, e somente então abre a possibilidade de se reconhecer o dolo eventual no que atina ao resultado colateral. Mas não há, na teoria de Feuerbach, espaço para um *dolus eventualis* exclusivo, desvinculado de uma "má intenção". Veja-se, sobre isto: PÉREZ-BARBERÁ, Gabriel. *El dolo eventual,* 2011, p. 173.

296. Sobre isso, explicativo: ZIMMERMANN, Abraham. *Dolus eventualis,* 1913, p. 10. Também, explicativo: PAWLIK, Michael. *Das Unrecht des Bürgers,* 2012, p. 385.

297. KLEINSCHROD, Gallus Aloys Kaspar. *Systematische Entwicklung der Grundbegriffe und Grundwahrheiten des peinlichen Rechts nach der Natur der Sache und der positiven Gesetzgebung. Erster Theil.* (3. Aufl.). Erlangen: Palm, 1805, §14, pp. 30-32; §25, pp. 54-55.

298. Sobre a posição de Liepmann acerca da problemática do erro de direito, veja-se: DIAS, Jorge de Figueiredo. *O problema da consciência da ilicitude em direito penal,* 1987, p. 38.

299. *Die Reform des deutschen Strafrechts. Kritische Bemerkungen zu dem "Strafgesetzenwurf".* Hamburg: Gente, 1921, p. 76.

300. *Die Reform des deutschen Strafrechts. Kritische Bemerkungen zu dem "Strafgesetzenwurf",* 1921, p. 76.

301. Veja-se: *System des allgemeinen peinlichen Rechts. 2 Band,* pp. 59-60; 63 e 79-80 (sobre

Por sua vez, Grolman restringe o dolo ao propósito direto ou aos casos de previsão do resultado como necessário, e considera a previsão do resultado colateral como possível uma modalidade de negligência, como sendo uma "culpa próxima"[302]. Também neste sentido restritivo, Quistorp[303] e Klein[304].

A exigência do conhecimento da ilicitude e inclusive da *específica ilegalidade* (em termos de subsunção) para o dolo, obviamente conduziu a dificuldades práticas que Feuerbach e seus contemporâneos, como Grolman[305] e outros, tentaram superar pela via da presunção: nos casos "normais", parte-se da presunção de que o agente tanto quer o resultado como conhece a lei penal[306].

A "*praesumtio doli*", estabelecida então na Lei, implicava em que o dolo deveria ser reconhecido a partir da factidade externa, da ligação entre a ação e o resultado ("*Facta laesione praesumitur dolus, donec probetur contrarium*"), somente sendo afastada na hipótese de introdução de uma contraprova[307]. O fundamento, apresentado por Feuerbach, se associava ao livre arbítrio e à voluntariedade da ação humana, nos "casos gerais"; caso o agente pretendesse negar que o resultado foi querido, cumpria-lhe, então, apresentar a (contra)prova de que houve um desvio do caminho geral[308]. A presunção de dolo também tinha

a exclusão dos resultados representados como possíveis do âmbito da ilicitude). Sobre a concepção de Stübel, informativo: PÉREZ-BARBERÁ, Gabriel. *El dolo eventual,* 2011, p. 170. Observa, o Autor, que a teoria de Stübel ou bem alocava na negligência o que hoje se insere no dolo eventual, ou bem situava o comportamento no campo do indiferente penal.

302. GROLMAN, Karl v. *Grundsätze der Criminalrechtswissenschaft.* (2. Aufl.). Giessen: Georg Friedrich Heyer, 1805, §52, pp. 60-61, ainda que a distingir o dolo em *determinatus* e *indeterminatus,* mas sempre de modo vinculado, e a rejeitar o *dolus indirectus*. Criticamente, no que se refere à não inclusão do resultado representado como possível, naquele *tempo*: ALMENDINGEN, Ludwig Harscher v. *Untersuchungen über das Culpose Verbrechen*, 1804, p. 17.

303. Sobre o conceito restrito de dolo em Quistorp, conduzindo-o à *Absicht,* veja-se: *Grundsätze des deutschen peinlichen Rechts. Erster Teil.* Deutschland, 1796. 6. Aufl., §25, p. 27.

304. *Grundszätze des gemeinen deutschen und preussischen peinlichen Rechts.* Halle: Hemmerde und Schetschke, 1796 (Nachd. Goldbach:Keip, 1996), §119, pp. 90-91. O Autor explicitava que a má vontade (*positiv-böser Wille*) exige: 1)um efeito intencional; 2) a consciência, por parte do agente, de que o efeito é ilegal. Veja-se, sobre isto, também: STUCKENBERG, Carl-Friedrich. *Vorstudien...*, 2007, p. 565, a destacar as hipóteses de falta de dolo, associadas à *negativ-böser Wille.* Observa, Stuckenberg, que Klein reunia todos os casos relevantes no âmbito do dolo, embora com distinções de reprovabilidade entre os casos de *positiv-böser Wille* e *negativ-böser Wille.*

305. Informativo, sobre a posição de Grolman acerca da presunção de dolo: GROBE, Hannes. Die allgemeine Vorsatzvermutung bei Feuerbach. *ZStW* 78 (1966), p. 62.

306. FEUERBACH, Anselm v. Ritter. *Lehrbuch,* 1823, § 60, pp. 62-63. Sobre isso: GRECO, Luís. *Lebendiges und Totes in Feuerbachs Straftheorie,* 2009, p. 63, onde se indica a redação do projeto do Código Penal da Baviera, elaborado por Feuerbach. Veja-se, ainda: PAWLIK, Michael. *Das Unrecht des Bürgers,* 2012, p. 313.

307. Veja-se: GROBE, Hannes. Die allgemeine Vorsatzvermutung bei Feuerbach. *ZStW* 78 (1966), p. 61. O Autor aponta a necessidade prática, à época, de uma construção do dolo a partir dos indícios, em face da abolição do procedimento inquisitivo e da tortura, uma vez que as confissões se tornam mais raras e difíceis de obter. Criticamente, e a distinguir a *praesumtio doli* do *dolus ex re*: HRUSCHKA, Joachim. *FS-Kleinknecht,* 1985, p. 197-198.

308. FEUERBACH, Anselm v. Ritter. *Grundsätze der Criminalrechts-Wissenchaft.* Giessen:

o objetivo de reduzir o espaço da livre convicção e o próprio arbítrio judicial, sendo certo que o último seria prejudicial à própria ideia de pena como dissuasão, na medida em que esta pressupõe uma ameaça certa e determinada[309].

Embora a plausibilidade do argumento, no sentido de que o ilícito criminal configurasse uma violação de normas inscritas "no coração" do indivíduo, com arrimo na natureza e na razão (pensamento jusntaturalista), logo se percebeu que mesmo neste âmbito, excetuado um sistema normativo muito rudimentar, nem tudo se apresenta tão claro, havendo espaço para o erro de Direito[310].

De todo modo, após ataques à presunção do dolo, no sentido de que sobrecarregava o arguido e causava danos à imparcialidade do Juiz, Feuerbach acaba por, na nona edição de seu *Manual*, rejeitá-la expressamente[311], restringindo a presunção apenas à imputabilidade do sujeito.

Conforme corretamente assinala Pérez-Barberá, o que existe em comum nestas teorias é a não aceitação do *dolus eventualis* como forma autêntica de dolo, somente sendo doloso aquilo que foi querido ou, nas piores hipóteses, previsto como seguramente associado ao querido (que deve ser ilícito[312]), ou como resultado provável de um comportamento ilícito querido[313]. O dolo resta caracterizado positivamente como propósito e a negligência como falta de propósito[314].

A concepção psicologista de Feuerbach influenciou fortemente a dogmática alemã, como se passará a verificar de seguida, quando da análise das teorias volitivas do final do século XIX e da primeira metade do século XX. As denominadas teorias "emocionais"[315], que passam a considerar como hipóteses de dolo aquelas em que o agente consente na entrada do resultado, serão, por motivos metodológicos, analisadas no capítulo subsequente.

Georg Friedrich Heyer, 1825, §55, pp. 49-50. Informativo: GROBE, Hannes. Die allgemeine Vorsatzvermutung bei Feuerbach. *ZStW* 78 (1966), p. 62. Também: GRECO, Luís. *Lebendiges und Totes in Feuerbachs Straftheorie,* 2009, p. 63.

309. Sobre a associação da presunção de dolo à teoria penal da dissuasão, veja-se: GROBE, Hannes. Die allgemeine Vorsatzvermutung bei Feuerbach. *ZStW* 78 (1966), p. 63.

310. PAWLIK, Michael. *Das Unrecht des Bürgers,* 2012, p. 314. Observa, o Autor, que o *Reichsgericht*, já neste período, delimitou a aplicação da parêmia *error juris nocet* ao desconhecimento da lei penal; apenas o erro extrapenal poderia, assim, excluir o dolo. Op. cit. p. 315. Veja-se ainda: FRISTER, Helmut. *AT,* 2015, §18, n.m.1-2, p. 258.

311. Veja-se: GRECO, Luís. *Lebendiges und Totes in Feuerbachs Straftheorie,* 2009, p. 64. Também: GROBE, Hannes. Die allgemeine Vorsatzvermutung bei Feuerbach. *ZStW* 78 (1966), p. 66. STUCKENBERG, Carl-Friedrich. *Vorstudien...,* 2007, p. 567.

312. Veja-se, criticamente, já a seu tempo: STURM, Friedrich. *Die strafrechtliche Verschuldung.* Breslau: Schlettersche Buchhandlung, 1902, p. 76.

313. Veja-se, criticamente: PAWLIK, Michael. *Das Unrecht des Bürgers,* 2012, p. 385.

314. *El dolo eventual,* 2011, p. 175.

315. Acerca desta classificação: ENGISCH, Karl. *Untersuchungen über Vorsatz und Fahrlässigkeit,* 1995, p. 92 e ss.

2.2. A teoria da imputação de Hegel e sua retomada: a objetivização da *Absicht* e o *dolus indirectus*

Como esclarece Stuckenberg, o dolo, na forma de intenção (*Absicht*), na linguagem de Hegel (em que se separa "intenção" de "propósito", o último sim como *Vorsatz*), abrange também o resultado não-previsto, mas típico e previsível da ação, em uma perspectiva que retoma as bases do *dolus indirectus*[316].

O agente, enquanto "pensador e natureza racional", deve conhecer a generalidade/universalidade de sua ação, que lhe pode, por isso mesmo, ser imputada. Essa imputação nada mais consiste do que em honrar a racionalidade do sujeito[317].

O "direito do conhecimento" (*Recht des Wissens)* é também um "dever do conhecimento" (*Pflicht des Wissens)*. A vontade e a liberdade se movem nos limites do espírito racional, e por isto o sujeito não pode se esquivar da sua responsabilidade, impondo (ele mesmo) limites subjetivos e arbitrários ao próprio dolo/propósito[318]. Por outras palavras, para Hegel, o agente é uma pessoa racional, e a imputação independe de sua disposição interna "empírica-real"[319]. Aquilo que é da natureza geral da ação, obrigatoriamente, deve ser conhecido pelo sujeito racional, inserindo-se em sua intenção (*Absicht*, que se emprega em distinção aqui ao *Vorsatz* e explicita o aspecto geral, e não individual).[320]

A compreensão de Figueiredo Dias, no sentido de que o dolo se limita ao "*Recht des Wissens*", ao passo em que o dever de conhecer se conexiona apenas ao conhecimento da ilicitude, sendo uma questão para a consciência ética (nos termos dos §§132 e 140 das *Grundlinien)*, parece traçar uma distinção inexata,

---

316. Veja-se: *Vorstudien...*, 2007, p. 572. Também, no mesmo rumo: LESCH, Hartmut H. *Der Verbrechensbegriff,* 1999, pp. 136 e 146.

317. HEGEL, Georg Wilhelm. *Grundlinien der Philosophie des Rechts,* 1821, §§118, 132. Veja-se: HEUCHEMER, Michael. *Der Erlaubnistatbestandsirrtum,* 2005, pp. 288-289.

318. A aplicar a teoria, de modo distinto, para o dolo-do-fato e para a consciência da ilicitude, e a defender que apenas no que se refere à última há, para Hegel, o dever de conhecer, veja-se: DIAS, Jorge de Figueiredo. *O problema da consciência da ilicitude em direito penal,* 1987, pp. 285-286. De acordo com o Autor, Hegel situa o dolo-do-fato ao plano do domínio da moralidade subjetiva, ao passo em que a apreensão da (consciência) da ilicitude se situa no direito da objetividade, que não pode ser prejudicado pelo juízo do sujeito. Contudo, esta análise parece desconsiderar o tratamento, por Hegel, do *dolus indirectus*, sobretudo no §119 das *Grundlinien*, e as premissas estritamente normativas de que parte o Autor. Veja-se, neste sentido: HEUCHEMER, Michael. *Der Erlaubnistatbestandsirrtum,* 2005, p. 289.

319. Sobre isso: LESCH, Hartmut H. *Der Verbrechensbegriff,* 1999, pp. 138 e 146. Assinala, o Autor, que para Hegel a teoria penal e a teoria da imputação partem do mesmo princípio, qual seja, o sinalagma entre a liberdasde de organização e a responsabilidade pelo resultado, sob a base da responsabilidade de uma pessoa racional.

320. Veja-se: HEGEL, Georg Wilhem Friedrich. *Gründlinien der Philosophie des Rechts.* Berlin, 1821, § 119. Sobre isso: LESCH, Hartmut H. *Der Verbrechensbegriff,* 1999, p. 149. Acerca da contraposição entre *Vorsatz* e *Absicht*, em Hegel, veja-se também: STUCKENBERG, Carl-Friedrich. *Vortudien...,* 2007, pp. 571-572. SAFFERLING, Christoph J.M. *Vorsatz und Schuld,* 2008, p. 20.

pois deixa de fora a categoria do *dolus indirectus*, em que há uma referência também ao *"Pflicht des Wissens"*[321].

Neste contexto, o geral, o universal, corresponde ao *dolus indirectus*[322], em oposição ao imediato e individual do *dolus directus*. O geral não pode ser afastado da intenção, salvo em se tratando de crianças, doentes mentais ou idiotas (*Blödsinniges*). Como sujeito racional, espera-se que este conheça a generalidade do objeto da ação[323]. Em síntese, o dolo, como *Absicht* (na terminologia hegeliana), compreende inclusive efeitos não previstos, mas típicos e previsíveis resultados da ação, em aproximação com a figura do *dolus indirectus* do Direito comum[324]. O dolo, portanto, é estritamente separado de facticidades psíquicas, do conhecimento atual de facticidades, e se afere a partir da análise de uma lesão do dever de conhecer, determinado para uma pessoa racional[325].

O hegeliano Karl Ludwig Michelet reconhece também uma "intenção indireta", que compreende o efeito necessário, ainda que não previsto, da lesão proposital. Esta intenção indireta é o direito objetivo do fato e, através de sua imputação, o agente é reconhecido como racional[326].

Já para Köstlin, a distinção entre *Absicht* e *dolus* não é frutífera, uma vez que a intenção se direciona de modo determinado, indeterminado ou eventual ao resultado, enquanto a *culpa* apenas se configura como inconsciente[327]. A intenção indireta, que está entre o *dolus* e a *culpa*, inclui a *luxuria* e o *impetus*, sendo que, no caso da primeira, o resultado é refletido, contudo o agente espera que não ocorra. A *luxuria* se separa do *dolus* caso o sujeito tenha procurado evitar o resultado previsto como possível, ou caso o resultado não tenha sido "querido nem eventualmente", pois a indiferença também identifica uma vontade (dolosa)[328]. A normativização do conceito de dolo fica especialmente clara e acentuada no tratamento conferido por Köstlin aos casos de *aberratio ictus*[329],

---

321. Assim: HEUCHEMER, Michael. *Der Erlaubnistatbestandsirrtum,* 2005, p. 289.

322. Veja-se: HEGEL, Georg Wilhem Friedrich. *Gründlinien der Philosophie des Rechts*, 1821, §118, 119.

323. Veja-se: STUCKENBERG, Carl-Friedrich. *Vorstudien...,* 2007, p. 572.

324. Assim: STUCKENBERG, Carl-Friedrich. *Vorstudien...,* 2007, p. 573.

325. HEUCHEMER, Michael. *Der Erlaubnistatbestandsirrtum,* 2005, p. 289.

326. *Das System der philosophischen Moral.* Berlin, Schlessinger, 1824, p. 89. Disponível parcialmente em:http://reader.digitale-sammlungen.de/de/fs1/object/display/bsb10041360_00005.html (acesso em 04.12.2017). Veja-se, em análise de Michelet, com outras referências: STUCKENBERG, Carl-Friedrich. *Vorstudien zu Vorsatz und Irrtum,* 2007, p. 573.

327. Sobre isso: STUCKENBERG, Carl-Friedrich. *Vorstudien zu Vorsatz und Irrtum,* 2007, p. 574.

328. Veja-se: KÖSTLIN, Theodor Reinhold. *System des deutschen Strafrechts*, 1855, §73, pp. 183 e 191. *Neue Revision der Grundbegriffe des Kriminalrechts.* Aalen: Scientia (Neudruck der Ausgabe Tübingen, 1845), 1970, p. 259. Informativo, veja-se: STUCKENBERG, Carl-Friedrich. *Vorstudien zu Vorsatz und Irrtum,* 2007, p. 574.

329. Veja-se: HEUCHEMER, Michael. *Erlaubnistatbestandsirrtum,* 2005, p. 267.

em que defende que é indiferente para o Direito se o sujeito matou o inimigo, que queria, ou o amigo, que não queria, pois em qualquer caso realizou a ação probida de matar um homem. Assim, o objeto do homicídio não é um homem, mas sim o direito à vida; o objeto do furto não é a coisa, mas o direito de propriedade. Mais que isso, o que importa é ressaltar que, para Köstlin não é qualquer tipo de erro que afasta o dolo, sendo sempre necessária uma avaliação valorativa acerca dos fundamentos do erro, o que abre caminho para uma ampla normativização conceitual[330]. O conceito de dolo acaba por se liberar da relevância de uma concretização extratípica[331], ressaltando-se que a medida da intenção é a natureza objetiva da ação, e não o arbítrio subjetivo[332]. A intenção (*Absicht*, como na linguagem hegeliana) tem uma natureza formal e geral, de todo distinta de um simples propósito (*Vorsatz*, como na linguagem hegeliana)[333].

Por fim, Berner chamava a atenção para a conexão entre o *dolus* e sua ligação com seu "outro" (seu efeito no mundo exterior), qual seja, a intenção (*Absicht*)[334]. Berner aponta, quanto aos efeitos colaterais, para três categorias: a possibilidade, o acaso, e a necessidade. No caso do "*dolus determinatus*", o agente direciona o dolo à "possibilidade real" do resultado[335], ainda que este não seja o fim último da ação. Por seu turno, o "*dolus indeterminatus seus eventualis*" é aquele que tem por objeto a simples possibilidade do resultado. Nesta situação, Berner apresenta o seguinte exemplo: um bandido quer testar a eficácia de sua arma, especificamente medir a que distância chega seu disparo; para tanto, efetua um tiro contra um grupo de pessoas, ciente da possibilidade de atingir alguma, e mesmo causar sua morte; caso alguém seja atingido, o agente consente no resultado[336]. Na hipótese de o agente, contudo, representar a possibilidade do resultado e acreditar que pode evitá-lo, bem assim não aprová--lo, então o que se há de reconhecer é a culpa, na forma de "*Frevelhaftigkeit*" (frivolidade mas com um plus de "maldade" ou "impiedade", em uma tradução possível)[337]. Como última categoria de imputação, Berner refere-se à culpa sem

330. Veja-se: HEUCHEMER, Michael. *Erlaubnistatbestandsirrtum,* 2005, pp. 268 e 270.

331. HEUCHEMER, Michael. *Erlaubnistatbestandsirrtum,* 2005, p. 269.

332. *System des deutschen Strafrechts*, 1855, §73, pp. 182; 191.

333. KÖSTLIN, Theodor Reinhold. *Neue Revision der Grundbegriffe des Criminalrechts*, 1970, p. 285. Ao contrário do que se entende hoje, a intenção, neste sentido formal, era o conceito mais amplo, em face do dolo, tal como se dá em Hegel. Explicativo: HEUCHEMER, Michael. *Erlaubinstatbestandsirrtum*, 2005, p. 272.

334. BERNER, Albert Friedrich. *Grundlinien der criminalistischen Imputationslehre*, 1843, p. 184. Sobre a teoria da imputação e sobre o conceito de ação em Berner, veja-se: Küpper, Georg. *Grenzen der normativierenden Strafrechtsdogmatik,* 1990, p. 88 e ss.

335. BERNER, Albert Friedrich. *Lehrbuch des deutschen Strafrechtes*. Leipzig: Bernhard Lauchniss, 1857, §95, p. 143.

336. BERNER, Albert Friedrich. *Grundlinien der criminalistischen Imputationslehre,* 1843, p. 187.

337. BERNER, Albert Friedrich. *Grundlinien der criminalistischen Imputationslehre,* 1843, pp. 193 e 227.

a consciência da possibilidade, a que denomina "*Unvorsichtigkeit*" e fundamenta no dever geral de cuidado[338].

A nota comum a todos estes Autores, que partem das bases da teoria da imputação hegeliana[339], é a objetivização da intenção (*Absicht*, na linguagem restrita de Hegel)[340], ainda que nem sempre em modo tão amplo quanto no próprio Hegel, e a consideração do agente como uma natureza racional, que precisa conhecer o caráter geral da ação, e não pode se esquivar da responsabilidade a partir de perspectivas subjetivas, que o retirariam da condição de uma natureza pensante e racional. O essencial na imputação é a contradição com a norma e não a concreta vontade do agente[341]. Com isso, a *culpa* acaba sendo delimitada a resultados imprevisíveis – conquanto que não apenas derivados do acaso -, não se compaginando com a modalidade consciente.

3. Balanço

Não é difícil notar que o desenvolvimento da teoria da imputação subjetiva experimentou variações entre perspectivas de acento "subjetivo-volitivo" e "objetivo-cognitivo", notadamente no que concerne ao aspecto do sujeito da imputação, ora concebido como um indivíduo concreto, como "unidade psicofísica" (Feuerbach), ora como uma pessoa racional, como uma "natureza pensante" (mais contemporaneamente, com os hegelianos, como Michelet, Köstlin, Berner e Abegg[342]).

De início, na Antiguidade, após a superação da censura pelo resultado (*Erfolgshaftung*), e no Direito Romano, Canônico e Comum-Germânico, a única forma de imputação geral/ordinária era o dolo, enquanto "má-vontade" ou "má-intenção", vinculada à realização do ilícito e submetida à *poena ordinária*. A negligência (*culpa*) só era punida excepcionalmente, com a *poena extraordinaria*, geralmente em casos de homicídio e incêndio.

---

338. BERNER, Albert Friedrich. *Grundlinien der criminalistischen Imputationslehre,* 1843, p. 248.

339. Sobre Berner e seu sistema de imputação, veja-se: PAWLIK, Michael. *Das Unrecht des Bürgers,* 2012, p. 4.

340. Sobre o tema, veja-se: HEUCHEMER, Michael. *Erlaubnistatbestandsirrtum*, 2005, p. 268 e ss.

341. Explicativo: SAFFERLING, Christoph J.M. *Vorsatz und Schuld,* 2008, pp. 22-24. Contra, a indicar, para Berner e Hälschner, a relevância da vontade para a imputação do dolo, veja-se: KÜPPER, Georg. *Grenzen der normativierenden Strafrechtsdogmatik,* 1990, p. 89. Contudo, é de se assinlar que o Autor não estava, aqui, a se referir à *Absicht* (do que Berner tratava cem páginas adiante), mas ao *dolus*, o que torna a sua crítica de subjetivização inexata, quando não mesmo equivocada.

342. Veja-se, sobre o delito como contradição com o Direito e os custumes reconhecidos pelo Estado: *Lehrbuch der Strafrechtswissenschaft.* Neustadt an der Orla, 1836, pp. 63; 94.

As necessidades práticas, e de política criminal, conduziram a uma ampliação da área do dolo, ora transmudando-se o conceito para incluir a figura do *dolus indirectus* (Glosadores e Pós-Glosadores, em especial com a *Doctrina Bartolis* e com Carpzov), ora com previsão de novas regras de prova (*dolus praesumtum*).

No século XIX, sob a influência da psicologia e das ciências naturais no campo do Direito Penal, bem assim do pensamento iluminista, e sob a pena de importantes Autores, como Feuerbach, Almendingen, Stübel, Klein e Kleinschrod, dá-se uma nova "subjetivização" do ilícito, estreitando-se o vínculo entre o dolo (*malus*) e a "má-vontade", e reduzindo-se sua abrangência à intenção enquanto propósito ou, no pior caso, aos resultados colaterais necessários ou prováveis, mas sempre vinculados a uma ação ilícita de base, já direcionada a um resultado delituoso, em uma nova leitura da doutrina canônica do *versari in re illicita*. Essas concepções também influenciaram sobremaneira a disciplina do erro, notadamente no que concerne ao erro sobre a ilicitude, que seguiram um padrão acentuadamente psicologista ao menos até meados do século XX, com o desenvolvimento da teoria (normativa) da culpabilidade e a superação da(s) (psicológica) teoria(s) do dolo.

De outro lado, também no século XIX, sob a influência de Hegel e de sua teoria da imputação, desenvolvida, na dogmática penal, sobretudo por Autores como Abegg[343], Köstlin[344], Luden[345], Michelet[346] e outros[347], ocorre uma nova objetivização do dolo e da intenção (*Absicht*, no sentido hegeliano), partindo-se da ideia de que o "geral da ação" deve ser conhecido pelo sujeito enquanto pessoa racional, e retomando-se as ideias básicas da doutrina do *dolus indirectus*.

Todas essas teorias vão repercutir nas construções do século XIX e primeira metade do século XX, na elaboração das teorias volitivas (do consentimento, da aprovação e da aprovação no sentido jurídico) e cognitivas (da possibilidade, da probabilidade), que retomam os grandes modelos, ainda mantendo uma tradição de acento psicologista. A disputa entre as duas perspectivas influenciou a discus-

---

343. Veja-se: SCHMIDT, Eberhard. *Einführung in die Geschichte der Deutschen Strafrechtspflege*. 3 ed. Göttingen: Vandehoeck & Ruprecht, 1995, p. 297. Também: PAWLIK, Michael. *Das Unrecht des Bürgers*, 2012, p. 290.

344. Sobre Köstlin, importa ver: SCHMIDT, Eberhard. *Einführung in die Geschichte der Deutschen Strafrechtspflege*, 1995, p. 297.

345. Veja-se: PAWLIK, Michael. *Das Unrecht des Bürgers*, 2012, p. 4, sobre a vinculação de Lüden ao pensamento sistemático hegeliano.

346. *Das System der philosophischen Moral*. Berlin: Schlessinger, 1824.

347. Uma ampla análise dos Autores hegelianos na dogmática penal foi realizada por Michael Ramb, na obra: *Strafbegründung in dem System der Hegelianer. Eine rechtsphilosophische Untersuchung zu den Straftheorien von Julius Abegg, Kristian Reinhold Köstlin, Albert Friedrich Berner und Hugo Hälschner*. Berlin: Duncker & Humblot, 2005. Especificamente sobre os fundamentos da pena em Abegg, p. 89; Köstlin, p. 150; Berner, p. 185, e Hälschner, p. 228.

são dogmática das primeiras décadas do século XX[348] e continua a influenciar a discussão atual, ao plano dos normativismos volitivo e cognitivo. Passo a tratar disso tudo em seguida.

348. Veja-se, no sentido de que a disputa estava mesmo „preparada": STUCKENBERG, Carl-Friedrich. *Vorstudien zu Vorsatz und Irrtum,* 2007, p. 575. Também: PAWLIK, Michael. *Das Unrecht des Bürgers,* 2012, pp. 386-387.

CAPITULO II

AS TEORIAS PSICOLÓGICAS DA REPRESENTAÇÃO E DA VONTADE

1. O embate entre as teorias da representação e da vontade "clássicas"

O que "pertence" ao conceito de dolo? Basta o elemento intelectual, ou seja, o conhecimento da segura ou possível realização do tipo, ou ainda se exige, para além do elemento cognitivo, um momento volitivo, sob a forma de um posiconamento emocional do agente perante o fato, no sentido de uma efetiva aprovação[349], ou ao menos de um aprovar no sentido ético-jurídico? Caso se tome como critério único o conhecimento, como se faz possível delimitar, no plano do tipo, as áreas do dolo eventual e da negligência consciente?[350] É possível compatibilizar o dolo com hipóteses de desconhecimento fundado em indiferença ao Direito?

As respostas a essas perguntas provavelmente não serão definitivas. Não se deve esperar desta investigação, obviamente, um resultado surpreendente, que abale os alicerces da teoria do delito, especialmente quanto ao conceito do dolo, a respeito do qual, já se disse, foram erguidas bibliotecas. Isso se funda em uma crença, de que a ciência se constrói na constante discussão com o pas-

---

349. Esses elementos emocionais aparecem sob as formas do consentir (*Einwilligen*), aprovar (*Billigen, gut-heißen)*, aceitar *(Inkaufnehmen)*, estar de acordo (*Einverstanden Sein)*, aprovar como algo positivo (*Genehmigen)*. Vejam-se: ENGISCH, Karl. *Untersuchungen über Vorsatz und Fahrlässigkeit,* 1995, p. 92. PÉREZ-BARBERÁ, Gabriel. *El dolo eventual,* 2011, p. 177.

350. Veja-se que a delimitação, no plano do tipo, é também o desafio enfrentado por aqueles que recorrem a um componente de culpa do dolo, que no mais das vezes se confunde com o disputado elemento volitivo.

sado e com o presente, que inclusive, do ponto de vista hermenêutico, aceite a pretensão de verdade daqueles que de há muito se foram, mas cuja interlocução se faz imprescindível para a abertura de novos - ainda que velhos - caminhos, em um virtuoso círculo hermenêutico[351].

Na dogmática, notadamente no final do século XIX e nas primeiras décadas do século XX, formaram-se duas grandes concepções, de base psicológica, acerca do conceito de dolo, uma delas de matriz (declaradamente) volitiva e outra de acento (pretensamente) cognitivo[352], mas com o elo comum de se trabalhar o dolo como um "fato psíquico" a ser determinado/descrito. Tais teorias nem sempre foram consequentes no que toca aos critérios aplicados - muitas vezes a postular por uma "essência" volitiva, com aplicação de métodos de determinação claramente cognitivos, e muitas vezes a defender uma "essência" cognitiva, com aplicação de métodos volitivos de determinação (como as fórmulas de Frank, por exemplo)[353]. De qualquer sorte, cingindo-se a disputa a quais os dados psíquicos - vontade e conhecimento, ou apenas conhecimento - devem integrar o conceito, é possível esquadrinhar essas tendências como sendo subsistemas de um sistema essencialmente psicológico-subjetivo de imputação.

A tentativa de responder às indagações acerca da manutenção do elemento volitivo no conceito de dolo, e do conteúdo do elemento intelectual, passa pelo exame das disputas entre as teorias volitivas e da representação clássicas e contemporâneas (da possibilidade e da probabilidade)[354], e também das designadas teorias emocionais (*Gefühltheorien*), nomeadamente da "teoria da indiferença", desenvolvida sobretudo por Karl Engisch[355].

2. As teorias volitivas estritas

As teorias volitivas clássicas ou estritas, ainda influenciadas pelo pensamento de Feuerbach (Capitulo I, supra) e inicialmente designadas como teorias da "aprovação" (*Billigung*) ou do "consentimento" (*Einwilligungs*), predominaram

---

351. Em uma perspectiva análoga no que toca aos objetivos da ciência penal, e a recusar que o ineditismo seja um deles: HARDWIG, Werner. *Die Zurechnung. Ein Zentralproblem des Strafrechts.* Hamburg: Cram, de Gruyter: 1957, p. 240.

352. Sobre isso: MEZGER, Edmund. *Strafrecht*, 1949, pp. 341-344.

353. Veja-se, sobre isso: PALMA, Maria Fernanda. *Dolo eventual e negligência consciente em direito penal*, 1982, p. 14. Sobre a essência do dolo postulada por cada uma das teorias, veja-se: ENGISCH, Karl. *Untersuchungen über Vorsatz und Fahrlässigkeit im Strafrecht,* 1995, p. 129 e 137. Quanto à vinculação de Frank à teoria volitiva e a tal contradição classificatória: HUNGRIA, Nelson. *Comentários ao Código Penal. Vol.1, tomo 2.* Rio de Janeiro: Forense, 1953, p. 110.

354. Sobre o tema: KÜPPER, Georg. Zum Verhältnis von dolus eventualis, Gefährdungsvorsatz und bewusster Fahrlässigkeit, *ZStW,* 100 (1988), p. 759-785.

355. Assim: *Untersuchungen über Vorsatz und Fahrlässigkeit im Strafrecht,* 1995, p. 133 e 186 e ss.

na Alemanha, notadamente na jurisprudência do *Reichsgericht*[356]. Essas concepções exigiam, para a afirmação do dolo, não apenas o conhecimento, mas ainda uma "efetiva aprovação interna do resultado" pelo agente, para o caso (*"für den Fall"*) de sua ocorrência[357]. Essa aprovação, em sentido psicológico estrito, era tida, então, como a nota essencial do dolo eventual[358], e que permitia seu claro deslinde com a negligência consciente[359].

Como observa Roxin[360], a tomar-se o critério da aprovação ao pé da letra, em um sentido psicológico, o resultado deveria ser considerado mesmo agradável ou prazeroso para o agente, não havendo que se cogitar de dolo nas hipóteses em que este, embora a reconhecer a elevada possibilidade do resultado delituoso, o tenha considerado desagradável ou indesejado. Isso conduz, como já se indicou, a resultados normativamente inadequados, como cedo se percebeu com o teorético "caso Lacmann" e, posteriormente, com o "caso da correia de couro".

Cumpre, agora, analisar mais detidamente a evolução das teorias de corte volitivo, mas não sem antes advertir que as variações são muito sutis.

2.1. A teoria do consentimento (*Einwilligungstheorie*): a posição predominante no *Reichsgericht*

Nesta concepção bastante restrita, o dolo exige que o resultado seja "bem recebido" pelo agente, em qualquer caso, mesmo naqueles em que não foi buscado ou tido por necessário para a consecução do objetivo, nos quais é considerado desde logo como "querido". A rejeição interna e a desaprovação, no sentido psicológico, afastam, *per se*, o dolo[361]. Por outras palavras, para se afirmar o dolo, em sua forma mais fraca ou limite (o dolo eventual, nesta concepção), é preciso que o sujeito esteja efetivamente de acordo com o resultado colateral,

356. Com referência a múltiplos precedentes do *Reichsgericht*, no sentido da aplicação da teoria do consentimento (estrita), veja-se: ENGISCH, Karl. *Untersuchungen über Vorsatz und Fahrlässigkeit im Strafrecht*, 1995, p. 93. Também: HIPPEL, Robert v. *Die Grenze von Vorsatz und Fahrlässigkeit*, 1903, p. 6 e 95. Crítico, no sentido de que os precedentes não representam casos de *dolus eventualis*, cuja possibilidade põe mesmo em questão: BAR, Carl Ludwig v. *Gesetz und Schuld im Strafrecht*, 1907, pp. 330-331.

357. A já se referir, então, a "aprovação eventual", veja-se: WÄCHTER, Carl Georg von. Zur näheren Bestimmung des Dolus-Begriffs. *GS* 16 (1864), pp. 62. O mesmo: *Deutsches Strafrecht, Vorlesungen*. Leipzig: Breitkopf und Härtel, 1881, §58, p. 159. Também, no mesmo sentido, de que o dolo nada mais é do que a aceitação de um resultado pela vontade: BAUMGARTEN, Arthur. *Der Aufbau der Verbrechenslehre. Zugleich ein Beitrag zur Lehre vom Strafrechtsverhältnis*. Tübingen: C.B. Mohr, 1913, §13, pp. 129 e 131-132.

358. Veja-se: HIPPEL, Robert v. *Die Grenze von Vorsatz und Fahrlässigkeit*, 1903, p. 99.

359. Explicativo: ENGISCH, Karl. *Untersuchungen über Vorsatz und Fahrlässigkeit im Strafrecht*, 1995, p. 92.

360. *AT*, 2006, § 12, n.m. 37, p. 457.

361. Informativo: RAGUÉS I VALLÈS, Ramón. *El dolo y su prueba en el proceso penal*, 1999, p. 62.

que ele seja para si agradável[362] (caso se tome ao pé da letra o critério da aprovação). Nesta compreensão acentuadamente psicológica[363], que predominou na jurisprudência do *Reichsgericht*[364], pouco espaço restava para o dolo eventual[365].

Mas mesmo nesta perspectiva restrita foram buscados substitutivos para o "querer" no sentido da linguagem cotidiana, com introdução de outras formas de relação emocional - conquanto que sempre de conteúdo positivo[366] -, no sentido de não se deixar escapar da censura dolosa os casos dela "merecedores", ainda que incompatíveis com o querer, que é o ponto de partida[367].

Seja como for, sob a ótica das teorias da aprovação ou consentimento mais estritas, de finais do século XIX e início do século XX, a esperança da não ocorrência do resultado já afastava o dolo[368], uma vez que nela faltaria a especial relação emocional entre o agente e o resultado[369], que se exige para a censura dolosa[370].

---

362. Esta teoria, contemporaneamente, na versão restrita, não encontra adeptos. Uma exceção, apontada por Roxin, (*AT,* 2006, § 12, n.m. 37, p. 457), se encontra em Ingo Müller. De fato, para este Autor, o dolo exige uma efetiva aprovação interna do resultado por parte do agente, caso contrário deve ser reconhecida a negligência. Veja-se: Vorsatz der Rechtsbeugung. *NJW* 43 (1980), p. 2392.

363. Nesta linha, vejam-se, por exemplo: GESSLER, Theodor. *Ueber den Begriff und die Arten des Dolus.* Tübingen: Lauppschen Buchhandlung, 1860 (Nachdruck: Zentralantiquariat, 1970), p. 102. GERLAND, Heinrich Balthasar. *Deutsches Reichstrafrecht.* Berlin: Walter de Gruyter, 1922, §35, p. 102-103. ROHLAND, Woldemar v. *Willenstheorie und Vorstellungstheorie im Strafrecht.* Freiburg im Breisgau: Trömers, 1902, pp. 11-13. BURI, Maximilian v. *Beiträge zur Theorie des Strafrechts und zum Strafgesetzbuche. Gesammelte Abhandlungen.* Leipzig: Von Veit &Comp. 1894, pp. 308 e 320, com críticas à teoria da representação.

364. Os precedentes são vários, e há uma relação extensa em: HIPPEL, Robert v. *Die Grenze von Vorsatz und Fahrlässigkeit,* 1903, p. 6. O Autor conclui, assim, que o *Reichsgericht* defendia a teoria volitiva, fazendo depender, para a aceitação do dolo, que o resultado não apenas fosse representado, como também querido.

365. Veja-se, sobre isso: ROXIN,Claus/GRECO, Luís. *Strafrecht, Allgemeiner Teil. Band I. Grundlagen. Der Aufbau der Verbrechenslehre.* 5. Aufl. München:C.H. Beck, 2020, § 12, n.m.36-38, p. 553-554.

366. Criticamente: ENGISCH, Karl. *Untersuchungen über Vorsatz und Fahrlässigkeit,* 1995, p. 189.

367. Esta é a inconsequência que se dá ao não se ter um ponto de partida teleológico, senão naturalista. Os casos difíceis e escandalosos acabam sendo resolvidos de acordo com a "dignidade penal" e não com as premissas teóricas. Neste sentido, confira-se: FRISCH, Wolfgang. *Vorsatz und Risiko,* 1983, p. 256, ao criticar os conceitos de dolo construídos de modo dedutivo, que partem do "conhecer e querer", sem conexão com as funções da pena. Veja-se ainda, sobre isto: RAGUÉS I VALLÈS, Ramón. *El dolo y su prueba en el proceso penal,* 1999, p. 61.

368. Na literatura brasileira: HUNGRIA, Nélson. *Comentários,* Vol.I, tomo 2, 1953, p. 112. BRUNO, Aníbal. *Direito Penal, Parte Geral. Tomo I.* 2. Ed. Rio de Janeiro, Forense, 1959, p. 62.

369. Em defesa da teoria da vontade, nesta concepção, também: MÖLLER, Pierre. *Der eventuelle Vorsatz im heutigen Strafrecht.* Leipzig: Robert Noste, 1909, p. 17.

370. Acerca da problemática da exclusão do dolo, nos casos de erro de proibição, nos quais o sujeito atua na dúvida, em virtude dos pressupostos estritos das teorias do consentimento, veja-se: KAUFMANN, Armin. Der dolus eventualis im Deliktsaufbau. *ZStW* 8 (1958), p. 70.

O exemplo clássico, utilizado pelos defensores desta perspectiva, sempre consistiu na operação de risco, em que o médico leva a sério a possibilidade do resultado morte. Para os defensores da teoria do consentimento, apenas a rejeição interna do resultado, no sentido psicológico, permitiria evitar a punição do agente pelo comportamento doloso[371]. Claro que isso desvela um problema a ser resolvido no plano da imputação objetiva[372], em termos de definição de risco proibido, e não ao nível da imputação subjetiva, mas esta conclusão ainda não havia sido alcançada então.

Para além da refutável adequação normativa - à luz da *ratio* da censura dolosa, que não se prende ao estado psíquico-emocional do agente[373] - as variações da teoria do consentimento partilhavam do desafio de se fazerem aplicáveis, ou seja, de fornecer critérios objetivos claros para se decidir, no caso concreto, sobre se o sujeito "bem recebeu", se "pôs de acordo com", ou "consentiu", o resultado ilícito.

Desta tarefa tratou, dedicadamente, Robert v. Hippel, com apoio, notadamente, nas "duas fórmulas de Frank"[374]. Cumpre examinar sua proposta teórica com atenção, pela importante repercussão na dogmática do dolo. Contudo, para se compreender a posição de v. Hippel é preciso, antes, analisar brevemente as "fórmulas de Frank".

2.1.2. As duas fórmulas de Frank

Reinhard Frank contrapôs as concepções de dolo que procuravam compreendê-lo a partir da vontade àquelas para as quais o elemento essencial do dolo é o conhecimento/representação. Se as primeiras situavam no ponto médio do conceito o querer, as últimas viam como elemento central a representação do agente no tocante às circunstâncias típicas[375]. A sua fórmula básica é: dolo é a previsão (a consciência) do resultado de minha ação, vinculada com o conhecimento de qualquer circunstância, a qual faz da ação penalmente punível[376].

---

371. Veja-se, dentre muitos: MEZGER, Edmund. *Strafrecht*, 1949, p. 345.

372. Veja-se: ROXIN, Claus/GRECO, Luis. *AT*, 2020, §12, n.m.38, p. 554.

373. No sentido de que o que o Direito Penal pretende não é evitar a lesão de um bem jurídico em face do desprezo do sujeito por ele, mas sim evitar que a lesão ao bem jurídico ocorra, veja-se: ROXIN, Claus. Zur Abgrenzung von bedingtem Vorsatz und bewusster Fahrlässigkeit - *BGHSt* 7,363. *JuS* 2 (1964), p. 58.

374. Sobre o tema, na literatura brasileira: HUNGRIA, Nelson. *Comentários*, Vol. I, Tomo 2, 1953, p. 113.

375. FRANK, Reinhard. Vorstellung und Wille in der modernen Dolus-Lehre, *ZStW* 10 (1890), p. 170. Explicativamente: RAGUÉS I VALLÈS, Ramon. *El dolo y su prueba en el proceso penal*, 1999, p. 63-64.

376. FRANK, Reinhard. Vorstellung und Wille in der modernen Dolus-Lehre, *ZStW* 10 (1890), p. 217.

Contudo, embora se filiasse às teorias da representação[377], suas fórmulas foram utilizadas, especialmente, para a defesa das teorias volitivas[378] e por isto sua concepção do dolo será já analisada no item dedicado às últimas.

É certo que Frank, assim como Binding, concebia a vontade no sentido restrito do movimento corporal livremente realizado, e não a tomava, por isso, como um critério autônomo para a identificação do dolo[379]. Ao se pressupor que a vontade se encontra situada na ação (no sentido causal), o que interessa, para o dolo, é estabelecer a ligação entre o movimento corporal realizado (causado voluntariamente) e o resultado, ligação esta que se dá, para Frank, ao nível cognitivo. O agente deve saber que através de seu movimento corporal irá produzir um resultado, e precisa ter atuado com tal compreensão. No caso do dolo direto de segundo grau/necessário, tal conhecimento se faz suficiente. Contudo, no caso da simples previsão da possibilidade, surge o problema da delimitação entre a área do dolo eventual e da negligência consciente[380]. Obviamente, Frank considera que nem tudo aquilo que foi pensado racionalmente pode justificar a censura dolosa, pois isso conduziria a uma intolervável extensão da área do dolo em detrimento da negligência consciente. E para tentar solucionar referido problema de delimitação, Frank concebeu suas duas conhecidas fórmulas, de base nitidamente psicológico-emocional-volitiva:

1 – A previsão do resultado como algo apenas possível preenche o conceito do dolo somente quando o agente não teria deixado de atuar, quando tal previsão tivesse sido tomada, por ele, como certa/segura[381] (primeira fórmula).

2 – O agente diz para si mesmo: "*seja de um jeito ou de outro, ocorra isso ou aquilo, em todo o caso eu agirei, então sua culpa é dolosa*"[382] (segunda fórmula).

Note-se que, já naquele tempo, a primeira fórmula de Frank, chamada de

---

377. A sentença de Frank, em defesa da teoria da representação, é lapidar: "*Entre movimento corporal e resultado há diferenças estritas: apenas um é querido, o outro é simplesmente representado*". *In*: Vorstellung und Wille in der modernen Dolus-Lehre, *ZStW* 10 (1890), p. 201. Ainda que o enquadramento de Frank no plano das teorias da representação fosse possível, por razões metodológicas sua concepção será aqui analisada, em virtude da importância de suas fórmulas para os Autores alinhados às teorias volitivas. Desmembrar a análise, por motivos meramente classificatórios, seria contraproducente.

378. Na literatura portuguesa, veja-se, ao invés de muitos: CORREIA, Eduardo. *Direito criminal*, 1968, p. 379 e ss.

379. MAURER, Ruth. *Das voluntative Element des Vorsatzes als Beweisthema vor Gericht*, 2007, p. 65.

380. Sobre isso: SCHROTH, Ulrich. *Vorsatz als Aneignung*, 1994, p. 41.

381. Vorstellung und Wille in der modernen Dolus-Lehre, *ZStW* 10 (1890), p. 217. Note-se que isso pouco se distingue das concepções de dolo consideradas "objetivistas", de Autores tais como Klee, Bekker e Hauser. Veja-se, sobre os últimos: ENGISCH, Karl. *Untersuchungen über Vorsatz und Fahrlässigkeit im Strafrecht*, 1995, pp. 116-118.

382. *Das Strafgesetzbuch für das Deutsche Reich*. (18. Aufl.). Tübingen, 1931, p. 190.

"teoria hipotética do consentimento"[383], foi refutada por Lacmann, com seu conhecido exemplo da "barraca de tiros", conhecido como "caso Lacmann": um sujeito, em um parque de diversões, aposta com outro que seria capaz de atirar em uma bola de vidro que se encontrava na mão de uma garota que atendia em uma barraca de tiros. Caso atingisse a bola e não a garota, ganharia a posta; caso contrário, atingida a garota, perderia. É incontestável que, no caso, o sujeito não consentiu na lesão da vítima, pois isso acarretaria a perda da aposta. Contudo, ao disparar e ferir a vítima, e aplicada a primeira fórmula de Frank, o dolo deveria ser afastado, o que se afigura um resultado normativamente inadequado[384].

Seja como for, o que se verifica é que as fórmulas de Frank foram utilizadas pelos defensores das teorias volitivas clássicas/estritas, dentre os quais v. Hippel, no escopo de se comprovar a efetiva aprovação do resultado, isto é, o controvertido elemento volitivo do dolo, especialmente no caso do dolo eventual.

Para Robert v. Hippel - um dos mais decididos defensores da teoria volitiva[385] na versão da teoria do consentimento –, a representação, isoladamente, não é um critério suficiente para fundamentar o dolo, nem tampouco para traçar as fronteiras com a negligência. É necessário um "algo a mais": a vontade, ou o querer[386]. Daí que, segundo o Autor, tal qual se dá na vida cotidiana, apenas o *querido* pode ser imputado como doloso, e o *não-querido* conduz tão somente à negligência[387]. Resta, então, fazer a pergunta decisiva: o que é, afinal, querido?[388]

Von Hippel acentua que queridos são todos os resultados representados do fato, se a esperança de sua não-ocorrência não tiver sido o fator decisivo para a realização da ação[389]. Nestes termos, são queridos (dolosos): 1 – os resultados

---

383. HUNGRIA, Nelson. *Comentários,* Vol.1, tomo 2, 1953, p. 113; 117.

384. LACMANN, W. Uber die Abgrenzung des Vorsatzbegriff. *GA* 1911, pp. 118-119, com a conclusão de que a fórmula conduz a um julgamento de caráter.

385. Veja-se, sobre esta classificação: MEZGER, Edmund. *Strafrecht,* 1949, p. 346.

386. HIPPEL, Robert von. *Die Grenze von Vorsatz und Fahrlässigkeit,* 1903, p. 45. O mesmo: *Lehrbuch des Strafrechts.* Berlin: Julius Springer, 1932, p. 132 e ss.

387. HIPPEL, Robert von. *Die Grenze von Vorsatz und Fahrlässigkeit,* 1903, p. 12. Sobre isso, criticamente: MAURER, Ruth. *Das voluntative Element des Vorsatzes als Beweisthema vor Gericht,* 2007, p. 59-60. A Autora assinala que v. Hippel confunde a vontade, no sentido psicológico, enquanto motivação, com a vontade da ação, vinculada estritamente ao movimento corporal. Daí que, em face de tal confusão, v. Hippel insista em afirmar que Frank, na verdade, fosse um defensor da teoria volitiva, enquanto este se autoproclama vinculado à teoria da representação.

388. Não é outra a pergunta formulada por Engisch, *in*: *Untersuchungen über Vorsatz und Fahrlässigkeit im Strafrecht,* 1995, p. 101.

389. *Die Grenze von Vorsatz und Fahrlässigkeit*, 1903, p. 140-141. Criticamente: MAURER, Ruth. *Das voluntative Element des Vorsatzes als Beweisthema vor Gericht,* 2007, p. 63. A partir do exemplo do incêndio da casa, para o recebimento do seguro, a Autora observa que, nesta hipótese, o motivo decisivo da ação foi a obtenção do dinheiro, e não a esperança de que uma senhora que estivesse no imóvel conseguisse escapar das chamas, ou tivesse saído antes do incêndio. Caso o fator decisivo fosse a esperança de que a senhora saísse ilesa, o autor simplesmente não teria tocado fogo

desejados e buscados, sem que se considere o grau de probabilidade de sua realização[390]; 2 - aqueles representados como necessariamente vinculados aos primeiros (ao modo do "*in toto-wollen*"[391]), mesmo que se revelem indiferentes ou desagradáveis; 3 - aqueles resultados ilícitos em relação aos quais o agente seja indiferente (*gleichgültig*); 4 - aqueloutros que o agente representa como apenas possíveis, mas cuja realização sempre seja preferível em face da renúncia ao seu interesse: dizendo de outro modo, mesmo que o agente tivesse previsto como seguramente ligados ao resultado buscado, ainda assim teria atuado (aplicação da primeira fórmula de Frank)[392].

Note-se que v. Hippel apontava para um uso essencialmente assertório-descritivo do conceito, ao identificar todas as formas de dolo, unitariamente, com um determinado estado mental[393].

Essencialmente, do que se ocupava v. Hippel, mais do que da fundamentação da teoria volitiva, era mesmo da refutação da teoria da representação[394]. Dentre os argumentos da teoria da representação, v. Hippel se opunha, nomeadamente, aos seguintes: a) que o resultado só possa ser *conhecido*, e *querido* só possa ser o movimento corporal. Contra este argumento, v. Hippel objeta que o movimento corporal, na verdade, é apenas secundariamente querido, já que o que o sujeito busca é seu objetivo, e não a realização do movimento corporal em si; b) que o querer não seja adequado para a definição do dolo, pois, quando muito, pode ser empregado aos casos de propósito, no que toca ao resultado buscado e ao meios escolhidos; como o conceito de dolo é mais amplo, o próprio conceito de querer é estendido, e de tal modo que acaba por ser confundido com a simples previsão, o que torna a vontade algo dispensável.

à casa, pois, caso contrário, deveria aquele ser tomado como um esquizofrênico. Veja-se, ainda: ENGISCH, Karl. *Untersuchungen über Vorsatz und Fahrlässigkeit im Strafrecht*, 1995, p. 102.

390. HIPPEL, Robert v. *Die Grenze von Vorsatz und Fahrlässigkeit*, 1903, p. 76-77 e 141. Para o Autor, propositado (*Beabsichtigen*) ou querido pode ser tudo o que pareça possível, ainda que *improvável*, apenas não o que tomamos por *impossível*. *Op. cit.*, p. 80.

391. De acordo com v. Hippel no tocante aos resultados „queridos no todo", veja-se: MEZGER, Edmund. *Strafrecht*, 1931, p. 346.

392. HIPPEL, Robert v. *Die Grenze von Vorsatz und Fahrlässigkeit*, 1903, p. 56.

393. *Die Grenze von Vorsatz und Fahrlässigkeit*, 1903, p. 13. Com isso, o Autor não se atentava para o aspecto normativo do conceito, vinculando-se a consequência jurídica a um *a priori* descritivo. Nesse sentido, a apontar que isso consiste em recair em uma "falácia descritiva", na medida em que se está a extrair a conclusão, a partir de uma simples descrição, de uma determinada consequência jurídica: STUCKENBERG, Carl-Friedrich. *Vorstudien...*, 2007, p. 43, n.r. 191. Toda descrição supõe ao menos uma premissa normativa, ainda que esta aparente ser óbvia ou apenas formal. E arremata, o Autor: "*uma estrita separação entre linguagem descritiva e linguagem teorética, como a buscada pelo empirismo lógico, é assim ilusória*" (op. cit.p. 44-45).

394. Assim: MAURER, Ruth. *Das voluntative Element des Vorsatzes als Beweisthema vor Gericht*, 2007, p. 57. Defende, a Autora, que ao invés de apresentar argumentos efetivos para fundamentar sua teoria, v. Hippel restringe-se a refutar os argumentos dos defensores da teoria da representação.

A refutação (circular, reconheça-se) de v. Hippel a este argumento se centraliza em considerar que há casos nos quais o sujeito prevê o resultado como possível, mas não o "aprova"[395], os quais escapam da censura do dolo.

Note-se que v. Hippel considerava que as "fórmulas de Frank" poderiam determinar um efetivo e concreto posicionamento emocional do agente em relação ao fato, sendo isto o decisivo, ou seja, encontrar esta relação de ordem psicológica/emocional[396].

Em síntese, o que está em causa, para v. Hippel, sobretudo no que toca aos resultados colaterais não-buscados e nem necessários (área do dolo eventual), é saber se o fator decisivo para ação foi, ou não, a confiança na não-entrada do resultado indesejado. Na hipótese afirmativa, exclui-se o dolo; na negativa, afirma-se.

Mas –, objeta-se –, se a confiança na não-ocorrência do resultado indesejado for tida como o fator decisivo, para a afirmação ou exclusão do dolo, surge, então, uma contradição interna evidente: se o agente, no clássico caso do incêndio do imóvel para receber o prêmio do seguro, possuía o conhecimento de que o parente inválido poderia ser morto pelas chamas, e tivesse como fator decisivo que este não fosse lesionado, então a saída lógica (especialmente em termos de expectativa normativa) seria simplesmente não atuar. Em síntese: a omissão da ação seria a forma mais segura e efetiva para evitar a morte do parente[397]. Como superar esta contradição lógica?

No que concerne às fórmulas de Frank, de que v. Hippel se valeu insistentemente para a defesa da teoria do consentimento, sabe-se que foram objeto de múltiplas críticas.

A primeira fórmula foi rechaçada em face de seu caráter puramente hipotético, que leva em conta não o que efetivamente se passou, mas sim um juízo acerca do que não ocorreu no momento da ação[398]. Se o agente tomou o resultado como apenas possível, é precisamente porque não o representou como seguro[399], não fazendo sentido, na perspectiva normativa, supor que teria atuado mesmo no caso da previsão segura. O que interessa é como ele, diante da possibilidade de

---

395. HIPPEL, Robert von. *Die Grenze von Vorsatz und Fahrlässigkeit,* 1903, p. 31.

396. *Die Grenze von Vorsatz und Fahrlässigkeit,* 1903, pp. 112 e 121. Criticamente, neste ponto: ENGISCH, Karl. *Untersuchungen über Vorsatz und Fahrlässigkeit im Strafrecht,* 1995, p. 194.

397. A afirmar que quando não se quer causar um resultado, o que resta é omitir a ação, já àquela época: BINDING, Karl. *Die Normen und ihre Übertretung. Bd 2. Häfte* 1, 1914, p. 318.

398. Veja-se: SCHRÖDER, Horst. Aufbau und Grenzen des Vorsatzbegriffs. *In*: WEGNER, Arthur (Hrsg.). *Festschrift für Whilhelm Sauer zu seinem 70. Geburstag am 24 Juni 1949.* Berlin: Walter de Gruyter, 1949, p. 234. Na literatura portuguesa, veja-se, ao invés de muitos: CORREIA, Eduardo. *Direito criminal*, 1968, p. 381.

399. Neste sentido: GIMBERNAT-ORDEIG, Enrique. *Estudios de derecho penal.* (3ª ed.). Madrid: Tecnos, 1990, p. 253.

lesão representada, efetivamente se comportou[400]. Pior: a aplicação da fórmula facilmente pode conduzir a um julgamento do caráter do agente[401], tendendo-se à resposta afirmativa caso se tome o último como frio, perverso, indiferente etc[402]: como não responder que o agente teria atuado, ainda que na certeza de que o resultado ilícito iria ocorrer, sem recorrer a um julgamento de caráter?[403]

A segunda fórmula, por sua vez, acaba por ser apenas um critério de determinação de um posicionamento emocional do agente ao tempo da ação, que não deveria funcionar para a delimitação entre o dolo e a negligência. A missão do Direito Penal não é valorar a atitude interna do sujeito[404], mas sim o comportamento ilícito realizado. Além disso, a fórmula exige uma atualização, por parte do agente, de sua atitude interna frente à realização do tipo, o que, heuristicamente, é algo que dificilmente se dá, especialmente em delitos violentos ou de ímpeto, que consistem boa parte do campo do dolo eventual. Essa exigência de um fator essencialmente de culpa - se é que se trate de algo a ser considerado na culpabilidade - é, portanto, normativamente inadequada, restringindo-se demasiadamente a área do dolo[405].

Diante de tais dificuldades, na perspectiva da teoria volitiva, se fazia preciso desenvolver uma compreensão distinta do querer, e uma (normativamente) necessária ampliação da extensão do dolo, que não se compaginava com as premissas básicas e estreitas das teorias do consentimento. Isso passa a se desenvolver notadamente em face do julgado da "correia de couro"[406], ao que me dedicarei em continuação.

3. Teorias volitivas em sentido amplo: a "aprovação no sentido jurídico"

Após a Segunda Guerra, a teoria da aprovação/consentimento recebeu uma grande delimitação (em termos das exigências iniciais), passando-se a inserir na área do dolo mesmo as consequências "não queridas", no sentido psicológico, da

---

400. Assim, criticamente: SCHRÖDER, Horst. *FS-Sauer,* 1949, p. 234. A aplicação consequente da fórmula, na verdade, restringiria o *dolus eventualis* ao caso da certeza, deixando de reconhecê-lo precisamente na sua real condição, qual seja, a atuação em face da dúvida acerca da lesão do bem jurídico.

401. Assim: CORREIA, Eduardo. *Direito criminal*, 1968, p. 382, embora a ressaltar que a forma possa ser útil caso apareça como meio de prova, e não fundamento de culpa. E também, há mais tempo: BAR, Robert v. *Gesetz und Schuld im Strafrecht*, 1907, p. 333.

402. Veja-se: Assim: DIAZ-PITA, Maria del Mar. *Los limites del dolo eventual,* 1995, p. 191.

403. Neste sentido: ENGISCH, Karl. *Untersuchungen über Vorstaz und Fahrlässigkeit,* 1995, p. 196.

404. Assim: DIAZ-PITA, Maria del Mar. *Los limites del dolo eventual,* 1995, p. 188.

405. Assim: DIAZ-PITA, Maria del Mar. *Los limites del dolo eventual,* 1995, p. 188. Ainda: AMBROSIUS, Jürgen. *Untersuchungen zur Vorsatzbegrenzung,* 1964, p. 61.

406. No sentido de que o caso foi o divisor de águas: ROXIN, Claus/GRECO, Luis. *AT,* 2020, §12, n.m.39, pp. 554.

ação. O *aprovar*, agora tomado no "sentido jurídico" (*Billigen im Rechtssinn*), já não mais se confunde com a vontade em sentido "psicológico-descritivo" ou do uso da linguagem cotidiana[407]. Considera-se que caso se conceitue a vontade, como elemento do dolo, no sentido estritamente psicológico, o que se dá é uma gritante e inevitável contradição interna[408], na medida em que o agente "*quer o que não quer*".

O caso paradigmático, e que provocou a forte guinada, foi o da "correia de couro" (*BGHSt* 7,363), do qual cuidarei em detalhes em tópico próprio. De toda sorte, o que o BGH decidiu foi que a "*aprovação no sentido jurídico*" também se verifica nas situações em que o resultado é indesejável para o sujeito[409]. Assim, para se chegar à conclusão pelo dolo, basta que o agente, para o alcance do seu objetivo, ponha-se de acordo com o resultado colateral, ainda que indesejável, para a eventualidade de este se verificar, resignando-se com ele.

De fato, é de se acentuar que os defensores das múltiplas variantes da "teoria da aprovação em sentido jurídico" elegeram como critério decisivo aferir se o sujeito, em que pese tenha previsto a possibilidade de realização do tipo como concreta, "confiou em uma boa saída"[410] ou, ao contrário, se "tomou a sério" (*Ernstnehmen*)[411] e "resignou-se" (*in Kauf genommen*), ou ainda "se-pôs-de-acordo" (*sich-abfindet*) com tal resultado[412]. Com isso, tenta-se refutar uma acusação de exagerado psicologismo, indicando-se que a interpretação da vontade não se refere à determinação de um puro estado psíquico-emocional, mas sim a um juízo realizado pelo sujeito em face da possível realização do tipo, em termos de tomada de decisão, segundo um esquema de racionalidade[413].

De toda sorte, a "chave" da interpretação desta decisão pela lesão do bem jurídico, de início, é essencialmente psicológica[414], o que justifica uma distinção em face das teorias volitivas mais contemporâneas, que possuem um acento normativo-atributivo. Em face desta distinção, penso justificado, do ponto de vista metodológico-analítico, tratar os grupos de teorias em blocos distintos.

---

407. Vejam-se as críticas de Vives Antón acerca desta manipulação do querer para fins de se criar um critério unitário entre as espécies de dolo. In: *Fundamentos del sistema penal,* 2011, p. 250.

408. Assim: MAURER, Ruth. *Das voluntative Element des Vorsatzes als Beweisthema vor Gericht,* 2007, p. 31.

409. Veja-se, sobre isso: KÜPPER, Georg. Zum Verhältnis von dolus eventualis, Gefährdungsvorsatz und bewusster Fahrlässigkeit, *ZStW* 100 (1988), p. 765. Também: LACKNER, Karl. KÜHL, Kristian. *SK,* 2014, §15, n.m.23-24, p. 122.

410. No sentido de que a confiança na não ocorrência do resultado exclui o dolo: WELZEL, Hans. *Das deutsche Strafrecht,* 1969, p. 68-69.

411. Assim: STRATENWERTH, Günter. Dolus eventualis und bewusste Fahrlässigkeit. *ZStW* 71 (1959), p. 60.

412. Assim, explicativamente: FREUND, Georg. *AT,* 2009, §7, n.m.59, p. 278.

413. Sobre isso: PALMA, Maria Fernanda. *Direito Penal - Parte Geral,* 2019, p. 145 e ss.

414. Assim: RAGUÉS I VALLÈS, Ramon. *El dolo y su prueba en el proceso penal,* 1999, p. 60.

3.1. O caso da "correia de couro" e a mudança paradigmática

O BGH, no precedente conhecido como "caso da correia de couro" (*Lederriemen-Fall*)[415], rejeitou a ideia de que exista coincidência entre o aprovar em sentido jurídico e o desejo ou querer na linguagem cotidiana. Contudo, nada obstante esta guinada, a aprovação é ainda analisada, nesta grelha, segundo um padrão psicológico, buscando-se determinar o "posicionamento interno" dos argüidos em face do resultado ilícito.

Os fatos objeto do julgamento foram os seguintes: os acusados *K* e *J* decidiram roubar o conhecido mútuo, *M*. Para fazê-lo, planearam tornar a vítima incapaz de resistência e, em seguida, subtrair os objetos de valor da residência. Neste sentido acordaram, os acusados, em se utilizar de uma correia de couro cor-de-rosa[416] para estrangular o ofendido, até que este perdesse a consciência, cientes de que o procedimento poderia causar lesões graves ou mesmo a morte da vítima. O acusado *J*, contudo, perdeu a coragem e, embora não desistindo do plano, desaconselhou o emprego da correia, uma vez que *M* poderia ser morto, em razão da perigosidade do instrumento. Então, os acusados, após ponderação, se decidiram por empregar um saco de areia para golpear o ofendido e deixá-lo inconsciente, considerando ambos que com isso não havia um risco sério de morte. Os dois arguidos, vão, então, à casa da vítima, mas *J,* por precaução, e sem o conhecimento de *K,* leva consigo a citada correia de couro. Depois que a vítima *M* começa a dormir, os acusados a golpeiam com o saco de areia; porém, esta apenas acorda e não perde a consciência, como esperado. Após um embate corporal, os acusados acabam por algemar a vítima e a estrangulá-la com a correia de couro, que foi atada ao pescoço daquela. O estrangulamento prosseguiu até que *J,* ao notar que a vítima estava inerte, determinou a *K* que parasse. Após separarem vários objetos, os acusados tornam a verificar a vítima, e ficam em dúvida sobre se esta se encontra viva, ocasião em que tentam, de várias maneiras, ressuscitá-la. A vítima morre e os acusados deixam a residência.

O que se tomou, de relevante, para a decisão acerca do dolo, sob a ótica da teoria da aprovação, foi: a) os dois acusados tinham plena ciência de que o estrangulamento com a cinta de couro poderia conduzir à morte da vítima; b) os dois acusados levaram a sério a possibilidade deste resultado, tanto que, após ponderação, resolveram se valer do saco de areia para atordoar a vítima, abandonando, a princípio, o primeiro plano de ação; c) os dois acusados conheciam a vítima e não estavam de acordo com sua morte, sendo este um resultado

---

415. BGHSt, 7, 363. Uma rescensão detalhada do caso foi realizada à época por Claus Roxin, in: Zur Abgrenzung von bedingtem Vorsatz und bewusster Fahrlässigkeit - *BGHSt* 7,363. *JuS* 2 (1964), p. 53 e ss. O julgado está disponível em: *NJW* 1955, pp. 1688 e ss.

416. A ideia era dar uma conotação de relação homossexual, punida como crime à época na Alemanha, o que desistimularia a vítima a procurar a polícia.

totalmente indesejado, até mesmo pelas possíveis consequências penais que poderiam sofrer; d) em virtude da falha da primeira tentativa de atordoamento, os dois acusados retornam ao plano inicial - cientes, portanto, do elevado perigo para a vida da vítima - e a estrangulam com a correia de couro; e) realmente, os acusados nem buscavam a morte da vítima, nem estavam seguros de que o resultado ocorreria, mas a tomaram por possível e a levaram a sério (assim não fosse, não teriam alterado o plano inicial); e) após o estrangulamento, os acusados ainda tentam realizar manobras de ressuscitação, demonstrando, objetivamente, que não queriam o resultado.

Aplicada, de modo consequente, a teoria do consentimento, predominante até o momento, o dolo teria que ser inevitavelmente afastado. Afinal, o que é o decisivo para tal concepção, como já se viu, é o posicionamento emocional do agente perante o resultado: somente se ele o aprovasse internamente, ou a ele consentisse, o dolo poderia ser reconhecido. Se o agente rejeita o resultado internamente, ou tem a esperança de que não ocorra, o que se deve reconhecer, para a teoria do consentimento (na sua versão estrita), é apenas a negligência consciente. Assim, como no caso em exame os agentes chegaram a renunciar, de início, ao emprego da cinta, eles não consentiram, de modo algum, no resultado morte, devendo o dolo - nos termos da teoria do consentimento - ser negado[417].

Mas o BGH, na decisão, levou em consideração as novas teorias em desenvolvimento então, para fundamentar o reconhecimento do homicídio doloso.

À altura, Welzel e Stratenwerth já haviam desenvolvido suas teorias vinculadas indiretamente à vontade, mas com parcial normativização. Welzel introduziu os conceitos paralelos do "contar com" (*rechnen mit*) e do "confiar em" (*vertrauen auf*) para postular que aquele que conta com o resultado procede com dolo, e o que confia na sua não ocorrência atua com negligência consciente[418]. Stratenwerth, por sua vez, considera que o dolo deve ser afirmado caso o sujeito "leve a sério" a possibilidade de ocorrência do resultado. Obviamente, as duas teorias conduzem à afirmação do dolo no caso em exame[419].

Na decisão, o BGH reconheceu a correção da argumentação de Welzel, no sentido de que apenas a confiança na não ocorrência do resultado - ainda que em si indesejado - implica no afastamento do dolo, e não simplesmente a esperança ou o desejo de que este não ocorra.

O BGH manteve a referência à aprovação, ainda que de modo exclusiva-

417. Veja-se: ROXIN, Claus. Zur Abgrenzung von bedingtem Vorsatz und bewusster Fahrlässigkeit - *BGHSt* 7,363. *JuS* 2 (1964), p. 54.

418. Veja-se, item 3.2., infra.

419. Veja-se: ROXIN, Claus. Zur Abgrenzung von bedingtem Vorsatz und bewusster Fahrlässigkeit - *BGHSt* 7,363. *JuS* 2 (1964), p. 55. Ressalte-se que as teorias do dolo de Welzel e Stratenwerth serão objeto de análise autônoma abaixo.

mente nominalista, "batizando-a" agora de "*aprovação no sentido jurídico*", que em nada se assemelha à aprovação no sentido da linguagem cotidiana[420]. E para o BGH essa "aprovação no sentido jurídico" seria revelada, então, pela ausência de confiança na não ocorrência do resultado.

O conhecido precedente fomentou novos desenvolvimentos e novos debates acerca da essência (conhecimento ou vontade) e, especialmente, dos critérios de determinação do dolo, encontrando ampla aceitação, inclusive em outros países[421]. Cumpre tratar, agora, das perspectivas integrantes das teorias volitivas, já agora nesta nova chave de leitura, para, após, contrapô-las às teorias da representação clássicas e contemporâneas, formando-se um panorama geral, para possibilitar um primeiro balanço das teorias psicológicas.

3.2. O dolo como atuação da vontade de realização (*Verwirklichkungswille*)

Em face da forte influência da teoria finalista, houve um deslocamento da discussão do dolo para o plano ontológico, já não mais como uma forma de culpa, mas sim como o exercício da finalidade, enquanto nota do comportamento humano.

Welzel defende, assim, que o dolo contém, sempre, um elemento intelectual (a "consciência do que se quer") e um elemento volitivo (a decisão sobre a execução do que se quer). Neste sentido, Welzel não se distancia da fórmula tradicional: "*o dolo é o conhecimento e vontade de realização do tipo*"[422].

O elemento volitivo corresponde à vontade incondicionada de realização (do tipo = das circunstâncias do tipo e do resultado), o *Verwirklichungswille*[423], cuja base se encontra na ontologia da ação final, e deve estar presente, ainda que com intensidade diversa, em todas as formas de dolo.

O dolo, portanto, em toda sua intensão, é um elemento da ação final[424], e pertence ao tipo (como um objeto de valoração) e não à culpa (enquanto valoração do objeto).

---

420. Veja-se: STERNBERG-LIEBEN, Detlev. SCHUSTER, Frank. *SK*, 2014, §15, n.m.81, p. 274.

421. Na literatura italiana, vejam-se: MANTOVANI, Ferrando. *Diritto Penale. Parte generale.* (4 ed.). Milani: Cedam, 2001, pp. 323-324, ao se referir a uma vontade no sentido normativo, que vai além da intenção. ANTOLISEI, Francesco. *Manuale di diritto penale. Parte generale.* (15ªed.). Milano: Dott A. Giuffrè, 2000, pp. 350 e 378, o último a se referir ao critério da confiança na não ocorrência do resultado, para a deslinda com a *colpa cosciente*.

422. *Das deutsche Strafrecht*, 1969, p. 64.

423. *Das deutsche Strafrecht*, 1969, p. 64.

424. *Das deutsche Strafrecht*, 1969, p. 64. Criticamente, a apontar que o dolo não se confunde com a finalidade, pois há casos de finalidade sem dolo, e de dolo sem finalidade: MORSELLI, Elio. Die subjektiven Elemente der Straftat aus kriminologischer Sicht. *ZStW* 107 (1995), p. 332.

No que se refere aos objetivos ou ao meio escolhido para sua realização, Welzel não vislumbrava qualquer controvérsia, reputando evidente sua inclusão na "vontade de realização"[425]. Aqui também se incluiriam os resultados colaterais representados pelo agente como necessários – tanto os associados com o meio escolhido, como com o objetivo buscado –, que são abarcados no sentido do "*in-toto-wollen*", ou seja, do querer em conjunto[426], conforme já concebia Robert v. Hippel e outros representantes das teorias volitivas clássicas.

Já quanto aos resultados colaterais previstos apenas como possíveis – ou seja, a área do dolo eventual – a questão, reconhecida por Welzel como de maior dificuldade, se resolve no plano cognitivo e do controle da ação, que também compõe a finalidade em um sentido mais amplo[427]: se o sujeito conta com a realização (*rechnens-mit*), então o dolo deve ser imputado; ao contrário, se o agente confia em sua ausência (*vertrauen-auf*), então há de se reconhecer a negligência consciente. Isso porque, ao contar com a produção, o resultado colateral acaba por ser abrangido pela vontade de realização. Por outras palavras, esses resultados são mediata e secundariamente queridos, em termos de um complexo total[428].

De se ressaltar que Welzel rejeitava tanto a teoria do consentimento (*Einwilligungstheorie*), como também a teoria da probabilidade (*Wahrscheinlichkeitstheorie)*, embora, quanto à última, não deixasse de empregar seus critérios para a identificação da área do "*contar-com*", ao plano do dolo eventual.

A razão para rejeição da teoria do consentimento consiste em que há casos nos quais a vontade de realização deve se vincular ao resultado colateral, mesmo nas situações em que o agente não o aprova, o rejeita, ou até mesmo o lamenta. Em tais hipóteses, o agente, como não confia na não produção do resultado proibido, quer, ao menos eventualmente, a sua correalização[429]. Pelo contrário, se o agente confia (*vertrauen auf*) que o resultado não ocorrerá, então já não haverá mais qualquer "vontade de realização", e o dolo é de se excluir. Para Welzel, o critério correto, aqui, no tocante ao resultado colateral, então é o cognitivo – a confiança (*Vertrauen*) – e não já o emocional (consentimento).

---

425. Sobre o conceito de ação a partir de um discurso metodológico em Welzel, e acerca da dificuldade de integração do dolo eventual ao conceito ontológico de ação: CAMARGO, Beatriz Corrêa. *A teoria do concurso de pessoas. Uma investigação analítico-estrutural a partir da controvérsia sobre o conceito de instigação.* São Paulo: Marcial Pons, 2018, p. 134-135.

426. WELZEL, Hans. *Das deutsche Strafrecht*, 1969, p. 67.

427. Veja-se: PALMA, Maria Fernanda. *Dolo eventual e negligência consciente em direito penal, 1982,* p. 61. Esclarece, a Autora, que para os finalistas, este processo de controle também poderia ser acompanhado de um sentimento de rejeição da consequência admitida como certa ou possível.

428. WELZEL, Hans. *Das deutsche Strafrecht*, 1969, pp. 67-68.

429. *Das deutsche Strafrecht*, 1969, p. 68.

Embora o critério da confiança não deixe de possuir um aspecto emocional[430], não se trata, como na teoria restrita do consentimento, de um sentimento positivo em face do resultado, e sim de um conformar-se com algo que pode mesmo ser indesejado.

A razão, por outra banda, para a rejeição da teoria da probabilidade consiste, para Welzel, em que há casos nos quais a vontade de realização (= dolo) deve se dar por presente, ainda que o agente tenha representado a produção do resultado como improvável (mas não como impossível)[431]. Assim, nos casos de propósito/intenção (*Absicht*), a teoria da probabilidade falharia em solucionar o problema do dolo, na medida em que nega sua presença em situações de probabilidade baixa com resultado exitoso (tiro certeiro à longa distância, por agente imperito), o que se afigura, para Welzel, normativamente inadequado[432].

Ocorre que, embora rejeite a teoria da probabilidade, Welzel acaba por recorrer à ela para fins de precisar e dotar de conteúdo o seu critério do "contar-com" (*rechnens-mit*). Repercutindo à Helmut Mayer, Welzel aponta que o "contar-com" se apresenta quando o agente considera a produção do resultado em um nível que supera a simples possibilidade e fica abaixo da probabilidade predominante[433]. Nesses termos, o "contar-com" e a "confiança na ausência" do resultado excluem-se um ao outro[434]. Por outro lado, caso o agente não se atribua qualquer chance real de evitar o resultado ilícito, deixando tudo ao acaso, então o dolo eventual deve ser afirmado[435].

Para Welzel, aquele que conta com o resultado, pode mesmo ter a esperança de sua não efetivação, mas não pode, ao mesmo tempo, confiar em sua ausência[436]. E a falta de confiança na ausência do resultado induz à conclusão de que o agente conta com ele[437].

A questão é: se a situação se resolve integralmente no plano cognitivo - ao

---

430. Sobre isso: MORSELLI, Elio. Die subjektiven Elemente der Straftat aus kriminologischer Sicht. *ZStW* 107 (1995), p. 329.

431. De acordo: KAUFMANN, Armin. Der dolus eventualis im Deliktsaufbau. *ZStW,* 8 (1958), p. 72.

432. *Das deutsche Strafrecht*, 1969, p. 70.

433. *Das deutsche Strafrecht*, 1969, p. 68.

434. Sobre a confiança na evitação do resultado, e com referência aos hegelianos Hälschner e Berner, veja-se: KÜPPER, Georg. *Grenzen der normativierenden Strafrechtsdogmatik*, 1990, p. 89.

435. WELZEL, Hans. *Das deutsche Strafrecht*, 1969, p. 69. A solução do caso Lacmann, proposta por Welzel, parece arbitrária e altamente subjetiva. O Autor sustenta que se o agente confia em sua perícia, no sentido de que nada se dará, então o dolo de lesão corporal deve ser excluído. Já se o agente se faz consciente da sua falta de precisão no tiro e deixa tudo ao acaso, então ele atua dolosamente, independentemente da indesejabilidade do resultado.

436. Como visto acima, foi isso o que o BGH considerou para a decisão do "caso da correia de couro".

437. Sobre isso: MAURER, Ruth. *Das voluntative Element des Vorsatzes als Beweisthema vor Gericht,* 2007, p. 77.

menos no que toca ao resultado colateral possível –, e inclusive com a aplicação da (preliminarmente por ele rejeitada, por interpretar a vontade de um modo completamente intelectualizado[438]) teoria da probabilidade, onde se encontra a autonomia do elemento volitivo, na concepção do dolo welzeliana?

É certo que, para Welzel, o elemento volitivo, no que concerne ao resultado colateral, pode ser visualizado mesmo no âmbito do "*contar-com*" ou do "*confiar na não ocorrência*", o que está na base mesma da decisão e do posicionamento emocional do agente, ao atuar. Mas, embora a insistência de Welzel, essa confiança não é de índole volitiva, senão intelectual[439], tanto que o Autor não aceita, para o afastamento do dolo, uma confiança absolutamente irracional, nem mesmo a mera esperança (como aceitavam, no caso desta, as teorias da aprovação e do consentimento "estritas", o que era, ao menos, coerente com o ponto de partida).

Por outro lado, do ponto de vista restritamente dogmático, o que se nota é que o critério da confiança na não-produção do resultado abre um flanco na teoria finalista e na perspectiva ontológica de ação, na medida em que confere relevância a algo que só deveria ser considerado (para o finalismo) no plano da culpabilidade.

Independentemente de considerações estritamente dogmáticas, o que se deve ressaltar é que no modelo welzeliano o critério de deslinde entre o dolo eventual e a negligência consciente consiste, em síntese, na confiança da não entrada do resultado, em uma perspectiva subjetiva, ou seja, do próprio agente. Isso permite, inclusive, o afastamento do dolo em situações de processamentos irracionais do risco, ainda que isso não se confunda com a simples esperança de não ocorrência do resultado. Este modelo, que toma o sujeito em um sentido subjetivo, e lhe outorga competência para avaliar o risco conhecido, não será acolhido na presente investigação.

Já os problemas de inserção de aspectos emocionais na estrutura da ação final, criados em face da necessidade de se delimitar as áreas de fronteira do dolo eventual e da culpa consciente, foram enfrentados por Armin Kaufmann, que radicalizou os postulados da teoria finalista, desenvolvendo um critério distinto para tentar salvar a concepção do dolo conforme esta teoria.

---

438. *Das deutsche Strafrecht*, 1969, p. 70. É claro que essa possível contradição não escapa a Welzel. O Autor aponta que a probabilidade não é um critério decisivo nos casos em que a vontade se direciona a um objetivo ou a um determinado meio, contudo já se afigura um critério relevante no tocante aos resultados colaterais. E acrescenta, o Autor, que o "confiar" contém em si um posicionamento volitivo do agente, na forma de decisão tomada na base da crença em uma boa saída.

439. Neste sentido: MAURER, Ruth. *Das voluntative Element des Vorsatzes als Beweisthema vor Gericht,* 2007, p. 78.

3.3. A teoria da realização da vontade de evitação

O desafio nuclear, enfrentado por Armin Kaufmann no desenvolvimento da sua "teoria da realização da vontade de evitação"[440], foi a compatibilização da teoria da ação final com a teoria da culpabilidade, mantendo-se o dolo ontológico e valorativamente neutra.

Para Kaufmann, a consciência da ilicitude é inegavelmente convocada pelas teorias do consentimento e da aprovação: somente quem representa a lesão do bem jurídico ou toma a ação por ilícita pode ter a forma de vinculação psíquica (egoísmo, indiferença etc) exigida por aquelas teorias para o reconhecimento do dolo. Desde que a consciência da ilicitude seja compreendida como parte integrante do dolo, a procura pela demarcação de fronteiras a patir de tais critérios é, portanto, metodologicamente correta. Mas esse critério está vedado para quem, de acordo com a teoria normativa da culpabilidade e do ilícito pessoal, separa estritamente o dolo do conhecimento do injusto. Para estes, a posição que possui o agente perante a lesão ao bem jurídico não deve ter o mínimo significado no que concerne ao dolo[441], em face de sua neutralidade.

Segundo Kaufmann, desde a teoria normativa da culpabilidade, o dolo "se encolheu", transmudando-se do *dolus malus*, para a consciência e vontade de realização do tipo. Daí que surge a necessidade de se afastar, do dolo, quaisquer considerações sobre censurabilidade e motivação, que não se relacionem ao sentido instrumental da ação final. Resulta, portanto, o que tanto do ponto de vista ontológico - dos fundamentos da teoria da ação final - como dogmático - do ponto de vista da teoria normativa da culpabilidade - para a delimitação da vontade de realização, deve ser eliminado todo o recurso à consciência do injusto, e toda a valoração dos processos de motivação[442].

O problema sensível, obviamente, é enfrentar a delimitação entre o dolo eventual e a culpa consciente, na medida em que em ambos os casos se verificam o controle da ação e o exercício da atividade final. Assim, ou bem se exige "algo a mais" para o dolo, e então este passa a ser um problema também de culpabilidade[443], ou se encontra um critério objetivo de delimitação na própria estrutura da ação e do ilícito. Caso contrário, a identificação do dolo com a vontade de realização resta abandonada - pois tanto a culpa consciente como o dolo seriam com ela identificáveis[444].

---

440. Para uma análise crítica, e a se colocar de acordo em termos gerais, veja-se: HILLENKAMP, Thomas. Dolus eventualis und Vermeidewille. *In*: DORNSEIFER, Gerhard *et al.* (Hrsg.). *Gedächtnischrift für Armin Kaufmann*. Köln: Carl Heymanns, 1989, p. 351 e ss.

441. KAUFMANN, Armin. Der dolus eventualis im Deliktsaufbau. *ZStW* 8 (1958), p. 69.

442. Criticamente, veja-se: SCHROTH, Ulrich. *Vorsatz als Aneignung*, 1994, pp. 17-18.

443. Assim, especialmente: GALLAS, Zum gegenwärtigen Stand der Lehre vom Verbrechen, *ZStW* 67 (1955), p. 43.

444. KAUFMANN, Armin. Der dolus eventualis im Deliktsaufbau. *ZStW* 8 (1958) p. 66.

Segundo Armin Kaufmann, o critério, consequente com a perspectiva da ação final, bem ainda com a teoria da culpabilidade acolhida pela legislação em vigor, deve ser encontrado nos próprios contornos (ontológicos) da vontade de realização[445]. A pergunta, então, é: em que casos a vontade de realização não abarca os resultados representados como possíveis?

Para Kaufmann, a vontade de realização é excluída, objetivamente, caso o agente atue/manifeste uma vontade eficaz de evitação, com emprego de contrafatores considerados como hábeis para a inibição do resultado[446]. Em outras palavras: "*a vontade de realização encontra também suas fronteiras na vontade de realização*"[447]. Nesse contexto, a vontade de evitação não se confunde com o posicionamento interno, nem com o simples desejo (como nas teorias do consentimento restritas), dependendo da exteriorização em um ato objetivamente tendente a evitar o resultado ilícito[448].

Há, assim, as seguintes situações concebíveis: i) o agente acredita, equivocadamente, que através de uma ação irá seguramente evitar o resultado colateral - então a vontade de realização não pode incluir tal resultado colateral, na medida em que falta o componente intelectual da vontade de realização; ii) mesmo que o agente permaneça na dúvida, isso não altera a situação, pois sua vontade final de realização já está direcionada à evitação do resultado colateral, e para o alcance deste objetivo foram efetivamente empregados meios anteriores ou concomitantes. Então, o dolo deve ser excluído, pois o agente, apesar de reconhecer a possibilidade do resultado ilícito, efetivamente atua na confiança de que poderá evitá-lo, na medida em que realizou esforços sérios para sua inibição[449]. Curto: a realização da vontade de evitação é incompatível com a coexistência da vontade de realização.

É importante ressaltar, com Engisch[450], que vários Autores, no século XIX, já se referiam à realização de comportamentos destinados à evitação do ilícito como sendo um critério de exclusão do dolo, nos casos de representação do

---

445. Veja-se uma análise crítica em: SAFFERLING, Christoph J.M. *Vorsatz und Schuld,* 2008, p. 82.

446. Veja-se: HILLENKAMP, Thomas. *GS-Armin Kaufmann,* 1989, p. 352.

447. KAUFMANN, Armin. Der dolus eventualis im Deliktsaufbau. *ZStW* 8 (1958), p. 74. Isso seria, para Kaufmman, uma decorrência do controle final do curso causal, relacionado à antecipação do objetivo buscado, e da escolha dos meios adequados para sua produção.

448. KAUFMANN, Armin. Der dolus eventualis im Deliktsaufbau. *ZStW* 8 (1958), p. 74.

449. KAUFMANN, Armin. Der dolus eventualis im Deliktsaufbau. *ZStW* 8 (1958), p. 74. Veja-se, sobre isso: HOYER, Andreas. *Strafrechtsdogmatik nach Armin Kaufmann. Lebendiges und Totes in Armin Kaufmanns Normentheorie.* Duncker & Humblot: Berlin, 1997, p. 35. Criticamente:ROXIN, Claus. Zur Abgrenzung von bedingtem Vorsatz und bewusster Fahrlässigkeit - *BGHSt* 7,363. *JuS* 2 (1964), p. 59. Defende, o Autor, que se o sujeito afirma para si: "talvez eu possa evitar a realização do delito, talvez não", então ele se decide pela possível lesão do bem jurídico, devendo receber a pena do dolo caso o resultado ilícito se verifique.

450. *Untersuchung über Vorsatz und Fahrlässigkeit im Strafrecht,* 1995, p. 94.

resultado colateral como possível. Assim, por exemplo, Hälschner considerava que o comportamento se exclui do âmbito doloso caso o sujeito considerasse que, através de um procedimento cuidadoso, seria capaz de evitar o resultado[451]. No mesmo rumo, manifestava-se, já então, Finger[452].

Repise-se, contudo, que a vontade de evitação pressupõe o emprego efetivo de contrafatores, ou seja, de medidas objetivamente aptas e destinadas, na visão do próprio agente, a evitar o resultado colateral[453]. Trata-se de uma vontade controlada, que deve se manifestar no acontecimento externo. O sujeito, inclusive, deve considerar que através de seu controle haja uma chance real de evitação do resultado[454].

Pelas mesmas razões, aquilo que já não pode ser alcançado pela vontade de evitação, como as circunstâncias do tipo pré-existentes (idade da vítima, por exemplo, nos crimes sexuais), se inclui na vontade de realização, conduzindo ao reconhecimento do dolo no caso de serem consideradas como possíveis[455].

Com isso, Kaufmann acredita ter solucionado o problema de delimitação entre o dolo e a culpa de modo compatível com a teoria finalista, conferindo contornos objetivos ao dolo no plano do ilícito, sem recorrer a valorações ou ao exame da consciência do agente, que seriam incompatíveis com a teoria da culpa[456]. Ou seja, é a própria vontade de realização quem se autodelimita[457].

A atuação da vontade de evitação pode, de fato, representar um (contra) indicador importante para a possível exclusão do dolo em determinados casos[458], mas não é suficiente, sob o prisma normativo, para traçar a linha divisória entre o dolo e a culpa em *todos* os casos[459].

Frisch[460] - dentre outros[461] –, assinala que não há, do ponto de vista nor-

451. *Das gemeine deutsche Strafrecht.* Bd 1. *Die allgemeine strafrechtliche Lehren.* Bonn: Marcus, 1881, p. 276.

452. *Lehrbuch des deutschen Strafrechts. Erster Band.* Berlin: Carl Heymanns, 1904, §48, pp. 257-259.

453. Explicativamente: KÜHL, Kristian. *AT,* 2012, §5, n.m.82, p. 114.

454. KAUFMANN, Armin. Der dolus eventualis im Deliktsaufbau. *ZStW* 8 (1958), p. 77.

455. Aqui, apenas a confiança na ausência da circunstância tem o condão de afastar o dolo.

456. De acordo com Kaufmann, no essencial, veja-se:. WELZEL, Hans. *Das deutsche Stafrecht,* 1969, p. 68. Em acordo parcial: LAMPE, Erstn Joachim. *Das personale Unrecht,* 1967, p. 168.

457. KAUFMANN, Armin. Der dolus eventualis im Deliktsaufbau. *ZStW* 8 (1958), p. 78. Para o Autor, a teoria subjetivista da ação final acaba por fornecer critérios mais objetivos de delimitação, na medida em que desconsidera sentimentos, motivações e outros fatores emocionais que indicam o posicionamento do autor perante o resultado. Criticamente, acerca desta absolutização da teoria, embora a reconhecer vários méritos nela: HILLENKAMP, Thomas. *GS-Armin Kaufmann,* 1989, p. 352.

458. Neste sentido: ROXIN, Claus/GRECO, Luís. *AT,* 2020, §12, n.m.53, p. 559.

459. De acordo: SAFFERLING, Christoph J.M. *Vorsatz und Schuld,* 2008, p. 82, n.r.10.

460. *Vorsatz und Risiko,* 1983, pp. 14-15; 273.

461. Vejam-se, também: ROXIN, Claus/GRECO, Luís. *AT,* 2020, §12, n.m.54, p. 559. SCHROTH, Ulrich. *Vorsatz als Aneignung,* 1994, p. 95.

mativo, qualquer fundamento plausível para se tratar de modo distinto aquele que emprega meios relativamente idôneos para evitar o resultado e, embora a reconhecer a possibilidade de que estes sejam suficientes, ainda percebe um elevado risco de produção do resultado ilícito, e aquele que deixa de empregar quaisquer esforços de evitação, porque desde o início não representa a presença do risco ou o subestima. Ainda menos compreensível, também segundo Frisch, seria o tratamento dos casos em que o risco não seja reduzível ou controlável, mas seja baixo, (portanto, em que não há atuação da vontade de evitação), e daqueles em que o risco é elevadíssimo e o agente, visualizando-o, emprega esforços para evitá-lo, mas não deixa de atuar[462]; afirmar o dolo nos primeiros e negá-lo nos últimos parece normativamente injustificável e pode mesmo conduzir a soluções injustas[463].

Por outra banda, parece uma sobrevalorização de argumento – por parte de Kaufmann –, a sustentação de que qualquer tomada de decisão pela lesão ao bem jurídico pressuponha uma efetiva consciência do injusto, em confronto com a teoria normativa da culpabilidade. É de se reconhecer que mesmo para aqueles, como Figueiredo Dias, Claus Roxin, Ulrich Ziegert, Fernanda Palma e outros, que trabalham com a perspectiva de um "dolo do tipo" e um "dolo da culpabilidade", nos casos "normais" o próprio conhecimento da circunstância típica conduzirá a uma situação de decisão, por parte do agente, em referência ao bem jurídico[464]. Isso, de fato, resta controvertido nos casos do Direito Penal secundário, nomeadamente nos ilícitos de contra-ordenação (contravenções penais) e nos *delicta mere prohibita*[465], mas tal aspecto não basta para dar suporte à afirmação que as teorias do "levar a sério" ou da "decisão" sejam incompatíveis com a teoria da culpabilidade[466].

Bem vistas as coisas, a atuação da vontade de evitação configura nada mais do que um *indicador*, ainda que relevante, a favor da exclusão do dolo[467], mas

---

462. *Vorsatz und Risiko,* 1983, p. 278.

463. Assim, corretamente: PALMA, Maria Fernanda. *Dolo eventual e negligência consciente em direito penal, 1982,* p. 66. Ressalta, a Autora, que a confiança na não-produção do resultado pode desalojar da consciência do agente todo o impulso para a ação de evitação e, ao contrário, a realização de uma ação de evitação pouco apropriada pode revelar uma decisão de não abandonar a intenção criminosa.

464. Neste sentido, também: FRISTER, Helmut. *AT,* §11, n.m.2, p. 139.

465. Sobre isso, a apontar que o "*typus*" do "*delictum in se*" não é valorativamente (moral ou eticamente) neutro, enquanto o Direito Penal de Ordenação configura um sistema de puras normas de determinação, eticamente neutral, veja-se: DIAS, Augusto Silva. *«Delicta in Se» e «Delicta Mere Prohibita»,* 2008, p. 683.

466. Neste sentido: ROXIN. Claus. *AT,* 2006, §12, n.m.34, p. 451. Mas já se vê a coisa mais radicalmente: não é a compatibilidade ou não de uma perspectiva do dolo com a teoria da culpa o critério decisivo. É possível conceber, como o faz Jakobs, por exemplo, um *dolus malus* não psicologizado, compatibilizável com a *lege lata*. Retornarei a isto em momento oportuno.

467. Veja-se: PHILLIPS, Lothar. *FS-Roxin*, 2001, p. 371. O exemplo de Phillips, para esclarecer

sua ausência não conduz à identificação do fundamento da punição qualificada do dolo, nem tampouco sua atuação representa um critério único para a decisão do caso[468]. Veja-se, por exemplo, que no caso "da correia de couro", a aplicação consequente da teoria implicaria no afastamento do dolo, na medida em que os agentes procuraram dosar o estrangulamento e ainda tentaram efetivamente reanimar a vítima[469].

De toda sorte, a teoria tem o mérito de apontar que a confiança na não produção do resultado (Welzel), o "não levar a sério" (Stratenwerth), a "desaprovação", enquanto simples "estados volitivos internos", acessíveis apenas pelo agente e não exteriorizados, não podem ser os critérios decisivos para a afirmação ou o afastamento do dolo, sobrevalorizando-se a atitude emocional em detrimento da análise objetiva da ação realizada e daquilo que com ela se comunica.

Outra importante objeção se relaciona à concepção do Direito Penal a partir da teoria imperativa das normas, em que o essencial consiste no controle de comportamentos (por meio da dissuasão / prevenção geral negativa)[470].

3.4. O dolo como "levar a sério" (*Ernstnehmen*)

Stratenwerth também tem por ponto de partida a associação do dolo à ação final. O Autor[471] ressalta, no entanto, que a especificidade da ação, para todas as formas de dolo, tem em comum a seguinte formulação: o decisivo é saber se o comportamento do agente se faz ligado ao resultado negativamente valorado através de um "ato de apropriação", de "antecipação da decisão", do qual se extrai o caráter pessoal do injusto[472]. A "discussão" com o resultado antecipado da ação reflete, assim, o núcleo da sobredeterminação final[473]. No cenário concreto da situação de decisão, a compreensão das alternativas de comportamento toca bens ou interesses valorados, havendo uma conexão com as expectativas do dever que se erguem perante o agente. Se o agente "toma o risco a sério", ele também precisa tomar uma posição em face do resultado negativamente valorado[474]. Isso vale para o próprio objetivo da ação, para o

que o contraindicador, *per se*, não exclui o dolo, é tanto curioso quanto decisivo: uma organização terrorista, minutos antes da explosão de uma bomba, avisa a polícia no sentido que "ainda há tempo".

468. Corretamente, assim: MAURACH, Reinhart. ZIPF, Heinz. *Strafrecht Allgemeiner Teil. Teilband I. Grundlehren des Strafrechts und Aufbau der Straftat.* HEIDELBERG, C.F. Müller., p. 22, n.m.35, 1992, p. 312.

469. ROXIN, Claus. *AT,* § 12, 2006, §12, n.m.54, p. 460.

470. Assim: SCHROTH, Ulrich. *Vorsatz als Aneignung,* 1994, p. 20.

471. Dolus eventualis und bewusste Fahrlässigkeit. *ZStW* 71(1959), p. 60.

472. Veja-se, de acordo: ZIEGERT, Ulrich. *Vorsatz, Schuld und Vorverschulden,* 1987, p. 152.

473. Dolus eventualis und bewusste Fahrlässigkeit. *ZStW* 71 (1959), p. 60.

474. Veja-se, sobre isso: ZIEGERT, Ulrich. *Vorsatz, Schuld und Vorverschulden,* 1987, p. 86.

meio necessário para sua realização, para o resultado colateral necessário ou simplesmente possível, desde que, quanto ao último, seja ele "levado a sério".

É a vinculação entre as alternativas de comportamento (manter o projeto de ação ou desistir do plano) com os valores envolvidos quem conduz à necessidade da escolha. Ainda por outras palavras: a carga moral do resultado colateral possível exige a tomada de decisão[475].

Identificam-se, assim, dois momentos diversos com dois objetos de referência: a atitude em face do perigo (a tomada a sério) e o posicionamento em face do resultado (a decisão pela lesão)[476].

Por outro lado, a fórmula não alcança os resultados colaterais simplesmente possíveis, sobre cuja não-produção o agente, ainda que irracionalmente, confiou: estes resultados possíveis "não levados a sério" se situam ao mesmo nível daqueles resultados possíveis não conhecidos (que são objeto da culpa inconsciente). Isso porque, nos dois últimos, falta a tomada de posição do autor[477], que é pressuposta no caso do conhecimento doloso.

Stratenwerth assume posição crítica no que concerne aos critérios oferecidos pelas teorias da possibilidade (Schröder e Schmidhäuser), pela teoria da vontade de evitação, e pelas teorias do consentimento/aprovação, e procura estabelecer o critério do "levar a sério" (*Ernstnehmen*) como sendo o mais justificado para a delimitação entre a problemática área de fronteira do dolo eventual e da negligência consciente.

Quanto à teoria da possibilidade, Stratenwerth assinala que o agente leviano pode reconhecer o perigo e ainda assim não levá-lo a sério, "*tomando-o à ligeira*", levianamente, mas isso não implica em um desconhecimento, e sim em uma tomada de posição perante o perigo, que pode conduzir ao afastamento do dolo[478]. Não se trata, assim, de um afastamento/deslocamento do conhecimento (como defendia Schröder), mas sim de um posicionamento que torna o perigo conhecido algo – por erro de avaliação – que não se necessita considerar. O posicionamento do agente em face do perigo, o não levá-lo a sério e o confiar na

---

475. Veja-se: ZIEGERT, Ulrich. *Vorsatz, Schuld und Vorverschulden,* 1987, p. 89. Observa, o Autor, que a identificação do dolo com a decisão pressupõe o contato com normas morais, que de forma mediada já fornecem informações para a evitação de determinadas causações.

476. Criticamente, a anotar que em regra estes momentos não são apresentados de modo distinto, nem mesmo por Stratenwerth: ZIEGERT, Ulrich. *Vorsatz, Schuld und Vorverschulden,* 1987, p. 87.

477. STRATENWERTH, Günter. Dolus eventualis und bewusste Fahrlässigkeit, *ZStW* 71 (1959), p. 60. De acordo, em termos gerais: ROXIN, Claus. Zur Abgrenzung von bedingten Vorsatz und bewusster Fahrlässigkeit - *BGHSt* 7,363. *JuS* 2 (1964)

478. Dolus eventualis und bewusste Fahrlässigkeit. *ZStW* 71 (1959), p. 55. Criticamente, a observar que isso contradiz o próprio ponto de partida de Stratenwerth, no sentido de que o agente negligente contorna o desvalor do resultado negativo: ZIEGERT, Ulrich. *Vorsatz, Schuld und Vorverschulden,* 1987, p. 87.

boa saída (que não contém apenas um momento intelectual[479]) é que irá implicar na alocação do comportamento no âmbito da culpa consciente.

No que toca à teoria da aprovação, Stratenwerth, de início, ressalta que alguém pode aprovar algo com o que não conta, como se dá com o jogador da loteria, que obviamente aprova receber o prêmio, embora de modo algum conte com isso, em termos de um prognóstico racional. De outro lado, alguém também pode desaprovar algo com o que conta, ao considerar tal resultado um mal menor, em comparação com o objetivo da ação, nada obstante considere o resultado desaprovado como algo (ainda assim um mal) inevitável. No "caso Lacmann", o autor não aprova, de modo algum, a lesão da menina que está com a bola de vidro na mão, até mesmo porque perderia, neste cenário, a aposta; contudo, ele pode muito bem levar tal resultado (a lesão da menina) a sério[480].

Para justificar a possível compatibilidade da teoria do "levar a sério" com a teoria normativa da culpabilidade, mantendo-se a exigida distinção entre o dolo e a consciência do injusto, Stratenwerth assinala que é possível que o agente conheça o significado ético-social do comportamento, podendo se posicionar no momento da ação, sem que, ao mesmo tempo, conheça a proibição normativa tal qual[481]: aquele que ministra um medicamento para aliviar a dor de um doente incurável, na consciência de que isso pode causar sua morte, mas a acreditar que o auxílio para a morte, no caso, seja lícito, atua com dolo eventual (embora em possível situação de erro sobre o caráter injusto da conduta)[482]. Já aquele que ministra o medicamento, a acreditar que este não causará qualquer prejuízo físico ao doente, poderá atuar, no máximo, com culpa consciente. A delimitação, portanto, mesmo em situações de possível erro sobre a ilicitude, entre o dolo e a culpa se faz possível: no primeiro caso a vontade de realização compreende a destruição da vida humana (dolo), no segundo, não (culpa consciente)[483].

O elemento volitivo do dolo, na concepção de Stratenwerth, se identifica com a "tomada de posição interna" do agente perante o fato, ao se decidir pela realização do comportamento, mesmo levando a sério a possibilidade de produção

---

479. STRATENWERTH, Günter. Dolus eventualis und bewusste Fahrlässigkeit. *ZStW* 71 (1959), p. 64.

480. STRATENWERTH, Günter. Dolus eventualis und bewusste Fahrlässigkeit. *ZStW* 71 (1959), p. 65.

481. STRATENWERTH, Günter. KUHLEN, Lothar. *AT,* 2011, §8, n.m.66, pp. 92-93.

482. Criticamente, a destacar que o sujeito que acredita que o auxílio para a morte, no caso, seja lícito, não se encontra na situação de decisão do dolo eventual: ZIEGERT, Ulrich. *Vorsatz, Schuld und Vorverschulden*, 1987, p. 90. Observa, o Autor, que nesta situação, o sujeito pode levar o risco a sério, mas não toma qualquer posição em face do resultado, o que acaba por cancelar a necessidade de decisão, exigida para a fundamentação do dolo, caso se parta da concepção de Stratenwerth.

483. STRATENWERTH, Günter. Dolus eventualis und bewusste Fahrlässigkeit. *ZStW* 71 (1959), p. 68.

do resultado ilícito[484]. Isso tudo porque apenas aquele que leva a sério o perigo acaba por incluí-lo/processá-lo na formação da decisão, ou seja, apenas em tal situação o agente pode se decidir, em uma "discussão volitiva", sobre se omite a ação, ou se a realiza, uma vez que avalia o seu interesse como sendo o mais elevado[485], em detrimento do bem jurídico.

Em termos de resultados, a teoria do "levar a sério" não se afasta de modo sensível das teorias da possibilidade nem da concepção welzeliana, sendo de se destacar que Schmidhäuser e Schröder, como se aprofundará a seguir, bem assim Welzel (como se viu supra) também exigem um conhecimento concreto do perigo para o bem jurídico, não se contentando com o mero conhecimento abstrato para a afirmação do dolo. Este conhecimento concreto, nas formas do "contar com o resultado" e "não confiar na sua ausência" são posições psicológicas análogas ao "levar a sério", o que, em termos práticos, de fato, conduz a resultados muito semelhantes, ainda que com terminologias distintas[486]. Stratenwerth insiste em negar tal semelhança ao considerar que as teorias da possibilidade buscam delimitar tudo no plano cognitivo, deixando de considerar a tomada da posição em face do risco conhecido, que é, para ele, a essência do dolo. Contudo, ainda que com fundamentações divergentes, há que se reconhecer que os resultados, sejam de afirmação sejam de afastamento do dolo, são muito próximos.

Também em uma perspectiva bastante próxima, Ulrich Ziegert, em sua defesa de um conceito de dolo de "duas partes" – uma no tipo e outra na culpabilidade – considera que a "situação de decisão", que integra o dolo do tipo, exige que o agente não apenas *conheça*, mas também *reconheça* o perigo de realização do resultado, levando-o a sério. A tomada à ligeira, por sua vez, do perigo conhecido, configura apenas a culpa consciente[487]. Para Ziegert, resta acentuar, contudo, que o componente de culpabilidade do dolo pressupõe – ao plano da formação da vontade – uma efetiva escolha entre alternativas (que, por sua vez, pressupõe os aspectos cognitivo e motivacionais do dolo do tipo, ou seja, a situação de decisão), bem assim a decisão pela lesão do bem jurídico[488]. Este acento na efetiva decisão, enquanto momento de culpa do dolo, não é, para Ziegert, necessário para a delimitação entre o dolo e a culpa – que já ocorre no

484. STRATENWERTH, Günter. KUHLEN, Lothar. *AT,* 2011, §8, n.m.100, p. 103.

485. STRATENWERTH, Günter. Dolus eventualis und bewusste Fahrlässigkeit. *ZStW* 71 (1959), p. 60.

486. Daí a sugestiva expressão de Ragués i Vallès, inserindo estas teorias no âmbito daquilo que denomina "consenso divergente". *El dolo y su prueba en el proceso penal,* 1999, p. 108.

487. *Vorsatz, Schuld und Vorverschulden,* 1987, p. 164.

488. Criticamente: SCHROTH, Ulrich. *Vorsatz als Aneignung,* 1994, p. 28. Para o Autor, a interpretação de que o „dolo da culpa" pressupõe o conhecimento do ilícito é incompatível com a atual redação do §17 do StGB, ou seja, com a decisão do legislador de separar o referido conhecimento do dolo.

tipo, em face da tomada a sério do risco – mas sim, tão somente, para a justificação material da maior intensidade de censura do comportamento doloso[489].

A teoria do levar a sério foi alvo de múltiplas e justificadas críticas.

Arthur Kaufmann objeta que não se revela possível reconhecer um perigo concreto e, ao mesmo tempo, não tomá-lo a sério. Se o perigo é reconhecido como concreto, então, *eo ipso,* é levado a sério. Apenas um perigo abstrato, em tal contexto, é passível de não ser levado a sério[490]. Este perigo abstrato, que "aqui e agora", por ocasião da ação, não se dá, é objeto da culpa inconsciente. Contudo, se o agente reconhece o perigo da ação concretamente, ele o leva, necessariamente, a sério. Em face disso, e dado que também no caso da culpa consciente o agente conhece o perigo e o leva a sério, o critério não se afigura, para Kaufmann, adequado para a delimitação entre as duas formas[491].

A questão é, contudo, sensivelmente mais complexa do que avalia Kaufmann. O que faz Stratenwerth é abrir espaço para uma alteração do posicionamento do agente, que representa o perigo de saída, mas pode tomá-lo levianamente (a ligeira) em certos casos, ainda que de modo irracional, ao confiar na boa saída. Essa mudança de posição esvazia o próprio levar a sério, e com isso o desvalor dele derivado como momento da decisão, ou seja, uma posição de desconsideração em face do bem jurídico[492], na concepção de Stratenwerth. A possibilidade de tal esvaziamento do juízo revela que, para Stratenwerth, o que está em causa não é a existência objetiva do perigo nem sua avaliação racional, mas sim o efetivo processamento de um determinado perigo pelo agente. Curto: não interessa se o agente reconheceu um risco que, objetivamente, devia levar a sério (como propôs posteriormente Herzberg, ao inverter completamente a fórmula de Stratenwerth[493]), mas sim se ele considerou um risco como sendo sério, ainda que não o fosse[494], ou não o considerou como sério, ainda que, objetivamente, o fosse.

---

489. *Vorsatz, Schuld und Vorverschulden,* 1987, p. 165.

490. KAUFMANN, Arthur. *Das Schuldprinzip,* 1961, p. 170.

491. *Das Schuldprinzip,* 1961, p. 170. Acrescenta, o Autor, que a circunstância de o perigo conhecido não ser o objetivo do agente configura algo comum à negligência consciente a ao dolo eventual, e não permite, tal critério, a delimitação entre as duas figuras. O que está em causa, para Kaufmann, é que as tentativas de cobrir apenas o dolo eventual, mas não a negligência consciente, com a estrutura da finalidade, falham irremediavelmente. Isso porque, caso não se associe a finalidade exclusivamente à intenção (no sentido estrito da *Absicht*), então ela forçosamente deve cobrir tanto o dolo eventual como a negligência consciente.

492. Na literatura brasileira, proximamente: PACELLI, Eugênio. CALLEGARI, André. *Manual de direito penal. Parte geral.* São Paulo: Atlas, 2015, p. 274.

493. Die Abgrenzung von Vorsatz und bewusster Fahrlässigkeit – ein Problem des objektiven Tatbestandes, *JuS* 4 (1986), p. 262.

494. Sobre isso: HERZBERG, Rolf Dietrich. Die Strafdrohung als Waffe im Kampf gegen AIDS? *NJW* 24 (1987), p. 1464. AMBROSIUS, Jürgen. *Untersuchungen zur Vorsatzgrenzung,* 1964, p. 65.

Stratenwerth também procura abrir caminho para uma distinção mais refinada: o perigo pode ser "conhecido" (*erkannt*), mas não reconhecido (*anerkannt*)[495]. O *conhecimento* tem por referência a existência do perigo; já o *reconhecimento* se liga à avaliação do perigo em face da grandeza do risco do resultado. O juízo do "levar a sério", neste aspecto, pressupõe não apenas o conhecimento, mas também o reconhecimento - em termos de avaliação ou julgamento - do perigo[496]. Mas, em boa verdade, é precisamente aqui que se encontra o problema: Stratenwerth, para ser consequente com a perspectiva da qual arranca, acaba por outorgar ao próprio sujeito a competência para avaliar o risco por ele conhecido. Se o agente concreto, por excesso de otimismo, estupidez, arrogância etc, conhece um perigo e não o leva a sério (ou seja, não o "reconhece"), e por mais que tal avaliação subjetiva seja irracional, atua apenas negligente ou levianamente. E o que deve se dar é precisamente o oposto: não se deve conferir ao próprio agente a competência para a avaliação do risco por ele conhecido[497] e, assim, para decidir arbitrariamente sobre a imputação, como que em uma renúncia a sua racionalidade[498]. Se o perigo é de uma dimensão tal, que qualquer sujeito racional, na situação, poderia ter se motivado no sentido da omissão da ação, então o que se há de concluir é que, caso o sujeito concreto atue, produzindo um perigo elevado e proibido, não deve ser poupado da censura dolosa[499], premiando-se sua motivação falhada. *Ceteris paribus*, a avaliação equivocada de um perigo baixo, levado a sério e reconhecido pelo agente, não deve conduzir à punição pelo dolo, pois deve haver uma delimitação, neste caso, já ao plano do tipo objetivo, pena de se ingressar em um malfadado Direito Penal de consciência (*Gesinnungsstrafrecht*).

Daí que o critério do levar a sério, embora possa configurar um indicador da presença do elemento cognitivo, não tem aptidão para, isoladamente, resolver a questão da sua presença ou ausência do dolo, tanto podendo se dar que este seja negado em casos nos quais o agente levou o perigo a sério, como afirmado na hipótese oposta. Isso porque a competência para o julgamento do risco conhecido não deve ser atribuída ao próprio sujeito, sendo um juízo normativo.

Mesmo que se queira manter na grelha do critério proposto, também é de

495. STRATENWERTH, Günter. Dolus eventualis und bewusste Fahrlässigkeit. *ZStW* 71 (1959), p. 59. Analogamente, a distinguir o pensar do refletir: ROXIN, Claus. Zur Abgrenzung von bedingtem Vorsatz und bewusster Fahrlässigkeit - *BGHSt* 7,363. *JuS* 2 (1964), p. 61.

496. De modo muito próximo: ZIEGERT, Ulrich. *Vorsatz, Schuld und Vorverschulden,* 1987, p. 164.

497. Contra esta afirmação: ZIEGERT, Ulrich. *Vorsatz, Schuld und Vorverschulden,* 1987, pp. 152 e 160.

498. Acerca da necessidade de se considerar sempre o sujeito como uma pessoa racional, na linha da teoria da imputação hegeliana: LESCH, Hartmut H. *Der Verbrechensbegriff,* 1999, p. 144.

499. Neste sentido: PUPPE, Ingeborg. Der Vorstellungsinhalt des dolus eventualis. ZStW 103 (1991), p. 14.

se reconhecer a extrema dificuldade de determinação do estado de consciência do sujeito, nomeadamente nos casos limítrofes de dolo eventual. É o que se dá, por exemplo, na hipótese de relação sexual mantida por agente informado pelo médico da contaminação com o vírus HIV: o sujeito tem ciência do risco de contaminação, pode levá-lo a sério, mas não se sabe se confiou, ainda assim, na boa saída (de se admitir que o sujeito sequer refletiu sobre isso)[500].

3.5. O dolo como "conceito-tipo"

Outro modelo de combinação entre os componentes volitivo e cognitivo, em um "sistema móvel" ou "tipológico", e que também postula uma dupla posição do dolo[501], foi construído por Bernd Schünemann[502]. Trata-se de se estabeler uma divisão em três níveis, aplicada a cada um dos elementos, ou seja, ao volitivo e ao cognitivo, em bases ôntica e normativa[503], a resultar em uma "síntese" do pensamento lógico-objetivo e normativo, no qual estão associadas características subjetivas e objetivas[504].

Para efeitos do elemento volitivo, enquanto atitude emocional, e vinculado à culpa, varia-se entre a indesejabilidade (*Unerwünschtheit)*, a indiferença (*Gleichgültigkeit)* e a desejabilidade (*Erwünschtheit)*. Quanto ao elemento cognitivo, no plano do ilícito, do controle da ação, parte-se do "tomar como possível" (*Fürmöglichhalten*), do "tomar como provável" (*Für-Wahrscheinlich-Halten)* até se chegar à certeza (*Gewissheit*).

O dolo demanda uma combinação entre os dois elementos (volitivo e cognitivo). Desenvolve-se, assim, um "sistema de compensação", no qual a presença de um dos elementos em sua forma mais forte permite que o outro se apresente no grau mais fraco (exemplos: certeza + indesejabilidade; intenção ou desejabilidade + tomar como possível etc)[505].

---

500. Veja-se, sobre isso: SCHÜNEMANN, Bernd. Vom philologischen zum typologischen Vorsatzbegriff. *In*: WEIGEND, Thomas. KÜPPER, Georg (*Hrsg.*). *Festschrift für Hans Joachim Hirsch zum .70 Geburstag am 11 April 1999.* Berlin: De Gruyter, 1999, p. 368. Acrescenta, o Autor, que a doutrina acaba por "fingir" um fenômeno de consciência constante, que na verdade muitas vezes não se verifica.

501. Assim: RAGUÉS I VALLÈS, Ramón. *El dolo y su prueba en el proceso penal,* 1999, p. 119, n.r.310.

502. *FS-Hirsch*, 1999, p. 363 e ss.

503. É óbvio que esta combinação entre estruturas lógico-objetivas e normativas não é casual. Na verdade, corresponde à base do pensamento de Schünemann, que busca impor limites à normativização, sem, par e passo, se vincular a um ontologismo radical. Tanto assim é que Schünemann não considera os conceitos psicológicos como uma "relíquia do naturalismo", e procura demonstrar que no radicalismo normativista (de que considera exemplo Jakobs), contém uma falácia normativa. Veja-se: *FS-Hirsch,* 1999, p. 366.

504. SCHÜNEMANN, Bernd. *FS-Hirsch,* 1999, p. 366.

505. Daí que, para Schünemman, nem se pode renunciar, por completo, ao elemento volitivo,

Isso deriva de que, para Schünemann, o fundamento da punição qualificada do dolo se extrai de dois elementos associados, ou seja, do "domínio do fato" (*Tatherrschaft* - como dado ôntico) ou da mais facilitada evitabilidade, e da "consciência hostil ao bem jurídico" (*rechtsgüterfeindliche Gesinnung* - aspecto material-normativo, de culpabilidade)[506] que demanda a punição mais intensa para fins de tabuização do comportamento (prevenção geral). Para o Autor, se os fins da pena não comportam uma única fundamentação, o conceito de dolo também se afigura complexo, nele se associando aspectos psicológicos e normativos.

O domínio ou controle da ação demanda que o sujeito possa exercer uma influência no curso causal, o que corresponde, portanto, a um dado ôntico, que tem por conteúdo algo puramente subjetivo: aquilo que o agente, efetivamente, conhece. Para Schünemann, ainda que fosse, em tese, possível realizar delimitações claras entre os níveis cognitivos, partindo-se do conhecimento da possibilidade do resultado até uma prognose de probabilidade, para a fixação da área do dolo, isso não seria compatível com o sistema, de *lege lata*, uma vez que a lei apenas distingue, de um lado, o dolo e, do outro, a culpa. Não há, nos sistemas continentais, a figura da *recklessness*, como uma forma intermédia, o que obrigaria a outras considerações, de cunho essencialmente normativo, para a composição do conceito de dolo[507] no sentido de se manter a possibilidade da categoria da culpa consciente. Ainda quanto ao controle e ao elemento cognitivo, levam-se em conta aspectos objetivos, tais como: a prontidão do sujeito para a superação do risco (no caso do trânsito, esta prontidão é relativamente presumida, pois ninguém há de ser visto, genericamente, como um suicida potencial); a medida do domínio sobre a vítima (na situação do contágio com a AIDS, em que o agente deixa de se valer de preservativo, nada restando à vítima fazer para contenção do risco); a habituação social do risco (o risco no trânsito seria habituado, mas não o risco de contaminação com o HIV, em uma relação sexual); a espécie de bem jurídico em jogo etc[508].

Já a "consciência hostil", em termos de atitude emocional do agente perante o fato, não se afere a partir de uma posição psicológica individual, ou seja, de um dado puramente subjetivo, mas pode se desvelar, objetivamente, do valor ou desvalor do objetivo da ação, como, por exemplo, a execução de um roubo (que a indicia) ou o tráfego de automóvel (que não a indicia, ou "contra-indicia"). De se acentuar que o critério para aferição do componente volitivo não é fornecido pela psicologia, senão consiste na interpretação de uma máxima

nem também normativizar integralmente o plano cognitivo, abrindo-se mão do conhecimento no caso de cegueira perante os fatos. *FS-Hirsch,* 1999, p. 373. De acordo no essencial, ainda que com emprego de um método mais complexo de avaliação: PHILLIPS, Lothar. *FS-Roxin*, 2001, p. 375.

506. Veja-se: HSU, Yu-An. *Doppelindividualisierung und Irrtum,* 2007, pp. 118-119.

507. Veja-se: SCHÜNEMANN, Bernd. *FS-Hirsch,* 1999, p. 371.

508. Veja-se: SCHÜNEMANN, Bernd. *FS-Hirsch,* 1999, p. 374.

de ação, manifestada pelo agente, que atua com consciência do cenário factual, e dela não pode se distanciar[509].

Para Schünemman, uma vez que os critérios (do dolo) são regulados por distintos sistemas de referência (o domínio do fato: ôntico / e a consciência hostil ao bem jurídico: normativo), o dolo se configura como um "conceito-tipológico", em que a caracterização de um dos componentes, de modo mais intenso, pode compensar a presença menos intensa do outro. Com isso, facticidades altamente diversas, podem recair no mesmo tipo[510].

Assim, no âmbito do conceito tipológico, há várias combinações possíveis. Caso esteja configurada a consciência hostil, basta à afirmação do dolo (intenção/propósito), em termos de capacidade de controle (âmbito cognitivo), a forma mais branda, ou seja, a consciência da possibilidade do resultado (sem esta consciência da possibilidade, contudo, não se cogita do dolo[511]); caso esteja presente a certeza e, por conseguinte, a maior capacidade de controle, o dolo (necessário ou direto de segundo grau) se preenche mesmo com a indesejabilidade[512], pois o aspecto emocional-volitivo (a consciência hostil), é interpretado à luz da máxima de ação (o agente indica seu posicionamento em virtude de atuar com o conhecimento). Por fim, no caso de o agente tomar o resultado como possível e considerá-lo indesejável, a decisão clara contra o Direito não se verifica, e o dolo (eventual) não se reconhece; situação oposta, de reconhecimento do dolo, se daria em caso de indiferença[513].

O conceito tipológico tem o mérito de conferir contornos mais claros ao elemento volitivo, se comparado aos substitutivos meramente filológicos empregados para sua identificação ("aprovar em sentido jurídico"; "tomar em compra" etc). Além disso, o conceito tipológico confere certa autonomia ao elemento cognitivo que é negada pelas demais teorias volitivas, uma vez que há exigência de um nível de conhecimento que supera a elevada improbabilidade – configurada no caso de geração de um perigo muito reduzido –, como em casos de contaminação com o vírus da AIDS[514].

Mas, ainda que seja assim, há muitas dificuldades a enfrentar para a confirmação da hipótese do dolo como conceito tipológico.

No plano do controle (dado ôntico), o problema está em que a situação do

---

509. Assim: SCHÜNEMANN, Bernd. *FS-Hirsch,* 1999, p. 372.

510. SCHÜNEMANN, Bernd. *FS-Hirsch,* 1999, p. 373.

511. Aqui Schünemann procura objetar a Jakobs, no que concerne à indiferença, e ressalta que o agente indiferente não possui a mesma capacidade de controle, ou seja, a mesma evitabilidade facilitada do agente doloso.

512. SCHÜNEMANN, Bernd. *FS-Hirsch,* 1999, p. 374.

513. Sobre isso: HSU, Yu-An. *Doppelindividualisierung und Irrtum,* 2007, p. 118.

514. Veja-se: PUPPE, Ingeborg. Begriffskonzeptionen des dolus eventualis. *GA* 2005, p. 71.

agente, na culpa consciente, não é distinta da situação do agente doloso. E caso se atribua a avaliação do risco ao próprio sujeito, então a própria medida da imputação novamente se perde[515], em nome de uma possível avaliação irracional do risco. E tudo fica como está, sem qualquer avanço.

Por outro lado, caso o fiel da balança seja a consciência hostil ao bem jurídico, as dificuldades não se afiguram menores: a determinação do estado emocional do sujeito, isto é, de seu posicionamento perante o bem jurídico, já foi apontada exaustivamente na análise das teorias volitivas clássicas, e abre flancos para decisões arbitrárias, em que o Tribunal manipula, segundo critérios de justiça ou política criminal questionáveis, os dados disponíveis no processo, muitas vezes oriundos do modo de vida ou da atitude do agente após o fato, que são inadequados para uma valoração normativa. Schünemann acaba sendo alvo da própria e correta crítica, endereçada aos defensores dos critérios do "tomar em compra" e do "levar a sério".

4. Teorias cognitivas: da possibilidade, probabilidade e do risco

Os defensores da teoria da representação, em suas variadas acepções, assinalam que a essência do dolo é o conhecimento/representação[516] do resultado ilícito, e não a vontade de produzi-lo; partem da premissa de que a vontade se situa no plano da ação, e de que o resultado não pode ser querido, mas sim, apenas, representado[517].

No que se refere aos seus precursores, Bünger[518], por exemplo, nega a precedência da vontade em relação à ação, e defende que o querer, em sentido próprio, só se identifica com a ação concreta, e com a causação do movimento corporal; não há, assim, vontade fora da ação, e não há vinculação do querer no que se refere ao resultado, que só pode ser conhecido. No mesmo sentido, se manifesta Bekker[519].

Já Almendingen, por sua vez, assinalava que aquele que tem o conhecimento

515. Neste sentido: HSU, Yu-An. *Doppelindividualisierung und Irrtum,* 2007, p. 119.

516. Sobre isso, veja-se: SCHROTH, Ulrich. *Vorsatz als Aneignung*, 1994, p. 43 e ss.

517. Especialmente: BEKKER, Ernst Immanuel. *Theorie des heutigen deutschen Strafrechts.* Leipzig: Hirzel, 1859, pp. 252; 254; 272; 317; 321 e ss.

518. Über Vorstellung und Willen, als Elemente der subjektiven Verschuldung. *ZStW* 6 (1886), p. 319. Com isso, o Autor pretende negar uma perspectiva que implica hipostasiar a vontade, partindo da ideia do dualismo mente e corpo, que seriam grandezas distintas. Para Bünger, a mente e o corpo são apenas lados distintos de uma mesma coisa. Criticamente a esta posição, no mesmo período, veja-se: STURM, Friedrich. *Die strafrechtliche Verschuldung*. Breslau: Schlettersche Buchhandlung, 1902, p. 11.

519. *Theorie des heutigen deutschen Strafrechts*, 1857, p. 254. Sobre isso: STUCKENBERG, Carl-Friedrich. *Vorstudien,* 2007, p. 575, a apontar que Bekker é considerado mesmo como o precursor da teoria da representação.

da possibilidade ou necessidade do resultado atua sempre com dolo[520] . É certo que divergem Frank[521] e v. Hippel[522] sobre a predicação de Almendingen como um defensor da teoria da representação ou da vontade, mas o que se compreende é que o acento de sua perspectiva está no elemento cognitivo. O ponto da discórdia está em que Almendingen derivava (diretamente), da representação, a vontade, mas mantinha a última como critério autônomo do dolo, ainda que apenas nominalmente. De toda sorte, deve-se tornar explícito que Almendingen se contentava com a simples representação do resultado como possível, desde que vinculado com aquele buscado, para a afirmação do dolo[523]. E isso parece aproximar seu pensamento àquele defendido pelos Autores vinculados à teoria da representação. Com tal posicionamento, Almendingen distancia-se da teoria do seu contemporâneo Feuerbach, e que restringia, como já se viu alhures[524], o dolo ao propósito.

Já para Hermann Lucas, o dolo consiste na realização de uma ação voluntária, vinculada com a consciência da presença de uma circunstância que faz desta algo ameaçado penalmente[525]. Lucas apontava que a essência do dolo está mesmo no conhecimento, e também desloca a vontade para o plano da ação[526]. Neste sentido, ressaltava que o que dá colorido ao dolo não é a vontade da ação, mas sim o conhecimento do agente, acerca de características da ação que a Lei toma como referências para a ameaça de pena. No que concerne ao *dolus eventualis*, Lucas sustentava que o resultado representado como tal também é querido[527], ainda que eventualmente, contudo o Autor acabava por exigir que o resultado tenha sido representado como provável para imputá-lo ao dolo[528].

Em sentido próximo, especialmente no que toca à representação da probabilidade do resultado como critério do dolo eventual, posicionava-se Grossmann,

---

520. *Untersuchungen über das culpose Verbrechen.* Giesen: Tasché und Müller, 1804, pp. 9 e 239. O dolo é um vício da vontade, enquanto a culpa um erro de entendimento.

521. Tomando-o como defensor da teoria da representação: FRANK, Reinhardt. Vorstellung und Wille in der modernen Doluslehre. *ZStW* 12 (1890), p. 178.

522. Tomando-o como defensor da teoria da vontade: HIPPEL, Robert v. *Die Grenze,* 1903, p. 151-152.

523. Veja-se: ENGISCH, Karl. *Untersuchungen,* 1995, pp. 119 e 34.

524. Parte III, Capítulo I, supra.

525. *Die subjektive Verschuldung im heutigen deutschen Strafrechte. Mit besonder Berücksichtigung der Praxis.* Berlin: R.V.Decker, 1883, p. 8.

526. Assim, observa o Autor, que o dolo, no que concerne à vontade da ação, é algo descolorido. Ele só recebe sua cor através do conhecimento, pelo agente, de que está a realizar características que são ameaçadas pela lei através de uma pena. *In*: *Die subjektive Verschulung, im heutigen deutschen Strafrechte*, 1883, p. 8.

527. *Die subjektive Verschuldung im heutigen deutschen Strafrechte*, 1883, p. 14.

528. *Die subjektive Verschuldung im heutigen deutschen Strafrechte*, 1883, p. 16. Acerca da adoção, por Lucas, de uma primeira versão da teoria da probabilidade, veja-se: PÉREZ-BARBERÁ, Gabriel. *El dolo eventual,* 2011, p. 198 e ss.

para o qual o fundamento do dolo está em que o agente não se contramotivou, embora a representação da probabilidade[529].

Bruck também definia o dolo como a vontade de realizar o curso causal, com a representação de que um resultado prejudicial deve, ou pode ocorrer. Em face disso, resta, para o Autor, descartada a hipótese de culpa consciente[530], no que acaba por divergir dos resulados a que chega o contemporâneo Lucas. Saliente-se que, para o Autor, se a lei pune o dolo eventual com uma pena excessiva, isso não é um problema da conceituação do dolo e sim da lei, rejeitando, Bruck, uma vinculação entre o conceito de dolo e sua função[531].

Por sua vez, Binding defendia que tudo que é realizado causalmente por uma ação humana pode ser imputado, na medida em que é necessariamente abrangido pela vontade. Para Binding, a vontade da ação – enquanto exercício da capacidade de se tornar causal – é comum ao dolo e à culpa, os quais, portanto, só podem ser distinguidos através do conhecimento da ilicitude[532]. A lei proíbe a realização causal para a morte, para o incêndio etc. Essa causação somente pode se dar através da vontade de realização do agente. Nesse sentido, a causação do resultado ilícito sempre tem que ser querida, mesmo se "inconscientemente querida"[533]. E essa causação, para o agente, tanto no caso do homicídio doloso como negligente, é tão querida quanto, seja no que toca a um envenenamento seja quanto a um atropelamento[534]. A ação ilícita é, portanto, tanto no dolo como na culpa, da mesma espécie: *voluntária*, e não se confunde com a vontade no sentido psicológico (que é mais restrita). O elemento decisivo de distinção, portanto, para Binding, é o cognitivo: aquele que atua conscientemente sempre o faz dolosamente, sendo este conhecimento graduável entre a certeza, a pro-

---

529. Veja-se: *Die Grenze von Vorsatz und Fahrlässigkeit. Ein neuer Beitrag zu einer alten Frage.* Hamburg: W.Gente, 1924, p. 33-34 e 97. Note-se, contudo, que o Autor refere-se a um juízo de probabilidade psicológico, que parte do agente, e não a uma consideração puramente objetiva, até mesmo porque o fundamento da teoria recorre à estrutura da motivação para que o sujeito se abstenha da ação, considerada mais intensa no caso da representação do resultado não buscado como provável. No sentido desta crítica, também: PÉREZ-BARBERÁ, Gabriel. *El dolo eventual,* 2011, p. 205 e ss.

530. *Zur Lehre von der Fahrlässigkeit im heutigen deutschen Strafrecht.* Breslau: Wilhelm Koebner, 1885, pp. 16-18.

531. *Zur Lehre*, 1885, p. 20. Sobre isso, veja-se: ENGISCH, Karl. *Untersuchungen,* 1995, p. 120.

532. No sentido de que, para Binding, o dolo consiste na oposição consciente à norma: FRANK, Reinhard. Vorstellung und Wille in der modernen Dolus-Lehre, *ZStW* 10 (1890), p. 206. Veja-se ainda, explicativamente: BUBNOFF, Eckhart v. *Die Entwicklung des strafrechlichen Handlungsbegriffes von Feuerbach bis Liszt unter besonderer Berücksichtigung der Hegelschule,* 1966, pp. 119 e 122.

533. Criticamente, o contemporâneo: BASEDOW, Hermann. *Die strafrechtliche Verschuldung. Ein Willensvorgang mit einer Bewusstsein einer Normwidrigkeit des Handlungserfolges.* Hamburg: J.W.Basedow, 1898, p. 65. Também: SCHMITT, Carl. Über Schuld und Schuldarten. Eine terminologische Untersuchung. 2. Aufl.. Berlin: Duncker & Humblot, 2017, p. 123.

534. BINDING, Karl. *Die Normen und ihre Übertretung*, *Bd. II*, 1914, §80, p. 312.

babilidade e a possibilidade. Nos casos duvidosos, de conhecimento da simples possibilidade, Binding acaba por se valer do julgamento de probabilidade do agente, ou seja, sobre se este analisou cuidadosamente a possibilidade, para fins de afirmar ou negar o dolo[535]. Não há, no sistema de Binding, espaço algum para a culpa consciente. Em face de tal distinção essencialmente cognitiva, o uso da linguagem cotidiana, segundo Binding, deve ser evitado, caso sirva para se atribuir à vontade um papel distinto no caso dos delitos dolosos em relação aos culposos. Assim, a única distinção se situa no âmbito do conhecimento da ilicitude, e não do querer[536]. Tudo considerado, e embora Binding se autoproclame defensor da teoria volitiva[537], essa autoclassificação de seu pensamento é controvertida. Resulta claro que seu conceito de vontade implica na inserção desta ao plano da ação (tanto que é comum ao dolo e à culpa), não se exigindo um elemento volitivo-emocional autônomo para o dolo, cuja essência está, como se viu, no elemento cognitivo[538] (tendo por objeto a representação da ação, da causalidade e da ilicitude)[539]. Tomando-se por critério de delimitação que aquilo que identifica a teoria volitiva é, precisamente, um posicionamento emocional ou volitivo que vai além da vontade da ação[540], então o que restaria seria enquadrar o pensamento de Binding na teoria da representação, em que pesem seus protestos[541].

Ainda como um destacado precursor da teoria da representação, Franz v. Liszt defendia que o dolo consiste na previsão do resultado da ação, sendo este excluído caso falte esta representação[542]. Para o Autor, também, querido é apenas o movimento corporal, não o resultado, tomando-se a ação como um conceito naturalístico[543]. Como corretor, e para evitar uma extensão indevida da área do dolo, Liszt também emprega a fórmula de Frank, sustentando que só há dolo caso o agente tenha representado o resultado como possível, mas caso sua representação fosse segura ainda assim não teria deixado de atuar[544].

O que se nota, mais contemporaneamente, é que os Autores alinhados à

535. Assim: MAURER, Ruth. *Das voluntative Element des Vorsatzes als Beweisthema vor Gericht,* 2007, p. 68.

536. *Die Normen und ihre Übertretung, Bd. II,* 1914, §80, p. 314.

537. Com a correção de que o querer não se vincula ao resultado, mas à ação, estando implícito na representação. Veja-se: *Die Normen und ihre Übertretung, Bd. II,* 1914, §80, p. 323.

538. Neste sentido: MAURER, Ruth. *Das voluntative Element des Vorsatzes als Beweisthema vor Gericht,* 2007, p. 68.

539. Veja-se, assim: BUBNOFF, Eckhart v. *Die Entwicklung des strafrechlichen Handlungsbegriffes von Feuerbach bis Liszt unter besonderer Berücksichtigung der Hegelschule,* 1966, p. 119.

540. Neste sentido: MAURER, Ruth. *Das voluntative Element,* 2007, p. 68.

541. *Die Normen und ihre Übertretung, Bd.II,* 1914, p. 323.

542. *Lehrbuch des deutschen Strafrechts.* Berlin: J. Guttentag, 1922, §39, p. 172.

543. Explicativo: BUBNOFF, Eckhart v. *Die Entwicklung des strafrechlichen Handlungsbegriffes von Feuerbach bis Liszt unter besonderer Berücksichtigung der Hegelschule,* 1966, p. 141.

544. *Lehrbuch des deutschen Strafrechts,* 1922, §39, p. 175.

teoria da representação[545] também partem de uma teoria motivacional da norma[546], de base explicitamente imperativa: a essência do dolo e da responsabilidade destacada consiste, assim, em que o agente, mesmo com a representação incriminadora – isto é, conhecimento do risco concreto para o bem jurídico –, executa a ação, pois a primeira não funcionou (como deveria ter funcionado!) como contramotivo para atuar[547].

A teoria da representação encontra, para seus detratores, sérias dificuldades em esclarecer os casos de propósito/intenção(*Absicht*) com baixa probabilidade de êxito[548] e, no tocante ao *dolus eventualis*, se vê obrigada a rechaçar a possibilidade da culpa consciente[549], o que é, como se verá logo adiante, defendido explicitamente por Schröder e por Schmidhäuser, o primeiro simplesmente negando a existência da negligência consciente e o último através da designação "negligência consciente aparente"[550].

Outra dificuldade relevante das teorias cognitivas consistiria, para os seus críticos, em conseguir evitar uma expansão indevida da área do dolo, na medida em que o conhecimento da possibilidade concreta tanto abarca possibilidades inquestionáveis e evidentes, como também reduzidas[551].

Insta advertir, contudo e desde logo, que o conhecimento, seja no sentido do saber, seja no sentido de representação (em relação ao resultado), é tomado pelos defensores das teorias cognitivas como um processo mental que se desenvolve no interior da consciência do sujeito, e inacessível para os demais em termos de constatação imediata. E esse processo mental é inferido a partir da atuação externa[552], mas não pode ser presumido, nem completamente normativizado. Mantém-se, aqui, portanto, a perspectiva psicológica, uma vez que

---

545. Em uma importante análise crítica, a referir-se a Müller, Almendingen, Bruck, Bekker, Wollf, Binding e outros representantes das teorias cognitivas, é fundamental ver, por todos: ENGISCH, Karl. *Untersuchungen,* 1995, pp. 119-126; 134-141.

546. Veja-se, criticamente: ENGISCH, Karl. *Untersuchungen,* 1995, p. 132.

547. Veja-se, criticamente: SCHROTH, Ulrich. *Vorsatz als Aneignung,* 1994, p. 43. Veja-se ainda: ROXIN, Claus. *AT,* 2006, §12, n.m.41, p. 455. PALMA, Maria Fernanda. *Dolo eventual e negligência em direito penal,* 1982, p. 33 e ss.

548. Neste sentido: BREMER, Ingeborg. *Grenze zwischen Vorsatz und Fahrlässigkeit.* Düsseldorf: G.H. Nolte, 1935, p. 24.

549. Veja-se: FRISCH, Wolfgang. *Vorsatz und Risiko,* 1983, p. 16. Também: PALMA, Maria Fernanda. *Dolo eventual e negligência em direito penal,* 1982, p. 34.

550. As situações nas quais o sujeito reconhece a possibilidade do resultado, mas leviana ou irracionalmente a repele, consistem, para os cognitivistas, casos de ausência de conhecimento no momento decisivo da ação, nos quais o dolo é excluído, uma vez que o perigo foi negado pelo autor. Referindo-se a Schmidhäuser e Morkel, confira-se: FRISCH, Wolfgang. *Vorsatz und Risiko,* 1983, p. 16.

551. Assim: FRISCH, Wolfgang. *Vorsatz und Risiko,* 1983, p. 16. Sobre a crítica, já no início do século XX, veja-se: STURM, Friedrich. *Die strafrechtliche Verschuldung*, 1902, p. 21.

552. Criticamente: VIVES-ANTÓN, Tomas. *Fundamentos del sistema penal,* 2011, p. 627 e ss.

o agente doloso deve "*ver-o-perigo-para-si*" (Frisch), sendo certo que, caso o tenha reconhecido, mas o repelido/deslocado por ocasião da ação, o que há de se reconhecer é apenas a culpa (Schröder-Schmidhäuser-Frisch)[553]. Em uma palavra: o desconhecimento, por qual razão que o seja, exclui o dolo[554].

Cumpre-me, agora, entrar nos detalhes de cada subteoria enquadrável neste segundo grande grupo. Autonomizarei, apenas, aquelas teorias que contenham fatores de discrímen que justifiquem o tratamento particularizado. Esclareço, uma vez mais, que as classificações aqui propostas não são rígidas e se dão sobretudo com o fito de permitir uma melhor arrumação analítica. O essencial é extrair o potencial de cada desenvolvimento teórico.

4.1. As teorias da possibilidade

Segundo Horst Schröder, a essência do dolo é a desatenção à advertência acerca da possibilidade da lesão ao bem jurídico. O dolo é a representação da segura, ou possível, lesão ao bem jurídico, atuando o agente mesmo diante de tal representação (*trotzdem-handeln*). Ou seja: o dolo corresponde ao querer da ação, na consciência de seu caráter proibido[555].

A lei obriga não somente a evitar a produção final de resultados lesivos a bens jurídicos, mas também a causação consciente de comportamentos que coloquem os bens jurídicos em perigo. Assim, do ponto de vista motivacional, a representação concreta de que isso possa se dar deveria inibir o agente de atuar; se isso não ocorre, justifica-se a censura dolosa[556]. O agente doloso coloca em jogo o bem jurídico alheio, demonstrando que seu próprio objetivo é mais importante, do que evitar o mau desenlance, o que, para Schröder, confere a necessária justificativa material para sua concepção de dolo. Em outras palavras, o destino do bem jurídico acaba por se demonstrar indiferente para o agente doloso[557].

Essa situação não demanda, para Schröder, qualquer posicionamento emocional adicional, como o consentimento ou a aprovação, nos casos em que o resultado desfavorável, embora duvidoso, tenha sido (concretamente) representado pelo agente[558]. A ordem jurídica exige que, em uma situação de dúvida (fundamento normativo), o agente, ao representar (efetivamente, e

---

553. Criticamente: PUPPE, Ingeborg. Begriffkonzeptionen des dolus eventualis. *GA*, 2006, p. 66 e ss.

554. Criticamente, precisamente quanto a este aspecto: PAWLIK, Michael. *Das Unrecht des Bürgers*, 2012, p. 391.

555. SCHRÖDER, Horst. *FS-Sauer*, 1949, p. 217; 233 e 246.

556. SCHRÖDER, Horst. *FS-Sauer*, 1949, p. 227.

557. Criticamente, a destacar que uma coisa é a consciência e o posicionamento acerca do perigo, e outra é o posicionamento em face da lesão: WOLFF, Ernst Amadeus. *FS-Gallas*, 1973, p. 200.

558. SCHRÖDER, Horst. *FS-Sauer*, 1949, p. 229.

não apenas abstratamente) a possibilidade de lesão ao bem jurídico, deixe de atuar: não apenas o reconhecimento de uma possibilidade próxima fundamenta o dolo, mas sim o conhecimento de toda e qualquer possibilidade[559], desde que de modo concreto.

Por outro lado, caso haja uma ilícita desconsideração do dever de cuidado, mas o agente avalie que a saída desfavorável não é de se esperar, o que se dá é um leviano equívoco sobre a situação de fato, que fundamenta tão somente (por falta da representação real), a censura da culpa[560].

O que está na base das formas de dolo é a consciência da ilicitude do fato concreto, que se funda no conhecimento das circunstâncias do fato típico, as quais, por sua vez, trasmitem ao agente as valorações do legislador[561].

Para as teorias da vontade – objeta, contundentemente, Schröder -, há uma retomada das bases da teoria do consentimento, exigindo-se um posicionamento emocional do agente em relação ao fato: caso o resultado indesejado seja internamente rejeitado, verifica-se apenas a culpa[562]. Mas, para Schröder, isso é de todo inadequado, na medida em que o que está em conta é a representação da possibilidade do resultado, que deveria funcionar como contramotivo para inibir a ação, e não o posicionamento emocional do agente perante o resultado[563]. Curto: ou a ação com representação da possibilidade de realização do tipo simplesmente não pertence à área do dolo, ou, porém, a área integral da dúvida, a possibilidade de realização do tipo, fundamenta o *dolus eventualis*[564].

Por outro lado, se o agente acredita que tudo correrá bem e o resultado negativo não se verificará, falta então a "representação no sentido real" e, por isso – e apenas por isso –, nega-se o dolo, não em razão, portanto, de qualquer elemento emocional, mas sim de um erro cognitivo[565]. O julgamento do agente passa a ser, ao invés de "o resultado pode ocorrer", "o resultado não ocorrerá"[566]. Então, o agente só poderá ser censurado por ter, equivocada e

559. Contra: LAMPE, Ernst-Joachim. *Das personale Unrecht.* Berlin: Duncker & Humblot, 1967, p. 136. Segundo o Autor, dolo e culpa são fenômenos morais, nos quais o conhecimento pode ser um pressuposto da ação. Contudo, o conhecimento, em si, não é nem moral nem imoral, não podendo delimitar, assim, o dolo e a negligência. Além disso, a posição de Schröder seria "excessivamente intelectualista", desconsiderando a relação entre intelectualidade e emotividade.

560. SCHRÖDER, Horst. *FS-Sauer,* 1949, p. 233.

561. Veja-se: PALMA, Maria Fernanda. *Dolo eventual e negligência em direito penal,* 1982, p. 35.

562. *FS-Sauer,* 1949, p. 230.

563. Veja-se: PALMA, Maria Fernanda. *Dolo eventual e negligência em direito penal,* 1982, p. 35.

564. *FS-Sauer,* 1949, p. 229.

565. Contemporaneamente, de acordo, no essencial: FRISTER, Helmut. *AT,* 2015, §8, n.m.25, p. 147.

566. Trata-se de critério semelhante ao da confiança da não entrada do resultado, utilizado por Welzel. Cf. item 3.2., supra.

levianamente, avaliado mal a real situação, a chance do resultado, o que exclui o dolo[567]. Neste sentido, aquele sujeito que fuma na cama e, a confiar na sua atenção, conclui que nada de errado vai se passar, atua, sobrevindo o resultado desfavorável, apenas culposamente. Isso não se dá, porém, se o agente vale-se da lógica do jogo, simplesmente confia na boa sorte e deixa o resultado - de que tem consciência - ao acaso, hipótese em que se deve reconhecer, para Schröder, o *dolus eventualis*.

A exigência de um acento positivo, isto é, de um efetivo consentimento no tocante ao resultado desfavorável é, segundo Schröder, não apenas desnecessário como também não associável a uma político-criminalmente racional delimitação da área do dolo[568]. Na maioria dos casos em que ocorre o dolo eventual não se verifica um posicionamento positivo do agente em face do resultado desfavorável. Seja nos casos de indiferença ou de indesejabilidade quanto ao resultado colateral, não se pode, para Schröder, cogitar de aprovação. Isso também se daria nos casos de completa indiferença, o que, em termos de política criminal, seria um resultado intolerável. Para Schröder é a indiferença quanto ao destino do bem jurídico protegido, cujo colocar em jogo (*Auf- Spiel-Setzen*) proíbe o ordenamento, que é o decisivo[569].

Em termos de coerência interna, Schröder sustenta que as teorias do consentimento também falham. Isso porque, nas situações de certeza quanto ao resultado colateral, não joga nenhum papel o posicionamento emocional do agente sobre ele; nos casos do *dolus eventualis*, porém, a aprovação é exigida. Mas não se pode tomar um critério de validade geral e deixar de aplicá-lo a uma das formas reconhecidas de dolo.

A exclusão do elemento volitivo vai conduzir, obviamente, a uma delimitação do elemento cognitivo, na medida em que nem toda a representação acerca do resultado será suficiente para fundamentar o dolo, na concepção de Schröder.

Assim, nos casos em que o agente afirma "tudo correrá bem", na verdade o que faz é *reprimir* ou *deslocar* (*verdrängen*), da consciência, a representação do resultado desfavorável e há de se reconhecer a culpa.

Quanto à problemática do chamado "dolo escrupuloso", e da punição do sujeito que se preocupa com todas as possibilidades de risco, Schröder esgrime

---

567. *FS-Sauer,* 1949, p. 231 e 237. O problema, insista-se, está em que o julgamento acerca do perigo é atribuído ao próprio agente, quem pode, inclusive irracionalmente, repelir um perigo real da consciência (que haveria de funcionar como contramotivo) e escapar da censura do dolo. E a questão está em saber se este deslocamento da consciência, para além de efetivamente ser demonstrável em qualquer hipótese, justifica normativamente a solução defendida por Schröder, que conduz à exclusão do dolo.

568. *FS-Sauer,* 1949, p. 233.

569. *FS-Sauer,* 1949, p. 234-235 e 237.

o argumento de que isso configura uma indevida transposição do problema, uma vez que a pergunta sobre o dolo sequer se colocará, resolvendo-se já no plano do tipo objetivo[570]. Já no tocante aos perigos proibidos mínimos, Schröder os mantém no plano da designada "*quantité negligeable*", também afastando o dolo com fundamentos análogos aos da teoria da imputação objetiva em sua versão mais contemporânea. E caso o risco seja permitido, nem mesmo a esperança ou o desejo no resultado lesivo fundamentará o dolo. Assim, na hipótese de o médico realizar uma operação de risco, com observância da *lex artis*, mas na esperança de que o paciente não sobreviva (por razões nobres - poupar a dor - ou vis - casar-se com a viúva), o dolo também deve restar excluído, independentemente da posição subjetiva do agente[571], pois caso contrário se ingressaria em um Direito Penal de consciência.

Schröder reconhece que sua tese fundada exclusivamente na representação, não pode se associar com a culpa consciente. Para o Autor, toda a negligência é essencialmente inconsciente[572]. Só assim se faz possível uma clara e satisfatória separação entre "culpabilidade negligente" e "culpabilidade dolosa". Nos casos de "*quantité negligeable*", o sujeito, ainda que de modo objetivamente errado, afasta a possibilidade do resultado, faltando-lhe verdadeiramente a consciência, só podendo ser punido por negligência. Esta é, para Schröder, a única possibilidade de uma delimitação conceitual-qualitativa racional entre dolo e negligência.

Especialmente sobre a questão da intenção/propósito nos casos de probabilidade baixa, que encontram dificuldades de solução pelas teorias da representação, Schröder observa que há, de fato, diferenças entre o "dolo-propósito" (*Absicht-Vorsatz*) e o "dolo-assunção aprovadora" (*Inkaufnahme-Vorsatz*). A norma de determinação subjetiva, cuja lesão significa um atuar doloso, inclui ou uma pura "proibição de finalidade" - a proibição de buscar/se esforçar (*zu erstreben*) -, como também uma "proibição simples de causalidade" (*Kausalitätsverbot*). Para a proibição de finalidade (*Finalitätsverbot*), no caso da intenção/propósito, a probabilidade não cumpre papel algum, devendo-se afirmar o dolo mesmo que o agente preveja como muito baixa a probabilidade de alcançar o resultado[573]. Predomina, aqui, a ligação da vontade com o resultado. Já em se tratando da proibição causal (*Kausalitätsverbot*), o que se verifica é a proibição da conduta tal qual, caso em que a probabilidade joga realmente um papel decisivo[574].

Embora isso aparentemente implique em que a teoria da representação perca

---

570. *FS-Sauer,* 1949, p. 240.
571. *FS-Sauer,* 1949, p. 242-243.
572. *FS- Sauer,* 1949, p. 244-245. Veja-se, sobre isso: RAGUÈS I VALLÉS, Ramon. *El dolo y su prueba en el proceso penal,* 1999, p. 74.
573. *FS-Sauer,* 1949, p. 216.
574. *FS-Sauer,* 1949, p. 219.

seu ponto de referência, Schröder[575] destaca que há uma "norma fundamental", a englobar tanto as proibições de finalidade quanto as de causação. O que está em causa é que o agente, nos dois casos, atua na consciência da violação da norma: em um caso na consciência de que viola a proibição da norma ao produzir um resultado colateral não buscado e, no outro, na representação de que está a buscar um resultado proibido.

Por sua vez, o *"dolo assunção aprovadora"*, diferentemente do que postulam os defensores da teoria da vontade, não contém, para Schröder, nenhum vínculo direto com o elemento volitivo, baseando-se, exclusivamente, na realização da ação em desconsideração à representação da possibilidade do resultado. Nas palavras de Schröder[576]: "*que uma representação não tenha se tornado um contramotivo (seja a representação sobre o resultado como seguro ou possível) não comprova que ela teria se tornado um motivo, nem tampouco que foi aceita no âmbito da vontade do autor*".

Em conclusão, a delimitação do dolo será determinada apenas através da característica da consciência sobre a lesão da norma: apenas a consciente lesão da norma fundamenta o dolo, enquanto a lesão inconsciente fundamenta a culpa. Mas consciência significa representação efetiva, no sentido psicológico, da ilicitude do fato, ou seja, consciência acerca da norma e de sua lesão através do fato em concreto, vinculando-se essa proposta à "teoria do dolo", não acolhida pelo Direito positivo na disciplina do erro, seja na Alemanha (§17 StGB), em Portugal (art. 17 do CP) ou no Brasil (art. 21 do CP).

As dificuldades na distinção entre dolo eventual e culpa consciente; a questionável possibilidade de se separar a consciência da ilicitude, no sentido psicológico, do dolo; a dificuldade em se distinguir dolo de lesão e dolo de perigo, e, mais que tudo isso, a chave psicológica da teoria, que atribui ao agente a competência para deslocar de sua consciência a avaliação de um risco *a priori* conhecido, são as principais razões para a rejeição da teoria da possibilidade em tais contornos[577], para a fundamentação do dolo e definição de suas fronteiras.

4.1.1. Ainda sobre a teoria da possibilidade: a dolosidade (Vorsätzlichkeit)

O fio condutor do pensamento de Schmidhäuser também consiste em compreender a norma penal como norma de determinação. Tanto na culpa quanto no dolo se dão violações ao dever, tratando-se, ambos, de comportamentos voluntários proibidos. O injusto é sempre a ação objetivamente ilícita; o que

575. *FS-Sauer,* 1949, p. 219.

576. *FS-Sauer,* 1949, p. 221.

577. No que se refere ao déficit derivado do psicologismo, que acaba por apenas "mudar de lugar" as deficiências das teorias volitivas, veja-se: PAWLIK, Michael. *Das Unrecht des Bürgers,* 2012, p. 391.

está em causa, para distingui-los, é, exclusivamente, o conhecimento ou o desconhecimento desta violação[578]. Partindo de tais pressupostos, Schmidhäuser recusa a definição tradicional do dolo como "conhecimento e vontade de realização do tipo"[579], e procura construir um conceito próprio, centralizado no elemento cognitivo[580].

Para Schmidhäuser, independendemente das divergências quanto à localização do dolo (no tipo ou na culpa), as teorias causal e finalista defendem a manuntenção do elemento volitivo no conceito de dolo, na medida em que ambas partem de um conceito do querer baseado na psicologia profana[581]. E lança, então, o Autor, uma incômoda pergunta: é suportável para uma ciência se por de acordo com um conceito aparente, ao invés de corrigir sua reconhecida inadequação, e de elaborar um conceito exato, colocando-o à disposição da prática do Direito Penal?[582] Em outro ponto, e com não menor carga crítica, Schmidhäuser[583] assinala: "É um simples hábito, manter no conceito comum de dolo o conhecimento e a vontade, embora o conceito neste sentido não seja tomado a sério; e não é qualquer bom sinal para uma ciência, se ela não quer dizer, com um conceito, o que ela diz".

A causa principal do desajuste, para Schmidhäuser, está no falso ponto de partida, qual seja, a equiparação do querer/vontade, da linguagem cotidiana, com o dolo[584]. Assim, para se atender, por exigências morais e jurídicas, à necessidade de imposição da mesma censura àquele que mata outrem porque *quer*, àquele que reconhece que sua ação pode resultar em uma morte *não-querida*, acaba por se construir um novo conceito de querer: o agente que previu que sua ação iria causar um efeito não buscado, *quis* tal efeito. Contudo, este querer

---

578. Sobre isso, veja-se: BUNG, Jochen. *Wissen und Wollen im Strafrecht,* 2009, p. 172. De relevo anotar que Schmidhäuser, como Schröder, arranca da "teoria do dolo", uma vez que exige a consciência atual da ilicitude para o reconhecimento do dolo. Veja-se: Der Verbotsirrtum und das Strafgesetzt § 16, I und §17 StGB. *JZ* 1979, p. 361. Para uma análise detalhada da concepção de Schmidhäuser, veja-se: HEUCHEMER, Michael. *Der Erlaubnistatbestandsirrtum,* 2005, pp. 150-152.

579. Assim: MAURER, Ruth. *Das voluntative Element des Vorsatzes als Beweisthema vor Gericht,* 2007, p. 79.

580. Mais precisamente, Schmidhäuser fala em consciência (*Bewusstsein*) e não em conhecimento (*Wissen*, ou *Kenntnis*), situando, na consciência do agente, o ponto nuclear do dolo. O dolo, assim, é apenas a consciência atual do agente acerca de seu fato (injusto). Strafrechtlicher Vorsatzbegriff und Alltagssprachgebrauch. *In*: HERZBERG, Rolf Dietrich (Hrsg.). *Festschrift für Dietrich Oehler. Zum 70. Geburstag.* Köln, Berlin, Bonn, München: Carl Heymann, 1985, p. 159. E para fins de distinguir tal conceito jurídico de dolo daquele empregado pela linguagem cotidiana, o Autor recomenda sua substituição pelo de "dolosidade" (*Vorsätzlichkeit).* Op. cit. p. 159.

581. *Vorsatzbegriff und Begriffjurisprudenz im Strafrecht,* 1968, p. 10.

582. *FS-Oehler*, 1985, p. 157.

583. *Vorsatzbegriff und Begriffjurisprudenz im Strafrecht*, 1968, p. 13.

584. Veja-se: RAGUÉS I VALLÈS, Ramon. *El dolo y su prueba en el proceso penal,* 1999, p. 90.

já não é mais o original - sustentado na linguagem cotidiana e na psicologia vulgar - como um conceito psicológico e livre de valoração, mas sim um conceito valorado, e apenas mediatamente designado de modo psicológico. E, para o Autor, é inadequado aplicar o conceito neste sentido, sem que o conceito de partida seja substancialmente modificado[585].

Schmidhäuser sustenta que o conceito de dolo deve ser construído teleologicamente[586], em comparação com a culpa, não devendo ser estabelecido a partir de um momento volitivo no sentido da psicologia cotidiana; enfaticamente defende que, na verdade, o conceito não inclui qualquer elemento volitivo[587].

No escopo de demonstrar sua perspectiva, Schmidhäuser fornece vários exemplos, alguns clássicos, como o do incêndio da casa para receber o valor do prêmio do seguro, e compara o emprego tanto do "querer" quanto do "conhecer" na linguagem cotidiana e jurídica.

A tomar mão do divulgado exemplo do incêndio, o Autor alude ao caso em que um fazendeiro (B1) se encontra com seu irmão (B2), de fronte a sua casa, na posse de material inflamável; o irmão lhe indaga sobre o que pretende, momento em que B1 responde que pretende incendiar a casa, no escopo de receber o prêmio do seguro. Então, B1 dispõe o material inflamável e ateia fogo, não provocando, contudo, o incêndio. B1 renova a conduta, dispondo o material inflamável em vários pontos e, assim, logra êxito em provocar o incêndio. Neste caso, não se duvida em afirmar a ocorrência do incêndio doloso, coincidindo o conceito de "querer" da linguagem cotidiana com o de "querer" enquanto elemento volitivo do conceito de dolo. Trata-se, aqui, da vontade direcionada ao resultado, a qual, em caso de falha, se renova na busca do objetivo[588].

Já em um segundo caso, Schmidhäuser[589] chama a atenção para um uso distinto do verbo querer, que ocorre na linguagem cotidiana apenas com significado retórico ou de alerta: o irmão mais velho se levanta para buscar uma garrafa de suco na geladeira; neste momento, é indagado por um dos familiares: você *quer* acordar seu irmão mais novo, que acaba de dormir? Claro que o objetivo do agente é apenas saciar a sede, e não acordar o irmão, o que é de

---

585. SCHMIDHÄUSER, Eberhard. *Vorsatzbegriff und Begriffjurisprudenz im Strafrecht*, 1968, p. 14. Veja-se, também: MAURER, Ruth. *Das voluntative Element des Vorsatzes als Beweisthema vor Gericht*, 2007, p. 78. Contra, a apontar que, sob a base do silogismo prático, não há dificuldade em associar o resultado conhecido como querido, à luz do "*querer realizar o plano*": BUNG, Jochen. *Wissen und Wollen im Strafrecht*, 2009, p. 172. E arremata Bung: ao menos o agente quer mais o resultado ilícito (*lieber wollen als*), do que renunciar ao plano.

586. SCHMIDHÄUSER, Eberhard. *Vorsatzbegriff und Begriffjurisprudenz im Strafrecht*, 1968, p. 15.

587. *FS-Oehler*, 1985, p. 136.

588. *FS-Oehler*, 1985, p. 138.

589. *FS-Oehler*, 1985, p. 138.

conhecimento do interlocutor. Contudo, com a indagação sobre o "querer", o que se faz é advertir o agente acerca do perigo, vinculado a sua conduta, da ocorrência de um resultado indesejado. A sentença interrogativa poderia ser assim construída: *você quer realmente fazer algo, que traz consigo o perigo, de acordar seu irmão*?

De modo análogo, e estendendo-se ao exemplo do incêndio, B1 poderia ser indagado sobre se ele "quer", com o incêndio, causar a morte da avó, que se encontra na casa. E aqui poderiam ser apresentadas três respostas distintas: a) sim, quero matá-la para fins de obter sua herança; b) com certeza não, mas eu não posso mais esperar, e talvez ela seja, afinal, regatada; c) não, de forma alguma eu quero matá-la, eu não sabia que alguém estava na casa, então só vou executar a ação quando a avó estiver fora. Nos dois primeiros casos o dolo é afirmado, mas a estrutura psicológica do agente é distinta: na primeira hipótese, a morte da avó se relaciona a um dos objetivos do agente (= receber a herança); na segunda, a morte é reconhecida como possível, mas não é, em si, "bem recebida" pelo agente. Isso se comprova, segundo Schmidhäuser, caso ocorra o resgate da avó. Nesta situação, ou bem o agente renova a tentativa de matá-la, no escopo de obter os dois objetivos (ou seja, o prêmio do seguro e a herança) ou bem desiste de obter o segundo objetivo. Já no segundo caso, o agente fica aliviado pelo resgate da avó com vida, e não possui qualquer motivo para renovar a ação, ou seja, para procurar matá-la novamente.

Tudo isso se faz para apontar dois conceitos absolutamente distintos de vontade ou querer, pressupostos no conceito usual de dolo. Primeiramente, um querer ou uma vontade é sempre de se afirmar nos casos em que a realização do objetivo seja buscada (hipóteses de dolo como *Absicht*); nesses, a vontade não se restringe à atuação enquanto tal, mas também se direciona ao alcance de certo resultado da ação, e inclui tanto a realização futura como o atuar voluntário. De modo totalmente distinto, no exemplo supra "b", a vontade é designada apenas como a consciência de um agente, de que com sua ação a ocorrência de um resultado colateral ilícito pode se verificar. Porém, assinala enfaticamente Schmidhäuser[590], se a mesma palavra - vontade, ou querer - em sentidos tão distintos, é utilizada para designar fenômenos psíquicos tão diversos - em um local tão relevante para a análise do tipo penal subjetivo –, então o solo de uma definição científica se perde, e o desentendimento está programado[591].

Para Schmidhäuser, conceber o dolo sempre como *querer*, implica em gritantes contradições internas, nas quais o agente, na mesma ação e ao mesmo

590. *FS-Oehler*,1985, p. 139.

591. Contra, observando que os conceitos jurídicos nunca são puramente descritivos, e possuem sempre uma raiz na normatividade original, para determinação e justificação. BUNG, Jochen. *Wissen und Wollen im Strafrecht*, 2009, p. 172.

tempo, quer a ocorrência do resultado e também a sua evitação. A superação dessa contradição pode se realizar, sem esforço, com o emprego dos verbos de acordo com o uso cotidiano: o agente quer derrubar a árvore e atua na consciência de que a árvore do vizinho pode ser danificada. Essa consciência é o bastante para o delito de dano à coisa; apenas quando o dolo se define como "querer" o dano à coisa alheia é, ao mesmo tempo, querido e não-querido[592].

A conclusão do Autor é de que a vontade não é uma característica adequada do conceito dolo, mas sim algo inerente à ação[593] (ou ao fato como tal), englobando, também, a culpa[594], enquanto formas distintas de comportamentos proibidos[595], na mesma linha teórica do pensamento de Binding e Schröder, acima analisado.

Para Schmidhäuser, caso o significado do querer seja levado a sério, como um fenômeno psíquico, então o conceito de dolo restará muito estrito, deixando escapar fatos que devem ser punidos justificadamente como dolosos, e punindo-os como apenas negligentes. Por outro lado, ampliando-se o conceito de querer, em seu sentido original, para o âmbito do "não-querido", então pode-se ganhar formalmente um fundamento para a pena qualificada do dolo; contudo, esconde-se, desta forma, tudo que contradiz as exigências de uma verdade lógica, fingindo-se designar um fenômeno psíquico[596] que não se verifica. Assim, o que a reflexão, a partir da linguagem cotidiana, demonstra, é que no conceito comum de dolo, o que se diz com o "querer" é algo realmente distinto do que se pretende designar[597].

A solução para sair do impasse está, portanto, em cindir-se o conceito tradicional, deslocando-se a vontade para o plano da ação, como fundamento do

---

592. *FS-Oehler*, 1985, p. 140. O Autor sustenta que se partimos do querer como acontecimento psíquico e o usamos para a definição de um conceito jurídico, nós não podemos, sem uma contradição interna, ampliar este querido para não-querido e então afirmar que ele também foi "querido em sentido jurídico". Op. cit. p. 142-143. Quanto ao resultado colateral isso parece consequente, mas não assim em relação ao resultado necessário, que mesmo a partir de um conceito cotidiano de querer não há maiores dificuldades em associação. Assim, no incêndio, a destruição de uma pintura feita na parede da casa é um resultado necessário que se vincula ao objetivo (destruição do imóvel), sendo querido, ainda que lamentado pelo agente. Veja-se: STUCKENBERG, Carl-Friedrich. *Vorstudien zu Vorsatz und Irrtum*, 2007, p. 262.

593. Sobre isso: MAURER, Ruth. *Das voluntative Element*, 2007, p. 80.

594. *FS-Oehler*,1985, p. 160.

595. SCHMIDHÄUSER, Eberhard. *Vorsatzbegriff und Begriffjurisprudenz im Strafrecht*, 1968, p. 18 e 21. É importante anotar que, para o Autor, a diferença entre dolo e negligência só pode se realizar ao nível da culpabilidade, e não do ilícito (cuja base objetiva é comum).

596. Contra, defendendo que mesmo em relação ao meio ou ao resultado colateral possível ou necessário, indesejados, o agente quer, no sentido comparativo do "querer mais do que" a desistência da realização do plano: BUNG, Jochen. *Wissen und Wollen im Strafrecht*, 2009, p. 172. Também, HRUSCHKA, Joachim: "*Quem mata e sabe que ele mata, também quer matar*". *Strafrecht nach logisch-analytischer Methode*, 1988, p. 436.

597. *FS-Oehler*, 1985, p. 143.

ilícito (negligente e doloso), e tomando-se o conhecimento atual do fato ilícito como o ponto central - e também exclusivo - para a conceituação do dolo[598].

Para a dolosidade (*Vorsätzlichkeit*) permanece, assim, apenas o questionamento acerca da consciência, ou seja, da representação do agente à vista da ação[599], ainda que de modo irrefletido (*sachgedanklichen*, em contraposição à *sprachgedanklichen*[600]). No que concerne à culpa, do que se trata é que o agente não conhecia, embora pudesse e devesse conhecer, o risco de realização do tipo. O fato penal "tal qual" conteria em si o momento volitivo, mas o "fato doloso" só aparece na medida em que é comparado com o culposo, e o objeto desta comparação é, exclusivamente, o conhecimento.

Para Schmidhäuser, o fato doloso, nos casos de representação insegura, se deve afirmar na situação em que o agente toma a circunstância atual ou futura como possível em concreto (*Im Konkreten-Für-Möglich-Halten*)[601]. A culpa, por sua vez, se verifica se o agente não tem consciência de tal possibilidade, pois não pensa nela (negligência inconsciente) ou no caso de, apesar de ter alcançado a representação, por ocasião da ação a afasta ou desloca ("negligência consciente aparente"), de modo semelhante ao já postulado por Schröder.

Para esclarecer a "negligência consciente aparente" Schmidhäuser fornece o exemplo do "motorista rasante": durante à noite, o motorista apressado, que não quer perder uma reunião, realiza uma manobra de ultrapassagem em alta velocidade, ingressa em uma curva sem visibilidade, e provoca uma colisão frontal com outro veículo, cujo motorista vem a óbito. Para Schmidhäuser, o dolo, no caso, resta excluído na medida em que o condutor deslocou ou deixou de lado o pensamento acerca do perigo concreto ao ultrapassar. A possibilidade concreta, de que através de sua forma de condução uma pessoa iria ser morta, não se tornou consciente, de todo modo não mais no piscar de olhos, em que ele dirigiu de forma rasante[602].

Contra essa solução, se opõe o argumento de que Schmidhäuser necessita

---

598. Der Verbotsirrtum und das Strafgesetzt § 16, I und §17 StGB. *JZ* 1979, p. 367.

599. *FS-Oehler*,1985, p. 160.

600. Esta estrutura foi desenvolvida para se evitar a compreensão do conhecimento como algo efetivo e refletido, que implicaria em uma exigência muito elevada para o elemento intelectual do dolo. O "conhecimento-objeto" ou "conhecimento-coisa" (*sachgedanklich*), irrefletido, se opõe ao conhecimento intermediado pela linguagem (*sprachgedanklich*), que seria mais concentrado e exigente, sendo um tipo de conhecimento refletido. Mas não se pode aceitar, de modo algum, a ideia de um conhecimento não intermediado pela linguagem, porque qualquer conhecimento se dá na - e pela - linguagem.

601. Veja-se, explicativo: ROXIN, Claus. *AT*, 2006, §12, n.m.41, p. 455. Vejam-se as críticas de Roxin em op. cit. pp. 455-456.

602. Die Grenze zwischen vorsätzilicher und fahrlässiger Straftat ("dolus eventualis" und "bewusste Fahrlässigkeit"), *JuS*, 1980, p. 244.

de uma ficção[603], qual seja, o mecanismo de repelir/deslocar (*Verdrängen*) mentalmente o conhecimento, para inibir uma consequência normativamente inadequada (muito extensa) da aplicação da teoria da possibilidade. Para os críticos (ainda no quadrante das teorias de acento psicológico), o decisivo, ao contrário, deveria ser indagar se o condutor, no momento da manobra perigosa, confiou ou não em uma boa saída (ao modo de Welzel), ou seja, de que não iria acontecer o acidente. Mas isso, para os críticos de Schmidhäuser, somente poderia ser pesquisado ao plano do elemento volitivo[604].

Há, de fato, várias dificuldades na teoria de Schmidhäuser.

A primeira consiste em adequar a consciência da ilicitude, exigida por Schmidhäuser no sentido psicológico-descritivo, como algo inerente ao dolo, se o dolo, contemporaneamente, vem descarregado de tal exigência, distinguindo-se do "*dolus malus*"[605]. A tentativa de superação parece se dar através do conceito de "consciência irrefletida", a que Schmidhäuser designa como "*sachgedanklich*"[606]. Bastaria, portanto, um pensamento diretamente dirigido à coisa, "livre de linguagem" (*sprachfreies Denken)* e que não pode ser descrito, mas que confere ao agente o fundamento para uma valoração, ou para tomar uma decisão no sentido da lesão. E aqui surge outro problema ao nível da coerência interna da teoria de Schmidhäuser: como se pode sustentar que no caso do "motorista rasante", que repele do pensamento o perigo concreto, não se fez presente, ao menos, o pensamento irrefletido, tido já então, pelo Autor, como suficiente para fundamentar a censura dolosa?

Por outra banda, o julgamento do perigo é atribuído, por Schmidhäuser, na mesma linha de Schröder, Welzel e Stratenwerth, ao próprio agente, o que pode conduzir a resultados duplamente injustos: o chamado "dolo escrupuloso" pode se verificar, caso o agente, por ser extremamente precavido, tome como possível, em concreto, um resultado que se realiza, embora objetivamente seja ele de baixa probabilidade; por outro lado, e ao contrário, aquele sujeito destemido ou insensível pode afastar de sua cabeça, ou mesmo não pensar no perigo, sendo este objetivamente elevadíssimo, devendo, pela aplicação consequente da teoria, receber apenas a pena da negligência[607].

---

603. Veja-se, informativamente: RAGUÉS I VALLÈS, Ramon. *El dolo y su prueba en el proceso penal,* 1999, p. 92, n.r.220.

604. Veja-se, assim: KÜPPER, Georg. Zum Verhältnis von dolus eventualis, Gefährdungsvorsatz und bewusster Fahrlässigkeit, *ZStW,* 100 (1988), p. 761.

605. Sobre esta crítica e classificação, veja-se: FRISTER, Helmut. *AT,* 2015, §8, n.m.3, p. 139.

606. SCHMIDHÄUSER, Eberhard. *Vorsatzbegriff und Begriffjurisprudenz im Strafrecht*, 1968, p. 19-20.

607. A resposta de Schmidhäuser é de que nada há de errado nisso, pois o sujeito escrupuloso, efetivamente, teve a representação do perigo que deveria tê-lo inibido de atuar, enquanto o leviano não teve. Veja-se: RAGUÉS I VALLÈS, Ramon. *El dolo y su prueba en el proceso penal,* 1999, n.r.223, p. 93.

Tal como já referido anteriormente, a objeção central, na perspectiva desta investigação, à concepção de Schmidhäuser, é de que esta mantém a imputação do dolo em uma grelha psicologista, atribuindo ao agente, através de um arbitrário posicionamento, quer seja, o "deslocamento" da representação do risco, a possibilidade de afastar a censura do dolo[608].

4.2. Teoria(s) da probabilidade

A teoria da probabilidade (*Wahrscheinlichkeitstheorie*), cujo desenvolvimento se inicia no século XIX, com Lucas, Grossman[609], Exner, Müller, Sauer[610], dentre outros[611], foi retomada especialmente por Hellmuth Mayer[612], e renuncia, de todo, ao elemento volitivo[613], a considerar que o dolo depende do conhecimento, por parte do agente, de que o resultado ilícito se afigura provável[614]: isto é, mais do que possível e menos do que predominantemente provável[615]. A ideia geral é a de que o agente se revela tanto mais indiferente quanto mais provável se revela a probabilidade de entrada do resultado ilícito, daí se fundamentando a censura mais intensa, do dolo.

De interesse afirmar que Mayer considerava o juízo acerca da probabilidade não algo subjetivo, mas sim a ser definido segundo um padrão racional-objetivo, isto é, que o agente racionalmente poderia e deveria ter alcançado[616], em uma tradição que remonta ao *dolus indirectus*.

A dificuldade, sempre apontada pelos críticos[617], é de natureza especialmente

---

608. Neste sentido: PUPPE, Ingeborg. Der Vorstellungsinhalt des dolus eventualis. *ZStW* 103 (1991), p. 12. Também: VIANA, Eduardo. VIANA, Eduardo. *Dolo como compromisso cognitivo*. São Paulo: Marcial Pons, 2017, p. 212.

609. *Die Grenze von Vorsatz und Fahrlässigkeit*, 1924, p. 36.

610. *Allgemeine Strafrechtslehre*. Berlin:Walter de Gruyter, 1949, §21, p. 144.

611. Veja-se, acerca destes precursores: ENGISCH, Karl. *Untersuchungen über Vorsatz und Fahrlässigkeit im Strafrecht*, 1995, p. 107, e sobre as distinções, no que toca ao grau de probabilidade exigido, entre os principais Autores, p. 115. Veja-se ainda, com outras referências: PUPPE, Ingeborg. Der Vorstellungsinhalt des dolus eventualis. *ZStW* 103 (1991), p. 2, n.r.7.

612. *Strafrecht, Allgemeiner Teil*. Stuttgart: Kohlhamer Verlag, 1967, §27, p. 121. A partir de uma teoria da probabilidade, mas com variações: SCHUMANN, Zur Wiederbelebung des "voluntativen" Vorsatzelements durch den BGH. *JZ* 1989, p. 433. Proximamente, com restrições: ROSS, Alf. Über den Vorsatz, 1979, p. 114. JAKOBS, Günther. *AT*, 1991, §8, n.m.23. WELZEL, Hans. *Das deutsche Strafrecht*, 1969, p. 68.

613. Não no sentido da vontade de atuação, ou seja, da atuação volitiva consciente, mas sim da vontade enquanto posicionamento emocional que vai além, identificando uma aprovação interna, consentimento ou recusa. Mayer, assim, não recusa que o dolo seja a atuação da vontade consciente. Veja-se: *AT*, 1967, §27, p. 117.

614. Crítico do critério da probabilidade, há mais tempo: STURM, Friedrich. *Die Schuldarten und der Vorentwurf zu einem deutschen Strafgesetzbuch*, 1910, p. 15.

615. MAYER, Hellmuth. *AT*, 1967, §27, p. 121.

616. MAYER, Hellmuth. *AT*, 1967, §27, p. 121.

617. ENGISCH, Karl. *Untersuchungen über Vorsatz und Fahrlässigkeit im Strafrecht*, 1995, p. 133.

prática: como é possível afirmar, no caso individual, onde começa a probabilidade e onde há apenas possibilidade? Além disso, objeta-se, a teoria da probabilidade não é normativamente adequada para resolver o caso em que o agente, ainda que a considerar baixa a chance de êxito, atua com intenção[618]. Outra objeção conhecida se refere ao caso da operação médica com elevada probabilidade de óbito, em que o sujeito procede no escopo de salvar a vida da vítima[619]. Mas se a primeira crítica tem algum sentido - a depender do fundamento que se subscreva do dolo enquanto *Absicht* - a segunda não possui a mesma sorte, pois confunde, desnecessariamente, as coisas, e trata como problema de dolo algo que é um problema de risco permitido e/ou de justificação.

De qualquer modo, o critério quantitativo, sem qualquer outra referência, por exemplo, à qualidade do perigo[620], não parece, realmente, render o suficiente para a solução do problema da fronteira fugidia entre o dolo e a culpa.[621]

De toda sorte, o juízo objetivo acerca da probabilidade elevada do resultado, realizado segundo um critério racional, configura um importante indicador da presença do dolo, a revelar uma mais facilitada evitabilidade por parte do agente no sentido de se abster de realizar a ação, pressuposta a vontade/motivação leal ao Direito. Isto porque, ao reconhecer uma probabilidade preponderante de que a circunstância típica esteja presente (idade da vítima; dissenso da vítima etc) ou de que o resultado deva se produzir, o sujeito racional deveria se abster. A atuação, em tais situações, de probabilidade elevada de realização do tipo, é mesmo um forte indicativo do dolo, que só cede diante da presença de contraindicadores.

Contudo, nem todas as situações de probabilidade baixa, *eo ipso*, inibem a censura dolosa, como se verá quando da análise do denominado "perigo desprotegido", adiante.

Assim, o que a teoria da probabilidade impõe é uma releitura, bem assim um complemento qualitativo, mas não há razão suficiente para sua rejeição. Essa releitura foi realizada, notadamente, por Puppe e Jakobs, e será objeto de análise mais detida no próximo capítulo.

4.3. A teoria do risco: uma reformulação das teorias da possibilidade, com outro objeto de referência

Também Wolfgang Frisch procura construir o conceito de dolo em uma perspectiva "funcional-teleológica", vinculada aos objetivos da imposição

---

618. Assim: MAURACH, Reinhart. ZIPF, Heinz. *AT,* 1992, §22, n.m. 35, pp. 311-312.

619. MAURACH, Reinhart. ZIPF, Heinz. *AT,* 1992, §22, n.m. 35, pp. 311-312.

620. Como, por exemplo, sua desproteção ou descobertura, de que trata Herzberg (veja-se Capitulo III, infra).

621. Para uma breve síntes destas críticas: KÜHL, Kristian. *AT,* §5, pp. 108-109.

da responsabilidade qualificada ao atuar doloso[622]. Em linhas centrais, tem-se que aquele que se decide com outro padrão de medida, em relação àquilo que exige a norma de comportamento subjacente ao tipo objetivo[623], produz algo especialmente desestabilizador do Direito[624]; disso decorre um perigoso efeito de contaminação[625] (aspecto teleológico da punição qualificada do dolo, em associação com a teoria preventiva[626]). Em termos de valoração racional (*Wertrationalitäte*), ostenta, tal pessoa, uma responsabilidade mais elevada, na medida em que conhece seu comportamento na dimensão do Direito, e conta, assim, com uma mais facilitada evitabilidade[627].

A teoria do risco de Frisch conduz a uma modificação do conteúdo do dolo, especialmente em termos de objeto de referência[628]. Para o Autor, o objeto de referência do conhecimento só pode ser a norma de comportamento subjacente ao tipo, precisamente o conhecimento do comportamento em sua relevante dimensão típica[629], não abarcando o resultado, que se vincula à norma de sanção, e que é uma questão exclusiva para o aplicador da norma[630].

---

622. Veja-se: FRISCH, Wolfgang. *Vorsatz und Risiko*, 1983, p. 47, especialmente p. 111 e ss. Destaca, o Autor, que se o dolo configura, em essência, uma decisão contra o bem jurídico, é necessário precisar quando esta decisão se verifica. Isso ocorre, para Frisch, essencialmente quando o agente decide-se de modo desviado da norma de comportamento e eleva o risco de lesão do bem jurídico protegido. Op. cit. pp. 59 e 497.

623. Frisch não deixa de reconhecer que uma teoria adequada acerca do comportamento tipicamente relevante ainda não foi desenvolvida. Isso, para o Autor, se deve ao fato de que a posição majoritária toma o tipo objetivo como objeto de referência, exigindo uma forma especial de conhecimento conectada ao resultado, a saber, o "tomar-se por possível" (*Für-Möglich-Halten*) o resultado, prejudicou o desenvolvimento de uma teoria adequada acerca do comportamento tipicamente relevante.

624. FRISCH, Wolfgang. *Vorsatz und Risiko,* 1983, pp. 102 e 287. Note-se bem: o *fundamento* da responsabilidade qualificada do dolo consiste, para Frisch, em que a ação dolosa provoca um elevado abalo na confiança jurídica, além de um perigo de infecção que enseja insegurança. Já os objetivos da pena agravada se direcionam à prevenção geral e individual negativa, especialmente a contramotivação do agente concreto e potencial.

625. FRISCH, Wolfgang. *Vorsatz und Risiko,* 1983, pp. 48-49. Criticamente, a acentuar que esse perigo de contaminação é uma especulação sem base empírica: SCHROTH, Ulrich. *Vorsatz als Aneignung,* 1994, p. 63. Essa crítica não parece justificada. Pressupõe, Schroth, que deva haver uma "prova empírica", sem justificar seu pressuposto. Qualquer teoria penal pode ser criticada sob o argumento de insuficiência de prova empírica, o que não configura, contudo, qualquer base para sua rejeição.

626. FRISCH, Wolfgang. *Vorsatz und Risiko,* 1983, p. 217.

627. FRISCH, Wolfgang. *Vorsatz und Risiko,* 1983, pp. 91; 112 e 497. Note-se que, para Frisch, a evitabilidade não cumpre papel ao "plano teleológico" (*Zweckrationalitäte)*, mas apenas no âmbito racional-valorativo (*Wertrationalitäte)*. Veja-se, criticamente: SCHROTH, Ulrich. *Vorsatz als Aneignung,* 1994, p. 55.

628. Criticamente: KÜPPER, Georg. *Grenzen der normativierenden Strafrechtsdogmatik,* 1990, p. 84. Veja-se: MAURER, Ruth. *Das voluntative Element des Vorsatzes als Beweisthema vor Gericht,* 2007, p. 101.

629. FRISCH, Wolfgang. *Vorsatz und Risiko,* 1983, pp. 115 e 303.

630. FRISCH, Wolfgang. *Vorsatz und Risiko,* 1983, pp. 58, 68, 74, 348. Sobre isso: KÜPPER, Georg. Zum Verhältnis von dolus eventualis, Gefährdungsvorsatz und bewusster Fahrlässigkeit. *ZStW* 100 (1988), p. 776. Veja-se, ainda, concordando com o resultado a que chega Frisch: WALTER, Tonio. *Der Kern des Strafrechts,* 2006, p. 183.

O ponto de ligação da teoria de Frisch não é a realização das características do tipo (incluindo-se o resultado), mas sim o comportamento do agente[631], por ele (re)conhecido como contrário à norma de comportamento[632]. O conhecimento do agente não pode incluir o resultado, que ainda não se verificou por ocasião da ação, mas apenas o comportamento típico[633].

Essa concepção decorre, em termos de teoria das normas, da separação entre as normas de sanção[634] e as normas de comportamento[635], bem ainda da própria compreensão do Direito Penal a partir da teoria imperativa das normas[636], vinculada a uma perspectiva preventiva geral e especial da pena.

As normas de comportamento indicam, em seu conteúdo, determinadas formas de atuação como corretas ou incorretas, e têm por escopo o direcionamento e o controle de comportamentos humanos[637]. Por sua vez, as normas de sanção dão informações, acerca de sob quais pressupostos uma determinada sanção deve se aplicar. As normas de comportamento se dirigem aos agentes presumidos; as normas de sanção, por sua vez, se dirigem ao aplicador do Direito, e estão contidas na parte especial dos Códigos Penais[638]. Na verdade, as normas de sanção se constroem a partir das lesões das normas de comportamento, pressupondo-as como condição de aplicação[639].

Note-se que as normas de comportamento superam, para Frisch, a dimensão do resultado, na medida em que o comportamento proibido, sempre pressuposto no tipo, é definido sobre o momento (da elevação) do risco e da possibilidade[640].

---

631. Veja-se: MAURER, Ruth. *Das voluntative Element des Vorsatzes als Beweisthema vor Gericht,* 2007, p. 101.

632. FRISCH, Wolfgang. *Vorsatz und Risiko,* 1983, p. 117.

633. Criticamente: SCHROTH, Ulrich. *Vorsatz und Irrtum,* 1998, p. 10, a apontar que Frisch utiliza-se de uma interpretação equivocada do "conhecer", deixando de nele inserir, indevidamente, o prognóstico.

634. Os tipos objetivos da parte especial estabelecem os pressupostos que devem se fazer presentes, e que precisam estar integralmente preenchidos, para a imposição de uma sanção. Essas normas devem corresponder às normas proibitivas e impositivas de comportamento, que se encontram subjacentes. O que configura a norma de comportamento como proibida é sua relação negativa com o bem jurídico, devendo ela ser construída à luz da norma de sanção, como uma estrutura que lhe subjaz. Veja-se: SCHROTH, Ulrich. *Vorsatz als Aneignung,* 1994, p. 54.

635. MAURER, Ruth. *Das voluntative Element des Vorsatzes als Beweisthema vor Gericht,* 2007, p. 102.

636. Criticamente, neste aspecto – embora não no tocante ao objeto de referência do dolo –, veja-se: KORIATH, Heinz. *Grundlagen strafrechtlicher Zurechnung,* 1994, p. 655.

637. Criticamente, a apontar que não há como filtrar, *a priori*, quais as normas de comportamento subjazem aos tipos objetivos, não existindo consenso sobre isso: SCHROTH, Ulrich. *Vorsatz als Aneignung,* 1994, p. 57.

638. Veja-se: FRISCH, Wolfgang. *Vorsatz und Risiko,* 1983, p. 350. MAURER, Ruth. *Das voluntativ Element des Vorsatzes als Beweisthema vor Gericht,* 2007, p. 102.

639. FRISCH, Wolfgang. *Vorsatz und Risiko,* 1983, pp. 59-60, a ressaltar que o "tipo objetivo" tem a natureza de norma de sanção.

640. FRISCH, Wolfgang. *Vorsatz und Risiko,* 1983, pp. 356 e 407.

A ação dolosa exige, assim, nada mais e nada menos do que o "*partir-para--si*"/ "assumir pessoalmente" (*Für-Sich-Ausgehen)*[641] de um risco do comportamento que, para a valoração da ordem jurídica, não é tolerado[642]. O agente deve atribuir, por si e para si, um risco da presença de determinada circunstância, cuja efetiva presença corresponda a uma forma de comportamento proibido[643], ou ainda que a realização do comportamento poderá causar um resultado ilícito; isso estabelecido, cumpre ao agente, na dúvida, evitar o comportamento. Por outro lado, caso a compreensão do risco não-tolerado falte à consciência do agente, ou caso o agente não faça o pensamento de tal risco "refletir-se para si" (seja negando-o, seja confiando na boa saída), ou ainda caso o sujeito parta de que seu comportamento se revela justificado, então já não se pode mais falar de ação dolosa[644]. Exigências outras, já relacionadas ao posicionamento emocional do agente (aprovação, indiferença etc), nada importam para efeitos da questão do dolo, pois não alteram a situação de facilitada evitabilidade (aspecto racional--valorativo) nem de necessidade de pena (aspecto teleológico)[645].

No escopo de precisar o "substracto psicológico" do dolo, acentua Frisch que apenas se o agente, em relação a sua ação contrária à norma de comportamento, "atribui por si" um risco, em cuja presença a lei proíbe tal ação, pode-se valorar seu comportamento como uma "decisão" contra o bem jurídico. Isso porque somente em tal situação o agente é capaz de alcançar, através de seu próprio conhecimento, o mais elevado poder de evitar o comportamento, que é a característica peculiar do atuar doloso. Sem esta condição a *ratio* da punição qualificada do dolo não restaria preenchida[646].

Assim, Frisch defende que a ação dolosa consiste na decisão contra a norma de comportamento típica subjacente (e não, diretamente, contra o bem jurídico): atua dolosamente quem "atribui-por-si-mesmo" a seu comportamento uma dimensão de risco, a qual faz do comportamento um comportamento típico, adequado à produção do resultado. Dito de outro modo, se trata de uma decisão do indivíduo para a orientação de sua ação de modo desviado da norma de comportamento típica[647]: ao invés de omitir a ação proibida, o sujeito atua. O objeto de referência deixa, assim, de ser o tipo objetivo em sua integralidade

641. FRISCH, Wolfgang. *Vorsatz und Risiko,* 1983, pp. 193 e 198. O conhecimento, por exemplo, de que uma casa é inabitada implica em uma visão pessoal do agente acerca da facticidade. É este o juízo que integra, como patamar mínimo, o posicionamento do sujeito em face da norma.

642. FRISCH, Wolfgang. *Vorsatz und Risiko,* 1983, pp. 370 e ss.

643. FRISCH, Wolfgang. *Vorsatz und Risiko,* 1983, pp. 223 e 370.

644. Acerca do papel da negação e da confiança, ainda que irracionais, veja-se: FRISCH, Wolfgang. *Vorsatz und Risiko,* 1983, pp. 215-225.

645. FRISCH, Wolfgang. *Vorsatz und Risiko,* 1983, pp. 269; 287; 322; 342; e 374-376.

646. FRISCH, Wolfgang. *Vorsatz und Risiko,* 1983, p. 371.

647. FRISCH, Wolfgang. *Vorsatz und Risiko,* 1983, p. 374.

(leia-se, contendo o resultado), e passa a ser apenas a específica norma de comportamento nele pressuposta[648].

Quanto ao risco, conhecido pelo agente, deve ser de uma dimensão juridicamente não tolerada[649], em face da ponderação entre o interesse na realização da ação perigosa e do interesse na proteção do bem jurídico periclitado. Esta ponderação depende da situação concreta: uma coisa é o sujeito que, na dúvida, adquire uma mercadoria roubada; outra coisa é um juiz que, por ser obrigado, pelo dever, a decidir, o faça com alguma margem de dúvida. No primeiro caso, a ponderação de interesses, considerada a situação concreta, indica a presença do dolo; no segundo, sua ausência[650]. Avance-se, já agora, que este critério de Frisch é de elevada relevância, e será acolhido aqui como sendo um indicador ou contraindicador do dolo, ao plano "axiológico-objetivo".

Já quem parta de um risco tratado normativamente ainda na barreira do tolerável, não atua, em caso algum, com dolo[651], independentemente de sua intenção, o que é algo hoje trivial, diante dos desenvolvimentos da teoria da imputação objetiva.

Ainda segundo Frisch, para o conceito de dolo permanece apenas o elemento cognitivo, sendo já o elemento volitivo considerado como superficial e dispensável[652].

Contudo, o agente precisa pensar/refletir no comportamento em sua dimensão tipicamente relevante, isto é, não basta a representação, sendo imprescindível a avaliação[653]. Pertence a este plano o "*für-sich-so-sehen*", quer seja, o "*vê-lo--por-si-como-tal*", exigindo-se uma visão pessoal do agente[654], e um julgamento, ou melhor, o resultado de um julgamento do agente acerca do comportamento[655].

---

648. FRISCH, Wolfgang. *Vorsatz und Risiko,* 1983, p. 117. Criticamente: SCHROTH, Ulrich. *Vorsatz als Aneignung,* 1994, p. 54, a afirmar que isso conduz a uma manipulação do objeto do dolo, pois a norma de comportamento pode ser concebida de modo amplo ou restrito.

649. FRISCH, Wolfgang. *Vorsatz und Risiko,* 1983, p223. O ponto de partida é, de fato, a teoria da elevação do risco. Veja-se: KORIATH, Heinz. *Grundlagen strafrechtlicher Zurechnung,* 1994, p. 655. Argumenta, o Autor, que há uma aproximação, no que concerne à avaliação do risco, aos postulados da teoria da probabilidade.

650. Veja-se: FRISCH, Wolfgang. *Vorsatz und Risiko,* 1983, p. 365.

651. Sobre isso: KÜPPER, Georg. Zum Verhältnis von dolus eventualis, Gefährdungsvorsatz und bewusster Fahrlässigkeit. *ZStW* 100 (1988), p. 777.

652. FRISCH, Wolfgang. *Vorsatz und Risiko,* 1983, pp. 342-343.

653. FRISCH, Wolfgang. *Vorsatz und Risiko,* 1983, p. 225.

654. FRISCH, Wolfgang. *Vorsatz und Risiko,* 1983, p. 192. Veja-se ainda: KÜPPER, Georg. Zum Verhältnis von dolus eventualis, Gefährdungsvorsatz und bewusster Fahrlässigkeit. *ZStW* 100 (1988), p. 777. Esta é a razão pela qual considero a proposta de Frisch ainda no plano das teorias de corte psicológico, e não no plano das contemporâneas teorias "normativas". Obviamente, trata-se de uma classificação não exata, pois a teoria de Frisch tem pontos de contato com os dois grandes grupos.

655. FRISCH, Wolfgang. *Vorsatz und Risiko,* 1983, p. 171. No caso padrão do delito de resultado, este julgamento tem por objeto o perigo concreto para o bem jurídico.

A *ratio* da pena do dolo consiste, pois, em que o conhecimento/compreensão sobre a ação, em sua dimensão relevante (do risco), fundamenta uma mais elevada capacidade de evitação para o agente. A realização da ação, sob tais condições, revela uma decisão contra o comando normativo, na medida em que seria mais fácil, para o agente, segui-lo em face de seu conhecimento[656].

Em defesa de sua perspectiva, Frisch refere-se à prática de relação sexual com vítima de idade inferior a 14 anos (§176 do *StGB*). O que se exige, para a afirmação do dolo, é que o agente tenha compreendido e parta, portanto, de que a vítima, em face das circunstâncias concretas da situação (aparência física, forma de se comunicar etc), possa ser menor de 14 anos. Isso porque a proibição da ação - empreender relação sexual com menor de 14 anos - pressupõe, no interesse de uma proteção efetiva do bem jurídico, nada mais do que a concreta possibilidade de que o objeto da ação seja uma criança. Ou ainda, deve o agente partir da hipótese de que o comportamento da mulher possivelmente expresse uma resistência séria, para se reconhecer o dolo do tipo de estupro (§177 do *StGB*). Neste último caso, partindo da mesma base normativa, isso ocorre porque o interesse da mulher em sua livre determinação sexual há de prevalecer sobre o interesse do agente, nada mais se exigindo do que a possibilidade de uma resistência séria[657].

Tomando-se tais normas de comportamento sob a base do risco (e não do resultado), garante-se, para Frisch, não apenas uma mais efetiva proteção aos bens jurídicos[658], mas também maior orientação para a decisão acerca da ação, em relação ao conteúdo e às fronteiras da liberdade.

Frisch defende, assim, na determinação do dolo, a teoria clássica da probabilidade, com algumas modificações, notadamente no que se refere à necessária ponderação de interesses (para a definição do risco não tolerado), acima referida. Deve-se aferir o quanto o agente avaliou a realização do perigo de seu comportamento como provável ou improvável[659].

Contudo, de se ver que os casos de avaliação equivocada do risco, mesmo em situações de erro gritante ou de avaliações irracionais, conduzem, na perspectiva de Frisch, à exclusão do dolo, na medida em que, diferentemente de Jakobs (parcialmente), Herzberg ou Puppe, como representantes das contemporâneas "teorias cognitivas normativas" (infra), o primeiro deposita no agente a competência para avaliação do risco[660], fazendo elevadas exigências ao

---

656. FRISCH, Wolfgang. *Vorsatz und Risiko,* 1983, p. 371.
657. FRISCH, Wolfgang. *Vorsatz und Risiko,* 1983, p. 372.
658. FRISCH, Wolfgang. *Vorsatz und Risiko,* 1983, p. 355.
659. FRISCH, Wolfgang. *Vorsatz und Risiko,* 1983, p. 239.
660. FRISCH, Wolfgang. *Vorsatz und Risiko,* 1983, pp. 216-219. Veja-se, sobre isso: MAURER, Ruth. *Das voluntativ Element des Vorsatzes als Beweisthema vor Gericht,* 2007, p. 106.

elemento cognitivo no sentido subjetivo-individual[661]. Nos casos excepcionais, em que Frisch aceita, por razões de necessidade de pena, a afirmação do dolo em relação ao agente que simplesmente não pensou no perigo, acaba ele por contrariar os fundamentos de sua teoria - na medida em que o que justifica a punição destacada do dolo consiste precisamente no conhecimento do perigo do comportamento, em face da proibição da norma[662].

Por fim, Frisch considera o dolo eventual como a "forma base" de dolo, na medida em que aí se incluem todos os requisitos conceituais. A intenção e o conhecimento seguro (dolo direto de segundo grau) são facticidades que desvelam o intenso abalo do comportamento para a confiança na norma, e a especial periculosidade do agente, que mesmo diante do conhecimento do risco intenso atua, ou que faz do fim ilícito a razão de agir. Assim, as razões de prevenção geral e especial, inclusive negativa, justificam a responsabilidade qualificada do dolo nestes casos, mas isso é algo desnecessário para efeitos da construção do conceito de dolo[663].

As críticas que se direcionam à teoria do dolo de Frisch - e que se extendem às teorias do risco que seguem o mesmo parâmetro[664] - são múltiplas, sendo tanto de ordem analítica como material. Reportarei-me às principais, e avançarei uma avaliação segundo o conceito de dolo que aqui se pretende construir.

Em termos materiais, ou valorativos, questiona-se o próprio modelo de teoria das normas em que se ancora a proposta, ou seja, na compreensão do Direito Penal a partir da lógica da teoria imperativa[665]. Neste âmbito, o que se sustenta é que a proteção de bens jurídicos, pelo Direito Penal, não precisa se realizar através de uma aplicação imperativa aos súditos, cujos comportamentos são assim controlados/dirigidos, especialmente através da ameaça penal (como prevenção geral negativa). Ao contrário, o Direito Penal serviria à manutenção das expectativas normativas, e deveria lidar de modo adequado e justo com as lesões às normas, de modo apenas a assegurar, contrafaticamente, a confiança na norma[666]. Dito de outro modo: o problema central do Direito Penal não é o

---

661. Contra este modo de ver a coisa, e a defender que a medida não pode ser o indivíduo, e sim a pessoa, que atua em um esquema de liberdade e dever delimitado pela norma, veja-se: HSU, Yu-An. *Doppelindividualisierung und Irrtum*, 2007, pp. 130-131. O Autor assim resume a questão: "*A chamada imputação subjetiva não é nenhuma imputação individualizadora, mas uma imputação pessoal*". Op. cit. p. 131.

662. Neste sentido, as críticas de Ruth Maurer. In: *Das voluntativ Element des Vorsatzes als Beweisthema vor Gericht,* 2007, p. 106. Também: PUPPE, Ingeborg. Der Vorstellungsinhalt des dolus eventalis. *ZStW* 103 (1991), pp. 13-14.

663. FRISCH, Wolfgang. *Vorsatz und Risiko,* 1983, pp. 498-501.

664. Por exemplo: FREUND, Georg. *AT,* 2009, §7, n.m.38, p. 269.

665. Dentre outros: KORIATH, Heinz. *Grundlagen strafrechtlicher Zurechnung,* 1994, p. 655, a indicar que a teoria de Frisch sofre, assim, dos mesmos males e fraquezas da teoria da norma de Binding.

666. Veja-se: SCHROTH, Ulrich. *Vorsatz als Aneignung,* 1994, p. 57.

controle, mas a valoração e o processamento do comportamento ilícito, de modo a manter a expectativa normativa através da aplicação da pena[667].

Outro problema da teoria do risco consiste, para os críticos, em que as proibições de lesão se transmudariam em proibições de ações, e os delitos de resultado se tornam delitos de mera atividade[668]. A "redução teleológica" dos tipos de resultado, com a correspondente redução do conteúdo do dolo, transmudaria elementares do tipo em simples condições objetivas de punibilidade, com violação da função de garantia, contida, notadamente, no § 16 do *StGB*, no artigo 18 do CP brasileiro, e nos artigos 14 e 15 do CP português. Neste rumo, Schroth assinala que o conceito de conhecimento de Frisch é muito restrito e inadequado, uma vez que nos crimes de resultado o conhecimento abrange a prognose que o agente deve possuir, acerca da entrada do resultado. Assim, uma redução teleológica do §16 do *StGB* afigura-se inadequada e normativamene insustentável, e implica em uma violação do próprio sentido de garantia da norma[669].

Já no que concerne à consideração do dolo eventual como a forma básica de dolo, outras objeções se apresentam. A primeira seria o estreitamento da área da intenção-propósito/dolo direto de primeiro grau, na medida em que a avaliação do perigo passa a corresponder ao conhecimento pessoal de um risco qualificado: já não basta a mera possibilidade, exigindo-se uma tomada de posição do agente em face do risco, como se anotou alhures. Ao contrário, para a doutrina majoritária, os casos de intenção/propósito se satisfazem com uma simples representação da possibilidade do resultado[670], sem que este seja tido como provável e sem que haja a necessidade de um julgamento pessoal acerca do risco concreto. Por outro lado, o dolo direto de segundo grau (*Wissentlichkeit*) se tornaria superficial, diante da dificuldade em se distinguir o conhecimento seguro do conhecimento do risco normativamente relevante[671].

Quanto à depuração do elemento volitivo[672], o que se aponta, geralmente,

---

667. Neste sentido, especialmente: LESCH, Heiko H. Zur Einführung in das Strafrecht: über den Sinn und Zweck staatlichen Strafens (2 Teil.). *JA* 12 (1994) , p. 597-598. Fica adiantada, já aqui, minha concordância expressa com esta crítica, que será desenvolvida na Parte IV desta investigação.

668. Assim: KÜPPER, Georg. Zum Verhältnis von dolus eventualis, Gefährdungsvorsatz und bewusster Fahrlässigkeit. *ZStW* 100 (1988), p. 778.

669. Assim: SCHROTH, Ulrich. *Vorsatz als Aneignung,* 1994, p. 61.

670. Veja-se, entre os anglossaxônicos, e a observar que o componente cognitivo (*belief*) não deve ser exigido de modo intenso no que toca aos casos de *desire* e *intention:* MOORE, Michael S. *Placing blame,* 2012, p. 410.

671. Nesse sentido: KÜPPER, Georg. Zum Verhältnis von dolus eventualis, Gefährdungsvorsatz und bewusster Fahrlässigkeit. *ZStW* 100 (1988). Também: KÜHL, Kristian. *AT,* 2012, §5, n.m.72, p. 110.

672. Enfaticamente: *Vorsatz und Risiko,* 1983, pp. 288-289.

é que ele acaba voltando, na concepção de Frisch, pela "porta dos fundos"[673], na medida em que a exigência de que o agente "veja-o-risco-por-si-mesmo", e a concessão de relevância aos processamentos irracionais do risco, conduzem também à inevitável exigência de uma tomada de posição (emocional, ainda que não para Frisch, que a toma como cognitiva[674]) perante ele, posição esta que nada mais é do que o elemento volitivo[675], com outra designação[676].

Em termos da proposta da presente investigação, é de se anotar, por ora, que Frisch acerta precisamente o alvo ao conectar a *ratio* da punição qualificada do dolo na mais facilitada evitabilidade, derivada do conhecimento do risco, sem se atribuir qualquer relevância para posicionamentos emocionais que autonomizariam o elemento volitivo[677] (ainda que com as objeções supra). Contudo, como se verá adiante, inclusive na articulação com as teorias normativo-cognitivas, o déficit da teoria do risco de Frisch consiste, exatamente, na tomada de perspectiva do agente individual concreto, visto este já não como uma pessoa racional, com deveres e incumbências, mas sim como uma unidade psicofísica, e com competência para dar a última palavra sobre a imputação. Não é, para Frisch, o conhecimento de um objeto especial (como um "perigo de dolo", por exemplo), mas sim uma forma especial de conhecimento e avaliação que fundamenta o dolo (como o sujeito viu e julgou, para si, um perigo)[678]. Portanto, a teoria do risco de Frisch não é nem suficientemente cognitiva, nem suficientemente normativa.

Nada disso, por evidente, afasta o elevado valor dogmático da teoria do dolo desenvolvida por Frisch, que soluciona de modo consequente incontáveis problemas de delimitação do dolo, no mais das vezes com resultados coincidentes com os aqui defendidos, como se verá no decorrer da investigação.

5. A teoria emocional de Engisch: o dolo como indiferença

Após uma ampla crítica das teorias volitivas e da representação[679], em suas múltiplas variações, Engisch chega à conclusão de que estas se equivocam ao

673. Como aqui: VIANA, Eduardo. VIANA, Eduardo. *Dolo como compromisso cognitivo,* 2017, p. 230.

674. A refutar, expressamente, que se trate de um elemento emocional, análogo ao tomar a sério: *Vorsatz und Risiko*, 1983, p. 374.

675. Assim: LACKNER, Karl. KÜHL, Kristian. *SK,* 2014, §15, n.m.127, p. 125. No mesmo sentido, a observar que ao admitir a que a confiança irracional no bom desenlace afasta o dolo, Frisch apenas produz uma modificação terminológica, deslocando o elemento volitivo para o componente cognitivo: SCHÜNEMANN, Bernd. *FS-Hirsch,* 1999, p. 369.

676. Assim: PAWLIK, Michael. *Das Unrecht des Bürgers,* 2012, p. 381, n.r. 717.

677. De acordo; KORIATH, Heinz. *Grundlagen strafrechtlicher Zurechnung,* 1994, pp. 654-65.

678. Veja-se: PÉREZ-BARBERÁ, Gabriel. *El dolo eventual,* 2011, p. 559.

679. *Untersuchungen über Vorsatz und Fahrlässigkeit im Strafrecht,* 1995, p. 88-141, especialmente p. 126 e ss.

eleger seus pontos de partida nos casos "induvidosos" de dolo, ora fulcrados na intenção (*Absicht*) ora na certeza (*Wissentlichkeit*), sem que tenham estabelecido, antes, o conteúdo da culpa dolosa. Daí que, para o Autor, decorram dificuldades na lida dos casos fronteiriços, exigindo-se correções inconsequentes com os pontos de partida, e que acabam por conduzir a resultados semelhantes alcançados tanto pelas teorias volitivas como da representação. Por tais razões, Engisch conclui que estas devem ser abandonadas[680].

Nada obstante também reconheça na intenção/propósito a forma principal de dolo[681], a pedra de toque do conceito de dolo de Engisch e de sua "teoria emocional" (*Gefühlstheorie*)[682] consiste na elevada e absoluta indiferença do agente doloso em relação à (por ele representada) realização possível do tipo[683]. Associa-se, à representação, um elemento de culpa material, traduzido pela indiferença[684], ou pela falta de interesse do agente doloso no que toca ao bem jurídico[685].

Cuida-se de uma espécie de teoria da consciência (*Gesinnungstheorie)*[686], que acentua, na delimitação entre dolo e negligência, a importância do posicionamento emocional do agente perante o bem jurídico, mais precisamente na medida de sua indiferença em relação a ele.

Assim, do que trata Engisch, especialmente, é de encontrar critérios materiais para a equiparação dos casos de dolo como propósito e dos casos de dolo necessário e eventual, aplicando, aos dois últimos, o critério da indiferença como fundamento material de delimitação com a culpa.

Nas hipóteses de intenção/propósito, Engisch destrincha desejo e querer, e aponta que apenas o último se identifica com a intenção ou propósito, nele se inserindo um juízo de causalidade próximo da causalidade adequada. Curto:

---

680. *Untersuchungen über Vorsatz und Fahrlässigkeit im Strafrecht,* 1995, p. 141.

681. *Untersuchungen über Vorsatz und Fahrlässigkeit im Strafrecht,* 1995, p. 142.

682. Engisch denomina esta terceira perspectiva como teoria emocional, e esclarece que esta toma como ponto de referência uma determinada posição emocional do sujeito em relação à realização do tipo, denotadora de um menoscabo do bem jurídico. *In*: *Untersuchungen über Vorsatz und Fahrlässigkeit im Strafrecht,* 1995, p. 133. Para o Autor, há, portanto, uma triplicidade de teorias: da vontade, da representação e emocional, destacando-se que as duas últimas são aplicadas de modo próximo, pois a teoria da representação, em boa verdade, não é o que o nome indica.

683. *Untersuchungen über Vorsatz und Fahrlässigkeit im Strafrecht,* 1995, p. 109.

684. Em sentido próximo, a ser referir à indiferença como fundamento material do dolo eventual: COSTA, José de Faria. *Tentativa e dolo eventual. (Ou da irrelevância da negação em direito penal).* Coimbra: Coimbra, 1987, pp. 31-32.

685. Veja-se uma adequada, ainda que muito breve, síntese crítica da teoria emocional em: SCHROTH, Ulrich. *Vorsatz als Aneignung,* 1994, p. 43-44.

686. Veja-se: WOLFF, Ernst Amadeus. Die Grenzen des dolus eventualis und der willentlichen Verletzung. *In*: LACKNER Karl *et al.* (Hrsg.). *Festschrift für Wilhelm Gallas zum 70. Geburstag.* Berlin: Walter de Gruyter, 1973, p. 198.

a intenção pressupõe uma representação do resultado como algo possível, afastando-se do simples desejo[687].

Já quanto ao dolo necessário, em que o efeito colateral apresenta-se como necessariamente vinculado ao comportamento ou ao resultado buscado, Engisch afirma que basta uma indiferença relativa quanto ao resultado ilícito, uma vez que sua representação, como algo seguro, já deveria ter motivado o agente a não realizar a ação[688].

Por fim, no que concerne ao dolo eventual, o que justifica sua inclusão na censura qualificada do dolo é a indiferença absoluta[689]: o agente representa o resultado como possível ou mesmo como provável, e posiciona-se perante ele com absoluta indiferença, o que revela um comportamento tão censurável quanto o presente nos demais casos de dolo. Engisch fornece alguns exemplos, tais como o do suspeito que atira contra o policial à curta distância e às escuras, para assegurar a fuga, sendo absolutamente indiferente ao resultado morte; o do estrangeiro que adquire um relógio valioso por baixo valor, sendo possível que se trate de coisa ilícita, mas posicionando-se de modo indiferente a tal circunstância, dentre outros[690], e aponta que o que há em comum entre todos eles é a indiferença, mas não necessariamente um posicionamento emocional de conteúdo positivo (como a aprovação ou o consentimento). Para o Autor, a doutrina tradicional, na medida em que pretende imputar tais casos ao dolo, em que pese não sejam estritamente intencionais, afirma que o sujeito se "pôs de acordo" com o resultado, ou consentiu ou aprovou, o que apenas cria dificuldades desnecessárias.

Há, aqui, vários problemas normativos de fundo na teoria emocional.

Se o cumprimento da norma de comportamento não implica ou pressupõe qualquer atitude positiva do agente perante o bem jurídico (aspecto neutro do acatamento)[691], a sua não observância também não se prende ou traduz, em todo e qualquer caso, à atitude de indiferença, selecionada por Engisch como o "fiel da balança". Em boa verdade, talvez na maioria dos casos de dolo eventual, não haja que se cogitar de uma indiferença absoluta do agente no que toca ao

---

687. *Untersuchungen über Vorsatz und Fahrlässigkeit im Strafrecht,* 1995, p. 150.

688. ENGISCH, Karl. *Untersuchungen,* 1995, pp. 171 e 195. Veja-se ainda, sobre isso: PALMA, Maria Fernanda. *Dolo eventual e negligência em direito penal,* 1982, p. 28.

689. *Untersuchungen über Vorsatz und Fahrlässigkeit im Strafrecht,* 1995, p. 198. Veja-se, criticamente: ROXIN, Claus. Zur Abgrenzung von bedingtem Vorsatz und bewusster Fahrlässigkeit - *BGHSt* 7,363. *JuS* 2 (1964), p. 57. Também, acerca da ausência de unidade do critério da indiferença, bem como sobre sua insuficência, FRISCH, Wolfgang. *Vorsatz und Risiko,* 1983, pp. 7-9.

690. *Untersuchungen über Vorsatz und Fahrlässigkeit im Strafrecht,* 1995, p. 188.

691. Veja-se, sobre tal aspecto: DIAS, Augusto Silva. *«Delicta in Se» e «Delicta Mere Prohibita»,* 2008, pp. 717-719.

destino do bem jurídico e, aplicada com rigor a teoria da indiferença - que em Engisch possui referência psicológica, bem entendido - os resultados seriam pouco diversos daqueles alcançados pela teoria do consentimento[692]. Mais que isso, e o que mais importa: o objetivo da norma de dever é o de orientar o agente a não realizar a ação proibida, e não formá-lo, no sentido ético[693].

A teoria emocional de Engisch comparte dos problemas semelhantes aos das teorias do consentimento, porque busca explicar o conteúdo do dolo a partir de um estado psicológico e de um posicionamento emocional interno do agente perante o fato, tomando-se este como um indivíduo (no sentido subjetivo--empírico) e não como uma pessoa racional (no sentido normativo). Além disso, mantém-se apegada à perspectiva psicológica, que considera o dolo como uma facticidade (no caso, identificada pela indiferença absoluta ou relativa) a ser efetivamente determinada[694].

6. Balanço

O ponto comum das diversas teorias volitivas consiste em que, em seus termos, a intenção, enquanto propósito, seja tida como a forma principal de dolo, ou seja, a realização propositada daquilo que é normativamente vedado (= *querer o proibido*). Mas isso não cobre todas as formas de dolo e, por isto, não pode servir de fundamento geral da teoria[695], que acaba por buscar substitutivos da vontade associados indiretamente à motivação, tais como a "aprovação no sentido jurídico", o "levar a sério", o "contar com", que revelariam o "posicionamento emocional" identificador do dolo eventual. Essas expressões, todas, que fazem um perigoso uso da linguagem comum, não possuem, como adverte Hassemer, qualquer condição/critério de aplicação[696].

Por sua vez, as teorias da representação vislumbram no conhecimento seguro (*Wissentlichkeit*) a essência do comportamento doloso, pois o agente atua, embora conhecendo a proibição, daí derivando-se as demais formas de dolo. Na hipótese de dolo eventual, o agente julga que o risco reconhecido é de ser levado a sério e atua; ao contrário, caso não julgue que o é desta qualidade, não o levando a sério, ou reprimindo-o/deslocando da representação, o dolo se afasta. A responsabilidade qualificada se ergue porque o agente, nada obstante

---

692. Veja-se, assim: FRISCH, Wolfgang. *Vorsatz und Risiko,* 1983, pp. 9; 270; 275-276. Anota, o Autor, que o critério da indiferença acaba por filtrar casos, da área do dolo, que não deveriam ser excluídos, como por exemplo naqueles em que o agente, embora tenha representado um perigo elevadíssimo para o bem jurídico, não se abstém de atuar.

693. Assim: PALMA, Maria Fernanda. *Dolo eventual e negligência em direito penal,* 1982, p. 31.

694. Como aqui: VIANA, Eduardo. *Dolo como compromisso cognitivo,* 2017, p. 123.

695. Sobre isso: SCHROTH, Ulrich. *Vorsatz als Aneignung,* 1994, p. 42.

696. Veja-se: *GS-Armin Kaufmann,* 1989, p. 301.

tenha representado a possibilidade ou probabilidade do resultado, ignora a advertência e realiza a ação. Em uma palavra, o agente não se deixa, como deveria, "motivar pelo contramotivo". Cuida-se, portanto, de um fundamento associado à teoria imperativa das normas, sob o predicado da teoria da motivação[697].

Em termos de resultados, o que se nota, em boa verdade é, na expressão de Ramón Raguès i Vallès, um grande "consenso divergente", seja no tocante à afirmação seja no tocante à negação do dolo. Isso se dá ou pela via de uma grande extensão do elemento volitivo, para encampar o aprovar no sentido jurídico, ou pela via de uma grande ampliação do elemento cognitivo, exigindo-se um julgamento do risco (Frisch - *Für-Sich-Ausgehen*), e aceitando-se, inclusive, um processamento irracional do risco por parte do agente para o afastamento dolo. Ou seja, dá-se uma disputa conceitual profunda, com resultados práticos análogos, quando não mesmo idênticos[698].

E duas outras questões merecem destaque.

Primeiramente, as teorias da vontade e da representação referem-se ao dolo como um "fato psicológico" a ser determinado, ora pondo acento na vontade ora no conhecimento, e sempre reportando-se a um determinado "elemento de posição" em face da realização típica[699]. Isso pode ser refutado, já ao plano da teoria do conhecimento, ao se negar que tais estados psicológicos sejam "entidades autônomas", de natureza "substancial-ontológica", como se houvesse possibilidade de se cindir o objetivo e o subjetivo, o interno e o externo, nos moldes de um já superado dualismo cartesiano.

Em segundo lugar, tanto as teorias volitivas como as cognitivas "clássicas" têm por pressuposto uma teoria imperativa das normas, concebendo o Direito Penal, essencialmente, como um instrumento de controle dos comportamentos, e as normas, essencialmente, como normas de determinação. Isso pode ser questionado à luz de uma compreensão do Direito Penal como mecanismo de proteção de bens jurídicos e/ou de estabilização de expectativas normativas, no qual a questão central não seja o controle das ações, mas sim, especialmente, sua *valoração*. Se esta última crítica, em si, é justificada, cuida-se de algo a ser enfrentado no curso do trabalho.

De tudo, o mais importante consiste em indagar se a interpretação psicologista, seja da vontade seja do conhecimento, consiste em uma interpretação normativamente sustentável e consequente. Cumpre investigar se o agente "que

---

697. Assim, SCHROTH, Ulrich. *Vorsatz als Aneignung*, 1994, p. 43.

698. Assim, criticamente: HERZBERG, Rolf Dietrich. Das Wollen beim Vorsatzdelikt und dessen Unterscheidung vom bewusst fahrlässigen Verhalten - Teil 2. *JZ* 13 (1988), p. 636.

699. Veja-se: PUPPE, Ingeborg. Vorstellungsinhalt des dolus eventualis. *ZStW* 103 (1993), pp. 1-2. No mesmo rumo: VIANA, Eduardo. *Dolo como compromisso cognitivo*, 2017, p. 173.

vê para si" um risco elevado de realização do resultado ilícito, mas não o "toma a sério", não se posiciona perante ele, ou ainda o "repele" - (Schröder / Schmidhäuser)[700], "confia na ausência do resultado" (Welzel) deve ser privilegiado com a censura da negligência[701]. Cumpre, mais que isso, definir, à luz da *ratio* da responsabilidade qualificada do dolo, a quem compete valorar o risco conhecido: ao agente ou ao ordenamento jurídico (julgador)? Por fim, se faz necessário por em causa a premissa de que o desconhecimento, enquanto fato bruto, em todo e qualquer caso, seja o quanto basta para excluir o dolo, independentemente de seu fundamentos.

E foi precisamente a tendência - assumida ou não - de deslocamento da competência para ajuizar sobre o risco conhecido ao terceiro (primeiro plano de normativização) e ainda, mesmo que de modo minoritário, a negativa de que mesmo o desconhecimento censurável seja o suficiente para o afastamento do dolo (segundo plano de normativização), quem conduziu à contemporânea normativização do conceito dolo, em releituras das teorias da representação ("normativismo cognitivo") e da vontade ("normativismo volitivo"). Disso passarei a tratar em seguida.

700. Puppe anota, aqui, com propriedade, que a compreensão psicológica da teoria da representação não apenas significa uma concessão à falta de razão, cuidado ou respeito pelo Direito alheio, como também já uma premiação de tal falta. In: *Vorsatz und Zurechnung,* 1992, p. 41. No mesmo sentido: PAWLIK, Michael. *Das Unrecht des Bürgers,* 2012, p. 392. Anota, o Autor, que o essencial é exclusivamente saber se o comportamento, interpretado como derivado de uma natureza racional, faz expressar uma máxima de que a lesão de um terceiro "deve ser" ou "pode ser". O que se dá é que a competência para julgar acerca do risco conhecido não se confere ao autor, mas à ordem jurídica. Processos irracionais de deslocamento do conhecimento são irrelevantes, na perspectiva normativa.

701. Com múltiplas críticas às teorias da vontade e da representação, veja-se: PAWLIK, Michael. *Das Unrecht des Bürgers,* 2012, p. 389-391.

CAPÍTULO III

NORMATIVISMO VOLITIVO ("TEORIAS DO DOLO COMO DECISÃO") E NORMATIVISMO COGNITIVO (NOVAS "TEORIAS DO RISCO")

Analisadas as concepções acentuadamente psicológicas do dolo, verifica-se, contemporaneamente, amplo acordo no sentido de que o dolo não pode ser concebido como um *fato* a ser determinado, mas sim como algo a ser atribuído ou como um juízo, a partir da interpretação de um comportamento, com uma medida racional-normativa[702]. O ponto central da guinada está no parâmetro de racionalidade em que o comportamento é interpretado, afastando-se de uma medida psicológico-subjetiva[703]. As divergências estão, essencialmente, nas exigências acerca do que deve ser interpretado (elementos do conceito: vontade e conhecimento) e, consequentemente, sobre os critérios de interpretação e atribuição de tal substracto.

Os defensores das teorias volitivas mudaram o foco, deixando de disputar a fórmula correta, para questionar, agora, essencialmente pelos indicadores do dolo; o ponto comum consiste em se tomar o dolo como uma "*decisão*" pelo

---

702. PUPPE, Ingeborg. *Begriffskonzeptionen des dolus eventualis. GA,* 2006, p. 75. Também: HRUSCHKA, Joachim. *FS-Kleinknecht*, 1985, p. 200. ROXIN, Claus. *FS-Rudolphi,* p. 245.

703. Essencial, sobre esta tendência de normativização: BOCKELMANN, Paul. Bemerkungen über das Verhältnis des Strafrechts zur Moral und zur Psychologie. *In* KAUFMANN, Arthur. *Gedächnitsschrift für Gustav Radbruch.* Göttingen: Vandehoeck & Ruprecht, 1968, p. 252 e ss.

injusto ou contra o bem jurídico[704] - retomando-se uma tradição já vinda das teorias de acento psicológico -, na qual se encontraria inserido, necessariamente, um elemento volitivo[705], enquanto posicionamento emocional. Note-se que, ao fim e ao cabo, podem não resultar diferenças mais radicais entre estes modelos e os já examinados, classificados como de acento psicológico. A autonomização se justifica, contudo, por uma tentativa de superação, ao menos ao plano epistemológico, de perspectivas ontologicamente dualistas, ainda que sem se atingir a radicalidade necessária.

Por sua vez, os defensores das teorias cognitivistas também fazem referência à vontade, na medida em que fundamentam a afirmação do dolo no sentido de que um homem racional, no lugar do agente, somente teria atuado como este atuou se tivesse querido o resultado, ou se colocado de acordo com ele[706], mas em um sentido atributivo e sem autonomia conceitual; estes Autores põem acento no aspecto cognitivo e, por conseguinte, na qualidade do perigo conhecido como critério decisivo de identificação do dolo, não autonomizando o elemento volitivo. É dizer, caso o agente conheça um perigo doloso - de certa dimensão e qualidade (superior ao risco negligente) - e atue, isto bastará para a afirmação do dolo[707], ainda que o sujeito não tenha tomado o risco conhecido a sério.

Dito de outro modo, a disputa ainda se centraliza, atualmente e como antes, entre "voluntaristas" e "cognitivistas" a respeito de quais os indicadores devem ser empregados para se afirmar o dolo (catálogo aberto ou fechado), e acerca de qual é o peso que determinados indicadores devem ter em comparação com os outros[708].

Obviamente, e face mesmo ao parâmetro normativo e de racionalidade com que o comportamento é enjuizado, os casos de perigo absolutamente intenso são considerados como casos de dolo para as duas perspectivas, salvo exceções pontuais. Contudo, nos múltiplos casos de dúvida (*hard cases*), os resultados a que chegam as duas teorias são muitas vezes discrepantes[709].

Destaque-se que nem as perspectivas cognitivas nem as volitivas podem escapar da tarefa de, através dos indicadores selecionados, explicar o que se

---

704. Com múltiplas referências: KUHL, Kristian. *AT,* 2012, §5, n.m.11, p. 82.

705. Veja-se: SAFFERLING, Christoph J.M. *Vorsatz und Schuld,* 2008, p. 178. Também: BRAMMSEN, Joerg. Inhalt und Elemente des Eventualvorsatzes - Neue Wege in der Vorsatzdogmatik? *JZ* 2 (1989), p. 81.

706. PUPPE, Ingeborg. *AT,* 2011, §9, n.m.5, p. 114.

707. Assim: VIANA, Eduardo. Dolo como compromisso cognitivo, 2017, p. 366.

708. Sobre a classificação "normativismo volitivo" e "normativismo cognitivo", adotada nesta investigação, veja-se, especialmente: ROXIN, Claus. Zur Normativierung des dolus eventualis und zur Lehre von der Vorsatzgefahr, *FS-Hans-Joachin Rudolphi,* 2004 p. 245 e ss. Também: VOGEL, Joachim. Normativierung und Objektivierung des Vorsatzes? *GA* 2006, p. 388.

709. Veja-se, assim: ROXIN, Claus. *FS-Rudolphi,* 2004, p. 245.

pretende dizer, com a afirmação valorativa "*o autor se decidiu pelo resultado ou contra o bem jurídico*". E há, sobre isso, uma divergência nuclear entre as duas perspectivas, divergência esta que não se dissolve através das teorias dos indicadores do dolo, como pretendeu Hassemer, e que precisa, por isso mesmo, ser decidida e fundamentada[710].

Por fim, é intensamente disputada a questão da normativização do elemento cognitivo nos casos de cegueira ou indifrença ao Direito, conferindo-se um tratamento normativo ao erro de tipo (sobre as circunstâncias típicas), que passa também, para alguns, a ser analisado segundo o princípio da responsabilidade (*scire ac devere*) e não a partir do princípio epistêmico (em vista do conhecimento x desconhecimento)[711].

Esboçadas as distinções principais entre as teorias, e os contornos gerais da disputa, na introdução desta investigação, cumpre agora analisá-las criticamente e assumir uma posição, que irá influenciar o restante da investigação e permitir a elaboração da proposta conceitual que se busca.

1. O dolo como "decisão contra o bem jurídico": normativismo volitivo

As perspectivas que têm sido designadas, contemporaneamente, como normativo-volitivas, compartem de que a construção do conceito de dolo deve partir da *ratio* da incriminação, ou seja, da decisão contra o bem jurídico[712], e de que a adscrição do dolo se realiza com emprego de um catálogo aberto de indicadores, de natureza objetiva (como a qualidade do perigo e o valor do bem jurídico em jogo) e emocional-subjetiva (relacionamento do agente com a vítima; motivos; comportamento ante e pós-fato; personalidade etc). Também há, em comum, em termos epistemológicos, o recurso à filosofia da ação e um afastamento da filosofia da consciência na explicação do componente volitivo[713], ao menos de modo mais explícito do que ocorria até então, nas correntes volitivas de acento psicológico. Resta verificar, em termos classificatórios, se as novas construções, designadas como "normativo-volitivas", se distinguem ou se autonomizam de modo suficiente das tradicionais teorias volitivas do dolo, de matriz psicológica.

Procurarei, agora, reagrupar e analisar as principais propostas contempo-

710. PUPPE, Ingeborg. *Begriffskonzeptionen des dolus eventualis. GA* 2006, p. 79.

711. Sobre o tema: MARTELETO FILHO, Wagner. O problema do erro de tipo permissivo. Entre o princípio da responsabilidade e o princípio epistêmico. RPCC, 29 (2019), p. 460-486.

712. Também, no sentido do dolo como decisão consciente pelo ilícito, no conhecimento das circunstâncias do tipo: SAFFERLING, Christoph J.M. *Vorsatz und Schuld,* 2008, p. 178.

713. Na literatura brasileira, a se referir ao que designa "dolo significativo", e à vontade extrovertida, como um atuar comunicativo: BUSATO, Paulo César. *Direito penal, parte geral.* 3 ed. São Paulo: Atlas, 2017, p. 395.

râneas enquadradas no grande modelo do "dolo como decisão". O critério de seleção foi a autonomia - em que pesem as semelhanças - das concepções ou modelos, sendo evidente a impossibilidade de se abarcar toda a literatura.

1.1. A teoria do dolo como decisão e realização do plano

Múltiplos Autores, quiçá mesmo atualmente a maioria, defendem que a essência do dolo consiste na decisão contra o bem jurídico[714], na qual estaria refletido o momento volitivo do dolo. Iniciarei a abordagem com Claus Roxin, um dos pioneiros desta concepção.

Roxin, que se auto-classifica como adepto do "normativismo volitivo", sustenta que o dolo e a negligência não representam tão somente tipos de ilícito distintos, mas que entre eles encontra-se, também, uma distinção de culpabilidade, a qual justifica a mais elevada punição do dolo[715]. Para o Autor, uma valoração justificada da culpabilidade do agente exige a consideração de todas as circunstâncias relevantes, e não pode com um único - por certo que muito importante - critério, como, por exemplo, o perigo doloso, se satisfazer[716].

É certo que Roxin parte, inicialmente, de uma posição de base cognitiva, mas posteriormente acaba por reintegrar o elemento volitivo em seu conceito de *decisão*[717].

O ponto de partida é a própria concepção do Direito Penal, cuja função essencial, para Roxin, consiste na proteção de bens jurídicos, pela via da prevenção geral positiva. Isso conduz à conclusão de que o problema central, no tocante ao dolo, é a consciência da possibilidade de lesão do bem jurídico (nível cognitivo), ocupando, o aspecto emocional (posicionamento do agente perante o resultado), uma posição apenas secundária[718].

De modo sintético, Roxin postula que o dolo consiste na "realização do plano do sujeito e na decisão contra o bem jurídico": aquele que incluir no seu plano a possível realização do tipo penal, sem que isso o leve a renunciar à ação, está se decidindo conscientemente contra o bem jurídico protegido[719].

Em seus trabalhos iniciais, para refutar a autonomia do elemento volitvo em um sentido psicologista, Roxin se vale do caso da "correia de couro"

---

714. Veja-se: KUHL, Kristian. *AT*, 2012, §5, n.m.12, p. 83. Também: HASSEMER, Winfried. *GS- Kaufmann*, 1989, p. 309. OTTO, Harro. Der Vorsatz, *Jura*, (1996), p. 470.

715. *FS-Rudolphi*, 2004, p. 249.

716. *FS-Rudolphi*, 2004, p. 257.

717. Sobre o núcleo das duas posições distintas de Roxin, veja-se: MAURER, Ruth. *Das voluntative Element des Vorsatzes als Beweisthema vor Gericht*, 2007, p. 106 e ss.

718. Veja-se: PALMA, Maria Fernanda. *Dolo eventual e negligência consciente em direito penal*, 1982, p. 87.

719. *AT*, 2006, §12, n.m.6, p. 438.

(*Lederriemenfall* - BGHSt 7,363), e aponta que os agentes evidentemente não *queriam* a morte da vítima, no sentido do desejo ou da aprovação na linguagem cotidiana, tanto que tentaram, ao menos de início, evitá-la, buscando se valer de um meio menos perigoso[720]. Para o Autor, o uso, até então, do elemento volitivo, pelo *Reichsgericht* e pelo BGH, implicava em resultados arbitrários, com fundamentos contraditórios. Roxin, então, assenta a seguinte questão: a afirmação do dolo pressupõe um determinado posicionamento (aprovação ou indiferença), ou basta uma avaliação do curso causal previsto?[721]

Na medida em que o Direito Penal contemporâneo tem, na perspectiva de Roxin, por escopo exclusivo a proteção de bens jurídicos, e não o de avaliar um posicionamento interno desvalioso do agente, o que está em causa, e que consiste no fundamento do dolo, é o conhecimento do agente em relação à possível lesão do bem jurídico, bem assim sua decisão pela ação, em face de tal conhecimento[722]. Então, surge a questão: em que casos, e mediante quais critérios, se pode afirmar que o agente se decidiu pela lesão do bem jurídico?

A decisão contra o bem jurídico ocorre se o agente reconhece a possível ou provável ocorrência do resultado (ou a presença da circunstância elementar) típico e ainda assim não se abstém de atuar, nem tampouco executa medidas para a evitação do resultado, colocando em prática a "realização do plano"[723]. Claro que isso faz ressurgir o mesmo problema de delimitação entre o dolo eventual e a culpa consciente enfrentado pelas teorias do consentimento e da aprovação em sentido jurídico, bem assim pelas teorias cognitivas clássicas, cumprindo resolver a questão em outras bases, pena de que a teoria de Roxin seja avaliada como sendo apenas outra denominação, sem autonomia teórica[724].

No que se refere à culpa consciente e à leviandade, Roxin argumenta que o que se dá é que o agente repele o seu pensamento sobre a possível lesão ao

720. Zur Abgrenzung von bedingtem Vorsatz und bewusster Fahrlässigkeit, *JuS* 4 (1964), p. 56. A aproximação, neste aspecto, do posicionamento de Roxin às teorias cognitivas clássicas, analisadas no capítulo precedente, é evidente.

721. Zur Abgrenzung von bedingtem Vorsatz und bewusster Fahrlässigkeit, *JuS* 4 (1964), p. 58.

722. Zur Abgrenzung von bedingtem Vorsatz und bewusster Fahrlässigkeit, *JuS* 4 (1964), p. 59. Veja-se, sobre o tema, e a concordar, em linhas gerais, com Roxin, cuja proposta é detalhadamente analisada: DIAZ-PITA, Maria del Mar. *Los limites del dolo eventual,* 1995, p. 204 e ss.

723. *AT,* 2006, §12, p. 446 n.m.23.

724. Criticamente, apontando a insuficiência da definição negativa do *dolus eventualis*, proposta por Roxin, sob a perspectiva do plano: HSU, Yu-An. *Doppelindividualisierung und Irrtum*, 2007, p. 100. Com razão, aponta o Autor que a pergunta sobre se no caso da negligência consciente não há decisão alguma contra o bem jurídico permanece, na teoria de Roxin, sem resposta. Veja-se ainda, também criticamente, a apontar que Roxin se vale de uma expressão típica das teorias da vontade, a "decisão", e utiliza critério das teorias da representação, qual seja, a previsão como possível do resultado: PALMA, Maria Fernanda. *Dolo eventual e negligência consciente em direito penal,* 1982, p. 88.

Direito[725]. E ainda que isso ocorra de modo irracional, o agente acaba por não se decidir contra o bem jurídico, o que justificaria o afastamento do dolo[726], chegando-se ao mesmo resultado das teorias da representação clássicas, já examinadas acima. Na verdade, a essência da culpa consciente e da própria leviandade, é que o agente verdadeiramente pode ser altamente censurável por sua irracionalidade, contudo não há "decisão contra o bem jurídico"[727]. O próprio agente se veria envolvido na situação de perigo – à guiza de uma *poena naturalis* – o que aponta para certa confiança na não-produção do resultado[728]. A irracionalidade, como a leviandade, não consiste, para Roxin, em uma inimizade ao Direito, configuradora do dolo, não configurando, o resultado ilícito, parte do plano do agente; e isso é o que separa, em seu conteúdo específico de injusto, o dolo eventual da culpa consciente[729].

Entre a confiança e a simples esperança da não ocorrência do resultado ilícito, o que se dá é que, frequentemente, o agente sobrevaloriza sua capacidade de evitação (levianamente), e não leva, por isso, a sério a possibilidade do resultado, não atuando dolosamente. Por outro lado, quem leva a sério a possibilidade do resultado delituoso, e não confia que tudo correrá bem, pode até mesmo ter a esperança de que, em face de sua sorte, nada vai se passar. Contudo esta simples esperança, enquanto estado emocional do sujeito, não exclui o dolo[730].

Outro critério assimilado por Roxin, para a delimitação, é o da atuação da vontade de evitação, em moldes análogos aos propostos por Armin Kaufmann. A distinção está em que Roxin não aceita a exclusão do dolo nos casos em que o agente queda em dúvida acerca da eficácia dos meios empregados e, ainda assim, atua[731]: o dolo só se afasta ou bem pela efetividade das medidas, ou bem pela firme convicção do sujeito na eficácia daquelas. Além disso, para Roxin, a realização da vontade de evitação, embora de relevo, não é o único critério decisão.

Nada obstante, e embora todas estas semelhanças entre a perspectiva inicial de Roxin com as teorias da representação (especialmente de Schröder e Schmi-

---

725. A tratar do tema, e referindo-se a "desalojamento" irracional da previsão, confira-se: PALMA, Maria Fernanda. *Dolo eventual e negligência consciente em direito penal,* 1982, p. 88.

726. Em sentido análogo: BRAMMSEN, Joerg. Inhalt und Elemente des Eventualvorsatzes – Neue Wege in der Vorsatzdogmatik? *JZ* 2 (1988), p. 78.

727. Recentemente, veja-se: DEITERS, Mark. Bedingter Vorsatz als Beweisthema im Strafprozess, *ZIS,* 7-8 (2019), p. 403.

728. Mas então, neste caso, a negligência consciente só se configuraria caso houvesse envolvimento de um bem jurídico do próprio agente. Assim: HSU, Yu-An. *Doppelindividualisierung und Irrtum*, 2007, p. 100.

729. ROXIN, Claus/GRECO, Luís. *AT,* 2020, §12, n.m.23, p. 549. Contra, explicitamente: PUPPE, Ingeborg. Der Vorstellungsinhalt des dolus eventualis. *ZStW* 103 (1991), p. 15.

730. ROXIN, Claus/GRECO, Luís. *AT,* 2020, §12, n.m. 27, p. 549.

731. Sobre isso: DIAZ-PITA, Maria del Mar. *Los limites del dolo eventual,* 1995, p. 206.

dhäuser) e do levar a sério, o Autor, em textos mais recentes passa a sustentar que a presença ou ausência da decisão não pode ser avaliada apenas em face do julgamento do agente acerca do perigo, demandando uma avaliação objetiva-racional[732]. E este é um ponto decisivo de autonomia da concepção roxiniana.

A verificação da decisão deve se dar através de uma análise global[733] de todos os fatores disponíveis, por parte do observador externo, para se concluir se o resultado se inseria no âmbito da "realização do plano" do agente. Daí a guinada de Roxin em direção ao elemento volitivo, permitindo-se – segundo ele mesmo[734] – enquadrar sua teoria dentre as contemporâneas "normativo-volitivas", e que se valem de um catálogo aberto de indicadores do dolo, dentre os quais o posicionamento subjetivo do agente perante o fato. Curto: para Roxin, a delimitação entre o dolo eventual e a culpa consciente não pode se dar sem uma medida de valoração normativa, porém o substrato de tal valoração não se restringe a uma determinada representação do perigo[735] (o que seria excessivamente intelectualista), nem a uma qualidade objetiva do perigo, e abrange outros indicadores, inclusive de ordem emocional-subjetiva.

Parte-se da premissa de que o dolo precisa "se abrir" através de indicadores, na medida em que ele não é acessível à observação[736]. Aquele que atira contra a cabeça da vítima à curta distância, ou que a fere com um golpe de faca no busto, não será ouvido caso afirme que confiou em um bom resultado. As circunstâncias objetivas justificariam, nestas situações, afirmar a presença de uma decisão contra a vida da vitima. Por outro lado, se alguém realiza um comportamento de alto risco no trânsito, ou se fuma na cama e causa um incêndio, tende-se a aceitar apenas a negligência, negando-se a presença da decisão contra o bem jurídico protegido, pois o resultado não se inseria no plano do sujeito. Já se o agente tem um motivo para se por de acordo com o resultado – como no caso da correia de couro em que queria a todo preço tomar posse dos pertences da vítima –, isto é um indício para se atribuir o *dolus eventualis*. Ao contrário, pende-se para a culpa se o autor não tem qualquer motivo racional para "assumir aprovadoramente" o resultado (*Inkaufnahme des Erfolges*): assim, se um pai de família cuidadoso, em um contexto harmônico, desfere um golpe de caratê contra a cabeça da criança que estava a gritar ("caso do golpe de caratê"), matando-a, não se vislumbra qualquer decisão eventual contra a vida da criança[737].

---

732. ROXIN, Claus. *FS-Rudolphi,* 2004, p. 244.

733. Criticamente, a apontar que a tomada em consideração de todas as circunstâncias relevantes para a culpa conduz a uma perda de fronteiras, bem ainda a uma indevida mistura de circunstâncias: HSU, Yu-An. *Doppelindividualisierung und Irrtum*, 2007.

734. *FS-Rudolphi,* 2004, p. 255.

735. *FS-Rudolphi*, 2004, p. 253.

736. ROXIN, Claus/GRECO, Luís. *AT,* 2020, §12, n.m. 32, p. 551, n.m. 32.

737. ROXIN, Claus/GRECO, Luís. *AT,* 2020, §12, n.m.32, p. 551. O mesmo: ROXIN, Claus. *FS-Rudolphi,* 2004, p. 245.

Roxin acentua que caso se utilize, tão somente, do critério do perigo conhecido, ocorre, inevitavelmente, uma ampliação da área do dolo, especialmente no que toca aos crimes de homicídio, desconsiderando-se os fatores emocionais que levam à negação da decisão contra o bem jurídico. A respeito de tais fatores, Roxin se refere à teoria do elevado obstáculo psíquico (*Hemmschwelle*), utilizada pelo BGH em múltiplos casos (BGH NStZ 2004, 201; BGH NStZ 1992, 125; BGHSt 36, 1, p. 15)[738] para a negação do dolo[739]. Além disso, a negação do dolo em situações de perigo reduzido, ou baixa probabilidade de êxito, nas quais o agente atuou com propósito direto, se revela de todo injustificada em termos normativos, restringindo, indevidamente, a área do dolo exatamente naqueles casos em que a decisão do agente contra o bem jurídico se apresenta mais intensa e explícita[740]. Daí se extrai, facilmente, que para Roxin, a qualidade do perigo não é essencial para saber se o agente decidiu-se ou não pela lesão do bem jurídico.

A distinção, por exemplo, entre o caso da "correia de couro" e o caso da "manobra perigosa / motorista rasante", consiste em que, na última hipótese, o motorista, embora consciente da situação de risco, confia (sobrevaloriza) em sua habilidade na condução para a evitação do resultado; caso contrário, ele mesmo seria a primeira vítima do seu comportamento. E a confiança na boa saída (ainda que leviana), que é mais que a esperança impotente, não permite se falar em uma decisão contra o bem jurídico[741].

Dentre as criticas que comumente se erguem contra a teoria do dolo como decisão, está a direcionada aos casos de elevada indiferença, nos quais o agente sequer considerou, embora o perigo intenso, a possibilidade de ocorrência do resultado. Essa objeção já se direcionava à teoria do dolo como "levar a sério", desenvolvida especialmente por Stratenwerth, como se anotou supra. Sobre isso, Roxin sustenta que a decisão é de se considerar em um sentido *normativo*, e não *psicológico*. Assim, aquele que é completamente indiferente sobre a possibilidade de um resultado representado, toma uma posição acerca deste e neste sentido *normativo-atributivo*, se decide pela possível lesão do bem jurídico. A decisão não pressupõe qualquer ato de vontade refletida ou de "querer" no sentido psicológico[742].

---

738. Veja-se uma relação de julgados acerca da teoria da *Hemmschwelle* em: PUPPE, Ingeborg. *Begriffskonzeptionen des dolus eventualis*. *GA* 2006, p. 77. Também, a mesma: Die Logik der Hemmschwellentheorie des BGH - Zugleich eine Besprechung von BGH, Urteil vom 7.11.1991 - StR 451/91 (LG Passau). *NStZ* 12 (1992), p. 576 e ss.

739. *FS-Rudolphi*, 2004, p. 246.

740. *FS-Rudolphi*, 2004, p. 251.

741. *AT*, 2006, §12, n.m.23, p. 446.

742. ROXIN, Claus/GRECO, Luís. *AT*, 2020, §12, n.m. 30, p. 558.

Paradoxalmente, e ainda que a considerar que a função principal do Direito Penal seja a de proteção de bens jurídicos, Roxin aceita o dolo nas hipóteses de comportamento intencional em que o perigo seja muito baixo e a realização do resultado típico altamente improvável. Independentemente da correção normativa desta posição - que por ora deixo em aberto - isso parece contradizer as próprias bases da teoria, que exige o conhecimento como pressuposto para se afirmar a decisão[743]. Além do mais, confere-se mais importância ao componente subjetivo do injusto do que à idoneidade objetiva do comportamento para a realização do tipo, o que implica em uma aproximação da teoria imperativa das normas, rejeitada por Roxin.

No tocante à crítica de que teoria da decisão contraria a "teoria da culpabilidade", exigindo a consciência do injusto para o dolo, Roxin replica, na mesma linha do que o faz Stratenwerth, que a consciência da lesão ao bem jurídico se ergue já do dolo do tipo, posicionando o agente, nos casos normais, para a situação de decisão.

Mas a teoria contém, ainda, outras contradições internas, em termos de ponto de partida e de chegada. Assim, é de se indagar sobre o porquê de a decisão por uma improvável lesão ao bem jurídico colocar, *eo ipso*, em uma situação de perigo mais elevado referido bem, do que o caso em que o agente repele ou desaloja da consciência a representação da referida possibilidade, em uma situação de perigo objetivamente elevado. De um ponto de vista objetivo, essa distinção não parece consequente, à luz da função do Direito Penal, - na concepção roxiniana (!) –, de proteção de bens jurídicos[744]. Além disso, se o deslocamento do risco pode se dar em uma base irracional, pelo próprio sujeito, é de se questionar se a teoria de Roxin é suficientemente normativa, como pretende o próprio Autor[745], ou mesmo se é mesmo normativa afinal[746], compartilhando das mesmas objeções já opostas à teoria do risco de Frisch, e daquelas opostas às teorias cognitivas e volitivas de acento psicológico, examinadas no capítulo anterior.

Por fim, e mais importante, a questão está em que, se pode se admitir a consideração de todos os fatores do acontecimento para a decisão sobre o dolo, tais fatores podem tanto excluir como fundamentar o dolo, o que se afigura

743. Neste sentido: MAURER, Ruth. *Das voluntative Element des Vorsatzes als Beweisthema vor Gericht,* 2007, p. 111.

744. Assim: PALMA, Maria Fernanda. *Dolo eventual e negligência consciente em direito penal,* 1982, p. 92. Ressalta, a Autora, que não se vê que a maior racionalização pelo agente dos efeitos da conduta *"possua maior intensidade concretizadora da lesão de um bem jurídico, do que o irracional desalojamento".*

745. *FS-Rudolphi*, 2004, p. 244.

746. Sobre a classificação do pensamento de Roxin ao plano do normativismo volitivo, veja-se: VOGEL, Joachim. Normativierung und Objektivierung des Vorsatzes? *GA* 2008, p. 388.

temerário em termos de segurança jurídica. No citado "caso do carateca", a que Roxin se refere para fins de criticar a teoria do "perigo doloso" de Puppe, o que está em causa é que, em face de todos os fatores descritos - o agente era um pai cuidadoso e não violento; alimentou a vítima e cuidou de seu asseio; tentou reanimá-la desesperadamente, etc - é até possível conceber que o agente não tenha reconhecido a possibilidade de causar a morte da vítima com o golpe[747], e muito menos se decidiu neste sentido[748], mas isso em um quadro essencialmente subjetivo. Mais que isso: acaso o sujeito fosse tido como violento, descuidado, embotado e sem empatia, estes fatores de personalidade haveriam de ser considerados para se fundamentar a censura dolosa?

1.2. O dolo como decisão e a "vontade extrovertida": entre a lógica do risco e a lógica da satisfatoriedade

O pensamento de Fernanda Palma se enquadra dentre as contemporâneas perspectivas normativo-volitivas, na medida em que se afasta de uma concepção psicológica do dolo[749], ancorada no "dualismo mente-corpo", de uma vontade causal e introvertida, e parte da filosofia da ação e da linguagem para procurar interpretar as estruturas (conhecimento e vontade) do dolo[750], bem ainda para construir seu conceito próprio, que conta com uma dimensão cognitiva (situada no dolo do tipo) e volitiva (dimensão da culpabilidade do dolo)[751]. O que parece buscar, a Autora, é um reequacionamento da fórmula do dolo como consciência e vontade que se aproxime do agir intencional, ou dos modos de agir sob uma decisão[752]. Parte-se de uma ideia, aplicável ao dolo eventual, de "lógica do risco" (de aceitação do risco do resultado) associada à "lógica de satisfatoriedade",

---

747. Contra: PUPPE, Ingeborg. *Kleine Schule des juristischen Denkens,* 2014, p. 268. A Autora aponta aqui para o risco, ao se considerar aspectos da personalidade do acusado, de se recair num Direito Penal de autor, observando que eventuais aspectos emocionais só podem ser avaliados no plano da culpabilidade e da medição da pena.

748. Sobre isso: MAURER, Ruth. *Das voluntative Element des Vorsatzes als Beweisthema vor Gericht,* 2007, p. 111.

749. Veja-se: PALMA, Maria Fernanda. O dolo e o erro: Novas leituras do elemento intelectual do dolo. In: ANDRADE, Manoel da Costa et. al (org.). *Estudos em homenagem ao Prof. Doutor Jorge de Figueiredo Dias.* Vol.III. Coimbra: 2010, p. 80. Adverte, a Autora, que isso não implica em um esvaziamento psicológico do objecto do dolo, ou de dispensa do elemento psicológico. Isso porque, para Fernanda Palma, o conhecimento revela a possibilidade de motivação pela norma, em razão do confronto do agente com o fato, sendo "*essa possibilidade a expressão necessária de liberdade que legitima a responsabilidade penal*". Op. cit. pp. 81-83.

750. PALMA, Maria Fernanda. Questões centrais da teoria da imputação e critérios de distinção com que opera a decisão judicial sobre os fundamentos e limites da responsabilidade penal. *In:* PALMA, Maria Fernanda (coord.). *Casos e materiais de direito penal.* Almedina, 2009, p. 73.

751. Veja-se: *Dolo eventual e negligência consciente em direito penal,* 1982, p. 117, com referência à importância da filosofia da linguagem para a justificação do elemento volitivo, e para a consideração da vontade em um sentido extrovertido, partindo-se de conceitos mentalísticos.

752. *Casos e materiais de direito penal,* 2009, p. 74.

que, à luz de tal binômio (risco-satisfatoriedade), procura esclarecer sobre o vínculo entre a ação e suas consequências[753].

No que diz respeito ao elemento cognitivo, este passa a assumir o significado de um modo de análise de um conceito sintético, qual seja, o de "decisão criminosa", do qual aquele se extrai como primeiro resultado. Trata-se do conhecimento do risco concreto ou da impossibilidade de tal desconhecimento[754]. De se destacar, de toda forma, que no modelo de Fernanda Palma a competência para a avaliação do risco não é suprimida de todo do agente, exigindo-se que este seja "confrontado" com a escolha entre a conduta e aquela que não implica um risco proibido[755].

Quanto ao elemento volitivo, este é exigido, sobretudo, no que se refere aos comportamentos inconsistentes e contraditórios, nos quais subjaz o conhecimento do risco concreto, mas há referência à outra lógica, qual seja, à "lógica de satisfatoriedade"[756]. O que pode se dar, em tais hipóteses, é uma atuação inconsistente, na qual o interesse do agente não prevalece, na ponderação lógica da situação, sobre os bens jurídicos da vítima, como ocorre em raciocínios típicos de risco, realizados por um jogador ou homem de negócios[757]. E tal inconsistência, para a Autora, desautoriza o reconhecimento do dolo[758], já que "*ela não basta para revelar um domínio mais elevado sobre as consequências, própria da culpa por dolo*"[759].

Em tais comportamentos inconsistentes, apenas no caso em que a lógica do risco assume outros contornos, em uma "lógica de satisfatoriedade" e de aceitação do resultado[760], é que se justifica a afirmação do dolo. Na hipótese do incêndio da casa para a obtenção do prêmio do seguro, partindo-se da consciên-

---

753. Veja-se: PALMA, Maria Fernanda. *Dolo eventual e negligência consciente em direito penal,* 1982, p. 154.

754. *Direito Penal - Parte Geral,* 2019, p. 134. Também, a mesma: *Casos e materiais de direito penal,* 2009, p. 76.

755. *Direito Penal - Parte Geral,* 2019, p. 149. Também, a mesma: O dolo e o erro: Novas leituras do elemento intelectual do dolo, 2010, p. 83.

756. *Casos e materiais de direito penal,* 2009, p. 77. Para a Autora, a afirmação do dolo em tais casos acabaria por fazer cair na área do dolo comportamentos do tipo de "Guilherme Tell" e do médico que realiza uma operação de alto risco. De se objetar, contudo, que estes casos seriam filtrados pela imputação objetiva, e não justificam, *per se*, a pretendida autonomização do elemento volitivo. Por outro lado, de acordo com a Autora, fora das situações de justificação, o problema é de se resolver a partir do componente de culpabilidade do dolo. Op. cit., p. 78.

757. Poderia-se acrescentar, aqui, o caso clássico do "motorista rasante", que ingressa na contramão em uma curva sem visibilidade, tradicionalmente considerado, na ocorrência do resultado, como de negligência consciente (Schröder, Schmidhäuser, Jakobs, Roxin e outros, com fundamentos distintos).

758. *Direito Penal - Parte Geral,* 2017, p. 135.

759. PALMA, Maria Fernanda. *Casos e materiais de direito penal,* 2009, p. 78.

760. PALMA: Maria Fernanda. *Dolo eventual e negligência consciente em direito penal,* 1982, p. 153.

cia do risco de o incêndio resultar na morte do morador, o que se tem é que o agente não é um jogador, na medida em que sabe que "ganhará" em qualquer caso (desde que a casa seja destruída), independentemente da concretização ou não do perigo[761] (a morte do morador).

Note-se que os momentos subjetivos, nesta forma de compreender o fenômeno, não são causas (no sentido mecânico-causal) de ações, mas sim são indissociáveis do atuar. Os estados mentais são, na verdade, critérios de interpretação e reconhecimento de ações[762]. E esses critérios de interpretação, umbilicalmente conectados com a linguagem social, são indisponíveis para o sujeito, dada a inexistência de uma linguagem privada. Daí que *matar*, *furtar*, *mentir* etc., têm um significado específico, são verbos que descrevem "ações de certo tipo", e são sempre acompanhadas de certo tipo de estados mentais, nada disto estando à disposição do sujeito. Assim, por exemplo, ter a intenção de se apropriar de uma coisa alheia não é autonomizável do reconhecimento de que se está a furtar[763]. O que extrai, a Autora, de tais considerações, é que a anulação da referência à vontade na descrição do comportamento humano implica em se constituir uma linguagem (normativa) que se divorcia da linguagem social, à qual o Direito não deve deixar de se vincular. O plano de tais significados sociais é o plano da tipicidade, e é aqui que se resolvem os problemas afetos ao "dolo do tipo"[764].

Fernanda Palma situa a inevitabilidade objectivo-subjectiva da ponderação do risco na decisão de atuar – tomada pelo agente –, no plano do tipo, ou seja, do significado social objetivo da ação, que não pode ser desconstituído ou desconfigurado por uma posição subjetiva do agente, (ressalvado o próprio erro sobre a factualidade típica). Em suas palavras[765]:

> "Há, deste modo, um plano objectivo na base da caracterização do dolo eventual. A sua estrutura não se reduz a uma linguagem puramente privada, assentando antes numa lógica de decisão e de estrutura racional do comportamento que o reconduz, de certo modo, a um silogismo prático".

Nos comportamentos inconsistentes e contraditórios – em que não se

---

761. Assim: PALMA, Maria Fernanda. *Dolo eventual e negligência consciente em direito penal,* 1982, p. 154. Segundo a Autora, no caso do jogador, há possibilidade de que, com a concretização do risco, o agente "perca", enquanto no caso do "homem do seguro", o agente ganha caso o resultado ocorra (destruição da casa), concretize-se ou não o risco (morte do morador).

762. Assim: PALMA, Maria Fernanda. *Dolo eventual e negligência consciente em direito penal,* 1982, pp. 120 e 130.

763. PALMA, Maria Fernanda. *Dolo eventual e negligência consciente em direito penal,* 1982, p. 120.

764. PALMA, Maria Fernanda. *Direito Penal – Parte Geral,* 2019, p. 151. Analogamente, ZIEGERT, Ulrich. *Vorsatz, Schuld und Vorverschulden,* 1987, p. 145.

765. PALMA, Maria Fernanda. *Direito Penal – Parte Geral,* 2019, p. 152.

identifica, necessariamente, uma inevitabilidade da ponderação do risco –, o que decai é o próprio domínio, em termos de intencionalidade, que integra a responsabilidade dolosa ao plano do tipo.

Por sua vez, o conflito motivacional vivido pelo agente, a partir de sua própria condição pessoal, corresponderá à "dimensão de culpa do dolo"[766], também ela associada ao elemento volitivo. Nas situações de conflito motivacional, o domínio permanece presente (a racionalidade decisória criminosa), mas o elemento de culpabilidade – que se identifica com o elemento emocional ou volitivo – pode estar ausente, justificando-se o afastamento do dolo, mesmo havendo domínio (= dolo do tipo). Essa linguagem, de que o agente dispõe para representar e compreender o significado de seus atos, orientando-se no mundo, deve ser obrigatoriamente considerada, pena de o Direito Penal perder, na normatividade pura, sua própria referência.

Ao exigir, para os chamados comportamentos inconsistentes e contraditórios, o elemento volitivo, no sentido de uma vontade extrovertida[767] (de análise das premissas da decisão, que, a depender do caso, pode comprometer o domínio em face das consequências), e ao apontar para a imprescindibilidade de se dar atenção à realidade motivacional do agente[768], ainda que como uma dimensão de culpabilidade típica do dolo eventual[769], Fernanda Palma se aparta, à evidência, das vertentes de acento normativo-cognitivo, para as quais a qualidade do perigo conhecido é o ponto central de decisão.

Nesses termos, segundo Fernanda Palma, desde que não haja erro sobre a factualidade típica, preenche-se já o "dolo do tipo". Contudo, a demonstração da concreta incapacidade de motivação (liberdade de escolha[770]) pela norma poderá justificar a exclusão da dimensão da culpabilidade do dolo, degradando-se a culpabilidade do agente para a culpabilidade típica da negligência[771].

---

766. PALMA, Maria Fernanda. *Direito Penal – Parte Geral,* 2019, p. 153.

767. *Direito Penal – Parte Geral,* 2019, pp. 147 e 151.

768. *Direito Penal – Parte Geral,* 2019, p. 153 e ss. Também: *Dolo eventual e negligência consciente em Direito Penal,* 1982, p. 113 e ss.

769. Essa dimensão de culpabilidade foi defendida, especialmente, por Gallas, que também confere ao dolo uma dupla posição: a vontade de atuação e a violação da norma de comportamento como elemento do ilícito, e a expressão da consciência hostil ao Direito como elemento da culpabilidade. Zur Struktur der strafrechtilichen Unrechtsbegriffes. *In*: KAUFMANN, Arthur *et al.* (Hrsg.). *Festschrift für Paul. Zum 70. Geburstag,* 1979, p. 166.

770. Também a identificar a liberdade de escolha entre comportamentos possíveis, como dimensão da culpabilidade do dolo, veja-se: ZIEGERT, Ulrich. *Vorsatz, Schuld und Vorverschulden,* 1987, *passim.*

771. PALMA, Maria Fernanda. *Direito Penal – Parte Geral,* 2019, pp. 154 e 157. A dúvida que surge aqui, obviamente, é de aplicabilidade. Não fica claro, no modelo apresentado, como o Tribunal, após afirmar o "dolo do tipo", inclusive para resolver situação de comparticipação por exemplo, possa decidir por punir o acusado (autor principal) apenas pelo delito negligente. Claro que se pode redarguir afirmando-se que se trata de um elemento impróprio de culpa, que se faz necessário para

Com a adoção desse modelo, concebe-se um conceito de dolo, especialmente eventual, que cumpre suas necessárias funções preventivas, permitindo, por exemplo, alcançar o partícipe, nos termos da teoria da acessoriedade e, por outro lado, abre-se o diálogo com os motivos e condições pessoais do agente por ocasião do julgamento (=posicionamento emocional). Faltando a dimensão de culpa do dolo eventual, seria possível, deste modo, punir o agente a título de negligência consciente, sem que se afastasse o dolo do tipo e a possível punição do partícipe [772].

Ao aplicar o seu modelo teórico, Fernanda Palma resolve o "caso Lacmann", em que prevaleceu uma lógica do risco e do jogo, como uma hipótese de negligência consciente[773]. Na situação, para a Autora, é possível afirmar que o sujeito atuou motivado pelo prazer do jogo, não levando a sério - ou ao menos desalojando - o risco de produzir uma lesão, que inclusive implicaria na perda da aposta. Em face do resultado ilícito - lesão da vítima - o comportamento seria, assim, inconsistente à luz lógica de satisfatoriedade. Apenas na hipótese em que o agente tivesse atuado pelo próprio "prazer do risco" (o que dependeria de provas associadas à personalidade e motivação concreta do agente) seria possível reconhecer, para a Autora, o dolo eventual.

Nesse esquema geral (de uma lógica de satisfatoriedade e de aceitação do resultado, em termos de uma intencionalidade quanto às consequências), também cai na área do dolo eventual o caso em que o agente tem a intenção de produzir o risco do resultado (consequência), como meio ou condição de obter o resultado almejado[774]. Assim, o conhecido "caso dos mendigos russos", em que os agentes estropiavam as crianças com o intuito de arrecadar mais dinheiro

a integração do dolo típico do agente. Mas se o dolo típico do agente vem a ser desconstituído *ex post*, como este pode ser extendido ao partícipe? Por outro lado, se o dolo não resta desconstituído, então como afastar a condenação em termos de responsabilidade dolosa, se as causas de desculpa são previstas de modo taxativo e dentre elas não se encontra o aludido elemento emocional-volitivo? Não bastará, para a solução do problema, simplesmente afirmar que o dolo ocupa uma dupla posição. E caso se leve as coisas às últimas consequências, assumindo-se que há um só dolo, com componente típico e de culpa, afastado este não se pode alcançar o partícipe.

772. Tenho dúvidas sobre se isso é possível em termos de *lege lata*, e da disciplina da comparticipação na Alemanha, Portugal e Brasil, pois estar-se-ia concebendo participação dolosa em delito negligente, com quebra da unidade do *concursus delinquentium*. Situação distinta se verifica no caso do erro de tipo permissivo, em que a comparticipação pode se dar a título de dolo nos termos da disciplina normativa (§26 do *StGB*). Criticamente, acerca da compatibilidade com o sistema normativo, em termos gerais, de um "conceito duplicado" de dolo, veja-se, também: SCHROTH, Ulrich. *Vorsatz als Aneignung*, 1994, p. 23.

773. *Direito Penal - Parte Geral*, 2019, p. 146, n.r. 135. Também, a mesma: *Dolo eventual e negligência consciente em direito penal*, 1982, p. 155, n.r. 1, p. 184-185.

774. PALMA, Maria Fernanda. *Dolo eventual e negligência consciente em direito penal*, 1982, p. 154. A distinção entre "consequência" e "resultado" é buscada, por Fernanda Palma, na filosofia analítica. Consequencia é apenas um efeito colateral possível ou necessário, mas que não se explica, através do silogismo prático, como razão para agir. Resultado é a alteração na situação fática almejada, ou como meio intermédio ou como fim, sendo explicável como razão de agir.

com as esmolas, é tratado de modo diverso do "caso Lacmann". Embora os mendigos, ao estropiar as crianças, confiassem em que estas não viriam a óbito – pois esta era uma condição mesma do "negócio" – o risco era aceite como também se fazia integrado à lógica do lucro, lógica essa que incluía a "perda" de algumas vítimas, sem que o "negócio" fosse significativamente afetado. Por tais razões, seria de concluir que a confiança na não produção do resultado não produz inconsistência "*no raciocínio prático que conduzia os planos dos agentes à satisfação dos seus objetivos. A lógica do risco insere-se, naturalmente, na lógica do desejo – o dolo eventual tem de ser afirmado*"[775]. De modo análogo, em termos de que o "querer o perigo do resultado" se apresenta como condição inultrapassável do resultado (buscado), a Autora resolve o "caso da correia de couro" como hipótese de dolo eventual[776], acompanhando, assim, a doutrina majoritária.

Note-se que Fernanda Palma tenta criar uma ponte entre a filosofia da ação e a psicologia, inclusive a dos "estratos", no sentido de conceder relevo à exteriorização do comportamento e sua interpretação social, bem assim à vontade como momento de um processo de decisão (interno): uma vontade condutora[777].

Mas será que esse desnível entre a "lógica do risco associada ao jogo" (caso Lacmann) e a "lógica do risco associada a uma situação em que o agente sempre ganha", (incêndio para obtenção do prêmio; caso dos mendigos russos – lógica de satisfatoriedade), consiste em um critério normativo adequado para fundamentar a responsabilidade destacada do dolo? Ou tal responsabilidade há de depender, essencialmente, da natureza e qualidade do perigo, mais do que da própria intencionalidade (ainda que objetiva) e motivação?[778] Por que a lógica do jogo merece um tratamento mais benevolente, se o risco (objetivamente) criado puder, inclusive, ser superior, como se dá no "caso Lacmann"?

Note-se que o modelo de Fernanda Palma também supõe, como o de Roxin e o de Hassemer, um método de atribuição baseado em um catálogo aberto de indicadores do dolo, que permita uma avaliação global do caso concreto, levando-se em conta aspectos objetivos, cognitivos e motivacionais, e não apenas uma relação subjetivo-cognitiva com a conduta perigosa[779].

---

775. PALMA, Maria Fernanda. *Dolo eventual e negligência consciente em direito penal,* 1982, p. 186.

776. PALMA, Maria Fernanda. *Dolo eventual e negligência consciente em direito penal,* 1982, p. 187.

777. *Dolo eventual e negligência consciente em direito penal,* 1982, pp. 157-161.

778. A apontar que o que está em causa, no "caso Lacmann", é o perigo reconhecido, e não definir se a motivação foi egoística ou se havia alguma réstia de consideração pela vítima: PUPPE, Ingeborg. Begriffskonzeptionen des dolus eventualis. *GA* 2006, p. 73.

779. Sob pena, para a Autora, de caso assim não fosse, de se alcançar os objetivos da *versari in re ilícita*. *In*: *Casos e materiais de direito penal*, 2009, p. 72.

E o "calcanhar de Aquiles" do presente modelo é compartilhado por todos os Autores que se valem de um "catálogo aberto" de indicadores a serem considerados para a decisão acerca do dolo, tal como o defendido por Roxin[780], e utilizado amplamente na jurisprudência do BGH[781]: em nome da justiça do caso concreto, corre-se o risco, do qual adverte Puppe com muita insistência[782], de se produzirem decisões inconsistentes - que não levam os elementos conceituais a sério -, e/ou motivadas por fins político-criminais. Isso se comprova pela análise da jurisprudência do BGH relacionada aos casos de transmissão do vírus HIV, anotando-se que Fernanda Palma tende a considerar os "casos-padrão" como sendo hipóteses de dolo eventual[783], o que, em face da qualidade do perigo e do próprio critério eleito ao plano do tipo - qual seja, da lógica do risco, nos comportamentos inconsistentes[784] -, é, quando menos, controvertido[785].

De toda sorte, a "teoria da decisão" associada à vontade extrovertida[786], em uma lógica de intencionalidade objetiva, tem os inegáveis méritos de deslocar para o plano da linguagem social a análise dos elementos do dolo - volitivo e cognitivo - e permite um claro afastamento do psicologismo, sem deixar, ainda, de alertar para os limites a serem impostos a um normativismo radical, para fins de consagração da responsabilidade individual, que deve ser aferida sem uma completa desconsideração da perspectiva do sujeito concreto, e com respeito estrito ao princípio da culpabilidade.

1.3. A "falha da consciência ética", embora corretamente direcionada (pelo dolo-do-fato), e os fundamentos materiais da responsabilidade por dolo

É relevante sublinhar que Figueiredo Dias parte de uma concepção de ilícito-típico, na qual é a ilicitude quem confere o substrato material ao tipo,

---

780. ROXIN, Claus. *FS-Rudolphi,* 2004, p. 249.

781. BGH NStZ, 1988, 175 (caso do golpe de caratê - *Karateschlagfall).*

782. *Begriffskonzeptionen des dolus eventualis. GA* 2006, p. 77.

783. PALMA, Maria Fernanda. *Direito Penal - Parte Geral,* 2019, pp. 151-152.

784. A realização da relação sexual se aproxima mais da lógica do jogador, do "caso Lacmann" (em que Fernanda Palma rechaça o dolo), do que da lógica da satisfatoriedade, do "caso dos mendigos russos" (em que Fernanda Palma afirma o dolo). Isso indica que, a bem da verdade, a afirmação do dolo se vincula a razões - conquanto que defensáveis e compreensíveis - de política criminal.

785. A própria Autora, em tópico próximo, afirma que o risco do dolo eventual deve ser ao menos mediano, com critérios próximos da causalidade adequada. *In*: *Direito Penal - Parte Geral,* 2019 p. 149. Mas se o risco de contágio em uma relação sexual normal é reduzidíssimo, como afirmar que a motivação pode justificar a censura dolosa? Criticamente: PUPPE, Ingeborg. *Begriffskonzeptionen des dolus eventualis. GA* 2006, p. 77-78. A Autora defende que, no que se refere ao dolo de lesões corporais, em face do perigo reduzidíssimo (0,1 a 1%, em uma relação sexual sem violência), revela-se um erro aceitar o dolo. E ainda mais incoerente, caso se aceite o dolo de lesões (solução que Puppe rejeita), consiste na negativa do dolo homicida, pois havendo a contaminação, a chance de morte é elevada.

786. Ou seja, de uma vontade que não é introvertida nem causal, e que se filia, indissociavelmente, ao ato de decidir-se. Veja-se: PALMA, Maria Fernanda. *Dolo eventual e negligência consciente em direito penal,* 1982, p. 157.

sendo sua *ratio essendi*, seu fundamento. Ao plano da culpabilidade, o Autor vincula seu pensamento à "culpa da personalidade", documentada no fato, enquanto um erro da consciência ética[787]. Isso terá consequências importantes para o tratamento do dolo e do erro, na medida em que se acentua que não havendo como individualizar elementos que pertençam "só" ao tipo ou "só" à ilicitude, o critério de distinção entre os erros não pode se encontrar, diretamente, na distinção entre tipo e ilicitude[788]. Assim, com o Autor, o "tipo-de-erro" (enquanto classificação categorial tradicional) só se pode determinar a partir da temática do erro como um problema de culpabilidade (da personalidade), e não como um mero problema estrutural ou de posição sistemática[789].

Destarte, na concepção de Figueiredo Dias, influenciada por seu pensamento geral acerca da "culpa da consciência ética" e dos seus efeitos ao plano do(s) erro(s)[790] (sobre as circunstâncias típicas e sobre a ilicitude), a culpabilidade dolosa se expressa, afinal, em uma atitude ou bem de contrariedade ou de indiferença ao Direito; sem tal comprovação, o que pode se dar, no máximo, é a punição por negligência[791].

O desnível de punibilidade entre os casos dolosos e negligentes obriga, de fato, a que se justifique, do ponto de vista político-criminal (ou funcionalmente), a diferença essencial, o que só há de se resolver, em definitivo, ao plano da culpabilidade. E se isso não era um problema maior ao tempo em que o dolo se inseria na culpabilidade, e em que nele se integrava a consciência do ilícito ("teorias estritas do dolo", e do *dolus malus*, desenvolvida por Feuerbach e seus coevos), a questão não é de simples solução para quem adira à concepção de ilícito pessoal e à teoria normativa da culpabilidade, para as quais a consciência (potencial) da ilicitude não integra, já, o dolo típico.

Assim, os contornos do que vem a ser a atitude de contrariedade ou indiferença ao Direito, documentada no fato, passa por fixar, no dolo do tipo, seus pressupostos mínimos[792], na medida em que o sujeito deve conhecer, correta-

---

787. *O problema da consciência da ilicitude em direito penal,* 1987, pp. 307-308.

788. Veja-se: *O problema da consciência da ilicitude em direito penal,* 1987, pp. 89 e 97.

789. Veja-se: *O problema da consciência da ilicitude em direito penal,* 1987, pp. 100-101.

790. Para o Autor, é a culpa quem irá definir e fundamentar o tratamento do erro e permitir esclarecer quando releva, ou não, a falta da consciência a ilicitude, e não o inverso (ou seja, o *a priori* é a responsabilidade, não a espécie de erro, ao modo de uma superada, por exemplo, distinção entre "erro de fato" e "de direito", e também de uma questão formal, de localização do dolo no tipo ou na culpa). É, para Figueiredo Dias, a diferença de culpa quem definirá qual tipo de erro exclui o dolo e qual tipo de erro afeta a culpa. E isso não se resolve segundo postulados dogmáticos, mas sim a partir de considerações político-criminais. Veja-se: *Direito Penal - Parte Geral. Tomo I,* 2012, p. 543. Também: *O problema da consciência da ilicitude em direito penal,* 1987, p. 56.

791. *Direito Penal - Parte Geral. Tomo I,* 2012, p. 529.

792. DIAS, Jorge de Figueiredo. *O problema da consciência da ilicitude em direito penal,* 1987, p. 291. Insiste, o Autor, que o "erro da consciência psicológica" sempre impede que a consciência ética possa se orientar corretamente para o seu objeto. Op. cit. p. 293.

mente, todos os elementos relevantes para a ilicitude que integram, necessariamente, o tipo de ilícito. Claro está que o ponto de partida de todas as análise é a ideia de culpa da personalidade, e não o de uma culpa da vontade, pois nem sempre estará em causa saber, para o juízo de culpa, se o agente, em termos psicológicos, podia agir de outro modo, mas sim se sua personalidade ética foi desenvolvida conforme os valores e exigências do Direito. Este quadro em que Figueiredo Dias discutirá as questões do dolo do tipo, associado à consciência psicológica, e o dolo da culpabilidade, vinculado à questão da consciência da ilicitude e à sua falta censurável[793].

De acordo com Figueiredo Dias, o "dolo do tipo" se esgota no conhecimento e na vontade de realização do tipo objetivo, ressalvados aqueles casos em que existam especiais elementos subjetivos que já cobrem uma valoração (aspectos normativos, que codeterminam o desvalor de acção).

No que se refere ao elemento intelectual, Figueiredo Dias assinala que é o conhecimento enquanto substracto psicológico quem permitirá a "*correta orientação da consciência ética*"[794], no sentido da valoração da conduta como sendo desvaliosa para o Direito, e quem fornecerá, afinal, o contramotivo para sua evitação[795]. As faculdades intelectuais do agente não são, segundo o Autor, elementos ético-juridicamente relevantes da personalidade, sendo necessárias (instrumentalmente) para a compreensão da situação fática[796], razão porque aqui, para Figueiredo Dias, se impõe mesmo uma individualização. Neste primeiro plano, defende, o Autor, na linha da doutrina tradicional, que o erro de que trata o artigo 16 do Código Penal Português tanto compreende uma representação positiva errada, como também a própria falta de representação: ambos excluem desde logo o dolo, não no sentido de que eliminam um "dolo já existente", mas sim no sentido de que o "dolo do tipo" não chega mesmo a constituir-se[797]. Isso porque a vontade, no caso do erro sobre a factualidade típica, já não se dirige a algo desaprovado pelo Direito.

---

793. Veja-se: *O problema da consciência da ilicitude em dieito penal,* 1987, p. 293.

794. Veja-se: *O problema da consciência da ilicitude em direito penal,* 1987, pp. 265 e 386. Segundo Figueiredo Dias, a consciência ética, sem o "dolo-do-fato", pode ser orientada para aquilo que o agente representou, mas não para a realidade do fato, não se revelando defeituosa. Por isto, a culpa dolosa fica excluída relativamente ao ilícito típico. Op. cit. p. 266.

795. Nisso, o Autor se põe essencialmente de acordo com Engisch, não sem deixar de observar que a questão não pode ser tratada em um plano psicológico, da culpa da vontade, e sim da culpa da pessoa. Veja-se: *Direito Penal - Parte Geral. Tomo I,* 2012, p. 544. O principal texto de Engisch a curar o tema, referido por Figueiredo Dias, é: Tatbestandsirrtum und Verbotsirrtum bei Rechtfertigungsgründe. *ZStW* 70 (1958), pp. 565-615. Note-se que, diferentemente de Engisch, Figueiredo Dias compreende o impulso em uma chave "objetiva", ou seja, independentemente de ser ou não "*como tal sentido pelo agente*".

796. *O problema da consciência da ilicitude em direito penal,* 1987, pp. 212 e 307, ao referir-se a uma "*consciência fática*", que tem por objeto de referência os elementos do tipo, mas não ainda a valoração do sentido de ilicitude.

797. *Direito Penal - Parte Geral. Tomo I,* 2012, p. 357.

Daí que a presença da "consciência psicológica" fundamente uma culpa de maior gravidade, ao passo em que sua ausência identifica apenas um caso de leviandade ou descuido perante o dever-ser jurídico-penal, cobrando a punição na moldura da negligência[798]. Já, por outro lado, o "erro censurável da consciência ética", ou seja, a errônea valoração daquilo que o agente efetivamente conhece e quer realizar, fundamenta uma atitude de contrariedade/indiferença perante o dever-ser jurídico-penal, o que deve ser ajuizado em uma medida "pessoal--objetiva": o "*fato realizado com o dolo do tipo, mas com falta censurável de consciência do ilícito, fundamenta uma culpa dolosa e requer a punição a este título*"[799]. Esta, pois, a função do conhecimento enquanto dado psicológico, estabelecida de modo vinculado aos fundamentos e fins da pena (para o Autor, preventivos).

De outra banda, aduz Figueiredo Dias que o elemento intelectual não pode ser suficiente para a integração do dolo do tipo, na medida em que há casos de representação, pelo agente, de um fato que preenche o tipo objetivo, e que se amoldam, contudo, à figura da negligência consciente. Assim, segundo o Autor, o elemento volitivo, em suas diferentes matizes relacionadas às distintas formas de dolo (direto, necessário e eventual), é aquele quem *indicia* (mesmo que não ainda *fundamente,* de modo definitivo – o que só se dá com a consumação da culpabilidade dolosa) uma posição contrária ou indiferente à norma, e a consequente possibilidade de punição do agente a título de dolo[800].

Com algumas pequenas variações, Figueiredo Dias adere à concepção de Roxin, do "dolo como decisão", e defende, quanto à zona problemática do dolo eventual, uma versão que considera normativizada da "teoria da conformação", ao exigir que o agente tome a sério o risco de lesão ao bem jurídico, "*que entre com ele em contas e que, não obstante, se decida pela realização do fato*[801]". Desta maneira, pretende, o Autor, rechaçar uma conotação psicologista da confiança na não-produção do resultado representado, exsurgindo, normativamente, o indício (ainda que refutável, quando da análise da culpabilidade) de que a afirmação do dolo do tipo consubstancia, já, uma culpabilidade dolosa. O aspecto "normativo" se traduziria na conclusão de que o agente, ao tomar a sério o risco, julgou que seu propósito "vale bem" o preço da realização do tipo, o que, por sua vez, indicia que o agente está intimamente disposto a arcar com seu desvalor[802]. É esta situação, portanto, quem revela a decisão contra

798. *Direito Penal – Parte Geral. Tomo I,* 2012, p. 549. A comparar a culpa dolosa com a atitude pessoal contrária ou indiferente ao dever-ser jurídico-penal e a culpa negligente como uma atitude descuidada face ao referido dever-ser, veja-se também, o mesmo Autor: *O problema da consciência da ilicitude em direito penal,* 1987, p. 254.

799. *Direito Penal – Parte Geral. Tomo I,* 2012, p. 549.

800. *Direito Penal – Parte Geral. Tomo I,* 2012, p. 350.

801. *Direito Penal – Parte Geral. Tomo I,* 2012, pp. 372 e 545.

802. *Direito Penal – Parte Geral. Tomo I,* 2012, p. 372.

a norma jurídica, fundada em uma deficiência da própria consciência ética do agente, independentemente de, no sentido psicológico, o resultado ser buscado, agradável ou indesejável.

Note-se que, nestes moldes, o juízo acerca da seriedade do risco permanece sob o domínio do agente que, ao não tomá-lo a sério, ainda que em um processamento irracional, pode inibir a censura dolosa, não se apartando, essencialmente, tal perspectiva, das demais inseridas no âmbito das teorias de acento psicológico. Portanto, na concepção de Figueiredo Dias, nem mesmo se pode aceitar o que tenho referido como "primeiro plano de normativização do elemento intelectual", pois que não se transfere, a avaliação da qualidade do risco, para o terceiro (o que importa saber é se o próprio agente o levou a sério, tal como propunha Stratenwerth). E aqui, embora Figueiredo Dias sustente que tal solução não é tão psicologista quanto a da confiança na não ocorrência do resultado, não se compreende onde está o discrímen afinal, para além de um simples nominalismo: "levar a sério" algo, ou confiar que algo não irá ocorrer permanece como um processo de avaliação subjetivo. Nada de relevante se altera, no que se refere à perspectiva tradicional, que remonta a Welzel e Stratenwerth, dentre tantos outros.

No que toca ao especial problema da indiferença, Figueiredo Dias insiste em que não se pode discutir a questão da culpabilidade dolosa (ligado à falha da consciência ética) antes de se passar pelo estágio prévio, qual seja, a comprovação de um ilícito doloso, do "dolo do tipo". Isso não significa, bem entendido, que a indiferença, para o Autor, seja incompatível com a decisão: aquele que leva a sério o risco e atua, porque é indiferente ao bem jurídico protegido, decide-se pelo risco e conforma-se com o resultado, o que preenche o dolo[803]; ou ainda, com apoio em Roxin, se a verificação do resultado como possível é completamente indiferente, tudo pode se dar, e está tomada a decisão pela possível violação do bem jurídico.

Tudo visto, apesar de Figueiredo Dias abrir, em certo sentido, a porta para uma valoração da indiferença no que se refere à fundamentação (completa) da "culpa dolosa", não segue o mesmo caminho quanto ao "dolo do tipo", que continua sendo interpretado em um viés puramente psicológico (da consciência psicológica), em que o conhecimento e a vontade são exigidos nesta "chave", ainda que o Autor afirme o caráter normativo (e não psicológico) do elemento

803. E por reconhecer a fragilidade da distinção entre o dolo eventual e a negligência consciente, especialmente na prática, Figueiredo Dias não deixa de sugerir a criação de uma categoria intermediária, a que denomina "temeridade", em bases próximas à proposta de Weigend, com referência à *recklessness*. A divisão seria então tricotômica: dolo direto, negligência incosciente e temeridade (esta a englobar o dolo eventual e a negligência consciente). *Direito Penal - Parte Geral. Tomo I,* 2012, p. 376.

volitivo, quando na roupagem (mínima) da "conformação"[804]. Não há, assim, quanto ao "dolo do tipo", diferenças de relevo entre a concepção do Autor e a doutrina tradicional, aproximando-se sensivelmente da concepções atuais das teorias do "dolo como decisão"[805] e do dolo como "levar a sério".

O que pretendo, já agora, é avançar uma indagação que será desenvolvida na Parte V desta investigação. Se, para Figueiredo Dias, a questão não está na oposição entre "erro de fato" e "erro de direito"; se a responsabilidade pela falta da consciência da ilicitude - e não o objeto do erro tal qual - é o fator de relevo para definir a culpalidade dolosa[806]; então por que aquele que é completamente indiferente à norma em questão - caso em que essa indiferença mesma seja a origem da falta de representação da factualidade típica -, não pode ser responsabilizado, a título de dolo? Negar essa possibilidade não contenderia com a própria tese de Figueiredo Dias, já lançada por Binding, no sentido de que não é o objeto do erro o fator de decisão, mas sim a espécie de culpa que lhe subjaz?[807] E mais ainda com a tese de que o juízo de ilicitude seja um *prius* ao de tipicidade, não sendo possível traçar uma delimitação absoluta das duas categorias, nem conceber uma tipicidade neutral[808]? Em poucas palavras: porque não há espaço, então, para se trabalhar com o princípio da responsabilidade ao plano do erro sobre a factualidade típica?

Enfim, a questão que se pode levantar, e aqui se coloca, é a de saber se é mesmo exata a afirmação, avançada por Figueiredo Dias, na trilha da doutrina dominante, de que o defeito de representação, ou seja, o erro sobre as circunstâncias elementares do fato típico ou um erro do conhecimento/intelectual, traduzirá, sempre e invariavelmente, um algo descolorido, em distinção ao caso da falta censurável da consciência da ilicitude[809]. Em uma perspectiva que se consuma

---

804. *Direito Penal - Parte Geral. Tomo I,* 2012, p. 372.

805. O que é, de resto, reconhecido expressamente pelo Autor: *Direito Penal - Parte Geral. Tomo I,* 2012, p. 372.

806. DIAS, Jorge de Figueiredo. *O problema da consciência da ilicitude em direito penal,* 1987, p. 145.

807. *O problema da consciência da ilicitude em direito penal,* 1987, p. 301.

808. Como também admite Figueiredo Dias, no tocante à zona problemática de delimitação entre o erro intelectual e a falta da consciência da ilicitude, em que há uma proximidade das categorias em termos de culpa material. Veja-se: *O problema da consciência da ilicitude em direito penal,* 1987, p. 387. E se os casos em que a falta da consciência da ilicitude que se aproximam da negligência são excepcionais; se há uma zona de penumbra entre o erro intelectual e a falta da consciência da ilicitude; como concluir, em todo caso, que o erro intelectual seja materialmente neutral?

809. E ainda ganha interesse ver aqui que o próprio Figueiredo Dias reconhece (*O problema da consciência da ilicitude,* 1987, p. 307) que nos casos em que se cogita de verdadeira falta da consciência da ilicitude não censurável o que muitas vezes está em causa é um erro intelectual. Op. cit. p. 311. Ora, se é assim, deve-se admitir que o deslinde das duas espécies de erro é uma questão problemática, e isso há de refletir não só na exoneração, mas também na censura, pela simples razão de que há de haver casos em que o erro intelectual configura um erro da consciência ética. Acerca desta discussão, e a reconhecer que nos casos de "erro moral" não há qualquer espaço para a desculpa, veja-se ainda: KAUFMANN, Arthur. *Das Schuldprinzip,* 1961, p. 135.

como "não-psicologista" e que considera a pessoa, não o indivíduo enquanto sistema psicofísico, não se pode traçar uma linha tão clara, na medida em que o descumprimento da incumbência, ou a crassa desatenção aos conhecimentos necessários a uma determinada esfera de competência, motivados por uma atitude de indiferença ao Direito, não constituem fatos brutos, sem conteúdo valorativo. Ao contrário, ao se levar a sério uma imputação de perfil normativo, e a se considerar o sujeito da imputação como uma pessoa racional, com competências e incumbências, se afigura possível ajuizar, valorativamente, certos tipos de desconhecimento, conquanto que não todos, como hostis ao Direito. Em uma palavra: se é certo que o conhecimento releva para o dolo, enquanto dado empírico, e que o desconhecimento fático pode, em regra, exonerar, não é necessário que sempre seja assim[810].

1.4. Dolo natural e "dolo do homem médio" como unidade no ilícito pessoal

Almeida Costa defende uma normativização do dolo do ilícito-típico, e ressalta que o dolo não se esgota em uma simples "estrutura psicológica", ou seja, no conhecimento e vontade de realização da factualidade típica. Nada obstante exija sempre a presença do que chama "dolo natural", como condição necessária, não a julga suficiente para a afirmação do dolo, e toma como imprescindível a isto associar-se uma verificação de unidade de sentido "pessoal-objetiva", traduzida em uma posição de contrariedade/indiferença ao dever-ser jurídico-penal[811]. Para o referido Autor, somente caso se atribua ao ilícito pessoal um conteúdo de unidade subjetivo-objetiva, se podem resolver satisfatoriamente os problemas de delimitação entre o dolo eventual e a negligência consciente, e dos erros, nos quais o "dolo natural" está, a partida, sempre preenchido[812].

Nesse sentido, ao exigir, para além da presença necessária de determinados estados mentais, Almeida Costa "normativiza" o dolo do tipo, ao transferir tais conteúdos para a "cabeça do homem médio", para fins de identificar se o comportamento expressou a contrariedade/indiferença ao direito (dolo) ou apenas uma atitude de descuido (negligência)[813].

Em síntese, a teoria procura, já no juízo de ilicitude dolosa, determinar o significado da unidade subjetivo-objetiva ("*perpetração consciente e voluntária da conduta típica*") com o ato humano em geral, desprendendo-a da realidade psicológico-emocional do arguido. O tipo, assim, ultrapassa a ideia ou imagem

810. Criticamente a esta compreensão do dolo como conhecimento: JAKOBS, Günther. Altes und neues zum strafrechtlichen Vorsatzbegriff. *In*: PAWLIK, Michael (Hrsg.). *Günther Jakobs Strafrechtswissenschaftliche Beiträge*. Tübingen: Mohr Siebeck, 2017, p. 700.

811. *Ilícito pessoal, imputação objectiva e comparticipação em direito penal,* 2014, pp. 597-598.

812. *Ilícito pessoal, imputação objectiva e comparticipação em direito penal,* 2014, p. 603.

813. *Ilícito pessoal, imputação objectiva e comparticipação em direito penal,* 2014, pp. 603-604.

que o agente faz da atuação, adquirindo, já o dolo do tipo, uma "dimensão pessoal-objectiva", nos termos do que o homem médio ligaria à prática da conduta. E isso é o que irá orientar a imputação, preservando-se uma "*concepção do ilícito pessoal consentânea com um verdadeiro direito penal do fato*"[814].

Note-se que ao fazer maiores exigências ao dolo típico, o modelo de Almeida Costa não pode ser acusado de ruptura com a função de garantia do tipo, pois ali não se propõe que o "dolo do homem médio" seja o bastante, antes funcionando este como um critério de avaliação que pressupõe o preenchimento dos requisitos exigidos pela lei para o dolo do tipo, na conformidade do que considera a doutrina tradicional[815].

Nos termos do que vem sendo aqui gradualmente avançado, a concepção de Almeida Costa não atinge, contudo, a radicalidade exigida da normativização do conceito de dolo, e ainda arranca de um subconceito de "dolo natural", que se vincula à detecção de determinados estados mentais (= vontade e conhecimento). Os estados mentais são, todavia, *objeto*, e não *medida* de valoração, e o dolo com eles não se confunde, em "estágio" algum. De qualquer sorte, ao chamar a atenção para um momento de desacoplamento entre o "dolo do homem médio" e o estado psicológico-emocional do agente, Almeida Costa dá um contributo para a evolução dogmática do conceito de dolo, rompendo, ainda que apenas parcialmente, com uma matriz psicologista.

1.5. A teoria do dolo como apropriação

Ulrich Schroth também se insere no âmbito das atuais teorias normativo-volitivas[816], e observa, desde logo, que a pergunta sobre se alguém atuou dolosa ou imprudentemente não representa um juízo teórico, mas sim um juízo prático. Não se cuida de descrever corretamente a realidade, senão de como se devem interpretar os comportamentos dos cidadãos[817].

Nesse contexto, a delimitação entre o dolo e a culpa há de partir da *ratio* da punição do dolo, especificamente das expectativas normativas que o Direito Penal direciona ao sujeito[818].

Schroth acentua, de início, que a responsabilidade qualificada deve ser entendida de forma vinculada ao tipo, do que deriva que o agente precisa sempre

814. *Ilícito pessoal, imputação objectiva e comparticipação em direito penal,* 2014, p. 609.
815. *Ilícito pessoal, imputação objectiva e comparticipação em direito penal,* 2014, pp. 600-601.
816. Breve análise em: ROXIN, Claus/GRECO, Luís. *AT,* 2020, §12, n.m.70, p. 565. Veja-se ainda, uma análise mais ampla da teoria, em: DIAS-PITA, Maria del Mar. *Los limites del dolo eventual,* 1995, p. 228-242.
817. *Vorsatz als Aneignung*, 1994, pp. 1, 105 e 115, expressamente.
818. Vejam-se, sobre isso, as explicações de Maria del Mar Dias Pita, in: *Los limites del dolo eventual,* 1995, p. 233 e ss.

ter atuado dolosamente em referência a um tipo objetivo concreto[819]. E indaga, então, o Autor: como isso pode se designar?

Em um sistema penal, cuja tarefa principal seja a de assegurar, através das normas penais, a não ocorrência de certas circunstâncias[820], é plausível que a responsabilidade qualificada seja designada como a explícita decisão do indivíduo contra tal circunstância, que é protegida por determinado tipo. Presente uma decisão do indivíduo contra a circunstância que, em face da norma, deve(ria) ser protegida, então se encontra ele em outra relação com o valor, o qual a norma penal garante/protege. Uma vez que o indivíduo nega este valor, o sistema penal espera dele uma "reversão normativa" (*normative Umkehr*)[821] no que toca a sua futura orientação da ação[822], no sentido de uma melhor atenção ao valor protegido.

Mas como afirmar, enfim, a presença da aludida decisão? Schroth parte da classificação tripartida do dolo, para indicar todas as possibilidades de se afirmar a "decisão contra o bem jurídico".

O sujeito pode, primeiramente, se motivar pela circunstância (como objetivo final ou intermediário), cuja ocorrência o legislador pretende evitar: este é o caso do propósito (*Absicht* ou dolo direto de primeiro grau)[823]. O indivíduo pode, por outro lado, não aceitar que a circunstância, cuja entrada o legislador quer evitar, funcione como um contramotivo, e atuar, embora a conhecendo, ou a considerar segura sua realização caso o resultado buscado se realize (*Wissentlichkeit* ou dolo direto de segundo grau). Essas duas situações têm, para Schroth, um denominador comum: o indivíduo "se apropria", em sua própria visão das coisas, do elemento constitutivo do injusto ao realizar a ação[824].

Para a afirmação da intenção/propósito, em termos de esclarecimento teleológico da ação, Schroth exige que fique pressuposto que o agente perseguiu determinado objetivo e que tinha, na situação, a aptidão para persegui-lo. Pouco importa que a circunstância constitutiva do injusto consista no meio ou no objetivo principal, mas se faz imperioso que, do ponto de vista da interpretação, não haja outra alternativa para o agente realizar seu objetivo final. Daí que, em

---

819. *Vorsatz als Aneignung*, 1994, p. 64.

820. Fica explicitada, aqui, a posição de Schroth, no sentido de uma concepção funcional-preventiva da pena: "*o Direito Penal realiza a estabilização da norma" e se centraliza na valorização de comportamentos*". Veja-se: *Vorsatz als Aneignung,* 1994, p. 22.

821. SCHROTH, Ulrich. *Vorsatz und Irrtum,* 1998, p. 12. Opto pela tradução de "*normative Umkehr*" como "reversão normativa", para não gerar confusões com aspectos da consciência, as quais poderiam ocorrer caso se traduzisse *Umkehr* como "conversão", por exemplo.

822. SCHROTH, Ulrich. *Vorsatz als Aneignung*, 1994, p. 66.

823. SCHROTH, Ulrich. *Vorsatz als Aneignung*, 1994, p. 82.

824. *Vorsatz als Aneignung*, 1994, p. 68.

face de exigências de informações tão elevadas, reste pouco reconhecida, na práxis, esta forma de dolo[825].

Já no que se refere ao *dolus eventualis*, a decisão se faz presente quando o agente, no conhecimento da possibilidade da ocorrência de um elemento constitutivo do ilícito típico, "em si não querido", precisa partir – ao atuar –, da apropriação de tal elemento[826]. Se o sujeito, consciente do risco, o repele, em um processo de "auto-corrupção", então o dolo se exclui[827].

O centro de gravidade da teoria da decisão de Schroth consiste, portanto, na apropriação (*Aneignung*) das circunstâncias constitutivas do injusto[828], ou seja, da atuação do agente em oposição à expectativa da norma, a realizar uma circunstância que esta pretende evitar. E o desafio é destrinçar entre o sentido intensional desta "apropriação" e o *dolus malus*, bem ainda da consciência da ilicitude pressuposta no último, e não necessária para o dolo em termos da teoria da culpabilidade[829] (que Schroth não recusa).

Embora Schroth acentue que o conhecimento do perigo (seja ele de lesão, concreto ou, nos casos de delitos de perigo abstrato, até mesmo o abstrato), seja essencial para fundamentar o dolo eventual, o Autor defende que, mesmo que haja o conhecimento do risco, circunstâncias psíquicas podem se verificar, as quais não permitem concluir pela "apropriação" da circunstância incriminadora do tipo, se o sujeito da ação repele o elemento do risco[830]. Essa não-apropriação do risco faz com que a "situação moral" do agente negligente seja menos reprovável do que a daquele que decide-se pelo risco que está diante dos olhos, merecendo, o primeiro, uma pena menor.

A apropriação[831] das condições constitutivas do injusto, reveladora do dolo, não se verifica, para Schroth[832], em quatro casos: a) o sujeito repele (*verdrängt*) do pensamento os elementos do risco (no que há plena coincidência com as

825. *Vorsatz als Aneignung*, 1994, p. 83.

826. *Vorsatz als Aneignung*, 1994, p. 68.

827. SCHROTH, Ulrich. *Vorsatz und Irrtum,* 1998, p. 13.

828. Assim: DIAS-PITA, Maria del Mar. *El dolo eventual*, 1995, p. 234. A Autora se vale do termo "asunción" para a tradução de *"Aneignung"*, que traduzo como apropriação por considerar, na língua portuguesa, a expressão mais adequada para transmitir a ideia (indiciariamente negativa) de Schroth acerca da posição subjetiva do sujeito perante o fato. Criticamente, a observar que isso conduz à teoria do dolo: SAFFERLING, Christoph J.M. *Vorsatz und Schuld,* 2008, p. 136.

829. Note-se que, de acordo com Schroth, o dolo, em boa verdade, é um elemento impróprio do tipo e um elemento próprio da culpa. Assim: *Vorsatz als Aneignung,* 1994, p. 29 e ss.

830. Para Schroth, este é o núcleo da compreensão, de que a tomada leviana de um perigo há de ser mantida nos limites da negligência consciente. *Vorsatz als Aneignung*, 1994, p. 119.

831. Também a defender o elemento volitivo e a necessidade de apropriação do resultado injusto pelo agente: BRAMMSEN, Joerg. Inhalt und Elemente des Eventualvorsatzes – Neue Wege in der Vorsatzdogmatik? *JZ* 2 (1988), p. 79.

832. *Vorsatz als Aneignung*, 1994, p. 120-122.

propostas de defensores das teorias cognitivas, como Schmidhäuser e Schröder); b) o sujeito realiza, de fato, uma atividade destinada a evitar o resultado lesivo (a coincidir, aqui, com o critério da realização da vontade de evitação, proposto por Armin Kaufmann, já examinado supra); c) o sujeito confia seriamente na evitação do resultado, inclusive por um terceiro ou pela própria vítima; d) o sujeito atua arriscadamente a favor do bem jurídico[833].

Nos casos em que o sujeito repele da consciência o perigo, o que se dá é que acaba por confiar, seriamente, em que tudo correrá bem[834]. Daí que não se poderia falar, em tais situações, da apropriação dos elementos constitutivos do injusto.

Naquel'outros em que o sujeito realiza condutas efetivas, no escopo de evitar a ocorrência do resultado ilícito, ou seja, se o sujeito atua no sentido de evitar a produção das circunstâncias constitutivas do injusto, não há que se afirmar que tenha ele se apropriado delas[835]. Aqui, à evidência, trabalha-se na mesma base da teoria da vontade de evitação, de Armin Kaufmann; e todas as críticas direcionadas a esta teoria (em termos de inadequação normativa e até mesmo lógica), por ricochete, se aplicam à teoria de Schroth neste particular. Claro que a diferença, que não pode ser negligenciada, é que Schroth não adota a vontade de evitação de modo objetivo como o *único* critério estrutural delimitador, como o faz Kaufmann, razão porque sua teoria, globalmente, já escapa da crítica mais contundente dirigida ao último.

Por fim, no ponto controvertido da indiferença (em que o agente não toma qualquer posição), Schroth defende que o dolo eventual deve ser imputado caso o agente, ao reconhecer claramente a situação de perigo da ação, conscientemente se recuse a se posicionar: esta recusa a tomar posição já é, para Schroth, um posicionamento a ser valorado[836]. Nesta hipótese, não se trata de nenhuma autocorrupção, que poderia conduzir à negação da apropriação da circunstância incriminadora. Situação diferente se daria, tão somente, se o sujeito houvesse reconhecido apenas o perigo abstrato, na medida em que, aqui, o contramotivo não teria o alcance suficiente para poder fundamentar a censura da apropriação da circunstância constitutiva do injusto[837].

---

833. Criticamente, a apontar que, neste último caso, Schroth, de modo inconsequente, transforma em questão acerca do dolo algo que se revela como um clássico problema de justificação: SCHÜNEMANN, Bernd. *FS-Hirsch,* 1999, p. 369.

834. Quanto a isto, analogamente: ZIEGERT, Ulrich. *Vorsatz, Schuld und Vorverschulden,* 1987, p. 164.

835. *Vorsatz als Aneignung*, 1994, p. 120.

836. Os casos clássicos de cegueira, nos quais o sujeito sequer percebe o perigo, Schroth exclui da área do dolo, asseverando que um conhecimento meramente potencial aqui, nos moldes defendidos por Jakobs, seria inassociável com o princípio da culpa. *Vorsatz als Aneignung,* 1994, p. 64, nr 94.

837. *Vorsatz als Aneignung*, 1994, p. 123.

Uma especial dificuldade da tese de Schroth consiste, precisamente, em definir em que casos há a apropriação da circunstância constitutiva do injusto e, mais que isso, em destrinçar tais situações daquelas em que se considera que o agente tomou para si o resultado como seriamente possível, ou seja, da posição adotada pela doutrina tradicional. A não superação de tal dificuldade acaba por não permitir que se confira, ao fim e ao cabo, uma verdadeira autonomia à teoria do dolo como apropriação[838].

Bem analisada, a teoria, em sua fundamentação, apresenta o mérito de deslocar - ainda que não de modo suficiente e consequente - a análise do dolo para o plano da interpretação, segundo a razão prática[839], afastando-se - mesmo que só por isto - das perspectivas psicológicas e recorrendo à filosofia da ação e da linguagem para o esclarecimento dos estados mentais. Contudo, em termos de resultados, a declaração de intenções feita por Schroth ao início de sua importante monografia, especialmente no plano epistêmico/metodológico, acaba por coincidir, quase que integralmente, com aqueles já alcançados pela teoria do levar a sério[840].

Tal como a concepção de Roxin, a teoria desenvolvida por Schroth ressalta, ao plano epistemológico e teleológico, a necessidade de se romper com a ideia de que o dolo seja um "fato psicológico" e passe a ser considerado um título de imputação, segundo parêmtros normativos. Isso justifica predicá-la, em termos metodológicos, como "normativa", mas é certo que Schroth permite o retorno dos mesmos critérios defendidos pelas teorias volitivas e cognitivas psicológicas, notadamente o deslocamento do conhecimento, a realização da vontade de evitação e a confiança na boa saída para a exclusão do dolo. Mantém-se, essencialmente, em poder do agente, ainda que pela via do processamento irracional do risco conhecido, um possível afastamento da censura dolosa.

1.6. Teoria dos indicadores do dolo

Hassemer tem, também, como ponto de partida o conceito de dolo como "decisão contra o bem jurídico", cerrando trincheiras nas tendências normativas contemporâneas, que procuram esclarecer o conceito de dolo a partir da *ratio* da punição qualificada[841], em uma perspectiva essencialmente preventiva do Direito Penal.

---

838. Neste sentido, veja-se: WALTER, Tonio. *Der Kern des Strafrechts,* 2006, p. 182. Também: SCHUNEMANN, Bernd. *FS-Hirsch,* 1999, p. 368-369.

839. *Vorsatz als Aneignung,* 1994, p. 1-4, com referências à Anscombe.

840. Exatamente neste sentido, a apontar que a apropriação das condições constitutivas do injusto se confunde com o levar a sério: WALTER, Tonio. *Der Kern der Strafrechts,* 2006, p. 182.

841. A questão, portanto, é deontológica, e não ontológica. Assim: *GS-Armin Kaufmann, 1989,* p. 294.

Para o Autor, quais as constelações, situações ou facticidades devem valer como dolosas ou culposas "em si" não é algo que se decide a partir de uma natureza "pré ou extrapenal", mas sim pelo meio de uma lógica normativa, que pode fundamentar quais ações serão tomadas como dolosas ou negligentes. Nesses termos, o que "já é dolo" ou "ainda é culpa" só poderá se decidir fundamentadamente em vista da *ratio* da incriminação qualificada do dolo[842].

Em uma aproximação valorativa, Hassemer defende que a tendência contemporânea de se compreender o dolo como uma decisão contra o bem jurídico vai na direção correta, na medida em que se faz coerente com a lógica normativa da destacada incriminação do dolo. No "teto conceitual" da "decisão" cobre-se a relação conjunta entre conhecimento e vontade, a última no sentido exteriorizado/extrovertido, da vontade atuada, enquanto problema do tipo subjetivo, permitindo-se a superação das controvérsias entre as teorias cognitivas e volitivas clássicas.

Tomando-se a decisão contra o bem jurídico como o núcleo do conceito de dolo, extrai-se que a forma principal de dolo continua a ser a intenção/propósito (*Absicht*), mesmo nos casos de perigos reduzidos, uma vez que é esta reveladora da forma típica de decisão contra o bem jurídico[843].

No que se refere ao dolo direto (de segundo grau), Hassemer pontua que a certeza do agente acerca do perigo ou das circunstâncias típicas nada mais significa que uma solução confiável pela existência da decisão contra o bem jurídico, não havendo contradição entre a teoria defendida e essa forma de dolo, cujo elemento acentuado é o cognitivo. Assim, aquele que conhece uma circunstância danosa e de todo modo atua, não será ouvido na alegação de que não se decidiu acerca daquela circunstância. Permanece, portanto, também para o dolo direto de segundo grau, o elemento volitivo, que se identifica com a decisão pela ação[844]. Para Hassemer, o componente do conhecimento é simplesmente o pressuposto da decisão, pois só se pode falar de uma decisão, se aquele que decide sabe aquilo do que ele se apropria. Não há, conforme o Autor, que se cogitar de uma vontade vazia; por outro lado, não se pode fixar o conhecimento, como característica do dolo, no lugar da decisão[845].

---

842. HASSEMER, Winfried. *GS-Armin Kaufmann,* 1989, p. 294. O Autor defende que o equívoco fundamental de perspectivas ontológicas seja o desligamento da historicidade do dever-ser, o que implica em uma blindagem dos conceitos em face das alterações sociais e das expectativas normativas delas decorrentes. Tal estado de coisas não permite que o Direito Penal alcance sua finalidade principal, de proteção de bens jurídicos.

843. HASSEMER, Winfried. *GS-Armin Kaufmann, 1989,* p. 298.

844. HASSEMER, Winfried. *GS-Armin Kaufmann,* 1989, p. *299.* Sobre isso, referindo-se a Hassemer, veja-se: DIAZ-PITA, Maria del Mar. *Los limites del dolo eventual,* 1995, p. 214. A pergunta é: o que autoriza afirmar que a vontade se identifica com a decisão, ou que a decisão é a vontade?

845. HASSEMER, Winfried. *GS-Armin Kaufmann,* 1989, p. 300. Para o Autor, o conhecimento não é suficiente porque o dolo, como decisão, é mais do que conhecimento e representação.

Hassemer observa que, na perspectiva normativa, em relação à negligência, o dolo corresponderia a um nível mais elevado de participação no acontecimento externo do injusto, um modo destacado do "*Dafür-Können*"[846], do poder do agente que se decide por negar a norma, cujo comando é de atenção ao bem jurídico. E é a reintegração do agente doloso, a aludida "reversão/conversão normativa" ("*normativ Umkehr*"), bem ainda a alteração de comportamento em face da norma que se encontram na base mesma da punição do dolo, distintamente da punição menos intensa da negligência, que tem por escopo tão somente um aumento da atenção do agente em face do bem jurídico[847].

A decisão contra o bem jurídico demanda, para além do conhecimento em face do perigo, uma "apropriação pessoal", isto é, que o agente aceite tal perigo para si (*für-sich-annehmen*), o "deixe-valer-para-si", fazendo dele fundamento de sua ação. Sendo assim, para Hassemer, o elemento volitivo se afigura irrenunciável para o reconhecimento do dolo[848].

O dolo é, neste contexto, tomado como um conceito disposicional[849], pois se refere às disposições e tendências internas do agente, inacessíveis à observação direta, que podem ser refletidas através de indicadores[850] externos[851] e objetivos. Os indicadores devem ser, portanto, observáveis, ter relevância disposicional (= para indicar a disposição) e integralidade; caso não sejam observáveis, não cumprem qualquer função[852]. Contudo, os estados emocionais internos, não exteriorizados na ação, como a aprovação, o consentir ou o lamentar, não são relevantes para a análise do dolo, uma vez que não tocam a decisão[853].

Após analisar as múltiplas formas que procuraram esclarecer, através de

---

846. *GS-Armin Kaufmann,* 1989, *p. 296.* De acordo: KÜHL, Kristian. *AT,* 2012, §5, n.m.11, p. 82.

847. *GS-Armin Kaufmann, 1989,* p. 297. Como visto supra, isso se aproxima do defendido também por Ulirch Schroth.

848. HASSEMER, Winfried. *GS-Armin Kaufmann,* 1989, *297.* Criticamente, sustentando que essa perspectiva impõe que se parta sempre da ideia de *dolus malus*, situando-se, inclusive, o dolo no plano da culpa: STUCKENBERG, Carl-Friedrich. *Vorstudien zu Vorsatz und Irrtum,* 2007, p. 420.

849. *GS-Armin Kaufmann, 1989, p. 304.*

850. O substantivo "*Kenzeichen*" geralmente se traduz como identificador ou característica. Optei por utilizar indicador por considerar que, semânticamente, o substantivo dá o melhor sentido, uma vez que a presença da circunstância *indica* – no sentido de indicia –, e não *identifica* o dolo.

851. Explicativamente, e ao final concordando com o Autor, veja-se: DIAZ-PITA, Maria del Mar. *Los limites del dolo eventual,* 1995, p. 215-217. Na literatura brasileira, a indicar a evolução jurisprudencial no sentido da valoração dos indicadores objetivos para a imputação do dolo, veja-se: NUCCI, Guilherme de Sousa. *Curso de direito penal. vol. 1. Parte geral.* 2. Ed. Rio de Janeiro: Forense, 2017, p. 388-389.

852. Contra, a defender que o conteúdo da consciência não configura apenas uma disposição latente, mas sim de um conteúdo de consciência real, vivenciável diretamente pelo próprio autor: SCHÜNEMANN, Bernd. *FS-Hirsch,* 1999, p. 376.

853. *GS-Armin Kaufmann, 1989,* p. 298.

substitutos, o elemento volitivo, Hassemer chega à conclusão de que a literatura, por meio de "paráfrases coloridas", vem circundando o conceito de dolo, sem conseguir, contudo, atingi-lo. Isso também se aplica às teorias cognitivas, que falharam em esclarecer como se determina a avaliação do risco pelo agente. Então, o Autor procura, a partir dos indicadores, não apenas permitir a comprovação do dolo, mas especialmente determinar o sentido do conceito[854]. Nas palavras de Hassemer[855]: "*Os indicadores não são separáveis do conceito de dolo, porque apenas eles fazem o conceito aplicável; eles pertencem a ele*". E acrescenta, o Autor, que os indicadores não se confundem, necessariamente, com o aspecto processual (da prova do dolo): o conhecimento seguro de que uma ação resultará no resultado ilícito, é um indicador de que o agente se decidiu contra o bem jurídico; já saber se o agente possuía referido conhecimento, é uma questão para a determinação processual[856].

O projeto ambicioso de Hassemer é fornecer um catálogo de indicadores observáveis, "pró" e "contra" a afirmação do dolo, trabalhados na doutrina e na jurisprudência, e que torne dispensável um conceito genérico/dedutivo do dolo. Se o dolo é uma decisão contra o bem jurídico, integrada pela vontade e pelo conhecimento, resta, contudo, estabelecer o método de conclusão do dolo a partir dos seus indicadores.

De acordo com Hassemer, "a cruz" de toda a indicação do dolo, que se refere ao "interior de um homem", consiste em uma forma especial de "não--saber", ou de "não-acessibilidade". Na medida em que o dolo consiste em um conceito dispositivo, ou seja, que reflete uma disposição anímica cuja presença escapa a uma constatação empírica, impõe-se que o fator interno[857] seja imputado através de indicadores[858]. Note-se que Hassemer não considera que isso transforme a questão do dolo em uma questão do tipo objetivo, pois a tarefa dos indicadores é esclarecer o que se passa internamente no agente, o que é um problema do tipo subjetivo[859].

Hassemer defende que o catálogo de indicadores deve se manter aberto, tal como é aberta a possibilidade de formas de casos futuros. A ordenação sis-

---

854. Criticamente, a sustentar que os indicadores não superam o problema de se decidir, fundamentadamente, acerca do que integra o conceito: PUPPE, Ingeborg. Begriffskonzeptionen des Dolus eventualis. *GA* 2006, p. 67.

855. *GS-Armin Kaufmann, 1989,* p. 304-305.

856. *GS-Armin Kaufmann, 1989, p.* 305.

857. Hassemer afirma que a indicação objetiva de características subjetivas confirma a existência destas, e também a distinção entre o ilícito subjetivo e a culpa objetiva. *GS-Armin Kaufmann,* p. 1989, p. 296.

858. Veja-se, sobre isso: DIAZ-PITA, Maria del Mar. *Los limites del dolo eventual,* 1995, p. 208. Na literatura brasileira, em um sentido próximo, e com base em um "conceito significativo de dolo": BUSATO, Paulo. Dolo e significado. *In:* o mesmo; *Dolo e direito penal. Modernas tendências.* 2 ed. São Paulo: Atlas, p. 72.

859. *GS-Armin Kaufmann, 1989,* p. 305.

temática destes deve, por sua vez, permitir uma solução confiável a respeito do dolo, bem como sobre a decisão (do agente) pelo ilícito típico. Tal decisão, que é um fenômeno volitivo, pressupõe a representação sobre o conteúdo da decisão: a representação se vincula à perigosidade de uma situação para o bem jurídico protegido. Neste esquema, os dados diretamente observáveis incluem apenas a situação de perigo. A representação do agente acerca da situação, como também sua decisão, não são diretamente observáveis, só "se abrindo" (*erschließen*) a partir dos indicadores. Assim, a identificação externa do dolo se ordena, nas palavras de Hassemer, em três passos: "*(externo) perigo; (interno) representação do perigo; (interno) decisão pela realização do perigo conhecido*"[860]. Se o primeiro passo se resolve acerca da descrição-observação direta, os últimos só funcionam através da solução mediada pelos indicadores observáveis.

No plano "objetivo" (ôntico/externo), do perigo, podem ser elencados: o emprego de uma arma de fogo com realização da mira; o tempo do processo de lesão, como a duração de um enforcamento ou esganadura; a zona do corpo à qual se dirige o ataque; a potência de uma bomba[861].

No plano da representação (cognitivo/interno), o vínculo se dá em termos de reconhecimento da perigosidade de uma situação para o bem jurídico, e podem se apontar os seguintes indicadores observáveis: a capacidade de percepção do agente (que pode estar afetada por possível influência de drogas ou emoções intensas etc); a complexidade ou a surpresa da situação etc. E ao nível da decisão, podem contar como sendo indicadores "pró" e "contra" o dolo: a atuação efetiva de uma vontade de evitação; a probabilidade de uma autolesão do próprio agente (*poena naturalis*); o comportamento prévio do agente em situações comparáveis; as ligações afetivas entre vítima e agente etc[862].

Para Hassemer, essa comunhão de indicadores e contraindicadores permite evitar o esquematismo de uma objetivização estrita, tal qual se dá na teoria da vontade de evitação, de Kaufmann, ou nas do perigo desprotegido, de Herzberg, ou do perigo doloso, de Puppe, e, por outro lado, permite uma adequada objetivização das fronteiras, sem se desconsiderar o caráter disposicional do conceito (de refletir algo interno, indiretamente).

No que se refere à escolha dos indicadores, esta deve ser sempre orientada pela *ratio* da punição destacada do dolo. Ao fim e ao cabo, a aplicação dos indicadores há de permitir o acesso mediato à disposição interna do agente, ou seja, ao conteúdo de sua decisão e de seu posicionamento perante a norma, delimitando-se, objetivamente, as fronteiras entre o dolo e a culpa.

---

860. *GS-Armin Kaufmann*, p. 1989, p. 307.
861. *GS-Armin Kaufmann*, p. 1989, pp. 307-308.
862. *GS-Armin Kaufmann*, p. 1989, p. 308.

Como já se observou, a teoria dos indicadores de Hassemer se aproxima, ou mesmo fornece critérios para o desenvolvimento, das teorias do dolo de perfil "normativo-volitivo", tais como as defendidas por Roxin, Fernanda Palma e Schroth, e a aplicada amplamente na jurisprudência do BGH, que se vale do "catálogo aberto" para a decisão.

Também proximamente, e a acentuar a relevância dos indicadores, Cornellius Prittwitz também ocupou-se do tema em um artigo que teve por objeto o perigo de contaminação pelo vírus da SIDA[863], em que considerou uma série de indicadores e contraindicadores para a afirmação e refutação do dolo[864], associados à extensão do risco proibido, com considerações de fatores objetivos - autocolocação em risco da vítima, informada sobre o contágio; utilização de preservativo - e subjetivos - ciência da contaminação por parte do agente; não esclarecimento da vítima -, os quais são analisados de modo global para a afirmação ou refutação do dolo.

Em termos epistemológicos, uma questão de relevo está em que, ao se aceitar a existência de uma separação estrita entre o interno e o externo, entre o "objetivo e o subjetivo", mantém-se, de algum modo, o dualismo ontológico que aqui vem sendo insistentemente questionado. Se o interno se "revela" a partir do externo, isso implica em que tem uma existência independente. Essa perspectiva epistêmico-filosófica é posta em questão na presente investigação, conforme se desenvolveu na Parte I, à qual remeto o leitor. Hassemer, embora não mantenha uma perspectiva psicologista, não rompe, de modo suficientemente radical, com o dualismo ontológico.

Outra objeção a ser tomada em conta é a realizada por Gabriel Pérez Barberá[865], no sentido de que o predicado "disposicional" se aplica a dados empíricos, como os conhecimentos, desconhecimentos, representações, confianças, crenças e outros aspectos psíquicos que devem ser, realmente, verificados mediante os indicadores externos. Tais dados psíquicos, uma vez verificados, podem ser relevantes para o reconhecimento do dolo. Contudo, segundo o aludido Autor, o dolo "em si" não "é" uma disposição, não "é" um fato psíquico (o conhecimento, por exemplo), mas sim um conceito normativo, que resulta de um "*complexo de standards normativos relacionados sistematicamente entre si, que tomam em*

863. Die Ansteckungsgefahr bei AIDS. *JA* 8/9 (1988), p. 427-440.

864. De acordo com Prittwitz, em que pesem as oposições no sentido de que a convocação do Direito Penal para a "luta contra a SIDA" implica em utilizá-lo simbolicamente, para fins moralizantes, atingindo-se grupos específicos e "bodes expiatórios", é de se reconhecer que a prática de relação sexual desprotegida, por portador do vírus HIV, expõe a perigo a vida e a saúde do parceiro. Esta exposição pode ser conteúdo de uma valoração legítima aos níveis da moral, das políticas sanitárias e também do próprio Direito Penal.

865. *El dolo eventual,* 2011, p. 597-598.

conta tanto dados objetivos como subjetivos, conforme um marco teórico que parte (...) da ratio legis de sua penalidade"[866].

Em síntese, se os indicadores podem ter relevo para a decisão sobre o dolo, eles, ao contrário do que propõe Hassemer, não integram nem se confundem com o conceito, e nem tampouco permitem superar a controvérsia entre as teorias volitivas e cognitivas, uma vez que a decisão sobre quais são os elementos que devem compor o conceito permanece em aberto[867], e é, na verdade, o pressuposto da solução do problema (em uma determinada orientação)[868].

1.7. Uma releitura do *dolus ex re*

Joachim Hruschka parte de um modelo epistemológico que considera a ação como sendo o conhecimento sobre a aplicação de uma regra[869], e não nega que haja um elemento volitivo integrado ao dolo, mas sim refuta sua equiparação ao elemento cognitivo, muitas vezes derivada, (equivocadamente para ele), da fórmula tradicional do dolo como conhecimento e vontade[870]. O que ocorre, para o Autor, é que se o agente empreende uma ação, no conhecimento de suas características e circunstâncias, infere-se que ele também a quis[871], o que é trivial. Mas o querer, aqui, perde qualquer significado constitutivo/autônomo e permanece desconsiderado na imputação[872].

Hruschka fornece um exemplo, fundado em argumento *ad absurdum,* para tentar demonstrar o predomínio do elemento cognitivo: um acusado confessa, em juízo, que desferiu um disparo de arma de fogo contra a vítima, a saber que este, pela sede do corpo, seria mortal; em seguida, contudo, afirma que não *queria* que o tiro fosse mortal. Nenhum juiz, em tal contexto, negaria que o acusado atuou com dolo, sob o fundamento de que não *quis* o resultado. E isso

866. PÉREZ-BARBERÁ, Gabriel. *El dolo eventual*, 2011, p. 598.

867. Neste sentido: PUPPE, Ingeborg. Begriffskonzeptionen des dolus eventualis. *GA* 2006, p. 69.

868. Sobre a necessidade de se justificarem os critérios utilizados para a adscrição do dolo, no sentido de se identificar o "compromisso com a decisão", embora sem apontá-los, veja-se: BUSATO, Paulo César. *Direito penal, parte geral.* 3. ed. São Paulo: Atlas, 2017, p. 383.

869. Sobre isso: KINDHÄUSER, Urs. Der Vorsatz als Zurechnungskriterium. *ZStW* 96 (1984), p. 3.

870. Über Schwierigkeiten mit dem Beweis des Vorsatzes. In: GÖSSEL, Karl Heinz. KAUFF-MANN, Hans. *Festschrift für Theodor Kleinknecht*. München, 1985, p. 193. Também, o mesmo Autor: *Strafrecht nach logisch-analytischer Methode,* 2. Aufl. Berlin: Walter de Gruyter, 1988, p. 436.

871. Sobre isso: MAURER, Ruth. *Das voluntative Element des Vorsatzes als Beweisthema vor Gericht,* 2007, p. 28. Observa, a Autora, que a vontade, no ramo da definição de dolo de Hruschka, não é qualquer "objeto de prova". Ela é sempre tida como aceita se o agente, no conhecimento acerca de uma ação, realiza tal ação. A vontade ocupa, assim, um lugar no tipo de delito, mas exclusivamente como "vontade da ação", nela exteriorizada.

872. Assim: KINDHÄUSER, Urs. Der Vorsatz als Zurechnungskriterium. *ZStW* 96 (1984), p. 4.

não porque o juiz não confiaria no posicionamento emocional do acusado, mas sim porque seria completamente absurdo acreditar que aquele que está plenamente ciente das circunstâncias da ação e a realiza, não queira seus efeitos. Haveria uma contradição pragmática, um verdadeiro "*venire contra factum proprium*", se alguém afirmasse que praticou um fato, e que estava consciente de suas características essenciais, mas, ao mesmo tempo, que não quis perpetrá-lo[873]. "*Aquele que mata, e sabe que mata, também quer matar*"[874], tanto como aquele que mente, e sabe que mente, quer mentir, ou aquele que amarra os sapatos, e sabe que amarra, quer amarrá-los.

Segundo Hruschka, caso se pretenda exigir algo além da vontade da ação, é necessário que, ao lado da realização da ação e do conhecimento, algo ainda especial, como um critério adicional, seja fornecido. Contudo, para o Autor, é impossível fornecer este critério, já que a vontade, em si, não pode ser "*vista, ouvida, alcançada, provada*, ou *saboreada*". Só o que se pode fazer é desvelar ou "abrir" a vontade a partir da ação, e essa solução é insegura[875].

Para Hruschka, o acento no elemento cognitivo, apesar de diminuir as dificuldades probatórias, e mesmo as contradições teóricas, não as elimina, contudo. O exemplo proposto pelo Autor é o que segue: um vendedor de armas, um adulto normal e com visão regular, faz mira, com seu rifle de caça, contra a vítima e atira, atingindo-a mortalmente. Isso é presenciado por testemunhas credíveis. Contudo, o acusado alega que não tinha o conhecimento de que, com seu tiro, iria causar a morte da vítima. O defensor postula que, na pior hipótese, deveria ser reconhecida a negligência. O Tribunal, no caso, provavelmente rejeitaria a defesa e confirmaria, quando menos, o dolo de lesão. Partir-se-ia do pressuposto de que um adulto ocidental, que trabalha em uma loja de armas, tem o conhecimento de que efetuar um disparo, em tais condições, representa um risco para a vida da vítima. Partindo dessa argumentação - no sentido de que o acusado sabia do perigo para a vida da vítima - o que se tem é que a conclusão pela presença do dolo se apoia na totalidade de circunstâncias externas e as toma como justificação suficiente[876].

Assumidamente, Hruschka busca apoio nos juristas romanos e no *Digesto*, especialmente na estrutura do *dolus ex re*, a observar, contudo, a necessidade de se "sofisticar" tal teoria, sobretudo para fins de se distinguir as modalidades de dolo, como o de lesão ou de homicídio.

Com efeito, a admissão do dolo homicida para o agente que golpeia com uma espada, e sua recusa para o caso do agente que se vale de um pedaço de

873. *FS-Kleinknecht*, 1985, p. 192.
874. HRUSCHKA, Joachim, *Strafrecht nach logisch-analytischer Methode,* 1988, p. 435-436.
875. HRUSCHKA, Joachim, *Strukturen der Zurechnung*. Berlin: Walter de Gruyter, 1976, p. 6.
876. *FS-Kleinknecht*, 1985, p. 194.

ferro comum pode conduzir a resultados insatisfatórios e arbitrários, sendo de todo concebível que alguém apenas pretenda ferir com uma espada e atue com *animus occidendi* utilizando-se de uma barra de ferro. A análise depende de uma consideração global das circunstâncias externas, tais como a natureza e sede das lesões, a reiteração de golpes etc, e não exclusivamente do tipo de instrumento utilizado. Mas o caminho indicado, de se extrair o elemento cognitivo a partir da ação objetiva - *An dolo quid factum sit, ex fato intelligitur* (*se algo aconteceu com dolo, é algo que se julga do próprio acontecimento*) -, parece essencialmente correto[877].

Ainda conforme Hruschka, na vida cotidiana, se uma dona de casa prepara o almoço; se o estafeta entrega uma carta; se um garoto se dirige à escola de bicicleta; se alguém lança dardos contra um alvo, infere-se que todos sabem o que fazem, ainda que não o digam expressamente. Para o Autor, nada muito distinto disso ocorre se o Tribunal decide, "*a partir de circunstâncias externas do caso, que o acusado atuou consciente e dolosamente*"[878].

Contudo, como adverte Hruschka, não se deve confundir esta fórmula *ex re* com a *praesumptio doli*. Primeiro, deve-se acentuar que a presunção é algo que vem regulado em lei, ou ao menos reconhecido como uma práxis judicial, a partir da qual, estabelecendo-se como provada uma facticidade "1", se aceita como provada também a facticidade "2". Uma presunção de dolo se daria, assim, no caso de se estabelecer que preenchido o tipo objetivo, estaria comprovado, também, o dolo do tipo[879]. Para Hruschka, as hipóteses de *dolus ex re* partem, concretamente, do fato e dos dados disponíveis, e não de generalizações abstratas, como se dá nos casos de presunção de dolo. Portanto, e de fato, a presunção de dolo acaba por entrar em contradição com a presunção de não-culpabilidade, o que não acontece, contudo, com o *dolus ex re*, em sua correta aplicação.

Mas observe-se que Hruschka não pretende simplesmente resolver o problema da prova do dolo a partir de considerações fundadas na filosofia cotidiana. Postula, o Autor, que o problema se situa em um "nível bem mais profundo", e já se encontra no ponto de partida pressuposto, ou seja, de que o dolo seja realmente um *fato* a ser provado, que tem por referência um fenômeno mental. Apenas se este pressuposto for abandonado, isto é, de que o dolo ou seus componentes sejam "faticidades", é que se pode obter algum tipo de progresso e solução[880]. Esta, precisamente, em minha avaliação, foi a maior contribuição de Hruschka para a reconstrução conceitual do dolo.

Nessa perspectiva, o dolo "se dá" (*es gibt*) tanto quanto "se dão" a von-

---

877. *FS-Kleinknecht*, 1985, p. 196.
878. *FS- Kleinknecht* , 1985, p. 197.
879. *FS-Kleinknecht*, 1985, p. 197.
880. *FS-Kleinknecht*, 1985, p. 200.

tade, a liberdade, a culpa e a responsabilidade. A acompanhar o "Wittgenstein tardio", Hruschka anota que dolo, ação, responsabilidade e culpa, não "se dão" no jogo de linguagem (*Sprachspiel)* das ciências da natureza[881]. Então não se pode tomar o dolo como um fato, mesmo que como um "fato especial" que se encontra no "interior do sujeito". No jogo de linguagem no qual o dolo, assim como a ação, a responsabilidade e a culpa acontecem, não se dá qualquer abordagem ontológica; o que se faz é aceitar/adotar o dolo como sendo uma estrutura prática da vida cotidiana com os outros, que a torna possível. Assim, como todo processo intelectual, o dolo não é provado nem determinado, mas sim *imputado*. Ele não é um julgamento descritivo[882], senão adscritivo[883], que nós fazemos quando afirmamos que alguém atuou dolosamente, o que foi visto já bem mais cedo pelos defensores da teoria do *dolus ex re*. O erro deles, para Hruschka foi apenas ter insistido em que através de indícios externos se prova um "fato interno"[884].

A aceitação de que o dolo seja um juízo de imputação (adscritivo) não implica em que esse julgamento, contudo, se dê de modo arbitrário. Tomam-se os indícios externos objetivos para se afirmar algo, sendo esta a única possibilidade de se imputar um dolo penalmente relevante[885]. Concluir que o carteiro, ao colocar a carta na caixa do correio, e que o sujeito, ao mirar o alvo com o dardo, sabem o que fazem, é tão pouco arbitrário do que concluir que alguém, em determinado contexto, atuou dolosamente. Esta, para Hruschka, é a única possibilidade, a partir das circunstâncias externas, de se imputar o dolo. Os fatos, sempre, só podem ser os aspectos externos do caso; eles proporcionam o fundamento para a imputação e comunicação cotidiana (o carteiro entregou a carta, o jogador mirou o alvo etc), e também para a imputação do dolo, que em si nenhuma facticidade mais é[886].

A perspectiva teórica de Hruschka consiste em um importantíssimo passo para a compreensão do dolo como um título de imputação ou um juízo normativo, bem assim para se estabelecer os critérios objetivos desta imputação, que acompanham os critérios da linguagem cotidiana.

A compreensão de que o dolo se adscreve, e se dá em um jogo de linguagem

---

881. *FS-Kleinknecht*, 1985, p. 201. Veja-se, sobre o tema, na literatura brasileira: BUSATO, Paulo César. *Direito penal, parte geral*, 2017, p. 239.

882. Julgamento descritivo no sentido de verdadeiro ou falso, aplicado à afirmação que tem por objeto o presente ou o passado, tal como: "está a chover". Veja-se: HRUSCHKA, Joachim. *Strafrecht nach logisch-analytischer Methode*, 1988, p. 425.

883. A imputação não se mede no padrão de "verdadeiro-falso", nem de "vinculante x não-vinculante", mas sim de justificado ou injustificado. Sobre isso: HRUSCHKA. *Strafrecht nach logisch-analytischer Methode*, 1988, p. 426.

884. *FS-Kleinknecht*, 1985, p. 201.

885. HRUSCHKA, Joachim. *FS-Kleinknecht*, 1985, p. 201.

886. *FS-Kleinknecht*, 1985, p. 202.

distinto do empírico, é o pressuposto para a construção de um conceito de dolo normativamente adequado, o que se adere sem ressalvas na presente investigação. Apenas que Hruschka não concretiza os critérios de atribuição, não assumindo uma posição clara acerca dos fatores "objetivos" a serem levados em conta, e nem decide expressamente acerca do peso a se atribuir ao elemento volitivo, que também não recusa, mas ao mesmo tempo não autonomiza. E uma vez que Hruschka, porém, não defende expressamente um catálogo fechado de indicadores, classifico seu pensamento como inserido no "normativismo volitivo"[887].

2. As novas teorias do risco: o normativismo cognitivo

Como já se viu supra, as teorias cognitivas contemporâneas rejeitam, unanimemente, a autonomia do elemento volitivo, oferecendo vários critérios para a identificação do elemento cognitivo[888], considerado o único pressuposto necessário para a imputação do dolo[889], desde que presente um risco de determinada qualidade objetiva[890].

Contudo, as diferenças no âmbito das teorias cognitivas são sensíveis, e a maior delas diz para com a atribuição da competência para o julgamento/processamento/avaliação do risco: enquanto parte da doutrina ainda atribui tal competência ao agente, que deve "*julgar-por-si-o-perigo*" e pode, ainda que irracionalmente, alterar a própria natureza do risco, subjetivamente, para outros a competência para tal julgamento/avaliação é do julgador, exigindo-se apenas que o agente (re)conheça o perigo, cuja qualidade – se um perigo de negligência ou de dolo – não pode ser alterada por ele, mas sim ser definida segundo uma tábua de racionalidade objetiva[891].

O que ocorre, em termos metodológicos, é que os Autores, tais como Frisch, que atribuem a competência para o julgamento do risco conhecido ao próprio agente, acabam por permitir a volta do elemento volitivo pela "porta dos fundos", na medida em que se reportam a uma tomada de posição subjetiva do agente perante o fato[892] (ele deve "partir-para-si"), que pode conduzir ao afastamento do dolo, mesmo que em colidência com um parâmetro racional-

---

887. A considerar que o elemento volitivo não integra a definição do dolo, na concepção de Hruschka, veja-se, porém: KINDHÄUSER, Urs. Vorsatz als Zurechnungskriterium, *ZStW* 96 (1984), p. 4.

888. Veja-se um breve resumo do quadro em: KÜHL, Kristian. *AT,* 2012, §5, pp. 105-120.

889. Na literatura brasileira, por todos: VIANA, Eduardo. *O dolo como compromisso cognitivo,* 2017, p. 294. O mesmo: Sobre a estrutura do dolo, *REC,* 77 (2020), p. 93.

890. Confira-se, na literatura brasileira, uma síntese acerca das teorias cognitivas contemporâneas, com referências a Puppe, Herzbeg e outros, em: CIRINO, Juarez Cirino. *Direito penal, parte geral.* Rio de Janeiro: Lumen Juris, 2006, p. 145 e ss.

891. Sobre a medida racional, associada à questão da dimensão da evitabilidade, veja-se: PAWLIK, Michael. *Das Unrecht des Bürgers,* 2012, p. 375.

892. Neste sentido: KÜHL, Kristian. *AT,* 2012, §5, n.m.71, p. 110.

-objetivo. Esta a razão de terem sido classificadas tais propostas no âmbito das teorias cognitivas de acento psicológico, pois o que importa é aferir como o próprio sujeito processou o risco para fins de se imputar, ou não, o dolo[893].

Daí que aquel'outros que não conferem ao próprio sujeito a competência para avaliar acerca da dimensão do risco conhecido, transferindo-a para o julgador - o que interessa saber é se o sujeito conheceu um perigo que tinha que levar a sério (doloso, desprotegido etc), e não se levou um determinado perigo a sério - são os precursores do que aqui designo como "normativismo cognitivo"[894], como "primeiro plano de normativização do elemento intelectual", do que passo a cuidar agora. Ainda de se considerar, aqui, a possibilidade de se compatibilizar o dolo com o desconhecimento oriundo de indiferença, o que designarei como "segundo plano de normativização do elemento intelectual".

2.1. A teoria do perigo doloso (*Vorsatzgefahr*)

A essência da concepção de Puppe consiste na distinção entre dolo e culpa a partir da qualidade do perigo conscientemente realizado[895]. Há, para a Autora, em frontal oposição à literatura predominante[896], que se diferenciar objetivamente e segundo um parâmetro de racionalidade (a expressão de uma máxima de que se pode confiar na não ocorrência do resultado - negligência -, ou de que não se pode - dolo) o "perigo doloso" (*Vorsatzgefahr*) e o "perigo de negligência" (*Fahrlässigkeitgefahr*)[897], ressaltando-se que ambos estão inseridos no âmbito do risco proibido; isto, diz a Autora, no caso de não se querer voltar a Feuerbach, reduzindo-se o dolo ao propósito[898].

Puppe reconhece a impossibilidade de se fornecer um critério descritivo geral e apriorístico, especialmente quantitativo, para o que venha a ser o perigo doloso[899]. Tal qual se dá no tocante ao dever de cuidado, o perigo doloso se determina a partir de um parâmetro racional: o perigo doloso se dá caso a ação, segundo uma medida racional, baseada nas regras de experiência, represente uma estratégia adequada/idônea para a realização do resultado típico[900]. Se o

893. Em termos desta classificação, veja-se: KÜHL, Kristian. *AT,* 2012, §5, n.m.73, p. 110.

894. De acordo com esta classificação: ROXIN, Claus. *FS-Rudolphi,* 2004, p. 243.

895. Assim: Begriffskonzeptionen des dolus eventualis. *GA* 2006, p. 74-75. Também, a mesma: *FS-Otto,* 2007, p. 400.

896. Veja-se, contemporaneamente: FRISTER, Helmut. *AT,* 2015, §11, n.m.27, p. 148, acentuando que a decisão contra o bem jurídico pode se apresentar sempre que o risco conhecido seja desaprovado juridicamente, independentemente de uma medida específica/qualidade de perigo. Também: ROXIN, Claus. *FS-Rudolphi,* 2004, p. 250.

897. PUPPE, Ingeborg. Der Vorstellungsinhalt des dolus eventualis. *ZStW* 103 (1991), pp. 17-18. Contra: WALTER, Tonio. *Der Kern des Strafrechts,* 2006, p. 182. Afirma, o Autor, que o delito doloso se identifica através do dolo, e não através de uma qualificação da negligência.

898. PUPPE, Ingeborg. *NK,* 2013, §15, n.m. 64, p. 668.

899. Begriffskonzeptionen des dolus eventualis. *GA* 2006, p. 74.

900. *Vorsatz und Zurechnung*, 1992, p. 74.

comportamento do agente, em conexão com seu conhecimento, representa, em uma medida geral, a aplicação de uma estratégia de realização do tipo, então ela é, segundo um padrão racional-objetivo, uma "ação de matar", uma "ação de lesionar", uma "ação de danificar".

Puppe aponta que a essência do dolo consiste, assim, em que o agente, com seu comportamento, aferido sob uma *tábua de racionalidade média*, afirma a máxima de que o resultado "*deve-ser*", ou ao menos "*pode-ser*"[901], em contradição com a norma que, por seu turno, afirma que o resultado "*não pode ser*". O comportamento se afigura doloso caso um homem racional, na situação e com os conhecimentos do agente, somente teria atuado caso ele aprovasse o resultado[902]. O dolo não é um estado mental, mas sim uma interpretação da ação do sujeito, de acordo com uma medida racional, ou seja, segundo aquilo que tal ação expressa.

Não se trata, destarte, de um juízo subjetivo, realizado pelo sujeito concreto, mas sim de uma análise objetiva realizada sob a medida de um sujeito racional que, diante da situação de perigo (efetivamente conhecida!)[903], só agiria em caso de uma decisão contra o comando normativo. É essa interpretação, precipuamente normativa, que leva em conta não o agente concreto (em termos de avaliação do risco conhecido, bem entendido), mas sim um agente racional em seu lugar (com os conhecimentos do primeiro), quem fornecerá, então, a medida para a delimitação entre o dolo e a negligência. Nas palavras de Puppe: "*não se deve perguntar se o autor confiou na não-ocorrência do resultado, mas sim se tal confiança merece ser levada em consideração pelo Direito, caso em que se censurará o autor apenas pelo atuar negligente, e não doloso*[904]".

A fórmula de Puppe se assemelha a de Frank, com a importante distinção (quase uma inversão) de que se opera não com o hipotético "querer" do agente nem com uma hipotética "avaliação psicológica do risco" pelo agente, mas sim do "homem racional"[905], havendo um claro deslocamento para o plano normativo.

Em sua proposta conceitual, Puppe nega, obviamente, qualquer relevância ao elemento volitivo em sentido descritivo/psicológico ou naturalístico[906], realizando duras críticas aos seus substitutivos, tais como a aprovação no sentido jurídico

---

901. Proximanente, veja-se: KINDHÄUSER, Urs. *FS-Eser,* 2005, pp. 354.

902. Der Vorstellungsinhalt des Dolus Eventualis, *ZStW* 103 (1991), pp. 14 e 17.

903. O agente deve conhecer a circunstância que fundamenta o perigo doloso, ainda que não seja sua competência a avaliação deste perigo. Isso se repete com alguma insistência para se evitar mal-entendidos. Veja-se: PUPPE, Ingeborg. *Vorsatz und Zurechnung*, 1992, p. 3. A mesma: *NK,* 2013, § 15, n.m. 68, p. 669.

904. *NK,* 2013, §15, n.m. 67, p. 669.

905. Neste sentido: MAURER, Ruth. *Das voluntative Element des Vorsatzes als Beweisthema vor Gericht,* 2007, p. 94.

906. *Vorsatz und Zurechnung*, 1992, p. 39.

(*Billigen im Rechtssinne*) e a “assunção aprovadora” (*billigende Inkaufnahme*), apontando para sua elevada manipulabilidade por ocasião da decisão judicial.

A posição interna do agente, para além de inacessível - e, portanto, sem possibilidade de demonstração no plano da prova forense -, não passa de uma “circunstância acompanhante do fato”, que de modo algum pode ter influenciado objetivamente o comportamento. Daí que a indiferença, a aprovação em sentido jurídico, o levar a sério, o pôr-se de acordo, ou seja, os estados psicológicos do agente concreto em face do perigo não podem ser critérios adequados, nem de delimitação, nem tampouco de definição do núcleo conceitual do injusto doloso e negligente[907].

É certo que Puppe refere-se à vontade, mas o faz apenas em um sentido objetivo, extrovertido e normativizado[908]: como sendo a interpretação do comportamento a partir de uma medida racional, e que indica que o autor expressou, através dele, o seu “querer”. Não se trata de um querer “real” ou no sentido psicológico, mas sim de uma interpretação sedimentada em critérios de racionalidade prática[909].

Em face da objetivização do elemento volitivo, Puppe defende a completa inutilidade de se diferenciar, em uma teoria do dolo orientada pelo critério de racionalidade da violação instrumental da norma, as formas de dolo, - intenção/propósito, dolo direto de segundo grau e eventual -, uma vez que a intenção, em um sentido objetivo, sempre se faz presente[910].

O conteúdo do juízo racional acerca do perigo, realizado pelo agente, também se afigura um tema controvertido. Para Puppe, em oposição à opinião dominante, um agente que aplica conscientemente uma estratégia de realização do tipo, não deve escapar da censura do dolo em face de não ter tomado o perigo a sério ou não ter se colocado de acordo com a possibilidade do resultado, pois isso apenas esclarece que o perigo de realização do resultado e a integridade alheia “*in acto*” não lhe interessaram; ou seja, que tal perigo, para a decisão e para o “plano do autor”, não jogou papel algum. E esse desinteresse, ou mesmo desaprovação psicológica, ou o ato de repelir/deslocar do pensamento o perigo representado, não podem consistir fundamento algum para a atenuação da censura[911]. O que é decisivo, portanto, para Puppe, não é saber se o sujeito aprovou

907. *Vorsatz und Zurechnung*, 1992, p. 72.

908. *NK*, 2013, §15, n.m. 68, p. 669.

909. *Vorsatz und Zurechnung*, 1992, p. 74.

910. *Vorsatz und Zurechnung*, 1992, p. 74. No caso do dolo direto de segundo grau, o autor representa que a produção do resultado é segura, não de modo absoluto, mas no caso de o objetivo buscado ser alcançado. No caso do dolo eventual, há uma vinculação entre o objetivo do autor e o perigo do resultado levado a sério. Op. cit. p. 63.

911. *Vorsatz und Zurechnung*, 1992, p. 74. A mesma: Begriffskonzeptionen des Dolus eventualis. *GA*, 2006, pp. 65-66.

ou deslocou o perigo para o bem jurídico, mas sim a interpretação acerca de seu comportamento, segundo um parâmetro racional[912]. Passa-se da condição "fático-psicológica" do agente para a expressão de valor de seu comportamento no interior de uma comunicação entre pessoas racionais[913], o que será levado até as últimas consequências na disciplina dos erros sobre os processos causais, inclusive do *dolus generalis*.

Aquele que atua racionalmente e se esforça na direção de um resultado, diz: "o resultado deve ser". E é essa contradição expressada pelo comportamento do agente, enquanto máxima da razão prática, com a norma jurídica, quem representa a medida correta para a distinção entre dolo e culpa. Esta é, também, a unidade de fundamento, que vale para todas as formas de dolo[914].

Por outro lado, o que está em causa é uma análise objetiva da racionalidade do método de realização empregado, independentemente de que o agente avalie o método empregado como racionalmente adequado para o alcance do objetivo[915]. Aquele que, ciente de que está contaminado com o HIV, mantém uma relação sexual desprotegida e sem violência, mas com o objetivo específico de transmitir a doença ao parceiro, não realiza um método adequado de matar ou de causar lesões, uma vez que a probabilidade de contaminação é de em torno de 0,1 a 1%[916]. Do mesmo modo, o proprietário de uma área de floresta que lança uma pequena ponta de cigarro ao solo, com a intenção de provocar um incêndio e posteriormente vender a área a uma cadeia de hotéis, também não realiza um método idôneo de provocar um incêndio, ainda que o provoque, e mesmo que tenha realizado um risco proibido. Caso o incêndio ocorra, e embora tenha se verificado uma "vontade de incendiar", o autor só pode ser responsabilizado por um delito negligente[917]. Curto: a intenção, no sentido psicológico, não substitui a geração consciente de um perigo (objetivamente) doloso[918].

---

912. Begriffskonzeptionen des Dolus eventualis. *GA* 2006, p. 74. Sobre isso, veja-se ainda: MAURER, Ruth. *Das voluntative Element des Vorsatzes als Beweisthema vor Gericht,* 2007, p. 94-95.

913. Nesse contexto, Puppe, não sem razão, observa que, por um lado, a ordem jurídica não possui o direito de ingressar nas vivências internas do acusado, nem tampouco tem o dever de tomar como medida de seus julgamentos os processamentos irracionais de conflitos realizados pelo agente. *Vorsatz und Zurechnung,* 1992, p. 45.

914. Contra, a defender que esta posição de Puppe fere o princípio da culpa, não encontra sintonia na legislação em vigor e ainda se distancia da "realidade da vida": WALTER, Tonio. *Der Kern des Strafrechts,* 2006, p. 188.

915. PUPPE, Ingeborg. *NK,* 2013, § 15, n.m. 69, p. 670.

916. PUPPE, Ingeborg. *AT,* 2011, §9, n.m.22, p. 120. Contra, e a afirmar o dolo neste caso: WALTER, Tonio. *Der Kern des Strafrechts,* 2006, p. 182. Para o autor, o que identifica o delito doloso é o dolo, e não uma "qualificação da negligência". O autor intencional, que realiza um resultado possível, mas improvável, não deve escapar da censura dolosa. No mesmo sentido, veja-se ainda: ROXIN, Claus /GRECO, Luís. *AT,* 2020, §12, n.m.51, p. 559.

917. PUPPE, Ingeborg. *Vorsatz und Zurechnung*, 1992, p. 45.

918. PUPPE, Ingeborg. *NK,* §15, n.m.106, p. 686.

Portanto, e a retomar as ideias básicas de Herzberg, Puppe insiste que o que se coloca em questão não é saber se o agente levou a sério um perigo, mas antes se reconheceu um perigo que devia ser levado a sério. Há perigos que, não o autor individual, e sim a coletividade, pode levar a sério, mas racionalmente confiar em sua não realização; tal a qualidade do perigo da culpa consciente. Há outros perigos que a coletividade, de uma perspectiva racional, leva a sério no sentido de que um agente racional somente prossegue quando se coloca de acordo com sua realização; essa é a qualidade do perigo doloso[919]. O critério de delimitação, portanto, se explicita claramente: a qualidade do perigo, que deve ser conhecido/representado pelo sujeito[920] (em correspondência com a realidade)[921], mas cuja avaliação/processamento não lhe cabe em última instância[922].

Se a distinção há de se dar ao nível cognitivo, Puppe, coerentemente com a sua proposta, critica a equiparação da qualidade objetiva do perigo doloso (*Vorsatzgefahr)* e do perigo negligente (*Fahrlässigkeitgefahr*)[923]. Daí que, para a Autora, nem toda causação negligente do resultado também seja suficiente para o dolo, ao que se acrescenta que tal equiparação poderia conduzir a um Direito Penal de consciência (*Gesinnungsstrafrechts*). Em face da equiparação injustificada e indevida da qualidade do perigo objetivo, realizada pela doutrina dominante, duas consequências acabam por acontecer: 1-um perigo sério não fundamenta a censura dolosa, caso o agente não o tenha "consentido", ou o "aprovado em sentido jurídico", ou o "levado a sério", ainda que irracionalmente; 2-em face de a intenção/propósito ser a forma principal de dolo, mesmo nas hipóteses da realização de um perigo baixíssima probabilidade, o resultado pode ser imputado ao dolo se há intenção[924]. Para Puppe, as duas soluções são normativamente inaceitáveis, uma vez que a decisão acaba por depender, excessivamente, da posição subjetiva do agente perante o fato: aquele que tomou o perigo, ainda que intenso, levianamente, é beneficiado em face daquele que

919. PUPPE, Ingeborg. Der Vorstellungsinhalt des dolus eventualis. *ZStW* 103 (1991), pp. 17-18. Mais recentemente, a mesma: Der dolus eventualis und sein Beweis. *ZIS*, 7-8 (2019), p. 409-411.

920. Criticamente, a observar que a teoria acaba por recair em uma "obscura ontologia do perigo": BUNG, Jochen. *Wissen und Wollen im Strafrecht,* 2009, p. 188.

921. PUPPE, Ingeborg. *Vorsatz und Zurechnung*, 1992, p. 2-3.

922. PUPPE, Ingeborg. *NK,* 2013, § 15, n.m. 70, p. 670. Na literatura brasileira, a perspectiva cognitivista de Eduardo Viana se aproxima sensivelmente da proposta de Puppe. Para o Autor, o fator essencial do dolo é o conhecimento do perigo de uma determinada qualidade (superior ao perigo de culpa), sendo que o juízo acerca do perigo conhecido se realiza segundo o parâmetro de um terceiro racional. Veja-se: *Dolo como compromisso cognitivo,* 2017, p. 251; 262-263; 266;277; 294. De relevo anotar que o Autor apresenta indicadores de relevo para o "juízo inferencial" da dolosidade. Dentre eles, por exemplo, e para além dos indicados por Puppe, a condição de vulnerabilidade concreta da vítima. Op. cit.265.

923. Contra, a sustentar que qualquer elevação do risco permtido já configura um método idôneo de produção do resultado e preenche, no plano objetivo, o exigível para o dolo e para a negligência: ROXIN, Claus. *FS-Rudolphi,* 2004, p. 254.

924. PUPPE, Ingeborg. *Vorsatz und Zurechnung,* 1992, p. 35.

tomou o perigo, ainda que reduzido, a sério[925]. Por outras palavras, o conhecimento do agente também deve ser aferido sob uma ótica normativa[926], sendo certo que uma estratégia genericamente idônea para provocar um resultado não deixa de ser um perigo doloso em face de uma posição interna do agente, nem uma estratégia genericamente inidônea se torna um perigo doloso, apenas em face da intenção[927].

A Autora recorre a exemplos para defender que, fora dos casos limítrofes, há amplo consenso no tocante à classificação de um comportamento como método idôneo para o alcance de um objetivo. Assim: a) bater com um martelo contra uma vitrine de vidro é um método adequado de danificá-la; b) lançar um "coquetel Molotov" em um quarto consiste em método idôneo para incendiar a casa (BGH NStZ 1995, 86); c) outros métodos idôneos de matar são tiros ou facadas contra o tronco ou pescoço, desde que não superficiais; d) bater contra a cabeça com um instrumento pesado também consiste em um método idôneo de provocar a morte[928] etc. Ao contrário, não seriam métodos idôneos para provocar a morte: a) atirar um machado contra um policial, a uma distância de quatro métodos, caso a vítima se encontre atrás de uma porta de vidro fechada; b) lançar o carro sobre o policial durante a fuga, deixando claro que não obedecerá o comando de parar[929]; surrar alguém com os punhos[930]; d) desferir um tiro a longa distância, em condições de iluminação ruins, e a valer-se de arma com mira imprecisa, com baixíssima probabilidade de acerto[931] etc.

No que se refere à polêmica do caso do tiro à longa distância, com baixa visibilidade, em que o agemte alcança o objetivo e é punido – segundo a teoria do perigo doloso – apenas por homicídio negligente, Puppe anota que daí nada de estranho ou normativamente injustificado resulta. Apenas no caso de se confundir o querer, do dolo, com aquele em sentido natural-psicológico, haveria alguma contradição. O dolo, enquanto elemento do ilícito subjetivo, nada mais

925. PUPPE, Ingeborg. Der Vorstellungsinhalt des dolus eventualis. *ZStW* 103 (1991), p. 20. Criticamente, a anotar que a análise ético-jurídica e o sentimento de justo são variáveis, bem assim a subscrever a posição de que a tomada leviana do perigo pode, sim, favorecer o agente, em termos valorativos: BUNG, Jochen. *Wissen und Wollen im Strafrecht,* 2009, p. 188.

926. Sobre isso, criticamente: KÜHL, Kristian. *AT,* 2012, §5, n.m.68, p. 109.

927. Contra: ROXIN, Claus. *FS-Rudolphi, 2004*, p. 251. O Autor observa que isso é particularmente equivocado em se tratando do homicídio. Assim, aquele que, calculadamente, emprega um método que gera um risco pequeno ou médio, não tem que se preocupar com a punição da tentativa e, no caso da consumação, deve temer a apenas a punição pelo crime negligente. Tal resultado poderia encorajar atuações ilícitas desta natureza, sendo certo que a tarefa do Direito Penal é a de inibi-las, especialmente em se tratando de comportamentos estritamente intencionais.

928. PUPPE, Ingeborg. *NK, 2013*, §15, n.m. 73, p. 670. A mesma: Der Vorstellungsinhalt des dolus eventualis. *ZStW* 103 (1991), p. 21.

929. PUPPE, Ingeborg. *NK,* 2013, §15, n.m. 75, p. 671.

930. PUPPE, Ingeborg. *NK,* 2013, §15, n.m. 74, p. 671.

931. PUPPE, Ingeborg. *NK,* 2013, § 15, n.m. 78-81, pp. 672-673.

é senão a imagem do ilícito objetivo na representação do agente (*"Abbildung obj. Unrechts in der Vorstellung")*, vinculada à consciência de que a realização deste injusto depende da própria vontade. Daí o porquê de, na hipótese do tiro à distância, não se poder falar em "querer" no sentido normativo[932].

Note-se que, para Puppe, a intenção *stricto sensu* pode, sim, jogar um papel, mas apenas como um elemento constitutivo do perigo doloso. Isso porque, quem atua propositadamente, se valerá, sempre que possível, de método idôneo para alcançar o resultado[933]. Se o agente, experiente atirador, faz pontaria a uma distância média ou curta, contra a cabeça da vítima, porque tem o objetivo de atingi-la mortalmente, é evidente que, em face da intenção, o perigo é intensificado (seja em face da seleção do meio, seja em face da pontaria etc).

De relevo assinalar que Puppe ainda chama a atenção para uma útil correção classificatória, ao observar que o melhor é se referir à "*imputação dolosa*" do que à "*imputação subjetiva*", uma vez a primeira também contém o elemento objetivo da realização de um perigo doloso no curso causal até o resultado[934].

Abrem-se, então, as críticas de que a teoria de Puppe implica, por um lado, em uma extensão indevida da área do dolo[935] e, por outro, de que restringe injustificadamente a área do dolo em hipóteses de agir intencional, além de não fornecer critérios determinados e seguros de decisão[936].

Ruth Maurer, por exemplo, aponta que se o conhecimento do agente deva ser desconsiderado, então um resultado por ele não reconhecido, mas que teria sido previsto por um terceiro racional, também deve ser incluído no dolo do agente. E conclui, a Autora, que tal "objetivação" resultaria incompatível com o princípio da culpa[937], bem como configuraria um puro Direito Penal de resultado. A censura de Puppe, direcionada a um Direito Penal de caráter, acabaria por desembocar em um oposto também não desejável, qual seja, um Direito Penal

932. PUPPE, Ingeborg. *NK*, 2013, §15, n.m.80, p. 673.

933. *NK*, 2005, §15, n.m.80, *p*. 673.

934. *FS-OTTO*, 2007, p. 400.

935. Assim, dentre outros: KÖHLER, Michael. *Strafrecht, Allgemeiner Teil*. Berlin: Springer, 1997, p. 165.

936. Vejam-se as críticas de SCHROTH, Ulrich. *Vorsatz als Aneignung*, 1994, p. 93 e ss. Sustenta, o Autor, que o conceito de dolo de Puppe padece de falta de clareza, o que se deve, sobretudo, à dificuldade de determinação consensual acerca do que consiste o "perigo de dolo". Também, em sentido análogo: KÜHL, Kristian. *AT*, 2012, §5, n.m.68, p. 109. ROXIN, Claus. *FS-Rudolphi*, 2004, p. 250. E a apontar que a teoria falha, especialmente, para o deslinde dos casos de leviandade (*Leichtfertigkeit)*, que configura um caso agravado de negligência, veja-se: BIRNBAUM, Christian. *Die Leichtfertigkeit - zwischen Fahrlässigkeit und Vorsatz*. Berlin: Weissensee, 2000, p. 218. Na literatura portuguesa recente: COSTA, António Manuel de Almeida. *Ilícito pessoal, imputação objetiva e comparticipação em direito penal*, 2014, p. 606.

937. Também no sentido da incompatibilidade da teoria do perigo doloso com o princípio da culpa, pois conduziria a uma verdadeira presunção de dolo, veja-se: STRATENWERTH, Günter. KUHLEN, Lothar. *AT*, 2011, §8, n.m.114, n.r.146, p. 105.

de resultado[938]. Também criticamente, Kristian Kühl acrescenta que a medida para a racionalidade permanece no escuro, não permitindo uma decisão segura[939].

Roxin, de seu turno, além de apontar para a imprecisão do critério do que vem a ser o racional, ataca a teoria do perigo doloso em face da seleção exclusiva da qualidade do perigo como critério de decisão. Este dado, isoladamente, não se afiguraria, para a justificação do salto de punição da punibilidade dolosa (componente de culpa do dolo)[940]. Somente a consideração conjunta das circunstâncias do caso pode indicar se houve, de fato, uma "decisão contra o bem jurídico"[941].

No flanco oposto, a teoria também é atacada por restringir, demasiadamente, a área do dolo, nas situações de resultado improvável, mesmo com a presença de intenção e do risco proibido. Assim, no clássico caso do tiro à distância por atirador imperito, com baixa possibilidade de atingir o alvo, o agente que atua com propósito homicida e consegue alcançar o objetivo somente poderia receber a censura da culpa, o que se afiguraria normativamente inadequado, uma vez que a "decisão contra o bem jurídico" restou claramente estabelecida e o plano, embora de baixa probabilidade, se realizou em toda a extensão[942]. Isso deriva de que a teoria de Puppe pressupõe que haja sempre um perigo típico de dolo (qualitativamente superior ao de negligência e de realização não-improvável), o que pode ocorrer em certas hipóteses, mas não necessariamente em todas elas[943]. Caso se parta da teoria do dolo como decisão, toda a realização intencional de um risco proibido é considerada um comportamento doloso[944].

Importa avaliar, desde logo, a justeza de tais críticas.

Primeiramente, parece de todo injustificado imputar à Puppe qualquer tipo de *praesumptio doli*, no sentido de que sua teoria não leva em conta o

---

938. *Das voluntative Element des Vorsatzes als Beweisthema vor Gericht*, 2007, p. 98.

939. LACKNER, Karl. KÜHL, Kristian. *SK*, 2014, p. 124, n.m. 25.

940. Veja-se: *FS-Rudolphi*, 2004, p. 249.

941. *AT*, 2006, §12, n.m.50, p. 458. Outros argumentos do Autor desenvolvidos em: *FS-Rudolphi*, 2004, p. 254 e ss.

942. Neste sentido, ROXIN, Claus/GRECO, Luís. *AT*, 2020, §12, n.m.51, p. 459. Na literatura portuguesa, veja-se: COSTA, António Manuel. *Ilícito pessoal, imputação objectiva e comparticipação em direito penal*, 2014, p. 606.

943. Assim: ROXIN, Claus. *FS-Rudolphi*, 2004, p. 250. Aponta, o Autor, que mesmo nos casos de perigo mediano Puppe se vê na obrigação de negar o dolo e, caso não haja resultado, tratar a situação como penalmente irrelevante (em face da não punibilidade da tentativa negligente). Isso poderia conduzir ao encorajamento de ações intencionais com emprego de meios de baixa periculosidade, na medida em que, no caso de êxito, haveria punição por simples negligência. Além disso, a não punição de um homicídio doloso no caso de intenção, apenas porque, *ex ante*, o perigo foi avaliado como baixo, contradiz a linguagem cotidiana e o conteúdo de culpa da atuação. Por outro lado, partindo-se da teoria do dolo como decisão, o autor intencionado que realiza um risco proibido sempre será censurado pelo dolo, uma vez que resta evidenciada sua decisão contra o bem jurídico protegido.

944. ROXIN, Claus. *FS-Rudolphi*, 2004, p. 251.

conhecimento do agente, senão o do homem racional em seu lugar. E isso é simplesmente *errado* porque Puppe, inúmeras vezes, afirma que o conhecimento é exigido em *todos* os casos para a afirmação do dolo[945]. O que se recusa é atribuir ao agente a competência exclusiva para julgar/qualificar a relevância do risco por ele *conhecido*[946].

Também é inconsequente a afirmação de que a teoria do perigo doloso implique em extensão da área do dolo. Como se viu, a teoria, por um lado, restringe a área do dolo, uma vez que o afasta em hipóteses de intenção, em que o resultado afigure-se objetivamente improvável, e não necessariamente o amplia nos casos de perigos objetivamente intensos. Nos últimos, não necessariamente amplia porque, quanto a eles, a jurisprudência já é suficientemente vacilante, ora afirmando ora negando o dolo, por considerações obscuras de política criminal, muitas vezes associadas ao (suposto) estado emocional do agente ou à qualidade da vítima (imigrante, por exemplo[947]). Como já se viu alhures, o BGH afirmou o dolo no "caso da gasolina" e o negou no caso do "golpe de caratê", sendo certo que uma aplicação consequente da teoria do perigo doloso conduzirira a reconhecê-lo no último e negá-lo no primeiro[948]. Em termos de resultados, portanto, a teoria do perigo doloso não implica nem em uma extensão nem em uma restrição da área do dolo, mas sim em uma sua readequação, segundo o parâmetro selecionado como critério de relevância (a qualidade do perigo conhecido).

O critério de interpretação, ou seja, verificar se o comportamento, em uma medida racional, consiste em uma estratégia idônea de produzir o resultado, parece, efetivamente, adequado. Em uma perspectiva na qual o aspecto comunicativo do comportamento, em uma base intersubjetiva, configura o fator decisivo, a teoria do perigo doloso, se não responde de fato a todos os desafios, se afigura promissora, notadamente no que concerne à problemática da adscrição do dolo, segundo critérios objetivos. Este ponto será retomado na Parte VI, desta investigação, quando da análise dos catálogos de indicadores do dolo.

Três ideias gerais são, desde logo, de se avançar: a) o processamento irra-

945. Veja-se, expressamente: Der Vorstellungsinhalt des dolus eventualis. *ZStW* 103 (1991), p. 21: "*o conhecimento é, sobretudo, um pressuposto efetivo, psicológico do dolo*". De acordo com esta avaliação do pensamento de Puppe: GAEDE, Karsten. Auf dem Weg zum potentiellen Vorsatz? *ZStW*, 121 (2009), p. 245. Também, a reconhecer este aspecto: ROXIN, Claus. *FS-Rudolphi*, 2004, p. 256.

946. *NK*, 2013, § 15, n.m. 85, p. 674.

947. Vejam-se as críticas de Puppe acerca de um julgado recente do BGH (BGH NStZ 2015, 216 - "caso do estrangeiro" *Ausländerfall)*, em que aponta que o fator decisivo, ainda que implícito, para o recohecimento do dolo foi a provável motivação racista. O problema, para Puppe, não foi o resultado, mas sim a discrepância do julgamento com precedentes análogos, em que o perigo gerado foi aparentemente idêntico, e o dolo homicida foi afastado. *AT*, 2016, §9, n.m.40, pp. 133-134.

948. PUPPE, Ingeborg. *AT*, 2011, §9, n.m.29, p. 124.

cional do risco conhecido não deve conduzir, *eo ipso*, ao afastamento do dolo, uma vez que o sujeito da imputação não é o homem enquanto ente psicofísico, e sim uma *pessoa*, que se move em um espaço de linguagem e racionalidade, e toma posições perante a norma; b) o principal, senão o exclusivo, indicador do dolo é o conhecimento acerca de um risco concreto, e de determinada dimensão, de violação da norma, ou seja, da realização de uma ação que represente, enquanto máxima de comportamento, algo absolutamente não-compatível com a máxima de risco definda pelo ordenamento; c) o elemento volitivo, enquanto posicionamento emocional do agente, não consiste em um critério autônomo, seja para a afirmação seja para a negação do dolo.

Resta ainda analisar se, em face dos próprios pressupostos da teoria do perigo doloso, o desconhecimento factual, por indiferença, em situação na qual o perigo realizado foi massivo, não deveria ser integrado ao dolo, bem como se não se desvela, aqui, em face da resposta negativa, uma incoerência de Puppe com seu modelo. Mas este tema será retomado, em maior profundidade, na Parte V desta investigação.

2.2. O dolo como evitabilidade facilitada e/ou como indiferença

Cumpre, aqui, realizar uma breve análise da evolução do pensamento de Jakobs, na medida em que, primeiramente, o Autor fazia uma clara exigência do elemento intelectual[949] de modo intimamente associado ao controle da ação e à evitabilidade, de *lege lata*, mas posteriormente passou a afirmar a compatibilidade do dolo com o desconhecimento, acaso fundado na indiferença ao Direito, pondo acento na falha valorativa e reabilitando a figura do *dolus indirectus*[950].

Em seus trabalhos iniciais, Jakobs sustentava que o dolo é o conhecimento de que a realização do tipo é algo dependente da execução da ação, como algo não improvável, ainda que a primeira (a realização típica) não seja, "em si", querida, e se afigure como um simples resultado colateral (*Nebenfolge*). Assim, o dolo é o conhecimento de que a realização não improvável do tipo se faz dependente de um processo de ação/de um "poder de realização", ainda que aquela (realização) não seja, em si mema, querida ou buscada. Por outras palavras: "*o dolo é o conhecimento da ação juntamente com suas consequências*"[951].

Assim, se o sujeito toma conhecimento da não-improbabilidade do resultado

---

949. Ao se referir ao controle da realização típica e à facilitada evitabilidade vinculada ao controle, – pela razão que seja que o agente possua ou não tal controle –, como pressuposto do dolo: JAKOBS, Günther. *AT,* 1991, §8, n.m.21, p. 269. E a reconhecer a proximidade desta perspectiva com a do dolo como "levar a sério", veja-se, op. cit. §8, n.m.25, p. 273.

950. Mais recentemente, assim: Altes und Neues zum strafrechtlichen Vorsatzbegriff, 2010, p. 632 e ss.

951. *AT,* 1991, § 8, n.m.8, p. 261.

colateral ilícito, e partindo-se de uma (presumida) motivação para a evitação do injusto (=lealdade ao Direito), o que caberia (ao agente) era abster-se da ação[952].

Note-se que o que importa é sempre a falha na motivação, mas não os motivos da falha de motivação, que são, no modelo de Jakobs - especialmente no que toca à sua concepção de culpabilidade (como função da pena) - assunto do "sistema de imputação" (ou seja, do sujeito em seu papel, que nada tem a ver, obviamente, com a unidade psicofísica)[953]. A motivação, no sentido da lealdade ao Direito, e dos efeitos que esta produziria no sentido da evitação do ilícito, é simplesmente presumida[954].

Esta compreensão parte de uma constatação aparentemente trivial, mas que na verdade atinge um aspecto decisivo: se é certo que o seguimento da norma depende de capacidades cognitivas e volitivas, isso não significa que o Direito lide da mesma forma com as falhas cognitivas e volitivas. Enquanto a falha cognitiva (*Wissensfehler*), em regra, exonera, a falha volitiva/valorativa (*Willens/Wertungsfehler*) não só não exonera, como também *onera*[955].

As normas jurídicas, em comparação com as normas "empíricas" são "fracas": o Direito não pode provar a vantagem de seu seguimento/observância, uma vez que o indivíduo pode alcançar seus interesses especificamente pela sua violação; a inobservância das leis empíricas, ao contrário, não só não traz vantagens ao agente (salvo se derivadas de mero acaso), como via de regra o expõe a riscos (de dano, autolesão etc). Daí que a maneira de que o Direito dispõe para exigir seu cumprimento (isto é, a obediência às normas fracas) é a comunicação, com a pena, endereçada ao comportamento falho. Se o erro de conhecimento pode exonerar, o de valoração não exonera[956].

Ressalte-se que a negligência "*standard*" (em contraposição com a "dirigida" - designada por Jakobs como "*gerichtete Fahrlässigkeit*" e que é um

---

952. JAKOBS, Günther. *AT,* 1991, §8, n.m.22, p. 270.

953. Para a ação, Jakobs se contenta com a própria voluntariedade, destacando que o controle dos impulsos é um assunto interno do sujeito. Se há controle e a ação se omite, não há ação; se o sujeito, em face dos impulsos, atua, então há ação e pode haver injusto, independentemente da intensidade dos impulsos que conduziram o sujeito a atuar. *AT,* 1991, §6, n.m. 21-22, pp. 136-137. Acrescenta, o Autor, que a imputação penal do injusto não pode permitir-se ter em conta a constituição de cada indivíduo, na medida em que o Direito Penal deve possibilitar o asseguramento das expectativas nos contactos sociais anônimos, ou seja, em situações nas quais ter em conta o aspecto dos impulsos está, de partida, descartado por absoluta falta de previsibilidade. E essa concepção é comum tanto à teoria causal como final, que não tomam, no injusto, em conta o controle dos impulsos, mas apenas a voluntariedade, em uma em um sentido mais amplo (de causalidade) e a outra em um sentido mais restrito (de direção pelo sujeito). Op. cit. p. 137.

954. JAKOBS, Günther. *AT,* 1991, §8, n.m.21, pp. 269-270.

955. Veja-se: JAKOBS, Günther. Über die Behandlung von Wollensfehlern und von Wissensfehlern, *ZStW* 101 (1989), p. 523.

956. JAKOBS, Günther. Altes und Neues zum strafrechtlichen Vorsatzbegriff, 2017, p. 629.

caso específico de cegueira perante os fatos)[957], nada mais é senão um defeito cognitivo (*Wissensfehler*) e, portanto, na concepção inicial de Jakobs, um caso de erro[958], sendo este o fundamento da punição menos agravada em relação ao dolo: na negligência, se dá um caso em que a representação e a realidade não guardam correspondência, portanto um "caso de erro"[959], em que a motivação para a evitação não pode ser esperada. Esse erro tanto pode ocorrer em face de o agente não ter pensado sobre a possibilidade de realização do tipo, como também por ter ele pensado, equivocadamente, que o tipo não se realizaria (o que implica em que considerou o resultado improvável). Quanto à negligência consciente (*luxuria / bewusste Fahrlässigkeit)*, Jakobs sustenta que também só pode ser representada em um sentido negativo, uma vez que o agente reprime a representação do perigo, retornando para a situação de falta de conhecimento sobre a realização do tipo[960].

Na culpa há apenas, para Jakobs, uma "*mediata contradição normativa*"[961]. No diálogo entre o agente e a norma, o que se dá é o que se segue: a norma esclarece: "a integridade física alheia deve ser respeitada"; o agente, que embriagado conduz o veículo, responde: "correto, eu não devo lesionar a integridade alheia", e então ocorre um acidente em virtude da embriaguez[962].

Neste sentido, de modo análogo – mas com fundamentos antes ontológicos do que funcionalistas -, Michael Köhler, observa que o agente conscientemente negligente não corrompe a proibição normativa tal qual, mas antes corrompe a si mesmo. Ele aceita, em si, o julgamento geral da comunidade jurídica, ou seja, o julgamento no tocante àquilo que é correto e incorreto. Contudo, ele aplica, na situação da ação, um "*autorregrado metajulgamento*", e subtrai à, em si (e para si) aceitável, norma de comportamento, sua força de determinação da ação[963]. É, precisamente, esse processo de autocorrupção que faz com que o agente atue em negligência consciente. Contudo, no caso do agente doloso, esta "autocorrupção" não se verifica. Ao contrário, no caso do dolo, o agente têm, como adequadamente precisos, tanto o conteúdo do acontecimento como seu significado de realidade. O agente doloso, assim, nega a proibição normativa em si. Em um silogismo do tipo: "*Matar é injusto; este comportamento é*

---

957. A questão, para Jakobs, era, contudo, marginal, na medida em que não há qualquer consequência jurídica diversa para o caso de cegueira perante os fatos, que deveria ser tratado como uma hipótese de negligência. Assim: *AT,* 1991, §9, n.m. 1, n.r. 1a, p. 315.

958. JAKOBS, Günther. Über die Behandlung von Wollensfehlern und von Wissensfehlern. *ZStW* 101 (1989), p. 531.

959. JAKOBS, Günther. *AT,* 1991, § 9, n.m.1, p. 315-316.

960. JAKOBS, Günther. *AT,* 1991, § 9, n.m.3, p. 317.

961. JAKOBS, Günther. *AT,* 1991, § 8, n.m.5, p. 258.

962. Über die Behandlung von Wollensfehlern und von Wissensfehlern. *ZStW* 101 (1989), p. 531. Criticamente: ROXIN, Claus/GRECO, Luís. *AT,* 2020, §12, n.m.64, p. 563.

963. Sobre isso, criticamente: SCHROTH, Ulrich. *Vorsatz und Irrtum,* 1998, p. 7.

matar; este comportamento é injusto", o agente doloso nega a premissa principal em sua concreção, como elemento para uma ordem válida[964]. Por seu turno, o agente conscientemente negligente não nega a premissa de que matar é proibido, mas sim a premissa inferior, ou seja, a de que um determinado comportamento consiste em matar.

De se ver que, também para Jakobs, o agente negligente não questiona a correção da norma, mas sim suas condições de aplicação. Em termos lógicos, é possível - em face do caráter relativo da ordem jurídica - questionar a correção da norma e mesmo negá-la, mas não é possível disputar suas condições de aplicação. Quanto a estas, o agente pode apenas errar[965], e este erro cognitivo pode exonerá-lo ou atenuar sua responsabilidade[966].

Segundo Jakobs, aquele que atua de modo irreflexivo e sem planejamento, lançando sua vida, seu corpo, sua propriedade e até mesmo sua liberdade em jogo, demonstra sua incompetência e comporta-se de modo não cuidadoso, mas não indiferente. Trata-se, inclusive, da possível submissão à *poena naturalis*, que é um indicador veemente da negligência[967]. Em síntese, diferentemente do comportamento doloso, o atuar negligente não fornece um padrão de comportamento e, por isso, comunicativamente, é menos relevante[968]. Nas palavras de Jakobs: "*muitos impérios são fundados a partir de um delito, mas provavelmente nenhum em razão de um comportamento descuidado*"[969].

A vontade, repise-se, não cumpre aqui qualquer função delimitatória, pois ainda que o aspecto volitivo se faça necessário para que o agente cumpra a norma (isto é, é preciso que "queira cumpri-la para que a cumpra"), o defeito volitivo não o exonera[970]. O que se deve considerar é que a vontade, no caso do dolo, se encontra correta e "presentemente orientada" - seja no que se refere

---

964. Sobre isso: SCHROTH, Ulrich. *Vorsatz und Irrtum,* 1998, p. 7.

965. JAKOBS, Günther. Über die Behandlung von Wollensfehlern und von Wissensfehlern. *ZStW* 101 (1989), p. 531-532.

966. JAKOBS, Günther. *Der strafrechtliche Handlungsbegriff,* 1992, p. 26.

967. Veja-se: JAKOBS, Günther. Gleichgültigkeit als dolus indirectus. *ZStW* 114 (2002), p. 596. O mesmo: Über die Behandlung von Wollensfehlern und von Wissensfehlern. *ZStW* 101 (1989), p. 528.

968. JAKOBS, Günther. *Das Schuldprinzip,* 1993, pp. 13-14.

969. Altes und Neues zum strafrechtliches Vorsatzbegriff, 2017, p. 629.

970. Isso se dá, segundo Jakobs, precisamente porque, diferentemente de outros sistemas - como o lógico-formal do modelo matemático, em que a negação do conhecimento seria considerado não só loucura, como também sujeitaria o agente a consequências desagradáveis -, o sistema jurídico não oferece uma única saída, pois o valor normativo é relativo. Assim, aquele que não cumpre a norma porque não quer cumpri-la não pode, pena de comprometimento do sistema, ser tratado com indulgência. Veja-se: Über die Behandlung von Wollensfehlern und von Wissensfehlern. *ZStW,* 101 (1989), p. 525. Sobre isso, em análise crítica: DIAZ-PITA, Maria del Mar. *Los limites del dolo eventual,* 1995, p. 284.

ao resultado principal buscado, seja o que se refere ao resultado colateral - o que é o quanto basta[971].

Portanto, quanto ao agente doloso, precisamente por dispor do conhecimento efetivo (de uma "orientação presente"), pressupõe-se, por hipótese, que o motivo de evitação seja dominante, restando facilitada a omissão da ação proibida. Este o fundamento da pena qualificada do dolo: o agente doloso, em que pese conheça, não evita[972] (a lesão da norma); ele põe diretamente em questão a validade da norma[973].

Assinale-se que, no plano específico do dolo e de suas formas, não há graduação (não há formas mais ou menos graves de dolo)[974], embora a classificação tradicional se mantenha, em face das distinções analíticas à luz, especificamente, do resultado.

Nesse aspecto, Jakobs divide os resultados em principais e colaterais, inserindo, nos primeiros (*Hauptfolgen*), aqueles que são objeto do propósito direto (*Absicht - Ziel*), como também os meios (*Mitteln*) para o alcance do objetivo, sem os quais este não seria realizado, ainda que se revelem extremamente penosos para o autor ("*schweren Herzens*"). Todos os demais, são classificados como colaterais (*Nebenfolgen*), sejam eles aqueles representados como possíveis (*dolus eventualis*) ou inevitáveis (*Wissentlichkeit*)[975]. Quanto aos últimos (colaterais), a questão central está em que sua realização, ainda que prevista como inevitável, não é necessária para o alcance do objetivo do agente.

Quanto aos resultados colaterais previstos como certos (casos de *Wissentlichkeit*, ou dolo direto de segundo grau), Jakobs, com apoio da doutrina majoritária, contenta-se com o elemento intelectual da certeza, dispensando qualquer posição volitiva do agente, que indique aprovação ou consentimento[976]. Também se posiciona, o Autor, no sentido de que basta que o resultado colateral seja previsto como certo caso o resultado buscado ocorra, ainda que o agente não atue, quanto ao último, no estado de certeza: basta que o agente represente que não há possibilidade de que a alteração no mundo por ele buscada e a ausência de realização do tipo possam se dar ao mesmo tempo.

O problema surge, precisamente, no caso do resultado colateral tido apenas como possível, que se situa na área de fronteira entre o dolo eventual e a

---

971. JAKOBS, Günther. Altes und Neues zum strafrechtlichen Vorsatzbegriff, 2017, p. 612.

972. *AT*, 1991, §8, n.m. 21, p. 270.

973. JAKOBS, Günther. *Der strafrechtliche Handlungsbegriff*, 1992, p. 34.

974. Ao se referir ao mesmo peso entre os resultados principais e colaterais. *AT*, 1991, §8, n.m. 8, p. 261. O mesmo: Altes und Neues zum strafrechtlichen Vorsatzbegriff, 2017, pp. 610-611.

975. JAKOBS, Günther. *AT*, 1991, §8, n.m. 15, p. 266 e ss.

976. JAKOBS, Günther. *AT*, 1991, §8, n.m. 18, p. 268.

negligência consciente[977]. Nestas situações, o conteúdo da vontade também é a "orientação presente" do poder de realização (*Gestaltungsmacht)*, no sentido de que o resultado colateral - embora não buscado - pode ocorrer[978]; daí que, para efeitos do conceito jurídico de vontade, tal resultado também é considerado como "querido", se inserindo no âmbito do dolo: desde que haja uma orientação presente acerca do resultado, o agente "quer" o complexo total do acontecimento.

Essencialmente, Jakobs considera que há dolo (eventual, como forma geral) se o agente, ao ponto da ação, julga que a realização do tipo como resultado da ação não é improvável[979]. Veja-se, contudo, que um simples pensamento, sem a qualidade de juízo, não basta[980], e que nem todos os riscos, ainda que proibidos, representados se afiguram suficientes para a afirmação do dolo. Se o agente representa a possibilidade do resultado, em um caso de elevação mínima - mas proibida, inclusive ao plano de delitos de perigo/desobediência[981] - do risco, isso não bastará para a censura dolosa (salvo quanto a eventual delito de perigo).

Assim, a intensidade do perigo não só deve ser conhecida pelo agente, como também o perigo não fundamentará o dolo nos casos de "habituação do risco" (*Risikogewöhnung*), ainda que haja representação. O exemplo, para tal situação, é a condução de veículo em moderado grau de ebriez, ou em velocidade excessiva, ou sem guardar a distância do veículo à vanguarda. Esses perigos proibidos, comuns e habituados, são reconhecidos pelo agente, mas também representados por ele no que tange à conduta dos outros cidadãos, não dando causa, estatisticamente, a resultados danosos. Daí que o agente, embora os represente e conheça, julga que não há necessidade de omissão da conduta, não se fazendo presente a evitabilidade como motivo dominante no caso concreto, uma vez que a norma acaba por ser desautorizada na prática[982]. Por outro lado, em se tratando de riscos "não-habituados", como uma manobra de ultrapassagem proibida e sem visibilidde, em uma estrada montanhosa, ou a inobservância de um farol vermelho em um cruzamento movimentado, fundamentariam já o dolo.

O agente excessivamente escrupuloso, que superestima o risco, de tal modo que este se baseie em situações "comunicativamente irrelevantes", também não procede dolosamente. O parâmetro de análise, da qualidade ou intensidade do

---

977. Ainda que, para Jakobs, na linha das teorias cognitivas, como a defendida por Schmidhäuser, não admita a negligência consciente, nem confira a esta qualquer papel.

978. Altes und Neues zum strafrechtlichen Vorsatzbegriff, 2017, p. 613.

979. Criticamente: KÜHL, Kristian. *AT,* 2012, §5, n.m.68, p. 108.

980. Sobre isso: DIAZ-PITA, Maria del Mar. *Los limites del dolo eventual,* 1995, p. 281. KÜHL, Kristian. *AT,* 2012, §5, n.m.71, p. 110. Também: WALTER, Toinio. *Der Kern des Strafrechts,* 2006, p. 183.

981. Acerca das distinções entre o perigo relacionado aos delitos de resultado e de desobediência, e as consequências para o dolo: JAKOBS, Günther. Altes und Neues zum strafrechtlichen Vorsatzbegriff, 2017, pp. 616 e 620.

982. Veja-se, sobre isso: PÉREZ-BARBERÁ, Gabriel. *El dolo eventual,* 2011, p. 422.

perigo, é objetivo (social-normativo), pois somente a perspectiva normativa pode classificar um risco como relevante, e não o agente, em um processo psicológico privado[983].

Veja-se que o ponto de partida de Jakobs era parcialmente psicologista, na medida em que exigia que se levasse em conta o conhecimento enquanto fato psíquico[984] – porquanto fator preponderante do controle -, embora com rejeição de outros dados, tais como a vontade no sentido de propósito ou a atitude interna/ posicionamento emocional do agente perante o resultado[985], como critérios do dolo, uma vez que estes em nada interferem com o controle da ação.

Essa delimitação a partir do elemento intelectual fez com que Jakobs, já em seus textos iniciais, identificasse, de *lege lata*, uma falha axiológica do sistema, na lida com o fenômeno da cegueira perante os fatos por indiferença[986]. Isso porque, ao exigir o conhecimento efetivo, não o fez, o legislador, de modo associado a qualquer valor; isto é, o desconhecimento tanto pode ter causas imorais ou antiéticas (desinteresse pelos bens jurídicos alheios, por exemplo), e nem por isso será equiparado, normativamente, ao conhecimento. Com isso, privilegia-se, ainda que em nome da clareza e da segurança jurídica, o inescrupuloso, em face do escrupuloso[987].

É irrecusável que Jakobs, partindo da evitabilidade individual, acaba por enfrentar dificuldades em seu sistema, ora valendo-se, topicamente, de parâmetro individual (associado ao controle – à "orientação presente") ora de parâmetro objetivo-normativo para afirmar ou negar o dolo: nos casos de habituação de riscos muito elevados, pelo agente, afirma-se o dolo, normativamente (ainda que o sujeito, em face da habituação, não pudessse formar a "motivação para a evitação"); nos casos "*standards*"', como o da "correia de couro", exige-se o conhecimento subjetivo para se afirmar o dolo; nos casos de tentativa supersticiosa, nega-se o dolo, a partir de critério objetivo-normativo[988].

Necessário destacar, por fim, quanto ao elemento intelectual, que Jakobs, nos seus trabalhos mais recentes, caminha decisivamente no sentido de uma

983. JAKOBS, Günther. Altes und Neues zum strafrechtlichen Vorsatzbegriff, 2017, p. 615.

984. Assim: PÉREZ-BARBERÁ, Gabriel. *El dolo eventual,* 2011, p. 430.

985. Veja-se: PÉREZ-BARBERÁ, Gabriel. *El dolo eventual,* 2011, p. 412.

986. Ainda a apontar, então, que se trata de uma questão incontornável, de *lege lata*: Über die Behandlung von Wollensfehler und von Wissensfehler. *ZStW* 101 (1989), p. 530, nr. 21.

987. Sobre isso: PÉREZ-BARBERÁ, Gabriel. *El dolo eventual,* 2011, p. 413. Também: JAKOBS, Günther. Über die Behandlung von Wollensfehler und von Wissensfehler. *ZStW* 101 (1989), p. 530. O mesmo: *AT,* 1991, §8, n.m.5, p. 259-260.

988. Neste sentido, vejam-se as críticas de Gabriel PÉREZ-BARBERÁ, em: *El dolo eventual,* 2011, p. 429-432. O Autor levanta uma série de incoerências nas soluções tópicas de Jakobs, sustentando que este, conforme lhe convém a contingência, aplica parâmetros individuais ou objetivos para a solução dos casos.

mais intensa normativização, defendendo que o que está afinal em causa não é o "conhecimento em si" (no sentido psicológico), mas sim a indiferença ao Direito (*Rechtsgleichgültigkeit*), ou a irrelevância subjetiva da informação para a decisão[989]: se o desconhecimento tem por fonte uma falha de valoração (*Wertungsfehler*), ou seja, se o agente não sabe o que faz, e nem sobre qual é o "julgamento do Direito" acerca do fato, porque não se interessa por isto, (ou seja, porque a informação lhe é de todo irrelevante), então o dolo deve ser reconhecido. O exemplo tomo a Jakobs: um diretor de laboratório, que em face de sua longa experiência não conta com a fiscalização estatal de sua atividade, permite que seus funcionários lancem diversos tipos de substâncias tóxicas na água, sem se preocupar com os possíveis danos à saúde, ou seja, sem representar acerca da situação jurídica em que se encontra, por indiferença ao Direito[990], atua com dolo, ainda que sem representação efetiva ao momento da ação.

Com esta nova perspectiva, que insere um componente de culpa para a própria análise do dolo[991], a ausência de conhecimento não irá, necessariamente, conduzir ao afastamento do dolo[992]. A questão, então, não estará mais apenas no controle e na facilitada evitabilidade dele decorrente, mas essencialmente no aspecto comunicativo-expressivo do atuar doloso, como sendo uma posição de contrariedade ou de completa indiferença perante a norma.

---

989. JAKOBS, Günther. Gleichgültigkeit als dolus indirectus. *ZStW* 114 (2002), p. 586. Também, o mesmo: Dolus Malus. In: ROGALL, Klaus *et al.* (Hrsg.). *Festschrift für Hans-Joachin Rudolphi.* Neuwied: Luchterhand, 2004, p. 110 e ss. Contra, a sustentar que o dolo, enquanto conceito tipológico, não pode ser definido sem a presença, em grau mínimo, de um de seus dois componentes: SCHÜNEMANN, Bernd. *FS-Hirsch,* 1999, p. 373. O Autor imputa a Jakobs uma verdadeira "falácia normativista".

990. Altes und Neues zum strafrechtlichen Vorsatzbegriff, 2017, p. 630.

991. Veja-se, acerca da distinção imprecisa entre dolo e culpa nesta perspectiva de Jakobs: BUNG, Jochen. *Wissen und Wollen im Strafrecht,* 2009, p. 197.

992. Contra: VOGEL, Joachim. Normativierung und Objektivierung des Vorsatzes. *GA* 2006, p. 389. Também: GAEDE, Karsten. Auf dem Weg zum potentiellen Vorsatz? *ZStW* 121 (2009), p. 270. Aponta, o último Autor, que a proposta de Jakobs desemboca em uma "des-diferenciação" entre dolo e negligência, transmudando-os em algo único. Além disso, a mixagem entre aspectos inerentes à culpa pelo fato com tipos de autor (o indiferente, o terrorista, o inimigo), somente se aceita no âmbito do Direito Penal do autor, pois cuida-se de presumir uma determinada consciência para se elevar a censurabilidade do injusto. Também contra: SCHÜNEMANN, Bernd. *FS-Hirsch,* 1999, p. 373. Defende, o Autor, que a indiferença não conduz à perigosidade caraterística do dolo, mas sim da negligência, uma vez que o desconhecimento nunca pode conduzir ao dolo. Isso, inclusive, pela menor perigosidade para o bem jurídico, derivada do menor domínio do fato pelo agente. Para Schünemann, a proposta de Jakobs desconsidera a estrutura do acontecimento, ignorando a factcidade psicológica, e configura uma "falácia normativista". FRISTER, HELMUT. A dogmática do dolo na Alemanha. *REC,* 76 (2019), p. 19. Em Portugal, contra: COSTA, António Manuel de Almeida. *Ilicito pessoal, imputação objectiva e comparticipação em direito penal,* 2014, pp. 604 e ss. Afirma, o Autor, que a exigência do "dolo natural" é uma exigência mínima (no sentido de necessária, mas não suficiente), e que a normativização completa do elemento cognitivo não se compagina com a legislação alemã e portuguesa, que determinam a exclusão do dolo no tocante ao erro sobre a factualidade típica. E acrescenta, ainda, que a concepção de Jakobs acaba por remeter para aspectos do caráter e personalidade, não compatíveis com um Direito Penal do fato.

Com isso, Jakobs articula uma reaproximação com a doutrina do *dolus indirectus* e passa a esboçar uma completa normativização do elemento intelectual: o que está em causa é saber se a informação/conhecimento sobre a realização do tipo seria relevante para a decisão; em caso negativo, consubstancia-se a indiferença e há fundamento para a afirmação do dolo, uma vez que o que é decisivo não é o "conhecimento em si", mas sim a relevâcia de tal conhecimento para a decisão.

Como critérios de relevância para se comprovar a indiferença Jakobs indica a situação do agente que realiza uma ação na qual o envolvimento de seu próprio interesse - este sim, considerado por ele - está muito próximo ao interesse ignorado; ou ainda o caso em que, em um complexo de cursos possíveis, o agente segue aquele que é de seu interesse[993].

Em síntese, nesta concepção, nem todo comportamento doloso exige um "conhecimento presente" da realização das circunstâncias típícas, mas sim é aquele mediado por um erro de valoração (*Wertungsfehler,* ainda que por indiferença).

Contudo, o próprio Jakobs põe em dúvida tal solução à luz do §16 do *StGB*, que é claramente interpretado como uma norma que tem por objeto o conhecimento psicológico. Segundo o Autor, deveria, tal qual o §17, a aludida norma ter por referência não o desconhecimento, mas sim o erro[994].

A problemática da normativização parcial do conhecimento, para a abrangência dos casos de cegueira por indiferença, será enfrentada desenvolvidamente em tópico próprio desta investigação, na Parte V. Fica, por ora, acentuado que, na perspectiva deste trabalho, o conhecimento presente, enquanto estado psíquico, sem qualquer valoração, não é um pressuposto inultrapassável do dolo. É preciso investigar os fundamentos do desconhecimento, como se verá adiante.

2.3. O dolo como a realização (consciente) de um perigo desprotegido (*unabgeschirmte Gefahr)*: um problema do tipo objetivo

Herzberg pretende resolver o problema da conceituação do dolo, e de sua delimitação com a culpa, já a partir do tipo objetivo[995]. Para isto, rejeita, desde logo, uma interpretação etimológica, fundada na linguagem cotidiana, acerca do termo "*Vorsatz*"[996], e observa que o que está em causa, para o jurista, não é a

993. Gleichgültigkeit als dolus indirectus. *ZStW* 114 (2002), pp. 589 e 595.

994. Gleichgültigkeit als dolus indirectus. *ZStW* 114 (2002), p. 599.

995. Notadamente, no artigo: Die Abgrenzung von Vorsatz und bewusster Fahrlässigkeit - ein Problem des objektiven Tatbestandes. *JuS* 4 (1986), p. 249 e ss. Também, o mesmo: Die Strafdrohung als Waffe im Kampf gegen AIDS? *NJW* 24 (1987), pp. 1461 e ss, especialmente p. 1466. Criticamente, dentre outros: WALTER, Tonio. *Der Kern des Strafrechts,* 2006, p. 184. Veja-se ainda, acerca do risco de presunção do dolo, caso se dê uma objetivização das fronteiras com a negligência: KÜHL, Kristian. *AT,* 2012, §5, n.m.88, p. 117.

996. Partindo de tal interpretação etimológica, veja-se, por todos: SPENDEL, Günter. Zum Begriff des Vorsatzes. *FS-Karl Lackner,* 1987, p. 167 e ss.

palavra, mas sim a exigência de justiça. Daí que nada assegura que o emprego dos termos "dolo" ou "intenção" na linguagem corrente irá coincidir com seu uso jurídico; bem ao contrário: haverá casos em que se considerará doloso o fato, embora isso contradiga o uso comum da palavras palavras propósito ou intenção[997]. Obviamente, a base de que parte o Autor para suas investigações é essencialmente normativa, e se vincula às funções que o conceito há de cumprir no sistema penal, sobretudo à luz dos fins da pena. Nas palavras de Herzberg[998]: "*o dolo de matar também pode coincidir com o desejo e o esforço de não matar*".

Primeiramente, Herzberg ataca frontalmente a fórmula tradicional, ou seja, que concebe o dolo como a vontade e o conhecimento de realização do tipo[999]. Sobre o elemento volitivo, Herzberg aponta a contradição de seus defensores, dentre os quais refere especialmente Günter Spendel, que pretendem partir da linguagem cotidiana para a definição do querer, mas acabam se divorciando fatalmente daquela ao resolver os casos clássicos de dolo eventual. Passa-se a utilizar, então, a vontade em um "sentido fraco", com o nítido objetivo de se defender a fórmula tradicional, que se cristalizou "como um dogma": mas o problema é que não existe "querer em sentido forte e fraco", tal como o branco não corresponde a um "preto fraco". O exemplo de que se vale Herzberg aqui é curioso e ilustrativo: alguém pretende definir o que é uma ave, e a descreve como sendo um animal de sangue quente, com capacidade de voar. Contudo, assim se excluiriam os pinguins e os avestruzes do conceito de ave. Para não fazê-lo, defende-se que estes possuem uma "capacidade reduzida de voo"; a corrida do avestruz, por exemplo, seria então um tipo de voo no sentido diminuído/ fraco. E tudo isto ocorre em face de um erro lógico e metodológico: parte-se do máximo qualificado (*Absicht*, no caso do conceito de dolo, por exemplo), para se definir a forma base, e pretende-se que a forma base (que é a máxima) defina também o que já seria suficiente como o mínimo[1000].

A tentativa de se resolver o dolo ao plano do tipo objetivo - que é seu objeto de referência[1001] - conduz Herzberg a se valer de um conceito pré-típico e negativo de ação[1002], como sendo a não-evitação do evitável, e que se faz presente

997. HERZBERG, Rolf Dietrich. Das Wollen beim Vorsatzdelikt und dessen Unterscheidung von bewusst fahrlässigen Verhalten. Teil 1. *JZ* 13 (1988), p. 573-574.

998. Das Wollen beim Vorsatzdelikt und dessen Unterscheidung von bewusst fahrlässigen Verhalten. Teil 1. *JZ,* 13 (1988), p. 574.

999. Die Strafdrohung als Waffe im Kampf gegen AIDS? *NJW* 24 (1987), pp. 1464-1466.

1000. HERZBERG, Rolf Dietrich. Das Wollen beim Vorsatzdelikt und dessen Unterscheidung von bewusst fahrlässigen Verhalten. Teil 1. *JZ* 13, (1988), p. 575. Ainda: Die Strafdrohung als Waffe im Kampf gegen AIDS? *NJW,* 24 (1987), p. 1464, com referência aos casos de contaminação com o vírus HIV, para os quais o Autor reconhece a geração de um perigo desprotegido, pouco importando que, em face da probabilidade baixa de contágio, o agente tenha confiado na boa saída.

1001. HERZBERG, Rolf Dietrich. Die Strafdrohung als Waffe im Kampf gegen AIDS? *NJW* 24 (1987), p. 1464.

1002. Desenvolvidamente: *Die Unterlassung im Strafrecht und das Garantenprinzip*, 1972, p. 177

em todas as modalidades de comportamento, sejam no atuar como no omitir. A vontade, assim, se desloca[1003] para a ação pré-típica, e deixa de integrar o dolo, que se consubstancia através do elemento cognitivo (conhecimento normal), e que pressupõe um perigo de certa qualidade (de um objeto especial).

O núcleo do conceito de dolo, para Herzberg, é uniforme e exclusivamente, "*o conhecimento do perigo proibido e desprotegido*", sendo este também o critério central de delimitação com a culpa[1004].

Em divergência frontal com a posição predominante, Herzberg não aceita a confiança irracional na boa saída, nos casos de perigo intenso e desprotegido, para a negação do dolo. Para o Autor, se a confiança supersticiosa de que o resultado se dará, não fundamenta o dolo, a crença irracional e otimista, de que nada ocorrerá, também não pode excluí-lo. Sinteticamene: o que conta, para o dolo, é o conhecimento, não a crença[1005].

Não há, então, mais razão para se cogitar de formas intensas (*Absicht*) e fracas (*dolus eventualis*) de dolo, da mesma forma que, ao se conceituar o que é uma ave, não se afirma que a gaivota é "mais ave" do que o pinguim, porque voa. O problema está, no primeiro caso, em se exigir o elemento volitivo como integrante do conceito de dolo, e no último, em se tomar a capacidade de voo como integrante da definição de ave, tentando-se, insistentemente, justificar depois que aquele que "não quer" pode atuar dolosamente, e que um pinguim, que não voa, é uma ave.

O que ocorre é que muitos Autores, presos à exigência da vontade para o preenchimento do tipo, deslocaram-na do dolo para a ação, como o fez, por exemplo, Schmidhäuser. Contudo, segundo Herzberg, mesmo aí o elemento volitivo se apresenta supérfluo. O que importa, na verdade, é a evitabilidade (*Vermeidbarkeit*) do comportamento e não o querer no sentido positivo ou a

e ss; 181 e ss. Ainda: HERZBERG, Rolf Dietrich. *In*: PAWLIK, Michael *et al.* (Hrsg.). *Festschrift für Günther Jakobs*. Köln: Carl Heymanns, 2007, p. 147 e ss.

1003. Joerg Brammsen, criticamente, designa as teorias alinhadas a tal concepção como "teorias do deslocamento" (*Verlagerungstheorie)*, e assinala que o que elas têm em comum é um conceito pré-típico de ação. Veja-se: Inhalt und Elemente des Eventualvorsatzes - Neue Wege in der Vorstatzdogmatik? *JZ 2*, 1989, p. 76 e ss.

1004. Das Wollen beim Vorsatzdelikt und dessen Unterscheidung von bewusst fahrlässigen Verhalten. Teil 1. *JZ* 13 (1988), p. 575.

1005. Das Wollen beim Vorsatzdelikt und dessen Unterscheidung von bewusst fahrlässigen Verhalten. Teil 1. *JZ* 13 (1988), p. 261. Mas é bom esclarecer: a crença irracional, a ausência momentânea de pensamento, a falsa percepção do perigo, que impliquem em um não conhecimento da situação, estas sim, podem, para Herzberg, evitar a censura dolosa. O exemplo que o Autor fornece é o de um "irmão" de seita, que subministra veneno à vítima, na crença supersticiosa de que o "Guru" o transformou em remédio. Apenas nos casos em que o conhecimento do perigo esteja presente, a crença irracional no bom desenlace não servirá de escusa para inibir o reconhecimento do dolo. *Op. cit.* p. 261.

voluntariedade[1006]. E o Autor apresenta dois exemplos para sustentar seu ponto de vista acerca da não-necessidade da voluntariedade: alguém tem, repentinamente, um sangramento no nariz e se deixa ficar em um sofá, a gotejar sangue, manchando-o[1007]; alguém é acometido, em um funeral, de um ataque de risos, e permanece no local, ofendendo o sentimento dos demais. Nessas duas situações, tanto o sangramento quanto o riso não se podem dizer "queridos" ou "voluntários", contudo o sujeito "deixou-se ficar", sendo que podia evitar a lesão ao interesse jurídico protegido, levantando-se do sofá ou saindo da sala do funeral. Este *deixar-se-ficar* (*sich-gehen-lassen*), ou a "não evitação do resultado apesar da capacidade de evitá-lo", é o quanto basta para a imputação de responsabilidade[1008]. Ainda que tais hipóteses transfigurem delitos comissivos em omissivos impróprios, o que interessa é que resta demonstrado que o querer não é estrutural, na medida em que o sujeito se encontra na posição de garante em face de sua especial responsabilidade, pois lhe cabe inibir os danos do sangramento involuntário e a ofensa do riso alto involuntário na sala do funeral.

O que Herzberg pretende demonstrar é que se a vontade é mesmo um elemento essencial da ação humana, ela não o é em termos de preenchimento do tipo, em um sentido positivo. O que está em causa, no plano típico, é, tão somente, a evitabilidade. Daí que o modelo base de realização do tipo é o omissivo puro, que reflete, de forma clara, a responsabilidade pela "*não-evitação do evitável*"[1009]. O Autor parte do modelo negativo de ação, fundamentado nos deveres de garante que, para ele, também se fazem presentes nos crimes comissivos próprios. Estes últimos configurariam, em boa verdade, casos de "garante por excelência"[1010].

Note-se que Herzberg – como o próprio assevera – não tem por escopo cancelar a diferença ontológica entre ação e omissão, mas sim encontrar, para espécies distintas de comportamento, um "*genus proximum*". Esse ponto co-

---

1006. No mesmo rumo: PAWLIK, Michael. *Das Unrecht des Bürgeres,* 2012, p. 380.

1007. Contra este conceito negativo de ação, e a defender que o caso do exemplo é o de um delito comissivo de dano: BRAMMSEN. Inhalt und Elemente des Eventualvorsatzes – Neue Wege in der Vorsatzdogmatik? *JZ* 2 (1989), p. 74. Também: DIAZ-PITA, Maria del Mar. *Los límites del dolo eventual,* 1995, p. 179. A Autora, partindo da perspectiva das normas penais como normas de determinação, anota que o sujeito passa a se utilizar do sangramento – ainda que iniciado de modo involuntário – para a lesão do bem jurídico, restando configurada, assim, uma ação

1008. HERZBERG, Rolf Dietrich. Das Wollen beim Vorsatzdelikt und dessen Unterscheidung von bewusst fahrlässigen Verhalten. Teil 1. *JZ* 13 (1988), p. 576.

1009. Das Wollen beim Vorsatzdelikt und dessen Unterscheidung von bewusst fahrlässigen Verhalten. Teil 1. *JZ* 13 (1988), p. 576.

1010. Criticamente, a apontar que isso conduz a um indevido esvaziamento do conceito de garante: BRAMMSEN. Inhalt und Elemente des Eventualvorsatzes – Neue Wege in der Vorsatzdogmatik? *JZ,* 2 (1989), p. 74. Destaca, o Autor, que a função prática do conceito de garante nos crimes omissivos impróprios, qual seja, a de permitir que essa posição especial seja jurídica e socialmente esclarecida pela via da comparação à posição do autor ativo, acaba sendo perdida.

mum se revela na não-evitação por parte do garante: aquele pai que espanca seu filho e aquele pai que não evita que seu filho seja espancado se faz igualmente responsável a partir da estrutura normativa da não-evitação. E este é, para o Autor, o elo entre os dois tipos de comportamento.

No sentido de demonstrar as contradições e déficits das teorias tradicionais e predominantes, tais quais, a da aprovação, da possibilidade, da probabilidade e do "levar a sério", Herzberg retoma casos clássicos, como o do professor que autoriza os estudantes a se banharem em um lago perigoso, o da "correia de couro" e o da "roleta russa". Nestes, a intuição e o sentimento jurídico conduzem ao afastamento do dolo de homicídio na primeira hipótese (caso de risco proibido baixo), e à afirmação do dolo homicida no segundo (caso de risco proibido elevado), salvo, no último (roleta russa), se o resultado naturalístico não ocorrer, em que a tendência é o não reconhecimento da tentativa de homicídio[1011].

De fato, a teoria da possibilidade tem dificuldades em rechaçar o dolo no caso do professor, caso este tenha reconhecido o risco de afogamento, necessitando recorrer à conhecida e discutível rejeição/deslocamento mental do perigo (*Verdrängung*), para negar o dolo[1012]. Por outro lado, a teoria da aprovação/consentimento se vê em maus lençóis para afirmar o dolo no "caso da correia de couro", o que conduziu o BGH, no fito de salvá-la, a passar a aplicar a criticada fórmula da "aprovação em sentido jurídico" (*Billigen im Rechtssinne*). E as teorias da aprovação e do levar a sério falham para resolver o caso da roleta russa com resultado fatal, pois seria muito pouco razoável admitir que os amigos, ao iniciarem o perigoso jogo, levavam a sério e aprovavam o resultado morte, seja do companheiro, seja de si mesmo. Ao fim e ao cabo, o que acontece é que os critérios acabam por ser distorcidos para que o resultado atenda ao "sentimento jurídico" (*Rechtsgefühl*), negando-se intuitivamente o dolo homicida ao professor, e atribuindo-o ao jogador da roleta russa e aos autores do "caso da correia de couro". Paradoxalmente, também se recusa o dolo nos últimos casos, no que toca à tentativa de homicídio[1013].

Essas anotações, direcionadas a casos práticos, cumprem a função de

---

1011. Sobre isso, veja-se também: RAGUÉS Y VALLÈS, Ramon. *El dolo y su prueba en el proceso penal,* 1999, p. 142 e ss. A questão da consumação aponta para uma incoerência, já que poucos estão dispostos a admitir a tentativa de homicídio em caso de não ocorrência do resultado. Fica, assim, a imputação condicionada ao acaso.

1012. Aqui, na verdade, muitas vezes se parte da hipótese de que o sujeito deslocou a consciência do perigo, quando é de se admitir que isso pode não ter se dado. Como, então, explicar a não imputação ao dolo?

1013. Joerg Brammsen acentua que Herzberg está correto em suas críticas às teorias tradicionais, bem assim no tocante aos resultados inconsequentes. Contudo, sustenta que isso não conduz à rejeição de qualquer possibilidade de integração do elemento volitivo no conceito de dolo, mas sim, tão somente, à rejeição das referidas teorias. Veja-se, sobre isso: Inhalt und Elemente des Eventualvorsatzes - Neue Wege in der Vorsatzdogmatik? *JZ* 2 (1989), p. 77.

desvelar contradições internas nas teorias que atribuem ao próprio sujeito a competência para julgar sobre o perigo criado, vinculando-se a pergunta sobre o dolo a posicionamentos subjetivos, de índole emocional[1014], e no mais das vezes irracionalmente fundamentados.

Com efeito, a teoria do "levar a sério" também abre a possibilidade para que o próprio agente, mesmo em face de um cabal reconhecimento do risco proibido e elevado, evite, através de uma "negação mental", a censura do dolo. Reconhece-se que não basta a simples desaprovação (como ocorria no caso das teorias estritas da aprovação), mas sim de uma prognose emocional negativa acerca da entrada do resultado. Mas, aponta Herzberg, essa (irracional, por vezes) prognose negativa pode ser mais rara do que a desaprovação, nos casos de risco elevado; contudo, mesmo nestes, ela pode se verificar[1015]. A teoria do "levar a sério", ainda que em situações em que a confiança se mostre inassociável com o risco reconhecido, ou seja, tenha base irracional, permite favorecer, a rigor, o agente. E se assim é, não se pode, em casos nos quais se apresenta político-criminalmente desconfortável, passar a conferir fundamentos racionais à confiança, distorcendo-se o ponto de partida.

Herzberg também - não sem razão - observa a incoerência entre vários julgamentos do BGH, ao afastar o dolo em casos de não-consumação e afirmá-lo naqueles em que o resultado se verifica[1016]. Isso se deu, claramente, nas soluções opostas do caso da "correia de couro", (no qual houve resultado morte e o dolo foi afirmado), e do caso da taxista, que foi estrangulada e sobreviveu, no qual o dolo homicida foi afastado pelo BGH[1017].

Por evidente, sob o prisma teórico e normativo, as soluções das perguntas sobre o dolo não podem depender do resultado naturalístico. Caso contrário, tudo dependeria do acaso: o agente teria mais chance de ver reconhecida uma "confiança séria", caso a vítima sobrevivesse; já se o resultado morte ocorresse, a excepcional perigosidade do ataque brutal passaria a ser o critério decisivo, e uma confiança séria do autor seria desconsiderada.

1014. Contra, a defender que é possível defender a exigência do elemento volitivo sem que nele se integre qualquer tipo de posicionamento emocional/sentimental do agente: Inhalt und Elemente des Eventualvorsatzes - Neue Wege in der Vorsatzdogmatik? *JZ* 2 (1989), p. 77. Também: KÜHL, Kristian. *AT*, 2012, §5, n.m.84, p. 115.

1015. Die Abgrenzung von Vorsatz und bewusster Fahrlässigkeit - ein Problem des objektiven Tatbestandes, *JuS* 4 (1986), p. 252.

1016. Die Abgrenzung von Vorsatz und bewusster Fahrlässigkeit - ein Problem des objektiven Tatbestandes, *JuS* 4 (1986), p. 252.

1017. BGH, StrVert.1984, 187. Veja-se: HERZBERG, Rolf Dietrich. Das Wollen beim Vorsatzdelikt und dessen Unterscheidung von bewusst fahrlässigen Verhalten. Teil 2. *JZ* 13, (1988), p. 638 e ss. No mesmo rumo, veja-se: SCHLEHOFER, Horst. Risikovorsatz und zeitliche Reichweite der Zurechnung beim ungeschützten Geschlechtsverkehr des HIV-Infizierten. *NJW* 33 (1989), p. 2018.

Após essas críticas, Herzberg[1018] passa a perquirir por um critério de delimitação logo no tipo objetivo, relacionado à qualidade do perigo (diferença ôntico-fenomenológica). Em linhas gerais, o Autor defende que a essência do dolo está em que o sujeito crie, conscientemente, um perigo desprotegido (*unabgeschirmte Gefahr*[1019]) para o bem jurídico. Opostamente, se o perigo – também proibido – for protegido (*abgeschirmte Gefahr*), o que se tem é a culpa, independentemente da boa ou da má intenção do agente[1020].

A teoria de Herzberg elege, portanto, como critérios tipológicos básicos: o perigo protegido ou assegurado através da atenção humana (*die durch menschliche Aufmerksamkeit Gefahr)*, que configura culpa, independentemente da intenção/propósito; o perigo desprotegido ou descoberto (*unabgeschirmte Gefahr*), que configura, em regra, dolo; e o perigo desprotegido, mas remoto ou distante (*die unabgeschirmte, aber entfernete Gefahr*), que configura, excepcionalmente, a culpa.

Por perigo protegido, Herzberg compreende aquele em que o resultado pode ser evitado, seja pela especial atenção do próprio agente, seja pela especial atenção do periclitado/ofendido. Protegido[1021] quer, assim, dizer que a atenção humana ainda confere uma "altamente eficiente reserva de proteção", que faz com que o resultado pareça um caso excepcional, um infortúnio[1022].

Nesse contexto do perigo protegido, o mestre-de-obras que envia o subordinado a um andaime, sem as medidas de segurança exigidas pelas normas, cria um risco indiscutivelmente proibido; contudo, o perigo é classificado como protegido, já que o chefe conta com a especial atenção do subordinado, atenção esta que, sob um prisma estatístico, é suficiente para evitar um mau

---

1018. Die Abgrenzung von Vorsatz und bewusster Fahrlässigkeit - ein Problem des objektiven Tatbestandes, *JuS* 4 (1986), p. 254.

1019. Die Abgrenzung von Vorsatz und bewusster Fahrlässigkeit - ein Problem des objektiven Tatbestandes, *JuS* 4 (1986), p. 255.

1020. Sobre isso: PÉREZ-BARBERÁ, Gabriel. El dolo eventual, 2011, p. 452. Também: RAGUÉS I VALLÈS, Ramon. *El dolo y su prueba en el proceso penal,* 1999, p. 143 e ss. E criticamente: WALTER, Tonio. *Der Kern des Strafrechts,* 2006, p. 184-185, a ponderar que a exclusão do dolo, em tais casos, quando há intenção, se afigura normativamente injustificado. Destaque-se, contudo, que essa concepção de Tonio Walter não se afigura consequente com sua concepção acentuadamente cognitiva do dolo, e nem mesmo se revela coerente com suas exigências à intenção, em que faz menção a um perigo reconhecível no sentido prático (op. cit. p. 187). Seria de indagar: a transmissão do HIV na hipótese do exemplo, sob um prisma objetivo, é um resultado efetivamente distante do acaso?

1021. Também é possível traduzir "*abgeschirmt*" como "coberto". Penso que protegido, contudo, em português, confira o melhor sentido semântico e por isto opto por esta tradução.

1022. HERZBERG, Rolf Dietrich. Die Abgrenzung von Vorsatz und bewusster Fahrlässigkeit – ein Problem des objektiven Tatbestandes, *JuS* 4 (1986), p. 257. Veja-se ainda, criticamente: KÜPPER, Georg. Zum Verhältnis von dolus eventualis, Gefährdungsvorsatz und bewusster Fahrlässigkeit. *ZStW* 100 (1988), p. 782 e ss.

desenlace[1023]. O que se dá, quando o funcionário sobe e desce do andaime ileso, não é a "sorte proveniente do acaso", mas sim o resultado da especial atenção humana, que em regra é o que basta para evitar o acidente. Ainda que o envio do subordinado ao andaime, sob tais condições, não seja permitido - ultrapasse a fronteira do risco permitido -, o agente têm bases racionais para contar com a não-entrada do resultado[1024].

Do mesmo modo, o motorista que realiza uma manobra de ultrapassagem proibida e arriscada, contando com que sua própria habilidade, e/ou a capacidade de desviar do motorista que trafega em sentido oposto, produz um perigo proibido protegido. E é exatamente por isto que tais casos, quando não resultam em qualquer acidente, não são classificados, desde logo, como tentativas de homicídio. Herzberg situa, ainda, nesta área do perigo protegido, o caso do motorista que se direciona contra o polícia, desobedecendo a ordem de parada: conta-se com a possibilidade desvio na última hora, especialmente pela ação do próprio policial que poderia saltar no último segundo, evitando o atropelamento. Todos estes casos, para Herzberg, fundamentam apenas lesões ou homicídio culposos, se o resultado ilícito ocorre, ou periclitação para a vida/saúde, em caso negativo.

Herzberg observa que, na hipótese do motorista que conduz o carro contra o polícia, se este tiver levado a sério o perigo de produzir a morte, e tiver se colocado, emocionalmente, de acordo com o resultado, os defensores das teorias volitivas deveriam, para ser consequentes, afirmar o dolo de homicídio, ou a tentativa, em caso de não verificação do resultado. E do mesmo modo os defensores das teorias cognitivas deveriam, no mesmo contexto fático, afirmar o dolo de homicídio, já que o tomar o resultado como concretamente possível seria o elemento constitutivo também para afirmar o dolo de perigo (algo que não poderiam negar Schmidhäuser, Schröder, nem Frisch, já que é plenamente concebível que o agente não tenha deslocado a representação do risco, e que tenha julgado por si a possibilidade de ocorrência do resultado). Assim, para o Autor, apenas o critério do perigo protegido é capaz de negar o dolo homicida no exemplo, apresentando uma solução consistente: o agente reconhece o perigo para a vida, que a um só tempo é um perigo concreto e protegido.

1023. Veja-se, sobre isso: KÜPPER, Georg. Zum Verhältnis von dolus eventualis, Gefährdungsvorsatz und bewusster Fahrlässigkeit. *ZStW* 100 (1988), p. 782.

1024. Die Abgrenzung von Vorsatz und bewusster Fahrlässigkeit - ein Problem des objektiven Tatbestandes, *JuS* 4 (1986), p. 254. Veja-se que a opinião dominante poderia lançar o caso para a área da negligência consciente, imputando ao autor uma avaliação otimista irracional do perigo. Mas Herzberg tem razão ao apontar que a questão é outra: não é o posicionamento do autor que está em causa, mas sim a qualidade do perigo criado. E mesmo que os resultados práticos sejam os mesmos, a fundamentação da exclusão do dolo, a partir da teoria do perigo protegido, nestas situações, se afigura mais coerente.

Já o caso prototípico do perigo desprotegido, para Herzberg, é o da "roleta russa". Nestas situações, a atenção e os esforços do agente ou da vítima, para a evitação do resultado, não ocupam espaço algum: tudo fica mesmo a depender do acaso. Os jogadores da "roleta russa" não podem, de modo algum, evitar que o disparo seja propelido, uma vez acionado o gatilho, causando a morte do coparticipante[1025]. Do mesmo modo, aquele que pratica relação sexual com uma vítima, tida por ele como possivelmente menor de 14 anos, espoleta um perigo desprotegido de realização do tipo. E em tal situação, mesmo que o agente, irracionalmente, repila a consciência - por acreditar, por exemplo, no seu horóscopo ou nas cartas - essa crença supersticiosa em nada alterará a *qualidade* do perigo (desprotegido), e nem tampouco inibirá a censura dolosa.

Note-se, contudo, que nem sempre a realização do perigo desprotegido bastará, para Herzberg, para a afirmação do dolo. Nas situações em que o risco do resultado é mínimo ou muito remoto, mesmo que a especial atenção humana não possa evitá-lo e tudo dependa do acaso, Herzberg acaba por equiparar - normativamente - o perigo desprotegido ao protegido. Nesse sentido, o sujeito que, tarde da noite, em uma rua de pouco movimento, lança um objeto pesado pela janela de um prédio, acabando por ferir mortalmente um transeunte, realiza um perigo desprotegido remoto que apenas fundamenta a censura pela negligência[1026]. A razão para tal equiparação está em que o resultado, em tais casos, se debita ao acaso, sendo de todo improvável, como se dá no grupo do perigo protegido[1027].

O critério de Herzberg, especialmente quanto ao perigo protegido, se aproxima, na visão do próprio Autor, da proposta de Jakobs, qual seja, o do "risco proibido habitualmente aceito na vida social" como base para a delimitação entre o dolo e a culpa. Assim, naqueles casos em que o agente incrementa o risco proibido, mas em uma intensidade muito baixa, como ocorre no avanço dos limites de velocidade ou em certas situações de ultrapassagem proibida, realiza-se um risco socialmente habituado, ou mesmo aceito, embora proibido. Tais situações se equiparam àquelas inseridas na área do perigo protegido. Contudo, para Herzberg, a habituação social do risco não é suficiente para abarcar os casos do professor que permite aos alunos se banhar em local perigoso, do pai que envia o filho ao telhado para concertar a antena, ou do suspeito em fuga

---

1025. Die Abgrenzung von Vorsatz und bewusster Fahrlässigkeit - ein Problem des objektiven Tatbestandes, *JuS* 4 (1986), p. 255. Criticamente, anotando que este caso seria facilmente resolvido pela doutrina predominante como sendo de dolo, em face da impossibilidade de se confiar seriamente na ausência do resultado: KÜPPER, Georg. Zum Verhältnis von dolus eventualis, Gefährdungsvorsatz und bewusster Fahrlässigkeit. *ZStW* 100 (1988), p. 785.

1026. Die Abgrenzung von Vorsatz und bewusster Fahrlässigkeit - ein Problem des objektiven Tatbestandes, *JuS* 4 (1986), p. 256.

1027. Sobre isso: KÜPPER, Georg. Zum Verhältnis von dolus eventualis, Gefährdungsvorsatz und bewusster Fahrlässigkeit. *ZStW* 100 (1988), p. 782.

que conduz o veículo contra o policial. Essas facticidades dificilmente seriam vivenciadas, socialmente, como de pequeno risco e ainda mais dificilmente ocorreriam de modo habitual. Daí que, para Herzberg, apenas o critério do perigo protegido pode poupar, nestes casos, a censura dolosa, ao menos quanto ao dolo de homicídio[1028].

Quanto à Frisch, e à teoria do risco por ele proposta[1029], Herzberg[1030] acentua que, embora o caminho indicado fosse o correto, tudo permaneceu como antes. Isso porque, para Frisch, todo risco normativamente relevante se faz adequado para integrar o dolo; o decisivo continua a ser que o agente, consciente do risco, tenha atuado subjetivamente com a confiança, ou não, de que o comportamento proibido pela norma estava a ser realizado (trata-se do "ver-para-si", exigido por Frisch, como já aqui várias vezes apontado). Ao não se valer do critério da qualidade do perigo para a delimitação entre o dolo e a negligência e ao manter a competência para o julgamento do risco para o sujeito, o deslocamento prometido por Frisch, para o tipo objetivo, não se cumpre afinal.

É de se ressaltar que a proposta de Herzberg, ao contrário do que lhe debitam muitos críticos, não amplia nem tampouco reduz a área do dolo: ela é, na verdade, tal como a de Puppe, apenas *distinta*. Situações de perigo desprotegido, nas quais a teoria predominante (especialmente do "levar a sério") estaria disposta a negar o dolo em face do posicionamento emocional do sujeito - que confia na boa saída, repele mentalmente o resultado etc - são resolvidas como dolosas por Herzberg; por outro lado, casos de perigo protegido, que poderiam ser tidos como dolosos pela doutrina tradicional, ao menos do ponto de vista teórico, - por ter o agente levado o risco a sério, o aceitado internamente ou mesmo desejado o resultado -, são tratados por Herzberg, em via de regra, como sendo de negligência consciente[1031].

Em síntese, o que se tem é: a delimitação entre dolo e culpa consciente se realiza no âmbito do tipo objetivo, com base na qualidade do perigo (protegido x desprotegido) conhecido; o perigo protegido se fundamenta na reserva de proteção derivada da atenção humana, e não é suficiente para a afirmação do dolo de lesão, nem mesmo nos casos em que o agente o tenha levado a sério ou mesmo desejado o resultado; o perigo desprotegido, salvo o qualitativamente reduzido e distante, caso reconhecido pelo sujeito, sempre fundamentará a censura dolosa, independentemente do posicionamento emocional daquele pe-

---

1028. Die Abgrenzung von Vorsatz und bewusster Fahrlässigkeit - ein Problem des objektiven Tatbestandes, *JuS* 4 (1986), p. 256.

1029. *Vorsatz und Risiko,* 1983, p. 26 e ss.

1030. Die Abgrenzung von Vorsatz und bewusster Fahrlässigkeit - ein Problem des objektiven Tatbestandes, *JuS* 4 (1986), p. 259.

1031. Assim, corretamente: RAGUÉS I VALLÈS, Ramon. *El dolo y su prueba en el proceso penal,* 1999, p. 145 e ss.

rante o resultado[1032]. O conhecimento do perigo é pressuposto (psicológico) do dolo, mas já sua valoração é uma questão para o Direito[1033]. O essencial para a pergunta sobre o dolo é saber se o agente reconheceu um perigo que devia ser levado a sério (por ser desprotegido), e não saber se o agente julgou/levou a sério o perigo[1034].

A teoria de Herzberg representa muitos avanços, especialmente no que se refere à defesa da maior aptidão de um catálogo fechado de indicadores do dolo para produzir decisões seguras e obsequiosas ao princípio da igualdade[1035]. Herzberg aponta, de modo claro e contundente, os déficits de fundamentação das teorias cognitivas e volitivas tradicionais, especialmente a amplamente empregada teoria do "levar a sério", demonstrando que elas podem chegar a resultados satisfatórios, mas de modo incoerente com os próprios pontos de partida. Expõe-se que ninguém está disposto a censurar por tentativa de homicídio o agente que realiza uma manobra de risco proibida levando a sério a possibilidade de causar uma colisão mortal. Demonstra-se que a intenção não pode transfigurar a natureza do risco criado, e que, ao contrário, a confiança irracional na ausência do resultado, em situações de risco elevadíssimo, não deve servir de válvula de escape da censura dolosa.

Contudo, há pontos problemáticos que vem sendo apontados, com alguma razão, pelos críticos[1036]. A seleção do critério "perigo protegido x desprotegido", como sendo o único a se observar para a distinção entre dolo e culpa consciente não se afiguraria adequada. O próprio Herzberg admite que há casos de perigo descoberto/desprotegido que não fundam a censura dolosa, como aqui já foi anotado, procurando apresentar um corretor com base na "distância" do resultado. Mas este não é o déficit principal.

Tal qual toda teoria fundada em um critério objetivo único, a de Herzberg se vê em dificuldades quando do esclarecimento casuístico do que vem a ser

---

1032. De acordo com Herzberg, neste aspecto: PUPPE, Ingeborg. *AT,* 2011, §9, n.m.11, p. 117. Aponta, a Autora, que uma "confiança irracional" revela que o destino da vítima lhe é indiferente, tanto que sequer lhe "desperdiça" uma reflexão racional.

1033. Sobre isso: PÉREZ-BARBERÁ, Gabriel. *El dolo eventual,* 2011, p. 463. Também, e reforçando que exatamente por isso não se pode considerar o conceito de dolo de Herzberg como puramente objetivo, veja-se: RAGUÉS I VALLÈS, Ramon. *El dolo y su prueba en el proceso penal,* 1999, p. 147 e ss.

1034. Die Abgrenzung von Vorsatz und bewusster Fahrlässigkeit – ein Problem des objektiven Tatbestandes, *JuS* 4 (1986), p. 262. Contra: HASSEMER, Winfried. *GS-Armin Kaufmann, 1989,* a postular que o essencial é o que se passou internamente, no momento da decisão e da apropriação pessoal.

1035. Também criticando duramente o catálogo aberto: PUPPE, Ingeborg. *AT,* 2010, §9, n.m.10, p. 116.

1036. Veja-se, dentre outros: WALTER, Tonio. *Der Kern des Strafrechts,* p. 2006, p. 184. Indaga, o Autor, como se justifica negar o dolo no caso do peão enviado à polia, caso fosse mesmo a intenção do sujeito que criou o risco proibido a ocorrência da queda fatal?

perigo protegido e desprotegido. Não é muito clara a razão de se designar como desprotegido o caso da roleta russa e como protegido o do motorista que, em elevada velocidade, em um cruzamento movimentado, trespassa o sinal vermelho (Puppe). E ainda aponta-se que o critério só se faz aplicável com alguma clareza em se tratando de delitos de homicídio e lesões corporais, sendo muito difícil aferir o que vem a ser perigo protegido, por exemplo, no que toca a um delito de furto, por exemplo[1037].

A própria questão da qualidade do perigo também exige uma análise quantitativa, por mais que isso seja recusado por Herzberg[1038].

Mas o mais grave – e nisso Puppe e Roxin estão com a razão –, é que não se vislumbra como normativamente adequado negar a censura dolosa em todas as situações de perigo protegido[1039]. Aquele que adota medidas de proteção, mas que pretende obter o resultado ilícito pode ser indevidamente premiado em caso de aplicação restrita da teoria do perigo protegido. Isso implicaria no erro normativo de premiar o agente perigoso e calculista, que sabendo da ponte dourada, empregou medidas de controle e proteção medianamente eficazes, mas mesmo assim alcançou o resultado ilícito por ele buscado *ab initio*.

De se anotar, contudo, que em textos mais recebtes Herzberg já não se refere à proteção do perigo como critério exclusivo de imputação do dolo, substituindo pelo critério da "imediatidade do perigo de geração do tipo"[1040].

Em síntese, a teoria de Herzberg apresenta várias contribuições para a construção de um conceito normativamente adequado de dolo, mas erra ao concluir que este conceito pode ser construído, exclusivamente, segundo um critério fenomenológico escolhido, diga-se, com algum arbítrio, muito embora com boas razões.

2.4. O dolo como critério de imputação: controle atual x controle potencial

Urs Kindhäuser[1041], especialmente a partir da teoria da ação, da competência/controle objetivo (*In-Der-Lage-Sein*) e subjetivo, pretende demonstrar como se pode delimitar as áreas da negligência e do dolo[1042].

A descrição teleológica da ação, partindo-se de uma "ação-de-base" ou

1037. KÜPPER, Georg. Zum Verhältnis von dolus eventualis, Gefährdungsvorsatz und bewusster Fahrlässigkeit. *ZStW* 100 (1988), p. 784. Veja-se, ainda: CRAMER.

1038. Neste sentido, a crítica de Puppe. Veja-se: Der Vorstellungsinhalt des dolus eventualis. *ZStW* 103 (1991), p. 19.

1039. PUPPE, Ingeborg. *AT*, 2011, §9, n.m.11, p. 117.

1040. Setzt "vorsätzliches Handeln" ein "Wollen" der Tatbestandsverwircklichung voraus? JZ, 2018, p. 129. Veja-se, sobre isso: ROXIN, Claus/GRECO, Luís. *AT*, §12, n.m.69a, 2020, p. 565.

1041. Sobretudo no trabalho: Der Vorsatz als Zurechnungskriterium. *ZStW* 96 (1984), p. 1-35.

1042. Criticamente: BUNG, Jochen. *Wissen und Wollen im Strafrecht*, 2009, p. 183.

"ação-base" (*Basis-Handlung*)[1043] (voluntária) para uma ação mediata (apertar o gatilho, para realizar a ação de matar, em um sentido de intencionalidade), depende de uma perspectiva, ou seja, da intencionalidade da descrição. O pressuposto, em todo caso, é que haja uma "ação-de-base" como um "fazer-decidível" (analisado contrafaticamente), e que engloba todos os tipos de ação (e, portanto, o dolo e a negligência enquanto formas de ação imputáveis).

O objeto intencional da ação, qual seja, aquele evento que o agente pretende produzir a partir da ação-base, consiste no fundamento do comportamento do agente. Por isto, neste sentido de análise intencional, um resultado colateral - como a morte do morador no caso do incêndio da casa - não pode se descrito como querido, já que não foi o fundamento da ação[1044]. De toda sorte, todo evento, que foi causal em uma "relação-acordeão", pode ser atribuível a um comportamento intencional. A morte do morador, ainda que não tenha consistido no fundamento da ação - e portanto não foi objetivo do agente ao realizar os movimentos que desencadearam o incêndio - é causalmente atribuível à ação intencional. Contudo, a ligação deste resultado colateral, em termos de imputação, depende, essencialmente, da medida com que o sujeito o tomou como provável, sendo isto o que o conecta com a decisão pela ação. Em síntese, fora do caso de intenção direta/dolo direto de primeiro grau, a vontade, em termos de aprovação do resultado ilícito, não joga papel algum, já que ela não esclarece o porquê de o agente não ter evitado a realização do ilícito[1045].

O dolo nada mais é senão o conhecimento da possibilidade objetiva de realização, associado ao conhecimento acerca da (in)capacidade de prevenir o resultado: ou a plena consciência de que se tem o completo controle acerca da entrada do evento, associado ao objeto intencional do agente (seja o evento/ resultado o *objetivo*, o *meio*, ou o *efeito colateral*); ou o conhecimento da possibilidade objetiva de realização, sem que se tenha o controle sobre a entrada do resultado[1046]. Por sua vez, o que exige a imputação da negligência é a evitabilidade e previsibilidade do resultado penalmente relevante. O agente também deve "estar-no-lugar-de" influenciar o resultado, possuindo controle, pois caso contrário o resultado não poderia se vincular à ação (a rigor, sequer haveria uma ação); o que se dá, porém, é que o sujeito se equivoca acerca de seu poder de prevenir o evento, ou seja, o agente acredita, erradamente, que apesar da ação o acontecimento ilícito poderia ser evitado[1047].

1043. Veja-se: KINDHÄUSER, Urs. *FS-Eser,* 2005, p. 355.
1044. KINDHÄUSER, Urs. *FS-Eser,* 2005, p. 356.
1045. KINDHÄUSER, Urs. *FS-Eser,* 2005, p. 356.
1046. Veja-se: SCHROTH, Ulrich. *Vorsatz als Aneignung,* 1994, p. 49.
1047. KINDHÄUSER, Urs. Vorsatz als Zurechnungskriterium, *ZStW* 96 (1984). Criticamente, veja-se: BUNG, Jochen. *Wissen und Wollen im Strafrecht,* 2009, p. 184. Argumenta, o Autor, que a representação acerca da capacidade de evitação nada diz acerca da vontade de evitar o resultado.

O que ocorre é que, muitas vezes, o agente equivoca-se acerca do resultado de sua ação. Há, assim, casos em que o sujeito erra sobre o efeito gerado da ação (sobre sua capacidade produtiva e preventiva), bem como outros em que o agente sequer representa o possível efeito de sua ação (em que há, contudo, controle potencial). De toda sorte, mesmo nos últimos casos, é possível ver a coisa em um prisma intencional, pois o agente estava-no-lugar-de, fosse este seu objetivo, produzir o resultado, o que revela o aspecto teleológico de toda ação, que pode ser interpretada de acordo com o modelo de relação *objetivo-meio*[1048].

Parte-se, assim, de uma concepção unitária entre dolosidade e negligência, que tem como característica comum a referência a uma "ação-base"[1049] e distinguindo-se simplesmente através de estados epistêmicos, designados como formas de controle/competência: controle atual, no dolo; e controle potencial, na negligência[1050].

O controle possui três dimensões: o *fazer*, associado a uma ação-de-base, enquanto expressão de uma atividade, e que exclui comportamentos penalmente irrelevantes (como atos reflexos); o *estar-no-lugar-de*, que revela a possibilidade objetiva de o agente executar uma certa ação, em termos causais e de significado: somente caso o erguer o chapéu seja socialmente aceito como um cumprimento, e somente se o sujeito pode (do ponto de vista causal) erguer o chapéu, é que está-no-lugar-de realizar uma ação tal qual (de cumprimentar através de um gesto); e o aspecto subjetivo, vinculado à atribuição do "poder" e "conhecer", em uma relação estreita: apenas aquele que *sabe* como se joga xadrez pode reagir a um movimento do adversário, com outro movimento. O último aspecto é de relevo especial para a imputação subjetiva e para o deslinde entre a negligência e o dolo.

Segundo Kindhäuser, atua dolosamente "quem parte de que" (*ausgehen von*) através de seu atuar, pode realizar um tipo penal ("poder produtivo")[1051]. Atua negligentemente, "quem pode assumir que", através de seu atuar, pode realizar um tipo penal. Na hipótese da negligência consciente, o sujeito também "parte de que" pode realizar um tipo penal, mas o que se dá é um erro acerca da capacidade preventiva[1052]. A consciência do perigo da ação, tanto no dolo

---

1048. KINDHÄUSER, Urs. Der Vorsatz als Zurechnungskriterium. *ZStW* 96 (1984), p. 16.

1049. KINDHÄUSER, Urs. Der Vorsatz als Zurechnungskriterium. *ZStW* 96 (1984), p. 14. A ação-de-base também é um conceito relativo, só definível a partir de sua relação com a ação mediata (no exemplo, poder-se-ia descrever, como ação-de-base, o contrair o dedo, para fins de apertar o gatilho).

1050. Veja-se: KINDHÄUSER, Urs. Der Vorsatz als Zurechnungskriterium. *ZStW* 96 (1984), p. 24. Ainda, o mesmo: *Intentionale Handlung,* 1980, pp. 209-210.

1051. Com observações bastante recentes acerca disso: STUBINGER, Stephan, *FS-Kindhäuser*, 2019, p. 531.

1052. KINDHÄUSER, Urs. Der Vorsatz als Zurechnungskriterium. *ZStW* 96 (1984), p. 35.

como na negligência consciente, não é, neste sentido, diferenciável[1053]. A delimitação ocorre no plano do erro sobre o controle da ação ou sobre a capacidade preventiva[1054], não cumprindo a vontade, em termos do que efetivamente "quer" o agente, função alguma[1055].

Note-se que o "saber", para Kindhäuser, pode ser teórico e prático[1056]. No campo do saber teórico, tem-se que alguém sabe que, sob determinadas condições, um evento se dará (como a lei da gravidade, por exemplo, explica a queda de um objeto lançado pela janela). O conhecimento prático, de seu lado, consiste em que alguém reconhece que possui a capacidade de, através de seu atuar, produzir um evento (ao lançar um objeto pela janela, é possível atingir e lesionar um passante). E ainda neste último plano se insere o conhecimento de uma capacidade para prevenir a realização de um resultado (não lançar o objeto, ou lançá-lo apenas sob determinadas condições, caso se saiba, por exemplo, que não há passantes em determinado horário = conhecimento prático).

De acordo com Kindhäuser, o agente negligente erra sobre sua capacidade preventiva (*präventives Können*[1057]), ou seja, ele supõe – em oposição ao agente doloso – que tem a capacidade de contribuir decisivamente para que o resultado ilícito não se verifique[1058].

De modo mais detalhado, as hipóteses possíveis seriam as seguintes, combinando-se capacidades produtivas e preventivas, que tomam sempre como pressuposto uma "ação-de-base" voluntária:

i. o agente atua sabendo que "A" conduz a "B" (conhecimento sobre a capacidade produtiva). Realiza "A" e "B" se produz: *dolo*. O sujeito parte de que seu comportamento é adequado para a geração do resultado ilícito e ainda assim atua.

ii. o agente sabe que "A" conduz a "B", e que não está no lugar de evitar "B", se realizar "A" (conhecimento sobre a incapacidade preventiva). Realiza "A" e "B" se produz: *dolo*.

iii. o agente "está-no-lugar-de" através de sua ação "A" produzir "B", mas

---

1053. KINDHÄUSER, Urs. Der Vorsatz als Zurechnungskriterium. *ZStW* 96 (1984), p. 28.

1054. Veja-se: SCHROTH, Ulrich. *Vorsatz als Aneignung*, 1994, p. 90.

1055. KINDHÄUSER, Urs. *FS-Eser*, 2005, p. 353. O que interessa é a vontade para o seguimento da norma, enquanto motivação que deve ser formada, estando presente a capacidade de ação (física e intelectual). E a ausência da vontade para seguir a norma só não onera nos casos de desculpa ou exclusão da culpa.

1056. Veja-se, explicativamente: SCHROTH, Ulrich. *Vorstaz als Aneignung*, 1994, p. 48.

1057. Traduzo *"Können"* como capacidade, mas também é possível traduzir como poder.

1058. Contra: BUNG, Jochen. *Wissen und Wollen im Strafrecht*, 2009, p. 184. Sustenta, o Autor, que nos casos de dúvida, a representação acerca da capacidade preventiva nada diz acerca da vontade de evitar o evento. E é, segundo Bung, precisamente a vontade de evitar o evento o que se exige para se exonerar o agente da censura dolosa.

não parte desta possibilidade (falta de de conhecimento acerca da capacidade produtiva) ou não sabe sobre sua incapacidade preventiva: *culpa inconsciente*.

iv. o agente parte da hipótese de que ao realizar "A" se produzirá "B", porém confia em que está em sua capacidade evitar o resultado (erro sobre a capacidade preventiva): *culpa consciente*. Aqui, embora o sujeito "leve a sério" a possibilidade do resultado, sobrevaloriza sua capacidade/possibilidade de controle[1059]. Kindhäuser sustenta que não é o não levar a sério a possibilidade do resultado, na medida em que o sujeito está consciente do perigo, mas sim a equivocada avaliação da sua competência para evitá-lo (sobre a "*präventive Handlungskompetenz*""). O erro, insista-se, tem por objeto o controle preventivo, pois caso contrário não faria sentido em se falar de negligência *consciente*.

Note-se que, neste modelo, tudo se resolve no plano cognitivo, do controle da ação, sem qualquer indagação acerca da vontade do agente[1060] como um momento autônomo ou um elemento emocional acompanhante. E um dos fundamentos para isso seria o de que não há qualquer regra de linguagem que permita falar em uma vontade, a qual não seja o fundamento para um atuar[1061]. Assim, a vontade, no dolo eventual e no dolo direto de segundo grau, para além de disfuncional, se afigura algo que não possui objeto de referência semântico. Seus substitivos - o "por se de acordo", o "aprovar no sentido jurídico" etc - apenas traduzem perspectivas aplicáveis a comportamentos alheios, não aos próprios: ninguém "aprova" aquilo que faz[1062]. Curto: em termos de teoria da ação, a vontade ou o querer, nos casos do dolo eventual e direto de segundo grau, é algo irrelevante, uma vez que não é faticamente adequada nem fornece um fundamento para o atuar[1063].

Por fim, insta observar que a *capacidade de ação* (o saber/conhecer e a capacidade/poder) se situa no plano do tipo, enquanto a *capacidade de motivação* (no sentido de atuar conforme a norma, presente o conhecimento, ou seja, as

---

1059. KINDHÄUSER, Urs. Der Vorsatz als Zurechnungskriterium. *ZStW* 96 (1984), p. 27.

1060. KINDHÄUSER, Urs. Der Vorsatz als Zurechnungskriterium. *ZStW* 96 (1984), p. 28. Aponta, o Autor, que não se trata de uma "vontade de evitação realizada", no sentido de Kaufmann, mas sim de um erro sobre a evitabilidade. No conhecido exemplo do professor, que permite aos alunos se banharem em um local proibido e perigoso, Kindhäuser sustenta que o que está em causa não é saber se o professor empregou medidas para a evitação de um afogamento; decisivo é saber se o professor partiu de que poderia evitar um afogamento com sua intervenção, ou de que, em face de sua autoridade, os alunos não se distanciariam muito, mantendo-se em segurança. Nesta situações, somente pode se reconhecer a negligência consciente, caso o resultado ocorra. Por outro lado, se o professor considera que nada pode fazer para evitar um afogamento, e ainda assim permite que os alunos se banhem no lago, o dolo eventual deve ser afirmado, se ocorrer o resultado ilícito. Ainda, o mesmo: *FS-Eser*, 2005, p. 353.

1061. Veja-se: KINDHÄUSER, Urs. Der Vorsatz als Zurechnungskriterium. *ZStW* 96 (1984), p. 23.

1062. KINDHÄUSER, Urs. Der Vorsatz als Zurechnungskriterium. *ZStW* 96 (1984), pp. 23-24.

1063. A relação para-que (*um-zu Relationen*) não pode se apresentar em tais situações.

condições necessárias para formar a intenção de evitar o ilícito), como segundo pressuposto necessário da responsabilidade, é alocada, por Kindhäuser, no plano da culpa[1064]. Claro que, ao nível da capacidade de motivação, presume-se que, presente a capacidade de ação, o agente é capaz de formar a intenção de evitar o ilícito, o que somente poderá se excluir nas hipóteses previstas pela lei.

No que se refere às exigências feitas ao elemento intelectual, Kindhäuser considera que isto se dá de modo distinto, segundo as formulações típicas da parte especial. Por vezes, exige-se o conhecimento seguro – dolo direto de segundo grau – e por outras, em face da agregação do elemento volitivo, no sentido de que o agente teve por objetivo a realização do injusto, as exigências ao elemento cognitivo são menores, porquanto o sujeito desvela de modo especialmente claro a deslealdade ao Direito[1065].

Ulrich Schroth ergue duas objeções ao modelo desenvolvido por Kindhäuser. A primeira consiste em que se afigura normativamente inadequado concluir que a ausência de erro do sujeito, acerca da sua capacidade preventiva, sempre há de conduzir ao dolo. Isso porque o "dolo de perigo" acaba, neste caso, se equiparando ao "dolo de lesão", derivado do conhecimento não equivocado sobre o risco e sobre a possibilidade de afastá-lo. Por outro lado, não se justificaria restringir o deslocamento para a negligência apenas em face do erro acerca da capacidade preventiva do próprio agente, uma vez que este erro também poderia envolver a capacidade preventiva da vítima ou de um terceiro[1066].

Na perspectiva aqui adotada, as objeções são de natureza diversa. Reconhece-se que a vontade não ocupa lugar autônomo no dolo, especialmente no que concerne ao dolo eventual e direto de segundo grau. Contudo, no que se refere ao elemento intelectual, conforme já referido, interessa averigurar se o agente conheceu um risco de uma determinada dimensão, e não pesquisar como

---

1064. KINDHÄUSER, Urs. *FS-Eser,* 2005, p. 352. Ressalta, o Autor, que a motivação para o seguimento da norma, em termos de capacidade, é presumida, só sendo excluída nas situações de desculpa e exclusão da culpa previstas na lei. Sobre isso, criticamente: HSU, Yu-An. *Doppelindividualisierung und Irrtum,* 2007, p. 153. Observa, o Autor, que em face disso, o problema do desconhecimento por força de indiferença não é, no modelo de Kindhäuser, uma questão para o dolo, e sim para a culpa. Com isso, o dolo parece ser algo ontológico, na medida em que o desconhecimento não pode ser valorado. Em síntese, o modelo acabaria por ser reconduzido à distinção finalista entre o controle da ação e dos impulsos, ou seja, entre a vontade de realização e a formação da vontade. Para o Autor, esta separação é insustentável, pois o plano subjetivo, no injusto, contém o elemento motivacional.

1065. *FS-Eser,* 2005, p. 355.

1066. *Vorsatz als Aneignung,* 1994, p. 49 e 90. De acordo com Schroth, excluir a relevância da crença acerca da capacidade de evitação da vítima vai de encontro com a jurisprudência do BGH, como no precedente BGH, StR 11/83, de 21.02.1983, jurisprudência esta avaliada como justificada pelo Autor. justificada porque a representação de que o resultado pode ser evitado pela vítima não funciona como contramotivo para a abstenção da ação, e é este contramotivo que configura a ratio da responsabilidade destacada do atuar doloso.

o agente processou este conhecimento. O decisivo, portanto, não é a avaliação subjetiva do agente acerca de sua capacidade de prevenir o resultado, já que esta avaliação deve ser racional-objetiva. Se o agente, em um jogo de "roleta russa", por um motivo epistemicamente irracional, erra sobre sua capacidade de prevenir o disparo, isso não desloca a ação para o âmbito da negligência, uma vez que este erro, em uma análise racional e objetiva, de uma perspectiva *ex ante*, não altera o conteúdo comunicativo da ação (enquanto realização de um perigo desprotegido conhecido), nem muito menos modifica a qualidade do perigo (doloso) realizado.

É certo que Kindhäuser não atribui ao agente a decisão acerca da necessidade de formar a vontade de evitação, e sim toma em consideração um parâmetro racional. Portanto, afirma-se o dolo caso o agente parta de uma probabilidade de ocorrência do resultado que seria razão, em se tratando de um cidadão leal ao direito, para formar a motivação de evitação[1067]. Contudo, embora o nível de conhecimento seja direcionado por uma medida normativa, ela se refere à situação cognitiva do agente. Para o Autor, não faz sentido censurar o sujeito, por dolo, caso este não dispusesse do conhecimento fático necessário para formar a motivação e evitação.

Mas uma cisão radical entre a capacidade de ação (capacidade física +conhecimento) e capacidade de motivação, implica em negar qualquer relevância ao desconhecimento censurável[1068], seja por completa indiferença seja em face da vontade de não conhecer, inviabilizando-se qualquer possibilidade de normativização do elemento intelectual neste âmbito (segundo plano de normativização), o que será colocado em causa nesta investigação, em momento oportuno. Kindhäuser considera que isso se deve mesmo à função do dolo no sistema de imputação, que consiste em afirmar que, presente a capacidade de ação (= conhecimento e capacidade física), era esperado que o agente, em se tratando de um cidadão leal ao direito, formasse a motivação de evitação do comportamento ilícito. Daí a necessidade do elemento intelectual. Já no caso da culpa, a função do instituto, no sistema de imputação, é tornar exigível que o sujeito mantenha, através do cuidado esperado de um cidadão leal ao direito, a capacidade física e intelectual[1069] necessária para a evitação da realização do ilítico (evitabilidade potencial). Assim, como as funções das categorias são distintas, não se pode, para Kindhäuser, desvincular o dolo do conhecimento, sendo o instituto, portanto, incompatível com o desconhecimento por indiferença[1070].

1067. *FS-Eser,* 2005, p. 354.

1068. A equiparar o dolo ao conhecimento, explicitamente: KINDHÄUSER, Urs. *FS-Eser,* 2005, p. 354.

1069. *FS-Eser,* 2005, p. 357.

1070. *FS-Eser,* 2005, p. 357.

3. Balanço

A tendência de normativização do conceito de dolo, seja ao plano do elemento volitivo – considerado já no sentido de uma "vontade extrovertida", de uma decisão contra a norma ou de uma realização do plano do agente, em uma perspectiva de interpretação racional –, seja ao plano do elemento intelectual, – no que concerne à transferência do juízo acerca do perigo conhecido para o julgador, descartando-se a possibilidade de beneficiar um processamento irracional do risco por parte do agente (primeiro nível de normativização), seja no tocante a uma possível absorção de hipóteses de desconhecimento, fundadas em indiferença, como casos dolosos (segundo nível de normativização) –, deve, em uma abordgem geral, ser acolhida e desenvolvida.

A teoria da imputação subjetiva deve se liberar, definitivamente, das amarras psicologistas, consagrando-se o princípio retor do Direito Penal do fato.

Entre as duas principais tendências, nomeadas atualmente como normativismo volitivo e cognitivo[1071] – ainda que esta classificação não seja exata e diga mais do que pretende –, o que se nota é, sobretudo, uma disputa acerca de quais os indicadores/fatores podem ser considerados para a identificação de que houve uma decisão contra o bem jurídico ou uma comunicação clara de hostilidade ao direito, que consubstanciam o dolo. Trata-se, essencialmente, de saber: a)se deve haver uma diferença qualitativa, em termos de risco proibido, entre o dolo e a negligência; b) se fatores de ordem emocional-volitiva, tais como a personalidade do agente, a motivação, a relação com a vítima, a percepção sensorial no momento do fato, também devem, de modo associado à qualidade do risco, ser considerados para a decisão sobre o dolo.

A decisão acerca destas duas questões centrais não será tomada já agora. Indica-se, contudo, o caminho: o perigo doloso há de assumir uma entidade distinta, qualitativamente, do perigo negligente e, nos casos ordinários, deve ser conhecido pelo sujeito para a afirmação do dolo. Elementos de ordem exclusivamente emocional-subjetiva não devem ser considerados para a identificação do dolo e processamentos irracionais do perigo conhecido não devem conduzir ao afastamento da responsabilidade dolosa. O parâmetro de análise deve ser racional-normativo, e o sujeito da imputação há de ser considerado como uma pessoa racional[1072]. Tudo isso será, nas partes seguintes, desenvolvido e – assim espera-se – concretizado.

1071. Veja-se: VOGEL, Joachim. Normativierung und Objektivierung des Vorsatzes? *GA* 5 (2006), p. 388.

1072. Contra esta interpretação, a postular pela consideração da realidade subjetiva do agente, bem ainda pela relevância de processamentos irracionais do risco, de modo contundente: STÜBINGER, Stephan. Bedingter Tötungsvorsatz beim unbedingter Rasen? *In*: BÖSE, Martin et al. (Hrsg.). *Festschrift für Urs Kindhäuser zum 70. Geburstag*. Bonn: Nomos, 2019, pp. 529-530.

PARTE III

FUNDAMENTAÇÃO DA RESPONSABILIDADE DOLOSA

O objetivo dos próximos capítulos é investigar, particularmente, os *fundamentos* da responsabilidade qualificada, - mais extensa e intensa do comportamento doloso em face do culposo -, em conexão com uma determinada teoria da pena. Somente após será possível, ao plano analítico, curar dos elementos, do objeto de referência do dolo e das suas formas, bem ainda dos seus critérios de atribuição, traçando-se uma fronteira com a culpa. Ao menos - penso -, somente assim se pode cumprir a tarefa de modo consequente[1073].

Note-se que, em uma análise de múltiplos ordenamentos, inclusive do *common law*, há certa uniformidade no que toca ao tratamento do dolo e da culpa, ou bem não se punindo a última modalidade, ou bem se punindo a culpa com uma pena significativamente mais baixa. Essa constatação, quase trivial, demanda esclarecimentos, especialmente à luz dos fundamentos e dos fins da pena[1074]. Por outras: o óbvio não dispensa fundamentação.

Começa-se, pois, com uma breve referência às teorias da pena, de modo sempre articulado com a temática da responsabilidade dolosa, problema específico da investigação.

1073. No mesmo sentido: HASSEMER , Winfried. *GS-Armin Kaufmann*, 1989, p. 289. STUCKENBERG, Carl-Friedrich. *Vorstudien*, 2007, p. 407.

1074. A apontar que esta unidade de tratamento entre ordenamentos alienígenas chega a ser mesmo surpreendente: STUCKENBERG, Carl-Friedrich. *Vorstudien*, 2007, p. 406.

CAPITULO I

TEORIAS DA PENA: UMA APROXIMAÇÃO INICIAL AOS FUNDAMENTOS DA RESPONSABILIDADE DOLOSA

O debate secular, e não superado (e nem superável), sobre os fundamentos e os fins da pena se polariza entre duas grandes vertentes[1075]: as teorias absolutas, vinculadas às ideias de retribuição, compensação do mal do crime pelo mal da pena, reafirmação da norma e restauração da ordem jurídica lesada pelo crime[1076], e direcionadas, essencialmente, para os fundamentos da pena, em uma perspectiva essencialmente deontológica; e as teorias relativas, que incluem perspectivas preventivas gerais e especiais, negativas e positivas, voltadas, sobretudo, para os fins da pena[1077], em um direcionamento consequencialista/ /utilitarista (intimidação/dissuasão individual; dissuasão geral; fortalecimento da confiança e lealdade ao Direito; estabilização normativa etc)[1078].

1075. Sobre o tema, veja-se: HASSEMER, Winfried. *Einführung in die Grundlagen des Strafrechts. 2. Aufl.* München: C.H. Beck, 1990, p. 282 e ss. Para uma análise crítica dessa oposição esquemática, e com considerações específicas sobre a teoria penal hegeliana: STÜBINGER, Stephan. *Das "idealisierte" Strafrecht.* Frankfurt: Vittorio Klostermann, 2008, p. 291 e ss.

1076. Veja-se: PAWLIK, Michael. *Person, Subjekt, Bürger,* 2004, p. 20.

1077. Acerca da inexatidão da contraposição entre teorias absolutas e relativas, e a defender que seria mais apropriado falar em teorias "preventivamente orientadas" e teorias "expressivas", uma vez que todas, atualmente, são "funcionais" (no sentido de que orientadas a objetivos), veja-se: HÖRNLE, Tatjana. *Straftheorien,* 2011, p. 57.

1078. Sobre isso: KINDHÄUSER, Urs. *AT,* 2013, §2, n.m.14, pp. 38-39. Criticamente: NEUMANN, Ulfried. The "deserved" punischment. *In*: SEMESTER, A.P. *et al.* (edit.). *Liberal criminal theory. Essays for Andreas von Hirsch.* Oregon: Oxford and Portland, 2014, p. 67 e pp. 74 e ss.

A grosso modo, afirma-se que as teorias retributivas encontram o fundamento da pena no passado - pune-se *quia peccatum est*[1079]; já as teorias preventivas/ /relativas buscam justificar a pena de modo voltado ao futuro, na inibição de novos ilícitos: pune-se *ne peccetur*[1080].

O dilema fundamental da teoria penal consiste, de fato, em optar basicamente entre dois caminhos aparentemente opostos e inconciliáveis: ou bem se considera a pena legítima, se esta é adequada e útil para seus fins, direcionando-a ao futuro; ou, por outro lado, se considera que a pena é legítima porque é, intrinsecamente, justa, direcionando-a ao passado[1081]. Mas esse reducionismo conduz a um impasse, na medida em que cada caminho possui dificuldades, aparentemente, insuperáveis[1082].

Uma das maneiras de se lidar com a questão encontra raízes já no próprio pensamento de Beccaria, no sentido de se obter a prevenção pela via da retribuição. Para dizer mais claramente, e a desnudar o utilitarismo do argumento: "a justiça (retributiva) *compensa*"[1083]. Não há dúvidas, portanto, de que Beccaria não defendia uma teoria absoluta, mas sim uma "relativo-preventiva"[1084].

Observe-se que, segundo o Autor, ambos os pontos de vista exigem, antes de mais, responder a pergunta sobre o porquê de a punição ser merecida afinal. Isso, via de regra, se procura justificar a partir de argumentos de índole consequencialista. Neumann chama atenção para as dificuldades de se justificar, em uma perspectiva preventiva, a inadmissibilidade da punição de um inocente, caso esta cumpra os efeitos buscados (prevenção geral e individual negativa, confirmação da norma *etc*). No plano da teoria do direito natural, em um sentido utilitarista-preventivo da pena, apoiado em argumentos essencialmente cognitivos (e na ideia da sabedoria/prudência individual), posicionam-se Grotius, Pufendorf e Hobbes. Veja-se: JAKOBS, Günther. Staatliche Strafe: Bedeutung und Zweck, 2017, p. 8. Daí a crítica certeira de Jakobs, no sentido de que a teoria penal do iluminismo não tem por base normativa o Direito, mas sim deriva de uma teoria cognitiva da prudência/sabedoria (esta compreendida como busca de utilidades) individual (baseada na relação de custo-benefício, entre o mal da pena e a vantagem do crime, com "saldo" negativo).

1079. Com ampla referência a Hegel, veja-se: LESCH, Heiko Hartmut. *Der Verbrechensbegriff,* 1999, p. 96. A pena, neste sentido, tem por fundamento exclusivo a restituição daquilo que foi perturbado pelo delito, ou seja, a validade do Direito, e mais concretamente, da norma.

1080. Sobre isso: PAWLIK, Michael. *Das Unrecht des Bürgers,* 2012, p. 60. Muito informativo, com referências a Hobbes, Beccaria, Bentham, Feuerbach e v. Liszt, veja-se: MENDES, Paulo de Sousa. *O torto intrinsecamente culposo como condição necessária da imputação da pena,* 2007, pp. 311-316.

1081. Veja-se: PAWLIK, Michael. *Person, Subjekt, Bürger,* 2004, p. 19.

1082. Veja-se: GRECO, Luís. *Lebendiges und Totes in Feuerbachs Straftheorie,* 2014, p. 234 e 247, apontando: "*como se pode evitar uma pena injusta, sem se apoiar na teoria retributiva? Ou: como se pode resolver a expectativa da teoria retributiva, de se atentar para a indisponibilidade, sem se tornar presa de sua pretensão, da punição no exemplo da ilha?* E no sentido da necessidade de se considerar fundamentos de modo combinado, em "perspectivas temporais distintas", ainda: HÖRNLE, Tatjana. *Straftheorien,* 2011, p. 60.

1083. Sobre isso: GRECO, Luís. *Lebendiges und Totes in Feuerbachs Straftheorie,* 2014, p. 235 e 238, explicitando, o Autor, a justificação da retribuição pela via da prevenção geral.

1084. Veja-se: MENDES, Paulo de Sousa. Die philosophischen Wurzeln der Trennung zwischen Unrecht und Schuld, FS-Wolter, 2013, p. 285.

Para alguns, a alternativa parece ser ou bem assumir uma posição entre as teorias conflitantes, ou bem partir para uma posição unificadora ou de combinação[1085], em que os fundamentos retributivos e os fins preventivos convivam harmonicamente, como procuraram demonstrar Merkel, Beling, Mezger, Mayer, v. Hippel[1086] dentre tantos outros[1087], inclusive a jurisprudência do BGH[1088]. Mas isso conduz a uma possível quebra na coerência sistemática, uma vez que princípios condutores inconciliáveis são forçados a conviver. O preço a pagar, portanto, é a própria renúncia ao sistema[1089], ao menos no sentido kantiano.

Nesta investigação sobre o conceito de dolo é incontornável assumir uma posição clara, pois dela dependerão vários fundamentos e argumentos desenvolvidos no trabalho, a desaguar em uma conclusão conceitual que se pretende analiticamente coerente[1090], mas, sobretudo, *materialmente justificada*. Afigura-se, realmente, inviável tocar o conceito de dolo de modo desvinculado dos fundamentos e fins da pena, na medida em que o dolo nada mais é senão uma função do sistema legal, enquanto forma de imputação subjetiva[1091]. É dizer, não

---

1085. Sobre isso: DIAS, Jorge de Figueiredo. *Direito Penal – Parte Geral,* 2012, p. 44. Informativo sobre o tema, também: GRECO, Luís. *Lebendiges und Totes in Feuerbachs Straftheorie,* 2014. Também: KORIATH, Heinz. Über Vereinigungstheorien als Rechtfertigung staatlicher Strafe. *Jura* 12 (1995), pp. 625 e ss. Dentre os defensores da teoria "associadora" ou "unificadora", indiquem-se, apenas por ora: JESCHECK, Hans-Heinrich. WEIGEND, Thomas. *AT,* 1996, §8, p. 75-76. SCHMIDT, Eberhard. Vergeltung, Sühne und Spezialprävention. *ZStW* 67 (1955), p. 185. MAURACH, Reinhard. ZIPF, *AT,* 1992, §6, n.m.9, p. 67. Partindo de uma teoria unificadora, mas com acento retributivo (no plano conceitual), veja-se: KORIATH, Heinz. Über Vereinigungstheorien als Rechtfertigung staatlicher Strafe. *Jura* 12 (1995), p. 506 e ss. Veja-se ainda: PÉREZ-BARBERÁ, Gabriel. Probleme und Perspektive der expressiven Straftheorien, *GA* 2014, p. 505 e ss; Problemas y perspectivas de las teorías expresivas de la pena. *InDret,* 4 (2014), p. 6. E a apontar que no que se refere à sociedade a pena se justifica preventivamente, mas quanto ao agente a justificação é apenas retributiva, veja-se: HART, H.L.A. *Punishment and Responsability.* 2 ed. Oxford: Oxoford University Press, 2008, p. 9.

1086. Veja-se, dentre outros: HIPPEL, Robert v. *Lehrbuch des Strafrechts,* 1932, pp. 59 e 63.

1087. Desenvolvidamente: GRECO, Luís. *Lebendiges und Totes in Feuerbachs Straftheorie,* 2014, p. 237.

O Autor chama a atenção para os perigos de se fundamentar a justiça a partir da ideia de prevenção, sobretudo para os perigos de flexibilização da culpabilidade – através de perspectivas da culpabilidade por condução de vida, por exemplo. Op. cit. p. 240.

1088. Veja-se: NEUMANN, Ulfried. The "deserved" punishment, 2014, p. 72.

1089. Corretamente: PAWLIK, Michael. Strafrechtswissenschaftstheorie. *In*: PAWLIK, Michael. ZACZYK, Rainer (Hrsg.). *Festschrift für Günther Jakobs.* Köln: Carl Haymanns, 2007, p. 481.

1090. Releva, no prisma analítico, isolar e criticar argumentos vinculados a determinadas posições. Por exemplo, releva indicar que há boa dose de consequencialismo escondido em modelos absolutos, e que há apelo a argumentos da ordem do justo e da ética das virtudes, em modelos utilitários ou preventivos. Indicar ou desvelar estes aspectos, trazê-los à luz, contribui para o desenvolvimento de modelos internamente mais coerentes. Veja-se, sobre isso: GRECO, Luís. *Lebendiges und Totes in Feuerbachs Straftheorie*, 2009, pp. 235-237.

1091. Sobre isso: STUCKENBERG, Carl-Friedrich. *Vorstudien zu Vorsatz und Irrtum im Völkerstrafrecht,* 2007, p. 406-407. Para o Autor, caso se vincule, no plano da dignidade penal, o dolo à intenção, sob o pretexto de que esta é a forma mais completa de ação responsável, este fundamento corresponde apenas a um Direito Penal moralizador, vincado na ideia de retribuição. Um Direito

se pode aceder diretamente ao dolo, impondo-se uma mediação entre seu conceito e uma determinada perspectiva penal[1092], seja ela retributiva ou preventiva.

Justifica-se, pois, antes de mais, uma breve e restrita análise das teorias da pena, articulando-se, no seu curso, sempre que possível, mas necessariamente ao final, o tema com o problema do conceito de dolo que aqui se almeja defender, cuja solução se dá pelo acento normativo e no caráter expressivo do comportamento doloso.

1. Teorias absolutas: *punitur quia peccatum est*

Para a denominada "Escola Clássica", a pena é "absoluta" no sentido preciso de que se desvincula de qualquer outro fim: *absolutus*, enquanto desvinculado[1093]. A influência do "Idealismo Alemão", particularmente do pensamento de Kant e Hegel, para a aludida construção teórico-dogmática, é evidente e não se coloca sequer em questão[1094].

Em Kant, na *Metafísica dos costumes*[1095], a pena assume a condição de um imperativo categórico[1096], que se exige em face do injusto. No conhecido "exemplo da ilha"[1097], Kant exige que o último homicida seja executado[1098], uma vez que

Penal voltado para necessidades preventivas deve, pois, ter outros fundamentos para a punição mais rigorosa do dolo. O maior desvalor moral da ação dolosa deixa sem resposta a pergunta sobre a punição destacada do dolo, em termos de objetivos da pena. Por fim, Stuckenberg ainda ressalta que as perspectivas de caris retributivo pressupõem sempre um *dolus malus* - "*animus hostilis gegen die Rechtsordnung*", o que conflitaria com a teoria normativa da culpa. Op. cit. p. 419-420. Contudo, como se verá aqui, não é justificado associar as perspectivas retributivas, notadamente as contemporâneas, ao dolo como intenção nem tampouco ao "*dolus malus*". E se verá, ainda, que a vinculação à teoria normativa da culpabilidade pode se dar em outras bases, ou nem se dar afinal.

1092. Corretamente: SCHROTH, Ulrich. *Vorsatz als Aneignung,* 1994, p. 15.

1093. Veja-se: OTTO, Harro. *AT,* 2004, §1, n.m. 72, p. 15. Contudo, apontando e desvelando a fundamentação consequencialista da retribuição, no seio do pensamento clássico, e associando-a à própria garantia da autoridade do Estado, inclusive para se justificar a aplicação da pena de morte: GRECO, Luís. *Lebendiges und Totes in Feuerbachs Straftheorie,* 2014, p. 237 e 241. Veja-se ainda, sobre a aproximação da escola neoclássica e a teoria penal de Hegel: SEELMANN, Kurt. Hegels Straftheorie, 2011, pp. 82-83, notadamente acerca da ideia de que a pena "*leva a sério o delinquente em sua racionalidade*", o que fundamenta a necessidade da censura, imposta ao sujeito responsável.

1094. Sobre isso, veja-se: SEELMANN, Kurt. Does punischment honour the offender? *In*: SEMESTER, A.P. *et al.* (edit.) *Liberal criminal theory. Essays for Andreas von Hirsch.* Oregon: Oxford and Portland, 2014, pp. 111 e ss. HÖRNLE, Tatjana. *Straftheorien,* 2011, pp. 15 e ss.

1095. *Metaphysik der Sitten.* Leipzig: Durr'schen Buchhandlung, 1870, pp. 172; 177.

1096. Veja-se: ZACZYK, Rainer. Zur Begründung der Gerechtigkeit menschlichen Strafens. *FS-Albin Eser,* 2005, p. 217.

1097. *Metaphysik der Sitten.* Leipzig: Durr'schen Buchhandlung, 1870, p. 175. Explicativo: JAKOBS, Günther. Staatliche Strafe: Bedeutung und Zweck, 2017, p. 9, a apontar que, nesta perspectiva, a punição não é algo *permitido* ao Estado, mas um *dever* do Estado.

1098. "*hat er aber gemordet, so muss er sterben*". *Metaphysik der Sitten,* 1870, p. 175. Importa ressaltar, aqui, que a pena retributiva, para Kant, encontra duas restrições, ao plano do tipo objetivo e subjetivo. No aspecto objetivo, apenas os "*delicta publica*" eram merecedores da pena retributiva,

o ato praticado impõe valoração, e o agente deve ser tratado como participante desta lesão pública da justiça[1099]. O que está na base da exigência da punição é a própria ideia de liberdade[1100], como parte essencial da natureza racional do homem. Associar a pena a outros fins implica, por sua vez, em tratar o homem como meio, o que viola sua dignidade. A pena é, assim, a reação à violação da liberdade, com caráter puramente retributivo e livre de outros fins[1101]: ela é um imperativo categórico[1102].

Em Hegel, nas *Linhas fundamentais da filosofia do direito*[1103], estabelece-se o divulgado princípio de que o delito é a negação do Direito e a pena é a negação desta negação[1104], ou seja, a anulação do delito, que do contrário teria validade. Trata-se, assim, de uma retribuição, enquanto lesão da lesão. Há uma relação intrínseca e indissociável entre delito e pena[1105], como discurso e resposta (*Rede und Gegenrede*)[1106]. Através da pena, a violação da norma é contraditada

e não os simples "*delictum privatum*", em uma distinção já realizada pelos Autores penalistas da época, como *Achenwall*. Ao plano subjetivo, apenas as realizações dolosas, e com a qualificação de que o dolo exigia a consciência do caráter criminoso do fato, deveriam receber a pena retributiva. Sobre estes aspectos, veja-se: NAUCKE, Wolfgang. *Über die Zerbrechlichkeit des rechtsstaatlichen Strafrechts*, 2000, pp. 92-97.

1099. Sobre a teoria penal de Kant, veja-se: LESCH, Heiko Hartmut. *Der Verbrechensbegriff*, 1999, pp. 23-40. Sobre o "cognitivismo moral", que fundamenta esta perspectiva: PÉREZ-BARBERÁ, Gabriel. Problemas y perspectivas de las teorías expresivas de la pena. *InDret*, 4 (2014), p. 9.

1100. Veja-se, sobre isso, em Hegel: STÜBINGER, Stephan. *Das "idealisierte" Strafrecht*, 2008, p. 308.

1101. Neste sentido, a punição é justificada intrinsecamente como uma resposta legítima ao crime. Veja-se, criticamente: NEUMANN, Ulfried. The deserved punischment, 2014, p. 79. Note-se que o Autor, embora nao subscreva uma perspectiva retributiva, considera que o caráter da censura e o pressuposto da culpa são da essência da "instituição pena", dela não podendo ser desconectados. Em uma imagem de espelho da conexão, destaca o Autor, "*a pena envolve censura tanto quanto a premiação envolve mérito*" ("*Institutionally speaking, punishment necessarily involves censure, and a reward always involves prise*").

1102. Sobre o pensamento penal de Kant, veja-se, também: NAUCKE, Wolfgang. *Über die Zerbrechlichkeit...*, 2000, p. 70 e ss. Anota, com precisão, o Autor, que um Direito Penal retributivo, no sentido de Kant, pressupõe distinguir o Direito da lei; a arbitrária, mutável a cada tempo, lei, do Direito justo. A representação, de que através da pena se deve retribuir é, assim, "suprapositivo". Ainda para Naucke, o que Kant pretendia resguardar, para a proteção da liberdade e dignidade da pessoa, e em face do caráter mutável das leis e dos fins das penas, era uma pequena área, que receberia o título de "Metafísica do Direito Penal".

1103. *Grundlinien der Philosophie des Rechts*, 1821, §§97 e 99.

1104. Veja-se, sobre isso: JAKOBS, Günther. *Norm, Person, Geselschaft*, 2008, p. 113.

1105. Veja-se: DIAS, Augusto Silva. *«Delicta in Se» e «Delicta Mere Prohibita»*, 2008, p. 693. Aponta, o Autor, que o ilícito dos "*delicta in se*" corresponde sem maiores dificuldades a esta estrutura, mas isso não cobre todas as formas de desrespeito que fundam o moderno ilícito penal. De fato, a conexão da fundamentação de Hegel se dá, essencialmente, com a lesão de bens individuais, e não parece suficiente, hoje, para abarcar toda a ampla fenomenologia delitiva. Veja-se ainda, explicativo: ZAFFARONI, Eugenio Raul/PIERANGELI, José Henrique. *Manual de direito penal brasileiro. Parte geral.* São Paulo: RT, 1997, p. 285.

1106. Veja-se: LESCH, Heiko Hartmut. *Der Verbrechensbegriff*, 1999, pp. 96-98. Veja-se ainda, sobre os pontos nucleares da filosofia do Direito em Hegel: JAKOBS, Günther. Staatliche Strafe: Bedeutung und Zweck, 2017, p. 21 e ss. STÜBINGER, Stephan. *Das „idealiserte" Straf-*

e o Direito é restaurado[1107]; a afirmação de "validade" do injusto como forma de um "dever-valer" da vontade individual é vista, em contradição com a vontade geral, como um "nada material"[1108]. O que está no núcleo da perspectiva são dois aspectos: a) a negação do reconhecimento recíproco (*wechselseitige Anerkennung*)[1109]: o agente, ao cometer o delito, unilateralmente, nega o reconhecimento devido ao outro e reduz sua posição jurídica; a pena cancela esta negação unilateral e, ao reduzir proporcionalmente a posição jurídica do próprio delinquente (compensação), restaura o vínculo entre este e a comunidade[1110]; b) o chamado "argumento legal", qual seja, o de que o agente, como sujeito racional, pretende, com o ilícito, universalizar a máxima de ação, em termos de subsunção à própria lei. Daí se dá uma efetiva autocontradição, pois o agente reconhece a necessidade de proteção da propriedade ou vida, mas ao furtar ou matar, por exemplo, elege uma regra que não pode ser universalizada sem autocontradição[1111]. A perspectiva defendida neste trabalho se vincula à primeira linha de fundamentação, ou seja, de que o ilícito, especialmente o doloso, configura/expressa/comunica uma grave negação do reconhecimento recíproco, e não acolhe a segunda (o argumento legal), majoritariamente rejeitado face a seu excessivo racionalismo[1112]. Este tópico mereceria, *per se*, uma investigação

recht, 2008, p. 299, contudo em uma interpretação distinta da de Lesch e Jakobs, acentuando-se que a pena em Hegel não se associa a uma perspectiva funcional e se vincula a um conceito material/concreto de justiça.

1107. HEGEL, Georg Wilhelm Friedrich. *Grundlinien der Philosophie des Rechts,* 1821, §99. No âmbito da dogmática penal, e mesmo antes de Hegel: *Werner,* J.T. Ueber die Theorie der Strafrechtsbegründung. *ArchCrim,* 1 (1802), p. 118, *apud,* STÜBINGER, Stephan. *Das "idealisierte" Strafrecht,* 2008, p. 302.

1108. Sobre isso: BERNER, Albert Friedrich. *Lehrbuch des deutschen Strafrechtes.* Leipzig: Bernhard Lauchniss, 1857, §21, p. 19. Explicativamente, e com muita clareza: MANSO-PORTO, Teresa. *Normunkenntnis aus belastenden Gründen,* 2009, p. 91. A pena, nesta concepção, não tem o sentido de consolidar a fidelidade ao Direito, na medida em que o sistema não depende da consciência individual. Assim, ao conceito de pena pertence exclusivamente a confirmação da identidade normativa, que não resulta de qualquer processo empírico compreensível, mas consiste em um significado. Veja-se também, sobre a nulidade consistente na violação da vontade geral, da qual faz parte a vontade do agente: DIAS, Augusto Silva. *«Delicta in Se» e «Delicta Mere Prohibita»,* 2008, p. 691. No mesmo rumo: JAKOBS, Günther. Staatliche Strafe: Bedeutung und Zweck, 2017, p. 23, a ressaltar o aspecto simbólico-comunicativo da pena.

1109. Veja-se: SEELMANN, Kurt. Hegels Straftheorie, 2011, p. 82, a acentuar o *„levar a sério recíproco"* (*wechselseitiges Erstnehmen*). Também: STÜBINGER, Stephan. *Das „idealiserte" Strafrecht,* 2008, pp. 300-301.

1110. Veja-se: SEELMANN, Kurt. Hegels Straftheorie, 2011, pp. 80-81.

1111. O "argumento legal", qual seja, o de que o criminoso, como racional, universaliza a acção ilícita, como uma lei geral, se afigura mais problemático e não tem sido aceito pela dogmática contemporânea. Trata-se, nas palavras de Augusto Silva Dias, de um "*talião racionalizado*", em que a pena é um Direito do criminoso e honra sua racionalidade. Isso poderia conduzir a reagir irracionalmente ao irracional, além de configurar, para o Autor, uma definição idealista e monológica. In: *«Delicta in Se» e «Delicta Mere Prohibita»,* 2008, pp. 690-691, especificamente a nota 1501.

1112. Sobre a rejeição do "argumento legal", veja-se: SEELMANN, Kurt. Hegels Straftheorie, 2011, p. 79. Também: WOHLERS, Wolfgang. WENT, Florian H. Die Bedeutung der Straftheorie

exclusiva, que não é possível encetar aqui, mas será difusamente discutido no curso do texto nesta parte.

O que se distingue entre Kant e Hegel é, especialmente, a concepção taliônica kantiana, irrealizável para Hegel, o qual propõe a substituição por uma ideia de equivalência entre pena e delito[1113], que tem por base a ideia de justiça compensatória[1114]. Em comum está, em ambos os Autores, a absoluta rejeição da ideia de dissuasão, bem ainda de "melhora do criminoso", como fins da pena[1115]. E aqui é mesmo inevitável referir à conhecida sentença hegeliana: "*Com a fundamentação da pena desta forma, é como quando se levanta um pau contra um cão: e ao homem não se lhe trata segundo sua honra e liberdade, mas sim como a um cão*"[1116]. A pena é uma resposta destinada a um agente moral, com capacidade racional e com todas as condições de receber uma censura, diferentemente de um animal, que apenas pode ser condicionado, ou de um louco, que deve ser tratado[1117].

Mesmo Claus Roxin, que rejeita expressamente a perspectiva retributiva, reconhece seus principais méritos: o estabelecimento de limites à punição, a qual deve equivaler à culpa[1118] e não pode excedê-la, no escopo de tornar o

Hegels. *In*: HIRSCH, Andreas v. NEUMANN, Ulfried. SEELMANN, Kurt. (Hrsg.). *Strafe – Warum? Gegenwärtigen Strafbegründungen im Lichte von Hegels Straftheorie*. Baden-Baden: Nomos, 2011, p. 180.

1113. Veja-se: LESCH, Heiko Hartmut. *Der Verbrechensbegriff*, 1999, p. 192. O mesmo: Zur Einführung in das Strafrecht: über den Sinn und Zweck staatlichen Strafens (1.Teil). *JA* 26 (1994), p. 514. Veja-se ainda: SCHMIDT, Eberhard. *Einführung...*, 1995, p. 295. STÜBINGER, Stephan. *Das „idealisierte" Strafrecht*, 2008, p. 299.

1114. Veja-se: PAWLIK, Michael. *FS-Jakobs*, 2007, p. 483. Neste sentido, não se trata de uma "sequencia negativa", de um "segundo mal", mas sim de uma justa restituição distributiva da liberdade. Também: WOHLERS, Wolfgang / WENT, Florian H. Die Bedeutung der Straftheorie Hegels, 2011, p. 199.

1115. Veja-se: LESCH, Heiko Hartmut. *Der Verbrechensbegriff*, 1999, p. 98. O criminoso é punido pelo que fez, mas apenas pelo que fez, e não pode ser instrumentalizado, servir de experimento para fins de política criminal e prevenção de ilícitos futuros, sendo degradado em um objeto. O que a pena demonstra é que a norma questionada – e questionada por uma pessoa racional, com capacidade/competência para fazê-lo – continua valendo, podendo e devendo ser aplicada pelos demais cidadãos para a orientação de seus comportamentos futuros (confirmação da expectativa de validade contrafática).

1116. *Grundlinien der Philosophie des Rechts*, 1821, §99. Veja-se, sobre isso, explicativo: KERSTING, Wolfgang. *Macht und Moral. Studien zur praktischen Philosophie der Neuzeit*. Paderborn: Mentis, 2010, p. 228.

1117. Em uma interessante comparação entre a teoria de P. F. Strawson e o Idealismo Alemão, de Kant, Locke e Hegel, que tem por ponto comum o respeito ao delinquente, e seu tratamento como pessoal moral (*agent moral*), é fundamental ver: SEELMANN, Kurt. Does punischment honour the offender? 2014, pp. 115-116. Anota, o Autor, que a ideia subjacente é a de que somente alguém com capacidade de reflexão e consciência de si pode ser responsabilizado: a imputação implica no reconhecimento do agente como pessoa.

1118. Criticamente, a ressaltar que Roxin, por um lado, faz referência ao aspecto retributivo e ao mesmo tempo o considera um fundamento falso: KORIATH, Heinz. Über Vereinigungstheorien als Rechtfertigung staatlicher Strafe. *Jura* 12 (1995), pp. 506 e 511.

criminoso um exemplo; a base liberal, no sentido de garantir a liberdade, ao passo em que impõe tais limites à punição[1119]. Contudo, para Roxin, a "ideia metafísica" de realização justiça não só não pode ser uma tarefa do Estado de Direito Democrático, como também não se justifica que o seja[1120]: o que os cidadãos podem esperar do Estado, apenas, é que este lhes assegure paz e liberdade. O pensamento, de que o mal do crime pode ser cancelado ou compensado com o mal da pena, é, para Roxin, apenas uma "crença", à qual ninguém pode ser vinculado a professar. Em síntese, Roxin assinala que atualmente as teorias absolutas não são mais "defensáveis" cientificamente[1121].

O que se deve destacar, contudo, é que as teorias absolutas não podem ser fundamentadas a partir de perspectivas (com elas obviamente incompatíveis!) conseqüencialistas, ou seja, como se a pena fosse tão somente um meio para se assegurar a prevenção de ilícitos. Se a pena é apenas um meio importante para determinadas utilidades, então ela se submete a considerações fungíveis, que mudam de tempo em tempo, podendo ser forçada a desviar-se de critérios efetivos[1122], e inclusive de seus limites.

1119. *AT,* 2006, §3, n.m.7, p. 72. De todo modo, para Roxin, a teoria retributiva não se sustenta. Para o Autor, no âmbito de um Direito Penal que tem por tarefa a proteção subsidiária de bens jurídicos, não se pode justificar a aplicação de uma pena caso esta seja desnecessária para tal desiderato. Para um aprofundamento das críticas, veja-se o desenvolvimento infra. Proximamente: ZAFFARONI, Eugenio Raul/SLOKAR, Alejandro. ALAGACIA, Alejandro. *Derecho Penal, Parte General.* 2. ed. Buenos Aires: Ediar, 2002, p. 73. Críticamente a tais argumentos: LESCH, Heiko H. Zur Einführung in das Strafrecht. Über den Sinn und Zweck staatlichen Strafens (2. Teil). *JA* 12 (1994), p. 596. Também: SEELMANN, Kurt. Hegels Straftheorie, 2011, p. 80. NEUMANN, Ulfried. The "deserved" punischment, 2014, p. 73.

1120. *AT,* 2006, §3, n.m 8, p. 72-73. No mesmo sentido: HÖRNLE, Tatjana. *Straftheorien,* 2011, p. 18. DIAS, Jorge de Figueiredo. *Direito Penal - Parte Geral,* 2012, p. 48. Isso é, para dizer claramente, um sério erro de interpretação da teoria penal hegeliana: não se trata da confirmação de uma "ordem cosmológica", nem de uma ordem "extraestatal" de justiça, e sim da ordem jurídico-estatal concreta (*Daseyn*), na medida em que esta também é racional. A pena, para Hegel, se fundamenta na retribuição, contudo tem por objetivo demonstrar a invalidade, ou o caráter de nada (*Nichtigkeit*) do delito, superando, neste sentido, as objeções opostas à teoria penal de Kant. Veja-se, corretamente: LESCH, Heiko Hartmut. *Der Verbrechensbegriff,* 1999, pp. 77 e 99. Veja-se ainda: MANSO-PORTO, Teresa. *Normunkenntnis aus belastenden Gründen*, 2009, p. 91.

1121. Contra: ZACZYK, Rainer. *FS-Eser,* 2005, p. 208. Questiona, o Autor: como é possível compatibilizar as duas sentenças de Roxin, no sentido de que, por um lado, a liberdade não é demonstrável e não pode, portanto, ser empregada em um conceito (como pressuposto da culpabilidade, *v.g.*) e, por outro lado, que a vontade dos cidadãos obriga o Estado a lhes assegurar a (rejeitada conceitualmente) liberdade? Também, no mesmo rumo, a apontar que não há qualquer incompatibilidade em se tentar legitimar a pena através de um critério de justiça: KORIATH, Heinz. *Grundlagen strafrechtlicher Zurechnung,* 1994, p. 240. Ainda: PAWLIK, Michael. *FS-Jakobs,* 2007, pp. 482-483, ao apontar que não se trata de uma ordem normativa abstrata (metafísica), e sim do pertencimento a uma ordem "concreta-real", situada no mundo, em que há uma liberdade visível .

1122. Assim: GRECO, Luís. *Lebendiges und Totes in Feuerbachs Straftheorie,* 2014, p. 244. Complementa, alhures, o Autor, com a observação de que o outro argumento - também de base consequencialista - no sentido de que a pena somente alcança seus efeitos quando é *justa* (fundamentação

Ao contrário, um Direito Penal de perfil retributivo, especialmente nos termos esboçados por Kant e Hegel (no último caso, sem que se confunda "norma" com "Direito"), é rigorosamente delimitado e possui uma rígida hierarquia, em cujo topo se encontram a liberdade e a dignidade da pessoa humana, especialmente na ideia de reconhecimento recíproco e igualdade (que é a base das relações jurídicas na sociedade), as quais não são acessíveis a qualquer poder, nem também a qualquer maioria, e nem manipuláveis por objetivos expressos ou ocultos da política criminal[1123].

A delimitação pode se verificar, inclusive, no plano da teoria penal de Hegel, na medida em que em uma sociedade fortemente estabelecida, a aplicação do mal da pena, em termos de redução da posição jurídica do delinquente, pode ser não só atenuada, como até renunciada, caso a sanção se revele desnecessária para o restabelecimento do reconhecimento recíproco[1124]. E nada há de metafísico ou moralista aqui, reconheça-se.

É mesmo certo que apenas uma visão autoritária poderia conduzir a afirmar que a pena é destituída de finalidade, sendo um fim em si mesmo. Há necessidade de se fundamentar a grave intervenção nos direitos fundamentais do agente efetivada pela pena criminal[1125]. Mas esta fundamentação, por outro lado, não é possível exclusivamente através da prevenção de ilícitos futuros, o que aliás não é fundamento em caso algum, ainda que se possa considerá-la objetivo da pena.

Antes, porém, de se assumir uma posição mais definitiva acerca da correção normativa da perspectiva retributiva, no que concerne à fundamentação da pena, e de conectar esta perspectiva ao fundamento da responsabilidade qualificada do dolo, passo a tratar das perspectivas preventivas, que serão refutadas neste trabalho e, espera-se, que com algumas boas razões.

2. Teorias preventivas (geral e especial, negativa e positiva): *punitur ne peccetur*

De um modo geral, as teorias relativas se diferenciam ou subdividem-se, segundo os objetivos buscados, entre preventivas especiais e gerais, negativas e positivas. Em comum, compartilham de uma raiz naturalista, ocupada, es-

consequencialista do deontológico) igualmente não convence. Isso porque, se no "caso geral" é isso o que se dá, também é possível que, em hipóteses excepcionais, mesmo a pena injusta persuada, sendo, neste sentido, útil. Não há qualquer garantia para a justiça, fundamentada na utilidade, caso a sua manutenção (do justo) pareça, em dada situação, *inútil*. Com efeito, a contingência dos tempos não garante que o valor *do justo* seja respeitado quando não interessa; mas é precisamente quando não interessa, que o valor do justo *precisa* de respeito, e cumpre seu papel, em termos deontológicos.

1123. Assim: STÜBINGER, Stephan. *Das "idealisierte" Strafrecht,* 2008, p. 309.

1124. Corretamente: SEELMANN, Kurt. Hegels Straftheorie, 2011, p. 84.

1125. Veja-se: FREUND, Georg. *AT,* 2009, §1, p. 2, conquanto que a defender uma perspectiva preventiva, centrada na proteção de bens jurídicos.

sencialmente, com o controle de comportamentos do sujeito enquanto indivíduo psicofísico[1126] (prevenção geral negativa e especial), ou bem enquanto pessoa no que se refere ao reforço do exercício na confiança no Direito (prevenção geral positiva).

A prevenção geral negativa, em linhas centrais, visa a dissuasão/intimidação de potenciais autores da prática do delito, em face do mal prometido na ameaça penal e do mal sofrido por aquele que experimentou a pena, a apelar-se para uma sabedoria egoísta associada à natureza humana, que tenderia a evitar ("economicamente") o mal maior[1127].

Por sua vez, a prevenção geral positiva tem por escopo nuclear a manutenção e o fortalecimento da ordem normativa[1128], cuja validade se confirma através da pena, e se obtém pelo incremento do exercício da lealdade ao Direito[1129].

Já a prevenção especial, negativa e positiva, opera através da inocuização[1130] e da melhora (aspecto terapêutico, da ressocialização) do agente individual[1131].

As teorias preventivas situam-se, assim, em um antagonismo frontal com a teoria da retribuição. É conhecida, aqui, a posição de Platão: "*Nemo prudens punit, quia peccatum ist, sed ne peccetur*" (não se pune alguém porque pecou, mas sim para que não se peque). Neste sentido, Hobbes também atribuía, à pena, fins exclusivamente preventivos[1132].

Cumpre examinar agora, de modo mais particularizado, as subespécies das

---

1126. Veja-se: LESCH, Hartmut Heiko, *Der Verbrechensbegriff*, 1999, pp. 184 e 186. A assinalar que a questão central, nesta perspectiva, é inibir a "violação de bens jurídicos", mas sempre em um sentido de delimitação negativa do espaço de ação, em uma tradição racionalista-liberal. Criticamente, no que toca à posição de Lesch: DIAS, Augusto Silva. O retorno ao sincretismo dogmático. Uma recensão a Heiko Lesch, *Der Verbrechensbegriff - Grundlinien eine funktionalen Revision, Ed. Carl Heymanns, Köln-München, 1999*, p. 335. Ressalta, o último Autor, que o conceito formal de crime de que parte Lesch inviabiliza a construção de um conceito crítico, e produz um conceito legitimatório de toda intervenção penal. Assim, a teoria do crime (e da pena) nada mais é senão uma "engenharia dogmática de teor positivista". Próximamente: STÜBINGER, Stephan. *Das "idealisierte" Strafrecht*, 2008, p. 293.

1127. Sobre isso, com uma interessante aproximação a Hobbes, criticamente: LESCH, Heiko Hartmut. *Der Verbrechensbegriff*, 1999, pp. 19-20.

1128. Veja-se: OTTO, Harro. *AT*, 2004, §1, n.m. 68, p. 14.

1129. Assim: JAKOBS, Günther. *Der strafrechtliche Handlungsbegriff*, 1992, p. 37. Informativamente: GONZÁLES-RIVERO, Pilar. *Strafrechtliche Zurechnung bei Defektzuständen*, 2001, pp. 65-66.

1130. A respeito da prevenção especial negativa, enquanto inocuização para se garantir a segurança social como fim da pena, é importante ver: WOOTON, Barbara. *Crime and penal policy. Reflections on fifty years' experience*. London: George Allen &Unwin, 1978, p. 246 e ss.

1131. Explicativo: HÖRNLE, Tatjana. *Straftheorien*, 2011, p. 20-21, com referência ao "Programa de Marburgo", capitaneado por v. Liszt.

1132. Veja-se, sobre isso: MENDES, Paulo de Sousa. *O torto intrinsecamente culposo como condição necessária da imputação da pena*, 2007, p. 311.

teorias preventivas[1133] e unificadoras[1134], no sentido de que se possa aceder aos fundamentos da responsabilidade dolosa[1135] à elas conectados.

A teoria preventiva especial, negativa e positiva, desenvolvida no século XIX e início do século XX, teve como expoente principal Franz von Liszt, com a designada "Escola Sociológica". Os eixos centrais da teoria penal, para v. Liszt consistiam em: a) resguardar a comunidade contra o delinquente, encarcerando-o (aspecto negativo, da inocuização); b) dissuadir o autor da prática de novos crimes (aspecto negativo, da intimidação individual, sobretudo no que concerne à reincidência) e, c) buscar sua recuperação/melhora, para se evitar a reincidência (aspecto positivo, da ressocialização). A coação psicológica funciona de modo direto e indireto. Indiretamente, a pena fornece ao delinquente um motivo para contrapor à intenção de praticar o ilícito penal; diretamente, a pena consiste em uma verdadeira violência, uma vez que o delinquente é "sequestrado" e, com isso, neutralizado[1136]. Sobre tais premissas, Liszt propõe seu conhecido programa de tratamento com base nos "tipos de autor"[1137]. Para o "criminoso habitual", a inocuização, pois nem é passível dissuasão nem de melhora; para o "criminoso ocasional", a intimidação e para aqueles capazes de melhora, a correção, pela via da ressocialização[1138]. Curto: para Liszt, a punição justa é a punição preventivamente requerida[1139].

1133. Afirmando que a pena deve se vincular, exclusivamente, à prevenção geral e individual, e com rejeição expressa dos fundamentos de ordem retributiva, vejam-se: FREUND, Georg. *AT,* 2009, §1, n.m. 2, p. 2. KINDHAUSER, Urs. *AT,* 2013, §2, n.m.14-15, p. 38-39, subscrevendo, o Autor, a prevenção geral positiva, no sentido da aplicação da pena para reforçar a confiança na vigência da norma. ROXIN, Claus. *AT,* 2006, §3, n.m. 44 e 59-60, p. 88, ressalvando-se que Roxin defende, explicitamente, a teoria preventiva unificadora (englobando-se a prevenção geral e especial, e com atenção ao princípio da culpa como limite da pena).

1134. A defender a teoria unificadora, em sentido estrito (na qual se associam aspectos retributivos e preventivos): OTTO, Harro. *AT,* 2004, §1, n.m.75, p. 15. JESCHECK, Hans-Heinrich. WEIGEND, Thomas. *AT,* 1996, §8, p. 75. Também: KREY, Volker. ESSER, Robert. *AT,* 2012, §5, n.m. 157-159, p. 63. Múltiplas críticas em: PAWLIK, Michael. *FS-Jakobs*, 2007, p. 481. Também crítico: LESCH, Heiko Hartmut. *Der Verbrechensbegriff,* 1999, p. 168.

1135. Em um sistema, todas as categorias são influenciadas por um princípio condutor. Assim, por exemplo, pode se partir do conceito de pena, ou, por outra via, do conceito de delito, para o desenvolvimento das demais categorias da teoria do delito. No caso da presente investigação, o ponto de partida é a pena. Sobre isso, veja-se: PAWLIK, Michael. *FS-Jakobs,* 2007, pp. 475-479.

1136. Veja-se: LISZT, Franz v. *Der Zweckgedanke im Strafrecht.* Frankfurt am Main: Vittorio Klostermann, 1943, p. 27 e ss (trata-se da publicação do trabalho original, publicado na *ZStW* 3 (1883), p. 1 e ss. Sobre isso: OTTO, Harro. *AT,* 2004, §1, n.m.73, p. 15.

1137. *Der Zweckgedanke im Strafrecht*, 1943, pp. 28-34.

1138. Resumidamente: ROXIN, Claus. *AT,* 2006, §3, n.m.12, p. 74.

1139. Contudo, como objeta corretamente Ulfried Neumann, "uma reação puramente orientada preventivamente não constitui uma punição, mas uma medida técnica e, neste ponto, seria, portanto, não justiça mas adequação em um sentido instrumental". The "deserved" punishment, 2014, p. 83. Somem-se a isso os argumentos já esgrimidos para objetar a fundamentação utilitarista do deontológico. Veja-se, ainda, do mesmo Autor: Neue Entwicklungen im Bereich der Argumentationsmuster zur Begründung oder zum Ausschluss strafrechtlicher Verantwortlichkeit. *ZStW* 99 (1987), pp. 593-594.

Um problema nuclear da teoria da prevenção especial é que não apresenta qualquer medida clara para a pena[1140]. O condenado pode ser mantido encarcerado até que os objetivos preventivos se cumpram; e pode se dar bem que um condenado por um crime de pequena gravidade cumpra uma pena longuíssima, e que um condenado por um delito especialmente grave cumpra uma pena indevidamente curta, tudo a depender da pretendida "melhora" e "correção". Os limites impostos à liberdade individual, assim, não seriam aceitáveis em um Estado Liberal[1141]. A teoria da prevenção individual também não dá respostas coerentes para a punição de criminosos habituais com baixíssima probabilidade de reincidência, como se verifica em crimes violentos e graves, cometidos em estados passionais, nem tampouco nos casos de comportamento negligente. Para além, fica a questão de saber com que direito pode-se educar, forçosamente, um indivíduo adulto, sem que sua dignidade pessoal seja violada[1142], o que põe em causa que a ressocialização possa ser um objetivo da pena criminal, ainda que deva ser considerada quando da execução da pena[1143]. Por fim, no que concerne particularmente à responsabilidade dolosa, a perspectiva preventiva especial, com suas finalidades essencialmente "terapêuticas" e de inocuização, obriga a uma ampla consideração do aspecto psicológico do agente, na medida em que se interessa por esclarecer qual é a "personalidade do autor"[1144], em confronto inevitável com um Direito Penal "do fato".

Já as teorias da prevenção geral alteram o foco do indivíduo para a coletividade, mas mantém a ideia de que o fim, ou objetivo central da pena, é o de prevenir a prática de futuros ilícitos, pensamento este sintonizado com certa pretensão contemporânea de que o Estado, pela via do controle, promova a segurança do cidadão, exposto, cada vez mais, a múltiplos riscos[1145]. Em termos de limites à aplicação do Direito Penal como instrumento de prevenção,

---

1140. Assim: PAWLIK, Michael. *Das Unrecht des Bürgers*, 2012, p. 72 e ss, acentuando que as teorias preventivas especiais não se ocupam do passado e com isso põem em causa a característica essencial da culpa como censura, esta vinculada ao fato – passado – praticado pelo agente. Para o Autor, a categoria da culpa, entendida como responsabilidade pelo delito cometido, não ocupa, notadamente no sistema da prevenção especial, qualquer espaço. Op. cit. p. 84.

1141. Sobre isso: ROXIN, Claus. *AT*, 2006, §3, n.m. 16, p. 76. Veja-se, ainda: STUCKENBERG, Carl-Friedrich. *Vorstudien zu Vorsatz und Irrtum*, 2007, p. 431.

1142. A apontar para uma resposta negativa a esta questão, por Feuerbach, confira-se: GRECO, Luís. *Lebendiges und Totes in Feuerbachs Straftheorie*, 2009, p. 435. E o Autor se põe de acordo, em termos gerais, com Feuerbach, ao assinalar que, de fato, a autonomia do cidadão é um limite que impossibilita que a melhora do agente seja um fim da pena. A pena, essencialmente, é um mal, uma coerção. Op. cit. p. 437.

1143. Veja-se: HÖRNLE, Tatjana. *Straftheorien*, 2011, pp. 20-21.

1144. Assim: KRAUSS, Detlef. Der psychologische Gehalt subjektiver Elemente im Strafrecht. *In*: FRISCH, Wolfgang *et al.* (Hrsg.). *Festschrift für Hans-Jürgen Bruns zum 70. Geburstag*. Koln: Carl Heymann, 1971, pp. 24-25. Aponta, o Autor, que isso só se torna distinto em uma concepção preventiva especial, para a qual o conceito de culpa perde seu caráter moral-ético, e a pena assume finalidades terapêuticas e de ressocialização.

1145. Veja-se, assim: FREUND, Georg. *AT*, 2009, §1, n.m.2.

sustenta-se, contemporaneamente, que tal tarefa se dá na forma da proteção de bens jurídicos[1146], em um viés utilitarista/consequencialista e de subsidiariedade.

A teoria preventiva geral negativa teve como precursor principal Feuerbach[1147], através da conhecida "teoria da coação psicológica" (*psychologischen Zwangstheorie*). Para Feuerbach, existe um conflito montado na alma do potencial criminoso, em que degladiam motivos e contramotivos, impulsos e contraimpulsos, sendo necessário que a ameaça da pena, para o sujeito indeciso, consista em uma sensação de desagrado e que resulte na contenção em face da prática do delito. Isto é, o sujeito deve compreender e ponderar que aquilo que deseja obter, com o delito, não supera o mal que terá que suportar com a pena, caso se decida por cometê-lo[1148]. Trata-se, pois, primariamente, de uma teoria de ameaça penal[1149], mas que não deixa de ser uma teoria da aplicação e execução da pena, das quais depende a própria credibilidade da ameaça penal[1150]. O aspecto "negativo" consiste na intimidação e na dissuasão de outras pessoas da prática do crime, em face da pena cominada e também de sua execução contra o criminoso[1151]. Mas aqui o problema da execução da pena se apresenta de forma nítida: se a execução da pena não pode ser legitimada em face do condenado, pelo meio da sabedoria deste na proteção de seus próprios interesses (aspecto "econômico" da ponderação, tomado como fundamento da própria teoria da dissuasão), então este acaba por ser excluído do processo discursivo: a fundamentação pelo *topus* da manutenção dos próprios interesses (em uma perspectiva egoísta do homem) só pode se dar com exclusão do condenado. Para a execução da pena, resta tão só o caminho de se referir ao delito e à questão da justiça, sob o preço de, fora disso, se utilizar do condenado como um simples meio para o alcance de finalidades estatais. Contudo, voltando-se os olhos para o delito e para a justiça, recorre-se não já ao futuro, senão ao passado: a pena é executada *quia peccatum*. Em uma palavra: a teoria preventiva se transfigura em retributiva[1152].

1146. Criticamente: PAWLIK, Michael. *Das Unrecht des Bürgers*, 2012, p. 61 e ss.

1147. *Lehrbuch,* 1823, §13, pp. 18-19.

1148. Veja-se JAKOBS, Günther. Staatliche Strafe: Bedeutung und Zweck, 2017, p. 17.

1149. Veja-se: GRECO, Luís. *Lebendiges und Totes in Feuerbachs Straftheorie,* 2009, pp. 44-45.

1150. Veja-se: MENDES, Paulo de Sousa. *O torto intrinsecamente culposo como condição necessária da imputação da pena,* 2007, pp. 312-313. Acentua, o Autor, que a diferença entre Feuerbach, em relação a Beccaria e Bentham, consiste em que o primeiro chama a atenção para os efeitos intimidatórios da punição aplicada ao condenado *in concreto*, distinguindo-a da intimidação geral, decorrente da ameaça de pena.

1151. Note-se que Feuerbach não estava de acordo com a dissuasão por meio da execução da pena, exatamente por considerar, face à sua perspectiva kantiana, que o condenado se transmudaria em objeto para outros fins. Veja-se: GRECO, Luís. *Lebendiges und Totes in Feuerbachs Straftheorie,* 2009, p. 45, com múltiplas referências. No mesmo sentido: JAKOBS, Günther. Staatliche Strafe: Bedeutung und Zweck, 2017, p. 15.

1152. Acerca desta crítica: PAWLIK, Michael. *Person, Subjekt, Bürger,* 2004, p. 26.

Em termos de fundamentos teleológicos, é comum erguer a objeção de que nem todos os delitos se submetem a uma fria análise prévia de custo-benefício pelo delinquente, notadamente no que toca aos delitos violentos e de impulso[1153]. Ademais, ainda que assim não fosse, a ideia de tornar "não-vantajoso" para o agente a prática do delito poderia conduzir a um Direito Penal máximo e a um Estado policial, já que a única medida para a evitação do ilícito consiste na ameaça de que a punição será mais desvantajosa para o sujeito do que o respeito à norma.

Correlatamente, no que concerne à fundamentação do dolo, é indiscutível que, em uma perspectiva preventiva geral negativa, essa se vincula à necessidade de a ameaça penal produzir efeitos psicológicos diretos no potencial delinquente, efeitos estes que, enquanto contramotivos, superem a vontade de praticar o ilícito. O ponto de referência, insita-se nisto, é o sujeito enquanto ente psicofísico, que deve se sentir psicologicamente coagido pela norma de determinação/comportamento, em face de sua ameaça, a evitar o delito. Daí que esta concepção se identifique, essencialmente, com a intenção-propósito/dolo direto de primeiro grau, no qual o esquema individual-racionalista da ponderação de "custo-benefício" se encontra mesmo pressuposto. Mas o modelo perde de vista que o sujeito da imputação não é o indivíduo concreto, senão a pessoa, que mantém uma relação com o Direito no sentido de reconhecê-lo e de cooperar para sua correalização, e não, essencialmente, de temor/reverência. Se a ordem se funda apenas no temor e toma por pressuposto uma perspectiva individualista de simples utilidade, então o que se obtém é uma ordem jurídica de todo instável, e dependente do ponto de vista do sujeito[1154]. Além disso, a ameaça penal não se revela adequada para justificar a punição do dolo eventual, sobretudo nas situações em que o agente "acredita" no bom desenlace (o que, na perspectiva aqui defendida, não deve afastar a censura dolosa, como já se avançou alhures), e ainda assim realiza a ação, colocando em causa a expectativa de validade da norma de modo comunicativo e objetivo, ainda que não em um sentido subjetivo-psicológico.

Por seu turno, a "prevenção geral positiva"[1155], núcleo predominante do designado "funcionalismo penal"[1156], se relaciona com a manutenção e forta-

---

1153. Sobre essa questão, confira-se: FRISTER, Helmut. *AT,* 2015,§2, n.m.9, p. 21.

1154. Veja-se: PAWLIK, Michael. *Das Unrecht des Bürgers,* 2012, p. 77.

1155. Contemporaneamente, vejam-se: FREUND, Georg. *AT,* 2009, §1, n.m.10, p. 5. FRISTER, Helmut. *AT,* 2015, §2, n.m.26, p. 27. JAKOBS, *AT,* §1, 1991, p. 14.

1156. Informativo, sobre as concepções de Roxin e Jakobs, veja-se: PINTO, Frederico de Lacerda da Costa. *A categoria da punibilidade na teoria do crime*, pp. 396-400. E a distinguir duas correntes no funcionalismo, uma delas pretensamente „asséptica" ou neutra (não ocupada das condições de legitimação do Direito Penal, e sim apenas de sua estabilização) e outra integradora da política criminal, veja-se: STÜBINGER, Stephan. *Das „idealisierte" Strafrecht.* Frankfurt am Main: Vittorio Klostermann, 2008, p. 56-57.

lecimento da ordem jurídica, através da estabilização normativa[1157], – que é reafirmada pela pena – através do exercício na confiança no Direito[1158], bem assim em seu poder de execução[1159].

Embora com fundamentações e objetivos sensivelmente diversos[1160], o acento das teorias preventivas gerais positivas é o mesmo: não se cuida de compensação de um injusto passado, mas sim de se objetivar efeitos positivos para o futuro[1161]. O objetivo do Direito Penal passa a ser, diretamente, a manutenção da ordem normativa como um todo, através do fortalecimento da confiança na norma[1162]. Dito claramente: o delito lesiona a validade da norma, e a pena confirma esta validade, para fins de que, no futuro, a norma continue a ser o padrão de comportamento a ser observado[1163].

1157. Sobre a concepção preventiva de Jakobs, para a qual a estabilização da norma é o fim em si mesmo da pena, e não a prevenção de delitos, veja-se: NEUMANN, Ulfried. Institution, Zweck und Funktion staatlicher Strafe. *In*: PAWLIK, Michael *et al.* (Hrsg.). *Festschrift für Günther Jakobs*: zum 70. Geburstag am 26. Juli 2007. Köln: Heymann, 2007, p. 435. Também: HÖRNLE, Tatjana. *Straftheorien,* 2011, p. 32.

1158. JAKOBS, Günther. *Der strafrechtliche Handlungsbegriff,* 1992, p. 39.

1159. Assim: ROXIN, Claus. *AT,* 2006, §3, n.m. 26, p. 80. Destaque-se que, consequentemente, a retribuição, fundamentada na culpa, não será suficiente para a aplicação da pena. Somente a necessidade preventiva justifica, assim a punição; a culpa é apenas a fronteira, não porém o fundamento da punição. Veja-se ainda, neste sentido, o mesmo Autor: Sinn und Grenzen staatlicher Strafe, *JuS* 6 (1966), p. 387 e ss. Em uma palavra: a culpa é uma necessidade, mas nenhuma condição suficiente para a pena. Informativo, sobre a perspectiva de Roxin: GRECO, Luís. *Lebendiges und Totes in Feuerbachs Straftheorie,* 2014, p. 249, a apontar para os limites deontológicos que a teoria penal de Roxin pode oferecer, sem prejuízo de sua vinculação à prevenção geral. Veja-se ainda, acerca da finalidade da pena de confirmação da validade da norma, inclusive para o futuro: VELTEN, Petra. *Normkenntins und Normverständnis,* 2002, p. 193: "*através da demonstração (retrospectivamente) da falta de sentido de sua decisão pela prática do fato, a ameaça por parte do autor – que o fato fundamentou – , é eliminada.*"

1160. Os dois grandes "modelos", como se sabe, foram os desenvolvidos por Roxin e Jakobs. No pensamento teleológico de Roxin, o objetivo é a construção de uma unidade sistemática entre política criminal e Direito Penal, que se realiza já na construção da teoria do delito. Veja-se: *Kriminalpolitik und Strafrechtssystem,* 1970, p. 40. No modelo funcional-sistêmico de Jakobs, do que se trata, exclusivamente, é da estabilização do próprio sistema, sendo o direcionamento de comportamentos um mero efeito latente. Veja-se: Das Strafrecht zwischen Funktionalismus und „älteuropäischem" Prinzipiendenken. Oder: Verabschiedung des "alteuropäischen Strafrechts"? *ZStW* (107) 1995, pp. 843-844. Por fim, veja-se, sobre o tema: LESCH, Heiko Hartmut. *Der Verbrechensbegriff,* 1999, p. 166 e ss. Também: GONZÁLES-RIVERO, Pilar. *Strafrechtliche Zurechnung bei Defektzuständen,* 2001, pp. 66-80.

1161. Sobre a falta de conexão entre a culpa como censura e a perspectiva preventiva, bem assim acerca da impossibilidade de se associar uma concepção retributiva com os fundamentos preventivos, veja-se: PAWLIK, Michael. *FS-Otto,* 2007, p. 141. Veja-se também, acerca da perda de conteúdo material da culpa nas perspectivas preventivas: GONZÁLES-RIVERO, Pilar. *Strafrechtliche Zurechnung bei Defektzuständen,* 2001, p. 65.

1162. Sobre a proteção mediata dos bens jurídicos, com a aplicação da pena: PINTO, Frederico de Lacerda da Costa. *A categoria da punibilidade na teoria do crime,* 2013, p. 954. Criticamente quanto a isso: PAWLIK, Michael. *Das Unrecht des Bürgers,* 2012, p. 85.

1163. JAKOBS, Günther. *Der strafrechliche Handlungsbegriff,* 1992, p. 37. O Autor esclarece que, enquanto as regras empíricas se autoestabilizam e não necessitam de respaldo – pois atentar contra

Parte-se da premissa de que a validade social do Direito depende, em boa medida, do reconhecimento de sua vinculabilidade ético-social, que não pode ser coercitivamente obtida[1164], ou ao menos não apenas assim. A pena tem por função essencial fortalecer o sentimento de vinculação ao Direito e ao Estado, tomando-se o lado do Estado no conflito[1165], o qual, de seu turno, desaprova o injusto. A pena se configura apenas como um meio de fortalecimento, na medida em que, em primeiro plano, se coloca o poder de convencimento da própria norma[1166].

Não se trata, assim, de lutar contra o criminoso perigoso, nem de persuadir o agente a um cálculo racional de necessidade (prevenção geral e especial negativas), mas sim da manutenção da ordem em vigor[1167], pela via da integração social. Caso a pena seja desnecessária, na hipótese, para a manutenção da confiança na norma, ou seja, caso isso possa se obter por outros meios, então não há lugar algum para a pena[1168]. Neste sentido, o objetivo dota de conteúdo da culpabilidade, conforme propõe expressamente Jakobs[1169]: a culpabilidade consiste, em síntese, em uma falta de lealdade ao Direito[1170] e seu objetivo (o objetivo de sua imputação) é a estabilização da norma, afirmando-se que o projeto de mundo do agente é inadequado.

Daí se extrai que a violação da norma implica em um abalo da consciência jurídica geral, que deve ser contrariado, na medida em que a punição do agente reafirma, contrafaticamente, a validade da norma[1171] e fortalece o exercício

elas não conduz à vantagem, ao contrário, pode submeter o agente à *poena naturalis* - as normas sociais dependem de reforço, pois o agente pode obter vantagens sem se submeter a riscos, enquanto a maioria mantém sua observância. Curto: as normas sociais são fracas (podem ser contrariadas ao plano fático) e dependem de garantia; o protesto contra elas são contrariados comunicativamente, através da pena, que confirma a relevância da norma para a estrutura social. *In*: Strafrechtliche Zurechnung und die Bedingungen der Normgeltung. *In*: PAWLIK, Michael (Hrsg.). *Günther Jakobs Strafrechtswissenschafliche Beitrage*. Tübingen: Mohr SIebeck, 2017, p. 168.

1164. Veja-se, assim: JAKOBS, Günther. Das Strafrecht zwischen Funktionalismus und "alteuropäischem" Prinzipiendenken - Oder: Verabschiedung des "alteuropäischen Strafrechts"? *ZStW* 107 (1995), pp. 848-849. Explicativamente: PAWLIK, Michael. *Das Unrecht des Bürgers,* 2012, p. 78.

1165. A pena restaura a garantia estatal de direitos e deveres. Assim: VELTEN, Petra. *Nomkenntnis und Normverständnis,* 2002, p. 193,

1166. Criticamente: PAWLIK, Michael. *Das Unrecht des Bürgers,* 2012, p. 79, com referências a Richard Schmidt e Krümpelmann.

1167. JAKOBS, Günther. *Das Schuldprinzip*, 1993, pp. 9 e 25. O mesmo: Staatliche Strafe: Bedeutung und Zweck, 2017, pp. 24-25.

1168. Daí que no conceito de responsabilidade, de Roxin, a culpa seja um pressuposto insuficiente da aplicação da pena, que sempre fica a depender da necessidade preventiva do castigo. Veja-se: Zur jüngsten Diskussion über Schuld, Prävention, und Verantwortlichkeit im Strafrecht. *In*: KAUFMANN, Arthur *et al.* (Hrsg.). *Festschrift für Paul Bockelmann zum Geburstag am 7. Dezember 1978*. München: Beck, 1979, p. 285.

1169. Schuld und Prevention. *Recht und Staat*, 452 (1976), p. 33.

1170. JAKOBS, Günther. *Das Schuldprinzip,* 1993, p. 27.

1171. O sistema "se recusa" a se redefinir no sentido proposto pelo agente. Assim: JAKOBS,

na lealdade ao Direito (prevenção geral positiva pela via da manutenção do reconhecimento da norma e da integração[1172]), bem ainda assegura a unidade do sistema[1173].

É possível abordar este abalo na confiança na norma através de duas grandes perspectivas ou modelos: o modelo de esclarecimento fundado na "psicanálise profunda", de caris essencialmente individualista; e o modelo de esclarecimento "social-psicológico"[1174]. Em termos da "psicanálise profunda", arranca-se de convicções morais que são internalizadas segundo o princípio do custo-benefício, desenvolvendo-se, desde cedo, na consciência, de que aquelas convicções devem ser mantidas (acento no âmbito cognitivo). Isso faz nascer um medo inconsciente de que a violação das normas implicará em punição, o que necessita de confirmação, acaso ocorra. Por outro caminho, o modelo de esclarecimento "social-psicológico" postula que as pessoas seguem os padrões de comportamento dos outros e que as convicções morais são resultado de um processo de comunicação social (acento no âmbito comunicativo). As ações são interpretadas como padrões corretos e servem de padrões de orientação. De modo correspondente, o delito é interpretado como uma contradição à validade da norma violada. No escopo de se evitar que, no futuro, as pessoas se orientem segundo esta contradição normativa, o efeito causado na convicção moral deve ser "comunicativamente neutralizado", através da pena, aplicando-se um mal proporcional ao significado da lesão[1175].

Günther. Das Strafrecht zwischen Funktionalismus und "älteuropäischem" Prinzipiendenken – Oder: Verabschiedung des "alteuropäischen Strafrechts? *ZStW* (1995), p. 844. Proximamente: SCHROTH, Ulrich. *Vorsatz als Aneignung,* 1994, p. 22, para quem a tarefa primária do sistema penal é a valoração do comportamento falho, e a punição adequada no sentido de confirmação da expectativa normativa defraudada.

1172. O componente „positivo" consiste em que os cidadãos são tranquilizados com a afirmação da validade da norma, e não amedrontados com a pena. Veja-se: JAKOBS, Günther. *Das Schuldprinzip,* 1993, p. 27.

1173. Criticamente, com referência a Jakobs: GONZÁLES-RIVERO, Pilar. *Strafrechtliche Zurechnung bei Defektzuständen,* 2001, p. 113.

1174. Proximamente, a correlacionar a culpabilidade e o aspecto da prevenção geral positiva, em termos de uma práxis de interação social: FRISTER, Helmut. *Die Struktur des „voluntativen Schuldelements". Zugleich eine Analyse des Verhältnisses von Schuld und positiver Generalprävention.* Berlin: Duncker & Humblot, 1993, pp. 248-249.

1175. Assim: JAKOBS, Günther. *Das Schuldprinzip,* 1993, p. 24: *„o objetivo da culpa é a estabilização de uma norma fraca"* (*Die Stabilisierung der schwachen Norm ist Zweck der Schuld*). Explicativo, veja-se: FRISTER, Helmut. *AT,* 2015, §2, n.m.23, pp. 25-26. Criticamente, e tomando como pano de fundo a problemática da culpa em situações de delitos culturalmente motivados, veja-se: DIAS, Augusto Silva. *Crimes culturalmente motivados – O direito penal ante a "estranha multiplicidade" das sociedades contemporâneas.* Lisboa: Almedina, 2016, p. 420 e ss. Para o Autor, a atribuição da culpa no sistema de Jakobs "*não respeita uma fundamentação interna da culpa baseada na autonomia pública dos cidadãos e no seu reconhecimento recíproco como pessoas livres e iguais. (...) Deste modo, carece de legitimidade a atribuição de culpa jurídico-penal em função das necessidades de estabilização de normas jurídicas e da ordem social por elas configurada*". Op. cit. p. 420.

Não parece dificultoso perceber, nestas perspectivas, que o comportamento doloso é visto como sendo aquele que especialmente causa esta frustração ou abalo, exigindo, por considerações preventivas, sejam de base político-criminal (especialmente controle de comportamentos e de proteção subsidiária de bens jurídicos), sejam de base exclusivamente intrassistêmicas (em termos de asseguramento de expectativas sistêmico-normativas), uma punição mais intensa e mais extensa[1176].

Note-se que, na perspectiva preventiva de Jakobs, o acento se dá no aspecto expressivo do delito (e não na lesão direta de um bem jurídico em si) e no caráter comunicativo da pena, como seu cancelamento[1177] ou como confirmação da norma, com o que, em linhas gerais (no que toca ao aspecto comunicativo), se concorda na concepção aqui defendida. Assim, o que se vê é que o agente doloso não atenta contra a "imagem do mundo" em termos racionais-empíricos, ao contrário, ele *propõe* um "mundo possível", diverso daquele proposto pela norma, o que torna o seu comportamento especialmente ameaçador[1178].

O problema é que se a pena se vê como necessária para a consolidação da paz social, e é descrita como um fenômeno funcional, da perspectiva de um observador externo, não se responde, ainda com isso, sobre a pergunta de sua verdadeira legitimidade[1179] ou justificação[1180]. E caso se reconheça que, para a maioria, a prevenção se dá *por meio* da retribuição[1181], e que esta é necessária para se atingir os efeitos de integração pretendidos, o próprio ponto de partida dos teóricos da prevenção geral positiva resta comprometido. Tenta-se superar este obstáculo reconhecendo-se que, se a retribuição é exigida pela maioria, ainda que irracionalmente, torna-se um efetivo critério da própria prevenção. Mas o que se dá então é como contar uma mentira, tomando, o teórico, algo como uma verdade que por ele mesmo não é crida[1182], o que me parece inaceitável.

1176. Ao invés de muitos, veja-se apenas: FRISCH, Wolfgang. *Vorsatz und Risiko,* 1983, p. 48.

1177. Informativo, com outras referências: PAWLIK, Michael. *Person, Subjekt, Bürger,* 2004, p. 64.

1178. Veja-se: JAKOBS, Günther. *Strafrechtliche Zurechnung und die Bedingungen der Normgeltung,* 2017, p. 168. O mesmo: Das Strafrecht zwischen Funktionalismus und "älteuropäischem" Prinzipiendenken - Oder: Verabschiedung des "alteuropäischen Strafrechts"? *ZStW* 107 (1995), p. 344.

1179. Veja-se: GÜNTHER, Klaus. *Schuld und kommunikative Freiheit. Studien zur personale Zurchnung strafbaren Unrechts im demokratischen Rechtsstaat.* Frankfurt am Main: Vittorio Klostermann, 2005, p. 2.

1180. Neste sentido, a apontar que a teoria da prevenção geral positiva, embora encontre respaldo empírico no que toca aos seus efeitos/objetivos, não logra apresentar a justificação da pena: BAURMANN, Michael. Vorüberlegung zu einer empirischen Theorie der positiven Generalprävention. *GA* 8 (1994), pp. 382-384.

1181. Mesmo para quem reconhece que a retribuição seja apenas o limite da pena, mas não a considera um princípio moral correto, como o faz Greco (*Lebendiges und Totes in Feuerbachs Stratftheorie,* 2008, p. 252) revela-se uma contradição interna, pois limita-se a pena através de um princípio moral tido, a partida, como incorreto.

1182. Neste sentido: PAWLIK, Michael. *Das Unrecht des Bürgers,* 2012, p. 82. Para o Au-

Daí que o próprio juízo de culpabilidade reste formalizado e esvaziado, deixando de haver uma preocupação efetiva com seu conteúdo ético, e transmudando-se para um simples pressuposto formal para a aplicação da pena no caso concreto[1183]. Curto: a culpabilidade degrada-se em derivado dos fins da pena, sem autonomia conceitual e funcional, perdendo sua nota de censura[1184].

Ao fim e ao cabo, o modelo da prevenção geral positiva pode até ser um método de descrição e análise em uma perspectiva jurídico-sociológica, mas como uma teoria da pena não apresenta, de modo convincente, o fundamento da punição[1185], especialmente no que toca à justificação da pena em face do agente.

O modelo preventivo se encontra na mesma direção da política criminal, já que se ocupa, essencialmente, com os fins da pena e não com seus fundamentos. E aqui cabe a advertência correta de Pawlik[1186]: é aconselhável ao Direito Penal, para que não perca sua identidade disciplinar, se distanciar deste padrão de pensamento.

Para além do esvaziamento material do conceito de culpabilidade[1187], o "calcanhar de Aquiles" das teorias preventivas também consiste em sua falta de limite ou medida: não se pode prevenir o suficiente. Uma aplicação consequente das teorias preventivas não permite voltar os olhos ao passado[1188], lançando mão

tor, o que ocorre é que não apenas o condenado, mas também a população "não esclarecida" tem a sua igualdade comunicativa cancelada. Ao invés de superar o déficit de legitimidade da teoria da prevenção geral negativa, o que se dá é que o déficit acaba por ser, assim, aumentado. Ainda, o mesmo: *Person, Subjekt, Bürger,* 2004, pp. 41-42. No mesmo rumo: PÉREZ-BARBERÁ, Gabriel. Probleme und Perspektive der expressiven Straftheorien, *GA,* 2014, p. 511.

1183. Próximo, ainda que com outra linha de fundamentação: DIAS, Augusto Silva. *Crimes culturalmente motivados,* 2016, pp. 422-423. O problema, para o Autor, é que as expectativas e exigências coletivas funcionam como fatores integrantes da culpa, sendo certo que o que deveria definir a culpa é (apenas) a responsabilidade do agente por aquilo que lhe é devido. Em outras palavras, na perspectiva "normativizante" o conflito é resolvido unilateralmente, à custa do agente.

1184. Assim, fundamental: LESCH, Heiko Hartmut. *Der Verbrechensbegriff,* 1999, p. 170, assinalando que uma conexão com o princípio da culpabilidade pelo fato demanda uma compreensão retrospectiva da pena, como reação ou resposta. Também: PAWLIK, Michael. *Das Unrecht des Bürgers,* 2012, p. 85, a citar Kindhäuser: "*A culpabildade pode ser aqui de todo modo o pressuposto para aplicação da pena estatal, não entrega contudo teórico-imanente nem fundamento nem limite*". Ainda, o mesmo Autor: *Person, Subjekt, Bürger,* 2004, p. 20, ao assinalar que o injusto do cidadão contém a particular nota de violação ao dever de lealdade em face do projeto comunitário de se preservar a liberdade através do Direito. Muito além da violação do Direito específico da vítima, o que está em causa é a violação do dever perante a comunidade, violação esta que é reprovada, legitimamente, através da pena.

1185. Corretamente: PAWLIK, Michael. *Person, Subjekt, Bürger,* 2004, p. 43.

1186. *Das Unrecht des Bürgers,* 2012, p. 86.

1187. GONZÁLES-RIVERO, Pilar. *Strafrechtliche Zurechnung bei Defektzuständen,* 2001, p. 66.

1188. Veja-se, corretamente: LESCH, Heiko Hartmut. *Der Verbrechensbegriff,* 1999, p. 170. Também, no mesmo sentido: GONZÁLES-RIVERO, Pilar. *Strafrechtliche Zurechnung bei Defekt-*

do fundamento da culpa para se justificar a necessidade da pena, uma vez que a culpa não é fundamento, mas sim apenas limite (da pena)[1189].

De tudo, o que resta é uma sobrevalorização do ilícito objetivo, que acaba por se aproximar a um conceito de "Direito Administrativo" ou de "polícia". A imputação deixa de ser uma "imputação pessoal do torto" (do "injusto intrinsecamente culposo", na expressão de Paulo de Sousa Mendes) e passa a ser uma imputação de um objeto descolorido, não fundamentada em uma censura material, e simplesmente vinculada à finalidades preventivas especificadas pela política criminal ou pelo sistema.

Por todas estas razões, embora se esteja de pleno acordo de que o comportamento doloso põe diretamente em causa a validade da norma, e exige, por isto, uma resposta mais intensa, não se acolhe, na presente investigação, o modelo da prevenção geral positiva, especialmente aquele traduzido na tarefa do Direito Penal de proteção subsidiária de bens jurídicos[1190]. Necessário, portanto, buscar outros caminhos para a fundamentação da responsabilidade dolosa.

3. A pena como resposta, exclusivamente: as teorias expressivas, de base retributiva

As teorias retributivas experimentaram, nas duas últimas décadas, novas leituras e, em certo sentido, mesmo um renascimento[1191], sobretudo pela influência de Autores que fundamentam a pena em bases comunicativas/expressivas[1192], com recurso à teoria penal kantiana (citem-se Autores como E.A. Wolff[1193], Michael Köhler[1194], Otfried Höffe, Rainer Zaczyk[1195] e outros) e hegeliana[1196]

zuständen, 2001, p. 71. Aponta, a Autora, que os conceitos de culpa e prevenção permanecem em uma relação sem ligação, não sendo compatíveis, mas sim, e na verdade, colidentes.

1189. A tentar solucionar esse impasse, e a observar que a prevenção ao dano à validade da norma tem por limite intrínseco da responsabilidade do agente: JAKOBS, Günther, Staatliche Strafe: Bedeutung und Zweck, 2017, p. 30.

1190. Sobre a prevenção geral positiva voltada à proteção subsidiária de bens jurídicos, veja-se, ao invés de muitos: ROXIN, Claus. Sinn und Grenzen staatlicher Strafe, *JuS* 1966, p. 382. O mesmo: *AT,* 2006, §2, n.m.97-102, p. 45. Mas o que o Direito Penal protege é a norma tal qual, e não seu objeto. Assim, corretamente: JAKOBS, Günther. Rechtsgüterschutz? Zur Legitimation des Strafrechts, 2017, p. 92.

1191. KERSTING, Wolfgang. *Macht und Moral,* 2010, p. 245. PAWLIK, Michael. *Person, Subjekt, Bürger,* 2004, p. 45 e ss.

1192. Enfaticamente, LESCH, Heiko Hartmut: *Der Verbrechensbegriff,* 1999, pp. 192-193.

1193. Das neuere Verständnis von Generalprävention und seine Tauglichkeit für eine Antwort auf Kriminalität. *ZStW* 97 (1985), p. 788 e ss.

1194. *AT,* 1997, p. 43 e ss.

1195. *FS-Eser,* 2005, pp. 217-219.

1196. Sobre a influência da teoria penal hegeliana no debate contemporâneo: WOHLERS, Wolfgang. WENT, Florian H. Die Bedeutung der Straftheorie Hegels, 2011, p. 183. STÜBINGER, Stephan. *Das „idealisierte" Strafrecht,* 2008, p. 289 e ss.

(citem-se Autores como Michael Pawlik, Heiko Hartmut Lesch[1197], Kurt Seelmann, Andreas v. Hirsch, Harro Otto[1198] dentre outros)[1199].

É mesmo da essência da pena, enquanto instituição, que ela lesione um interesse, ou seja, imponha um mal, como merecida resposta a um comportamento falho/desaprovado. O momento reativo ou retributivo é, portanto, constitutivo para o *conceito* de pena[1200], o que se reflete em uma comunicação social pré-jurídica[1201]. Daí a indissociabilidade entre pena e delito[1202].

Nessa linha de pensamento, Michael Pawlik considera a pena como resposta à violação do dever de correalização do estado de liberdade[1203], sem prejuízo de outras perspectivas correlatas, que tomam a pena, em um sentido institucional[1204], como comunicação/resposta ao delito, em termos de "negação da negação" e da retribuição funcional[1205].

1197. *Der Verbrechensbegriff,* 1999, p. 206, n.r.178. Para o Autor, que parte de uma perspectiva "retributivo-funcional", a função da pena é a confirmação simbólico-normativa de que, na situação concreta, era correto esperar o comportamento adequado e que a sociedade ainda mantém a norma, bem como não modificou sua identidade constitutiva. Em outras palavras, um sistema pena funcional não pode se vincular no *conteúdo* do dever, mas sim no *símbolo* do dever em si, no sentido de que a expectativa de que determinadas regras elementares de relacionamento são vinculantes. Daí que o injusto penal não é uma violação de bem jurídico, mas sim um ataque ao dever tal qual, uma contradição em face da vinculabilidade simbólica da regra. Op. cit. p. 193.

1198. Veja-se: Personales Unrecht, Schuld und Strafe. *ZStW* 87 (1975), p. 586 e ss.

1199. A elencar outros autores representativos desta perspectiva: PAWLIK, Michael. *Person, Subjekt, Bürger,* 2004, p. 45-46.

1200. A ressaltar essa indissolubilidade, corretamente:LESCH, Heiko Hartmut. *Das Verbrechensbegriff,* 1999, p. 193. KERSTING, Wolfgang. *Macht und Moral,* 2010, p. 242. Também, a se referir à reação como sendo o "elemento descritivo" do conceito de pena: PÉREZ-BARBERÁ, Gabriel. Probleme und Perspektive der expressiven Straftheorien, *GA,* 2014, p. 505.

1201. NEUMANN, Ulfrid. Anfangen an Hegels Straftheorie aus „nachmetaphysischer" Sicht, 2011, p. 163.

1202. No mesmo rumo: OTTO, Harro. Personales Unrecht, Schuld und Strafe. *ZStW* 87 (1975), p. 586. A ressaltar o aspecto comunicativo-expressivo da pena, no sentido de que a comunidade "leva a sério" a proteção de seus fundamentos. Também, explicitamente: HIPPEL, Robert v. *Lehrbuch des Strafrechts,* 1932, p. 59.

1203. Explicativo, sobre Pawlik, na literatura brasileira: TEIXEIRA, Adriano. *Teoria da aplicação da pena. Fundamentos de uma determinação judicial da pena proporcional ao fato.* São Paulo: Marcial Pons, 2015, p. 90, n.r. 290. Essa perspectiva é especialmente importante por sua tentativa de fundamentação dos deveres positivos, o que tem reflexos na concepção do dolo como evitabilidade pessoal, especialmente no que tange às exigências normativas ao elemento intelectual.

1204. Veja-se: NEUMANN, Ulfrid. Anfaragen an Hegels Straftheorie aus „nachmetaphysischer" Sicht, 2011, p. 163. Acrescenta, o Autor, que a afirmação de que uma pessoa foi punida desperta a pergunta "por que?", e não, imediatamente, "para que?".

1205. Veja-se: GONZÁLES-RIVERO, Pilar. *Strafrechtliche Zurechnung bei Defektzuständen,* 2001, p. 109 e ss. Especialmente: LESCH, Heiko Hartmut. *Der Verbrechensbegriff,* 1999, pp. 82, 187, 188 e 203, a acentuar a função de assegurar, contrafaticamente, a expectativa normativa, uma vez que no que toca à função de controle, a pena sempre chega tarde demais. O Direito cobre a manutenção das expectativas nos casos de frustração, e mesmo se sempre haverá pessoas que atuarão ilicitamente. Daí que a expectativa se mantém, mesmo "contra a facticidade". Crítico à ideia de retribuição "funcional", ainda que não à ideia de retribuição tal qual: STÜBINGER, Stephan. *Das "idealisierte" Strafrecht,* 2008, p. 308.

Em termos gerais, sustenta-se que o sujeito que viola a norma também viola, como cidadão, o dever de contribuir para a manutenção de uma ordem jurídica regida pela legalidade e igualdade formal[1206]. O que se dá, no injusto penal, é uma violação ao dever tal qual (em um sentido formal)[1207], uma contradição acerca da vinculabilidade simbólica da regra: o agente expressa uma *"falta de consenso sobre a validade da norma"*[1208]. Sua punição confirma a vontade da comunidade jurídica (a vontade geral, no sentido hegeliano) de manter todos os cidadãos submetidos e vinculados ao Direito, bem assim ao princípio da igualdade perante a lei. O único efeito que a pena pode gerar, assim, em relação ao delito, é a confirmação da expectativa contrafática acerca da validade da norma[1209]; não é sua tarefa, e nem pode ser, face à sua característica retrospectiva, o controle de comportamentos.

Desta maneira, já não se compreende a retribuição em um sentido atávico, como o esgotamento de uma aplicação de um segundo mal[1210], mas sim como um ato institucional de confirmação da norma (como parte do sistema)[1211] e restauração do Direito tal qual[1212], o que se toma como imprescindível para uma vida em comunidade fundada na igualdade e liberdade dos cidadãos.

O que está em causa, nas versões aqui acolhidas da teoria retributiva[1213], é conceber o delito como lesão a um dever de reconhecimento recíproco[1214] e, também, de correalização (*Mitwirkungspflicht*) ou corresponsabilidade[1215], assentado na ideia geral de que a comunidade jurídica se constitui a partir de cidadãos

---

1206. Assim: PAWLIK, Michael. *Das Unrecht des Bürgers,* 2012, p. 107: *Ein Angriff auf den Zustand der Freiheitlichkeit äussert sich folglich darin, dass der Täter, indem er der strafrechtlichen Verhaltensordnung zuwiderhandelt, seine Rolle als Repräsentant der Rechtsgeminschaft - kurz: als Bürger - bricht. Er verletzt seine Pflicht, an der Aufrechterhaltung des bestehenden Rechtszustandes mitzuwirken".* O acento, claramente, está no dever de correalização, e não apenas na violação da norma, nem menos ainda na lesão ao bem jurídico. O delito, assim, conceitualmente, consiste em um injusto contra a totalidade da comunidade jurídica, e não apenas contra a pessoa individual.

1207. E não do objeto da norma de dever. Assim: LESCH, Heiko Hartumt. *Der Verbrechensbegriff,* 1999, p. 203.

1208. Assim: LESCH, Heiko Hartumt. *Der Verbrechensbegriff,* 1999, pp. 193 e 204.

1209. Expressamente, assim: LESCH, Heiko Hartmut. *Der Verbrechensbegriff,* 1999, p. 188.

1210. A apontar que a retribuição sem função social não é legitimável: *Der Verbrechensbegriff,* 1999, pp. 82 e 205. E no sentido de que, embora a pena seja entendida como um mal, seus pressupostos não tem o caráter de um mal: OTTO, Harro. Personales Unrecht, Schuld und Strafe. *ZStW* 87 (1975), p. 587.

1211. Assim: PAWLIK, Michael. *Das Unrecht des Bürgers,* 2012, p. 89.

1212. PAWLIK, Michael. *Person, Subjekt, Bürger,* 2004, p. 55.

1213. Em essência, esta perspectiva corresponde à desenvolvida por Michael Pawlik, em: *Person, Subjekt, Bürger,* 2004, p. 48; 54-55; 75;77; 88-97.

1214. No que concerne ao ilícito como negaçao do reconhecimento devido, veja-se, também: DIAS, Augusto Silva. *«Delicta in Se» e «Delicta Mere Prohibita»,* 2008, p. 688.

1215. OTTO, Harro. Personales Unrecht, Schuld und Strafe. *ZStW* 87 (1975), p. 587.

implicados, efetivamente (e não, apenas, "amedrontados"), na manutenção de seus (próprios) valores normativos[1216].

A violação do dever de correalização dá substância ao delito, que resta, assim, "desprivatizado" (*Entprivativierung*) enquanto uma simples relação entre o agente e o ofendido[1217]: o acento se dá na violação do dever tal qual, enquanto símbolo de consenso acerca da validade da norma, e não no conteúdo da específica norma de dever (na violação do bem jurídico)[1218].

Não se trata, portanto, de uma teoria da pena absoluta no sentido de que desprendida de qualquer finalidade[1219] – e (possivelmente, mas também "somente" possivelmente) vinculada a uma concepção autoritária do Estado, em que a pena se exigiria como um fim em si mesmo, ou como puro postulado abstrato de justiça. Do que se cuida, em essência – e tal qual também se propõe nas teorias preventivas gerais positivas hoje predominantes, com as distinções acima indicadas –, é da manutenção da ordem jurídica, da expectativa contrafática de validade da norma, enquanto objetivo último do Direito Penal[1220].

O ponto de divergência se encontra, porém, na justificação da pena: enquanto para a perspectiva preventiva, a pena visa, em certo sentido, melhorar o mundo[1221] (finalidade extrassistemática)[1222], servindo como instrumento da

1216. PAWLIK, Michael. *FS-Jakobs,* 2007, p. 485.

1217. PAWLIK, Michael. *Das Unrecht des Bürgers,* 2012, p. 90. Pontua, o Autor, que se dá uma neutralização da vítima a favor de uma razão do todo, retirando-se o poder de uma violência emocional, que é substituída pela racionalidade. O que ocorre, no processo penal e no Direito Penal, não é o processamento de um conflito entre o autor do fato e a vítima, mas sim uma discussão entre a comunidade jurídica e o suspeito do crime. Op. cit. p. 91.

1218. Confira-se: LESCH, Heiko Hartumt. *Der Verbrechensbegriff,* 1999, p. 203. No sentido de que a legitimação da norma se dá através do processo democrático, e também através do valor do sistema tal qual, veja-se: PERALTA, José Milton. Positive Generalprävention als Achtung der Rechtsordnung. *ZIS,* 10 (2008), p. 508.

1219. Veja-se: OTTO, Harro. Personales Unrecht, Schuld und Strafe. *ZStW* 87 (1975), p. 586. Acentua, o Autor, que ainda que a pena, enquanto retribuição, possua efeitos preventivos gerais, isso em nada instrumentaliza o agente, uma vez que este é considerado responsável por um dano à confiança (no Direito). Se o agente é responsável e se a pena não ultrapassa a culpa, então aquele é tratado como uma natureza racional, e não como um objeto para outros fins. Op. cit. p. 587.

1220. Veja-se: PAWLIK, Michael. *FS-Jakobs,* 2007, p. 485. Note-se, contudo, que em distinção às concepções preventivas, não se trata de efeitos futuros – como a inibição de novos ilícitos – mas sim da manutenção da ordem jurídica do aqui e agora. Assim, o mesmo Autor: *Der Unrecht des Bürgers,* 2012, p. 109. Também: JAKOBS, Günther. Rechtsgüterschutz? Zur Legitimation des Strafrechts, 2017, p. 92. Veja-se ainda: KERSTING, Wolfgang. *Macht und Moral*, 2010, p. 249 e ss.

1221. Crítico à prevenção geral preventiva positiva, neste aspecto de ampliação da confiança no Direito: LESCH, Heiko Hartmut. *Der Verbrechensbegriff,* 1999, p. 206, n.r.178. Reforça, o Autor, que a função da pena não é ampliar, faticamente, a confiança no Direito, e sim a confirmação, normativo-simbólica, de que era lícito esperar, na situação fática, o comportamento normativamente adequado.

1222. PAWLIK, Michael. *Person, Subjekt, Bürger,* 2004, p. 12.

proteção dos interesses sociais e dos bens jurídicos[1223] (no sentido de uma racionalidade vinculada à prudência, que seria "estimulada" com a punição do delito)[1224], para a perspectiva retributiva o fundamento da pena é o delito em si mesmo e a culpa que o constitui[1225], aqui traduzida em uma (grave) forma de negativa de reconhecimento recíproco, não apenas à vista de seu significado para o interesse da vítima, e sim, sobretudo (!), para a comunidade jurídica[1226] como um todo[1227], na medida em que a liberdade só pode se realizar caso a ordem jurídica se mantenha.

Em distinção com as teorias retributivas "clássicas", a nota está em que a pena não é *exigida* nesta nova concepção[1228], mas sim, e apenas, *legitimada* enquanto consequência *possível* do injusto[1229] (ao que se pode chamar de um retributivismo no "sentido fraco"). Caso uma comunidade jurídica esteja em um grau de desenvolvimento e segurança tais, que a permitam reservar a pena para os injustos especialmente graves, tanto melhor[1230]. E caso a punição e redução do *status* do agente para a manutenção do reconhecimento possa ser diminuída ou abdidacada, em face da coesão social, tanto melhor. De modo oposto ao que fazem os defensores das concepções preventivas – que buscam limitar a pena com uma premissa retributiva (por eles rejeitada, *ab initio*) –, o que se dá aqui

---

1223. Contudo, a ressaltar que as finalidades preventivas devem sempre corresponder à responsabilidade do agente, e nunca ultrapassá-la: JAKOBS, Günther. Staatliche Strafe: Bedeutung und Zweck, 2017, p. 30.

1224. Criticamente: KERSTING, Wolfgang. *Macht und Moral,* 2010, p. 243;

1225. Sobre a distinção entre consequencialismo e deontologismo, aplicada à questão em exame, e remeter ao "exemplo da ilha", de Kant: MOORE, Michael. *Placing blame,* 2010, p. 155. O Autor avança que, no exemplo da ilha, em uma perspectiva deontológica (*agent-relative*), a punição do homicida deve ocorrer ainda que, com isso, outros homicidas possam quedar impunes, em virtude da circunstância de que o agente deixaria de testemunhar contra outros homicidas. Contudo, o Autor sustenta que há possibilidade de se compatibilizar o retributivismo com o consequencialismo, caso se mantenha a ideia de que a punição é um bem intrínseco (*intrinsic good*). Isso se daria no caso de se punir alguém ainda mais culpado, ao preço de não se punir alguém menos culpado, o que seria uma perspectiva retributiva e, neste sentido, consequencialista. Op. cit. p. 159.

1226. Gabriel Pérez-Barberá considera, neste plano, que se trata de justificar a pena enquanto instituição, ou seja, enquanto prática, tanto em face do condendado como da sociedade. Probleme und Perspektive der expressiven Straftheorien, *GA* 2014, p. 512.

1227. Analogamente, a destacar que, em uma perspectiva retributiva, que se fundamenta na relação de reconhecimento, a pena não consiste em um imperativo categórico: DIAS, Augusto Silva. «Delicta in Se» e «Delita Mere Prohibita», 2008. p. 759. Também: PAWLIK, Michael. *Das Unrecht des Bürgers,* 2012, p. 110. Novamente, acentuando o Autor que o sujeito encontra uma corresponsabilidade jurídica pela manutenção do estado libertário, no qual ele vive.

1228. De acordo: LESCH, Heiko Hartmut. *Der Verbrechensbegriff,* 1999, p. 192.

1229. Isso pode ser inclusive derivado da teoria penal de Hegel. Veja-se: SEELMANN, Kurt. Hegels Straftheorie, 2011, p. 84, com referência à problemática da negativa de reconhecimento recíproco em uma sociedade bem estabelecida.

1230. Neste sentido: SEELMANN, Kurt. Hegels Straftheorien, 2011, pp. 83-84. NEUMANN, Ulfrid. Anfangen an Hegels Straftheorie aus „nachmetaphysischer" Sicht, 2011, p. 164. PAWLIK, Michael. *Person, Subjekt, Bürger,* 2004, p. 96.

é limitar a retribuição com um fator de caráter preventivo. E isso nada tem de incoerente, porque o aspecto utilitário-consequencialista só joga um papel para restringir a punição - e assegurar a liberdade -, não para justificá-la, o que se faz compatível com um Direito Penal do fato, fincado na subsidiariedade.

Nesse contexto, se o cidadão possui o dever de correalização do "estado de liberdade", fundamentado/legitimado na possibilidade de participação na vida política e na conformação da comunidade jurídica em que vive; se a violação deste dever constitui, - em sua essência e conteúdo –, o próprio delito (o que faz exsurgir, no prisma deontológico, o *merecimento* da pena[1231]); e se o agente doloso se encontra em uma condição mais facilitada de evitar (pelos conhecimentos que possui ou que, em face de seu papel e competência, tem obrigação de possuir)[1232] a violação do dever de correalização; então a justificativa para a responsabilidade destacada do atuar doloso é nada mais, nada menos, que a própria evitabilidade (pessoal), e seu fundamento é, neste sentido, valorativa e intrinsecamente retributivo: uma resposta justa e proporcional à violação da norma, em uma situação na qual o agente estava em uma condição facilitada de evitação do injusto, restabelecendo-se, através da pena como resposta, a igualdade jurídica entre os cidadãos[1233], com a respectiva redução do *status* jurídico do delinquente. Estes, pois, enfim, os fundamentos teleológico e material da responsabilidade dolosa, na concepção aqui defendida.

Veja-se que essa violação consciente ao dever é quem vai, enquanto sentido social do comportamento, expressar/comunicar a rejeição à ordem normativa que confere, já ao plano do ilícito, a base material para a punição mais intensa do atuar doloso[1234]. O dolo se conecta, assim, diretamente, ao fundamento (violação da norma com conhecimento ou, excepcionalmente, com um desconhecimento indesculpável ao plano do papel do agente, fundado na indiferença) e ao fim da pena (expressão de que esta violação não é tolerada e de que a expectativa na validade da norma se mantém), e não é concebido como algo livre de qualquer

---

1231. Veja-se: MOORE, Michael. *Placing blame,* 2010, p. 153.

1232. Sobre a evitabilidade facilitada, contudo em uma perspectiva preventiva, veja-se: FRISCH, Wolfgang. *Vorsatz und Risiko,* 1983, p. 52. Aponta, o Autor, que imposição de um mal ao autor somente se legitima caso este pareça responsável pelo fato, ou seja, pessoalmente deficitário perante as exigências do Direito. Ainda acerca da evitabilidade facilitada, partindo da ideia do delito executado em uma situação plena de liberdade e com propósito, veja-se: KORIATH, Heinz. *Grundlagen strafrechtlicher Zurechnung,* 1994, p. 251.

1233. Ainda que não a se referir ao dolo, mas centralizado na relação de reconhecimento, e na necessidade, através da pena, de se manter o imputado na comunidade, restabelecendo-se o reconhecimento intersubjetivo: DIAS, Augusto Silva. *«Delicta in Se» e «Delicta Mere Prohibita»,* 2008, p. 689. O Autor recorre a Fichte, mas não sem deixar de anotar algumas insuficiências no pensamento racionalista, que deixa de tratar da "fenomenologia do desrespeito", e não articula o "ponto de vista transcedental com o ponto de vista histórico-social".

1234. Personales Unrecht, Schuld und Strafe. *ZStW* 87 (1975), pp. 591-592.

valor (como originalmente na teoria finalista, com um sentido "neutral"), e sim como um elemento verdadeiramente constitutivo do ilícito penal tal qual.

4. Balanço

Seja na perspectiva da pena como retribuição funcional, seja na concepção preventiva geral positiva, o conceito de dolo resta normativizado (ainda que em níveis distintos), uma vez que aquilo que se leva em conta é, especialmente, o sentido social da ação, a natureza racional do sujeito e seu papel, e não, essencialmente, seus estados mentais, em um sentido psicologista-interno. Por uma ou outra via, em síntese, o dolo é "despsicologizado", deixando de ser um puro objeto de valoração e passa a ser um título específico de responsabilidade pessoal por um déficit[1235].

Quem interpreta o dolo em uma chave psicológica, parte de uma concepção ou bem preventiva especial ou bem preventiva geral negativa da pena, de acento no controle de comportamentos, que acaba por impregnar todas as categorias da teoria do crime[1236], em uma visão naturalista do próprio Direito[1237]. E isso, precisamente, é o que se rejeita nesta investigação. A rejeição está em que, de um lado, o pensamento preventivo especial não alcança nem a determinação do injusto nem a imputação da culpa, podendo, quando muito, ter uma função no plano da execução da pena[1238]; e a perspectiva preventivo-geral negativa, por sua vez, se baseia essencialmente na intimidação em um sentido individual-racionalista (em que o indivíduo se move num esquema de prazer-desprazer) e de controle, não alcançando a essência do ilícito penal e da pena (que não tem por fim a dissuasão, mas sim a confirmação contrafática das expectativas normativas). A exigência de base, aqui, é o próprio Direito Penal do fato[1239], que se fundamenta na culpa do agente pelo fato e não em sua personalidade antissocial, e que não tem por missão essencial o direcionamento de comportamentos nem a valoração de "processos psicológicos internos"[1240], mas sim a manutenção contrafática da expectativa de validade da norma, que é frustrada com o crime (enquanto negativa de reconhecimento recíproco) e confirmada com

---

1235. Veja-se: STUCKENBERG, Carl-Friedrich. *Vorstudien zu Vorsatz und Irrtum im Völkerstrafrecht,* 2007, p. 428.

1236. No sentido psicologista, associado à prevenção especial, veja-se: KARGL, Walter: *Der strafrechtliche Vorsatz auf der Basis der kognitiven Handlungstheorie,* 1993, pp. 58 e 72. Criticamente: KRAUSS, Detlef. *FS-Bruns,* 1971, p. 25.

1237. Veja-se, criticamente à visão naturalista: LESCH, Hartmut Heiko. *Das Verbrechensbegriff,* 1999, p. 203.

1238. Não é outra coisa o que reconhece Harro Otto, que subscreve uma perspectiva retributiva no que toca ao fundamento da pena, mas reconhece, quando da execução, objetivos preventivo-especiais. Personales Unrecht, Schuld und Strafe. *ZStW* 87 (1975), p. 588.

1239. Veja-se: KRAUSS, Detlef. *FS-Bruns,* 1971, p. 26.

1240. Assim: LESCH, Hartmut Heiko. *Das Verbrechensbegriff,* 1999, p. 206.

a pena. Do que se trata, essencialmente, é da manifestação da falta de consenso sobre a vinculabilidade da norma, não enquanto uma causação empírica de uma facticidade ilícita, não como a simples exteriorização causal (causalismo), ou finalmente controlada (finalismo), da lesão do bem jurídico[1241]. A função da pena, assim, é a de confirmar/comunicar[1242] que a norma continua a ser um padrão válido e de que o comportamento normativamente conforme era de se esperar no caso concreto[1243], sobretudo nos casos em que o sujeito tinha o conhecimento de que seu comportamento visava, ou gerava um risco qualificado de produzir, o resultado ilícito (=dolo).

Disso se extrai, ainda, que ao plano da imputação subjetiva, não se cuida de estabelecer o que o sujeito, psicologicamente (num esquema de "prazer--desprazer"), *quis*, mas sim de avaliar se aquilo que o sujeito quis corresponde ao *querer-devido* (não um "querer, psicologicamente, o não-devido", mas sim o que "não é, normativamente, devido-querer")[1244]. A pergunta, portanto, não se direciona às disposições volitivas do agente, em um sentido "real-psíquico", na medida em que esta motivação simplesmente não interessa ao Direito Penal.

Enfim, no que concerne, especificamente, aos fundamentos da pena, há, nesta investigação, uma vinculação às teorias retributivas contemporâneas, notadamente as hegelianas, e as "institucionais-comunicativas" ou "expressivas"[1245]. Reconhece-se uma aproximação desta perspectiva a determinadas linhas da teoria da prevenção geral positiva, especialmente a concepção desenvolvida por Jakobs, cujo ponto de inflexão é a proteção da validade da norma tal qual pela via da comunicação, através da pena, de que o delito não é o padrão de conduta aceito pela comunidade jurídica[1246]. Em um e n'outro caso, o acento está no aspecto

---

1241. Assim: LESCH, Heiko Hartmut Heiko. *Das Verbrechensbegriff,* 1999, p. 204. Neste aspecto, também: JAKOBS, Günther. Strafrechtliche Zurechnung und die Bedingungen der Normgeltung, 2017, p. 170.

1242. De acordo quanto a isto: JAKOBS, Günther. Strafrechtliche Zurechnung und die Bedingungen der Normgeltung, 2017, p. 165.

1243. Veja-se: GÜNTHER, Klaus. Zurechnung, Strafe und das Selbsverständnis von Personen. In: PRITTWITZ, Cornelius *et al.* (*Hrsg.*). *Rationalität und Empathie. Kriminalwissenschaftilches Symposium für Klaus Lüderssen zum 80. Gebürstag.* Baden-Baden: Nomos, 2014, p. 20.

1244. Assim: LESCH, Heiko Hartmut. *Das Verbrechensbegriff,* 1999, p. 204.

1245. Mas, ainda que assim não fosse, seria possível trabalhar, de modo consequente, com um conceito de dolo de acento normativo, tal como o fazem Autores como Günther Jakobs e Claus Roxin, que se afiliam à perspectiva preventiva geral positiva, ainda que com fundamento diversos, obviamente. Sobre essa possibilidade, veja-se: DIAS, Augusto Silva. Uma recensão a Heiko Lesch, *Der Verbrechensbegriff – Grundlinien einer funktionalen Revision, Ed. Carl Heymanns, Köln--München, 1999. RPCC* 11 (2001), p. 337, ao se referir à normativazação de categorias do crime segundo perspectivas preventivas.

1246. Das Strafrecht zwischen Funktionalismus und "älteuropäischem" Prinzipiendenken – Oder: Verabschiedung des "alteuropäischen Strafrechts"? *ZStW* 107 (1995), p. 844. Sobre isso: FRISTER, Helmut. *AT,* 2015, §2, n.m.24, p. 26. No mesmo sentido: ROXIN, Claus. *AT,* 2006, §2, n.m.110, p. 49. Também, acerca da aproximação da perspectiva de Jakobs das concepções expressivas e das teorias absolutas: HÖRNLE, Tatjana. *Straftheorien,* 2011, p. 32.

comunicativo do delito e da pena, e no que concerne ao problema do conceito de dolo, isto é o mais importante a frisar neste momento.

Por fim, uma das dificuldades insistentemente apontadas, das teorias expressivas, consistiria em que se elas justificam a censura, em um sentido retributivo, não conseguem fornecer o fundamento para a aplicação do mal, ínsito à pena, ou seja, do "*hard treatment*"[1247]. A isso se pode replicar, com Puppe[1248], que a censura não consiste apenas no "registo" de que o fato praticado configurou um ilícito, mas sim em uma efetiva mensagem (*Botschaft*), que deve ser levada a sério tanto pelo agente como pela sociedade, de desaprovação, o que depende da efetiva aplicação do castigo. Não posso, aqui, ingressar no debate acerca da compatibilidade desta fundamentação com a deontologia cobrada pela perspectiva retributiva no que concerne à justificação da pena[1249]. Apenas pretendo ressaltar que a necessidade da aplicação da pena se desvela no aspecto *ilocutório* do ato de censurar e, neste sentido, não se desprende da essência da punição. Se a pena enquanto censura, vinculada ao merecimento, se justifica, então é possível legitimá-la também enquanto efetiva aplicação de um mal[1250].

Cumpre, agora, reaproximar os fundamentos da pena aos fundamentos mais específicos da responsabilidade dolosa, em uma concretização necessária dos princípios gerais acima anunciados.

1247. Neste sentido, a apontar que isso configura uma insuficiência das teorias expressivas, que as desligitima: TEIXEIRA, Adriano. *Teoria da aplicação da pena,* 2015, p. 91.

1248. *FS-Grünwald,* p. 479.

1249. Sobre esta discussão: PÉREZ-BARBERÁ, Gabriel. Probleme und Perspektive der expressiven Straftheorien, *GA* 2014, p. 516 e ss.

1250. Assim, por exemplo, com referência aos "atos de fala": GÜNTHER, Klaus. Criminal Law, Crime and Punishment as Communication. In: Simester A.P. *et al.* (Org.). *Liberal criminal theory. Essays for Andreas von Hirsch.* Oxford: Hart, 2014, pp. 136-137.

CAPÍTULO II

SOBRE OS FUNDAMENTOS DA RESPONSABILIDADE DOLOSA, PARTICULARMENTE

A decisão acerca dos dados ônticos de relevância, que devem ser selecionados para a formulação do conceito de dolo, somente se pode tomar de modo vinculado - teleologicamente vinculado - aos fundamentos da pena[1251] e à função do conceito ao plano da imputação subjetiva[1252]. Após a análise anterior, cumpre agora realizar uma aproximação mais direta aos fundamentos da responsabilidade dolosa, no escopo de, uma vez assumida uma posição[1253], construir, de modo consequente, o conceito de dolo, nele integrando-se os dados ônticos correspondentes.

1. O *topos* do controle final e da intenção

Nesta perspectiva, o dolo, especialmente no caso da intenção/propósito, revelaria um elevado nível de participação interna (*innere Beteillung*) no acon-

---

1251. A apontar a direção final da ação, no sentido de Welzel; a decisão, no sentido de Roxin; e o abuso de um poder maior sobre o fato, no sentido de Jakobs, como dados ônticos por eles selecionados, veja-se: PÉREZ-BARBERÁ, Gabriel. *El dolo eventual,* 2011, p. 526.

1252. Assim: KINDHÄUSER, Urs. *FS-Eser,* 2005, p. 359.

1253. Acerca da necessidade de se assumir uma posição acerca dos fundamentos da pena para que se possa lidar com a teoria do delito e as suas categorias de forma consequente, veja-se a advertência de Michael Pawlik, in: *Person, Subjekt, Bürger,* 2004, p. 13-14. Também: PÉREZ-BARBERÁ, Gabriel. Probleme und Perspektive der expressiven Straftheorien, *GA* 2014, p. 504.

tecimento externo, ou seja, um modo qualificado do "*Dafür-Können*"[1254]; nesta o agente demonstra um maior envolvimento de sua personalidade, tornando-se pragmaticamente impossível (para ele) se distanciar do fato; há uma "experiência típica de autoria", em que o sujeito toma o fato como trabalho seu[1255]. A percebida intenção do agente é tida, assim, como um fator determinante da graduação da punição.

O quadro ideal da ação humana, baseado no silogismo prático, representa uma ação final, direcionada a um objetivo, atuando o agente com o conhecimento de todas as circunstâncias relevantes[1256] (no modelo conhecido como "*desire-belief*").

A voluntariedade e involuntariedade da lesão, a partir da teoria cotidiana da imputação, ganham, assim, um papel decisivo no nível da ciência penal. É muito conhecido, aqui, o aforismo[1257]: "*even a dog distinguishes between being stumbled over and being kicked*".

Associa-se, ainda, a *ratio* da punição dolosa à maior periculosidade objetiva da ação em face de sua vinculação com a vontade de realização. Destarte, porque a vontade é direcionada à lesão do bem jurídico, o próprio controle da ação se afigura potencializado, apresentando-se, de um ponto de vista objetivo, mais perigosa a ação dolosa em comparação com a negligente, na qual não há a vontade de realização do resultado ilícito. Para esta perspectiva, desconsiderar essa realidade seria negar a "*própria capacidade concretizadora da vontade*"[1258].

Com efeito, enquanto o comportamento intencional (em um sentido mais restrito, de *propósito*, e não no sentido da intenção como categoria da filosofia da ação) aproxima o agente de sua ação, revelando que o ilícito, como vício da vontade (*voluntatis vitium)* foi "obra sua", e comporta, assim, uma "explicação unitária", o comportamento negligente aproxima o agente do acaso, como algo inerente à condição humana e vinculado à falta do conhecimento (*intellectus ac memoriae vitium)*, comportando inúmeras explicações[1259].

Argumenta-se que o Direito Penal, caso pretenda permanecer compreensível,

---

1254. HASSEMER, Winfried, *GS-Armin Kaufmann*, p. 289.

1255. Com múltiplas referências, mas sempre em sentido crítico: STUCKENBERG, Carl-Friedrich. *Vorstudien zu Vorsatz und Irrtum im Völkerstrafrecht,* 2007, p. 408-409.

1256. Veja-se, com muitas referências: STUCKENBERG, Carl-Friedrich. *Vorstudien zu Vorsatz und Irrtum im Völkerstrafrecht,* 2007, p. 408.

1257. A expressão é atribuída a Oliver Wendell Holmes Jr. e foi utilizada por outros Autores, como Hart. Veja-se, com outras referências: STUCKENBERG, Carl-Friedrich. *Vorstudien zu Vorsatz und Irrtum im Völkerstrafrecht,* 2007, p. 408.

1258. De acordo: PALMA, Maria Fernanda. *Dolo eventual e negligência consciente em direito penal, 1982,* p. 81.

1259. Veja-se, criticamente, sobre esta linha de fundamentação: STUCKENBERG, Carl-Friedrich. *Vorstudien zu Vorsatz und Irrtum im Völkerstrafrecht,* 2007, p. 410 e 412.

não pode deixar de se vincular à pré-compreensão, presente na práxis cotidiana da imputação, da lesão voluntária e involuntária[1260].

Caso a ação intencional seja tomada como protótipo da imputação subjetiva – ou como uma hipótese de descrição primária da ação[1261] – então as demais modalidades representariam formas de imputação diminuídas/reduzidas/fracas: o conhecimento da possibilidade e a falta de previsão exigem fundamentação autônoma, inclusive associada, nas situações de completa falta de previsão (culpa inconsciente), ao comportamento prévio, à autocorrupção e outras estruturas de apoio[1262], no sentido de se manter uma exigência mínima de autonomia e voluntariedade[1263] para a legitimação da censura.

Surgem, contudo, múltiplos questionamentos: o agente que atua com o objetivo de realizar o resultado ilícito é, de fato, sempre "mais perigoso" em comparação àquele que atua na certeza de que o resultado, não objetivado e colateral, será produzido?[1264] Quais são, afinal, o alcance e a extensão do controle final?[1265] O propósito de atingir o resultado, em uma perspectiva subjetiva, sempre expressa a negativa de validade da norma característica do atuar doloso, independentemente da qualidade do risco criado, em uma comunicação racional?

Primeiro, é de se ressaltar que não é o propósito em si que, sempre e sempre, revelará a maior periculosidade da ação, no nível ôntico, especialmente no estatístico. Há casos de negligência inconsciente que configuram riscos absolutamente elevados, e que muitas vezes resultam em catástrofes de largas dimensões, e outros em que o propósito de realizar o tipo em nada altera, no plano objetivo, a dimensão do perigo (contaminação intencional com o vírus HIV; tiro à longa distância, por atirador inexperiente etc), o que indicia que não se pode estabelecer como critério de delimitação a periculosidade objetiva associada ao comportamento intencional[1266].

O conteúdo de desvalor, portanto, não se estabelece, *per se,* a partir da intenção *stricto sensu*, mas também, especialmente, do controle da ação e de sua realização externa, embora o manifesto perigo, conhecido pelo agente. O que

1260. Neste sentido, precisamente: KÖHLER, Michael. *Die bewusste Fahrlässigkeit*, 1982, p. 298.

1261. Explicativamente, sobre os níveis primário e secundário de descrição da ação: STUCKENBERG, Carl-Friedrich. *Vorstudien zu Vorsatz und Irrtum im Völkerstrafrecht,* 2007, p. 409.

1262. Veja-se, assim: STUCKENBERG, Carl-Friedrich. *Vorstudien...*, 2007, p. 410.

1263. A negligência inconsciente, caso se parta da exigência de que a imputação subjetiva revele sempre uma escolha, explicável pelo modelo do silogismo prático, só restaria punível, assim, com o apoio de estruturas como a culpa prévia, o hábito, a má-vontade etc. Não é outra, do modo como a compreendo, a posição de Michael Köhler: *Die bewusster Fahrlässigkeit,* p. 414.

1264. Sobre isso: STUCKENBERG, Carl-Friedrich. *Vorstudien...*, 2007, p. 439.

1265. Sobre isso: FRISCH, Wolfgang. *Vorsatz und Risiko,* 1990, p. 107.

1266. Veja-se: STÜCKENBERG, Carl-Friedrich. *Vorstudien...*, p. 422.

se há de levar em conta é o distanciamento do comportamento em face daquilo que exige a norma. Em um sentido agora de "intencionalidade objetiva" (aqui, da *Absicht* mas na leitura hegeliana) - e não de simples propósito (subjetivo) -, em uma comunicação intersubjetiva, reconhece-se que aquele que tem por objetivo direto a violação da norma expressa uma especial hostilidade ao Direito. Contudo, isto não significa que o dolo pressuponha um "querer o ilícito", e nem tampouco que não haja outros modos de comunicar o afastamento do agente em face da norma de comportamento, nem tampouco que o comportamento intencional seja a forma base e prototípica do atuar doloso.

2. O desvalor moral e a maldade como características essenciais do dolo?

Sob a perspectiva do desvalor moral, o dolo se revela não apenas como um *plus*, mas sim como um *aliud* em face da negligência. Há uma associação direta do dolo com a maldade, a fraqueza de caráter, o desonroso, o egoísmo e a desconsideração, enquanto que a culpa consiste em algo ridículo, estúpido etc[1267]. Mas há, nesta perspectiva, várias dificuldades a enfrentar.

Primeiramente, se a demarcação pode ser válida para os casos prototípicos de dolo e culpa, isso não implica em que as coisas não possam se inverter: a culpa grosseira pode desvelar uma atitude de total egoísmo e desconsideração por parte do agente, que merece, sob o prisma ético, uma censura tão intensa quanto os outros casos de dolo. É o contexto fático quem poderá fornecer, assim, as bases da valoração[1268] (se é que tal valoração é compatível com um Direito Penal do fato), mais do que uma tentativa de perscrutar o inacessível *forum internum*.

Por outra banda, aponta-se o caráter duvidoso de se aplicar, no plano da imputação penal subjetiva, uma valoração essencialmente ética, ou seja, de se permitir, com a pena, a realização de um julgamento não apenas fático-jurídico, mas também essencialmente ético, do próprio autor do fato.

Além disso, a delimitação entre o dolo e a culpa a partir da posição interna do agente e do desvalor moral se afigura plausível apenas caso se compreenda o dolo essencialmente como um *dolus malus* - aqui no sentido psicologista, bem entendido, de um momento de consciência subjetiva do ilícito (=querer o ilícito, no conhecimento da ilicitude), como se exigia no Direito Romano - uma vez que aquele que não atua com a consciência efetiva do injusto, mas toma sua

---

1267. Informativo: STUCKENBERG, Carl-Friedrich. *Vorstudien zu Vorsatz und Irrtum im Völkerstrafrecht*, 2007, p. 416-417.

1268. Neste sentido: STUCKENBERG, Carl-Friedrich. *Vorstudien zu Vorsatz und Irrtum im Völkerstrafrecht*, 2007, p. 418.

ação como permitida, mereceria apenas a censura do descuido[1269]. Tal conclusão, contudo, se faz incompatível com a atual disciplina normativa do erro sobre a ilicitude (que não exige uma efetiva consciência do ilícito para a afirmação do dolo) e faria ressuscitar a "teoria do dolo"[1270].

Conforme esclarece Stuckenberg, o que está em causa, em associação com o pensamento ético e religioso, para esta perspectiva, é o *forum internum*, e não simplesmente o controle da ação, ou seu caráter simbólico. O agente doloso demonstraria, em seu comportamento exteriorizado, uma atitude interna de maldade, egoísmo, desconsideração, fraqueza, enquanto o negligente apenas desvelaria leviandade[1271]. O *forum externum*, a manifestação da ação, ocupa apenas um papel secundário, de desvelamento da própria natureza do agente[1272].

Há, nesta perspectiva, uma radicalização da teoria do ilícito pessoal, com uma consideração acentuada do injusto da ação, mas com referência direta à consciência do agente, inclusive no sentido psicológico. A culpabilidade, como ligação psicológica entre o agente e o fato, pressupõe, no caso do dolo, um julgamento ético depreciativo, que é o que justifica a censura[1273].

Mas não é a maldade ou, quando menos, não é *apenas* a maldade quem dá fundamento à punição qualificada do dolo. A lesão ao dever de reconhecimento recíproco pode derivar de ações corriqueiras, nas quais o agente, conhecendo o perigo doloso, ainda que não por maldade ou egoísmo, acaba por preferir atuar do que se abster, expressando sua não vinculação à norma. E é isso já o quanto basta. A motivação, enquanto questão da formação da vontade, não ocupa lugar algum no que concerne ao dolo.

A consideração do indivíduo concreto e de seu (suposto) estado mental

---

1269. Neste sentido: STUCKENBERG, Carl-Friedrich. *Vorstudien zu Vorsatz und Irrtum im Völkerstrafrecht,* 2007, p. 418.

1270. Me refiro, aqui, à "teoria do dolo" na concepção psicologista. A análise crítica de uma renovada "teoria do dolo", em um prisma normativo, como propõe Jakobs, será realizada na próxima parte desta investigação.

1271. Em uma acentuação do desvalor da ação, a partir do posicionamento interno do sujeito e da má consciência, veja-se: MORSELLI, Elio. Die subjektiven Elemente der Straftat aus kriminologischer Sicht. *ZStW* 107 (1995), p. 359.

1272. *Vorstudien zu Vorsatz und Irrtum im Völkerstrafrecht,* 2007, p. 417. Pondera, o Autor, que não há uma exclusiva disjunção na descrição de tais atitudes, que permita sempre apontar para o dolo ou para a negligência. Há comportamentos levianos que podem ser classificados como egoístas, na medida em que o agente nem uma vez se esforçou para respeitar o dever de cuidado. Apenas o contexto fático é que poderá indicar se a ação dolosa merece a censura moral. Mais que isso, para o Autor, é duvidoso que a valoração ética seja sempre relevante à luz dos fins da pena. Por fim, tais diferenciações exigiriam conceber-se o dolo como *dolus malus*, nele se integrando a consciência do injusto. Op. cit. p. 418.

1273. Assim, por exemplo: HIPPEL, Robert v. *Die Grenze von Vorsatz und Fahrlässigkeit,* 1903, p. 142, com referência expressa ao egoísmo do agente doloso, que atribui ao seu objetivo um valor mais elevado do que o respeito à ordem jurídica.

acarreta uma excessiva subjetivização e eticização da imputação, inadequada ao Direito Penal de um Estado Democrático, que para além de não dever se ocupar da consciência do sujeito[1274], deve ter como valor máximo a distribuição isonômica da justiça.

3. A decisão pela "violação do bem jurídico" como fundamento para a responsabilidade qualificada do dolo?

Nesta concepção, o que se postula é que a perpetração dolosa manifesta uma especial hostilidade ao Direito: uma oposição consciente e direta ao objeto de proteção da norma[1275]; uma decisão manifesta contra o bem jurídico[1276]; uma negação direta da expectativa de atenção ao bem jurídico alheio[1277]; ou ainda uma desconsideração ou indiferença perante o Direito[1278]. O atuar doloso, assim, comove a fidelidade ao Direito e a confiança na inviolabilidade da ordem jurídica de modo mais imediato e violento do que o atuar culposo[1279]: o agente negligente "protesta" apenas contra as condições de aplicação da norma[1280], o que, ou é irrelevante (em certos casos), ou, ao menos, menos relevante, do ponto de vista da comunicação[1281].

De acordo com Ulrich Schroth - dentre os defensores desta concepção -, enquanto para o agente negligente a pena deve implicar em que se torne mais atento no futuro, o que se espera é que a punição, para o agente doloso, resulte numa verdadeira reversão/conversão normativa (*normative Umkehr)*[1282], ou seja, de uma conversão em sua orientação de ação. O sentido da responsabilidade dolosa é, assim, o de expressar a expectativa de que o agente doloso, no futuro,

---

1274. Veja-se: DIAS, Augusto Silva. Uma recensão a Heiko Lesch, *Der Verbrechensbegriff - Grundlinien eine funktionalen Revision, RPCC* 11 (2001), p. 338.

1275. Veja-se: SCHROTH, Ulrich. *Vorsatz als Aneignung,* 1994, p. 66. Também: FREUND, Georg. *AT,* 2009, §7, n.m.37, p. 269. Assinala, o ultimo Autor: "*O questionamento da validade da norma se apresenta ilimitado e alcança correspondentemente uma qualidade especial, se o violador da norma compreende em complete extensão, o que ele faz - mais exatamente: se ele tem diante dos olhos o fundamento de validade da norma de comportamento violada e ainda assim decide-se pela violação da norma*".

1276. ROXIN, Claus /GRECO, Luís. *AT,* 2020, §12, n.m. 6, p. 541.

1277. Assim: LAMPE, Ernst-Joachim. *Das personale Unrecht,* 1967, p. 207.

1278. Informativo, com referências à Schmidhäuser, Köhler, Roxin, Brammsen, Engisch, Binding, veja-se: STUCKENBERG, Carl-Friedrich. *Vorstudien zu Vorsatz und Irrtum im Völkerstrafrecht,* 2007, p. 419.

1279. Assim: FRISCH, Wolfgang. *Vorsatz und Risiko,* 1983, p. 48.

1280. A destacar que no comportamento negligente há uma desarmonia com as razões de agir, não se explicando o comportamento pelas razões de agir e havendo uma nota de irracionalidade: PALMA, Maria Fernanda. *Dolo eventual e negligência consciente em direito penal,* 1982, p. 139.

1281. Assim: JAKOBS, Günther. *Strafrechtliche Zurechnung und die Bedingungen der Normgeltung,* 2017, p. 57.

1282. *Vorsatz als Aneignung der unrechtskonstituierenden Merkmale,* 1994, p. 66.

comporte-se melhor e com mais respeito em face do bem jurídico protegido[1283]. Nesse sentido, como já se anotou alhures, o dolo corresponderia, comparativamente à culpa, a um nível mais elevado de participação no acontecimento externo do injusto, um modo qualificado do "*Dafür-Könnens*"[1284].

Em termos de justificação, vinculada à prevenção geral e especial negativas, o agente doloso necessitaria de uma pena mais elevada, uma vez que sua dissuasão é especialmente mais difícil, só podendo se alcançar através de uma ameaça maior[1285]. No que se refere à prevenção geral positiva, a punição qualificada se associa à necessidade de "tabuização simbólica"[1286], que se afigura necessária em vista do caráter especialmente abalador da norma, revelado pelo comportamento doloso. Na situação da culpa, não se extrai qualquer conclusão acerca da atitude futura do autor, que inclusive se põe em risco com o comportamento (*poena naturalis*). O que se espera do agente negligente é, apenas, maior atenção no futuro[1287].

Tudo isso explica razoavelmente os casos de dolo direto de primeiro grau ou propósito – em que o agente deixa-se mesmo motivar para a realização da circunstância que a lei pretende evitar[1288] –, e também os casos de dolo direto de segundo grau (*Wissentlichkeit*), mas falha para o esclarecimento de inúmeras situações de *dolus eventualis*, em que o fundamento da ação é diverso, não direcionado, no mais das vezes, para o resultado ilícito.

No plano dogmático, um problema consiste em não se poder contornar, nesta concepção, que o dolo acaba por cobrar certa consciência do ilícito: é a consciência do ilícito quem permitirá, afinal, afirmar que houve, efetivamente, uma "decisão *contra* o bem jurídico"[1289]. Se é certo que o dolo, especialmente no plano do Direito Penal nuclear, *indicia* a consciência do injusto[1290], isso não é assim em outros campos secundários de incriminação.

1283. SCHROTH, Ulrich. *Vorsatz als Aneignung der unrechtskonstituierenden Merkmale,* 1994, p. 66.

1284. HASSEMER, Winfried. *GS-Armin Kaufmann,* 1989, *p. 296.*

1285. Criticamente, com referência a Feuerbach: STUCKENBERG, Carl-Friedrich. *Vorstudien zu Vorsatz und Irrtum im Völkerstrafrecht,* 2007, p. 424.

1286. Veja-se: SCHÜNEMANN, Bernd. *FS-Hirsch,* 1999, p. 363.

1287. Assim: SCHROTH, Ulrich. *Vorsatz als Aneignung der unrechtskonstituierenden Merkmale,* 1994, p. 67.

1288. Veja-se: SCHROTH, Ulrich. *Vorsatz als Aneignung der unrechtskonstituierenden Merkmale,* 1994, p. 67.

1289. Sobre isso: STUCKENBERG, Carl-Friedrich. *Vorstudien...,* 2007, p. 420.

1290. Veja-se: STUCKENBERG, Carl-Friedrich. *Vorstudien...,* 2007, p. 428. Defende, o Autor, que do que se trata é de um "indiciamento simbólico", e não de uma "manifestação", da falta de motivação para o cumprimento da norma. Para o Autor, apenas a manifestação demandaria a inclusão da consciência do injusto, mas não já o indiciamento, uma vez que no último caso há a possibilidade de cancelamento caso se demonstre o desconhecimento da norma.

A doutrina dominante do ilícito pessoal, que separa estritamente a vontade de realização (no tipo) e a formação da vontade (motivação - na culpabilidade), também se vê em grandes dificuldades na fundamentação do dolo como decisão, pois não se concebe como analisar a estrutura da vontade, enquanto decisão, desconsiderando-se sua formação[1291]. A necessária valoração, sobretudo para o deslinde entre o dolo eventual e a culpa consciente, faz ingressar um critério de valor que não deveria ser considerado - nesta perspectiva - para a análise do "dolo do tipo"[1292].

A solução para o impasse, como aqui já se analisou, tem sido a de se postular uma dupla posição para o dolo, identificando-se a decisão contra o bem jurídico ao plano do "dolo da culpabilidasde"[1293]. Mas esta não é a objeção central, porquanto mais se vincula à questão sistemática da construção da teoria do delito e da posição das categorias, que inclusive pode ser superada caso se tenha em mente que as categorias se comunicam e não são estanques/independentes, algo defendido, dentre outros, por Roxin.

O que se verifica é que as teorias do "dolo como decisão" se desenvolvem sob os auspícios da prevenção geral positiva, postulando que a justificativa para a pena mais intensa do dolo consiste no caráter especialmente abalador do comportamento e na necessidade de proteção de bens jurídicos, inclusive pela via do exercício da confiança no Direito. Mas caso se compreenda que a função do Direito Penal seja a de proteger as condições gerais para o desenvolvimento de uma vida livre, em um determinado espaço comum, através da confirmação contrafática da expectativa de validade da norma[1294], e de que a essência do ilícito não é a violação do bem jurídico tal qual, mas sim a violação do dever (formal), não se considera como fundamento suficiente, para a qualificação da responsabilidade dolosa, as necessidades utilitaristas de proteção de bens jurídicos e/ou de controle de comportamentos (*punitur ne peccetur*). Daí que seja necessário buscar outro caminho de fundamentação, ainda que não se refute o pensamento geral, no sentido de que o comportamento doloso de fato *comunica*, de modo especialmente direto e intenso, a negativa de validade da norma.

1291. Neste sentido, a crítica de Yu-An Hsu: *Doppelindividualisierung und irrtum,* 2007, p. 139.

1292. Neste sentido: ZIELINSKI, Diethart. *Handlungs-und Erfolgsunwert im Unrechtsbegriff. Untersuchungen zur Struktur von Unrechtsbegründung und Unrechtsauschluss.* Berlin: Duncker &Humblot, 1973, p. 164.

1293. Criticamente, a apontar que isto mascara a essência normativa do conceito de dolo: PICOTTI, Lorenzo. *Il dolo specifico. Un'indagine sugli "elementi finalistici" delle fattispecie penali.* Milano: Dott.A.Giuffrè, 1993, p. 582.

1294. Por todos: LESCH, Heiko Hartmut. *Der Verbrechensbegriff,* 1999, pp. 206-209.

4. A responsabilidade qualificada em face do caráter simbólico da conduta dolosa (aspecto axiológico) e da evitabilidade pessoal facilitada

Em comum com as perspectivas do "dolo como decisão", a proposta que parte da diferença simbólica como *ratio* da punição dolosa tem que o dolo e a culpa não são tomados como "fatos psicológicos", mas sim como portadores de caráter penalmente relevantes[1295], ou seja, como "títulos de responsabilidade" ou conceitos técnico-jurídicos.

A deslealdade ao Direito significa que o agente não tomou a norma de comportamento como relevante para sua decisão, sendo indiferente à ela, ao seu comando (*Rechtsgleichgültigkeit*)[1296]. A dimensão/intensidade em que isto se dá, é o fator de discrímen entre o dolo e a culpa.

O que se verifica, portanto, no comportamento doloso é uma violação expressa do reconhecimento recíproco, notadamente da vontade geral traduzida na norma diretamente confrontada[1297].

O Direito é uma rede de interações que tem por base o reconhecimento das pessoas como livres e iguais. Aquele que viola o direito do outro (= que invade seu espaço de organização) sem justificativa plausível, cancela o reconhecimento devido e o reduz, arbitrariamente, a um simples meio para a realização de seus propósitos. Muito mais do que uma simples lesão de um bem jurídico qualquer, o que se dá é a lesão da base mesma da relação social, qual seja, o reconhecimento recíproco[1298]. Essa lesão deve ser cancelada com a diminuição do *status* jurídico do agente (justificativa moral da pena, em termos do cognitivismo moral), com a natureza de censura, o que torna o reconhecimento recíproco possível, restaurando-o.

Na perspectiva de uma teoria "retributiva-funcional" e "expressivo--comunicativa"[1299], o que se pode sustentar, portanto, é que há uma intensa

---

1295. Neste sentido: STUCKENBERG, Carl-Friedrich. *Vorstudien...*, 2007, p. 428.

1296. Essencialmente, esta é a posição de Jakobs, já analisada na primeira parte desta investigação. Veja-se: Gleichgültigkeit als dolus indirectus. *ZStW* 114 (2002), p. 582. Ainda que Jakobs defenda a perspectiva preventiva, isso não desnatura o fundamento utilizado, no que concerne ao dolo.

1297. Neste sentido: KÖHLER, Michael. *Die bewusste Fahrlässigkeit,* 1982, p. 371.

1298. Veja-se, sobre o tema: SEELMANN, Kurt. Hegels Straftheorien, 2011, p. 81.

1299. Acerca do caráter expressivo da pena, enquanto comunicação entre o agente/ofensor, a vítima e a sociedade, veja-se: GÜNTHER, Klaus. Criminal Law, Crime and Punishment as Communication, 2016, p. 124 e ss. Observa, o Autor, que o "*communicative Turn*" foi a resposta a uma excessiva instrumentalização trazida pelas perspectivas preventivas. O acento na comunicação dá relevo ao papel do infrator, como agente moral, apto e obrigado a responder, bem como ao papel da vítima, que foi negligenciado pela concepção preventiva. A punição deixa, assim, de ser apenas um meio para um fim e passa a ser uma mensagem, uma verdadeira expressão de censura. Op. cit. p. 125.

comunicação simbólica do comportamento doloso, de negativa de validade da norma, que exige (em termos de merecimento, enquanto justificação da pena), assim, uma resposta mais drástica para este "mais drástico caráter simbólico" da contradição normativa dolosa[1300].

Haveria, então, de se buscar um *continuum* para tal padrão de atribuição, deslindando-se o dolo da culpa[1301].

O comportamento culposo afeta a validade da norma menos intensamente do que o comportamento doloso, na medida em que a incompetência do agente demonstra-se também ao nível da gestão dos próprios assuntos e interesses. Esta falta de competência, inclusive, expõe o agente à *poena naturalis*, na medida em que ninguém pode conhecer seguramente as consequências de uma decisão, se não conhece as circunstâncias da decisão[1302]. O erro, típico da culpa, não indica qualquer padrão de comportamento; ele não possui a propriedade de ter o efeito de exemplo para outros, e nem tampouco de ser interpretado como um "protesto contra o mundo"[1303]. O que se vê é uma inadequação comunicativa do comportamento culposo, que se apresenta como *ratio* para uma punição menos intensa em face do comportamento doloso[1304], pois a frustração da expectativa contrafática se dá em uma intensidade sensivelmente menor.

Seja na perspectiva da prevenção geral positiva como da retribuição funcional, o agente negligente apenas contradiz obliquamente a norma, na medida em que ele não questiona seu comando, mas tão somente suas condições de aplicação[1305], sendo suficiente uma punição menos intensa, direcionada a exigir um "aumento de atenção" do sujeito[1306]. Se o comportamento doloso tem (como ato de fala) um sentido claro e unívoco, o comportamento negligente não desvela, *ex ante*, um caráter primário de lesão à norma, comportando uma interpretação plurívoca. O atuar negligente, assim, diz menos sobre o agente do que o doloso,

---

1300. Expressamente: LESCH, Heiko Hartmut. *Der Verbrechensbegriff,* 1999, p. 204-205. Observa, o Autor, que há uma diferença qualitativa entre o comportamento doloso e culposo, oriunda, precisamente, do caráter simbólico (sempre externo e objetivo) do primeiro, que contradiz de modo mais drástico o dever.

1301. Informativo: STUCKENBERG, Carl-Friedrich. *Vorstudien...,* 2007, p. 432.

1302. Assim: JAKOBS, Günther. Gleichgültigkeit als dolus indirectus. *ZStW* 114 (2002), p. 588, com a ressalva de que o Autor, no referido artigo, não toma todos os casos de desconhecimento como situações de culpa. Como já se anotou alhures, para Jakobs, o desconhecimento resultante de completo desinteresse, em situações nas quais o conhecimento não se revelaria relevante para a decisão, traduzindo uma cegueira perante os fatos, recebe a censura dolosa.

1303. JAKOBS, Günther. *Das Schuldprinzip,* 1993, p. 13-14.

1304. Assim: PALMA, Maria Fernanda. *Dolo eventual e negligência consciente em direito penal,* 1982, p. 122. A defender, a Autora, que esta distinção encontra respaldo na linguagem social.

1305. Veja-se: JAKOBS, Günther. Strafrechtliche Zurechnung und die Bedingungen der Normgeltung, 2017, p. 170.

1306. Veja-se, sobre o aspecto preventivo da punição do comportamento negligente: KELSEN, Hans. *Hauptprobleme der Staatsrechtslehre,* 1924, p. 138.

uma vez que a incompetência situacional do primeiro é ubiquitável e pode ser experimentada por cada qual, traduzindo uma condição humana falha[1307].

Um dos pilares, na concepção aqui defendida, da responsabilidade dolosa, consiste, exatamente, na comunicação[1308] e no caráter simbólico da ação[1309], que desvela, de modo mais claro, a hostilidade do comportamento em face da exigência normativa. O "ato de fala" do agente doloso é, assim, mais claro no que se refere à rejeição da expectativa normativa (aspecto axiológico). Esta hostilidade tem uma base cognitiva, identificada pela condição de evitabilidade mais facilitada em que se encontra o agente doloso, que sabe, nos casos gerais, o que faz, e que sabe que faz aquilo que a norma proíbe (aspecto teleológico).

1307. Veja-se: STUCKENBERG, Carl-Friedrich. *Vorstudien...*, 2007, p. 426-427.

1308. No mesmo rumo, mas com raiz sociológica: BLECKMANN, Frank. *Strafrechtsdogmatik - wissenschaftstheoretisch, soziologisch, historisch. Das Beispiel des strafrechlichen Vorsatzes.* Freiburg: Iuscrim, 2002, p. 320.

1309. Se o crime sempre comunica algo, então esta comunicação também deve ser a base para a resposta. Veja-se: GÜNTHER, Klaus. Criminal Law, Crime and Punishment as Communication, 2016, p. 127.

CAPÍTULO III

DAS BASES OBJETIVAS E SUBJETIVAS PARA O DESENVOLVIMENTO DE UMA CONCEPÇÃO DO DOLO A PARTIR DO FUNDAMENTO DA MAIS GRAVE NEGATIVA DE RECONHECIMENTO RECÍPROCO

1. Ainda uma última vez: sobre o sujeito da imputação e a evitabilidade pessoal

A imputação subjetiva, diga-se de início, se vincula a uma estrutura social, distinta daquela do mundo natural[1310]. Caso se isole o sujeito, tomando-o como um indivíduo, o que se faz é considerá-lo como um simples elo da cadeia causal, viabilizando-se, no limite, uma imputação do resultado de modo independente da culpa (=*Erfolgshaftung*). O fundamento de uma sociedade em que a imputação se dá dessa forma, em uma "perspectiva fisicalista", é a própria natureza[1311].

Agora, tomando-se como ponto de partida a ideia de dever e das relações jurídicas entre as pessoas na sociedade – como pilares da imputação objetiva e subjetiva –, pode-se considerar (ainda que esta não seja a única perspectiva possível, obviamente) que o objetivo específico da imputação de responsabili-

---

1310. Acerca da despsicologização do conceito de pessoa, e de sua consequente normativização: HEUCHEMER, Michael. *Der Erlaubnistatbestandsirrtum,* 2005, p. 39.

1311. Veja-se: HSU, Yu-An. *Doppelindividualisierung und Irrtum,* 2007, p. 128.

dade é o de confirmar a expectativa de validade da norma. A determinação da imputação subjetiva significa comprovar se uma ação objetivamente imputável - segundo os critérios e parâmetros da imputação objetiva (da realização de um risco proibido e de sua presença no resultado, essencialmente)[1312] - contém a afirmação *pessoal* do não-reconhecimento da validade da norma[1313].

Primeiramente, se impõe definir um princípio geral, que englobe, de modo unitário, as duas formas de imputação subjetiva (dolo e culpa), para, então, buscar os fatores de discrímen. Por outras palavras, é preciso buscar o que há de comum em termos estruturais entre as duas categorias, enquanto formas possíveis de ilícito[1314].

Como já se assinalou na Parte II deste trabalho, as teorias de acento psicológico, notadamente sob a influência de Feuerbach, apresentavam a tendência de partir do dolo (como propósito) para definir a imputação subjetiva, incorporando-se a culpa (que também exigia uma consciência de que a atuação era ilícita, ainda que de modo associado à "obrigação de diligência"). Trata-se, na perspectiva da teoria da imputação de Feuerbach, de se buscar um fundamento doloso para o delito culposo. Isso é normativamente equivocado. Como ressalta Pawlik, quanto mais se associa a natureza do ilícito a uma falha volitiva do sujeito, mais difícil se apresenta a integração da culpa, especialmente a inconsciente[1315]. E se o dolo, por sua vez, pressupõe um posicionamento "psicológico-interno" de rejeição explícita e consciente da norma, ao modo de um verdadeiro "querer o ilícito" - como também o exigia Feuerbach (!) - então a área do dolo também se restringe sensivelmente[1316], com resultados normativamente inaceitáveis[1317].

O ponto de partida da imputação subjetiva não há de ser o "ataque consciente e voluntário à norma", - em termos psicológicos, bem entendido -, mas sim uma falta de esforço para cumprimento da obrigação, que seria suficiente para evitar o ilícito[1318] por parte de um cidadão leal ao Direito. É a confiança neste esforço por parte do co-cidadão quem irá, no limite, "estabilizar" o ordenamento

1312. Explicativamente: Vom Naturalismus zum Normativismus, von der Systematik zur Topik. Der niedergang der deutschen Strafrechtswissenschaft vom Allgemeiner Teil. *ZIS*, 4 (2020), p. 144.

1313. Assim: JAKOBS, Günther. Strafrechtliche Zurechnung und die Bedingungen der Normgeltung, 2017, pp. 177-179. Veja-se: HSU, Yu-An. *Doppelindividualisierung und Irrtum*, 2007, p. 169.

1314. Assim: PAWLIK, Michael. *Das Unrecht des Bürgers*, 2012, p. 363.

1315. *Das Unrecht des Bürgers*, 2012, p. 369.

1316. O que não significa, por outro lado, que o dolo não comunique, de modo direto, um ataque à norma. Apenas se está a ressaltar que este significado não advém de uma vontade e de um conhecimento, por parte do agente, no sentido psicológico, de que está a realizar este ataque.

1317. Basta pensar no multicitado "caso da correia de couro", em que os agentes realizaram, conscientemente, um risco massivo, e que inevitavelmente, nesta concepção estrita, deveria ser resolvido como uma hipótese de negligência consciente.

1318. Neste sentido: PAWLIK, Michael. *Das Unrecht des Bürgers*, 2012, p. 372.

jurídico. Por outras palavras: a estrutura de base não é a vontade conscientemente direcionada ao ilícito, mas sim a falha objetiva do comportamento, desatendendo, o agente, a obrigação/incumbência que o conduziria – pressuposta a lealdade ao direito ! – a evitar o ilícito.

No patamar mínimo, ou no ponto de ligação comum da imputação subjetiva, não está o dolo, mas sim a culpa, e é daqui que se deve arrancar[1319]. O elo comum é a evitabilidade, e a medição se realiza a partir da maior ou menor facilidade de evitação do ilícito, em um parâmetro racional-objetivo.

Daí que o dolo, como a culpa, também caracterize um – conquanto que distinto – não-atendimento ao dever de se esforçar para a evitação do comportamento ilícito. Esta, pode se dizer assim, a "essência" comum de toda a culpabilidade penal. A violação da norma de comportamento e a evitabilidade, destarte, valem tanto para o dolo como para a culpa, que se articulam em uma relação *plus-minus* – de intensificação/qualificação –, e não de *aliud*[1320].

Deve-se partir da obrigação/incumbência (*Obliegenheit*) e da competência (*Zuständigkeit*), para se exigir que o agente esteja preparado para cumprir a norma (sob pena de não poder se exonerar com a alegação da incapacidade quando do fato), pois a evitabilidade se afere de modo *pessoal* e não com conexão direta e exclusiva a "estados mentais", enquanto "fatos brutos".

Já agora a medida/intensidade do ilícito, depende de se verificar se a ação, em um julgamento racional, se afigura, embora proibida, ainda compatível com uma "máxima de evitação" da violação da lei (culpa), expressiva de simples descuido, ou, por outro lado, se a ação se afigura completamente inassociável com a máxima de evitação (dolo), e assim expressa uma "estratégia racional de realização do tipo" – que somente seria adotada por um agente que rejeitou a norma e se conformou com o resultado, conforme sustentado por Puppe. O dolo, assim, não consiste em uma "vontade positiva" de realização do ilícito (como pretendia Feuerbach), e sim em uma falta de vontade de evitá-lo, nada obstante a massiva periculosidade do comportamento[1321] e a condição facilitada de evitação (derivada do conhecimento). Este o princípio condutor geral, que demandará, ainda, concretização.

Aponta-se, corretamente, que o cumprimento de normas se faz necessário para a realização de uma vida em uma comunidade jurídica, fundada na ideia de liberdade, como também para a própria ideia de legalidade e de justiça tal qual[1322].

1319. Assim: PAWLIK, Michael. *Das Unrecht des Bürgers,* 2012, p. 370.

1320. Veja-se: PAWLIK, Michael. *Das Unrecht des Bürgers,* 2012, pp. 372-373, com referências.

1321. Veja-se: PAWLIK, Michael. *Das Unrecht des Bürgers,* 2012, p. 375.

1322. Em base comunicativa, com referência a Hegel: GÜNTHER, Klaus. Criminal Law, Crime and Punischment as Communication, 2016, p. 130.

A evitação do injusto é, à luz da(s) norma(s), uma forma típica de ação[1323]. A imputação depende de se estabelecer que o agente (como pessoa, não indivíduo[1324]) teria podido evitar, através do preenchimento regular de seu esforço/ /incumbência, o comportamento falho[1325], caso presente uma (sempre pressuposta) vontade leal ao Direito.

A imputação subjetiva, portanto, não é uma imputação individualizada, direcionada a uma unidade "*biológica-fisiológica*" denominada *homem*[1326], que atua em um esquema de prazer-desprazer[1327], mas sim uma imputação *pessoal*[1328]. Não o indivíduo, com seus impulsos e voluntariedades[1329]; não a soma orgânica de processos vitais, mas a pessoa racional[1330] -, em termos de um esquema de "dever-liberdade" de ação -, e no seu papel. Pessoa e homem não são, assim, de modo algum, o mesmo[1331]: pessoa é aquele que no trânsito social é reconhecido e se reconhece como autor de ações, ou seja, cujos comportamentos lhe podem ser imputados; a personalidade implica, pois, a responsabilidade[1332]. Apenas na medida em que alguém se faz responsável por garantir as expectativas de terceiros, merece o reconhecimento da proteção dos próprios interesses[1333].

1323. Assim: HSU, Yu-An. *Doppelindividualisierung und Irrtum,* 2007, p. 130.

1324. Assim: KELSEN, Hans. *Hauptprobleme der Staatsrechtslehre,* 1923, p. 142.

1325. Veja-se: PAWLIK, Michael. *Das Unrecht des Bürgers,* p. 375.

1326. Veja-se: PAWLIK, Michael. *Das Unrecht des Bürgers,* 2012, p. 141.

1327. Assim: JAKOBS, Günther. Strafrechtliche Zurechnung und die Bedingungen der Normgeltung, 2017, p. 164. O mesmo: Das Strafrecht zwischen Funktionalismus und "älteuropäischem" Prinzipiendenken - Oder: Verabschiedung des "alteuropäischen Strafrechts"? *ZStW* 107 (1995), pp. 869-870, em conexão com o conceito de „comunicação instrumental".

1328. HSU, Yu-An. *Doppelindividualisierung und Irrtum,* 2007, p. 130. Também, reportando-se a Hans Kelsen: KORIATH, Heinz. *Grundlagen strafrechtlicher Zurechnung,* 1994, p. 162. Ainda: HEUCHEMER, Michael. *Der Erlaubnistatbestandsirrtum,* 2005, p. 38. JAKOBS, Günther. Strafrechtliche Zurechnung und die Bedingungen der Normgeltung, 2017, pp. 174-175 ("*a vontade para o seguimento da norma é simplesmente standardizada*").

1329. Este sistema psicofísico é o alvo, por exemplo, de uma teoria da dissuasão, que submete o autor ao comando como aquele que levanta um "pau contra um cão" (Hegel) para intimidá-lo. Curto: a reação penal, neste caso, se direciona ao sistema psicofísico, não contra a pessoa. Obviamente, o ordenamento jurídico não pode se comportar perante o autor como se este fosse um cão, mas sim respeitá-lo como pessoa. Sobre isso, veja-se, corretamente: JAKOBS, Günther. *Das Schuldprinzip,* 1993, p. 27.

1330. Neste sentido: LESCH, Heiko Hartmut. *Der Verbrechensbegriff,* 1999, pp. 172 e 252. É importante frisar algo: o que se leva em conta, na imputação, é a capacidade individual do agente. Mas a este aspecto complementa-se a pergunta, a respeito de como teria se comportado, no lugar do agente, com suas capacidades individuais, uma pessoa-padrão, livre e racional. A partir daí é que se atribui a violação do dever. Veja-se, explicativamente (com perspectiva crítica): DIAS, Augusto Silva. O retorno ao sincretismo dogmático: uma recensão a Heiko Lesch. *RPCC* 11 (2001), p. 330.

1331. Veja-se, com referência à teoria da imputação de Hegel, e à concepção do agente como pessoa racional, independente de sua realidade empírica e de suas disposições internas: LESCH, Heiko Hartmut. *Der Verbrechensbegriff,* 1999, p. 139.

1332. Assim, com recurso a Kant, veja-se: PAWLIK, Michael. *Das Unrecht des Bürgers,* 2012, p. 142.

1333. Assim: PAWLIK, Michael. *Das Unrecht des Bürgers,* 2012, p. 145.

Nesse contexto, as pessoas "se dão" apenas no plural e recebem seu *status* a partir de seu pertencimento a uma comunidade jurídica[1334]. Este *status* compreende um feixe de direitos e deveres, atribuídos com a personalidade. A pessoa, que atua no esquema de "dever-liberdade" (e não no esquema de "prazer-desprazer"), realiza sempre um posicionamento perante a norma, sendo este (posicionamento) ou bem a vontade de seguir a norma, ou bem a vontade de praticar o fato *(Tatwille)*[1335].

A norma constrói a forma de vida do mundo social[1336] e não parece exagero algum afirmar, com Jakobs, que seguir as normas é entender o mundo social[1337]. A própria subjetividade é gerada num processo mediado pelo social[1338]. Não se pode extrair a pessoa do contexto social, pois é o próprio contexto social quem converte o *indivíduo* (como unidade psicofísica) em *pessoa* (como portador de liberdade e potencial ilimitado de ação), a *pessoa* em *sujeito* (como realidade da pessoa, e sua determinação) e o *sujeito* em *cidadão* (como portador de papéis em uma comunidade jurídica concreta e situada)[1339].

Isso tudo foi trazido à lume apenas para se ressaltar que o "lado subjetivo" do fato não deve ser analisado em uma chave "psicologista-zoológica" ou "ontológica", mas sim sob uma perspectiva normativo-teleológica, comunicativa[1340] e *pessoal*, cujo padrão de aferição é a vontade de seguimento da norma ou a lealdade ao Direito.

A ação subjetivamente imputável expressa, objetivamente, a negativa de validade da norma e configura, em certo aspecto, uma autocontradição[1341]: o indivíduo, como pessoa, toma uma pretensão de respeito para si (para a segurança

---

1334. Veja-se: JAKOBS, Günther. Strafrechtliche Zurechnung und die Bedingungen der Normgeltung, 2017, p. 172. JAKOBS, Günther. Rechtsgüterschutz? Zur Legitimation des Strafrechts, 2017, p. 92. PAWLIK, Michael. *Das Unrecht des Bürgers,* 2012, p. 143.

1335. Assim: HSU, Yu-An. *Doppelindividualisierung und Irrtum,* 2007, pp. 155 e 170.

1336. HSU, Yu-An. *Doppelindividualisierung und Irrtum,* 2007, p. 129.

1337. JAKOBS, Günther. *Norm, Person, Geselschaft,* 2008, p. 89.

1338. JAKOBS, Günther. Das Strafrecht zwischen Funktionalismus und "älteuropäischem" Prinzipiendenken - Oder: Verabschiedung des "alteuropäischen Strafrechts"? *ZStW* 107 (1995), p. 852. Assinala, o Autor, que a subjetividade é, a um só tempo, pressuposto e resultado da sociabilidade.

1339. Veja-se: PAWLIK, Michael. *Person, Subjket, Bürger,* 2004, pp. 76 e ss.

1340. JAKOBS, Günther. *Sociedad, norma y persona en una teoria de un derecho penal funcional.* (trad. Manuel Cancio Meliá *et al.*). Madrid: Cuadernos Civitas, 2000, p. 33. Sintetiza, o Autor: "*sem processo de comunicação não se geram sujeitos livres*". O que se pretende indicar é que a subjetividade é, ao mesmo tempo, um pressuposto e uma consequência da sociabilidade. O mundo objetivo vinculante é uma condição necessária da sociabilidade. No mesmo rumo: GONZÁLES-RIVERO, Pilar. *Strafrechtliche Zuerchnung bei Defektzuständen,* 2001, p. 127.

1341. Essa "autocontradição" *(Selbstwiderspruch)*, contudo, não deve ser entendida em uma perspectiva psicológica, senão "comunicativo-normativa". Assim, e com razão: JAKOBS, Günther. *Das Schuldprinzip, 1993, p.* 30.

de sua vida, propriedade etc), mas esclarece, com sua ação, que o respeito pelo outro, como pessoa, é irrelevante[1342].

A base da imputação subjetiva, formada no alicerce da racionalidade, deita suas raízes em Hegel[1343], como aqui já se acentuou por diversas vezes. Neste âmbito, Köstlin assinala que a medida (arbitrariamente) subjetiva do propósito (*Vorsatz*, aqui em oposição à *Absicht*, como em Hegel) não pode ser a medida da responsabilidade jurídica", encontrando, a vontade, seus limites na "natureza objetiva da coisa"[1344]. Daí decorre que em face da própria natureza objetiva do resultado imanente de sua ação (conhecida, em seu aspecto geral, pelo agente racional), o sujeito não possa dele se desviar[1345].

O que se extrai desta linha de argumentação é que o sujeito que ergue a pretensão de ser tratado como racional, deve, forçosamente, submeter-se aos padrões de interpretação racionais da sociedade em vive[1346], em uma relação implicada, sinalagmática e de corresponsabilidade.

Por sua vez, a vontade é tomada como a vinculação entre o sujeito e a facticidade externa, e considerada sob o sentido ético-jurídico (normativo) e não dscritivo (psicológico), sendo a imputação seu conceito correlato[1347]. O dolo e a culpa não são, assim, quaisquer facticidades psíquicas internas, nem tampouco relações psíquicas com o injusto[1348], mas sim a valoração do aspecto subjetivo[1349] e de seus elementos, mediada por uma racionalidade comunicativa[1350].

O que interessa não é, portanto, acessar diretamente o psiquismo do sujeito (como indivíduo), mas sim "medir" sua ação em uma tábua normativa, que

1342. Corretamente: HSU, Yu-An. *Doppelindividualisierung und Irrtum,* 2007, p. 170. Também: GONZÁLES-RIVERO, Pilar. *Strafrechtliche Zurechnung bei Defektzuständen,* 2001, p. 110.

1343. Veja-se: LESCH, Heiko Hartmut. *Der Verbrechensbegriff,* 1999, p. 172.

1344. *System des deutschen Strafrechts,* 1855, p. 186. Veja-se, ainda, no mesmo sentido: LESCH, Heiko Hartmut. *Der Verbrechensbegriff,* 1999, p. 138.

1345. Sob o postulado da igualdade entre os cidadãos, ergue-se o princípio de que ninguém tem o Direito de esperar, para si, algo de extraordinário. Assim: PAWLIK, Michael. *Das Unrecht des Bürgers,* 2012, p. 390, com apoio em Michael Köhler, Bekker e Grossmann.

1346. PAWLIK, Michael. *Das Unrecht des Bürgers,* 2012, p. 383.

1347. Veja-se: KELSEN, Hans. *Hauptprobleme der Staatsrehctslehre,* 1924, p. 144. Também: JAKOBS, Günther. *Das Schuldprinzip,* 1993, p. 27. A imputação é pessoal porque se reconhece que o sujeito, com seu fato, realizou e comunicou um projeto de mundo diverso daquele concebido pela norma. Não se trata, pois, de imputar um acontecimento naturalístico, mas sim de responder (com a pena) a um discurso (comportamento antinormativo) do autor enquanto pessoa. A pena é a resposta contra o projeto de mundo (contrário à norma) do autor.

1348. Assim: JAKOBS, Günther. Das Strafrecht zwischen Funktionalismus und "älteuropäischem" Prinzipiendenken - Oder: Verabschiedung des "alteuropäischen Strafrechts"? *ZStW* 107 (1995), p. 862.

1349. HSU, Yu-An. *Doppelindividualisierung und Irrtum,* 2007, p. 131.

1350. GÜNTHER, Klaus. Criminal Law, Crime and Punishment as Communication, 2016, p. 30.

tem por fundamento/pressuposto a vontade leal ao Direito (ou a vontade de seguimento da norma).

Como se anotou acima, o que está em causa, na imputação subjetiva, é aquilo que o agente, normativamente, *deve querer*[1351]. Nesse contexto, a deslealdade ao Direito se torna mais clara se a ação expressa o não-reconhecimento da norma[1352], ou bem por se disassociar com uma máxima de evitação ou bem por representar uma estratégia idônea de realização do tipo (=dolo). Mas também pode se dar que ocorra apenas uma falha objetivamente previsível da vontade de seguir a norma, e não uma contradição direta, configurando-se a culpa, como violação do dever objetivo de cuidado.

O critério da evitabilidade joga, de fato, um papel importante: na medida em que o conhecimento da situação não exista, ou exista menos claramente, afigura-se, *prima facie*, anulado ou reduzido o poder motivador do dever jurídico[1353], e dificultada, ou mesmo impossibilitada, a evitação do ilícito. Contudo, mesmo a evitabilidade não deve ser enfocada/medida de modo subjetivo, e sim *pessoal*, sob pena de se recair nas mesmas aporias das teorias de acento psicológico.

E já no que se refere à evitabilidade *pessoal*, o conceito de apoio da incumbência (*Obliegenheit*) assume uma função relevante, na medida em que não se trata de uma evitabilidade apenas *psicológica*, senão *normativa*: o que cumpre aferir é se o sujeito em seu papel, e em face das incumbências e competências que possui, realizou os esforços necessários para o preenchimento do dever, e se isto seria o bastante para evitar o comportamento falho[1354]. Trata-se de um passo a mais: não só uma situação de "facilitada evitabilidade", no sentido "psicológico" (de um conhecimento efetivo, que sempre conduzirá à imputação ao dolo, quando presente), como propõe, por exemplo, Frisch (ao referir-se ao "partir-para-si"), mas sim de "facilitada evitabilidade" no sentido "normativo" e "pessoal", ou seja, que seria alcançada com o preenchimento adequado da incumbência. É isso que, a princípio, permite fundamentar a censura dolosa nos casos de cegueira perante os fatos, em situações de completa indiferença ao Direito, e em determinados casos de erro sobre as elementares típicas e sobre os pressupostos de uma causa de justificação, que não devem (merecem) ser "premiadas" com uma punição atenuada da negligência (reservada para casos

---

1351. No caso do dolo, o gravame não se encontra no "fato psíquico" do conhecimento da ilicitude do comportamento, mas sim na falta de motivação dominante direcionada à evitação do resultado. Veja-se: JAKOBS, Günther. *Das Schuldprinzip,* 1993, p. 25.

1352. Corretamente: HSU, Yu-An. *Doppelindividualisierung und Irrtum,* 2007, p. 134.

1353. Neste sentido: PALMA, Maria Fernanda. *Dolo eventual e negligência consciente em direito penal,* 1982, p. 83.

1354. Veja-se: PAWLIK, Michael. *Das Unrecht des Bürgers,* 2012, p. 375. O mesmo: *Person, Subjekt, Bürger,* 2004, p. 85.

em que o afastamento da norma, embora ilícito, ainda se revela compatível com a "máxima de evitação").

De todo modo, como será objeto de discussão mais detalhada na Parte IV desta investigação, a tese psicologista, na dogmática penal, ainda prevalece amplamente no que se refere ao tratamento do erro sobre as circunstâncias do tipo (e dos pressupostos fáticos de uma justificante) e ao conhecimento das circunstâncias fáticas, sobre os quais incide o "princípio epistêmico"[1355], ao passo em que no plano do conhecimento do ilícito incide o "princípio da responsabilidade": o desconhecimento da norma, por si só, não é fundamento bastante para a desculpa[1356].

Mas uma teoria da imputação subjetiva normativamente orientada não pode se consumar sem que haja uma ruptura radical com o psicologismo, e isto em todos os planos da teoria do crime: para a valoração jurídica sobre se uma vontade de seguir a norma ou se um comportamento leal ao Direito está presente, não se pode tomar como medida o juízo arbitrário do próprio indivíduo, mas sim se aferir se a expectativa do cumprimento do dever se preencheu ou não[1357] e, a partir daí, sobre aquilo que foi comunicado com a ação[1358]. A posição do sujeito face ao dever não pode, em um sentido psicologista, ser determinada segundo a consciência individual daquele, e sim através das condições sociais em que a personalidade se desenvolve[1359].

Veja-se que aquilo que pertence à esfera própria do sujeito permanece protegido; contudo, o comportamento ganha significado para o Direito ao tocar um terceiro. Este comportamento será, então, (normativamente) valorado. E bem podem ser levados em conta, como objetos de valoração, os estados mentais do sujeito. Mas estes estados mentais não são, em si mesmos, em hipótese alguma os *critérios* de valoração[1360]. A pessoa não pode ser reduzida às suas sensações, interesses e representações atuais[1361].

Note-se, por fim, que o lado subjetivo não é, de modo algum, desconsiderado ou ignorado nesta concepção. O que se sustenta, tão somente, é que a valoração

---

1355. A isso se pode também designar "princípio do conhecimento" em oposiçao ao "princípio da responsabilidade".

1356. Veja-se: HSU, Yu-An. *Doppelindividualisierung und Irrtum,* 2007, p. 130.

1357. Corretamente: HSU, Yu-An. *Doppelindividualisierung und Irrtum,* 2007, pp. 131 e 134.

1358. Especificamente quanto ao dolo: JAKOBS, Günther. Das Strafrecht zwischen Funktionalismus und "älteuropäischem" Prinzipiendenken – Oder: Verabschiedung des "alteuropäischen Strafrechts"? *ZStW* 107 (1995), pp. 862-863.

1359. Assim: MANSO-PORTO, Teresa. *Normunkenntnis aus belastenden Gründen,* 2009, pp. 36 e 40.

1360. Assim, corretamente: HSU, Yu-An. *Doppelindividualisierung und Irrtum,* 2007, p. 129. Também, no mesmo rumo: HEUCHEMER, Michael. *Der Erlaubnistatbestandsirrtum,* 2005, p. 56.

1361. Assim: MANSO-PORTO, Teresa. *Normunkenntnis aus belastenden Gründen,* 2009, p. 30.

não depende do arbítrio individual[1362], mas sim se concretiza a partir do dever, da competência e das incumbências, as quais se impõem obrigatoriamente à pessoa em relação à norma.

2. O *dolus indirectus* e os dois planos de normativização do elemento intelectual

A estrutura do *dolus indirectus* tem serventia, nesta investigação, especialmente para fins da análise crítica e fundamentação do que tenho designado como "os dois planos de normativização" do elemento intelectual, ou seja, (1) na negativa de se conceder, ao agente, a competência para a avaliação (em termos de prognose) do risco conhecido[1363], afastando-o através de um processamento irracional, e (2), na integração de casos de desconhecimento irracional e censurável (motivado por indiferença) ao dolo[1364].

Não se pode desconsiderar que houve, já em Feuerbach e Kleinschrod, apesar de duras críticas ao instituto em exame, certa compatibilização do *dolus indirectus* com a teoria psicológica. O que se procurava, contudo, era vincular uma ação intencional ilícita (o resultado da ação precisava ser proibido) com os efeitos prováveis ou possíveis de tal ação, na medida em que o agente, na busca de seu fim ilícito, os reconhece e ainda assim prefere atuar. Note-se que, embora esta estrutura fosse embrionária para o desenvolvimento do *dolus eventualis*, não se confunde com tal instituto nem, menos ainda, com o *dolus indirectus*, na medida em que havia o condicionante de que o resultado buscado da ação fosse proibido[1365].

Como já se anotou alhures, o que se toma em consideração, na doutrina do *dolus indirectus*, é que há resultados que nada mais são do que a ação em sua forma própria/geral; correspondem a efeitos imediatos da força empregada; estes são produzidos *per se,* e não *per accidens,* pela ação, seguindo-se imediatamente à ela, sendo inevitavelmente queridos[1366], na medida em que aquele que quer a causa quer, mediatamente, também o efeito. Esta, em linhas gerais, a proposta de Carpzov, no sentido da imposição da *poena ordinaria* aos casos do *animus indirectus*[1367].

1362. MANSO-PORTO, Teresa. *Normunkenntnis aus belastenden Gründen,* 2009, p. 30.

1363. Neste sentido, Ingeborg Puppe e, na literatura brasileira, Eduardo Vianna. Quanto ao último, veja-se: *Dolo como compromisso cognitivo,* 2017, p. 366.

1364. Assim, PAWLIK, Michael. *Das Unrecht des Bürgers,* 2012, p. 394 e ss.

1365. Sobre isso: PAWLIK, Michael. *Das Unrecht des Bürgers,* 2012, p. 385-386.

1366. Veja-se: LESCH, Heiko Hartmut. *Der Verbrechensbegriff,* 1999, p. 142-143. Em perspectiva histórica, o tema foi abordado na Parte II desta investigação. Neste momento, do que se cuida é de sua aplicação ao conceito de dolo aqui defendido.

1367. CARPZOV, Benedict. *Benedictii Carpzovii practicae novae rerum criminalium imperialis*

É certo que as teorias contemporâneas, que mantém uma referência psicológica[1368], também cerram as portas para o *dolus indirectus*. O processamento irracional do risco (a "confiança na boa saída" ou o "não levar a sério"), nestas concepções, pode afastar o dolo na medida em que o sujeito não se vê em uma situação de "decisão", de "posicionamento perante a norma". Daí que o altamente leviano, que por indiferença não reconhece o risco da ação, não o leva a sério e não se decide contra o bem jurídico e escapa, na visão da doutrina majoritária, da censura dolosa[1369]. Esta ainda é, de fato, a posição majoritária, que mantém a ideia de que o essencial é a reflexão subjetiva do sujeito[1370].

Contudo, os ventos estão a mudar e, a partir da alteração do pólo subjetivo da imputação - do indivíduo para a pessoa, conforme acima desenvolvido - e do recurso aos princípios iniciais da doutrina do *dolus indirectus,* ganha corpo o questionamento acerca da justificativa de se premiar o processamento irracional do risco, ou seja, de se aceitar que o próprio sujeito defina os pressupostos e contornos da imputação. Esta, conforme aponta Pawlik, é a vantagem das perspectivas cognitivas e da reinterpretação das teorias da representação, agora já em uma chave racional-normativa: assegurar o respeito ao postulado da igualdade entre os cidadãos[1371].

O *turning point* consiste, portanto, em um primeiro plano, em não mais se conferir ao próprio sujeito a competência para avaliar o risco conhecido[1372]. Se o sujeito não reflete sobre o risco conhecido, ou o toma levianamente como de concretização improvável, se confia, sem qualquer fundamento, na não-entrada do resultado, isso não deve exonerá-lo da censura dolosa. Ao contrário, o que é decisivo é verificar se a ação expressa a máxima de que a lesão deve ou pode

saxônica, 1724, Qu. 28. Sobre o tema: SCHLÜCHTER, Ellen. *Grenzen strafbarer Fahrlässigkeit,* 1996, p. 40. PUPPE, Ingeborg. Der Vorstellungsinhalt des dolus eventualis. *ZStW* 103 (1991), p. 25.

1368. Veja-se: PAWLIK, Michael. *Das Unrecht des Bürgers,* 2012, pp. 387-388. Observa, o Autor, que as indagações continuam tendo por objeto o processo psíquico do agente, ou seja, o que ele sabia, o que ele previu, o que ele quis etc. Em face disso, a doutrina do *dolus indirectus* permanece como majoritariamente rejeitada, e reconhecida com perigosa.

1369. Nesta posição: ROXIN, Claus. Zur Abgrenzung von bedingtem Vorsatz und bewusster Fahrlässigkeit, *JuS* 4 (1964), p. 61. STRATENWERTH, Günter. Dolus eventualis und bewusste Fahrlässigkeit. *ZStW* 71,(1959), p. 57. Com muitas referências à teoria do levar a sério, veja-se, ainda: HILLENKAMP, Thomas. CORNELLIUS, Kai. *32 Probleme aus dem Strafrecht Allgemeiner Teil.* 15. Aufl. Heidelberg: Franz Vahlen, 2017, pp. 9-11.

1370. Vejam-se, por todos: FRISCH, Wolfgang. *Vorsatz und Risiko,* 1983, p. 255. WALTER, Tonio. *Der Kern des Strafrechts,* 2006, p. 183.

1371. Neste rumo: PAWLIK, Michael. *Das Unrecht des Bürgers,* 2012, pp. 390-391. Adverte, corretamente, o Autor, que esta vantagem não se obtém, contudo, se a base psicológica das antigas teorias da representação não for abandonada. Mantida a interpretação psicológica, tudo o que conseguem as teorias cognitivas é um deslocamento, para o elemento intelectual, dos problemas inerentes às teorias volitivas.

1372. Assim, expressamente: PUPPE, Ingeborg. Begriffskonzeptionen des Dolus eventualis. *GA,* 2006, p. 74.

se dar[1373], à luz do próprio sistema valorativo da norma[1374]. E não se trata – neste primeiro plano – de simplesmente presumir um conhecimento que um sujeito não teve, mas apenas de se recusar a atribuição a ele para julgar acerca da relevância da ação, realizada sob uma dimensão específica de risco[1375].

Já em um "segundo plano de normativização", afirma-se que, em casos de falta de conhecimento, derivados de indiferença ao Direito, mesmo o desconhecimento não exonera, *tout court*, da imputação dolosa. Neste ponto, conforme sustenta Gabriel Pérez Barberá[1376], o aspecto mesmo mais relevante da doutrina do *dolus indirectus* consistiu na verdadeira objetivização/normativização do conhecimento, nele fazendo incluir aquilo que o agente deveria conhecer: o relevo da teoria do *dolus indirectus* é, precisamente, a prescindibilidade do conhecimento efetivo. Isso porque, para Pérez-Barberá, ainda que nem sempre se possa prescindir do conhecimento efetivo, há que se averiguar em que hipóteses este deve ser exigido e em que hipóteses pode ser dispensado para a imputação dolosa. Assim, a doutrina do *dolus indirectus* também teve o efeito de afirmar a equivalência do desconhecimento irracional ao conhecimento, abrindo a possibilidade de uma consequente normativização do conceito[1377]: *scire* e *scire ac debere* passam a integrar o dolo[1378].

Cuida-se, agora, de se avaliar a viabilidade de uma nova interpretação do dolo, especialmente com referência às normas disciplinadoras do erro, especialmente do §16 do *StGB,* do artigo 20 do CP Brasileiro e do artigo 16 do CP Português.

É preciso, assim, aprofundar estes dois aspectos, o que é o tema da próxima parte desta investigação, em que cuido da analítica do dolo, especialmente de seus elementos, das suas formas e do seu objeto de referência, em estreita conexão com a teoria do erro.

1373. PUPPE, Ingeborg. Der Vorstellungsinhalt des Dolus Eventualis, *ZStW* 103, (1991), pp. 14 e 40. De acordo: PAWLIK, Michael. *Das Unrecht des Bürgers,* 2012, p. 392.

1374. Contra: SCHROTH, Ulrich. *Vorsatz als Aneignung,* 1994, p. 110. Para o Autor, apenas a consciente recusa em pensar no resultado pode JuStificar a punição a título de dolo.

1375. Explicitamente: PUPPE, Ingeborg. Der Vorstellungsinhalt des dolus eventualis. *ZStW* 103 (1991), pp. 14-15. Na literatura brasileira: VIANA, Eduardo. *Dolo como compromisso cognitivo,* 2017, p. 243.

1376. *El dolo eventual,* 2011, p. 167.

1377. Veja-se ainda: HEUCHEMER, Michael. *Der Erlaubnistatbestandsirrtum,* 2005, p. 266, a defender, com alterações, a aplicação da principiologia para fins de uma adequada normativização do dolo.

1378. Que o *scire ac debere* está inserido na *Questio 28,* não há dúvida: *Benedictii Carpzovii practicae novae rerum criminalium imperialis saxônica*, 1721, Qu. 28. Veja-se: KLEE, K. *Der Dolus indirectus als Grundform der vosätzlichen Schuld,* 1906, p. 14.

PARTE IV

ANALÍTICA DO DOLO: ELEMENTOS E FORMAS DO DOLO

Nesta parte da investigação, cuida-se de aprofundar a análise dos elementos, do objeto de referência (tipo objetivo, nexo causal, resultado) e das formas do dolo, bem assim de articular estes aspectos à estrutura da evitabilidade, no âmbito teleológico e, ao plano dos fundamentos axiológicos, ao aspecto simbólico-comunicativo do atuar doloso, que justifica uma punição mais intensa e extensa em relação ao injusto negligente.

Se fará imperioso ainda abordar a problemática dos erros, especialmente no que concerne às contemporâneas propostas de nivelamento entre o erro de tipo (sobre a factualidade típica e/ou pressupostos das causas de justificação) e de proibição (sobre a ilicitude), decorrentes de uma completa normativização do elemento intelectual.

CAPÍTULO I

SOBRE OS ELEMENTOS DO DOLO

Já se anotou que a tarefa da conceituação do dolo pressupõe uma análise dos dois elementos tradicionalmente a ele vinculados, o volitivo e o cognitivo, enquanto facticidades psíquicas ou disposições, e também uma decisão acerca do que se mantém, bem ainda e especialmente, dos limites daquilo que se mantém. A esta tarefa é dedicado o presente capítulo da investigação.

Parte-se das seguintes hipóteses, já avançadas nas partes anteriores: o dolo não é um fato, mas um conceito jurídico, construído teleologicamente; a decisão, acerca de quais elementos empíricos o integram, é, portanto, normativa[1379]. A presença da vontade, *per se*, pode não ser suficiente para se afirmar o dolo[1380]; a presença de um determinado conhecimento pode não ser suficiente para se afirmar o dolo; a ausência da vontade, especialmente sob a roupagem de um determinado posicionamento emocional do agente em face do fato, pode não ser suficiente para se infirmar o dolo; o desconhecimento, como "fato bruto", pode não ser suficiente para se afastar o dolo[1381]. Curto: o dolo não é um "estado

---

1379. Neste sentido, acompanho Barberá, ainda que sob outras bases, na afirmação de que nenhuma das constelações fáticas valoradas como dolosas "é" o dolo, e de que os elementos empíricos, seja o conhecimento ou a vontade, não são o dolo. O dolo "subsume" e não "é subsumido". In: *El dolo eventual,* 2011, p. 640. Isso tem relevo para "*liberarse de las pesadas cargas psicologistas que hacen que tienda a creerse que dolo es conocimiento, o voluntad, etcétera, y por tanto, que igualmente tienda a creerse que el dolo queda excluído si, en el plano empírico, no se presenta um determinado conocimiento o una voluntad, o que el dolo debe afirmarse si esos estados mentales si se presentan*". Op. cit. p. 640.

1380. Veja-se: HERZBERG, Rolf Dietrich. Die Strafdrohung als Waffe im Kampf gegen AIDS? *NJW* 24 (1987), p. 1462, especificamente no que concerne à insuficiência da má intenção.

1381. Veja-se: HEUCHEMER, Michael. *Erlaubnistatbestandsirrtum,* 2005, pp. 284 e 293-294.

mental", mas uma modalidade de responsabilidade, que possui determinados estados mentais como objetos de referência, mas não se reduz a eles.

Os dois candidatos a preencher o conceito já são bem conhecidos. Ambos devem ser, agora, dissecados e "testados"; se algum não resistir, deve ser, justificadamente, decotado.

1. Sobre o elemento volitivo

É certo que a fórmula tradicional do dolo continua a ser, para a doutrina majoritária, o conhecimento e a vontade de realização dos elementos do tipo objetivo[1382].

O artigo 14 do Código Penal Português, nos seus incisos I (dolo direto de primeiro grau) e III (dolo eventual), faz referência explícita à "intenção" e à expressão de cunho volitivo "*conformando-se com*", e estabelece, à semelhança do Código Penal Brasileiro (art.18), - e em divergência com o Código Penal Alemão[1383] (§16 do *StGB*) -, um conceito de dolo de base aparentemente volitiva. A aceitação da concepção conceitual majoritária parece mesmo forçar a admitir a presença do elemento volitivo, ao lado do cognitivo, o que se postula como incontroverso nos casos de intenção/propósito[1384], mas se revela disputado no tocante ao dolo direto (de segundo grau) ou necessário[1385] e ao dolo eventual[1386].

1382. Veja-se: MAURACH, Reinhard. ZIPF, Heinz. *AT*, 1992, §22, n.m.34, p. 311, inclusive afirmando-se que a teoria da vontade é majoritária na doutrina e jurisprudência. Também: SPENDEL, Günter. Zum Begriff des Vorsatzes. *In*: KÜPPER, Georg (Hrsg.). *Festschrift für Karl Lackner*. Berlin: Walter de Gruyter, 1987, p. 167. BUNG, Jochen. *Wissen und Wollen im Strafrecht*, 2009, p. 133. FRISTER, Helmuth. *AT*, 2015, § 11, n.m.21, p. 145. WESSELS, Johannes. BEULKE, Werner. SATZGER, Helmut. *AT*, §7, n.m.305, p. 92. Em Portugal: PALMA, Maria Fernanda. *Direito Penal - Parte Geral*, 2019, p. 138(*"por fim, no dolo eventual, o agente prevê apenas como possível a realização do fato típico, sendo, por isso, insuficiente o elemento intelectual do dolo e decisivamente esclarecedora a posição volitiva - "a conformação" - do agente com aquela realização)*. DIAS, Jorge de Figueiredo. *Direito Penal - Parte Geral. Tomo I*, 2012, p. 349. Na Itália: MARINUCCI, Giorgio. DORCINI, Emilio. *Manuale di diritto penale. Parte generale*. Milano: 2004, pp. 190-192.

1383. Veja-se: JAKOBS, Günther. *AT*, 1991, §8, n.m.5a, p. 259.

1384. HASSEMER, Winfried. *GS-Armin Kaufmann*, 1989, p. 299.

1385. Neste sentido: WALTER, Tonio. *Der Kern des Strafrechts*, 2006, p. 187. Acentua, o Autor, que nos casos em que o resultado não foi querido nem desejado, não há lugar algum para o elemento volitivo no sentido empregado pela doutrina. Também: JAKOBS, Günther. *AT*, 1991, §8, n.m.20, p. 220, a anotar a completa inutilidade do elemento volitivo no caso do dolo direto de segundo grau.

1386. Veja-se: PAWLIK, Michael. *Das Unrecht des Bürgers*, 2012, p. 376, a acentuar que a doutrina tradicional se vê obrigada a cancelar a distinção entre resultado principal e colateral, e a considerar um processo integral em termos de "*in toto gewollt*" ou "*in toto nicht gewollt*". Neste último sentido, confira-se, já a seu tempo: HIPPEL, Robert v. *Die Grenze von Vorsatz und Fahrlässigkeit*, 1903, p. 136. O Autor considerava os resultados colaterais "co-queridos" (*mitgewollt*) caso a esperança na não-realização não tivesse sido o fundamento da ação. Daí que, em termos de um complexo de representação unitário, este possa se afirmar ou bem totalmente querido ou bem

Uma primeira pergunta que se pode fazer é, portanto: em que sentido o legislador brasileiro e português referiu-se à vontade ao conceituar o dolo? Em que sentido a doutrina e a jurisprudência se referem à vontade, quando a autonomizam de algum modo na conceituação do dolo? Trata-se de um conceito psicológico-descritivo, ou puramente adscritivo-atributivo, enquanto vontade exteriorizada/extrovertida, em um contexto de intencionalidade objetiva?

A doutrina tradicionalmente trabalha, conforme já se acentuou alhures[1387], notadamente no que toca ao campo problemático, qual seja, o dos efeitos colaterais (*Nebenfolgen*), com a vontade como sendo um momento emocional, uma "tomada de posição" (*Einstellung*) em relação ao conhecimento, seja sob a base do "levar a sério" (Stratenwerth[1388]), do "decidir-se contra o bem jurídico" (Roxin – em termos de "realização do plano"[1389], Figueiredo Dias[1390], Fernanda Palma[1391], Georg Freund[1392]), do "apropriar-se dos elementos constitutivos do injusto" (Ulrich Schroth[1393]) dentre outros substitutivos[1394]. Mas, obviamente, tais abordagens contém algo de normativo/atributivo[1395], à exceção das iniciais teorias volitivas "restritas", como as do consentimento[1396] e da "aprovação (em sentido estrito)", que realmente exigiam que o sujeito "bem-recebesse" ou tomasse o resultado como "algo agradável", no sentido efetivamente psicológico[1397]. Não parece correto, portanto, alocarem-se todas estas variações como sendo exemplos indistintos do emprego da vontade em sentido estritamente psicológico-descritivo, pois isso desconsidera o aspecto normativo assumido por aquelas concepções[1398], muitas vezes já ancoradas, inclusive em termos epistemológicos, na filosofia analítica e da linguagem[1399].

totalmente não querido. O fiel da balança consiste, precisamente, na esperança da não-realização do resultado ilícito.

1387. Veja-se Parte III, supra, desta investigação.

1388. Dolus eventualis und bewusste Fahrlässigkeit, *ZStW* 71 (1959), p. 54.

1389. *AT*, 2006, § 12, p. 438, n.m.6.

1390. *Direito Penal – Parte Geral. Tomo I*, 2012, p. 375.

1391. *Direito Penal – Parte Geral*, 2017, p. 136.

1392. *AT*, 2009, §7, n.m.38. Note-se que o Autor alinha-se à teoria do dolo como decisão mas recusa, contudo, autonomia ao elemento volitivo.

1393. *Vorsatz als Aneigung*, 1994, pp. 69 e ss.

1394. Criticamente: FRISCH, Wolfgang. *Vorsatz und Risiko*, 1983, p. 255 e ss.

1395. Informativamente: PUPPE, Ingeborg. *Kleine Schule des juristischen Denkens*, 2014, p. 50. Esclarece, a Autora, que não se trata de verificar se o agente concreto efetivamente aprovou ou pôs-se de acordo com o resultado, mas sim de se atribuir estes predicados, na medida em que o agente se decidiu pela ação, no conhecimento das circunstâncias geradoras do perigo do resultado. Veja-se ainda: MAURER, Ruth. *Das voluntative Element des Vorsatz als Beweisthema vor Gericht*, 2007, p. 82.

1396. Veja-se supra: Parte III, Capítulo II.

1397. Criticamente, acerca das iniciais teorias do consentimento ou da aprovação, veja-se: FRISCH, Wolfgang. *Vorsatz und Risiko*, 1983, p. 264.

1398. Expressamente: ROXIN, Claus/GRECO, Luís. *AT*, 2020, §12, n.m.30, p. 551.

1399. Na literatura brasileira, veja-se, por todos: BUSATO, Paulo. BUSATO, Paulo César. *Direito penal, parte geral*, 2015, p. 395.

Como já se ressaltou alhures, na jurisprudência, a partir do conhecido "caso da correia de couro" (BGHSt 7,363), passou a se utilizar da fórmula da "aprovação em sentido jurídico" (*Billigen im Rechtssinne*)[1400], no sentido de se compatibilizar a manutenção do elemento volitivo com as expectativas normativas, desconectando-a de um sentido original de aprovação estritamente psicológica e transmudando-a para um momento emocional atribuído em conexão com o conhecimento e outros dados disponíveis do caso concreto[1401].

Todavia, a fórmula da "aprovação no sentido jurídico", ainda muito empregada, consubstancia, como aqui já se advertiu, uma "*gazua para qualquer porta*"[1402], e permite ao Tribunal uma ampla - e, penso, de resto inaceitável - margem de discricionariedade, seja para se afirmar seja para se negar o dolo, muitas vezes por razões de política criminal[1403]. Consideram-se, por exemplo, fatores como o modo de vida do agente, sua relação pessoal com a vítima - em uma palavra: seu caráter e sua personalidade (!) –, o comportamento posterior ao fato etc, para daí se derivar a aprovação, ou não, do resultado ilícito[1404]. Obviamente, esse proceder somente pode mesmo descambar no arbítrio[1405]: por vezes, induz-se o conhecimento da vontade e vice-versa ("você queria, então conhecia; ou, você conhecia, então queria"[1406]), e por outras se vincula a aprovação aos aludidos posicionamentos emocionais do agente para se afastar a censura dolosa.

Nas tentativas direcionadas a conferir maior precisão conceitual à "aprovação no sentido jurídico", passou-se a defender que a questão está em saber se o

1400. Criticamente: PAWLIK, Michael. *Das Unrecht des Bürgers,* 2012, p. 379, com vasta seleção de literatura na n.r. 703. Também: PUPPE, Ingeborg. *AT,* 2011, §9, p. 117, n.m.12; p. 120, n.m.22; p. 121, n.m. 24, especialmente no tocante às críticas ao denominado "caso do golpe de caratê" (*Karateschlagfall,* BGH NStZ 1988, 175). Veja-se, ainda: HERZBERG, Rolf Dietrich. Die Strafdrohung als Waffe im Kampf gegen AIDS? *NJW* 24 (1987), p. 1464.

1401. Com várias referências: ZIEGERT, Ulrich. *Vorsatz, Schuld und Vorverschulden,* 1987, p. 26.

1402. Assim: KARGL, Walter. *Der strafrechtliche Vorsatz auf der Basis der kognitiven Handlungstheorie*, 1993, p. 74.

1403. Contra, e a defender precisamente que se atribua ao Juiz, segundo critérios e sentimentos de justiça, a decisão acerca do dolo, veja-se, contemporaneamente: LING, Michael Andreas. An der Grenzen rationaler Aufhelbarkeit. Überzeugung und richterliche Verantwortung am Beispiel des Vorsatznachweises bei atypischen Sachverhalten. *JuS* 54 (1999), p. 341.

1404. Em defesa desta concepção, veja-se, contemporaneamente: SAFFERLING, Christoph J.M. *Vorsatz und Schuld,* 2008, p. 175, com outras referências. Também, recentemente: BUNG, Jochen. *Wissen und Wollen im Strafrecht,* 2009, pp. 132 e ss.

1405. Com múltiplas, severas e justificadas críticas: PUPPE, Ingeborg. *AT,* 2011, § 8, p. 118 e ss. Também: SCHLEHOFER, Horst. Risikovorsatz und zeitliche Reichweite der Zurechnung beim ungeschützten Geschlechsverkehr des HIV-Infizierten. *NJW* 33 (1989), p. 2018, ao comparar a decisão do „caso da correia de couro", em que o BGH afirmou o dolo, com outro análogo, em que o dolo foi negado.

1406. Criticamente: KARGL, Walter. *Der strafrechtlicher Vorsatz auf der Basis der kognitiven Handlungstheorie,* 1993, p. 23. E com precisão, ao ponto: HERZBERG, Rolf Dietrich. Die Strafdrohung als Waffe im Kampf gegen AIDS? *NJW* 24 (1987), p. 1464.

agente, ao realizar a ação, decidiu-se pela realização do tipo ao modo de uma "realização do plano"[1407]; ou se ele reconheceu o perigo e o "tomou a sério" (*Ernstnehmen*)[1408], e ainda com ele "se-pôs-de-acordo" (*Sich-Abfinden*)[1409], que seriam os referidos dados necessários à demonstração da decisão contra o bem jurídico[1410], ou, ao contrário, se confiou na boa saída, ou se o resultado estava fora do plano de ação, o que deslocaria a responsabilidade para o âmbito da culpa (no caso, consciente)[1411].

Mas essas novas fórmulas também não parecem nada satisfatórias, e não se distinguem, na essência, da fórmula jurisprudencial, ambígua e vazia de conteúdo[1412], da "aprovação em sentido jurídico"[1413]. Mais importante: a par da ambiguidade, o que está em causa é uma possível inadequação normativa, que privilegia a negação (muitas vezes irracional) da realidade e a completa desconsideração (face à máxima normativa), premiando-se o sujeito altamente leviano, que deixa de levar a sério, irracionalmente, perigos intensos[1414], e eventualmente onerando-se aquele que, por cautela ou outra razão, se faça incapaz de reprimir a representação do risco e o toma a sério ("dolo escrupuloso"). De outra banda, legitima-se a punição em situações nas quais o resultado ilícito se revelava altamente improvável[1415], quase mesmo que dependente do mero acaso (ainda que

---

1407. ROXIN, Claus. Zur Abgrenzung von bedingtem Vorsatz und bewusster Fahrlässigkeit, *JuS*, 4 (1964), p. 59 e 61. No plano da realização da motivação, veja-se: ZIEGERT, Ulrich. *Vorsatz, Schuld und Vorverschulden*, 1987, p. 109.

1408. STRATENWERTH, Günter. Dolus eventualis und bewusste Fahrlässigkeit. *ZStW* 71 (1959), p. 56 e 64. Veja-se ainda: AMBROSIUS, Jürgen. *Untersuchungen zur Vorsatzabgrenzung*, 1964, p. 60.

1409. Veja-se: WESSELS, Johannes. BEULKE, Werner. SATZGER, Helmut. *AT*, 2015, §7, n.m.329, p. 99. WALTER, Tonio. *Der Kern des Strafrechtes*, 2006, p. 177. Veja-se ainda, em uma breve análise das subdivisões das "teorias da decisão": ZIEGERT, Ulrich. *Vorsatz, Schuld und Vorverschulden*, 1987, p. 85.

1410. Assim: KÜHL, Kristian. *AT*, 2012, §5, pp. 111-112, com múltiplas referências.

1411. Veja-se, contra a possibilidade do afastamento do dolo por força da confiança irracional na boa saída: PAWLIK, Michael. *Das Unrecht des Bürgers*, 2012, p. 378. Também: VIANA, Eduardo. *Dolo como compromisso cognitivo*, 2017, p. 240.

1412. De acordo com esta crítica: HERZBERG, Rolf Dietrich. Die Strafdrohung als Waffe im Kampf gegen AIDS? *NJW* 24 (1987), p. 1464.

1413. Neste sentido: PAWLIK, Michael. *Das Unrecht des Bürgers*, 2012, p. 379. Também: KARGL, Walter. *Der strafrechtliche Vorsatz auf der Basis der kognitiven Handlungstheorie*, 1993, p. 39, a apontar que com o conceito de decisão não se diz nada de novo.

1414. Corretamente: PAWLIK, Michael. *Das Unrecht des Bürgers*, 2012, p. 380. Anota, o Autor, que o que importa não é saber se o autor *quis* realizar o resultado injusto, mas sim que ele, enquanto sujeito racional, não se deixou motivar pela norma, embora precisasse (re)conhecer que, através de sua ação, estava a produzir um perigo proibido e qualificado para a posição protegida pela norma de comportamento. Note-se que essa perspectiva, como reconhece expressamente Pawlik, leva em conta o que um "sujeito racional e razoável" tinha que saber, desligando-se do que concretamente estava na psique do autor concreto. Contra esta concepção, e a defender que mesmo aquele que toma levianamente o perigo, e confia na boa saída, ainda se encontra no campo da negligência: KÜHL, Kristian. *AT*, 2012, §5, n.m.76, p. 112.

1415. Contra a posição aqui defendida, e a sustentar que o dolo se configura mesmo nos casos

sob as fronteiras do risco proibido), aproximando-se o Direito Penal do fato a um Direito Penal de consciência e distanciando-o de suas tarefas pragmáticas.

De qualquer sorte, independentemente de se ver a coisa em um prisma estritamente psicológico, ontológico, psicológico-normativo, ou atributivo--normativo (como mais recentemente, Jochen Bung[1416] e Christoph Safferling[1417] dentre outros), o que se exige, para a autonomização do elemento volitivo no conceito de dolo, é de um fundamento consequente e também convincente à luz da teleologia própria do Direito Penal[1418] e de sua "psicologia exotérica", na feliz expressão de Binding. Em síntese: a vontade deve ser demonstrada como necessária, ainda que não suficiente, para a afirmação do dolo enquanto título de responsabilidade.

Como se sabe, para os defensores das concepções volitivas, o dolo se dá, nuclearmente, naqueles casos em que o agente conhece e, especialmente, *quer* o resultado ilícito[1419], seja como meio ou como fim, daí derivando-se, sempre de modo associado à vontade, as outras duas formas "mais fracas" de dolo (direto de segundo grau/necessário e eventual), sempre com referência aos resultados colaterais[1420].

de probabilidade muito baixa, e a postular que o dolo não se relaciona com a negligência em uma relação de "*plus-minus*", mas sim de "*aliud*": WALTER, Tonio. *Der Kern des Strafrechts,* 2006, p. 182. O Autor parte do exemplo da contaminação com o vírus HIV, que não deve deixar de receber a censura dolosa em face da baixa probabilidade de ocorrência (2%), na situação em que o agente engana o parceiro com um teste falso e com promessas de amor. Para o Autor, o delito doloso se distingue a partir do dolo, e não a partir de uma qualificação da negligência. Contudo, afirmar que o dolo se define "a partir do dolo", além de configurar uma óbvia *petitio principii,* não exige que se considere que no dolo direto de primeiro grau o conhecimento seja reduzido, nem tampouco que o dolo não possa ser derivado da negligência.

1416. *Wissen und Wollen in Strafrecht,* 2009, pp. 269-270.

1417. *Vorsatz und Schuld,* 2008, p. 188.

1418. Corretamente, a exigir uma fundamentação - para ele de resto não apresentada - do elemento volitivo à luz das funções do Direito Penal: FRISCH, Wolfgang. *Vorsatz und Risiko*, 1983, pp. 258-259. No mesmo sentido, ainda que com argumentação diversa: SCHLEHOFER, Horst. Risikovorsatz und zeitliche Reichweite der Zurechnung beim ungeschützten Geschlechsverkehr des HIV-Infizierten. *NJW* 33 (1989), p. 2019, observando, o Autor, que não se encontra a vinculação do elemento volitivo com a *ratio* da responsabilidade dolosa.

1419. Assim: STRATENWERTH, Günter. KUHLEN, Lothar. *AT,* 2010, §8, n.m. 66, p. 92. ROXIN, Claus / GRECO, Luís. *AT,* 2020, §12, n.m.6, p. 540, associando a questão à concepção do dolo como "realização do plano". JESCHECK, Hans-Heinrich. WEIGEND, Thomas. *AT, 1996,* §29, n.m.1, p. 305, relacionando o propósito à finalidade. SCHROTH, Ulrich. *Vorsatz als Aneignung,* 1994, p. 40, explicativamente, contrapondo-se as teorias da vontade e representação. Na literatura mais antiga: HIPPEL, Robert v. *Die Grenze von Vorsatz und Fahrlässigkeit,* 1903, p. 76; 94.

1420. Veja-se, acerca da irrenunciabilidade do elemento volitivo em todas as formas de dolo; GEPPERT, Klaus. Abgrenzung von bedingtem Vorsatz und bewusster Fahrlässigkeit. *JURA* 11 (1986), p. 611. Na literatura brasileira: BITENCOURT, Cézar Roberto. *Tratado de direito penal. Parte geral. Vol. I.* 8 ed. São Paulo: Saraiva, 2003, p. 212 e 216. Acerca do problema da gradução da pena de modo correlacionado às formas de dolo, veja-se: STOCO, Tatiana. *Culpabilidade e medida da pena. Uma contribuição à teoria da aplicação da pena proporcional ao fato.* São Paulo: Marcial

Mas em boa verdade, muito mais do que deslindar, em uma relação de nivelamento, as formas de dolo, a disputa acerca do elemento volitivo se confunde com a disputa acerca de como se deve dar a delimitação entre o dolo eventual e a negligência consciente[1421].

Nesse contexto, é certo que a vontade também pode ser interpretada - e vem sendo assim interpretada contemporaneamente, de modo majoritário, - em uma chave essencialmente "atributivo-normativa", com certa independência do estado mental vivenciado[1422] ou possivelmente vivenciado pelo agente[1423]. Nesta perspectiva, o que está em causa não é já inquirir sobre a existência de "algo que estaria dentro da cabeça do agente"[1424], mas sim de buscar a melhor forma de compreender/interpretar seu comportamento, considerando-o responsável por ele e pela decisão por ele, em termos da análise de um silogismo prático[1425].

Por um caminho análogo - que ainda submete o elemento volitivo às ponderações normativas -, se postula que há uma relação de preferência (*Lieber-Wollen-als*), no sentido de que o agente prefere a ocorrência do resultado ilícito a renunciar a seus objetivos[1426]. Ou ainda, que configuraria uma autocontradição lógica a pretensão do agente, de desmembrar aspectos conhecidos da ação entre queridos e não-queridos[1427].

Todos estes pontos, já levantados no curso da investigação, ainda exigem algum aprofundamento e crítica, no escopo de se concluir pela justificação, ou não[1428], do elemento volitivo como parte integrante do conceito de dolo.

Pons, 2019, p. 138 e ss. Note-se que a Autora recusa qualquer forma de graduação no âmbito do próprio dolo eventual. Op. cit. p. 143.

1421. Veja-se: WALTER, Tonio. *Der Kern des Strafrechts,* 2006, p. 187.

1422. Veja-se: BUNG, Jochen. *Wissen und Wollen in Strafrecht,* 2009, p. 269.

1423. Veja-se, criticamente: GRECO, Luís. Dolo sem vontade, 2009, p. 887.

1424. Até porque isso seria aceitar a linguagem privada e a doutrina do acesso privilegiado. Contra essa possibilidade, com apoio em Wittgenstein, veja-se: KINDHÄUSER, Urs. *Intentionale Handlung,* 1980, pp. 63 e 65. Aponta, o Autor, que o problema está em se considerar conceitos como pensamento e vontade como sendo "processos internos" que correm paralelamente os processos externos. Neste sentido, estados mentais não podem ser identificados de modo imediato, pois eles necessitam de critérios externos. Na verdade, a própria experiência do processo mental não pode ser imediata, já que a experiência se serve de estruturas conceituais, que se apoiam em uma linguagem intersubjetivamente regulada. Op. cit. p. 67.

1425. Veja-se, acerca de uma relação lógica entre o conhecimento e a vontade, desenvolvida sob a base do silogismo prático: BUNG, Jochen. *Wissen und Wollen im Strafrecht,* 2009, pp. 134 e ss.

1426. Isso já afirmava, em seu tempo, V. Hippel: *Die Grenze von Vorsatz und Fahrlässigkeit,* 1903, p. 136. Contemporaneamente: BUNG, Jochen. *Wissen und Wollen im Strafrecht,* 2009, pp. 269-270.

1427. Veja-se, no sentido analítico: HRUSCHKA, Joachim. *FS-Kleinknecht,* 1985, p. 194 e ss.

1428. Nesse sentido negativo: FRISCH, Wolfgang. *Vorsatz und Risiko,* 1983, pp. 261-262; 285. Para o Autor, a compreensao correta do elemento cognitivo - que exige um julgamento por parte do agente, daquilo representado como o comportamento em sua relevante dimensão típica - torna supérfluo o elemento emocional-volitivo.

A vastidão da literatura, contudo, impõe a utilização de uma "bússula", e esta consistirá na associação do elemento volitivo com a *ratio* da punição dolosa[1429]. É possível, nesta cartografia, ou bem aceitar a conexão (lógica) e a coerência interna de certa teoria, mas rejeitar a sua *ratio*; ou bem aceitar a *ratio* e rejeitar a conexão (lógica) e a coerência interna de certa teoria; ou bem aceitar, ou bem rejeitar, ambas.

Em uma apertada síntese, os defensores da perspectiva volitiva sustentam que somente o recurso ao elemento volitivo permite uma delimitação correta entre o dolo e a negligência e, especialmente, a legitimação da pena do dolo, na medida em que somente por este caminho não se perde a referência ao conteúdo de culpabilidade do dolo[1430] (argumento dedutivo) e se podem resolver determinados casos de fronteira, como os da operação de risco e da ultrapassagem sem visibilidade (argumento indutivo)[1431]. Cumpre testar a correção destas premissas.

A maior parte dos modelos já foi examinada na Parte III desta investigação, não sendo o caso de retomá-los extensamente. Vou, apenas, acentuar agora alguns aspectos centrais e, enfim, tomar uma posição sobre a manutenção ou não do elemento volitivo como parte do conceito de dolo.

1.1. A vontade e a teoria imperativa das normas: a 'imputação linear'

A má vontade (*Böse Willen)* consistia, no pensamento teológico, em uma "*desobediência contra Deus*", na conhecida sentença de Thomas de Aquino. O que se dá, apenas, é que na construção de determinadas teorias volitivas ocorre uma substituição do mandamento divino pelo imperativo estatal. A desobediência contra a ordem estatal está, assim, no centro da censura da culpabilidade: a má vontade, neste contexto, seria a causa da ação incriminada e a justificativa da punição[1432].

Na perspectiva da teoria imperativa das normas (e também de versões específicas das teorias volitivas[1433]), as normas do Código Penal consistem em normas de determinação e se direcionam contra ações que objetivam lesões aos

---

1429. Não com todas as possíveis razões, mas ao menos com as mais amplamente defendidas.

1430. Assim: ZIEGERT, Ulrich. *Vorsatz, Schuld und Vorverschulden,* 1987, p. 124. Proximamente: BUNG, Jochen. *Vorsatz und Schuld im Strafrecht,* 2008, p. 270-271.

1431. Sobre a fundamentação "dedutiva" e "indutiva", criticamente: FRISCH, Wolfgang. *Vorsatz und Risiko*, 1983, p. 256.

1432. Criticamente: KORIATH, Heinz. *Grundlagen strafrechtlicher Zurechnung,* 1994, p. 641. Destaca, o Autor, que o princípio que há de conduzir não é a vontade, mas sim, como deve ser em uma disciplina normativa, o princípio de justiça. O que fundamenta a pena é, para o Autor, a justiça retributiva, e não simplesmente a desobediência ou a prevenção. A pergunta própria da imputação consiste em saber em quais casos a pena *deve* ser aplicada. Em tal perspectiva, a culpa cumpre uma função primariamente restritiva, estabelecendo as condições mínimas que devem ser observadas para a punição.

1433. Veja-se: ROSS, Alf. Über den Vorsatz, 1979, p. 22.

bens jurídicos. Daí que, compreensivelmente, devam se referir a "ações finais". A vontade, neste sentido, corresponderia à determinação para o ilícito[1434].

O que se extrai, de toda sorte, é que a vontade ganha corpo e se configura como uma "entidade autônoma", com existência própria. Nas palavras de Schroth[1435]: *"somente algo que seja idêntico consigo mesmo pode se (auto) atuar e se (auto) formar"*, dissolvendo-se a distinção entre formação e atuação da vontade.

De toda sorte, arrancando-se de uma teoria imperativa, que toma a vontade como um atuar final contrário à norma de determinação, compreende-se o Direito Penal, essencialmente, como um instrumento de controle, alinhado à ideia de prevenção geral negativa[1436]: ao invés da estabilização das normas, através da punição de comportamentos que a defraudam, a tarefa, antes, se consubstancia no controle de comportamentos. Daí que a vontade jogue um papel decisivo, inclusive como um "fato psicológico", o que remonta ao pensamento de Feuerbach[1437].

O que se conclui é que há um irrecusável vínculo lógico entre a *ratio* (dissuasão / controle de comportamentos: teoria imperativa da norma) e o componente volitivo do dolo. Mas essa conexão só ganha sentido caso se acolha *esta* concepção de Direito Penal e do próprio Estado. Por outras palavras: em uma perspectiva "lógica" o vínculo está estabelecido; em uma avaliação normativa, é possível recusar esta forma de autonomizar o elemento volitivo, desde que não se subscreva este modelo de Direito Penal[1438], mais especificamente este modo de se fundamentar a pena criminal. Então, na concepção aqui acolhida, o problema desta proposta está não já na "relação lógica" entre a vontade e a responsabilidade qualificada, mas sim na "*ratio*": a função do Direito Penal não é essencialmente o controle de comportamentos, mas sim sua valoração e eventual punição, direcionada à estabilização normativa, em um sentido contrafático.

1.2. A vontade e a decisão pela lesão do bem jurídico

A essência do ilícito subjetivo, para tal concepção – amplamente predominante atualmente –, se vincula de modo indissociável ao elemento volitivo: se a

---

1434. Criticamente: SCHROTH, Ulrich. *Vorsatz als Aneignung*, 1994, p. 18. O Autor destaca que caso se tome a norma como norma de determinação, não faz sentido deixar de considerar a capacidade de motivação do agente ao plano do ilícito: *"Uma lesão ilícita do dever pressupõe nomeadamente que este "dever" também pode ser realizado"*.

1435. *Vorsatz als Aneignung*, 1994, p. 18.

1436. Veja-se: SCHROTH, Ulrich. *Vorsatz als Aneignung*, 1994, p. 20.

1437. Sobre a relação entre a teoria da prevenção negativa e a teoria imperativa da norma, veja-se: KORIATH, Heinz. *Grundlagen Strafrechtlicher Zurechnung*, 1994, p. 240. Também: PAWLIK, Michael. *Das Unrecht des Bürgers*, 2012, p. 368.

1438. Sobre isso: KARGL, Walter. *Der strafrechtliche Vorsatz auf der Basis der kognitiven Handlungstheorie*, 1993, p. 56. Destaca, o Autor, que a teoria do dolo como decisão também se baseia em uma teoria imperativa da norma. Op. cit. p. 58, n.m.118.

função da ordem jurídica for assegurar a paz através do controle de comportamentos e da manutenção de expectativas através de normas jurídicas, o abalo da confiança na norma se produziria, especialmente, no "comportamento querido", na medida em que este manifesta uma verdadeira decisão de rejeição à função de apelo da norma jurídica[1439]. Por outras palavras, o elemento volitivo demonstra uma desatenção socialmente mais danosa aos fundamentos de confiança da comunidade na norma, em comparação ao comportamento "não-querido"[1440].

Com efeito, no plano das múltiplas teorias do "dolo como decisão", já amplamente analisadas nesta investigação[1441], postula-se que a nota distintiva entre o comportamento doloso e o negligente está no posicionamento do agente perante a norma e na sua decisão[1442] "contra o bem jurídico", aspectos que se fazem presentes, com mais ou menos intensidade, em todas as formas do atuar doloso. Enquanto o "dolo do tipo", ainda abstraído do julgamento de desvalor, se configura com a voluntária e consciente "escolha entre alternativas", o "dolo da culpabilidade" somente se integra com a efetiva "decisão pela lesão do bem jurídico"[1443]. Mas neste caso, há uma visível circularidade na fundamentação: o fundamento do dolo é a decisão contra o bem jurídico e esta decisão só se verifica através do elemento volitivo. Com isso, não se comprova, de modo algum, a autonomia do elemento volitivo[1444], ou seja, sua relevância como critério de imputação dolosa[1445].

A pergunta que me parece essencial é: o que afinal conduz à conclusão de que apenas o comportamento classificado como "querido" expressa esta manifesta negação da função de apelo da norma e frustra com maior intensidade a expectativa dos cidadãos? A atuação no sentido de se criar, conscientemente, um perigo intenso e desprotegido para o bem jurídico, que só não será afetado em virtude da intervenção do acaso, mas sem qualquer vinculação com a vontade do

1439. Neste sentido: BRAMMSEN, Joerg. Inhalt und Elemente des Eventualvorsatzes - Neue Wege in der Vorsatzdogmatik? *JZ* 1989, p. 78.

1440. Veja-se: BRAMMSEN, Joerg. Inhalt und Elemente des Eventualvorsatzes - Neue Wege in der Vorsatzdogmatik? *JZ* 1989, p. 71 e 78.

1441. Veja-se supra, Parte III, supra.

1442. Veja-se: ZIEGERT, Ulrich. *Vorsatz, Schuld und Vorverschulden,* 1987, p. 38. Ressalta, o Autor, o aspecto da decisão como ponto final da fase de ponderação, e como a concentração da força volitiva na execução da ação. Assinala, Ziegert, que a doutrina não se atenta para este aspecto, geralmente restringindo-se a excluir, do âmbito do dolo, os desejos e esperanças.

1443. Neste sentido: ZIEGERT, Ulrich. *Vorsatz, Schuld und Vorverschulden,* 1987, p. 158.

1444. Assim, corretamente: FRISCH, Wolfgang. *Vorsatz und Risiko,* 1983, pp. 256, 342 e 496. Destaca, o Autor, que a exigência de um elemento emocional só se dá em face de um encurtamento conceitual do conhecimento e também da falta de uma teoria do comportamento típico. Op. cit. pp. 262-263; 301 e 496.

1445. Assim: KORIATH, Heinz. *Grundlagen strafrechtlicher Zurechnung,* 1994, p. 647. Também, no mesmo sentido: KINDHÄUSER, Urs. Vorsatz als Zurechnungskriterium. *ZStW* 96 (1984), p. 34.

agente em termos de propósito ou de outro qualquer posicionamento emocional acompanhante (como o "conformar-se", o "consentir" e o "por-se-de- acordo"), é predicável como menos abaladora da confiança na vigência da norma?[1446] O que autoriza afirmar que o elemento cognitivo, *per se*, não documenta já o questionamento subjetivo-individual da ordem jurídica, que justifica a punição qualificada do dolo?

O déficit desta concepção é, então, de "conexão lógica", e não necessariamente "valorativa": não se logra demonstrar, de modo suficientemente claro e objetivo, a relação entre o querer e a *ratio* da punição dolosa (= abalo mais intenso da confiança na norma)[1447]. E isso seria necessário, ao meu juízo, para a autonomização do elemento volitivo em relação ao intelectual, e para sua integração no conceito de dolo[1448].

1.2.1. A vontade extrovertida: o silogismo prático e a decisão pela ação

Voluntariamente, volitivamente, propositalmente, livremente, são advérbios modais aplicados para descrever ações. Especificamente, a voluntariedade traz implícita uma adscrição de responsabilidade, uma atribuição de culpa, que se dá em um plano *prima facie,* e que pode ceder, ser "derrotado", em virtude de uma explicação ou justificativa. Esta é a "geografia" semântica do conceito, para se empregar a linguagem de Gilbert Ryle, já referida em outra parte desta investigação. Não se diz, por exemplo, que alguém "voluntariamente" foi o melhor aluno da classe; este seria um uso sem sentido do termo[1449], que não encontraria qualquer apoio na linguagem cotidiana.

Ainda em termos de identificação com a ação, também se compreende que a vontade pressuponha uma resistência, consistindo, acaso realizada, precisamente, na superação desta resistência. Nesse sentido, a vontade (e outros processos mentais, como sensações e sentimentos) só é conhecida com a ação[1450]. Ou ainda mais propriamente: a vontade é a ação.

Neste contexto, observa-se que há uma importante tentativa de se argumentar pela autonomia do elemento volitivo do dolo com apoio na estrutura do silogismo prático. Tome-se o exemplo: "*A*" tem o objetivo de receber o prêmio do seguro; "*A*" sabe que somente pode receber o prêmio do seguro caso "*B*" morra; "*A*" decide-se por matar "*B*". Em uma descrição intencional possível

---

1446. A responder negativamente tal indagação: FRISCH, Wolfgang. *Vorsatz und Risiko,* 1983, p. 287.

1447. No mesmo sentido desta crítica: PAWLIK, Michael. *Das Unrecht des Bürgers,* 2012, p. 379.

1448. Neste sentido, também: FRISCH, Wolfgang. *Vorsatz und Risiko,* 1983, pp. 300 e 343.

1449. Veja-se: KORIATH, Heinz. *Grundlagen Strafrechtlicher Zurechnung,* 1994, p. 637.

1450. Veja-se: KINDHÄUSER, Urs. *Intentionale Handlung,* 1980, pp. 68 e 216.

da ação, pode-se afirmar que o objetivo da ação não seria matar *"B"*, mas sim obter o prêmio. Contudo, como a morte de *"B"* era pressuposto para a obtenção do prêmio - meio necessário - é lícito dizer que *"A"* teve a intenção de matar *"B"* (meio). Neste esquema, não se poderia restringir o resultado morte como objeto da premissa cognitiva do silogismo prático[1451], ou seja, o agente, efetivamente, para além de conhecer o resultado, também o quis. Ainda nesta linha de pensamento, a essência do dolo está, precisamente, na decisão pela ação[1452], o que consistiria em um fundamento para a indispensabilidade do elemento volitivo como componente conceitual[1453].

E a descrição do comportamento intencional, através da estrutura do silogismo prático, parece ter ainda outros sentidos. Jochen Bung, por exemplo, sustenta que o posicionamento emocional do agente perante o fato - sua aprovação, seu remorso, seu desgosto etc - não é dedutível de qualquer das premissas, ressaltando que o silogismo apenas reconstrói o "complexo cognitivo-volitivo", sem atribuir, ao plano lógico, qualquer diferença de peso entre as premissas[1454]. O que ocorre é que, ao considerar que um meio é necessário para um fim, coercitivamente o sujeito tem que *querê-lo*[1455] - ao se decidir pela ação - pena de negar sua própria natureza racional. Assim, ao nível primário do querer (ao nível do "querer da lógica da ação"), o agente sempre *quer* o resultado típico[1456], desde que o risco realizado seja uma *"condição inultrapassável do resultado buscado"*[1457].

No caso do dolo eventual, o agente quer no sentido de um "querer comparativo", um *"querer-mais-que"* (*"Lieber-Wollen-als"*): para o agente doloso/ /eventual a entrada do resultado típico é preferível à consequente renúncia da ação, que a produção de tal resultado possivelmente/eventualmente condiciona[1458]. O resultado é mais desejável em comparação com a sua ausência, se

---

1451. Neste sentido: BUNG, Jochen. *Wissen und Wollen im Strafrecht,* 2009, p. 164.

1452. Assim: HASSEMER, Winfried. *GS-Armin Kaufmann*, 1989, p. 295.

1453. Neste sentido: BUNG, Jochen. *Wissen und Wollen im Strafrecht,* 2009, p. 168. Anota, o Autor, que esse elemento volitivo deve ser delimitado, na medida em que não se confunde com qualquer característica da consciência, ou posicionamento emocional do agente.

1454. Neste sentido: BUNG, Jochen. *Wissen und Wollen im Strafrecht,* 2009, p. 165.

1455. Assim, quem quer o objetivo aprova, necessariamente, e quer o meio. *Wissen und Wollen im Strafrecht,* 2009, p. 270.

1456. BUNG, Jochen. *Wissen und Wollen im Strafrecht,* 2009, p. 164.

1457. Fernanda Palma reconhece, em tais casos, nos quais a tomada do risco do resultado seja uma "condição inultrapassável do resultado" (exemplo do incêndio da casa, com morador presente, para obtenção do prêmio do seguro, sem que o agente saiba se o resultado morte ocorrerá), uma intenção referente ao resultado. Caso, contudo, não haja esta conexão entre o risco e o fim da ação, não se pode reconhecer, para a Autora, o dolo. Veja-se: *Direito Penal - Parte Geral,* 2013, pp. 114-115.

1458. Criticamente, no tocante a um "querer condicional" (para o caso de que/ na eventualidade), que somente se positiva caso o resultado ilícito se verifique: STUCKENBERG, Carl-Friedrich. *Vorstudien zum Vorsatz und Irrtum*, 2007, p. 260.

esta estiver vinculada com a conclusão, de que o resultado buscado pelo agente também não ocorrerá[1459].

De toda sorte, é de se ressaltar que através da estrutura do silogismo prático se verifica uma cortante e clara distinção entre motivação e fundamentos da ação. Em uma palavra: a intencionalidade resulta da relação meio-fim (*um-zu Relationen*), e não dos motivos da ação[1460].

Assim, quem está convencido de que o emprego de um determinado meio conduzirá ao resultado, então este meio, se empregado, também é querido[1461], como o é o resultado possível a ele conectado, em termos de relação de risco. Mesmo o sujeito mais indiferente emocionalmente quer que seu plano de ação funcione[1462]. Este o sentido da vontade comparativa/normativa (*Lieber-Wollen--als*)[1463]: não uma vontade incondicional, mas sim uma vontade condicionada (à luz do resultado buscado, e do risco à ele associado, que pode acarretar o resultado ilícito).

A proposta de fundamentar o elemento volitivo na base estrutural do silogismo prático, e considerando-se a vontade no sentido extrovertido (de interpretação dos fundamentos da ação) e não psicológico (enquanto propósito subjetivo), parece a mais convincente dentre todas as analisadas até aqui, conduzindo à atribuição do dolo segundo padrões objetivos de racionalidade.

Contudo, a análise da ação, em uma estrutura de intencionalidade objetiva, não implica em comprovar a autonomia da vontade especificamente para a imputação do dolo, nem tampouco a conferir-lhe o mesmo peso do conhecimento. Como já visto, a intencionalidade não se separa da ação, antes constitui uma sua interpretação, a partir de determinada perspectiva, com base em conhecimentos e objetivos do agente[1464]. Não se justifica, portanto, ao plano da imputação,

---

1459. Neste sentido: BUNG, Jochen. *Wissen und Wollen im Strafrecht,* 2009, p. 208. Para o Autor, esta relação de preferência comprova que o elemento volitivo do dolo eventual não contém nada de artificial, na medida em que a ocorrência do resultado ilícito é mais desejável do que sua ausência, no caso de que esta ausência esteja vinculada à não ocorrência do próprio resultado buscado pelo agente.

1460. Assim: KÜPPER, Georg. *Grenzen der normativierenden Strafrechtsdogmatik,* 1990, p. 71. O sujeito atira contra a vítima para matá-la. Esta é a estrutura intencional da ação. O motivo do homicídio, qual seja, a vingança, lhe dá sentido, mas não esclarece a estrutura da ação. Aproximadamente: KINDHÄUSER, Urs. Vorsatz als Zurechnungskriterium. *ZStW* 96 (1984), p. 22.

1461. "*Quem mata e sabe que mata, quer matar*". HRUSCHKA, Joachim. *Strafrecht nach logisch-analytischer Methode,* 1988, p. 435-436. Analogamente: PUPPE, Ingeborg. *Vorsatz und Zurechnung,* 1992, p. 41 e 74.

1462. Neste sentido: BUNG, Jochen. *Wissen und Wollen im Strafrecht,* 2009, p. 169.

1463. Assim: BUNG, Jochen. *Wissen und Wollen im Strafrecht,* 2009, p. 184. Nas palavras do Autor: "*Pode-se dizer: sob a condição de que ele, em caso contrário, deveria se abster da realização do plano, é ao autor preferível a entrada do resultado ilícito e, portanto, ele também finalmente atua*".

1464. Veja-se: KINDHÄUSER, Urs. Vorsatz als Zurechnungskriterium. *ZStW* 96 (1984), p. 31.

separarar/autonomizar a vontade, como se fora algo causal ou independente: não há uma vontade distinta do fundamento para atuar e este fundamento não é uma entidade empírica qualquer, mas sim algo interpretado pelo próprio agente e/ou por um observador externo. No caso doloso, especialmente do dolo eventual, ainda que se considere a "vontade extrovertida", esta é algo atribuído em face dos conhecimentos do agente e da ação realizada, em uma lógica intencional-objetiva, e não psicológico-subjetiva. E é assim, neste quadro, que o *«conformar-se"* da legislação portuguesa pode, e deve, ser considerado, com algum sentido.

A nota essencial do dolo é a comunicação, entre pessoas racionais, da negativa de reconhecimento recíproco, mediada pelo ataque direto à norma. A questão está em saber o que sua ação - em si mesma sempre voluntária - expressou, em confrontação com a norma de dever[1465]. O que conduz a afirmar o dolo não é a conclusão de que o resultado coincide com a vontade, mas sim que a ação traduz que o agente não tomou a norma como relevante[1466], embora com o conhecimento suficiente para fazê-lo, e expressou, com isso, sua concordância/conformação com o resultado ilícito.

1.3. Balanço

Na perspectiva aqui defendida, o que importa averiguar é se o agente, quando da ação, tinha conhecimento sobre um perigo proibido e qualificado (perigo doloso / perigo desprotegido) - "um conhecimento normal sobre um objeto especial"[1467] -, ou ainda se desconhecia algo em face do não atendimento da própria incumbência, em uma situação de completa indiferença ao Direito, renunciando-se a qualquer tipo de posicionamento emocional do sujeito perante o resultado[1468].

A vontade, enquanto propósito, não implica, necessariamente, em domínio/controle. Não pode, portanto, nem servir de fundamento suficiente para o dolo, nos casos de evidente falta de domínio[1469] (contaminação proposital com HIV através de uma relação sexual convencional, *verbi gratia*), nem isentar do dolo, nos casos em que o domínio se faça obviamente presente[1470], mas o agente,

---

1465. Neste sentido: HSU, Yu-An. *Doppelindividualisierung und Irrtum*, 2007, p. 170.

1466. Também neste sentido: STUCKENBERG, Carl-Friedrich. *Vorstudien zum Vorsatz und Irrtum im Völkerstrafrecht*, 2007, p. 428. JAKOBS, Günther. *Das Schuldprinzip*, 1993, p. 23.

1467. *Vorsatz und Risiko*, 1983, p. 342.

1468. Neste sentido: PAWLIK, Michael. *Das Unrecht des Bürgers*, 2012, p. 381.

1469. De acordo: PAWLIK, Michael. *Das Unrecht des Bürgers*, 2012, p. 381, n.r.716.

1470. Um exemplo elaborado por Luís Greco é interessante para ilustrar a situação: o namorado abandonado, para se vingar, decide estrangular a vítima até que perca a consciência. Ele não está seguro sobre se a vítima sobreviverá e pensa: se ela não acordar mais, paciência. A vítima, contudo, em face da intensidade do estrangulamento, falece. A doutrina tradicional poderia reconhecer, aqui, o dolo eventual, na medida em que o sujeito levou a sério o resultado e o aceitou em certa medida. Contudo, em uma outra situação, o mesmo sujeito decide apenas deixar a vítima inconsciente para

emocionalmente, rejeite internamente/desaprove o resultado[1471], em que pese a gritante perigosidade (por ele conhecida) da ação[1472]. O problema normativo subjacente às perspectivas volitivas, nesse âmbito, é algo evidente: de um lado, ao autonomizar a posição emocional do sujeito perante o resultado, e para se aplicar de modo consequente, deveria conduzir ao afastamento do dolo em hipóteses de perigos grotescos para o objeto de proteção da norma, e nem a jurisprudência[1473], nem a doutrina, parecem dispostos a ir tão longe[1474].

O que está em jogo não é saber se o agente *quis* produzir o resultado ilícito[1475], em termos de "propósito", nem também se *confiou*, ou não, em uma boa saída[1476], mas sim se ele deixou de se motivar pela norma de comportamento, embora racional e razoavelmente precisasse reconhecer que sua ação implicava em um perigo proibido qualificado para o bem jurídico protegido[1477], renunciando-se a um elemento autônomo que indique um posicionamento emocional do agente perante o fato[1478].

que possa transportá-la a um lugar ermo e estuprá-la. A vítima, contudo, também falece. Não era isso o que o autor *queria*, até mesmo porque a meta era o estupro. Mas possuía, o autor, o domínio, em termos de conhecimento, de que o estrangulamento poderia conduzir à morte. Nesta última situação, a autonomizar-se o elemento volitivo, o dolo deveria necessariamente ser negado pela doutrina majoritária. Roxin, por exemplo, se veria obrigado e reconhecer a negligência consciente, uma vez que o "plano" do autor era outro. A pergunta é: se afigura normativamente consequente afirmar o dolo no primeiro caso e negá-lo no segundo, uma vez que o domínio do fato era o mesmo? Veja-se: GRECO, Luís. Dolo sem vontade, 2009, p. 895 e ss.

1471. A pergunta se apresenta é esta: se dá uma ação não dolosa, embora haja conhecimento da possibilidade de lesão? No sentido negativo, mas com exigências concentradas ao conhecimento, que não pode ser abstrato ou simplesmente racional: KARGL, Walter. *Der strafrechtliche Vorsatz auf der Basis der kognitiven Handlungstheorie,* 1993, p. 32 e ss.

1472. Neste sentido, também: PAWLIK, Michael. *Das Unrecht des Bürgers,* 2012, pp. 377--378. Aponta, o Autor, que uma autonomização do elemento volitivo deveria conduzir à negação do dolo nos casos em que o sujeito conhece a perigosidade de seu comportamento mas, em uma sobrevalorização de sua capacidade de controle, acredita que tudo correrá bem. Isso, do ponto de vista normativo, seria injustificado.

1473. Conforme se viu no julgamento do "caso da correia de couro".

1474. Se o motorista realiza um risco proibido intenso, e o tem diante dos olhos, para chegar mais cedo ao trabalho, há negligência; se realiza o mesmo risco, mas para assegurar a fuga, há dolo. Isso porque, nos exemplos, a posição do motorista perante os valores normativos seria distinta. O perigo desta solução é evidente, pois conduz à manipulação do conceito segundo valorações altamente subjetivas. Veja-se, criticamente: WALTER, Tonio. *Der Kern des Strafrechts,* 2006, p. 179.

1475. Inclusive com indevidas modificações acerca do nível de exigência do conhecimento e mesmo da qualidade do perigo para a intenção, como procede a doutrina majoritária, que parte do dolo direto de primeiro grau como protótipo. Cf. PAWLIK, Michael. *Das Unrecht des Bürgers,* 2012, p. 380, nota 716.

1476. Como já decidiu o próprio BGH (*NJW* 1968, 660), se o acusado previu que o policial, com o atropelamento, poderia morrer, não podia confiar na boa saída, mas sim ter apenas esperança nesta. Esta simples esperança da ausência do resultado, contudo, não afasta o dolo homicida.

1477. Assim, corretamente: PAWLIK, Michael. *Das Unrecht des Bürgers,* 2012, p. 380. Também: WALTER, Tonio. *Der Kern des Strafrechts,* 2006, p. 180.

1478. Daí que a intenção não pode compensar a falta de conhecimento, transmudando uma situação objetivamente não perigosa e cognitivamente deficitária, em um caso de dolo. Assim: PAW-

Destaque-se que não se postula a negação da relevância do elemento volitivo tal qual, na medida em que a voluntariedade é um pressuposto de qualquer ação (da dolosa ou negligente), no âmbito da imputação ordinária, e que a vontade extrovertida, enquanto conceito disposicional, é um dado essencial do conceito intencional de ação[1479], representando seus fundamentos, em termos analíticos, e pode bem servir para a qualificação da ação como uma ação de certo tipo.

No caso do dolo necessário ou direto de segundo grau, a superfluidade do elemento volitivo se apresenta clara[1480]. A segurança do conhecimento acerca da presença da circunstância típica ou sobre a entrada do resultado ilícito dispensa indagações acerca do querer, seja no sentido psicológico estrito, seja em termos de um certo posicionamento emocional do agente perante o fato (que, em face do conhecimento seguro, perde qualquer autonomia, sendo desde logo adscrita a conformação). E ainda que se pretenda afirmar que a realização da ação nestes casos torna implícito o querer, não se pode escapar da navalha de Occam: o querer, aqui, não cumpre função alguma; não tem autonomia; é um apêndice sem função (*Funktionlos*)[1481].

No caso do dolo eventual, não para a legislação alemã nem para a brasileira, mas sim para a legislação portuguesa, há, de fato, referência à "conformação", que é amplamente identificada como a posição volitiva[1482]. Mas mesmo aqui, nada conduz a tomar essa expressão legal em um sentido restrito de "posicionamento emocional", em uma chave de leitura psicológica. Ao contrário, parece de todo justificado considerar o "conformar-se" em um sentido puramente disposicional e atributivo, em uma lógica do agir intencional, que se adscreve em face do contexto da ação e da dimensão do risco realizado pelo agente.

Ao fim e ao cabo, a vontade, aqui, só tem lugar em um sentido extrovertido, não-psicologizado, relacionado à estrutura da intencionalidade[1483], e enquanto um conceito disposicional, não assumindo o mesmo «peso» do dado intelectual para a identificação do dolo.

LIK, Michael. *Das Unrecht des Bürgers,* 2012, p. 381. Também: RINCK, Klaus. *Der zweistufige Deliktsaufbau,* 2000, p. 373. KINDHÄUSER, Urs. Vorsatz als Zurechnungskriterium. *ZStW* 96 (1984), p. 1.

1479. Veja-se Parte II, supra. Veja-se, ainda: FRISCH, Wolfgang. *Vorsatz und Risiko,* 1983, pp. 301, 378 e 495. Também: HRUSCHKA, Joachim. *FS-Kleinknecht,* 1985, p. 436.

1480. O que pode se imputar, neste caso, é que o sujeito não se motivou pela evitação do resultado ilícito, tomado por ele como certo. E há, portanto, quem identifique aqui o elemento volitivo no sentido negativo (da falta de motivação). Assim: HSU, Yu-An. *Doppelindividualisierung und Irrtum,* 2007, p. 169. Para o Autor, trata-se de um vontade que pode esclarecida através da deslealdade ao Direito.

1481. Corretamente: WALTER, Tonio. *Der Kern des Strafrechts,* 2006, p. 186.

1482. PALMA, Maria Fernanda. *Direito Penal - Parte Geral,* 2019, p. 138.

1483. Proximamente: PALMA, Maria Fernanda. *Direito Penal - Parte Geral,* 2019, p. 132, a postular por uma reequacionação que aproxime a definição do dolo à racionalidade do agir intencional.

Disputar se há possibilidade de se referir ao elemento volitivo ao plano conceitual parece uma empreitada estéril e nominalista, caso se percam os referenciais semântico e, especialmente, normativo. Parece superada a questão, ao menos desde o precedente da "correia de couro", de que o querer não se interpreta em um sentido psicológico, nem tampouco da linguagem cotidiana, enquanto propósito, e sim em um "sentido jurídico". No sentido atributivo, nada impede, para a explicação da ação, em uma linguagem intencional (objetiva), que se conceda que o agente, enquanto sujeito racional, só aplica uma "estratégia idônea que pode conduzir ao resultado" (Puppe), ou só realiza um perigo desprotegido, quando "se conforma com ele". E é apenas neste sentido restrito e analítico, sem autonomia, que se admite, na perspectiva desta investigação, a integração do componente volitivo ao conceito de dolo.

2. Sobre o elemento intelectual: *nihil volitum nisi cognitum*?

Na contundente sentença de Jakobs, que bem cabe aqui à guisa de introito: "*para se fazer algo com o mundo, há que conhecer o mundo*"[1484].

Se a disputa acerca do elemento volitivo do dolo é intensa, quanto ao elemento intelectual há quase unanimidade no sentido de sua exigência[1485], ainda que existam pontos de conflito, especialmente no que toca à cegueira perante

---

1484. *Sobre la normativización de la dogmática jurídico-penal,* 2003, p. 82.

1485. Veja-se, há mais tempo, com múltiplas referências: ENGISCH, Karl. *Untersuchungen über Vorsatz und Fahrlässigkeit im Strafrecht,* 1995, p. 132. MAYER, Max Ernst. *Der allgemeine Teil des deutschen Strafrechts.* 2. Aufl. Heidelberg: Carl Winters, 1923, p. 259. CORREIA, Eduardo. *Direito criminal,* 1968, p. 368. Contemporaneamente: GEPPERT, Klaus. Abgrenzung von bedingtem Vorsatz und bewusster Fahrlässigkeit. *JURA* 11 (1986), p. 610. PUPPE, Ingeborg. Der Vorstellungsinhalt des Dolus Eventualis. *ZStW* 103 (1991), p. 37. KINDHÄUSER, Urs. Vorsatz als Zurechnungskriterium. *ZStW* 96 (1984), p. 18, sob a base do controle da ação, que pressupõe o conhecimento (somente quem sabe jogar xadrez pode reagir ao movimento do oponente). FRISCH, Wolfgang. *Vorsatz und Risiko,* 1982, pp. 31 e 102. HENN, Arne. Der subjektive Tatbestand der Straftat - Teil 1: Der Vorsatzbegriff. *JA,* 10 (2008), p. 703. Também: SCHÜNEMANN, Bernd. *FS-Hirsch,* 1999, p. 367. KÖHLER, Michael. *Die bewusste Fahrlässigkeit,* 1982, p. 19. HSU, Yu-An. *Doppelindividualisierung und Irrtum,* 2007, p. 152, citando outras referências. WALTER, Tonio. *Der Kern des Strafrechts,* 2006, p. 186. BRAMMSEN, Joerg. Inhalt und Elemente des Eventualvorsatzes - Neue Wege in der Vorsatzdogmatik? *JZ* 2 (1989), p. 71. SAFFERLING, Christoph J.M. *Vorsatz und Schuld,* 2008, p. 187. SCHROTH, Ulrich. *Vorsatz als Aneignung,* 1994, p. 102, a apontar que a falta de consenso se dá no que toca ao tipo específico de conhecimento se deve exigir, notadamente para o dolo eventual. Em Portugal, veja-se, mais recentemente: PALMA, Maria Fernanda. *Casos e materiais de direito penal,* 2009, pp. 73 e 76, no sentido de que se o conhecimento do risco concreto ou, ao menos, uma impossibilidade de um seu desconhecimento. COSTA, José de Faria. *Direito penal.* Lisboa: Imprensa Nacional, 2017, §§87; 90, pp. 402-403. Na Itália: ANTOLISEI, Francesco. *Manuale di diritto penale. Parte generale,* 2000, p. 353. No Brasil, por todos: VIANA, Eduardo. *Dolo como compromisso cognitivo.* São Paulo: Marcial Pons, 2017, p. 179. Na jurisprudência recente e enfaticamente, veja-se: BGH 4 StR 399/17, 8; 1 StR 351/16.

os fatos[1486] decorrente da indiferença ao Direito. Aplica-se, então, a parêmia: *Nihil volitum nisi praecognitum*[1487].

Isso decorre, primeiro, de que geralmente se admite como pressuposto para a justificação da punição mais intensa e extensa do dolo que o agente realize o comportamento proibido na compreensão de sua dimensão típica[1488], uma vez que aquele sujeito que não conhece o sentido de seu fato[1489] não possui motivo algum para se abster da ação[1490], nem tampouco controle do processo, e nem escolha[1491]. Ao contrário, o agente que sabe o que faz, situa seu interesse no empreendimento da ação acima do bem jurídico protegido no tipo[1492] e decide-se a partir de outra medida daquela definida na lei[1493]. Além disso, o conhecer é tido como um pressuposto do querer[1494], o que confere ao elemento intelectual,

---

1486. Sobre a discussão na dogmática mais contemporânea, confira-se: RINCK, Klaus. *Der zweistufige Deliktsaufbau,* 2000, p. 378 e ss.

1487. STUCKENBERG, Carl-Friedrich. *Vorstudien zum Vorsatz und Irrtum im Völkerstrafrecht*, 2007, p. 283. Sob a perspectiva da filosofia analítica, aponta-se que só faz sentido falar em intenção ou querer caso o agente se considere capaz, em face de seus conhecimentos e meios, de realizar o objetivo. Por exemplo, o caçador que se encontra com o rifle descarregado à mão e sem munições adicionais, ao visualizar um pássaro a voar, pode mesmo "desejar" atingi-lo, mas não faz qualquer sentido afirmar que ao mirar ele "quer", ou "tem a intenção de", atingi-lo. O querer, a intenção, assim, pressupõem o conhecimento e a capacidade, ou seja, o elemento cognitivo. Sobre isso, e ainda acerca do referido exemplo, no plano da filosofia analítica: WRIGHT, Georg Henrik v. *Explanation and Understanding,* 2012, p. 102-103.

1488. Veja-se: FRISCH, Wolfgang. *Vorsatz und Risiko,* 1983, pp. 33; 169. FREUND, Georg. *AT,* 2009, §7, n.m. 41, pp. 271-272. DIAS, Jorge de Figueiredo. *Direito Penal - Parte Geral. Tomo I,* 2012, p. 352. Esclarece, o último Autor, que apenas o conhecimento pode servir de orientação à consciência ética acerca do desvalor da ilicitude. *Op. cit.* p. 355 (quanto ao erro sobre a factualidade típica) e 366 (quanto ao erro sobre a proibição). BUSATO, Paulo César. *Direito penal, parte geral.* 3 ed. São Paulo: Atlas, 2017, p. 613. E em referência ao plano intelectual no tocante à *mens rea,* do Direito anglossaxônico, veja-se: ASHWORTH, Andrew. *Principles of criminal law.* (4ª ed.). Oxford, 2003, p. 157.

1489. Sobre a questão do erro e a exclusão do dolo, no Direito Romano, em face de o dolo ser considerado como sendo um "fato", veja-se, há mais tempo: SAVIGNY, Friedrich Karl. *System des heutigen römischen Rechts. Band 3,* 1981, p. 388.

1490. RÖNNAU, Thomas. Der Irrtum und seine Rechtsfolgen. *JuS* 2004, 668.

1491. Daí a classificação do comportamento em erro, por Aristóteles, como "não-livre". Sobre isso, veja-se apenas: STUCKENBERG, Carl-Friedrich. *Vorstudien zu Vorsatz und Irrtum,* 2007, p. 442, n.r.2388.

1492. OTTO, Harro. *AT,* 2004, §7, n.m. 5, p. 76. Também: DIAS, Jorge de Figueiredo. *Direito Penal - Parte Geral. Tomo I,* 2012, p. 375.

1493. FRISCH, Wolfgang. *Vorsatz und Risiko,* 1983, p. 103. A associar o pressuposto "racional--valorativo" (*Wertrationalität*) da punição qualificada do dolo a uma falha pessoal elevada (*gesteigerte personale Fehlleistung*), como um dado de responsabilidade pessoal pelo fato.

1494. Veja-se: LOENING, Richard. *Die Zurechnungungslehre des Aristoteles,* 1903, p. 168. Toma, o Autor, o conhecimento como uma disposição interna da alma, a representação como "representação do querido", e do curso da ação, especialmente do resultado. Sobre isso, e em análise crítica do pensamento de Loening, veja-se: KORIATH, Heinz. *Grundlagen strafrechtlicher Zurechnung,* 1994, p. 107. Veja-se ainda, a associar a vontade de realização à representação do objetivo, bem como a apontar para a indissociabilidade das categorias da razão, da vontade, da responsabilidade, da culpa, da norma e do próprio livre-arbítro (este como condição de possibilidade): HARDWIG,

quando menos, um caráter prevalente em face do controvertido elemento volitivo[1495]. Teleologicamente, sustenta-se que o conhecimento induz ao controle e à evitabilidade facilitada, se comparado à situação do atuar negligente.

Segundo Jorge de Figueiredo Dias, o agente precisa conhecer (no sentido pisicológico) tudo o que seja necessário a "*uma orientação de sua consciência ética para o desvalor jurídico que concretamente se liga à acção intentada, para o seu caráter ilícito*"[1496].

Mas qual é, afinal, o significado do conhecimento? Trata-se de um dado empírico, descritivo, ou também, no limite, de uma atribuição, baseada na interpretação racional do comportamento? Em que sentido deve ser exigido o conhecimento[1497] como elemento necessário para a integração do dolo[1498]? O que é, e o que integra, a consciência, e em que intensidade esta deve estar presente no momento da ação? O agente precisa realmente conhecer todos os detalhes do comportamento, inclusive do nexo causal, para que se positive o elemento cognitivo? O desconhecimento, independentemente de seus fundamentos, é sempre de se considerar um caso de erro, a conduzir à inevitável exclusão do dolo?

Nesse ponto, cumpre repisar que os conceitos possuem componentes descritivos, os quais, no caso específico do dolo, se relacionam com estados mentais[1499], o que conduz à abertura de um diálogo com ciências afins. O que importa, contudo, é acentuar e insistir em que "*apenas a ciência penal pode decidir sob, e em que medida, os conhecimentos da psicologia científica podem ter significado*"[1500]. O conhecimento é, também ele, um conceito funcional, cujo

Werner. *Die Zurechnung. Ein Zentralproblem des Strafrechts*. Hamburg: De Gruyter, 1957, pp. 169-170. Na literatura portuguesa, por todos: FERREIRA, Manuel Cavaleiro de. *Direito penal português*, 1981, p. 460 e ss.

1495. SATZGER, Helmut. Der Vorsatz - einmal näher betrachtet. *JURA* 30 (2008), p. 113.

1496. *Direito Penal - Parte Geral, Tomo I*, 2012, pp. 351 e 549. Proximamente, no sentido de que o julgamento fático, a aceitação da presença de fatos e circunstâncias típicas, é pressuposto para o julgamento sobre a ilicitude do referido fato (enquanto *posterius*): HRUSCHKA, Joachim. Wieso ist eingentlich die "eingeschränkte Schuldtheorie" "eingeschränkt"? *In*: SCHÜNEMANN, Bernd *et al.* (Hrsg.). *Festschrift für Claus Roxin, zum 70.Geburstag am 15. Mai 2001*. Berlin: Walter de Gruyter, 2001, p. 449.

1497. Em uma ampla crítica da doutrina tradicional, e a tentar uma aproximação com a psicologia para configurar o "conhecimento emocional", veja-se: KARGL, Walter. *Der strafrechtliche Vorsatz*, 1993, pp. 30 e ss.

1498. A observar que o conhecimento, como dado psicológico, não pode ser um pressuposto direto da imputação subjetiva, veja-se: HSU, Yu-An. *Doppelindividualisierung und Irrtum*, 2007, p. 161.

1499. A sustentar que o conhecimento do dolo do tipo deve ser considerado como sendo uma consciência psicológica, veja-se: DIAS, Jorge de Figueiredo. *Direito Penal - Parte Geral. Tomo I*, 2012, p. 351.

1500. STUCKENBERG, Carl-Friedrich. *Vorstudien zu Vorsatz und Irrtum im Völkerstrafrecht*, 2007, pp. 109 e 382. Corretamente, assinala o Autor que o conceito de dolo não pode se restringir à compreensão psicológica dos componentes "conhecimento" e "vontade".

significado somente pode se apresentar em um contexto normativo, ou seja, não como um "fato bruto"[1501].

Há, assim, que se conceder inteira razão a Frisch: o conhecimento, enquanto elemento do dolo, é um "conceito-função" (*Funktionsbegriff*), ou seja, ele tem a função de separar casos de uma responsabilidade mais intensa e extensa, de outros, que ou bem são penalmente indiferentes, ou bem são punidos menos intensamente[1502].

De um lado, por mais que a explicação de um comportamento humano seja plausível, as ciências normativas não podem fornecer às empíricas qualquer instrução; por outro lado, a ciência jurídica também não pode dispensar uma decisão normativa, sob o argumento simplista de que a questão se resolve à luz da "psicológica natureza da coisa", ou seja, da ontologia. Mas se cada uma das descrições da ação pode partir de uma perspectiva/linguagem própria, e se cada qual não possui qualquer expectativa de verdade em outro plano de descrição, isso não significa que não possam se influenciar[1503].

Essa abertura para outros sistemas não deve afastar o pensamento essencial. É preciso ter em mente os fundamentos do conhecimento e do desconhecimento, na medida em que o último, quando derivado de uma atitude de completo desinteresse perante a norma, pode desvelar a hostilidade ao Direito que não apenas não exonera como também pode justificar a imputação dolosa[1504], o que é pacífico no que concerne ao conhecimento da ilicitude e disputado, contemporaneamente, no que se refere ao tipo/factualidade típica[1505].

Com efeito, se a problemática dos déficits de conhecimento, foi, e é ainda, muito explorada pela doutrina ao plano da culpabilidade (ou seja, do conhecimento da ilicitude)[1506], no que concerne ao "dolo do tipo"/dolo-do-fato, provavelmente em face da assunção quase incontroversa da necessidade do elemento cognitivo (e mesmo no sentido psicológico)[1507], o tema carece de novos

---

1501. HEUCHEMER, Michael. *Erlaubnistatbestandsirrtum,* 2005, p. 284.

1502. FRISCH, Wolfgang. *Vorsatz und Risiko,* p1983, pp. 34 e 168.

1503. Assim: STUCKENBERG, Carl-Friedrich. *Vorstudien zu Vorsatz und Irrtum im Völkerstrafrecht,* 2007, p. 110-111. E complementa, o Autor: "É de igual modo equivocado, ignorar desde logo os conhecimentos psicológicos, como transferir a eles competência para a definição e solução de problemas jurídicos". Op. cit. p. 117.

1504. Neste sentido: PAWLIK, Michael. *Das Unrecht des Bürgers,* 2012, p. 397.

1505. Neste sentido, atualmente: JAKOBS, Günther. Gleichgültigkeit als dolus indirectus. *ZStW* 114 (2002), p. 584. Também: HEUCHEMER, Michael. *Erlaubnistatbestandsirrtum,* 2005, pp. 294-295.

1506. Vejam-se, por exemplo, com perspectivas distintas, os seguintes trabalhos: MANSO-PORTO, Teresa. *Normunkenntnis aus belastenden Gründen,* 2009. GONZÁLEZ-RIVERO, Pilar. *Strafrechtliche Zurechnung bei Defektzuständen*, 2001. JAKOBS, Günther. *Das Schuldprinzip,* 1993.

1507. Acerca de dispensas pontuais do conhecimento, nos casos excepcionais de *strict liability,* que geralmente tem por objeto delitos de bagatela e contravenções, veja-se: STUCKENBERG, Carl-Friedrich. *Vorstudien zu Vorsatz und Irrtum,* 2007, pp. 445, 448 e ss.

desenvolvimentos e problematizações, sobretudo face às recentes abordagens essencialmente normativistas, por Autores como Heiko Lesch, Günther Jakobs, Michael Heuchemer, Klaus Rinck, Michael Pawlik, Teresa Manso-Porto, Yu--An Hsu, dentre tantos outros.

Os problemas principais a tratar, neste tópico, são, portanto e no essencial, os seguintes: a) a espécie do conhecimento; b) a intensidade do conhecimento (consciência atenta ou co-consciência/amortecida); c) a extensão do conhecimento (tipo objetivo ou norma de comportamento pressuposta); d) a simultaneidade/ /congruência do conhecimento (problemática dos desvios causais); e) a avaliação do risco conhecido segundo parâmetro subjetivo-individual ou objetivo ("primeiro nível de normativização"); f) a normativização integral do conhecimento, equiparando-se, sob determinados pressupostos, os erros sobre a factualidade típica e sobre a ilicitude[1508], bem ainda inserindo-se no âmbito do dolo o desconhecimento por indiferença ("segundo nível de normativização").

2.1. Principais nódulos problemáticos do elemento intelectual

O conhecimento, como corretamente aponta Stuckenberg[1509], na dogmática penal e também na linguagem cotidiana, se considera geralmente de modo estático: ele pode ser adquirido; ser algo atualmente presente; pode ser esquecido, ou pode sempre ser chamado à lembrança, para que se torne disponível na atualidade. Em termos de imputação subjetiva (do dolo ou da culpa), o que se pergunta, essencialmente, é o que agente, ao momento da ação ou omissão típica, *sabia* ou *podia saber*.

Quanto à espécie do conhecimento, de *lege lata*, a doutrina majoritária defende, como já se viu acima, que no que se refere às circunstâncias elementares do tipo, à factualidade típica ("dolo do tipo"), não pode este ser meramente potencial – como se dá no que concerne à consciência da ilicitude enquanto pressuposto da culpa – devendo ser um conhecimento efetivo e atual[1510], ainda que ao modo de uma co-consciência (*Mitbewusstsein*) ou consciência "amortecida".

É tida como uma decorrência direta da "teoria (normativa) da culpabilidade"[1511]

1508. Veja-se: PAWLICK, Michael. *Das Unrecht des Bürgers,* 2012, pp. 308; 310-311.

1509. *Vorstudien zu Vorsatz und Irrtum im Völkerstrafrecht,* 2007, p. 283.

1510. Dentre muitos: OTTO, Harro. *AT*, 2004, §7, n.m. 5, p. 76. Também: KÜHL, Kristian. *AT,* 2012, §5, n.m.9, p. 81. DIAS, Jorge de Figueiredo. *Direito Penal – Parte Geral. Tomo I,* 2012, p. 355. E ainda mais recentemente: KUHLEN, Lothar. Vorsätzliche Steuerhinterziehung trotz Unkenntnis der Steuerpflicht? *In*: ALBRECHT, Peter-Alexis *et al.* (Hrsg.). *Festschrift für Walter Kargl zum 70. Geburstag*. Berlin: Berliner Wissenschaft, 2015, p. 297.

1511. Veja-se, sobretudo, o julgado do BGH, BGHSt, 2, 194, 208, que rompe com a tradição da "teoria do dolo", e passa a distinguir entre o erro sobre o tipo e sobre a proibição. A oposição entre "teoria da culpabilidade" e "teoria do dolo", a última no sentido de que o dolo inclui a consciência da ilicitude, é atribuída, no sentido classificatório, a Welzel, no artigo Der Irrtum über

que o conhecimento do ilícito configura um problema da culpabilidade *stricto sensu*[1512], bem assim que tal conhecimento não se exige de modo efetivo, senão apenas potencial (conforme regulam o §17 do *StGB*, art.21 do CP Brasileiro e art.17 do CP Português), uma vez que a falta da consciência da ilicitude, quando censurável, não exonera. Contudo, quanto às "circunstâncias típicas" (sejam elas "descritivas" sejam "normativas"), o desconhecimento ou o erro faz já decair a forma de direção do comportamento mais grave e mais intensamente punida, ou seja, o dolo (conforme regulam o §16 do *StGB*, art.20 do CP Brasileiro e o art.16 do CP Português), seja qual for sua causa ou fundamento[1513]. Destaque-se que o CP Português ainda se refere expressamente ao denominado "erro intelectual" (art.16, 1), que tem por objeto circunstâncias do âmbito das proibições "eticamente neutrais", cujo conhecimento se faça necessário para a formação da consciência da ilicitude[1514].

Mas por que isso é assim? Não seria uma decorrência natural da própria teoria normativa da culpa, que o desconhecimento das circunstâncias típicas, quando derivado de desinteresse absoluto ou grosseira indiferença (em face da norma), não devesse exonerar?[1515] Por que o erro de quem "quer saber" é tratado de modo igual - injustificadamente igual[1516] -, ao erro de quem não quer saber, por completa indiferença?[1517]

der Rechtswidrigkeit des Handelns. *SJZ*, 1948, pp. 368-369. Sobre isto, veja-se: HRUSCHKA, Joachim. *FS-Roxin*, 2001, p. 445. Contudo, destaca, o Autor, que a teoria da culpabilidade é mais antiga do que o artigo de Welzel, em que conferiu-lhe o nome. Op. cit. p. 446. Veja-se ainda, em uma comparação entre as teorias do dolo e da culpa, especificamente quanto à integração ou não da consciência da ilicitude ao dolo: DIAS, Jorge de Figueiredo. *O problema da consciência da ilicitude em direito penal,* 1987, pp. 146-147.

1512. Criticamente, a apontar para a incongruência da "teoria da culpabilidade" no que se refere ao Direito Penal secundário, em que o conhecimento da ilicitude é um pressuposto para o preenchimento do dolo, com uma ruptura sistemática: WALTER, Tonio. *Der Kern des Strafrecht,* 2006, pp. 403-404.

1513. HEINRICH, Bernd. *Strafrecht, Allgemeiner Teil.* 6. Aufl. Stuttgart: Kohlhamer, 2019, §12, n.m.269, p. 102.

1514. Cuja disciplina foi fortemente influenciada pela concepção de Jorge de Figueiredo Dias, notadamente em: *O problema da consciência da ilicitude em direito penal,* 1987, pp. 399-400 (desenvolvidamente, acerca dos fundamentos axiológicos da distinção) e p. 415 à guisa de conclusão. Observa, o Autor, que no que se refere ao erro sobre a proibição relevante "*vale sempre a solução das teorias do dolo*". (op. cit. p. 401). Veja-se, recentemente, o julgado: Ac TRP de 25.02.2015. E com uma abordagem que distingue o erro sobre a verdade e o sentido, para apontar que a relevância, para a exclusão do dolo, também depende de uma correta compreensão do sentido da ação, que confira uma possibilidade de escolha: PALMA, Maria Fernanda. *Direito Penal - Parte Geral,* 2017, pp. 190-191. Por fim, tendo por objeto o problema do erro intelectual, em situações motivadas por diferenças culturais, veja-se ainda: DIAS, Augusto Silva. *Crimes culturalmente motivados,* 2016, pp. 376-377.

1515. Neste sentido, a crítica de Klaus Rinck, in: *Der zweistufige Deliktsaufbau,* 2000, p. 388.

1516. Neste sentido, a recusar o caráter de erro ao desconhecimento das circunstâncias factuais por indiferença, veja-se: RINCK, Klaus. *Der Zweistufige Deliktsaufbau,* 2000, p. 381.

1517. Veja-se: JAKOBS, Günther. *Das Schuldprinzip,* 1993, p. 20.

O que se discute, especialmente então, é a possibilidade de se afirmar o dolo em casos de desconhecimento censurável sobre a factualidade típica, ou seja, nos casos de inimizade ao Direito (*Rechtsfeindschaft*) e de cegueira perante os fatos (*Tatsachenblindheit*) dela derivada, havendo quem sustente que nessas situações, que o conhecimento potencial deva ser suficiente[1518] para o dolo, inclusive de *lege lata*[1519], ao que tenho denominado "segundo plano de normativização", como será retomado a seguir e fica ainda posto entre parênteses.

Mas, objeta-se, se apenas aquilo que é representado/conhecido pode ser querido[1520]; se a vontade pressupõe o conhecimento, e se o dolo (do tipo) consiste em uma realização consciente e voluntária das circunstâncias típicas[1521], não se poderia afastar a necessidade de um conhecimento, mesmo que irrefletido, acerca da presença daquelas[1522]. Esse pressuposto é aceito tanto pelas teorias volitivas - que consideram a exigência do conhecimento como derivável do próprio conceito da vontade, que o pressupõe - como da representação - pois somente o conhecimento efetivo funcionaria como "contramotivo à realização da ação"[1523] -, como também para as contemporâneas teorias normativas do "dolo como decisão" - já que, para seus adeptos, somente o conhecimento ou a representação permite um efetivo posicionamento (*Einstellung*) do agente perante o fato, que viabiliza a tomada de decisão em termos de uma lógica de intencionalidade[1524]. Há, repise-se, algo de comum a todas estas teorias, senão em termos de fundamento, à guisa de conclusão: de modo quase unânime, não se contenta com o simples conhecimento potencial no que se refere às circunstâncias

1518. Sobre o tema, veja-se, criticamente: KÜHL, Kristian. *AT*, 2012, §5, n.m.9, p. 81, com indicações de bibliografia no sentido da normativização do elemento cognitivo.

1519. Veja-se: HSU, Yu-An. *Doppelindividualisierung und Irrtum*, 2007, p. 126. Observa, o Autor, que a concepção intelectualista-psicológica sofre de um déficit, pois não consegue resolver os casos em que o agente não quer obter o conhecimento necessário, manipulando e bloqueando o próprio intelecto. Também: PAWLIK. *Person, Subjekt, Bürger*, 2004, pp. 85-86, com referência à *Obligenheit*. JAKOBS, Günther. *FS-Rudolphi*, 2004, pp. 110. Contra: SAFFERLING, Christoph J.M. *Vorsatz und Schuld*, 2008, p. 190. Argumenta, o Autor, que caso se contente com a cegueira para a imputação do conhecimento estar-se-á admitindo uma forma pura de injusto objetivo, o que à luz da prevenção geral seria de todo inadequado. Também contra: ROXIN, Claus / GRECO, Luís. *AT*, 2020, §12, n.m.95, p. 589.

1520. Assim: STUCKENBERG, Carl-Friedrich. *Vorstudien zu Vorsatz und Irrtum im Völkerstrafrecht*, 2007, p. 283. SCHMIDHÄUSER, Eberhard. *Einführung in das Strafrecht*, 1984, p. 199. SCHEWE, Günther. *Bewusstsein und Vorsatz*, 1967, p. 58.

1521. KÜHL, Kristian. HEGER, Martin. *SK*, 2014, §15, n.m.4, p. 112.

1522. Assim: PLATZGUMMER, Winfried. *Die Bewusstseinsform des Vorsatzes*, 1964, p. 59.

1523. Veja-se, especialmente: ENGISCH, Karl. Tatbestandsirrtum und Verbotsirrtum bei Rechtifertigungsgründe. *ZStW* 70 (1950), p. 566. Mais recentemente: RÖNNAU, Thomas. Der Irrtum und seine Rechtsfolgen. *JuS* 2004, 667. FRISCH, Wolfgang. *Vorsatz und Risiko*, 1983, p. 96.

1524. Criticamente, a destacar que as teorias da decisão aceitam, na verdade, um conhecimento abstrato e racionalizado, e não um conhecimento concreto, fundado em uma lógica emocional: KARGL, Walter. *Der strafrechtlicher Vorsatz auf der Basis der kognitiven Handlungstheorie*, 1993, pp. 70-71.

do tipo. Conforme a doutrina amplamente majoritária, o conhecimento efetivo se apresenta, portanto, como um dado empírico indispensável para o dolo[1525].

Contudo, como será visto de seguida, mesmo a doutrina majoritária de algum modo "normativiza" o conhecimento, ao resolver os casos de desvios causais e, rompendo, em certa medida, com o ponto de partida acentuadamente psicologista.

Colocada entre parênteses, por ora, toda esta problemática da avaliação//valoração do conhecimento, e também dos fundamentos do desconhecimento e do erro sobre a factualidade típica, e partindo-se da ideia geral da indispensabilidade do conhecimento, cumpre investigar, preliminarmente: quais as distinções entre o conteúdo (*Inhalt*) e o objecto (*Gegenstand*) da conhecimento[1526]? Qual a intensidade do conhecimento? O agente, ao momento do fato, deve pensar/refletir acerca da circunstância, ocupando-se intelectualmente dela, ou é suficiente uma consciência "à mão" (*Bewusstsein am Rande*), sem que seja dedicada uma atenção à ela?[1527] Ou ainda, será suficiente, mas também necessário, que o agente tenha experienciado o conteúdo/objeto da norma, de modo a compreender que está a realizá-lo?

O que estaria, assim, em causa é – para a concepção predominante – investigar o tipo de conhecimento exigido para satisfazer, minimamente, o elemento intelectual do dolo[1528].

Estabelecem-se, aqui, pontos finais e iniciais da escala, desde o pensamento

1525. ROXIN, Claus / GRECO, Luís. *AT*, 2020, §12, n.m.95, p. 594. Partindo de uma posição deontológica, que proíbe a mera instrumentalização do sujeito e, por isto mesmo, exige o conhecimento como elemento psicológico do dolo: GRECO, Luís. Dolo sem vontade, p. 892.

1526. Sobre a divisão, que será aprofundada a seguir, veja-se: FRANK, Reinhard. Über den Aufbau des Schuldbegriffs. *In*: FRANK, Reinhard (Hrsg.). *Festschrift für die juristische Fakultät in Giessen zum Universitäts-Jubiläum*. Giessen: Topelmann Verlag, 1907, p. 547.

1527. Veja-se, com referência ao início da discussão na dogmática, a partir de Frank: PLATZGUMMER, Winfried. *Die Bewusstseinsform des Vorsatzes*, 1964, p. 32.

1528. Neste aspecto, Platzgummer observa que o desvalor da co-consciência não é o mesmo do efetivo "*Daran-Denken*". Se a co-consciência corresponde a uma atenção diminuída acerca da circunstância típica, então seu efeito de contramotivo também é menos intenso, e por consequência também a própria vontade delituosa, o que há de fundar uma censura reduzida, ainda que a título doloso. *In*: *Die Bewusstseinsform des Vorsatzes*, 1964, p. 58 e 93. De fato, de se distinguir o injusto, em termos de intensidade, nos casos em que o sujeito atenta para o que faz e sabe precisamente o que faz, dos casos em que o sujeito atua com uma consciência apenas acompanhante, ainda que não afastável, em face de um processo psicológico de associação. Contudo, paradoxalmente, ressurge aqui o problema normativo de uma possível punição mais intensa do escrupuloso: o funcionário que não deixa de compreender que tem tal condição e pratica o furto do caixa atuaria de modo mais censurável do que aquele que nem mesmo se recordou de sua condição especial. Neste sentido: SCHEWE, Günther. *Bewusstsein und Vorsatz*, 1967, p. 59. Para o Autor, o maior criminoso não é aquele que carrega em sua cabeça, a todo tempo, a consciência acerca do fato delituoso, mas sim aquele que se prepara refinadamente para o delito, e somente reflete acerca das circunstâncias típicas na medida em que isso se faz necessário para o alcance do resultado. Op. cit. p. 60.

refletido, atual e atento (*Daran-Denken*), até o conhecimento abstrato (*bloßes Wissen*), e procura-se identificar o que há entre ambos[1529], o elo de ligação.

Parece irrefutável, na concepção predominante, que a exigência de uma consciência atenta e refletida, em relação a todas as circunstâncias do tipo, não só contrariaria as mais comezinhas exigências de política criminal[1530], – concedendo uma franquia ao inescrupuloso e frio (como o agente que sequer se interessa pela idade da vítima, em um delito sexual, por não se importar minimamente com isto) –, como também atentaria contra os mais básicos sentimentos jurídicos da comunidade[1531]. Deixar de censurar, com o dolo, o indivíduo que sequer se importou com a idade da vítima, ou que sequer refletiu acerca de sua qualidade funcionário, ou de filho, ou marido etc, se apresenta, à evidência, um resultado intrinsecamente injusto e normativamente intolerável[1532]. Daí que se faça necessário aprofundar e delimitar os conceitos, e indicar caminhos adequados de aplicação, com distinções voltadas para as particularidades das circunstâncias típicas[1533].

Aponte-se, desde logo, que o conhecimento não deve ser artificialmente dissecado, d'onde resultaria que o dolo não passa de uma soma de representações[1534] suficientemente conscientes acerca de cada circunstância típica. Do que se cuida é de uma representação global, de um "ato de integração", ou seja, de um todo em face do qual o agente pode tomar posição, permitindo-se dizer algo acerca das relações do conteúdo psíquico de alguém[1535].

1529. Veja-se: SCHEWE, Günther. *Bewusstsein und Vorsatz,* 1967, p. 47. Também, DIAS, Jorge de Figueiredo. *O problema da consciência da ilicitude em direito penal,* 1987, p. 208. FERREIRA, Manuel Cavaleiro de. *Direito penal português,* 1981, p. 461.

1530. Com referência aos crimes passionais, veja-se: KÜHL, Kristian. HEGER, Martin. *SK,* 2014, §15, n.m.9, p. 114. De toda sorte, no tocante ao tema, especialmente quanto à circunstância típica da idade da vítima em crimes sexuais, um dos precedentes polêmicos e disputados do *Reichsgericht* (*RGSt* 75, 127), a doutrina majoritária considera que o Tribunal foi longe demais: não só decidiu, o Tribunal, que o autor não precisava pensar na idade da vítima ao momento do crime sexual, como também bastava que ele quisesse praticar o fato, tivesse a vítima idade que fosse.

1531. Neste sentido: PLATZGUMMER, Winfried. *Die Bewusstseinsform des Vorsatzes,* 1964, p. 8.

1532. Como visto supra, isso já reconhecia o Reichtsgericht, especialmente no tocante à idade da vítima nos delitos sexuais, ao afirmar o dolo nas hipóteses em que o agente sequer refletiu sobre a elementar. Veja-se: RG St 75,127. Sobre o julgado, e a chancelar a decisão: RINCK, Klaus. *Der zweistufige Deliktsaufbau,* 2000, p. 384.

1533. Sobre isso: SCHEWE, Günther. *Bewusstsein und Vorsatz,* 1967, p. 47-48, a chamar a atenção para os possíveis erros nesta área, especialmente acerca do emprego de conceitos psicológicos falsos e de se formar um quadro equivocado acerca da facticidade psíquica.

1534. Assumindo uma posição crítica, e tomando por referência a "*Gestaltpsychologie*" em oposição ao modelo atomista, anotando que o todo é mais do que a soma das partes, confira-se: SCHEWE, Günther. *Bewusstsein und Vorsatz,* 1967, p. 67 e ss. Veja-se ainda, em sentido análogo, a apontar que os elementos intelectual e volitivo não podem ser simplesmente justapostos, devendo ser integrados em um conceito sintético de decisão: PALMA, Maria Fernanda. *Direito Penal – Parte Geral,* 2017, pp. 102-103.

1535. Assim: SCHEWE, Günther. *Bewusstsein und Vorsatz,* 1967, p. 52. Aponta, o Autor, que

Para a posição predominante, o conhecimento deve permitir que se efetive a "função de apelo/alerta do tipo"[1536], que é, de resto, aquilo que situará o agente nos quadros de uma mais facilitada evitabilidade para atender ao comando da norma. O "erro de conhecimento" configura, nesta perspectiva, em contraposição ao "erro de valoração", uma falta do conhecimento exigido para a apreensão do significado desvalioso da ação[1537].

2.2. Conteúdo e objeto do elemento intelectual: primeira aproximação

Preliminarmente, pode-se anotar que o conteúdo (*Inhalt*) do elemento intelectual consiste em algo mais amplo, que inclui conhecimentos do agente não necessariamente atualizados ou refletidos no momento do fato[1538], como, por exemplo, propriedades e qualidades pessoais, lembranças de fatos etc, sendo suficiente, quanto à elas, a *co-consciência* ou a "consciência à mão" (*Bewusstsein am Rande*), mas não se exigindo atenção ou reflexão[1539].

Já o objeto (*Gegenstand*) se restringe ao núcleo da ação típica, devendo, por isto, para a posição majoritária, ser exigido enquanto consciência atual e efetiva, não sendo bastante, aqui, a co-consciência[1540]. Esta separação foi esboçada já, a seu tempo, por Frank[1541].

Assim, quanto ao núcleo da ação típica, a representação da situação, no sentido de que dela deriva um risco concreto e não tolerado para o bem jurídico, é apontada majoritariamente como o pressuposto cognitivo mínimo para justificar a censura dolosa[1542]. Aquele que, ao momento da ação, não representa o perigo concreto não se decide contra a norma de comportamento pressuposta no tipo, e em face disso não se acha em uma condição de evitabilidade facilitada[1543]. Por

a atualização de um conhecimento, o "se fazer consciente", e o processo de integração são coisas distintas. Assim, o fazer-se consciente em face de um conhecimento potencial e a integração de um conteúdo da consciência em uma experiência concreta não são fenômenos da mesma natureza, fazendo-se necessária a última para a tomada de posição que dá fundamento ao dolo.

1536. Veja-se: ARZT, Günther. Zum Verbotsirrtum beim Fahrlässigkeitsdelikt. *ZStW* 91 (1979), pp. 865 e 885.

1537. Assim, veja-se: NOWAKOWSKI. Rechtsfeindlichkeit, Schuld, Vorsatz. *ZStW* 65 (1953), pp. 379. Próximo, mas com restrições: DIAS, Jorge de Figueiredo. *Direito Penal - Parte Geral. Tomo I,* 2012, p. 548. O mesmo, a apontar para a qualidade de "deficiência do conhecimento", no caso da falta de consciência da factualidade típica, e para a qualidade de "deficiência do sentimento" (do justo sentimento do valor), no caso da falta de consciência da ilicitude, in: *O problema da consciência da ilicitude em direito penal,* 1987, pp. 271-272.

1538. Veja-se: PALMA, Maria Fernanda. *Direito Penal - Parte Geral,* 2017, p. 173.

1539. Veja-se: JAKOBS, Günther. *AT,* 1991, §8, n.m.11, p. 262.

1540. Sobre isso, veja-se: PLATZGUMMER, Winfried. *Die Bewusstseinsform des Vorsatzes,* 1964, p. 6-7.

1541. Para uma visão geral da evolução do tema na dogmática, partindo de Frank e passando por Mezger e Platzgummer, veja-se: SCHEWE, Günther. *Bewusstsein und Vorsatz,* 1967, p. 37-46.

1542. Veja-se: FRISCH, Wolfgang. *Vorsatz und Risiko,* 1983, p. 97.

1543. Veja-se: RINCK, Klaus. *Der zweistufige Deliktsaufbau,* 2000, p. 471.

isto, e nesta perspectiva majoritária, que ainda será questionada adiante, a falta desta representação, enquanto pressuposto mínimo, exclui o comportamento da área do dolo[1544].

Nesse plano, note-se que, ainda que o conhecimento enquanto substracto psicológico não deva ser afastado[1545], é reconhecido que determinadas atividades pressupõem que o agente, para executá-las, conte com certos tipos de conhecimentos mínimos[1546]. Neste âmbito, se o agente, deliberadamente, não se informa, ele estará, conforme corretamente assinala Fernanda Palma, em termos de responsabilidade pessoal por culpa, em "*circunstâncias semelhantes às do agente que representa efectivamente a realização de um fato* típico, quando seja evidente que uma actividade regulada possa estar sob o alcance de uma proibição legal"[1547]. Nesta situação, o que se dá é que a representação da possibilidade de violação da proibição – no âmbito de atividades reguladas – equipara-se à representação da realização do tipo, preenchendo-se, assim, o elemento intelectual do dolo[1548].

Por fim, considera-se que o nexo causal, em seu aspecto essencial, também deva ser representado pelo agente para a integração do dolo[1549]. Contudo, como se verá infra, a definição daquilo que é ou não é "essencial" se afigura controvertida, sendo certo que o critério de decisão deve ser normativo (em termos de análise de conexão de risco), e não psicológico (em termos de estrita correspondência entre o estado mental do agente e os possíveis desdobramentos do curso causal). De todo modo, sublinha-se, por ora, que o nexo causal também é objeto de referência do elemento cognitivo. Em que medida isto se dá, será objeto de tratamento apartado.

2.3. Ainda sobre o objeto de referência: circunstâncias típicas descritivas e normativas

É tradicional o postulado de que o conhecimento deve abranger todas as

---

1544. Assim: FRISCH, Wolfgang. *Vorsatz und Risiko,* 1983, pp. 97 e 208.

1545. O que será discutido em mais profundidade ainda neste capítulo, infra.

1546. A apontar para o problema ao plano do direito penal secundário (não-nuclear): ARZT, Günther. Zum Verbotsirrtum beim Fahrlässigkeitsdelikt. *ZStW* 91 (1979), p. 886.

1547. *Direito Penal -Parte Geral,* 2017, p. 187.

1548. Assim, corretamente, Fernanda Palma: "*Tanto preencherá o elemento intelectual do dolo o agente que representa como possível, embora possa duvidar, que o seu alvo é uma pessoa e não uma peça de caça, não resolvendo a dúvida, como o agente que representa a necessidade de se informar sobre se a sua actividade viola a lei e não é apenas uma conduta neutra, mas não o faz, não se colocando em condições de esclarecer o sentido legal de sua actividade*". *In*: *Direito Penal – Parte Geral,* 2017, p. 187. Proximamente: PUPPE, Ingeborg. *AT*, 2011, §8, n.m.8, p. 94.

1549. Veja-se: JAKOBS, Günther. *AT*, 1991, §8, n.m.63, p. 295. Reconhece, Jakobs, que é muito difícil determimar em que medida o agente deva conhecer o curso causal em sua constituição concreta, até o resultado, e conclui que o agente deve conhecer, efetivamente, o risco que a realiza e não o curso causal em sua concretude.

circunstâncias do tipo objetivo, inclusive o nexo causal e o resultado[1550]. Isso conduz às diferenciações, a partir da qualidade específica da circunstância, na medida em que tais diferenças implicam em exigências diversas ao agente, interferindo para com o problema da punibilidade[1551]. Em síntese, afirma-se que as circunstâncias descritivas devem ser percebidas sensorialmente (percepção sensorial - *sinnliche Wahrnemung / sachgedanklich)* e as normativas entendidas/compreendidas (entendimento intelectual - *geistiges Verstehen/ /sprachgedanklich*)[1552].

Tratando-se de circunstância elementar de conteúdo essencialmente descritivo, sujeito à percepção direta - tal como "pessoa"[1553], "coisa", "animal", "casa", "danificar" etc -, basta que o agente tenha uma representação suficiente, em termos de sentido[1554], e mesmo que sem uma compreensão conceitual-normativa[1555], para o preenchimento do elemento cognitivo[1556]. Isso tem relevância, na medida em que, uma vez conhecida a *extensão* de tais conceitos, a *intensão* acaba por se revelar sem maiores dificuldades. Nos casos limítrofes, contudo, do conhecimento da extensão não deriva o conhecimento da categoria em termos da linguagem cotidiana, uma vez que a compreensão da delimitação pressupõe a compreensão do objetivo da norma[1557].

1550. Por todos: ROXIN, Claus / GRECO, Luís. *AT,* 2020, §12, n.m. 133, p. 616. Postergarei, propositadamente, a discussão acerca do conhecimento do resultado. Criticamente, de todo modo, veja-se, apenas: FRISCH, Wolfgang. *GS-Armin Kaufmann*, 1989, p. 339. Para o Autor, determinadas circunstâncias interessam apenas como condições de aplicação, como, por exemplo, o resultado, não integrando a norma de conduta. Para o destinatário, o que importa é a norma de comportamento pressuposta ("não matar", v.g.). O que interessa, portanto, é saber se o destinatário compreendeu que determinado comportamento deve ser omitido; a realização de tal comportamento contrário a norma, nesta situação, se designa como a decisão contra o bem jurídico ou como desvio da norma de comportamento típica.

1551. Veja-se: SAFFERLING, Christoph J.M. *Vorsatz und Schuld,* 2008, p. 126 e ss.

1552. Veja-se: ROXIN, Claus / GRECO, Luís. *AT,* 2020, §12, n.m. 100, p. 597. Ver ainda: PALMA, Maria Fernanda. *Direito Penal - Parte Geral,* 2017, p. 181.

1553. Criticamente, a ressaltar que nem mesmo o conceito de pessoa é descritivo, e a apontar para o exemplo do escravo, em uma sociedade escravagista, na qual caberia considerar um erro sobre a circunstância típica como um erro que excluiria o dolo (uma vez que o sujeito poderia representar que não estava a matar uma pessoa): JAKOBS, Günther. *FS-Rudolphi,* 2004, p. 115.

1554. O que é necessário, em síntese, é que o agente represente, como realizado, o "sentido do tipo". Veja-se: PUPPE, Ingeborg. *AT,* 2011, §8, n.m.2, p. 92. Não se trata, bem visto, de um entendimento completo do tipo, mas sim, apenas, da circunstância nele descrita.

1555. Assim: PUPPE, Ingeborg. *AT,* 2011, § 8, n.m.1, p. 92.

1556. Veja-se: SATZGER, Helmut. Der Vorsatz - einmal näher betrachtet. *JURA* 30 (2008), p. 114. O Autor fornece o seguinte exemplo: Se "A" desfere um tiro contra o cão do vizinho, no sentido de fazer cessar o barulho dos latidos, matando-o, compreende que está a matar um animal. E ainda que o autor não saiba que o animal é, para efeitos penais, uma coisa alheia, objeto material do crime de dano (§303, I, do *StGB*) isso consiste apenas em um erro de subsunção, que não afasta do dolo. Veja-se ainda: STUCKENBERG, Carl-Friedrich. *Vorstudien zu Vorsatz und Irrtum im Völkerstrafrecht,* 2007, p. 296.

1557. Veja-se: STUCKENBERG, Carl-Friedrich. *Vorstudien zu Vorsatz und Irrtum im Völkerstrafrecht,* 2007, pp. 302 e 329. O Autor esclarece que saber qual é o conhecimento exigido - se da

De se assinalar que mesmo as "circunstâncias descritivas", contudo, exigem certa atuação do intelecto, uma vez que se exige uma compreensão do significado ou sentido da elementar[1558]. O exemplo de escola, do sujeito que esvazia os pneus do veículo do vizinho, pode ser aqui chamado à colação. O sujeito, no caso, compreende que, com sua ação, o uso do automóvel restará provisoriamente prejudicado ou inviabilizado, até que os pneus sejam novamente cheios. O que o elemento intelectual do dolo, aqui, exige, não é que o sujeito compreenda o significado jurídico-valorativo do ato de danificar, mas sim o conteúdo de sentido da ação, ou seja, que está a reduzir a possibilidade de fruição integral do bem[1559]. A alegação eventual, pelo sujeito, de que manteve intacta a substância da coisa e de que não compreendeu que a estava a danificar, portanto, não o exonera, uma vez que pôde entender que atacou o bem jurídico protegido pela norma (pois houve a redução da possibilidade de uso da coisa, algo conhecido), mantendo-se intacto o dolo[1560].

No que concerne às "circunstâncias normativas", que demandam uma valoração jurídica ou extrajurídica, tal como a qualidade "*alheia*" de uma coisa, exige-se que o agente tenha consciência de tal valoração, ou seja, é preciso que compreenda o conteúdo de sentido vinculado socialmente ao conceito[1561]. Em

extensão ou intensão – consiste em uma decisão normativa: caso esteja em causa a simples obediência da lei, o conhecimento da extensão basta. Caso a compreensão do objetivo da regra seja exigida, então a intensão deve ser conhecida. Veja-se, ainda, sobre as dificuldades da conceituação das circunstâncias descritivas: WALTER, Tonio. *Der Kern des Strafrechts,* 2006, p. 242. Aponta, o Autor, com arrimo na semiótica – com distinções entre sinal, conteúdo/intensão:definição, e extensão conceitual – que o "conteúdo de sentido" ("*Sinngehalt*") não é algo facilmente determinável. Se "sentido" tem a ver com "significado", então a referência a "conteúdo" é supérflua e deve ser decotada. Por outro lado, há que se questionar: significado *(Bedeutung)* é aqui empregado no sentido de "conteúdo" (intensão) ou de extensão? Caso se trate de "extensão", não seria viável pretender que o agente conhecesse todos os objetos e facticidades cobertas pela redação natural. Já caso se trate de "conteúdo", é de se considerar que o agente não reflete acerca do conceito do Direito Penal e o aplica. Em síntese, o discurso acerca do "sentido natural" e do "conteúdo significativo", especialmente associado às circunstâncias sujeitas à percepção, pode ser uma solução *simples*, mas a um só tempo é uma solução *errada* no que se refere à delimitação.

1558. Sobre a necessidade de uma verdadeira compreensão da ilicitude, nestes casos: JAKOBS, Günther. Altes und Neues zum strafrechtlichen Vorsatzbegriff, 2017, p. 623. O Autor observa que, fora de uma situação justificante, aquele que mata, danifica, subtrai etc conhece o caráter ilícito de sua ação. Assim, de duas uma: se o agente não reconhece o caráter ilícito da ação, ou bem é porque representa que atua de modo justificado, ou porque não sabe que a coisa seja alheia ou que seu procedimento conduz a um dano. Por outro lado, assinala Jakobs, o sujeito passivo de um delito de sequestro não é um "homem" mas uma pessoa, enquanto portadora do direito de liberdade. Daí que se alguém considera que um escravo foi privado de liberdade, ele não compreende o significado de realização do tipo, e não apenas erra sobre o caráter ilícito da ação.

1559. Sobre isso: SAFFERLING, Christoph J.M. *Vorsatz und Schuld,* 2008, p. 127. Também: WALTER, Tonio. *Der Kern des Strafrechts,* 2006, p. 243. Frister apresenta, aqui, um exemplo curioso: um rolojoeiro que desmonta, sem danificar, o relógio do inimigo, sem contudo considerar que isso configure o ato de danificar, atua com dolo. *AT,* 2015, §11, n.m.32, p. 150.

1560. Veja-se: STRATENWERTH, Günter. KUHLEN, Lothar. *AT,* 2011, §8, n.m.70, p. 94.

1561. Neste sentido: KÜHL, Cristian. *AT,* 2012, § 5, n.m.93, p. 121. Desenvolvidamente:

poucas palavras: as circunstâncias normativas não se deixam reconhecer "com os olhos"[1562]. Note-se que não se exige que o agente conheça o conceito jurídico, mas sim que ele, em uma "valoração leiga na esfera do profano", compreenda o que o legislador pretende dizer com a circunstância típica[1563].

A distinção entre tais circunstâncias, contudo e como já se insinuou supra, não deve ser supervalorizada, na medida em que se reconhece que nenhum conceito pode ser exclusivamente descritivo[1564] nem exclusivamente normativo[1565]. Os elementos descritivos podem conter um mínimo de vinculação com valores ético-sociais (ex: casa, construção, carro etc); e os elementos normativos tem uma referência descritiva (ex. documento, enquanto pedaço de papel com existência corpórea). Tome-se de exemplo o conceito de "homem": ainda que facilmente perceptível pelos sentidos, e mesmo que não haja dúvidas de que um ser vivo, com todas as características de um ser humano, seja um homem, em termos de *extensão*[1566], pode-se por em causa, por razões éticas, jurídicas, empíricas e outras, sobre se um feto anencéfalo preenche o conceito de homem, para o Direito - plano semântico, da *intensão*[1567].

O que se verifica é, destarte, uma distinção graduável[1568], estando em causa a medida em que a regra é juridicamente caracterizada; parte-se de elementos que tem apenas seus contornos definidos pelo Direito, e cuja base é a própria categoria da linguagem cotidiana, até outros elementos que são "genuinamente

HORTA, Fredrico. *Elementos normativos das leis penais e conteúdo intelectual do dolo. Da natureza do erro sobre o dever extrapenal em branco*. São Paulo: Marcial Pons, 2016, p. 28 e ss.

1562. SAFFERLING, Christoph J.M. *Vorsatz und Schuld,* 2008, p. 126.

1563. Exemplo de escola: o consumidor que adultera a ficha de marcação de cervejas não precisa saber que essa é um documento, no sentido técnico, mas apenas perceber que, com sua conduta, impede a cobrança correta da conta pelo garçom, isto é, que a ficha tenha relevância para a contagem das cervejas consumidas. Veja-se: KÜHL, Cristian. *AT,* 2012, §5, n.m.92, p. 121. Também: SATZGER, Helmut. Der Vorsatz - einmal näher betrachtet. *JURA* 30 (2008), p. 114.

1564. Toda circunstância que demanda interpretação apresenta um caráter normativo. Apenas poucas circunstâncias, como por exemplo grandezas exatas, não demandam interpretação. Veja-se: STUCKENBERG, Carl-Friedrich. *Vorstudien...,* 2007, p. 302.

1565. Veja-se: STUCKENBERG, Carl-Friedrich. *Vorstudien...,* 2007, p. 294. A destacar que, diante do conteúdo semântico, nem sempre é possível traçar uma delimitação clara entre o conhecimento da proibição e o conhecimento do injusto.

1566. Isto é, pertencimento a uma determinada "classe". Veja-se: STUCKENBERG, Carl-Friedrich. *Vorstudien...,* 2007, p. 296.

1567. Sobre isso: STUCKENBERG, Carl-Friedrich. *Vorstudien zu Vorsatz und Irrtum im Völkerstrafrecht,* 2007, p. 296. No plano intensional, é necessário que a linguagem especializada do Direito seja traduzida na linguagem do agente, e que haja uma suficiente concordância com sua representação, ou seja, é preciso aferir se a representação do agente é suficientemente compatível com a linguagem especializada/técnica. Se esta correspondência não pode ser exata, impõe-se verificar se há uma tolerância pragmática, ou seja, se o julgamento do especialista e o julgamento da linguagem comum parece plausível. Op. cit. p. 297.

1568. Neste sentido: ROXIN, Claus / GRECO, Luís. *AT,* 2020, §12, n.m. 100, p. 597. Criticamente, a apontar que mesmo esta solução de graduação é insatisfatória, diante da falta de critérios seguros de delimitação: SAFFERLING, Christoph J.M. *Vorsatz und Schuld,* 2008, p. 129.

jurídicos", ainda que a nomenclatura corresponda a um conceito social[1569]. Essa dificuldade de delimitação, para alguns, põe em questão a própria justificativa de se distinguir as exigências do conhecimento no que tange à elementos descritivos e valorativos/normativos[1570].

Daí que os conceitos jurídicos acabam por se designar todos como normativos, uma vez que eles só "acontecem nas normas". De toda sorte, considera-se que os conceitos "estritamente normativos" são aqueles que expressam, em seu conteúdo e significado, uma norma de certo tipo: *imoralidade*, *especial censurabilidade*, *baixa motivação*[1571]. Eles implicam algo normativo, da esfera do dever. Já os conceitos descritivos não expressam norma alguma: a vida humana é um bom exemplo. Retome-se a discussão anterior: é possível que haja fundamentos normativos para um tratamento diverso do nascituro pelo Direito Penal e pelo Direito Civil. É razoável admitir que o Direito Penal proteja o feto ainda no momento do parto incompleto[1572], e mesmo antes disso (contra o abortamento), e que o Direito Civil, por razões distintas, somente confira Direitos e deveres ao nascido com vida, após o término do parto. Mas a vida pode ser percebida de modo direto e empírico, não se podendo confundir a valoração normativa que dela se faz, enquanto objeto de referência descritivo, com a essência do próprio objeto de valoração[1573]. A exigência feita ao elemento intelectual do dolo, aqui, é a vinculada à percepção do sujeito, que pode identificar, sem maiores exigências valorativas, que há uma vida humana (no sentido descritivo), a qual deve ser respeitada[1574]: se o agente ataca o nascituro tão logo deixe o útero, a avaliar que isso corresponde a um abortamento, ou ainda a avaliar que o feto anencéfalo não possui vida no sentido jurídico, nada obsta a que se enquadre, segundo os requisitos legais do tipo penal, a conduta como sendo um homicídio doloso, caso em que o erro de subsunção manteria intacto o dolo.

Puppe, nesse sentido, distingue ainda entre circunstâncias normativas e valo-

---

1569. STUCKENBERG, Carl-Friedrich. *Vorstudien zu Vorsatz und Irrtum im Völkerstrafrecht*, p. 309.

1570. Veja-se: STRATENWERTH, Günter. KUHLEN, Lothar. *AT*, 2011, §8, n.m.69, p. 93. Para Fernanda Palma, o que mais importa é verificar se a deficiência do conhecimento se refere à relação da norma com os fatos concretos ou à própria intencionalidade da norma. Assim, a (in) compreensão do âmbito normativo é uma questão associada ao erro de tipo, e a (in)compreensão da intencionalidade normativa uma questão de erro sobre o injusto. Essa distinção é de maior relevo do que a delimitação entre circunstâncias descritivas e normativas. Veja-se: PALMA, Maria Fernanda: *Direito Penal - Parte Geral*, 2017, p. 183.

1571. Sobre isso: PUPPE, Ingeborg. *Kleine Schule*, 2014, p. 33.

1572. Para efeitos do homicídio. Veja-se: PALMA, Maria Fernanda. *Direito Penal - Parte Geral*, 2017, p. 184.

1573. Corretamente e de modo preciso: PUPPE, Ingeborg. *Kleine Schule*, 2014, p. 33-34.

1574. Claro que ainda poderão ocorrer problemas de delimitação, como por exemplo saber quando se considera iniciada a vida intra-uterina, para efeitos do aborto, ou terminada, para efeitos do homicídio. Veja-se: PALMA, Maria Fernanda. *Direito Penal - Parte Geral*, 2017, p. 184.

rativas[1575], sendo oportuno recorrer, aqui, à sua lição mais uma vez. As primeiras não deixam de ser uma facticidade[1576], ainda que no sentido jurídico, como se dá com o conceito "coisa alheia". Já as circunstâncias valorativas expressam, exclusivamente, a valoração sobre uma determinada facticidade. Os conceitos, "pornográfico" ou "dignidade humana" se aplicam, necesssariamente, a uma determinada situação fática (objeto de referência), mas são, eles mesmos, puros juízos de valor. Estas circunstâncias também devem ser objeto do conhecimento do agente, como exigência do elemento intelectual do dolo.

Por outro lado, para a doutrina majoritária[1577], não se exige, desde a superação da(s) "teoria(s) do dolo", o conhecimento acerca da ilicitude concreta[1578], que seria um problema a ser tratado ao nível da culpabilidade e do erro sobre a ilicitude[1579]. Isso não significa que, especialmente no plano do Direito Penal nuclear, o conhecimento acerca da circunstância típica já não indique, para o agente, a ilicitude de seu comportamento, nem tampouco que o conhecimento do desvalor de uma dada circunstância, em termos de avaliação paralela na esfera do leigo, não seja exigível para a própria compreensão da ação típica. Curto: o que o sujeito precisa saber é que ele realiza o sentido do tipo, simplesmente[1580].

A problemática da separação estrita entre o dolo e o conhecimento da ilicitude ainda será retomada infra[1581]. Note-se, de todo modo, que mesmo um Autor como Figueiredo Dias, que insiste na autonomia da falta da consciência da ilicitude em face da falta de conhecimento acerca de uma circunsância típica normativa, admite que há zonas problemáticas de separação[1582]. Isso importa,

---

1575. Veja-se também, sobre isso, a separar os conceitos valorativos de normativos, com consequências para o elemento intelectual do dolo: STUCKENBERG, Carl-Friedrich. *Vorstudien zu Vorsatz und Irrtum im Völkerstrafrecht,* pp. 306-307.

1576. Não se pode deixar de destacar que o próprio conceito de facticidade é equívoco. Um contrato é uma facticidade, ainda que institucional? Ou facticidade é apenas algo que pode ser objeto de um juízo assertório no sentido restrito? Veja-se, acerca destes problemas e do emprego de regras categoriais para tentar solucioná-los: STUCKENBERG, Carl-Friedrich. *Vorstudien zu Vorsatz und Irrtum im Völkerstrafrecht,* 2007, p. 300.

1577. Veja-se: FRISTER, Helmut. *AT,* 2015, §11, n.m.1, p. 139. Contra: JAKOBS, Günther. *FS-Rudolphi,* 2004, p. 120, a postular uma inseparabilidade entre dolo do tipo e juízo sobre o ilícito *(Unrechtseinsicht)*. O mesmo: Altes und Neues zum strafrechtlichen Vorsatzbegriff, 2017, p. 627. Mas esta temática será desenvolvida infra, em conjunto com a análise do erro.

1578. Assim: KÜHL, Kristian.HEGER, Martin. *SK,* 2014, §15, n.m.6, p. 112.

1579. Neste sentido: KÜHL, Kristian. *AT,* 2012, §5, n.m. 18, p. 85-86.

1580. Veja-se: PUPPE, Ingeborg. *AT,* 2011, §8, n.m.13, p. 96. O exemplo de que parte a Autora é o da "dona de casa" que falsifica a etiqueta de preço da mercadoria, para adquiri-la por menor valor. Ainda que a acusada não conheça o conceito técnico-jurídico de documento, não pode se esquivar da falsificação, uma vez que tinha presente o sentido de que, com a alteração da etiqueta, realizava algo proibido, e que contrariava o interesse do proprietário do estabelecimento, ou seja, a mercadoria poderia ser vendida por preço inferior ao da oferta.

1581. No sentido de que não deva haver uma separação entre dolo e consciência da ilicitude, conquanto que esta não se interprete de modo psicologista, veja-se: PAWLIK, Michael. *Das Unrecht des Bürgers,* 2012, pp. 403-406.

1582. Veja-se: *O problema da consciência da ilicitude em direito penal,* 1987,pp. 470-471.

portanto, em admitir, ao menos em princípio, que os critérios de exigência ético-normativa conectados à temática da falta de consciência da ilicitude não podem estar assim tão distantes àqueles conectados à falta de conhecimento tocante à factualidade típica. E assim, abre-se caminho para uma nova problematização.

2.3.1. Valoração paralela na esfera do leigo

Já se anotou que, sobretudo no que se refere às chamadas circunstâncias normativas, o agente também precisa compreender o conteúdo do significado jurídico-social[1583]. Há uma exigência algo mais concentrada, em comparação com as circunstâncias essencialmente descritivas. Tradicionalmente, aplica-se, aqui, a denominada teoria da "valoração paralela na esfera do leigo"[1584]. O tema é relevante, notadamente para a delimitação entre os casos de erro sobre os elementos do tipo e de erro sobre a ilicitude, bem ainda para um aprofundamento acerca do conteúdo do elemento intelectual.

O exemplo de escola, que se apresenta aqui, é o da falsificação de documento utilizado para marcação de consumo. O cliente, no sentido de diminuir o valor da conta, rasura a nota em que o garçom marca, com traços, o consumo de cervejas. Ainda que o cliente possa não compreender que o pedaço de papel utilizado seja um documento no sentido técnico-jurídico, tem a compreensão de que, com seu atuar, induz o garçom a erro no que concerne ao consumo, e obtém uma vantagem indevida contra o estabelecimento. Esta compreensão e valoração, na esfera do leigo, é o suficiente para o preenchimento do elemento intelectual do dolo[1585].

Indisputada, ainda neste contexto, a posição de que o erro de subsunção mantém intacto o dolo[1586]. A razão normativa para isso é a de que aquele que atua em um erro de significado, mas nos limites da punibilidade, assume os riscos do erro, não se tratando de um erro sobre a factualidade típica. Como exemplo, retome-se o caso do agente que esvazia os pneus de um veículo, sem acreditar que seu comportamento se subsuma ao tipo penal de dano. A falsa

---

1583. Assim: SAFFERLING, Christoph J.M. *Vorsatz und Schuld,* 2008, p. 128.

1584. A expressão foi alcunhada por Edmund Mezger. *Strafrecht*, 1949, p. 328. Veja-se que Mezger relacionava a teoria tanto às circunstâncias descritivas como normativas, mas, atualmente, sua incidência se verifica apenas nos casos em que se apresentam questões jurídicas. Sobre isso: SAFFERLING, Christoph J.M. *Vorsatz und Schuld,* 2008, p. 130.

1585. Assim: ROXIN, Claus / GRECO, Luís. *AT,* 2020, §12, n.m. 101, p. 597. Também: FRISTER, Helmut. 2015, §11, n.m.35, p. 151.1

1586. Veja-se: PUPPE, Ingeborg. *AT,* 2011, §8, n.m.41, p. 106. Também: OTTO, Harro. *AT,* § 7, n.m.15, p. 80. FRISTER, Helmut. 2015, §11, n.m.34, p. 150. STERNBERG-LIEBEN, Detlev. SCHUSTER, Frank. *Schönke/Schröder, SK,* 2014, §15, n.m.43a, p. 258. HEINRICH, Bernd. *AT,* 2019, §12, n.m.270, p. 103 Sobre a evolução do tema, inclusive sobre a posição de Liszt, para quem o erro de subsunção devia excluir o dolo, veja-se, apenas: MEZGER, Edmund. *Strafrecht,* 1949, p. 326.

subsunção, nesta hipótese, não afasta o dolo[1587]. Cuida-se, aqui, não do desconhecimento da elementar – que traduz o que o legislador prevê como danificar –, mas sim de um erro sobre a definição do conceito (de subsunção), que não afasta o conhecimento acerca do conteúdo social da circunstância típica e, por isto, não exclui o dolo[1588].

A teoria da valoração paralela na esfera do leigo, contudo, é passível de justificadas críticas. Segundo Puppe, a teoria não apenas sobrevaloriza a dificuldade das matérias jurídicas – na medida em que, via de regra, os conceitos utilizados nas normas penais são bastantes elementares – como subvaloriza a capacidade intelectual do cidadão[1589]. No mundo contemporâneo, um cidadão comum e alfabetizado, tem condições de compreender a natureza, por exemplo, de um contrato de seguro, de penhor, de aluguel, bem ainda o conceito de propriedade etc. Nada disso exige uma "valoração paralela na esfera do leigo", antes resulta do próprio trânsito social e da linguagem cotidiana. Por outro lado, caso falte para o sujeito o conhecimento "jurídico" que o possibilite reconhecer que realiza um tipo penal, então a valoração paralela em nada o auxiliará, e o dolo deve ser afastado, pois a danosidade social de uma conduta não fundamenta, *eo ipso*, o conhecimento de seu significado jurídico[1590]. O que Puppe destaca aqui, e ao meu juízo com razão, é que a teoria se revela supérflua, pois ou bem o sujeito possui o conhecimento da elementar, conhecimento este derivado da própria participação regular na vida social, ou bem não possui conhecimento e, por isto, não atua dolosamente[1591].

2.3.2. Ainda sobre o conhecimento da ilicitude: "teorias do dolo e da culpabilidade"

Se há exigência de uma valoração, no que toca especialmente às circunstâncias normativas, e se, por outro lado, a consciência da ilicitude é tida como uma exclusiva "questão para a culpabilidade", indaga-se: compreende, afinal, o dolo, uma consciência do injusto?[1592] Esta pergunta tem relevo na medida em que, em uma imputação subjetiva normativamente orientada, em que o dolo não é considerado em um sentido natural ou neutro (como pretendeu o finalismo, ao menos inicialmente), é imperioso esclarecer o sentido de se dizer que o compor-

---

1587. Assim: KÜHL, Kristian. *AT,* 2012, §5, n.m.95, p. 121-122.

1588. Neste sentido: ROXIN, Claus / GRECO, Luís. *AT,* 2020, §12, n.m. 101, p. 597.

1589. *AT,* 2011, §8, n.m.9, p. 94.

1590. Proximamente: DIAS, Jorge de Figueiredo. *O problema da consciência da ilicitude em direito penal,* 1987, p. 414.

1591. Este aspecto permite colocar em causa, inclusive, a separação rígida entre o dolo e o conhecimento da ilicitude, na medida em que o que na verdade interessa saber é o posicionamento do sujeito perante o Direito, e não perante os valores sociais.

1592. Essa questão é colocada, por exemplo, por Christoph Safferling, in: *Vorsatz und Schuld,* 2008, p. 132.

tamento doloso é aquele que "expressa uma imediata e direta contradição com a norma". Isto parece conduzir a um impasse, na medida em que o dolo não cobra uma efetiva consciência da ilicitude, não se confundindo com o "*dolus malus*".

Por um lado, e na medida em que as concepções contemporâneas costumam caracterizar o dolo como uma "decisão contra o bem jurídico", ou uma forma de um especial posicionamento do agente perante a norma[1593], se pode, com toda justiça, questionar sobre como seria possível tal "tomada de decisão" sem que o agente reconheça o caráter ilícito de seu comportamento, ainda que não de modo específico, mas ao menos geral.

O problema é que, na perspectiva dogmática, com a superação das "teorias do dolo"[1594] e o predomínio das "teorias da culpabilidade"[1595], e também em face do tratamento do erro pela legislação (seja na Alemanha – §§16 e 17 do *StGB* –, em Portugal – arts. 16 e 17 do CP –, e no Brasil – arts. 20 e 21 do CP), no sentido de que apenas o erro sobre a factualidade típica, mas não já o erro sobre o caráter ilícito, "exclui o dolo"- ressalvado o erro sobre a proibição legal (chamado de "erro intelectual"), objeto de disciplina especifica pelo art. 16, 1, do CP Português[1596] –, parece haver uma inevitabilidade em se afastar o conhecimento da ilicitude do objeto de referência dolo[1597].

Este problema tem sido contornado de diversas formas, e isso já se verificava mesmo ao plano das teorias limitadas do dolo[1598], para as quais a consciência da ilicitude, ainda que potencial, era objeto do dolo.

1593. No sentido de que o agente doloso tem os fundamentos de legitimação da norma diante dos olhos, e ainda assim se decide por sua violação: FREUND, Georg. *AT,* 2009, §7, n.m.38, p. 269.

1594. A "teoria extremada do dolo" (*strenge Vorsatztheorie)* exigia a consciência atual do ilícito como objeto do dolo. Em face disso, privilegiava o indivíduo hostil ao Direito, que poderia se esquivar da censura dolosa exatamente em razão de sua hostilidade. A "teoria limitada do dolo" (*eingeschränkte Vorsatztheorie)*, por sua vez, também integrava a consciência da ilicitude ao dolo, contudo, em se tratando de agente hostil ao Direito, ou de situações em que o erro se revelava inassociável com a representação jurídica geral, autorizava a punição a título de dolo. Como destacado representante da "teoria do dolo": SCHMIDHÄUSER, Eberhard: *Strafrecht. Allgemeiner Teil.* 2. Aufl. Tübingen: Mohr Siebeck, 1975, §10, n.m.64, p. 416. Veja-se, sobre o tema, sinteticamente: OTTO, Harro. *AT,* 2004, §15, n.m.13 e 14, p. 235. DIAS, Jorge de Figueiredo. *O problema da consciência da ilicitude em direito penal,* 1987, pp. 153-169.

1595. Por todos, apenas: WELZEL, Hans. *Das deutsche Strafrecht,* 1969, p. 77. Assinala, o Autor, que a ilicitude da ação configura sempre uma valoração do tipo (a desvaloração do comportamento em face da exigência do Direito), e não pertence, assim, à ação, mas à culpabilidade. Vou discernir as teorias estrita e limitada da culpabilidade ao curar do erro de tipo permissivo, adiante. Explicativo, sobre as teorias: DIAS, Jorge de Figueiredo. *Direito Penal – Parte Geral. Tomo I,* 2012, pp. 540-542.

1596. No que o legislador português seguiu, quase que *ipsis literis*, a proposta de Figueiredo Dias: *O problema da consciência da ilicitude,* 1987, pp. 393 -415.

1597. Veja-se: OTTO, Harro. *AT,* 2004, § 7, p. 92 e §15, n.m.2, p. 231. Em breve análise dos fundamentos da teoria do dolo e da culpa, e da aplicação, respectivamente, pelo *Reichsgerichts* e pelo BGH, veja-se, ao invés de muitos: JAKOBS, Günther. *Das Schuldprinzip,* 1993, pp. 17-18.

1598. Explicativo, veja-se: DIAS, Jorge de Figueiredo. *O problema da consciência da ilicitude em direito penal,* 1987, p. 157.

Ou bem, como se viu, se postula que o dolo encontra uma "dupla posição", dividindo-se em "dolo do tipo" e "dolo da culpabilidade", e se aloca a (potencial) consciência da ilicitude no último âmbito, mantendo-se intacto, na sua falta, o "dolo-do-fato"; ou bem se procura distinguir a consciência da ilicitude material (objeto do dolo do tipo) e a consciência da ilicitude formal (objeto da culpabilidade); ou bem se argumenta que, em regra, o conhecimento das circunstâncias típicas já indicia o conhecimento do caráter ilícito da ação[1599]. Tudo isso com o franco objetivo de se apresentar um conceito compatível com a lei posta e com a "teoria da culpabilidade", bem assim de se manter, como uma "relíquia histórica", o *dolus malus*.

Primeiramente, sustenta-se, o que há de se discernir com clareza é o conhecimento da ilicitude material do comportamento[1600] (em face de sua periculosidade ou danosidade social), do conhecimento da ilicitude no sentido formal[1601], que se vincula a uma norma jurídica penal, ou mesmo civil, em concreto. O agente, ao atuar dolosamente, expressa que se faz consciente da circunstância constitutiva do ilícito[1602], embora possa lhe faltar a consciência da ilicitude no sentido formal[1603]. Mas se o agente conhece apenas a circunstância enquanto um "fato bruto", sem a consciência de seu significado jurídico ou socialmente danoso, então não se pode afirmar o dolo.

Ao mesmo tempo, as concepções que procuram solucionar a *vexata questio* através da "dupla posição do dolo", qual seja, a orientação da ação ao nível do ilícito (dolo do tipo) e ao nível da culpabilidade a decisão contra o bem jurídico (dolo da culpabilidade) – retomando-se as bases do próprio modelo finalista, em termos de uma divisão entre a vontade de atuação (*Willensbetätigung*) e a formação da vontade (*Willensbildung*) –, não parecem convincentes no sentido de definir, afinal, o que deve ser o substracto do elemento intelectual do dolo, especialmente porque este, pela lei vigente, não é um conceito duplo, senão unitário[1604].

Disputa-se, por exemplo, se as características subjetivas especiais do tipo devem ser abrangidas pelo dolo: a "torpeza da motivação", por exemplo, como característica subjetiva especial do tipo de homicídio qualificado, deve se afastar

---

1599. Assim, a afirmar que, no Direito Penal nuclear, o conhecimento das circunstâncias implica em um conhecimento da danosidade do comportamento: KAUFMANN, Arthur. *Das Schuldprinzip,* 1961, p. 132. E a situar já esta discussão ao plano das "teorias do dolo": DIAS, Jorge de Figueiredo. *O problema da consciência da ilicitude em direito penal,* 1987, p. 157.

1600. Sobre isso: OTTO, Harro. *AT,* 2004, §7, n.m.75, p. 95.

1601. Criticamente, a atribuir a esta interpretação o rótulo de uma modificada teoria do dolo: KINDHÄUSER, URS. *AT,* 2013, §28, n.m.5 pp. 228.

1602. SCHROTH, Ulrich. *Vorsatz und Irrtum,* 1998, p. 115.

1603. De acordo: KAUFMANN, Arthur. *Das Schuldprinzip,* 1961, p. 135.

1604. Neste sentido, corretamente: SCHROTH, Ulrich. *Vorsatz als Aneignung,* 1994, p. 23.

caso o agente não reconheça referido caráter da motivação[1605]. Contudo, objeta-se, a intenção especial, tal como o "objetivo de apropriação da coisa", ou a "intenção de causar o dano", são exigências específicas da intenção/propósito *stricto sensu* (*Absicht*) não sendo objeto do dolo do tipo de modo geral[1606].

No que concerne aos delitos omissivos impróprios, o conhecimento ainda deve abranger, para além das circunstâncias do tipo comissivo, a posição de garante do agente (associada, pois, ao dever jurídico de evitação) e a possibilidade de evitação do resultado através da ação exigida[1607]. Comparativamente ao atuar, envolve, aqui, o elemento intelectual a "decisão pela não atuação", que nada tem de valorativamente neutral[1608].

Todos estes casos acabam por indicar que uma pretendida – nos termos das "teorias da culpabilidade" e especialmente da teoria finalista -, estrita separação entre o dolo e o conhecimento da ilicitude não pode se realizar de modo assim tão claro. A rigor, em múltiplas situações, o dolo demandará, sim, a conexão com o caráter ilícito do comportamento[1609], em termos de uma compreensão de sentido, e não apenas ao plano de uma qualquer valoração social, e sim também jurídica. Isso se dá, especialmente, no que toca ao Direito Penal secundário, dos *delicta mere prohibita*, em que se afigura inevitável, muitas vezes, exigir o conhecimento acerca da proibição específica[1610] para a integração do dolo do tipo, o que de resto se confirma de modo expresso no regime do "erro intelectual" do CP Português (art. 16,1).

1605. Assim: KÜHL, Kristian. *AT,* 2012, §5, n.m.19, p. 87. Isso não deve levar a mal-entendido. Se o agente sabe que o motivo do delito consiste em um especial egoísmo, em um destacado menoscabo pela vítima por razões raciais etc, e não toma tais circunstâncias como especialmente censuráveis ou de baixa motivação, o que se tem, na verdade, é um erro mero de subsunção, e não o desconhecimento, mantendo-se intocado o dolo quanto à característica especial do tipo subjetivo. De se ressaltar, de todo modo, que é disputada a pertença das características puramente subjetivas ao dolo, sustentando-se, na doutrina, que estas configuram elementos subjetivos especiais alocados ao lado do dolo, ou elementos da culpa situados no interior do tipo. Informativo, com várias referências: KÜHL, Kristian. HEGER, Martin. *SK,* 2014, §15,n.m.8, p. 113.

1606. Veja-se: ROXIN, Claus / GRECO, Luís. *AT,* 2020, §12, n.m. 132, p. 615.

1607. KÜHL, Kristian.HEGER, Martin. *SK,* 2014, p. 113, n.m. 7. Veja-se ainda: KAUFMANN, Arthur. *Das Schuldprinzip,* 1961, p. 133.

1608. Para Figueiredo Dias, ainda aqui (no que concerne ao dever jurídico)há espaço para distinções. O erro sobre uma característica do dever jurídico será um erro sobre o tipo caso verse sobre os elementos nela contidos que visam descrever ou fundamentar o ilícito, e será um erro sobre a proibição (que deixa intacto o dolo) caso verse sobre momentos da caracterísitica que apenas visam definir o caráter proibido da ação. In: *O problema da consciência da ilicitude em direito penal,* 1987, p. 477.

1609. Acerca do conhecimento do fato com uma necessária conexão de sentido, veja-se: PALMA, Maria Fernanda. *Direito Penal - Parte Geral,* 2017, p. 178.

1610. Assim: STUCKENBERG, Carl-Friedrich. *Vorstudien...,* 2007, p. 333. Saber, por exemplo, se uma pessoa é considerada „prisioneiro de guerra", acaba por borrar as fronteiras do erro sobre o tipo e sobre a proibição. Também: KAUFMANN, Arthur. *Das Schuldprinzip,* 1961, pp. 136-137.

Mas o que se vê é que toda essa problemática decorre de uma sobrevalorização da separação entre o ilícito e a culpa, como também de uma teoria da imputação subjetiva de perfil acentuadamente psicologista. Superada esta divisão estrita - algo que aqui se defende -, e consideradas todas as categorias do delito como aspectos de um mesmo sistema lógico-valorativo, a questão da "posição" do dolo acaba por se rebaixar a um problema secundário, didático[1611] ou aparente. Além disso, a compreensão do *dolus malus* só se afigura problemática caso se lhe dê um sentido subjetivo-psicológico (com o qual rompeu não só a teoria da culpabilidade, como também a lei posta), que remonta a Feuerbach e à teoria estrita do dolo, mas não já caso se parta de uma concepção "pessoal-objetiva", para a qual está em causa interpretar aquilo que o comportamento expressou em um plano comunicativo, intersubjetivo, no qual de resto se insere o agente enquanto sujeito racional. Nada há a temer do *dolus malus*, no sentido normativo.

Mais importante ainda é a conclusão no sentido de que se há uma ampla zona de fronteira, é preciso colocar em questão a afirmação corrente, no sentido de que todo erro acerca da factualidade típica tem um sentido estritamente de um "erro de conhecimento", esvaziado de um caráter ético-juridicamente censurável.

2.4. Acerca da integração e intensidade do conhecimento: em especial, a teoria da co-consciência

Um dos pontos relevantes de disputa consiste em saber sobre a necessidade de um efetivo pensamento ao tempo da realização do tipo, ou seja, de uma consciência atenta, ou se é bastante um conhecimento simples (*bloßes Wissen*), nos moldes da consciência irrefletida, desatenta ou turva. Cuida-se, na verdade, de se avaliar a intensidade da representação necessária para a afirmação do dolo[1612].

Predomina, atualmente, a compreensão de que do que se trata é da consciência irrefletida[1613], isto é, daquela que, ainda que não objeto de cálculo e ponderação[1614], tem alguma eficácia para a ação, na medida em há uma consciência

---

1611. Assim: JAKOBS, Günther, *FS-Schreiber,* p. 956.

1612. Assim: PALMA, Maria Fernanda. *Direito Penal - Parte geral,* 2017, p. 175. FRISCH, Wolfgang. *Vorsatz und Risiko,* 1983, p. 170.

1613. Veja-se: JAKOBS, Günther. *AT,* 1991, §8, n.m.10, p. 262.

1614. BOCKELMANN, Paul. Bemerkungen über das Verhältnis des Strafrechts zur Moral und zur Pscychologie. In KAUFMANN, Arthur. *Gedächnitsschrift für Gustav Radbruch.* Göttingen: Vandehoeck & Ruprecht, 1968, p. 254. Anota, o Autor, que uma coisa é a consciência, outra a premeditação, sendo que esta última, por exemplo, era exigida para o homicídio qualificado (*Mord*), na Alemanha, até a lei de 04.09.1941. O que basta, na ação, é que seu sentido venha à consciência. Bockelmann acentua, contudo, que esta consciência sem reflexão não se confunde com o mero conhecimento potencial, que é insuficiente para o dolo. De toda sorte, o Direito Penal possui uma "psicologia esotérica" (Binding) e uma moral esotérica, podendo construir seus próprios conceitos e aplicá-los segundo seus próprios critérios. Mas isso não significa, contudo, uma completa separação entre o Direito e a moral, nem uma emancipação total do Direito Penal da psicologia. Curto: se

elementar da relação de sentido, ainda que a informação não seja acessada no momento da conduta[1615].

Nas palavras de Harro Otto: "*Conhecimento como elemento do dolo é a consciência atual, relevante para o comportamento, da circunstância do fato*[1616]". O exemplo fornecido pelo Autor é bastante esclarecedor: um policial, armado, comete um roubo durante o turno e traz consigo uma arma. Caso se indague ao policial, sobre se ele sabia que portava uma arma, a resposta será afirmativa. Pode mesmo ser que ele não pense, no momento do fato, que traz consigo uma arma; contudo, caso se veja em uma situação de perigo, poderá se valer da arma, ainda que sem necessitar recorrer a um pensamento consciente e refletido, de que ele traz consigo uma arma. Isto significa que o policial é consciente da circunstância, de que traz consigo uma arma, no sentido de uma consciência eficaz para o comportamento[1617].

Antes de avançar, cumpre dedicar atenção especial à teoria da co-consciência, desenvolvida notadamente por Winfried Platzgummer, e que encontrou grande acolhida na doutrina alemã[1618] e portuguesa[1619]. Mas ainda antes disto, afigura-se útil traçar um breve desenvolvimento do tema na dogmática, partindo da exigência de um pensamento efetivo, até se alcançar um meio termo entre aquele e o mero conhecimento potencial.

2.4.1. Conhecimento efetivo, com distinções de níveis de intensidade

Welzel acentuava que o lado intelectual do dolo contém o conhecimento atual de todas as circunstâncias objetivas do tipo, não se fazendo bastante o

permanece uma profunda ligação entre o Direito Penal, a moral e a psicologia, o que se deve frisar é que o fundamento para se decidir sobre questões de Direito não é fornecido pela moral, mas sim pela interpretação das normas jurídicas. Op. cit. p. 255; 258-259.

1615. PALMA, Maria Fernanda, no sentido de que o que importa não é o conhecimento reflexivo, mas sim a relação do conhecimento com a ação, ou seja, "*a relação determinativa daquele conhecimento de que o agente dispõe com a acção*". In: *Direito Penal - Parte geral,* 2017, p. 176.

1616. *AT,* 2004, §6, n.m.8, p. 77. Veja-se ainda: FRISCH, Wolfgang. *Vorsatz und Risiko,* 1983, p,169.

1617. Veja-se: OTTO, Harro. *AT,* 2004, §6, n.m. 9, p. 77.

1618. Veja-se: STRATENWERTH, Günter/KUHLEN, Lothar. *AT,* 2011, §8, n.m.76, p. 95. KREY, Volker. ESSER, Robert. *AT,* 2012, §12, n.m.407, p. 166. Para uma visão geral, com múltiplas referências bibliográficas: STERNBERG-LIEBEN, Detlev. SCHUSTER, Frank. *Schönke/Schröder, SK,* 2014, §15, n.m. 51, p. 260. Criticamente, refutando a teoria da co-consciência: FRISCH, Wolfgang. *GS-Armin Kaufmann,* 1989, p. 311. Anota, o último Autor, que a questão se resolve a partir da exclusão da área do dolo das qualidades e propriedades do autor; da ilicitude da lesão ao bem jurídico, nos casos em que não se parte da presença de uma justificante etc.

1619. Assim: DIAS, Jorge de Figueiredo. *Direito Penal - Parte Geral, tomo I,* 2012, p. 355. O mesmo Autor: *O problema da consciência da ilicitude em direito penal,* 1987, p. 262, n.r.34. O Autor fala em uma "exigência amortecida", sob a forma de uma co-consciência imanente ação, que produza uma advertência do sentimento.

conhecimento meramente potencial[1620]. O dolo exige não apenas um conhecimento atualizável, mas sim real e presente; exige uma representação atual, ou percepção, no momento do fato[1621]. Anotava, o Autor, que a representação e a percepção, contudo, se diferenciam, em termos de intensidade, no tocante às circunstâncias acompanhantes (*begleitender Umstand*), aos meios (*Mittel)* e aos fins (*Ziel*) da ação. As circunstâncias acompanhantes, para o Autor, podem ser objeto da simples consciência irrefletida, do pensamento material/objetivo (*sachgedanklich)*, nos termos propostos por Schmidhäuser), ou da co-consciência (na mesma linha teórica de Platzgummer). Além disso, Welzel propunha, como critério próprio, que as circunstâncias que consistem em qualidades e propriedades subjetivas (como "pai", "funcionário público" etc) podem ser apenas atualizáveis, não sendo matéria específica do dolo, até mesmo porque a elas não se referia o § 59 (atual §16, I) do *StGB*[1622].

Para Stratenwerth, o dolo exige que o agente não apenas conheça, mas sim que esteja consciente das circunstâncias típicas, atavés das quais a lei define o comportamento como injusto[1623]. Assim, uma circunstância de que o agente possa se lembrar, mas que não se apresenta diante dos olhos, não pertence à "situação de decisão". Contudo, segundo o Autor, seria uma exigência intelectualmente sobrecarregada a demanda de uma efetiva reflexão, ou seja, de um pensamento intermediado pela linguagem (*sprachgedanklich*), uma vez que a consciência atual também pode ter a forma de um pensamento-objeto (*sachgedankliches Mitbewusstsein*[1624]) ou de co-consciência[1625].

Um passo importante, no sentido de se afastar a exigência tradicional do

---

1620. *Das deutsche Strafrecht*, 1969, p. 65.

1621. Sobre Welzel, veja-se, ainda, criticamente: SCHEWE, Günther. *Bewusstsein und Vorsatz*, 1967, p. 38.

1622. Platzgummer observa que esta era uma solução insuficiente, na medida em que apelava a um critério meramente formal. *In*: *Die Bewusstseinsform des Vorsatzes*, 1964, p. 89.

1623. *AT*, 2011, §8, n.m. 77, p. 96.

1624. Há quem traduza a expressão como "pensamento pela fala", em oposição ao "pensamento pela matéria" (*Sachgedenken)*. Assim: DIAS, Jorge de Figueiredo. *Direito Penal - Parte Geral. Tomo I*, 2012, p. 356. O que é essencial separar é que o "pensamento-coisa", ou "pensamento pela matéria", é irrefletido, e vem à consciência de modo direto, enquanto o "pensamento pela fala" é algo refletido, intermediado pela linguagem. Isso, contudo, é um modo equivocado de entender o fenômeno: não há pensamento não intermediado pela linguagem. Ainda nesse aspecto, e com apoio na psicologia cognitiva, sustenta-se que o conceito de *categoria* pode solucionar boa parte dos problemas. A categorização não se constrói ao acaso, mas sim como aplicação de um sistema ordinatório cognitivo, internamente estruturado. A categorização, assim, pode se dar de modo inconsciente, intuitivo e "indendendente da linguagem", embora sempre possa ser expressada linguisticamente. Daí que a percepção sempre possibilita que objetos e eventos sejam percebidos, nem sempre linguisticamente, mas categorialmente. A partir daí, o que se deve avaliar é se o autor compreendeu categorialmente o objeto, bem como se a categorização do autor coincide com a da norma (e do aplicador), ou ao menos é compatível com ela. Sobre isso: STUCKENBERG, Carl-Friedrich. *Vorstudien zu Vorsatz und Irrtum im Völkerstrafrecht*, 2007, pp. 298-299.

1625. *AT*, 2011, §8, n.m. 76, p. 95.

Daran-Denken, foi dado já por Mezger, que assume uma posição intermediária entre a estrita compreensão de Welzel e a posição de Frank, sobre as exigências ao elemento cognitivo[1626]. De um lado, o Autor anota que o pensamento refletido, sob a forma do *Daran-Denken,* não se faz necessário, mas que o simples conhecimento potencial também é insuficiente. Nesse sentido, Mezger afirma que o conhecimento atual, mesmo nos crimes passionais, não pode ser dispensado; mas este conhecimento já não corresponde à consciência clara e refletida, à guisa do *Daran-Denken*, e sim apenas à advertência emocional, que deveria bastar para a evitação do fato[1627]. O que Mezger exige, assim, é a "atualidade consciente do conhecimento", ou seja, o agente deve realmente saber acerca da presença de todas as circunstâncias típicas, mas ele não precisa pensar sobre elas, efetivamente percebê-las (*Wahrnehmung*) ou representá-las (*Vorstellung)*[1628]. A percepção ou representação desatenta se afiguram suficientes para a necessária "advertência emocional"[1629] sobre a presença da circunstância típica e, mesmo que em um sentido amplo possam se inserir no inconsciente, bastam para integrar o elemento cognitivo. Em outras palavras: por meio da representação e percepção o agente se vê confrontado, mesmo que não de modo atento, com as circunstâncias típicas. O que está em causa, assim, é que a atualidade do conhecimento se vê não mais como uma representação clara, e como conteúdo da consciência, mas como uma atual "advertência emocional" (ou do sentimento - *Gefühls-Warnung*)[1630].

Na base da teoria de Mezger está a denominada "psicanálise profunda" (*Tiefenpsychologie*)[1631], da qual se extrai que processos que se desenvolvem no inconsciente, produzindo sensações como angústia, insegurança, desprazer, medo etc, podem causar a "advertência sentimental/emocional", que seria um produto consciente de um processo inconsciente.

Uma alternativa para esse complexo modo de análise - de difícil aplicação - se apresenta pela via da "psicologia associativa", para a qual o que ocorre

---

1626. Veja-se: SCHEWE, Günther. *Bewusstsein und Vorsatz,* 1967, p. 41.

1627. Sobre o pensamento de Mezger nesse particular: PLATZGUMMER, Winfried. *Die Bewusstseinsform des Vorsatzes,* 1964, p. 65. O Autor aponta que a ruptura com a tradição da consciência efetivamente refletida se iniciou, realmente, com Mezger. Veja-se, ainda, sobre a concepção de Mezger: DIAS, Jorge de Figueiredo. *Direito Penal - Parte Geral, Tomo I,* 2012, p. 356.

1628. Veja-se: PLATZGUMMER, Winfried. *Die Bewusstseinsform des Vorsatzes,* 1964, p. 65. Acentua, o Autor, que Mezger não esclarece em que consiste precisamente este processo de "advertência emocional", não desenvolvendo as bases psicológicas da teoria.

1629. O equívoco consiste em se interpretar esta advertência em uma chave psicológica, e não normativa, quando o que deve estar em causa não é se advertência emocional se deu no sujeito concreto, e sim se ela deveria se dar no caso de se tratar de um sujeito leal ao Direito.

1630. Assim: PLATZGUMMER, Winfried. *Die Bewusstseinsform des Vorsatzes,* 1964, p. 67.

1631. Sobre a relação da "psicologia profunda" e o direito penal, veja-se: TRECHSEL, Stefan. Das unbewusste Motiv im Strafrecht. Bemerkungen zur tiefenspsychologischen Strafrechtskritik. *ZStW* 93 (1981), p. 397 e ss.

é uma vinculação associativa da ação com determinados atos e resultados desvalorosos e seus relacionados sentimentos de desvalor[1632]. Múltiplos conteúdos da consciência, como representações, pensamentos, sentimentos etc, que se tornam conscientes teriam a tendência de permanecer na mesma "sociedade". Assim, o tornar-se consciente acerca de um conteúdo, implica automaticamente em tornar-se, também, consciente do outro, em um processo associativo[1633]. O sentimento vem por si mesmo e não se produz voluntariamente; isso se forma com a representação de um processo unitário[1634].

E foi mesmo a partir da psicologia associativa[1635] que Platzgummer desenvolveu, na dogmática penal, a teoria da co-consciência, que tem grande aceitação[1636], e a qual passo a me dedicar a partir de agora.

2.4.2. A teoria da co-consciência

Em concordância com a doutrina majoritária, Platzgummer aponta que o simples conhecimento potencial não pode ser suficiente para o dolo, na medida em que é inadequado abandonar a ideia de que este, essencialmente, consiste em um "ato da vontade". Por outra banda, em alinhamento à posição de Mezger, Platzgummer também não vislumbra – agora em divergência com a doutrina majoritária à época – que haja apenas a alternativa entre o conhecimento potencial e o pensamento refletido[1637], procurando, a partir da "psicologia da associação", o ponto de referência para o desenvolvimento da teoria da co-consciência no âmbito do Direito Penal.

Platzgummer observa que a consciência é uma grandeza variável, sendo

---

1632. Neste sentido: PLATZGUMMER, Winfried. *Die Bewusstseinsform des Vorsatzes,* 1964, p. 71.

1633. Criticamente, a anotar que não resta claro como a identificação de categorias individuais (conceito único), que estão armazenadas no pensamento episódico, pode se relacionar com as correspondentes categorias gerais, que dependem do pensamento semântico: STUCKENBERG, Carl-Friedrich. *Vorstudien zu Vorsatz und Irrtum im Völkerstrafrecht,* 2007, p. 286.

1634. Veja-se, novamente: PLATZGUMMER, Winfried. *Die Bewusstseinsform des Vorsatzes,* 1964, p. 71, com referência expressa a Rohracher.

1635. Veja-se: STUCKENBERG, Carl-Friedrich. *Vorstudien zu Vorsatz und Irrtum im Völkerstrafrecht,* 2007, p. 285, n.r. 1542. O Autor assinala que, se hoje é indisputado que conteúdos do pensamento inconsciente são relevantes para o comportamento, não se pesquisa sobre o "detalhe", de interesse penal, do "como".

1636. Vejam-se, por exemplo, em concordância no essencial: STRATENWERTH, Günter. KUHLEN, Lothar. *AT,* 2011, §8, n.m.76, p. 95. Kühl, Kristian. *AT,* 2012, §5, n.m.99, p. 123. WESSELS, Johannes. BEULKE, Werner. SATZGER, Helmut. *Strafrecht Allgemeiner Teil. Die Straftat und ihr Aufbau.* 45ª Aufl. München: C.F. Müller, 2015, §7, n.m.349, p. 104. KINDHÄUSER, Urs. *AT,* 2013, §6, n.m.2, p. 123. OTTO, Harro. *AT,* 2004, §7, n.m. 11, pp. 78-79. DIAS, Jorge de Figueiredo. *Direito Penal - Parte Geral, Tomo I,* 2012, pp. 355-356. Criticamente, acerca do excessivo psicologismo da teoria: JAKOBS, Günther. *AT,* 1991, §8, n.m.11-12, pp. 262-263.

1637. PLATZGUMMER, Winfried. *Die Bewusstseinsform des Vorsatzes,* 1964, p. 63.

necessário aceitar, para a afirmação do dolo, formas menos intensas de atenção e consciência[1638].

Há, para o Autor, dois grupos de circunstâncias típicas, que podem ser imputadas à vontade, ainda que não sejam objeto da atenção. Um deles engloba significados, propriedades e relações de sentido, as quais se prendem aos objetos sensorialmente, tais como, a idade da vítima do crime de sedução, o local sagrado (uma igreja) em que se comete um furto, a relação de filiação nas lesões corporais praticadas contra os próprios pais etc. O outro grupo engloba qualidades do agente, ou relações jurídicas de dever mais ou menos duráveis, das quais este participa (condição de soldado, por exemplo), nas quais permanece um conhecimento durável acompanhante *(dauerndes Begleitwissen).*

Quanto ao primeiro grupo, assinala Platzgummer que os significados, propriedades e relações de sentido se prendem aos objetos, que são, assim, percebidos sensorialmente de modo inevitável[1639]. Portanto, na medida em que o sujeito possua o conhecimento baseado na própria experiência acerca dessas facticidades, há uma "co-consciência" no momento do fato, que satisfaz a exigência do elemento cognitivo do dolo. Cuida-se da denominada "consciência à mão" *(Bewusstsein am Rande)*, que dispensa a atenção e reflexão[1640]. O autor do furto sabe, assim, sem pensar, que se encontra na igreja, no campo ou na estação de trem[1641] (locais em que a punição é agravada, segundo a legislação alemã – §243 do *StGB*); o funcionário público atua sem refletir, ao tempo do fato, sobre sua qualidade[1642]; o filho sabe, sem atentar-se para isso, que agride ao próprio pai[1643] etc. São, nesse sentido, conhecidas e co-conscientes aquelas

1638. *Die Bewusstseinsform des Vorsatzes,* 1964, p. 81.

1639. Trata-se da relação entre o sujeito e a coisas do mundo, ou seja, de uma relação de compreensão de significados, que tem por base a percepção, e que sempre se faz presente. O indivíduo que já compreendeu o significado de uma faca, percebe, sem refletir, que esta é um objeto cortante, pontiagudo, rígido etc.

1640. PLATZGUMMER, Winfried. *Die Bewusstseinsform des Vorsatzes,* 1964, p. 82-83. Observando que a teoria recebeu amplo reconhecimento, veja-se: FRISCH, Wolfgang. *GS-Armin Kaufmman,* 1989, p. 316-317. Contudo, o Autor destaca que a teoria da co-consciência carece de fundamentos normativos, pode conduzir à uma ficção de dolo, e também padece de fraquezas no plano empírico. Op. cit. p. 317.

1641. Veja-se: FRISCH, Wolfgang. *GS-Armin Kaufmann,* 1989, p. 315.

1642. Para Frisch, esta é, contudo, uma solução superficial. A qualidade do agente não precisa ser pensada, uma vez que o conhecimento do dolo deve ter por objeto apenas as circunstâncias do fato. Frisch aponta que a teoria da co-consciência tem alguma aplicação nos delitos funcionais. Assim, o Juiz, que conscientemente decide contra uma questão de Direito, tem compreensão do seu papel no comportamento; o funcionário público que se deixa pagar por ocasião da expedição de uma concessão, tem ao menos a co-consciência de sua qualidade. Mas isso é quase redundante em termos de cobertura pelo dolo, sendo certo que o que está em jogo é saber se o agente, enquanto funcionário, decidiu-se contra o bem protegido, ou seja, se ele compreende a ação proibida em sua dimensão normativa e a realiza. FRISCH, Wolfgang. *GS-Armin Kaufmann,* 1989, p. 327.

1643. PLATZGUMMER, Winfried. *Die Bewusstseinsform des Vorsatzes,* 1964, p. 86.

facticidades vinculadas a nossa experiência sensorial[1644]: é possível saber sobre o conteúdo branco e suculento de uma maçã sem abri-la e prová-la; é possível saber sobre a dureza e o caráter cortante de uma faca sem tocá-la etc[1645]. Nestas situações, uma imagem global do objecto acederia à consciência, na medida em que "é o produto de uma associação instantânea de elementos que a experiência anterior *possibilitou*"[1646], não havendo necessidade de atenção nem de um julgamento racional acerca da circunstância típica para compreender seu significado específico[1647].

Quanto ao segundo grupo, que tem por objeto as qualidades do sujeito e suas relações duráveis de obrigações e deveres (papéis), verifica-se um "conhecimento durável acompanhante", isto é, que está sempre "copresente" na consciência, ainda que não seja objeto de atenção[1648]. Esse conhecimento está a todo momento disponível (*jederzeit verfügbar*), sem esforço e sem necessidade de reflexão. Há, portanto, em relação a este grupo, uma co-consciência da situação, que acede de modo automático[1649], na mesma linha do "pensamento-objeto" (*sachgedanklich*) de que trata Schmidhäuser[1650]. O funcionário público que subtraiu dinheiro do caixa atua com a co-consciência de que é funcionário, ainda que não esteja a refletir especificamente sobre isso ao tempo do fato.

Tanto nas hipóteses envolvidas no primeiro como no segundo grupo, verificar-se-ia, segundo Platzgummer, o conhecimento bastante para suprir as exigências do dolo, mesmo nos delitos passionais e nos perpetrados sem qualquer premeditação, no impulso do momento. Lançam-se, assim, luzes para a solução de casos como os dos delitos sexuais, nos quais o sujeito efetivamente

---

1644. Criticamente, observando que a base teórica, sustentada em uma psicologia da percepção sensorial, não é adequada para a determinação do conteúdo do conhecimento do sujeito, a partir de suas próprias experiências subjetivas, veja-se: KÖHLER, Michael. Vorsatzbegriff und Bewusstseinsform des Vorsatzes, *GA* 128 (1981), p. 300.

1645. Sobre isso, em análise de exemplos de Rohracher, veja-se: FRISCH, Wolfgang. *GS-Armin Kaufmann*, 1989, p. 315.

1646. PALMA, Maria Fernanda. *Direito Penal - Parte Geral, 2017,* p. 131, n.r. 115.

1647. PLATZGUMMER, Winfried. *Die Bewusstseinsform des Vorsatzes,* 1964, p. 87.

1648. PLATZGUMMER, Winfried. *Die Bewusstseinsform des Vorsatzes,* 1964, p. 89. Recorre, o Autor, aos exemplos do funcionário público que subtrai dinheiro do caixa, do professor que pratica abusos contra a aluna, do soldado que recusa obediência ao superior. Em todas essas situações, o "eu" é inseparável a qualidade, estando presente o "conhecimento acompanhante" (*Begleitwissen*). Veja-se ainda: STRATENWERTH, Günter. KUHLEN, Lothar. *AT,* 2011, § 8, n.m. 76, p. 95.

1649. Veja-se: PLATZGUMMER, Winfried. *Die Bewusstseinsform des Vorsatzes,* 1964, p. 85: Se o criminoso religioso pratica o furto em uma Igreja, sem perceber o caráter sacro do local, possivelmente estará atuando sob o influxo de uma intensa emoção. Ao contrário, o ateu e agnóstico, que não dá qualquer valor à religião, pode não sentir qualquer repressão interior, mas não deixará de perceber que se encontra em um lugar tido pelos outros como sagrado. E arremata, o Autor: "*Isso, na práxis, não é nada de novo; não se concebe que o Juiz indague ao autor do furto se este estava consciente de que se encontrava na Igreja, no campo, ou na área da estação ferroviária. (...) Há uma coercitiva co-consciência, de que ele pratica o furto no campo*". Op. cit. p. 85.

1650. Veja-se: DÍAZ-PITA, Maria del Mar. *Los limites del dolo eventual,* 1993, p. 50.

sabe, mas no momento decisivo do fato não reflete, que a vítima possui menos de 14 anos[1651].

Um dos objetivos centrais da teoria da co-consciência, obviamente, foi o de suprir lacunas de punibilidade a título de dolo – partindo-se das concepções de acento psicológico, fica bem entendido – sobretudo em casos de delitos praticados em situações passionais ou sem premeditação, bem assim simplificar a determinação processual do "aspecto interno" do tipo, sem se renunciar à ideia de que a essência do dolo consiste na voluntária e consciente provocação da violação do bem jurídico.

Embora se admita a estreiteza da consciência, bem assim a impossibilidade de se representar e refletir sobre tudo ao mesmo tempo, a unidade do processo de pensamento e a "síntese psíquica" implicam, para Platzgummer, em que a ponderação consciente se faça presente na formação da vontade[1652].

Nos casos de delitos passionais (*Affekttaten*), o que muitas vezes se dá é que o espaço para a ponderação entre os motivos pró e contra a prática do ilícito é muito reduzido, ou quase mesmo suprimido. O posicionamento valorativo do agente, e a "luta de motivos" – pressuposto racionalmente como uma das fases da ação voluntária – restaria, assim, prejudicado. Apresenta-se, pois, segundo Platzgummer, uma possível lacuna de justificação, caso se parta de uma teoria psicológica de base estritamente racional, para a punição dolosa em casos que tais. Por outro lado, a punição se afigura, de um prisma político-criminal, irrenunciável, salvo nas situações excepcionais nas quais a própria culpa seja afastada.

Platzgummer assinala que o indivíduo mais perigoso, que possui o caráter mais antissocial, simplesmente não reflete sobre as circunstâncias, porque muitas vezes elas não possuem qualquer importância para ele; e é exatamente este indivíduo o principal alvo da censura dolosa[1653].

Assim, caso se pretenda, para a afirmação do dolo, exigir que o agente efetivamente pense em cada circunstância típica, mesmo naqueles delitos passionais ou de decisão rápida, então muitos fatos deveriam ser excluídos da área do dolo, inclusive os da mais elevada reprovabilidade e da mais grosseira violência[1654].

1651. PLATZGUMMER, Winfried. *Die Bewusstseinsform des Vorsatzes,* 1964, p. 86, apontando que se dá, na situação do delito sexual, uma "síntese psíquica", na qual o agente percebe a vítima em seu todo (origem, nome, idade etc). E essa síntese psíquica, para Platzgummer, não corresponde à mera consciência potencial, nem tampouco ao conhecimento desatualizado; o conhecimento é imediatamente atualizado em face da imagem da vítima, ele é uma parte imanente da percepção atual. Se o autor percebe que a vítima é imatura do ponto de vista sexual, atinge a cognição suficiente, pois a valoração do legislador não se conecta diretamente à idade, mas sim à imaturidade. O critério cronológico é apenas uma técnica legislativa, com a finalidade de proporcionar segurança jurídica, mas não é, em si, o objeto de valoração.

1652. *Die Bewusstseinsform des Vorsatzes,* 1964, p. 22.

1653. PLATZGUMMER, Winfried. *Die Bewusstseinsform des Vorsatzes*, 1964, p. 30.

1654. PLATZGUMMER, Winfried. *Die Bewusstseinsform des Vorsatzes*, 1964, p. 35.

Na práxis, observa Platzgummer, a jurisprudência alemã (e austríaca) tem sido extremamente restritiva no que concerne à exclusão da responsabilidade dolosa no que toca aos delitos passionais e impulsivos. Apenas as situações em que, de fato, em virtude da intensidade da perturbação emocional e do impulso, nas quais há uma confusão de sentidos por parte do agente, admite-se a exclusão ou a redução da responsabilidade[1655], e isso em associação com a própria imputabilidade.

Ao final da sua extensa abordagem, Platzgummer passa a curar, especificamente, da questão valorativa, acerca da suficiência da co-consciência para a fundamentação do dolo.

Primeiramente, o Autor observa que o antigo conceito racionalista de dolo na projeção da "moderna imagem do humano" não corresponde à verdadeira intenção do legislador. Se o dolo deve ser reconhecido mesmo nos casos de delitos passionais e praticados de modo impulsivo, sem que se abandone a ideia de que a essência do dolo é a afirmação da lesão ao bem jurídico, então se demonstra o acerto normativo da teoria da co-consciência para a construção do conceito[1656]. A co-consciência é, assim, adequada para preencher a decisiva função do elemento intelectual do dolo, na formação da vontade; ainda que não possua, a co-consciência, o mesmo efeito de advertência do pensamento atento e refletido, também acaba por garantir o típico juízo de desvalor do dolo[1657].

Mas será mesmo a teoria, que tem base psicológica no mínimo discutível[1658], necessária para a solução de tais casos, ou podem eles ser resolvidos em uma perspectiva normativa, voltada para a *ratio* da punição qualificada do dolo, que parta de outros parâmetros?[1659]

1655. *Die Bewusstseinsform des Vorsatzes*, 1964, p. 44 e ss; 48. O caráter restritivo da jurisprudência é justificado, pelos Tribunais, a partir de argumentos político-criminais. Assim, caso as paixões e impulsos intensos fossem base, fora dos casos doentios, para exclusão da responsabilidade, a eficácia do Direito Penal seria posta em xeque, até mesmo porque em grande número de delitos há interferência de impulsos e emoções intensas. Em síntese, o que se conclui é que as emoções e as excitações impulsivas, nos casos em que a imputabilidade está preservada, não excluem o dolo, sendo, antes, associáveis com este. Op. cit. p. 49.

1656. *Die Bewusstseinsform des Vorsatzes*, 1964, p. 92. Esta é, contudo, uma afirmação baseada na política criminal, o que não confirma, *per se*, a adequação da teoria.

1657. PLATZGUMMER, Winfried. *Die Bewusstseinsform des Vorsatzes*, 1964, p. 93.

1658. A base, apontada explicitamente por Platzgummer (*op. cit.* p. 21) é a "psicologia da percepção e associação", especialmente desenvolvida pelo psicólogo vienense, Rohracher.

1659. Criticamente, a observar que a teoria obscurece as questões que propõe esclarecer, reduz indevidamente a complexidade do problema, e acaba por implicar em uma objetivação dos critérios de imputação, estendendo a área do dolo e conduzindo, ainda, à presunção de dolo, veja-se: KOHLER, Michael. Vorsatzbegriff und Bewusstseinsform des Vorsatzes, *GA* 128 (1981), p. 285 e ss., especificamente p. 300.

2.4.2.1. Apreciação crítica

Frisch, que parte de uma perspectiva estritamente normativa, sempre relacionada à *ratio* da punição do dolo, assinala que o decisivo é avaliar se o agente, que se decidiu conscientemente pela realização de um comportamento típico, por ocasião da execução desta sua decisão simplesmente não precisa mais refletir acerca da natureza típica de seu comportamento[1660]. O que importa é nada mais que a representação de que a execução do fato realiza a decisão tomada, em uma dimensão de sentido da ação, como se dá, por exemplo, nos delitos sexuais contra vítimas menores de 14 anos de idade. E essa dimensão de sentido não se perde no caso de o agente, ao executar sua ação, não pensar mais na dimensão típica do comportamento, ou não permanecer consciente, como ocorre muitas vezes com o criminoso profissional.

Nos casos de delitos praticados sob domínio de forte emoção, o que decide a imputação não é aferir se agente permaneceu "co-consciente" em relação ao que fez (o que pode ser algo fictício em situações de emoções violentas), mas sim saber se, e em que medida, a descarga afetiva projetou-se na realização da ação.

Para Frisch é normativamente, também, que se decide que o ladrão que porta uma arma não precisa pensar nela por ocasião da prática do crime, para que o perigo qualificado que dá causa a uma responsabilidade agravada se verifique. E essa conclusão não se dá em face da pertença da co-consciência à consciência, mas sim porque o agente, que tem o conhecimento do porte da arma a qualquer tempo disponível, e pode vir a ter a ideia de, para solucionar um problema urgente (reação da vítima, por exemplo), dela se valer (repita-se: o fundamento é normativo). Assim, o que se esclarece é que se o resultado prático pode ser o mesmo (afirmação do dolo), tanto para perspectiva normativa como para a teoria da co-consciência, o fundamento correto e decisivo é o normativo, e não a classificação psicológica do fenômeno da co-consciência[1661].

De uma determinada perspectiva da teoria das normas, é possível concluir, por exemplo, que nos delitos contra a propriedade (furto, apropriação indébita etc), somente no caso de o agente partir do pressuposto de que o proprietário está de acordo com a apropriação da coisa, resta excluído o dolo. Isto é, não se faz necessário que o sujeito de fato represente (positivamente) que o proprietário esteja em desacordo, para que atue dolosamente[1662]. A solução, uma vez mais, se dá ao nível normativo, ao se exigir que, na realização do tipo, o dolo só possa

---

1660. FRISCH, Wolfgang. *GS-Armin Kaufmann,* 1989, p. 325.
1661. FRISCH, Wolfgang. *GS-Armin Kaufmann,* 1989, p. 333.
1662. Pode-se traçar, aqui, um paralelo com a teoria dos elementos negativos do tipo, para a qual não se exige que o sujeito reflita efetivamente sobre a ausência de uma circunstância de justificação para atuar dolosamente. Apenas a representação, ainda que errônea, sobre a presença da justificante é que pode interferir para com a afirmação ou negação do dolo.

se excluir na situação em que o agente parta de que o proprietário esteja de acordo, não se fazendo necessária a representação oposta quando da realização do comportamento. Isso porque a própria ação de subtrair[1663], apropriar-se etc, mesmo sem a informação psíquica da oposição do proprietário, já incorpora a, normativamente exigida, "decisão contra o bem jurídico"[1664].

Também em uma perspectiva normativa, e crítica à teoria da co-consciência, Ramón Ragués i Vallès defende que o que se deve, e se pode, deslindar é apenas o conhecimento do desconhecimento, sendo impossível, no plano do processo penal, chegar ao "refinamento teórico" buscado pelas perspectivas de acento estritamente psicológico. Assim, na medida em que a aplicação da teoria se afigura, em seu entender, inviável, o Autor a rejeita com fundamentos pragmáticos e normativos. Para Ragués i Vallès, enfim, o que está em causa na determinação do dolo, isto é, no tocante às afirmações sobre se um sujeito realizou um fato com certos conhecimentos, não depende da constatação empírica de fenômenos psicológicos inacessíveis, mas sim da valoração social de certos dados objetivos disponíveis. Daí que, para o Autor, a discussão acerca da intensidade do conhecimento seja "*um dos esforços mais inúteis da história da dogmática*"[1665].

Uma importante, e ao meu juízo parcialmente justificada, crítica que se opõe à teoria da co-consciência, bem ainda à relacionada fórmula da "*sachgedankliches Mitbewusstsein*", (construída a partir da primeira e do acoplamento à teoria de Schmidhäuser já aqui abordada), foi a desenvolvida por Michael Köhler[1666], e merece referência. Segundo o Autor, há situações de sentido claro e unívoco, segundo a experiência cotidiana (a qual se submete, inevitavelmente, o sujeito), em que a co-consciência sobre a presença de elementares e sobre seus significados, inclusive de caráter normativo, é incontornável. A relação de "comando-obediência", no âmbito de um exercício militar, por exemplo, é um conhecimento atual, que detém tanto o superior como o subalterno, independentemente de reflexão específica e atenção acerca da posição ocupada por cada um deles. Contudo, há outras hipóteses em que o significado de uma facticidade típica é equívoco, comportando interpretações divergentes, ainda que não ao nível objetivo. Köhler recorre a outro exemplo de possível delito militar, ocorrido nas dependências da caserna, em que objetivamente há uma relação hierárquica entre o agente e a vítima. Contudo, na situação concreta o que se verifica é um desentendimento comum entre dois militares que são amigos e pertencem a unidades distintas, e que resultou em lesões corporais. A

1663. Em uma explicação que parte da filosofia da linguagem, notadamente do adscritivismo de Hart, o que se pode considerar é que este tipo de ação, quando atribuída, já encerra a representação.

1664. Assim: FRISCH, Wolfgang. *GS-Armin Kaufmann,* 1989, p. 335 e 337.

1665. Veja-se: *El dolo y su prueba en el proceso penal,* 1999, p. 513 e ss., especialmente pp. 515 e 517.

1666. Vorsatzbegriff und Bewusstseinsform des Vorsatzes, *GA* 128 (1981), p. 298.

essência do agravamento da pena das lesões corporais prende-se, na legislação penal militar alemã, ao componente do ilícito correlato à relação hierárquica e ao menoscabo do subalterno, componente este que pode não ter acedido à consciência de qualquer dos envolvidos no entrevero[1667], pois não era isso o que estava em causa (não foi o fundamento da ação). Em tais contextos equívocos (que comportam mais de uma interpretação por parte dos envolvidos e por parte de quem julga o comportamento), simplesmente afirmar, com base objetiva, a presença do conhecimento da circunstância típica (relação de hierarquia entre os contendores) conduz a uma indevida abstração, que rejeitaria a perspectiva subjetiva do agente, violando sua autonomia ética. Segundo Köhler, o que se dá, verdadeiramente, é um encurtamento da interpretação do significado da elementar típica, em um viés reducionista que desconsidera a essência subjetiva da imputação dolosa; a possibilidade de uma interpretação divergente ou oposta, por parte do agente, nestas situações limítrofes ou de significado não unívoco, resta de todo afastada, o que pode implicar em uma *praesumptio doli*, vulnerando-se, de uma tacada, o princípio do *in dubio pro reo*. Em uma palavra: segundo Köhler, a teoria da co-consciência, inegavelmente, embora não seja uma teoria da prova, busca uma facilitação da prova do dolo, através de uma avaliação abstrata, reducionista e objetivante do conhecimento do sujeito. E isso acaba por excluir a possibilidade de uma compreensão subjetivamente oposta, em situações equívocas ou plurívocas, de aspectos dos significados típicos, possibilidade esta que, ao menos teoricamente, se poderia conceber em um determinado contexto factual. Daí o inegável perigo de se estabelecer processualmente o principal elemento do tipo subjetivo (o dolo do tipo), em casos de fronteira, de modo duvidoso, configurando-se uma proibida e injustificável presunção de dolo[1668].

Ainda sob o enfoque da psicologia, Günther Schewe, apoiado na denominada "*Gestaltpsychologie*" não deixa de censurar a teoria da co-consciência – como também outras abordagens dogmáticas tradicionais, como o próprio finalismo e as teorias da culpabilidade e do dolo – em face de seu caráter atomístico, ou seja, que tende a desmembrar aspectos de um dado conceito em várias partes, como se este consistisse tão somente na soma de todas elas[1669]. A consciência, para o Autor, não se forma desta maneira, mas sim como um "ato de integração": uma pessoa capaz de ler pode até mesmo desmembrar uma palavra ao lê-la, mas não pode evitar a compreensão do sentido da palavra identificada[1670]. É possível que alguém identifique todas as letras da palavra "carro", soletrando-a, mas não deixará, ao fazê-lo, de tomar consciência da palavra toda.

1667. Vorsatzbegriff und Bewusstseinsform des Vorsatzes, *GA* 128 (1981), p. 298-299.

1668. Assim: KÖHLER, Michael. Vorsatzbegriff und Bewusstseinsform des Vorsatzes, *GA* 128 (1981), p. 300.

1669. SCHEWE, Günther. *Bewusstsein und Vorsatz,* 1967, p. 15.

1670. SCHEWE, Günther. *Bewusstsein und Vorsatz,* 1967, p. 54.

O que se põe em causa, reconhecendo-se que o conhecimento do "estado da alma" do agente não é possível, é a avaliação dos critérios utilizados na linguagem social para a identificação e interpretação de modos de comportamento como sendo intencionais[1671]. Assim, a pergunta nuclear não é sobre se a ação foi realizada em um estado de consciência vívido, de modo inconsciente ou co-consciente, nos termos e critérios da psicologia.

Não se pode abrir mão da ideia de que um comportamento planejado exige a representação mental das circunstâncias essenciais. Contudo, vários movimentos se realizam sem qualquer representação, sendo controlados pelo programa motor do cérebro, sem necessidade de reflexão; a representação mental aqui é tida como caso excepcional, e o controle intencional da ação é tido como algo aceito, desde que a ação possa ser verbalmente representada[1672].

Ao fim e ao cabo, o que a teoria da co-consciência pode, modestamente, oferecer é um apoio empírico para uma interpretação intencional da ação, no sentido de que a última não foi refutada pelas ciências da natureza. O que se deve frisar, contudo, é que a afirmação de que existe uma co-consciência em certos casos de "não-reflexão" não é *empírica*, mas *prática*. Com efeito, a interpretação das ações, em uma linguagem não-privada, permite adscrever, em certos contextos sociais, que o agente tinha conhecimento do que estava a realizar e, especialmente, a expressar com seu comportamento. Não é, portanto, um dado da consciência individual, no sentido de um individualismo racionalista, mas sim a interpretação da ação em uma linguagem intersubjetiva, que possui, de todo lado, um suporte empírico, que permitirá decidir sobre a afirmação ou negação do dolo.

2.5. O conhecimento e o problema dos delitos passionais: a teoria da "*Hemmschwelle*" (BGH)

A jurisprudência do BGH, notadamente no que toca aos delitos de homicídio, tem aplicado, de modo recorrente[1673], a teoria da *Hemmschwelle*[1674] – ainda

1671. Neste sentido: PALMA, Maria Fernanda. *Direito Penal. Parte geral,* 2017, p. 132.

1672. Assim: STUCKENBERG, Carl-Friedrich. *Vorstudien zu Vorsatz und Irrtum im Völkerstrafrecht,* 2007, p. 284.

1673. Veja-se: BGH 4 StR 558/11 (explicativamente, e a fornecer um panorama geral para a incidência da teoria, com distinções para os casos de ação e omissão, bem ainda para suas restrições em situações nas quais o agente se encontra alcoolizado); BGH 4 StR 105/94; BGH 4 StR/08. Mais recentemente, a teoria foi aplicada como um dos fundamentos para o afastamento do dolo em um caso de incêndio a uma residência. O BGH confirmou a decisão do tribunal estadual, no sentido da exclusão do dolo de homicídio, também com referência à teoria da Hemmschwelle. BGH 3 StR 385/19, de 23.01.2020, p. 7.

1674. A tradução mais exata é "inibição elevada". É possível compreender a expresssão, em uma tradução mais livre, como "elevado obstáculo psíquico", utilizada por Luís Greco, pela qual optei.

que no mais das vezes de modo formal, retórico e vazio[1675] – para a análise do elemento cognitivo do dolo, e especialmente para a delimitação com a culpa consciente[1676]. Em linhas gerais, o que se afirma, sobretudo em se tratando de comportamentos ativos, é que sempre há um "elevado obstáculo psíquico", um instinto inibitório em relação ao resultado morte, o que impõe uma consideração cuidadosa por parte do Tribunal, no escopo de verificar se o agente, de fato, aceitou o resultado[1677], ultrapassando tal obstáculo[1678].

Ingeborg Puppe assinala que os tribunais ora trabalham com o mero conhecimento da possibilidade de realização do tipo (em relação a delitos diversos do homicídio), ora exigem uma aprovação efetiva, que pode ser excluída pelo *topos* do elevado obstáculo psíquico (*hohe Hemmschwelle*)[1679]. Assim, nestas últimas situações, considera o BGH que embora o elevadíssimo perigo de seu atuar, em relação à morte da vítima, o sujeito pode não reconhecer ou ainda mesmo confiar, que o resultado não ocorrerá[1680], o que mantém a ação no campo da negligência.

Conforme destaca Puppe[1681], a partir da teoria do elevado obstáculo psíquico, tende-se a negar o dolo nos casos em que o agente não teria qualquer motivo para "querer" a morte da vítima, bem assim naqueles em que o sujeito sequer pensou no que fez (*Gedankenlosigkeit*). Sob tais fundamentos, negou-se o dolo homicida no caso em que um agente, por puro prazer, desferiu chutes na cabeça da vítima, que lhe era desconhecida, matando-a assim. Contudo, com isso, verifica-se uma contradição interna no âmbito da própria jurisprudência do BGH, vez que se aceita que a morte por motivo fútil equivale ao homicídio

1675. Neste sentido: HELMI, Mona. *Die Tötungshemmschwelle als Indiz zur Begründung bedingten Vorsatzes*. Hamburg: Dr. Kovac, 2012, p. 279.

1676. Embora com relevante recuo, especialmente no julgado de 23.3.12, publicado em NJW 2012, 1524. Vejam-se os comentários sobre o julgamento e sobre o declínio da teoria da *Hemmschwelle* em: LEITMEIER, Lorenz. Bedingter Vorsatz bei Tötungsdelikten – Hemmschwellentheorie ohne Erklärungswert. *NJW* 39 (2012), pp. 2850-2853.

1677. Veja-se: TRÜCK, Thomas. Die Problematik der Rechtsprechung des BGH zum bedingten Tötungsvorsatz. *NStZ* 5 (2005), p. 233, com ampla lista de julgados. Acerca da "abolição" da teoria no julgado do BGH, de 22.03.2012, veja-se: LEITMEIER, Lorenz. Bedingter Vorsatz bei Tötungsdelikten – Hemmschwellentheorie ohne Erklärungswert. *NJW* 39 (2012), pp. 2850-2853. Veja-se ainda: ROXIN, Claus/GRECO, Luís. *AT*, 2020, §12, n.m.79 e ss., p. 571 e ss.

1678. Veja-se: KÜHL, Kristian. *AT*, 2012, §5, n.m.88, p. 118.

1679. Acerca da teoria do elevado obstáculo psíquico, assinala Luís Greco, em uma nota de sua tradução da obra de Puppe: *"A ideia básica da jurisprudência é que para realizar uma ação de homicídio, é necessário superar barreiras psíquicas bem mais intensas que aquelas que terão de ser superadas antes da decisão de lesionar outrem em sua saúde ou em seu patrimônio. Mediante essa teoria, consegue a jurisprudência negar a existência do dolo, mesmo em casos em que o autor criou um perigo intenso e evidente de ocorrência do resultado"*. *In*: PUPPE, Ingeborg. *A distinção entre dolo e culpa*, 2004, p. 115.

1680. Veja-se: BGH StV 2004, 74; NStZ 1994,585, precedentes citados em: TRÜCK, Thomas. Die Problematik der Rechtsprechung des BGH zum bedingten Tötunsvorsatz. *NStZ* 5 (2005), p. 235.

1681. Vorsatz. *NK*, 2013, §15, n.m.93, p. 679.

por motivo torpe (*niedrige Beweggründe* - §211 do *StGB*). Além disso, é de se apontar que se o sujeito não pensou em coisa alguma, ao empregar uma violência extrema, também não pode ter "confiado na ausência do resultado" (o que seria necessário, na perspectiva do BGH, para afastar o dolo)[1682].

Nesse contexto nebuloso, o BGH considera que situações psicofísicas excepcionais também podem prejudicar a capacidade de conhecimento/entendimento, como também a vontade, como se dá, por exemplo, nos casos de alcoolização e elevada excitação emocional[1683]. Contudo, por outro lado, em situações de alcoolização, tende-se a não aplicar a teoria do elevado obstáculo psíquico[1684], pois o álcool auxiliaria na sua superação.

Um primeiro problema já a destacar, ao nível normativo, é que a teoria do elevado obstáculo psíquico se restringe ao comportamento ativo[1685], o que, injustificadamente, privilegia um agente que executa um comportamento extremamente violento, em detrimento daquele que apenas deixa de agir em uma posição de garante. O tratamento privilegiado do agente comissivo contraria, inclusive, o menor peso atribuído pela Lei (no caso, o §13, II, do *StGB* e art. 13, 3, do CP Português) ao comportamento omissivo[1686].

Além disso, o que se vê é que a jurisprudência, notadamente dos Tribunais Superiores, acaba por obter, pela via da teoria do elevado obstáculo psíquico, uma grande liberdade de decisão no que toca à delimitação entre o dolo e a culpa, notadamente em sistemas nos quais não compete, aos referidos Tribunais, a reapreciação da matéria fáctica. E tal liberdade, para além de gerar insegurança jurídica[1687] e decisões contraditórias[1688], pode servir à finalidades muito questionáveis de política criminal[1689]. É ver.

1682. Assim, corretamente: TRÜCK, Thomas. Die Problematik der Rechtsprechung des BGH zum bedingten Tötungsvorsatz. *NStZ* 5 (2005), pp. 234 e 238. Aponta, o Autor, que ao fim e ao cabo, o BGH imputa ao Tribunal inferior uma tarefa que não pode ser cumprida, e se vê livre para revolgar um julgamento que, em si, se apresenta coerente, o que não é da competência da instância de revisão.

1683. Veja-se, criticamente: TRÜCK, Thomas. Die Problematik der Rechtsprechung des BGH zum bedingten Tötungsvorsatz. *NStZ* 5 (2005), pp. 235-236.

1684. BGH 1 StR 408/01.

1685. BGH 4 StR 451/91 ("*nos casos de omissão não se faz presente qualquer elevado instinto inibitório*"; 4 StR 558/11. Explicativo: VIANA, Eduardo. *Dolo como compromisso cognitivo,* 2017, p. 309.

1686. Assim: TRÜCK, Thomas. Die Problematik der Rechtsprechung des BGH zum bedingten Tötungsvorsatz. *NStZ,* 5 (2005), p. 235. Também: PUPPE, Ingeborg. *NK,* 2013, §15, n.m.94, p. 680.

1687. Neste sentido: LEITMEIER, Lorenz. Bedingter Vorsatz bei Tötungsdelikten - Hemmschwellentheorie ohne Erklärungswert. *NJW* 39 (2012), p. 2851.

1688. Neste sentido, após uma vasta análise de julgados da década de 80 e 90 do século passado, e da primeira década do presente, veja-se: HELMI, Mona. *Die Tötungshemmschwelle als Indiz zur Begründung bedingten Vorsatzes*, 2012, p. 286.

1689. PUPPE, Ingeborg. *NK,* 2013, §15, n.m.97-98, pp. 682-683. Como exemplo, aponta

No já aqui mencionado "caso da gasolina" (*Benzinfall* - BGH *NStZ*, 583), - em que a acusada, a pedido do namorado, embebeu o corpo do último com gasolina e ateou fogo, em um jogo de erotismo, acabando por perder o controle das chamas e por provocar a morte da vítima -, foi reconhecido o dolo homicida. Para o BGH, a acusada não podia confiar no bom resultado e deixou tudo ao acaso. Não se considerou que a própria acusada estava também exposta ao fogo, nem a proximidade afetiva entre os envolvidos, nem tampouco se perdeu uma só palavra para tratar do *topos* do elevado obstáculo psíquico. Contraditoriamente, em um julgado mais recente, o BGH sequer cogitou do dolo em um caso em que o namorado, a pedido da vítima, para fins de satisfação sexual masoquista, sufocou a última, acabando por provocar sua morte por asfixia (BGHSt 49, 166)[1690]. Essas decisões comprovam, para Puppe, a elevada manipulabilidade do conceito de dolo, sobretudo em se tratando de casos de homicídio praticados em situações passionais, exigindo-se critérios mais claros e seguros[1691].

Já em outro julgado[1692], o BGH decidiu pela não incidência da teoria do elevado obstáculo psíquico em um caso de atropelamento com fuga, em que o motorista do veículo colidiu com um ciclomotor e se afastou do local do acidente. Na fundamentação, considerou o Tribunal que em se tratando de comportamento prévio censurável, não tem lugar o elevado obstáculo psíquico quanto à omissão subsequente, pois o instinto inibitório de matar um semelhante não se verifica. Em poucas palavras, o BGH considera que a teoria do elevado obstáculo psíquico tem por alvo exclusivo o criminoso ativo violento, que para aprovar o resultado morte, precisa superar o aludido instinto inibitório; o aludido Tribunal considera que em face de tal facilidade, a afirmação do dolo homicida, no crime omissivo, também deve ser mais fácil em comparação ao comissivo, ou seja, deriva da facilidade no tocante à prática do ilícito a facilidade pela conclusão da "assunção aprovadora" do resultado. A inadequação normativa do fundamento parece mesmo evidente: aquele que aplica uma energia delituosa superior, superando os limites para executar o ilícito, é tratado de modo privilegiado em relação ao autor do comportamento omissivo, já que para o último seria mais fácil aceitar o resultado, pois o tal instinto inibitório não atua[1693].

Puppe a negação do *topos* do obstáculo psíquico aos casos de incêndio em residências de bairros estrangeiros (BGH NStZ, 1994, 483). Para a negação, o fundamento - obviamente discutível - consiste no ódio do agente pelos estrangeiros, independentemente de conhecer ele, ou não, os moradores da residência atacada. Contra, a defender a consideração ampla dos fatores, por perceber que isso decorre mesmo da natureza tipológica do conceito de dolo: LEITMEIER, Lorenz. Bedingter Vorsatz bei Tötungsdelikten - Hemmschwellentheorie ohne Erklärungswert. *NJW* 39 (2012), p. 2853.

1690. Veja-se: PUPPE, Ingeborg. *NK*, 2013, §15, n.m.96, p. 682.

1691. PUPPE, Ingeborg. *NK*, 2013, §15, n.m.98-99, p. 508.

1692. BGH NStZ 1992, 125.

1693. Com múltiplas e corretas críticas: PUPPE, Ingeborg. *AT*, 2011, §9, n.m.30 e ss., pp. 124 e ss. Também: ROXIN, Claus / GRECO, Luís. *AT*, 2020, §12, n.m.79, p. 570.

O alvo oculto da teoria do elevado obstáculo psíquico é uma pretendida "correção" da sistemática do *StGB* no que se refere ao delito de homicídio. O BGH tentou ressuscitar a distinção entre homicídio premeditado e homicídio passional, não mais vigente na Alemanha, no escopo de evitar a aplicação da pena privativa de liberdade da prisão perpétua em situações nas quais esta se revelaria *injusta*, como, por exemplo, em uma hipótese de homicídio cometido em um ataque irrefletido de fúria. O caminho encontrado pelo BGH, para tal "correção", foi a teoria do elevado obstáculo psíquico. Mas, com isso, nas críticas certeiras e agudas de Puppe, o que se verifica é uma instrumentalização do dolo para o alcance de finalidades político-criminais, ao custo da clareza, da segurança jurídica, da limitação do arbítrio judicial e, em última análise, também da igualdade[1694].

No que se refere, especificamente, à influência de emoções intensas e/ou dos efeitos de intoxicação, há outras contradições a considerar. Caso se aceite a premissa de que emoções intensas podem excluir o conhecimento e a vontade, no que se refere ao meio empregado e mesmo ao objetivo da ação, então isso haveria de conduzir à exclusão de qualquer hipótese de dolo, inclusive de lesões, e não apenas do dolo homicida. Mas não é isso o que se verifica, notadamente na jurisprudência do BGH[1695], que muitas vezes, com apoio na teoria do elevado obstáculo psíquico, opera a desclassificação da tentativa de homicídio para lesões corporais. Ocorre que se à emoção intensa atribui-se um efeito tão amplo, ao ponto de excluir o conhecimento e a própria formação da vontade, então não se compreende como se faz possível associá-la ao dolo direto de segundo grau e à intenção[1696].

Tanto a consideração das emoções intensas, da influência do álcool, bem como da teoria da inibição elevada exigem rígidas delimitações. A - muitas vezes - completa desconsideração do curso causal, especialmente do elevadíssimo perigo criado com o comportamento, e a sobrevalorização de um fator psicológico - de base empírica questionável - como o elevado obstáculo psíquico perante o homicídio, conduz a uma perda de referencial normativo, a uma perda de medida racional, e outorga ao Tribunal de revisão um espaço de ação excessivamente amplo. E isso, por vezes, resulta em um indevido privilégio de agentes especialmente violentos (como no "caso do golpe de caratê" - BGH NStZ 1988, 175); no caso dos chutes desferidos contra a cabeça de um infante - BGH NStZ 1986, 549 -; no caso dos golpes de martelo - BGH *StrV* 1987,

---

1694. PUPPE, Ingeborg. *AT*, 2016, §9, n.m.40, p. 134.

1695. Veja-se: TRÜCK, Thomas. Die Problematik der Rechtsprechung des BGH zum bedingten Tötungsvorsatz. *NStZ* 5 (2005), p. 238.

1696. Corretamente: TRÜCK, Thomas. Die Problematik der Rechtsprechung des BGH zum bedingten Tötungsvorsatz. *NStZ* 5 (2005), p. 239, n.r.83.

92 – etc) que escapam, injustificadamente, da censura dolosa[1697]. O lugar para lidar com as emoções intensas, com a influência de álcool, e outros fatores é o da culpabilidade, e não o do dolo[1698]. Aqui, a determinação de facticidades psíquicas se dá exclusivamente pela via dos indicadores externos e da interpretação da ação, segundo uma tábua de racionalidade.

Se o critério do perigo não é o único, e nem demonstra, *per se*, a presença do dolo – pois o sujeito pode, inclusive, se equivocar sobre a intensidade do risco, de modo compreensível segundo padrões sociais objetivos – isso não implica que devam ser introduzidas valorações psicologistas no plano do dolo, de base empírica questionável. É possível considerar fatores objetivos, distintos do perigo criado, para se afirmar ou negar o elemento intelectual do dolo, desde que aqueles se associem aos fundamentos da ação e ao modo de sua execução: atuação séria da vontade de evitação; tentativas idôneas de ressuscitação; autocolocação em risco etc. Mas nada disso conduz nem deve conduzir a concessões psicologistas, a descambar na busca do estado de consciência do sujeito e de seu processamento emocional do risco. O que não se compreende, em absoluto, é a racionalidade da afirmação no sentido de que um sujeito que desferiu 23 golpes de martelo contra a cabeça, garganta e pescoço da vítima não tenha tido conhecimento suficiente de que realizava uma "ação de matar"[1699], uma vez que o "elevado obstáculo psíquico" teria afastado a cognição do resultado.

Cumpre reconhecer, por fim, que a teoria do elevado obstáculo psíquico, nos últimos anos, tem tido uma aplicação cada vez mais restritiva pelo BGH, que reiteradamente anula decisões de instâncias inferiores nas quais a teoria foi tida como de aplicação meramente retórica, sem conexão com a facticidade do caso concreto[1700].

2.6. O erro sobre a factualidade típica: princípio epistêmico ou da responsabilidade?

Como já se ressaltou, e em linhas gerais, postula-se que se o agente não

---

1697. Assim: ROXIN, Claus / GRECO, Luís. *AT,* 2020, §12, n.m.79, p. 570. Observam, os Autores, que em tais casos o que se pode admitir é apenas uma vaga confiança na não produção do resultado.

1698. De acordo: TRÜCK, Thomas. Die Problematik der Rechtsprechung des BGH zum bedingten Tötungsvorsatz. *NStZ* 5 (2005), p. 240. Caso assim não se entenda, os dispositivos referentes à inimputabilidade e/ou redução da pena (§20 e 21 do *StGB* e do CP Português), perdem o sentido. No mesmo sentido: HELMI, Mona. *Die Tötungshemmschwelle als Indiz zur Begründung bedingten Vorsatzes*, 2012, p. 286.

1699. BGH *StV* 1987, 92. Contra a decisão do BGH: ROXIN, Claus. ROXIN, Claus / GRECO, Luís. *AT,* 2020, §12, n.m.79, p. 570.

1700. Veja-se: BGH 4 StR 439/13, 7; BGH 4 StR 558/11, a recusar a aplicação formal da teoria; BGH 3 StR 63/15, em relação à embriaguez voluntária, que afasta o instinto inibitório; BGH 4 StR 235/16; BGH 4 StR 347/13, a recusar autonomia argumentativa à teoria.

conhece, ou não conhece completamente, as circunstâncias descritas no tipo objetivo, então o dolo se exclui, em face do erro[1701], independentemente de ser este erro/desconhecimento evitável ou não, isto é, independentemente dos seus fundamentos censuráveis[1702]; a evitabilidade diz apenas para com a questão da possível punição por delito negligente (art. 16, 1 e 2, do CP Português, art. 20 do CP Brasileiro e §16, I do *StGB)*. Curto: aquele que não conhece a circunstância que preenche o tipo, atua, *eo ipso*, sem dolo[1703]. Assim, se o caçador atira contra o alvo, partindo de que se trata de um javali, e acerta mortalmente outro caçador, o dolo homicida se afasta *eo ipso*, sendo possível, a depender do contexto fático concreto, reconhecer o homicídio culposo[1704].

O erro, via de regra, é caracterizado como uma defasagem ou divergência entre a representação e a realidade objetiva, ou seja, uma falta de congruência entre aquilo que foi aceito pelo sujeito que é julgado (ao avaliar a sua situação) e aquilo que lhe é imputado por aquele que o julga[1705] (que parte do conhecimento correto da situação fática).

Destaque-se, paralelamente, que no sistema do *StGB*, ainda há previsão expressa acerca do "erro acerca de circunstância privilegiadora", que pode implicar na atenuação da responsabilidade do agente[1706], ou seja, a punição pelo tipo "simples" ou "qualificado" pode ser afastada, e também pode se dar o reconhecimento do tipo "privilegiado"[1707]. Ainda que não normatizado expressamente o problema, a solução da doutrina portuguesa não é distinta[1708].

Em termos axiológicos, é corrente a observação de que um ordenamento não pode excusar toda forma de desconhecimento da norma, sob pena da perda global de sua eficácia, caso se deixe ao arbítrio do indivíduo a necessidade de se informar acerca das normas em vigor. Aquele que erra sobre o *conteúdo* do ilícito, especialmente por indiferença (ou, por falta censurável da consciência da ilicitude), revelaria, assim, a pretensão de conformar o mundo de

---

1701. Veja-se: LACKNER, Karl. KUHL, Kristian. *SK,* 2014, §16, n.m. 3, p. 141.

1702. Com referências: STERNBERG-LIEBEN, Detlev. SCHUSTER, Frank. *Schönke/Schröder, SK,* 2014, §16, n.m.11, p. 342.

1703. Explicativamente: WALTER, Tonio. *Der Kern des Strafrechts,* 2006, p. 241. PALMA, Maria Fernanda. *Direito Penal - Parte Geral,* 2017, p. 181. FRISTER, Helmut. *AT,* 2015, §11, p. 149. FREUND, Georg. *AT,* 2009, §7, n.m.73, p. 283 e ss. KÜHL, Kristian. *AT,* 2012, §5, n.m.8, p. 81. E com distinções a partir da teoria do dolo e da culpa: STUCKENBERG, Carl-Friedrich. *Vorstudien...,* 2007, p. 331. Veja-se ainda, na literatura mais recente: TOEPEL, Friedrich. Sich Abfinden mit Tatbestandsverwirklichung. *In*: STUCKENBERG, Carl-Friedrich *et al.* (Hrsg.). *Strafe und Prozess im freiheitlichen Rechtsstaat. Festschrift für Hans-Ulrich Paeffgen zum 70. Geburstag am 2. Juli 2015.* Berlin: Duncker & Humblot, 2015, p. 184.

1704. Sobre isso: FRISTER, Helmuth. *AT,* 2015, §11, n.m.30, p. 149.

1705. Veja-se: STUCKENBERG, Carl-Friedrich. *Vorstudien...,* 2007, p. 319.

1706. FRISTER, Helmut. *AT,* 2015, §11, n.m.31, p. 149.

1707. Vejam-se: ROXIN, Claus / GRECO, Luís. *AT,* 2020, §12, n.m.138-139, p. 617.

1708. DIAS, Jorge de Figueiredo. *Direito Penal - Parte Geral, Tomo I,* 2012, p. 357.

outro modo, em oposição à norma. Por outro lado, o *error facti* se tem como algo ubiquitável e não indicador de uma pretensão de conformação do mundo segundo o interesse do agente; o erro sobre as regras empíricas, *verbi gratia*, não mereceria o mesmo tratamento, pelo Direito Penal, do que o erro sobre o caráter ilícito do comportamento[1709], podendo conduzir, muitas das vezes, à *poena naturalis*. A parêmia *ignorantia facti, non juris, excusat,* deita suas raízes no Direito Romano, tendo sido recebida pelo Direito comum continental e pelo Direito Canônico, e transplantada ao Direito Penal[1710], permanecendo contemporaneamente, ainda que com necessário aperfeiçoamento, em atenção às circunstâncias essencialmente normativas.

Se em linhas gerais este é o tratamento mais "amigável" concedido ao "erro de tipo" em relação ao "erro de proibição" (arts. 20 e 21 do CP Brasileiro; §§16 e 17 do *StGB*) - ou ao "erro sobre as circunstâncias fáticas" e/ou "intelectual"[1711], em face do "erro sobre a ilicitude", na legislação portuguesa (arts. 16 e 17 do CP Português) –, tratamento este apontado como derivado da "função de alerta do tipo"[1712], há que se por em causa se o erro sobre as circunstâncias típicas não *pode*, ou mesmo não *deve*, ser também analisado segundo o "princípio da responsabilidade". Esta questão controversa será objeto de análise infra, no tópico em que se discutem os dois planos de normativização do elemento intelectual.

De toda sorte, necessário avançar a observação de que o conceito de circunstância típica, ou do próprio tipo, especialmente em face das elementares impregnadas de caráter normativo, é tudo menos incontroverso. Há situações limítrofes, em que distinguir se ocorreu um erro sobre o tipo ou sobre a ilicitude se revela uma tarefa especialmente difícil[1713].

Para quem defende - como é o caso da doutrina majoritária, tanto na Alemanha, como no Brasil, como em Portugal - uma distinção rígida entre o

1709. Dentre muitos: STUCKENBERG, Carl-Friedrich. *Vorstudien...*, 2007, pp. 470-471.

1710. Veja-se, acerca do desenvolvimento histórico, que aqui não posso abordar: STUCKENBERG, Carl-Friedrich. *Vorstudien...*, 2007, p. 327. Sobre o desenvolvimento do tema na legislação e doutrina portuguesas, veja-se: ALVES, Catarina Abegão. *O erro sobre a validade espacial da lei penal.* Lisboa: AAFDL, 2017, p. 113. Também: ALVES, Sílvia. *Punir e humanizar. O direito penal setecentista.* Lisboa: Fundação Calouste Gulbenkian, 2014, p. 829 e ss. A anotar que, para os antigos criminalistas, na hipótese de erro sobre circunstância essencial da infração, o elemento moral do crime não se configura.

1711. Sobre esta classificação, na legislação portuguesa, e sobre seus fundamentos axiológicos conectados à culpabilidade, veja-se: ALVES, Catarina Abegão. *O erro sobre a validade espacial da lei penal,* 2017, p. 123. Também: PEREIRA, Rui Carlos. Justificação do fato e erro em direito penal. In: PALMA, Maria Fernanda *et al.* (org.). *Casos e materiais de direito penal.* 3. ed. Lisboa: Almedina, 2004, p. 152, a acentuiar a distinção entre o erro intelectual e o erro moral.

1712. Com referências: ZIELINSKI, Diethart. *Handlungs-und Erfolgsunwert im Unrechtsbegriff. Untersuchungen zur Struktur von Unrechtsbegründung und Unrechtsauschluss.* Berlin: Duncker &Humblot, 1973, p. 115.

1713. STUCKENBERG, Carl-Friedrich. *Vorstudien...*, 2007, pp. 332-333.

erro sobre as circunstâncias e intelectual, e o erro sobre a ilicitude, a explicação geralmente se dá por esta via: o conhecimento das circunstâncias, e de proibições que se fazem necessárias para o alcance do valor do ilícito, é uma exigência minima para que a consciência ética possa se posicionar acerca da ação, na situação de escolha[1714]. Mas o que há de se por em questão é se esta é uma afirmação normativamente exata, ou seja, se em *todos* os casos o erro sobre a factualidade típica ou sobre os pressupostos de uma causa de justificação se afigura realmente menos hostil ao Direito em face de um erro sobre a ilicitude[1715]. E caso a resposta seja negativa, é preciso delimitar a extensão da área de exceção, e concretizar os critérios para sua identificação. Mas ainda antes de se ferir a problemática do desnível de tratamento entre os erros, recomenda-se, preliminarmente, abordar questões mais particulares do denominado erro de tipo, tais como o *dolus generalis*, a *aberratio ictus* e o *error in persona,* que influenciarão, em certo sentido, a discussão subsequente.

2.7. Acerca do princípio da simultaneidade

O dolo - e isso é indisputado - deve se fazer/afirmar presente ao tempo da ação típica[1716]. Cuida-se do princípio da coincidência ou simultaneidade[1717] entre o dolo e o fato, que deixa explícita a insuficiência tanto do *dolus antecedens*, como do *dolus subsequens*[1718]: nem a consumação antecipada, no estágio

1714. Em Portugal: DIAS, Jorge de Figueiredo. *O problema da consciência da ilicitude em direito penal,* 1987, p. 406, ao chamar a atenção, quanto ao erro intelectual, para a neutralidade axiológica das normas penais em branco, cujo desconhecimento deve excluir o dolo. PEREIRA, Rui Carlos. Justificação do fato e erro em direito penal, 2004, p. 153.

1715. A postar a questão sobre se o erro sobre a licitude não deveria, em certos casos, conduzir ao regime do artigo 16, 1, e a respondê-la negativamente: PEREIRA, Rui Carlos. Justificação do fato e erro em direito penal, 2004, p. 154.

1716. Neste sentido: SCHROTH, Ulrich. *Vorsatz als Aneignung,* 1994, p. 124. KREY, Volker/ ESSER, Robert. *AT,* 2012, §12, n.m. 405, p. 165. FREUND, Georg. *AT,* 2009, §7, n.m. 43, p. 272. PUPPE, Ingeborg. *NK,* 2013, §15, n.m.100, p. 684. SATZGER, Helmut. Der Vorszatz - enimal näher betrachtet, *Jura,* 2008, p. 118.

1717. A associar o princípio da concidência com o conteúdo material do próprio conceito de culpa, veja-se: NEUMANN, Ulfried. Neue Entwicklungen im Bereich der Argumentationsmuster zur Begründung oder zum Ausschluss strafrechlicher Verantwortlichkeit, *ZStW* 99 (1987), p. 577.

1718. Há mais tempo: BAR, Carl Ludwig v. *Gesetz und Schuld,* 1903, §183, p. 352. Contemporaneamente: FREUND, Georg., 2009, §7, n.m. 44, p. 272. WESSELS, Johannes. BEULKE, Werner. SATZGER, Helmut. *AT,* 2015, §7, n.m.309, p. 94. ROXIN, Claus/GRECO, Luís. *AT,* 2020, §12, n.m. 89, p. 438. Os ultimos Autores, a partir da teoria de realização do plano, fornecem o seguinte exemplo: o sujeito, com dolo homicida, aponta o revolver para a vítima; contudo, mantém com esta uma longa discussão, e a arma, antes do estágio da execução, acaba por disparar acidentalmente, encontrando a vítima mortalmente. Verifica-se apenas o homicídio negligência, pois o dolo no estágio da preparação é impunível como tal. Isso porque não seria possível saber se já ao momento da execução o agente ainda procederia com dolo, o que acaba por contraria a valoração legal, caso se punisse a realização do resultado no estágio preparatório. Na jurisprudência recente, sobre a simultaneidade: BGH 4 StR 399/17, 8; BGH 2 StR 550/96. No direio anglossaxônico, sobre o tema e a respeito das restrições: ASHWORTH, Andrew. *Principles of criminal law*, 2003, p. 161 e ss.

da preparação[1719], nem a assunção, "ao plano da vontade", do resultado não produzido dolosamente quando da execução[1720], preenchem as exigências da simultaneidade do elemento cognitivo do dolo[1721].

Se uma das razões da responsabilidade qualificada do dolo consiste na possibilidade de o agente, ao tempo da ação, se deixar influenciar por contramotivos, ou, ao contrário, executar a ação, superando-os[1722], ou ainda, por outro caminho, estar em uma condição de evitabilidade facilitada, é tido como imprescindível que disponha do conhecimento àquele tempo.

Note-se que, como já decorre dos pontos acima abordados, a vivência do conhecimento, no sentido da perspectiva da primeira pessoa, a respeito das circunstâncias típicas, não se faz necessária[1723]. Também não é preciso que o sujeito esteja consciente ao longo de toda a execução, de cada aspecto concreto ou detalhe do curso causal[1724], desde que já tenha esgotado aquilo que planeou, e que se fez presente no resultado: o terrorista que coloca a bomba no avião e, antes que ocorra a explosão, acaba por dormir, atua dolosamente no que se refere à morte dos tripulantes, mesmo que ao tempo desta esteja em estado de inconsciência[1725].

Já em termos de atribuição do conhecimento simultâneo[1726], é relevante destacar, aqui, as questões da transmissão de conhecimentos e da exteriorização, pelo sujeito, de que dispunha de determinado conhecimento antes da realização do delito[1727]. Assim, se o sujeito é informado, pouco antes do fato, de que a pistola que manuseia estava carregada e aciona, em seguida, o gatilho, apontando-a a alguém, o conhecimento transmitido demonstra que o agente possuía o conhecimento necessário ao executar a ação. Quanto à exteriorização,

---

1719. Veja-se: ROXIN, Claus/GRECO, Luís. *AT,* 2020, §12, n.m.184, p. 638. Sobre a exceção no que se refere ao problema da comparticipação, em que o partícipe pode não deter o conhecimento factual no momento da execução, veja-se: BGH 1 StR 112/116, 13.

1720. O exemplo é de Roxin: o sujeito atropela, por negligência, o inimigo e mata-o. Em seguida, se regozija com isso, e aceita a morte no âmbito da vontade. Tudo o que há é um homicídio negligente. *AT,* 2020, §12, n.m. 90. No mesmo rumo: KREY, Volker/ESSER, Robert. *AT,* 2012, §12, n.m. 405, p. 165. Mas nesta explicação falta referência a um ponto essencial: o homicídio negligente é de ser reconhecido em razão da não realização de um perigo doloso.

1721. Veja-se: JAKOBS, Günther. *AT,* 1991, §8, n.m.1, p. 255.

1722. Veja-se: PALMA, Maria Fernanda. *Direito Penal - Parte Geral,* 2017, pp. 177.

1723. Assim: STUCKENBERG, Carl-Friedrich. *Vorstudien...,* 2007, p. 285.

1724. Veja-se: JAKOBS, Günther. *AT,* 1991, §8, n.m. 66, p. 297.

1725. Corretamente: ROXIN, Claus / GRECO, Luís. *AT,* 2020, §12, n.m. 90, p. 589.

1726. O tema será aprofundado na Parte VI desta investigação, quando se estuda a atribuição do dolo.

1727. Sobre isso: RAGUÉS I VALLÈS, Ramon. *El dolo y su prueba en el proceso penal,* 1999, pp. 403-409 e 412 e ss. De acordo com o Autor, o que importa é saber, em face da qualidade do conhecimento exteriorizado (ou transmitido) anteriormente, bem ainda da distancia temporal, se, de um ponto de vista da valoração social, se faz concebível/credivel que o agente não detinha o conhecimento ao momento do fato. Op. cit. p. 413.

no multicitado "caso da correia de couro", por exemplo, os acusados confessaram que representaram o risco de morte no caso de se utilizarem da cinta para asfixiar a vítima, e optaram por um meio menos perigoso (nocauteá-la com um saco de areia), mas voltaram à primeira opção face à ineficácia do meio menos arriscado. Com isso, decidiu o BGH, os réus exteriorizaram que possuíam, quando do fato, o conhecimento necessário exigido para a imputação dolosa. Em outras palavras, considerou-se que aquele que exterioriza em um momento prévio o conhecimento de determinadas realidades continua contando com o conhecimento no momento posterior, ou seja, quando da realização do fato[1728].

Se o princípio da coincidência é indisputado, isso não significa, contudo, que não haja dificuldades ao nível da casuística. Basta pensar, por exemplo, nas constelações dos desvios causais que implicam em consumação *antecipada*, *postergada* e *imprevista*, em um momento no qual o agente não dispõe do conhecimento sobre que está a realizar as elementares típicas. O problema, em si, não é de dolo - pois a ação se afigura dolosa em todo caso - mas sim de reconhecimento, ou não, de um delito doloso consumado[1729], ou seja, de imputação do resultado ao dolo[1730], embora o agente não o tenha representado.

Antes de prosseguir, advirta-se, porém, que os problemas aqui enquadrados só se colocam sob o pressuposto da afirmação da imputação objetiva[1731], sendo evidente que não haverá, sequer, discussão da imputação subjetiva nos casos em que não houver qualquer conexão entre o risco criado pelo agente e o resultado[1732].

1728. Veja-se: RAGUÉS I VALLÈS, Ramon. *El dolo y su prueba en el proceso penal,* 1999, p. 412.

1729. Corretamente: FREUND, Georg. *AT,* 2009, §7, n.m. 88, p. 287 e p. 295 e ss. Caso contrário, destaca o Autor, a própria tentativa seria excluída, o que ninguém defende.

1730. Veja-se: HSU, Yu-An. *Doppelindividualisierung und Irrtum,* 2007, p. 223.

1731. Não se pode, aqui, aderir à posição de Binding, o qual afirma a irrelevância de qualquer desvio causal, e mantém a imputação do dolo no caso em que a vítima, ao notar a iminência do ataque, "morre de susto". Veja-se: *Die Schuld im deutschen Strafrecht. Vorsatz, Irrtum, Fahrlässigkeit. Kurzes Lehrbuch.* Leipzig: Feliz Meiner, 1919, p. 90. Acerca da associação da temática com a imputação objetiva: PALMA, Maria Fernanda. *Direito Penal - Parte Geral,* 2017, p. 194. Ainda, sobre o pressuposto do risco proibido como requisito da imputação objetiva: JAKOBS, Günther. *AT,* 1991, §7, n.m.78, p. 226. HERZBERG, Rolf Dietrich. Aberratio ictus und abweichender Tatverlauf. *ZStW* 23 (1973), p. 876. E para uma análise crítica do critério do risco, exclusivamente sob a principiologia da imputação objetiva, bem ainda a defender sua subsituição por um julgamento do sentido material do fato penalmente relevante: MENDES, Paulo de Sousa. Was dürfen wir vom Kriteirum der Risikoverringerung erwarten? Ein Beitrag zur Kritik der Theorie der objektiven Zurechnung. *GA* 10 (2011), p. 556 e ss.; p. 577.

1732. Corretamente: DIAS, Jorge de Figueiredo. *Direto Penal - Parte Geral, Tomo I,* 2012, p. 359. Segundo o Autor, nos delitos de execução vinculada, o erro sobre o processo causal se traduz em um erro sobre a factualidade típica e, então, afasta o dolo. Já nos delitos de execução livre, em que resta afirmada a imputação objetiva, seria extremamente difícil visualizar uma hipótese em que o dolo devesse ser afastado. Mas caso isso se dê, então, para o Autor, a solução é a punição pelo crime tentado. Isso o que se dá, por exemplo, no caso em que a vítima morre no hospital, em razão

2.8. Os desvios causais e a imputação do resultado ao dolo

O tema a curar aqui, em termos gerais, é dos desvios causais, ou do erro sobre o processo causal[1733], e de sua relevância para a imputação do resultado ao dolo. As constelações de casos abrangem erros que são essencialmente temporais, mas também erros simultâneos. Começo pelos primeiros, e anoto que o fio condutor e a principiologia das soluções (normativa) não deve ser distinta. De toda sorte, autonomizarei os casos de *aberratio ictus* e *error in persona*, que serão analisados no item subsequente, face à sua relevância prática.

A questão se situa ao plano do que deve ou não abranger, o elemento intelectual, no que se refere ao curso causal real até o resultado[1734]. Ressalte-se que o curso causal dever ser compreendido como objeto de referência do dolo é algo que não se põe em causa[1735], mas sim os aspectos deste curso que precisam ser conhecidos, pois, caso contrário, diante da fenomenologia dos desvios, nunca seria viável imputar o delito consumado[1736].

2.8.1. Ocorrência antecipada e tardia (dolus generalis) do resultado

Há, como se sabe, situações nas quais o agente representa que já tenha matado a vítima através da realização da primeira ação, e avalia que está a lidar apenas, então, com o cadáver, que acaba sendo lançado em um rio, ou desmembrado, incinerado etc, para fins de ocultação do delito; é, contudo, apenas neste segundo estágio, em face da nova ação e do novo curso causal desenvolvido, que acaba por realmente matar a vítima[1737]. A questão é: em que medida se justifica imputar o resultado ao dolo se o novo curso causal foi desencadeado sem que o agente tivesse conhecimento efetivo de que a vítima ainda estava viva? Esta é a problemática dos denominados delitos de dois atos[1738], ou seja, nos

de um incêndio, em que só se pode cogitar de uma tentativa de homicídio, exatamente em face, no que toca ao resultado, da ausência dos pressupostos da imputação objetiva (conexão do risco). Assim, veja-se: ROXIN, Claus/GRECO, Luís. *AT,* 2020, §12, n.m.155, p. 625. Na literatura brasileira, a observar a necessidade de delimitação da amplitude da cadeia causal no âmbito do tipo objetivo, veja-se, por todos: ROCHA, Ronan. *A relação de causalidade no direito penal.* Belo Horizonte: D'Plácido, 2016, p. 76.

1733. Sobre essa terminologia, veja-se, na literatura portuguesa: COSTA, António Manuel de Almeida. *Ilícito pessoal, imputação objectiva e comparticipação em Direito Penal*, 2014, p. 622. Ainda que possa haver uma pequena distinção na doutrina, por não considerá-la decisiva, manterei o termo mais objetivo e curto "desvios causais".

1734. Sobre a questão, com referências, veja-se: SCHROTH, Ulrich. *Vorsatz und Irrtum,* 1998, p. 94 e ss.

1735. Veja-se: HERZBERG, Rolf Dietrich. Aberratio ictus und abweichender Tatverlauf. *ZStW* 23 (1973), p. 875.

1736. Assim: PRITTWITZ, Cornelius. Zur Diskrepanz zwischen Tatgeschehen und Tätervorstellung. *GA,* 1983, p. 112.

1737. Veja-se: FRISTER, Helmut. *AT,* 2015, §11, n.m.53.

1738. Informativo: DIAS, Jorge de Figueiredo. *Direito Penal – Parte Geral, Tomo I,* 2012, p. 360.

quais o agente acredita ter alcançado o resultado querido no primeiro ato, mas este só vem a ser realizado no segundo, em que o objetivo se restringe, *verbi gratia*, à ocultação do ilícito[1739]. E o problema também pode ser às avessas, de consumação antecipada: o agente tem o plano de matar a vítima em um local ermo, após nocauteá-la ou dopá-la, e o resultado se dá já na primeira ação, por exemplo, durante o transporte da vítima em um porta-malas.

De um modo ou de outro, há uma contradição em termos do conteúdo da representação do agente, uma vez que este desconhece que o resultado só está a ser gerado na segunda ação (na hipótese de consumação postergada). Essa contradição se afigura de difícil solução, caso se mantenha a grelha psicologista, no pressuposto de que a imputação subjetiva exige que o agente "veja" ou "veja-para-si", o risco do resultado, em um esquema de "reflexo de espelho", de correspondência exata. O fechamento desta lacuna leva a doutrina dominante, portanto, a inevitáveis conflitos com o ponto de partida, de que o dolo exige conhecimento efetivo das circunstâncias e do curso causal, ao menos do curso relevante[1740]. Antes de apresentar uma possível solução para o impasse, é imperioso trazer um panorama geral da evolução do tema.

Inicialmente, procurava-se resolver os problemas de consumação postergada sob a base da estrutura do *dolus generalis*[1741], concebendo-se uma ação unitária, e estendendo-se o dolo ao segundo ato. A ação perigosa e ilícita, realizada pelo agente no primeiro ato, devia ser tida como geralmente adequada, em termos de previsibilidade geral e experiência da vida, para a produção do resultado, para a afirmação do dolo[1742] no tocante ao resultado causado pelo segundo.

Contudo, hoje esta solução, pela via do *dolus generalis*, é rejeitada de modo majoritário[1743], ainda que os resultados a que chegue a doutrina dominante, por outras vias argumentativas, nomeadamente pelo critério da relevância do desvio causal e da previsibilidade geral, sejam análogos[1744].

1739. Veja-se: ROXIN, Claus. *AT,* 2006, §12, n.m.174, p. 522.

1740. Atento a esta contradição: HSU, Yu-An. *Doppelindividualisierung und Irrtum,* 2007, p. 209.

1741. Acerca do instituto e de seu desenvolvimento histórico, por todos: ROXIN, Claus. Gedanken zum "Dolus Generalis". *In*: HERREN, Rüdiger *et al.* (Hrsg.). *Kultur.Kriminalität.Strafrecht. Festschrift für Thomas Würtenberger zum 70. Geburstag am 7.10.1977.* Berlin: Duncker &Humblot, 1977, p. 107 e ss.

1742. Com referências a Frank, v. Hippel e Kohler, veja-se: ENGISCH, Karl. *Untersuchungen...,* 1995, p. 76-77.

1743. Vejam-se: ROXIN, Claus. *AT,* 2006, §12, n.m.175, p. 522. Com outras referências: SAFFERLING, Christoph J.M. *Vorsatz und Schuld,* 2008, p. 157.

1744. Sobre isso, explicativo: MARTELETO FILHO, Wagner. Problemas do princípio da coincidência entre o dolo e o fato. De volta ao *dolus generalis*? *In*: PALMA, Maria Fernanda. DIAS, Augusto Silva. MENDES, Paulo de Sousa. BRITO, Teresa Quintela. CAIRES, João Gouveia. ALVES, Catarina Abegão (Orgs.). *Livro em memória do Professor João Curado Neves.* Lisboa: AAFDL, 2020, p. 91.

Engisch já sustentava que a manutenção restrita do princípio da simultaneidade impede que, nos casos de delitos executados em dois atos, se possa imputar o dolo quanto ao segundo ato, praticado pelo agente sem conhecimento (simultâneo) da circunstância. Nessas situações, para o Autor, o que se configura é um caso de erro de tipo, no que concerne ao segundo ato, que deve ser resolvido da seguinte maneira: delito tentado, quanto ao primeiro ato e exclusão do dolo, com possível presença da culpa (a depender da facticidade e previsão legal), no que toca ao segundo ato[1745]. Contemporaneamente, Ulrich Schroth, com base na teoria da "execução do risco" e do "risco prototípico", também defende que apenas o primeiro ato possa ser imputado ao título de dolo, não abrangendo este o resultado, caso o risco tenha sido gerado, sem conhecimento, e exclusivamente pelo segundo ato, salvo se ambos os atos refletirem uma unidade (caso em que, segundo Schroth, o agente se "apropria do injusto", critério nuclear do dolo, para o Autor, como já visto). O argumento de que o agente "se pôs de acordo" com o resultado em nada altera, para Schroth, sob o prisma normativo, a conclusão. Caso contrário, estar-se-ia admitindo, para o Autor, um verdadeiro *dolus subsequens*, permitindo-se a imputação subjetiva apenas porque o agente, posteriormente à consumação, se pôs de acordo com o resultado[1746]. E no caso oposto, de consumação antecipada, o Autor também defende a mesma solução (tentativa de homicídio e homicídio negligente)[1747].

A nota comum das perspectivas contemporâneas é a de solucionar os casos de desvios causais a partir dos princípios da imputação objetiva[1748], especialmente da conexão e execução do risco[1749]. Para a doutrina majoritária[1750], a imputação

---

1745. *Untersuchungen...*, 1995, p. 72 e ss. Contra: ROXIN, Claus. *AT*, 2006, §12, n.m.179, p. 524. Ressalta, o Autor, que a morte da vítima é um resultado adequado e compreendido pelo dolo da primeira ação; então, para a imputação do resultado ao dolo, basta que o resultado ainda represente a "realização do plano do agente".

1746. *Vorsatz als Aneignung*, 1994, p. 130-131. O mesmo: *Vorsatz und Irrtum*, 1998, pp. 97 e 99-100.

1747. *Vorsatz und Irrtum*, 1998, p. 99-100. A solução de Schroth se afigura excessivamente psicologista. Se o agente, no primeiro ato, conscientemente realizou um perigo doloso, e projetava que o resultado ocorreria apenas no segundo ato, ocorrendo este antecipadamente, o dolo deve ser imputado. Se o agente, no primeiro ato, não realizou um perigo doloso, o resultado não deve ser imputado ao dolo porque aquele risco proibido gerado não era, em qualquer caso, classificável como suficiente para a imputação ao dolo.

1748. Com múltiplas referências, e em análise crítica das concepções de Roxin, Puppe, Jakobs, Herzberg e outros: HSU, Yu-An. *Doppelindividualisierung und Irrtum*, 2007, pp. 55-63. Enfaticamente: FRISTER, Helmut. *AT*, §11, n.m.50, p. 156. Veja-se, ainda: DIAS, Jorge de Figueiredo. *Direito Penal – Parte Geral, Tomo I*, 2012, p. 359. O último Autor destaca que o erro sobre o curso causal é claramente relevante nos casos de ilícitos de execução vinculada, pois aqui se dá um verdadeiro erro sobre a factualidade típica. Já nos ilícitos de ação livre, o Autor considera que seja especialmente difícil configurar uma hipótese em que, preenchidas as exigências da imputação objetiva, o dolo possa ser afastado. Próximo desta perspecitva: KÜHL, Kristian. *AT*, 2012, §13, n.m.43, p. 450.

1749. Veja-se: JAKOBS, Günther. *AT*, 1991, §8, n.m.67, p. 297.

1750. Veja-se, em referência à jurisprudência predominante: FRISTER, Helmut. *AT*, 2015,

do resultado ao dolo deve levar em conta a sua previsibilidade[1751] segundo a experiência geral de vida[1752], bem ainda considerar se este representa, para o agente, um "resultado adequado" (com arrimo na teoria da causalidade adequada[1753]), em termos de realização do "plano de ação"[1754]. Isso pode se interpretar, por exemplo, a partir da maneira como o agente lidou com o corpo, quer seja, o que interessa é saber se, estivesse viva a vítima, o resultado morte seria de se tomar em conta por estar evidentemente próximo, sendo previsível segundo a experiência cotidiana[1755]: afogamento, fratura do pescoço, sangramento etc. A realização destas ações perigosas, pressupondo o sujeito, por erro, que já havia alcançado o objetivo (resultado morte) permitiria a afirmação do dolo, na medida em que não se verificaria um desvio essencial/relevante no curso causal[1756]. Mas há múltiplas variações neste entendimento geral, inclusive com distinções no que toca às formas de dolo.

Roxin, vinculado a sua teoria do "dolo como decisão e realização do plano"[1757], concebe distinções de solução entre o dolo eventual e a intenção (*Absicht*) no que concerne aos desvios causais acidentais ou "não-essenciais"[1758]. Para o Autor, na hipótese de *Absicht,* o erro sobre o curso causal não exclui o dolo, na medida em que a realização do resultado se encontra dentro dos limites do plano do agente[1759]: o sujeito que após golpear a vítima para matá-

§11, n.m.54, p. 157. Na literatura portuguesa, veja-se, ao invés de muitos: PEREIRA, Rui. *O dolo de perigo. Contribuição para a dogmática da imputação subjectiva nos crimes de perigo concreto.* Lisboa: Lex Edições Jurídicas, 1995, p. 91.

1751. A apontar que isso se afigura incoerente, pois a previsibilidade é uma nota da negligência e um pressuposto mínimo da imputação objetiva: HSU, Yu-An. *Doppelindividualisierung und Irrtum,* 2007, pp. 46 e 209.

1752. Veja-se, dentre outros: OTTO, Harro. *AT,* 2004, §7, n.m.82-83, p. 96. Contra: KÜHL, Kristian. HEGER, Martin. *SK,* 2014, §15, n.m.11, p. 116,

1753. Neste sentido: WELZEL, Hans. *Das deutsche Strafrecht,* 1969, p. 74. A defender, no essencial, a solução welzeliana: PALMA, Maria Fernanda. *Direito Penal - Parte Geral,* 2017, p. 200. Criticamente, a anotar que a causalidade adequada deixa de ter valia, uma vez que, caso a realização do tipo esteja fora do âmbito da experiência geral, esta se exclui pela imputação objetiva: HSU, Yu-An. *Doppelindividualisierung und Irrtum,* 2007, p. 55.

1754. STRATENWERTH, Günter/KUHLEN, Lothar. *AT,* 2011, §8, n.m.93, p. 100.

1755. Veja-se: WESSELS, Johannes. BEULKE, Werner. SATZGER, Helmut. *AT,* §7, n.m.374, p. 113. Apontam, os Autores, que toda a discussão acerca do dolo pressupõe a afirmação, ao nível do injusto objetivo, da imputação objetiva. Afastada esta, não se trata, sequer, de se indagar acerca do dolo.

1756. Assim: WESSELS, Johannes. BEULKE, Werner. SATZGER, Helmut. *AT,* §7, n.m.381, p. 115. Também, com referência à jurisprudência: FRISTER, Helmuth. *AT,* 2015, §11, n.m.54, p. 157.

1757. Com críticas acerca da falta de concreção do critério, bem assim a questionar alguns aspectos normativos que lhe dão apoio: WALTER, Tonio. *Der Kern des Strafrechts,* 2006, p. 282.

1758. ROXIN, Claus/GRECO, Luís. *AT,* 2020, §12, n.m.177 e ss., p. 634 e ss. Criticamente: SAFFERLING, Christoph J.M. *Vorsatz und Schuld,* 2008, p. 158.

1759. *FS-Würtenberger,* 1977, p. 122. Segundo Georg Freund, o que ocorre deve ser um resultado específico, ou ao menos expressão, já do comportamento dolosamente típico. *AT,* 2009, § 7, n.m.116, p. 297.

-la, tomando-a já por morta, a enterra, decorrendo a morte do segundo ato (asfixia), realiza o plano inicial (morte), devendo-se afirmar o dolo quanto ao resultado[1760]. Contudo, no que se refere ao dolo eventual, em que, por exemplo, o agente não buscou a morte da vítima – como no exemplo do estupro, em que o agente apenas queria vencer a resistência da vítima e acaba por desacordá-la, tomando-a erroneamente por morta – a segunda parte do ato – o agente enterra o corpo por acreditar que a vítma morreu, para ocultar o crime – já não pode mais ser vista (em um padrão normativo) como a "realização do plano", senão um infortúnio, não podendo, portanto, o dolo abrangê-la[1761]. Isso conduz a diferenciar, em termos do princípio da simultaneidade, as exigências feitas ao elemento cognitivo do dolo a partir das formas de dolo[1762], com uma quebra do tratamento unitário[1763]. De acordo com Roxin, isso é mesmo inevitável, pois a valoração dos comportamentos é distinta. E ainda avança, o Autor, o seguinte exemplo: o agente, com o dolo homicida, deixa a vítima inconsciente; contudo, se arrepende da ação; por erro, toma a vítima como já estando morta e a enterra, o que acaba por matá-la, efetivamente. De acordo com Roxin, nesta situação, só se poderia reconhecer a tentativa, já que a morte se encontrava fora do plano de ação[1764].

Por sua vez, Puppe, fiel à teoria do "perigo doloso", chega à conclusão distinta. Segundo a Autora, o que está em causa é aferir se o sujeito já havia realizado e esgotado, conscientemente, um perigo doloso; na hipótese afirmativa, ao desencadear um novo curso causal, que efetivamente redunda na morte, pode ser responsabilizado a título de dolo[1765]. Note-se que Puppe, tanto no que concerne ao perigo de dolo como de negligência, para efeitos da relação causal, faz referência à uma exigência de continuidade/transitoriedade (*Durchgängigkeit*) entre o término da ação do agente até a entrada do resultado, o que se faz necessário para refletir a cadeia causal[1766]. Nestes termos, para

---

1760. Proximamente, a sustentar que o dolo quanto ao resultado deve ser reconhecido no caso de a ocultação ter sido planeada, e de envolver, em si, um perigo para a vida: STRATENWERTH, Günter/ KUHLEN, Lothar. *AT,* 2011, §8, n.m.93, p. 100. Também, mas com apoio em Welzel: PALMA, Maria Fernanda. *Direito Penal – Parte Geral,* 2017, p. 200.

1761. Proximamente: STRATENWERTH, Günter/KÜHLEN, Lothar. *AT,* 2011, §8, n.m.93, p. 100.

1762. Criticamente: PUPPE, Ingeborg. *AT,* 2011, § 10, n.m.27, p. 139. A mesma: PUPPE, Ingeborg. *NK,* 2013, §16, n.m.83, p. 723. Também criticamente: HSU, Yu-An. *Doppelindividualisierung und Irrtum,* 2007, pp. 61 e 206.

1763. Crítico quanto à falta de concretude do critério de realização do plano e também quanto ao tratamento não unitário das formas de dolo, veja-se: PRITTWITZ, Cornelius. Diskrepanz zwischen Tatgeschehen und Tätervorstellung. *GA* 1983, pp. 116-118.

1764. ROXIN, Claus / GRECO, Luís. *AT,* 2020, §12, n.m.178, p. 524. Ressalta, contudo, Roxin, que o BGH, no julgado BGHSt 14,193, reconheceu, expressamente, que mesmo no caso de dolo eventual o resultado deve ser imputado ao dolo.

1765. Veja-se: *AT,* 2011, § 10, n.m. 10, 2011, p. 133. A mesma: *NK,* 2013, §15, n.m.103, p. 685; §16, n.m.85, p. 724.

1766. *AT,* 2011, §10, n.m.16, p. 135. A mesma: *NK,* 2013, §13, n.m.236, p. 570.

a Autora, o que se deve esclarecer é: a) se o sujeito, com sua ação, realizou um perigo doloso, ou seja, no exemplo do homicídio, se empregou um método adequado de matar; b) se o emprego deste método, no âmbito da "explicação causal completa", influenciou de algum modo o resultado[1767] (a vítima só pôde ser enterrada, ou lançada na sisterna, porque estava inconsciente, por exemplo). Caso o risco proibido se reduza no curso do processo causal, deixando o nível do perigo doloso, então o que se deve reconhecer, quanto ao resultado, é apenas a culpa[1768]. Assim, mesmo no caso de uma atuação subsequente de terceiro, atendidos tais requisitos, o resultado pode ser imputado ao dolo. Esta última hipótese, ventilada por Puppe, foi objeto do julgado do BGH (2 StR 204/00) que teve a seguinte constelação factual: o namorado da acusada (autora material) foi chamado por esta, após a última ter desferido 16 facadas contra a vítima, para fins de auxiliá-la a apagar as provas do crime. Ao verificar, contudo, que a vítima estava viva, o namorado acaba por matá-la, desferindo-lhe golpes na cabeça com uma lanterna e esganando-a. O BGH reconheceu o homicídio doloso consumado em relação aos dois réus, pois considerou que é da experiência cotidiana a previsibilidade de que tal resultado poderia ocorrer. Para Puppe, o resultado a que chegou o BGH foi justificado, mas em função do perigo doloso realizado pela acusada, que empregou um método adequado para matar (16 facadas), o que teve influência direta no curso causal (critério da transitoriedade) analisado de modo global (o namorado não teria provocado, com sua ação isolada, a morte em circunstância diversa, sem que a vítima já estivesse gravemente ferida e inconsciente)[1769].

No que se refere à consumação antecipada, no estágio da tentativa inacabada (pressuposto mínimo da imputação, pois não se cogita do dolo na fase preparatória[1770]), a solução não parece ser distinta[1771], seguindo a doutrina e jurisprudência os princípios da essencialidade, ou não, do desvio causal. Na concepção aqui

1767. PUPPE, ingeborg. *NK,* 2013, §16, n.m.81, p. 723. A Autora faz referência ao julgado do BGH (BGHSt 14,193), em que se reconheceu o homicídio consumado em caso no qual a acusada, após inserir areia na boca da vítima e considerá-la já morta, lança o corpo em uma fossa para fins de ocultação, e a vítima acaba por morrer por afogamento. Puppe consiera que a primeira ação - introduzir areia na boca da vítima - contribuiu para o resultado, pois caso contrário a vítima teria resistido no momento em que a agente a lançou na fossa. Contra, a negar o dolo no caso: SCHLEHOFER, Horst. *Vorsatz und Tatabweichung. Zur Auslegung der §§16 Abs. 1 Satz 1, 22 StGB.* Köln: Heymanns, 1996, p. 177.

1768. PUPPE, ingeborg. *AT,* 2011, §10, n.m.9, p. 132.

1769. PUPPE, ingeborg. *AT,* 2011, §10, n.m.32, p. 141. O BGH reformou a decisão inicial, que havia reconhecido apenas a tentativa em face dos dois acusados (3 StR 204/00, p. 6).

1770. Assim: WELZEL, Hans. *Das deutsche Strafrecht,* 1969, p. 74. Caso ainda se esteja no estágio da preparação, o resultado não poderá, em caso algum, ser imputado ao dolo. Assim, dentre muitos: PUPPE, Ingeborg. *NK,* 2013, §16, n.m.90, p. 725. Veja-se ainda: KREY, Volker. ESSER, Robert. *AT,* 2012, §12, n.m.430, p. 177.

1771. Veja-se: WALTER, Tonio. *Der Kern des Strafrechts,* 2006, p. 279. Ainda: DIAS, Jorge de Figueiredo. *Direito Penal - Parte Geral, Tomo I,* 2012, p. 361.

defendida, os resultados são análogos, mas o ponto de decisão também consiste em se afirmar, ou não, na primeira ação, a realização de um perigo doloso[1772], por se considerar o critério proposto por Puppe o mais correto para a solução dos problemas apresentados neste âmbito.

Recentemente, o BGH decidiu pelo reconhecimento do homicídio doloso consumado no conhecido "caso da injeção de ar" (*Luftinjektionsfall* - BGH NStZ 2002, 475): o agente pretendia matar a vítima através de uma injeção de ar na veia do braço; no escopo de vencer a resistência da vítima, o acusado a espancou e introduziu um pano em sua boca, vindo, aquela a morrer no curso deste processo, antes mesmo de ser ministrada a injeção[1773]. O fundamento, que confirma a jurisprudência anterior do BGH, foi de que a divergência entre o curso causal ocorrido e o previsto pelo agente é irrelevante na hipótese de não se tratar de uma divergência essencial, sobretudo porque ambos os cursos causais são equivalentes em termos de aptidão para o resultado[1774].

Contudo, no chamado "caso do porta-malas" (*Kofferumfall*, BGH NStZ 2002, 309)[1775] ou da "abdução", o BGH decidiu pela rejeição do dolo quanto ao resultado. O caso constou com as seguintes facticidades: o acusado, com o plano de levar a vítima para um local ermo e colher sua assinatura em um documento, para em seguida matá-la, a atordou e amordaçou, colocando-a no porta-malas do veículo. Ao chegar ao local, o acusado percebeu que a vítima já estava morta. Não foi possível determinar a causa da morte, pois o corpo não foi encontrado. O BGH considerou que, quando da primeira ação, o agente não representou que estava a realizar o tipo, até mesmo porque isso contrariaria seu plano de ação, e afastou o dolo no que concerne ao resultado[1776], tomando o desvio causal como essencial. A decisão foi censurada por Puppe, para quem a conduta de anestesiar uma pessoa e amordaçá-la, deixando-a inconsciente, e de colocá-la em um porta-malas, configura um risco muito intenso e também um método idôneo de matar. Assim, o agente representou, na primeira ação, que realizava um perigo doloso, não podendo seu propósito - de que a vítima se mantivesse viva, para assinar o documento- ser o critério para o afastamento do dolo[1777]. É possível questionar se a primeira ação configurou um perigo doloso; mas isso decorre da inevitável plasticidade do critério do perigo doloso, sendo

1772. De acordo: PUPPE, Ingeborg. *AT,* 2011, §10, n.m.57, p. 150.

1773. Sobre o precedente, e ainda com referência a outros julgados do BGH, no mesmo sentido, confira-se: HSU, Yu-An. *Doppelindividualisierung und Irrtum,* 2007, p. 50.

1774. BGH, NStZ 2002, 476.

1775. Comentários e análise em: HSU, Yu-An. *Doppelindividualisierung und Irrtum,* 2007, p. 46 e ss.

1776. De acordo, no tocante ao resultado do julgamento, no sentido do afastamento do dolo quanto ao resultado: HSU, Yu-An. *Doppelindividualisierung und Irrtum,* 2007, pp. 50 e 210.

1777. *AT,* 2011, §10, n.m.37, p. 143.

impossível, no plano dedutivo, encontrar soluções unânimes. O que parece correto é a afirmação, de Puppe, de que o plano do agente não é o critério de decisão, mas sim a representação acerca da realização, ou não, na primeira ação, no estágio da tentativa, do perigo doloso.

Por seu turno, o tradicional critério da equivalência dos cursos causais e dos desvios essenciais/não-essenciais é bastante impreciso, e demanda delimitações[1778].

De toda sorte, o tratamento do erro, nestas situações, desvela, de modo claro, que o dolo não pode ser equiparado ao conhecimento no sentido puramente psicológico, e sim deve ser considerado em uma medida normativa/racional[1779], que leva em consideração uma eventual falta de conhecimento do desenvolvimento causal em todos os seus detalhes para a imputação do resultado (ao dolo)[1780]. Prova disso é que a doutrina majoritária, como visto, ainda que sempre a arrancar do pressuposto do conhecimento como fato psíquico, não afasta o dolo nas situações de consumação antecipada (*Luftinjektionsfall*) ou postergada, nos instantes em que o agente não atua com conhecimento efetivo (no sentido piscológico) de que a primeira ação produziria a morte (em razão da violência do meio empregado), ou de que somente a segunda a ação (soterramento, por exemplo) a produziria. Assim não fosse, e todos os casos, sem exceção alguma, haveriam de ser solucionados como hipóteses de tentativa em eventual concurso com homicídio culposo[1781], e não é isso o que se encontra, nem na doutrina[1782] nem na jurisprudência[1783]. Esta é uma constatação importante

---

1778. A destacar que o problema é estabelecer critérios práticos para se definir a essencialidade: PALMA, Maria Fernanda. *Direito Penal - Parte Geral,* 2017, p. 195. No mesmo sentido, acerca da necessidade de se conferir precisação à teoria: HSU, Yu-An. *Doppelindividualisierung und Irrtum,* 2007, p. 63. Ainda: SCHROTH, Ulrich. *Vorsatz und Irrtum,* 1998, p. 95.

1779. Proximamente, mas a aplicar o conceito de ilícito pessoal, e a considerar que o comportamento típico há de abranger as consequências aos olhos do homem médio, para a imputação do resultado ao dolo nos casos de desvios causais (ao que designa "*solução pessoal-objectiva*"): COSTA, António Manuel de Almeida. *Ilícito pessoal, imputação objectiva e comparticipação em Direito Penal*, 2014, p. 629. Observa, o Autor, que se o agente, consciente e voluntariamente ("dolo natural"), realiza uma conduta típica, há de se conferir a esta o alcance que adquire à luz do critério do homem médio, sendo, o ilícito doloso, uma "unidade pessoal-objectiva", independente da realidade psicológico-emocional do agente. Assim, para efeitos dos desvios no processo causal, incluem-se no ilícito doloso todos os acontecimentos que para a "pessoa social" configurem efeitos previsíveis, fazendo parte integrante do sentido de antinormatividade do comportamento. Op. cit. p. 634.

1780. De acordo: HSU, Yu-An. *Doppelindividualisierung und Irrtum,* 2007, pp. 88-89.

1781. É esta, contudo, a solução defendida por Herzberg, *In*: Aberratio ictus und abweichender Tatverlauf. *ZStW* 23 (1973), p. 888. A exceção admitida pelo Autor é a dos casos em que os desvios são abrangidos pela co-consciência, que se transmudam em hipóteses de desvios não-essenciais.

1782. Pela doutrina dominante, veja-se: STRATENWERTH, Günter/KÜHLEN, Lothar. *AT,* §8, n.m.93, p. 100.

1783. Já o *Reichsgericht*, no julgado *RGSt* 67,258, reconheceu o homicídio consumado no caso em que o agente lançou a vítima presumidamente morta na água, no escopo de esconder o corpo, e aquela veio a morrer por afogamento. Esta tendência continuou a ser seguida pela jurisprudência, sendo muito conhecido o julgado do BGH, *BGHSt,* 14, 193, de que tratarei em seguida.

e confirma a premissa, acolhida nesta investigação, de que o desconhecimento, como fato bruto, não basta para o afastamento do dolo em qualquer situação[1784], sendo necessária uma avaliação normativa acerca daquilo que o agente representou ou deixou de representar, e daquilo que a ação comunicou, em termos de hostilidade ao Direito.

Na posição aqui acohida, o que cumpre verificar é se, já no primeiro ato, ainda que ao plano da tentativa inacabada[1785], o sujeito realizou, conscientemente, um perigo doloso, ou seja, aplicou um método idôneo para a realização do tipo, e se este perigo se fez presente, transitoriamente, nas demais etapas do curso, influenciando significativamente o resultado. Se o resultado é alcançado antecipadamente, mas já no curso da execução, em relação ao que previu o agente, ou se o resultado se realiza no segundo ato, mas com atuação do perigo doloso concretizado no primeiro (a vítima não seria lançada na fossa, sem resistência, caso não estivesse já inerte, em face da violência empregada no primeiro ato) não faz sentido normativo algum afastar a responsabilidade dolosa[1786] pelo crime consumado[1787]. Não é outra a posição de Roxin, embora recorrendo a sua teoria da realização do plano[1788], embora, como visto, com distinções no que toca às formas de dolo.

Mas os desvios causais também se apresentam em situações nas quais não se verifica uma contração ou dilatação temporal no que se refere à representação do agente, ou seja, em que não há problemas ao nível do princípio da simultaneidade, e sim de desvio do plano no mesmo contexto temporal. Disso passo a tratar agora, de modo particularizado.

1784. Proximamente, mas a se referir ao pressuposto do conhecimento abstrato: HSU, Yu-An. *Doppelindividualisierung und Irrtum,* 2007, pp. 210; 221-222. E a se referir à conexão teleológica – e não empírica – entre a representação e o curso causal realizado, veja-se: FRISTER, Helmut. *AT,* 2015, §11, n.m.51, p. 156.

1785. Sobre a suficiência do estágio da tentativa inacabada, para a imputação do resultado ao dolo nos casos de consumação antecipada, e com análise da doutrina majoritária (solução da consumação) e minoritária (solução da tentativa), veja-se, por todos: BURCHARD, Christoph. *Irren ist menschlich. Vorsatz und Tatbestandsirrtum im Lichte der Verantwortungsethik und der Emanzipation des Angegriffenen Mitmenschen.* Tübingen: Mohr Siebeck, 2008, pp. 107-110.

1786. Neste sentido: PUPPE, Ingeborg. §16, n.m.86, p. 724. Observa, a Autora, que isso se dá independentemente de se indagar sobre aquilo que o agente "quis", pois o que está em causa é saber se, na primeira ação, ele reconheceu um perigo doloso, não sendo de sua competência julgar sobre se o que realizou (na primeira ação) foi um perigo doloso. Criticamente, no que se refere aos fundamentos tradicionais: HSU, Yu-An. *Doppelindividualisierung und Irrtum,* 2007, p. 55.

1787. Assim, proximamente: SAFFERLING, Christoph J.M. *Vorsatz und Schuld,* 2008, p. 162. Também: STRATENWERTH,Günter/KÜHLEN,Lothar. *AT,* §8, n.m.94, pp. 100-101. Contra, a defender que o perigo do primeiro ato não se realizou no resultado, devendo se reconhecer a tentativa em concurso com o homicídio negligente: KÜHL, Kristian. *AT,* 2012, §13, n.m.48, p. 452.

1788. ROXIN, Claus/GRECO, Luís. *AT,* 2020, §12, n.m.189, p. 639. Embora, na concepção aqui defendida, não seja a realização do plano o critério, mas sim a realização consciente do perigo doloso, os resultados a que se chega são os mesmos, no que se refere a esta problemática. Também, no mesmo rumo, desde que o agente tenha representado o risco relevante que estava a ser criado: KINDHÄUSER, Urs. *AT,* 2013, §27, n.m. 49, p. 222.

2.8.2. *Desvios causais essenciais e não-essenciais, em um mesmo contexto temporal*

O problema a enfrentar, neste quadrante, é o de um desvio do curso causal, que também deixa de corresponder, de modo preciso, à representação do sujeito, contudo no mesmo contexto temporal. A doutrina dominante resolve o problema, novamente, através do critério da essencialidade do desvio do curso causal, não abrangido pela representação[1789].

Os desvios causais são considerados irrelevantes caso tenham sido reconhecidos pelo agente, em termos de uma relação de dependência entre o risco proibido criado e o resultado concreto ("teoria da conexão do risco"[1790]). Se o agente lança a vítima do alto de uma ponte, com o objetivo de que esta morra por afogamento, mas a vítima acaba por morrer em razão de uma colisão com a pilastra de sustentação, o risco gerado (lançar de uma ponte), em termos da experiência da vida cotidiana, abrange a facticidade de a vítima morrer em razão de uma colisão, estando presente a necessária conexão objetiva de risco[1791], atendendo-se aos critérios da imputação objetiva do resultado ao dolo[1792]. Assim, nesta situação, em face do risco (conhecido) gerado pelo agente, este desvio do curso está abrangido pelo dolo[1793] e o resultado deverá ser imputado, sem maiores divergências na doutrina[1794].

1789. Explicativamente: PUPPE, Ingeborg. *NK,* 2013, §16, n.m.69, pp. 719.

1790. Sobre o tema, mas com restrições críticas à doutrina do ilícito pessoal de acento subjetivista: COSTA, António Manuel de Almeida. *Ilícito pessoal, imputação objectiva e comparticipação em Direito Penal*, 2014, p. 623. Veja-se, ainda, na doutrina portuguesa: PALMA, Maria Fernanda. *Direito Penal - Parte Geral,* 2017, p. 196. A mesma: A teoria do crime como teoria da decisão penal (reflexão sobre o método e o ensino do direito penal). *RPCC* 9 (1999), p. 571.

1791. E também partindo da teleologia da norma penal para o reconhecimento da consumação, associando os critérios da tentativa acabada (ao plano subjetivo) e do significado objetivo da conduta: WOLTER, Jürgen. Der Irrtum über den Kausalverlauf als Problem objektiven Erfolgszurechnung - zugleich ein Beitrag zur versuchten Straftat sowie zur subjektiven Erkennbarkeit beim Fahrlässigkeitsdelikt. *ZStW* 89 (1977), p. 678. Para uma análise crítica da perspectiva de Wolter, veja-se: COSTA, António Manuel de Almeida. *Ilícito pessoal, imputação objectiva e comparticipação em Direito Penal*, 2014, pp. 621-623.

1792. Neste sentido: PALMA, Maria Fernanda. *Direito Penal - Parte Geral,* 2017, p. 195. Com referências: KÜHL, Kristian. *AT,* 2012, §13, n.m.41, p. 448. LISZT, Franz v. *Lehrbuch,* 1922, §40, p. 179. Contra, a negar a imputação do resultado ao dolo no caso da queda da ponte: JAKOBS, Günther. *AT,* 1991, §8, n.m.64, p. 296.

1793. Veja-se, corretamente: KINDHÄUSER, Urs. *AT,* 2013, §27, n.m. 40. No mesmo sentido: COSTA, António Manuel de Almeida. *Ilícito pessoal, imputação objectiva e comparticipação em direito penal*, 2014, p. 619. Também: FRISCH, Wolfgang. *Tatbestandsmässiges Verhalten und Zurechnung des Erfolgs.* Heidelberg: C.F.Müller, 1988, p. 610. A solução, contudo, não é pacífica.

1794. Nesse contexto, Engisch procurava resolver os casos controvertidos com apoio da teoria da adequação, especialmente a levar em conta a objetiva adequação da ação para a produção do resultado: se o agente lança a vítima da ponte para que esta morra afogada, e a morte decorre de uma fratura pela colisão com o pilar, o dolo é de ser afirmado. O que defende Engisch, portanto, é que o agente, embora deva representar o curso causal, não necessita representar a adequação em um "sentido estrito", incluindo-se aqui uma causa especial intermediária, pois isto deve ser objeto

Um outro exemplo para concretizar nossa posição: o agente dispara contra a vítima, pretendendo matá-la com um tiro no coração, mas acaba por atingi-la na cabeça, matando-a na mesma. De se admitir, no prisma estritamente psicológico, uma divergência entre a representação do sujeito e o resultado. Mas uma divergência deste tipo, do ponto de vista normativo – que deve partir da valoração social e jurídica da ação, bem assim de seu significado em conexão com os fundamentos da pena – é completamente irrelevante[1795].

Uma situação distinta se apresenta caso haja apenas uma relação de dependência fortuita (*zuffälig*) entre a ação e o resultado[1796]. Exemplo: o agente efetua um disparo contra a vítima, que desencadeia uma reação de pânico em um touro, sendo a primeira mortalmente atingida pelo animal (que se assustou com o tiro). Ainda que o agente tivesse se "apropriado do resultado" e atuado intencionalmente (com propósitode matar), este só se realizou em virtude de algo debitado ao acaso, e não no âmbito da dimensão normativa do perigo criado. Neste contexto, é de se reconhecer, portanto, apenas o delito de tentativa de homicídio[1797]. Outro exemplo, de Jakobs: a vítima, que bebeu o veneno ministrado pelo agente, em virtude do gosto ruim corre para a casa de banho, para lavar a boca, mas escorrega, fratura o crânio e morre[1798].

A diferença normativa entre os exemplos é evidente: a morte pelo meio do animal foi apenas um acaso em face do fato inicialmente doloso, enquanto o disparo que atinge a vítima na cabeça, ao invés de no coração, configurou um resultado específico e típico (risco prototípico) do próprio atuar doloso[1799].

Uma dificuldade que se apresenta deriva da própria equiparação do risco proibido, pela doutrina dominante, em se tratando da negligência e do dolo[1800]. Isso porque, uma vez dado como presente o risco proibido (pressuposto mínimo

de um juízo exclusivamente objetivo, independente da representação, permitindo-se a imputação de um "curso causal normal". Em síntese, de acordo com Engisch, a adequação em sentido amplo deve ser considerada uma circunstância típica, sendo objeto do dolo; já a adequação em sentido estrito, e o "curso causal real" é uma condição objetiva de punibilidade, não sendo objeto do dolo. In: *Untersuchungen...*, 1995, p. 79. E a defender o reconhecimento da tentativa em concurso com o homicídio negligente, representando a posição minoritária, veja-se: HERZBERG, Rolf-Dietrich. Aberratio ictus und abweichender Tatverlauf. *ZStW* 23 (1973), p. 886-887.

1795. Sobre isso: FREUND, Georg. *AT,* 2009, §7, n.m. 122, p. 299. Também: WALTER, Tonio. *Der Kern des Strafrecht,* 2006, p. 277. JAKOBS, Günther. *AT,* 1991, §8, n.m.69, p. 298. COSTA, António Manuel de Almeida. *Ilícito pessoal, imputação objectiva e comparticipação em direito penal*, 2014, p. 619.

1796. Sobre a adequação geral do curso causal em relação ao resultado, já então: KRIES, Johannes Adolf v. Ueber den Begriff der Wahrscheinlichkeit und Möglichkeit und ihre Bedeutung im Strafrechte. *ZStW,* 9 (1889), p. 532.

1797. Assim: FREUND, Georg. *AT,* 2009, §7, n.m. 124, p. 300.

1798. *AT,* 1991, §8, n.m.71, p. 299.

1799. Corretamente: FREUND, Georg. *AT,* 2009, §7, n.m. 125, p. 300.

1800. Veja-se, criticamente: PUPPE, Ingeborg. Vorsatz und Kausalabweichung. Zugleich Besprechung von BGH, Urteil vom 26.7.2007. *GA* 9 (2008), p. 572.

da imputação), deve-se sempre recorrer ao critério do desvio essencial para um possível afastamento do dolo, o que acaba por tornar a decisão contraditória, pois a negligência é reconhecida mas não se esclarece a razão do afastamento do dolo, ou por tornar o critério redundante, pois quase sem exceção o desvio é classificado como "não-essencial" e o resultado é imputado ao dolo[1801]. O caminho para a solução é manter exigências objetivamente mais intensas para o perigo de dolo do que para o perigo de culpa, como o faz Puppe, que acompanho também neste particular. Um breve olhar na casuística contribuirá para o aclaramento do problema.

No "caso do colapso da casa" (*Hauseinsturzfall* - BGH NStZ 2007, 700), o BGH afirmou o dolo homicida no seguinte contexto: o acusado pretendia retirar um inquilino da casa, no escopo de relocá-la por valor mais elevado ou vendê-la; neste escopo, ele prepara um explosão no porão, através de um método complexo, estando ciente de que o inquilino poderia ser ferido caso alguma mobília caísse, ou objetos pesados desabassem do teto; o objetivo era apenas o de assustar o inquilino, que deveria quedar preocupado com o enfraquecimento das paredes etc. Contudo, a explosão foi mais forte do que o planeado e a residência desabou, provocando a morte de seis moradores e ferimentos graves em dois. O BGH considerou, em divergência ao Tribunal de origem, que o resultado morte havia sido representado (ainda que não em face do desabamento) e que o desvio no curso causal não foi essencial, e afirmou, assim, o dolo homicida[1802]. Para Puppe, caso se nivele o risco proibido do dolo e da culpa, não há maiores problemas em se reconhecer o dolo, caso o resultado morte tenha sido representado pelo agente, ainda que vinculado a outro curso causal (queda de objetos pesados), uma vez que de toda forma um risco proibido foi gerado e "assumido aprovadoramente"[1803]. Porém, caso se exija para o dolo um perigo mais intenso - o que se acolhe nesta investigação, em alinhamento com a doutrina do "perigo doloso" - então o que importa é aferir sobre se este perigo doloso foi, ou não, representado, bem ainda se ele se desenvolveu, de modo contínuo, no curso causal. Em caso positivo, afirma-se o dolo; em caso negativo, o dolo é excluído. Tomando-se este último ponto de partida o que se tem é o seguinte quadro, no que toca ao julgado em causa: caso o acusado tenha representado apenas a possibilidade, com a explosão, de queda de objetos pesados do teto ou de mobílias da casa, que poderiam lesionar ou matar o morador, então não realizou qualquer "estratégia idônea de matar", e o dolo

1801. Veja-se, por exemplo, a reconhecer que isso é o que ocorre, e a apontar contradições da doutrina que parte de uma concepção do dolo do tipo como um dolo natural: COSTA, António Manuel de Almeida. *Ilícito pessoal, imputação objectiva e comparticipação em Direito Penal*, 2014, p. 620.

1802. BGH 3 StR 221/07. Sobre o julgado, criticamente: PUPPE, Ingeborg. *AT*, 2011, §10, n.m.12, pp. 133-134.

1803. Conforme consignou expressamente o BGH: 3 StR 221/07, 5-6.

homicida haveria de ser excluído: não representa qualquer estratégia idônea de matar considerar que uma mobília possa despencar do teto e atingir alguém que, ao acaso, esteja no preciso local da queda; aliás, ainda que se empregue o critério tradicional, a confiança, nesta hipótese, em que o resultado não ocorreria se afiguraria racional, considerando-se que o desabamento, em si, não fora previsto pelo agente (o que foi dado como certo na fundamentação do julgado, esclareça-se – BGH 3 StR 221/07, 5). Agora, caso o acusado tenha espoletado uma explosão intensa, com reconhecimento de que a casa poderia desabar, então realizou um método idôneo de matar, e o dolo haveria de ser reconhecido[1804]. Uma vez que foi dado como certo, no caso, que o agente apenas representou o enfraquecimento das paredes e a queda de objetos – e não o desabamento da casa -, o dolo quanto ao resultado não poderia ser afirmado: a uma, porque o desvio causal foi essencial (para o BGH o desvio foi irrelevante, já que morte pela explosão foi representada de qualquer modo – 3 StR 221/07, 7); a duas, porque representar um risco de provocar a morte através da queda de objetos corresponde a uma representação de um risco proibido, mas de culpa, e não de dolo. O problema está em que, ao se fazer a mesma exigência em termos de risco proibido para o dolo e para a culpa, a consequência lógica – não assumida nem suportada pela doutrina dominante – é a de que nenhum desvio causal é essencial (caso se ultrapasse o próprio filtro da imputação objetiva), e o dolo, em caso algum, pode ser excluído[1805].

Ainda que com uma distinção temporal, oportuno ainda referir, por oportuno, ao caso “Rudi Dutschke”: o ofendido, Rudi, foi atingido por um agente, com propósito homicida, com um tiro na cabeça; a vítima sobreviveu mas, em face da área atingida do cérebro, passou a ter propensão a ataques epiléticos; meses depois, já tendo o acusado sido condenado por homicídio tentado, Rudi sofre um ataque epiléptico quando estava a se banhar em um lago e se afoga. A par a questão da coisa julgada – que impediria nova imputação – a questão debatida pela doutrina foi a de saber se o resultado, teoricamente, poderia ser imputado ao dolo. Note-se, aqui, que o sujeito, ao ferir dolosamente a vítima na cabeça, também criou um risco proibido de produzir uma lesão que, posteriormente, em uma constelação fática como a noticiada, pudesse conduzir à morte. Teoricamente, segundo Puppe, produziu-se um “perigo de culpa”, quanto à morte futura no contexto em que se deu, uma vez que o risco gerado, no que concerne ao resultado futuro, se classifica como proibido. Contudo, provocar a morte de alguém através de um ataque epiléptico futuro, caso o ataque ocorra

---

1804. Assim: PUPPE, Ingeborg. *AT,* 2011, §10, n.m.12, pp. 134.

1805. PUPPE, Ingeborg. *AT,* 2011, §10, n.m.14, p. 134. A solução não é isenta de controvérsia: é possível sustentar que representar a explosão „em si“ já é reconhecer um perigo doloso, e representar sobre suas consequências consiste apenas em um processamento irracional do risco, que não deveria, pela teoria do perigo doloso, conduzir ao afastamento do dolo.

em uma situação como a ventilada, não configura, por certo, uma "estratégia idônea de matar", ou seja, não caracteriza um perigo doloso[1806], devendo-se reconhecer um desvio essencial no curso causal, imputando-se um delito de homicídio tentado em concurso com o homicídio culposo (supondo-se, no caso, a inexistência de coisa julgada).

É evidente que todas essas distinções só são alcançadas ao plano da valoração social das ações (de seu significado) e do contexto normativo (daquilo que se exige para o dolo e para a culpa, em conexão com o risco proibido), e não devem ser buscadas nem no âmbito da causalidade empírica[1807], nem muito menos através da determinação de possíveis estados mentais do sujeito[1808]. Se o agente que dispara conta o coração, para matar, e atinge a cabeça, matando, ou que ao envenenar a vítima provocaria a morte por asfixia, e não por hemorragia, isso não afasta o dolo, porque colide, de modo evidente, com a interpretação social e valoração normativa do comportamento, que é tido como a criação de um risco sério para a vida (= uma estratégia idônea de matar); ao contrário, se o sujeito conta com o susto do touro, e acredita profundamente que isso poderá resultar na morte da vítima, o resultado não será imputado ao dolo, porque, do ponto de vista da interpretação/valoração social da ação e dos critérios normativos de avaliação do risco, este não é um meio idôneo de matar[1809].

No tratamento dos casos de desvios causais, releva considerar, portanto, a dimensão do risco proibido criado e também a presença do conhecimento abstrato acerca da regularidade do resultado[1810], ainda que, no que se refere ao

---

1806. Veja-se: PUPPE, Ingeborg. *AT,* 2011, §10, n.m.18, p. 135. Ressalvo, apenas, que não visualizo, sequer, a relação de imputação entre o perigo culposo e o resultado. O que houve, no caso, foi o esgotamento do perigo doloso em conexão com o resultado, o que caracterizou uma tentativa de homicídio. Relacionar a sequela da vítima com um futuro evento, e considerá-la a realização de um risco proibido de negligência extrapola os limites da cognoscibilidade exigida para a imputação subjetiva.

1807. É claro que houve nexo causal físico entre o "susto" da vaca e o disparo, e entre o impacto da vaca contra o corpo da vítima e a morte. O que não houve foi conexão entre o risco criado e realizado, sendo esta a relação de interesse para a imputação.

1808. O que o agente efetivamente pensou ao momento do fato não definirá a imputação, como aqui insistentemente tem sido afirmado. Quanto ao problema do erro, de acordo: COSTA, António Manuel de Almeida. *Ilícito pessoal, imputação objectiva e comparticipação em direito penal*, 2014, p. 630. Segundo o Autor, o dolo do tipo deve abranger não apenas o processo causal representado pelo agente, mas todos os processos causais que produzam, de modo associado ao critério do "homem médio", consequências previsíveis da prática consciente e voluntária da conduta. Veja-se, ainda, sobre o padrão objetivo de análise: ROXIN, Claus/GRECO, Luís. *AT,* 2020, §12, n.m.146, p. 619. FRISTER, Helmut. *AT,* 2015, §11, n.m.45, p. 154. Próximo, mas com outros fundamentos: WALTER, Tonio. *Der Kern des Strafrechts,* 2006, p. 278. Para o Autor, a medida de valoração realmente é objetiva, mas o objeto de valoração, ou seja, o desvio causal tem sim conexão com o processo mental do sujeito.

1809. Faltaria aqui já a imputação objetiva, não havendo espaço, portanto, nem mesmo para se discutir eventual punição por negligência.

1810. Veja-se: HSU, Yu-An. *Doppelindividualisierung und Irrtum,* 2007, p. 210.

curso concreto, o sujeito não conheça todos os detalhes da cadeia causal ou não reflita sobre eles. Mais que isso e enfim: é preciso reconhecer, neste âmbito, que o conhecimento não deve ser trabalhado em um sentido psicológico[1811], senão normativo.

2.8.2.1 *Error in persona vel objecto* e *aberratio ictus*

No que se refere ao *error in persona vel objecto*[1812], não parece restar, contemporaneamente[1813], qualquer dúvida acerca de sua irrelevância para a afirmação do dolo[1814], caso se trate da mesma classe de objeto[1815]. Não importa saber se o agente, ao avistar uma pessoa, e disparar contra ela, supondo que se tratava de terceiro, deixou de matar a vítima pretendida. A lei penal tutela a vida humana tal qual, de modo indiferente[1816]. O sujeito reconheceu a "classe" da categoria e estava em uma clara situação de escolha ao agir e expressou, de modo inquestionável[1817], a negativa de reconhecimento de validade da

---

1811. A se referir a um "conhecimento implicito" ou "irrefutável", veja-se: PALMA, Maria Fernanda. *Direito Penal - Parte Geral,* 2017, p. 196.

1812. Na literatura mais distante, veja-se: BAR, Carl Ludwig v. *Gesetz und Schuld,* 1903, §188, p. 366 e ss. O caso mais conhecido foi "Rose-Rosahl", decidido pelo Tribunal Superior da Prússia, no século XIX. O trabalhador Rose, sob ordem de seu empregador Rosahl, se pôs na espreita da vítima Schliebe, para matá-lo. Contudo, é o estudante Harnisch quem cai na emboscada e Rose, a supor que se tratava de Schliebe, o mata. O *error in persona*, então, foi considerado como sendo irrelevante, diante da equivalência do objeto e à previsibilidade do erro, segundo a experiência cotidiana. Sobre o julgado: FRISTER, Helmut. *AT,* 2015, §11, n.m.55, p. 158. Para Burchard, o que se dá, neste tipo de caso, é que o instigador comete um duplo erro: sobre sua própria falibilidade, e sobre a falibilidade do instigado, sendo certo que, a partir de uma ética da responsabilidade, e do dever do agente de considerar que „errar é humano", mesmo nos casos de ausência de previsibilidade do que era previsível, o resultado é de ser imputado ao dolo. *Irren ist menschlich,* 2008, p. 497.

1813. Acerca da posição divergente de v. Liszt, com apoio na filosofia aristotélica (que equipara o erro à falta de livre arbítrio), veja-se: STUCKENBERG, Carl-Friedrich. *Vorstudien über Vorsatz und Irrtum im Völkerstrafrecht,* 2007, p. 358.

1814. KINDHÄUSER, Urs. *AT,* 2013, §27, n.m. 44-45, p. 221. ROXIN, Claus / GRECO, Luís. *AT,* 2020, §12, n.m.194, p. 641. PUPPE, Ingeborg. *NK,* 2013, §16, n.m.113. JAKOBS, Günther. *AT,* 1991, §8, n.m.82, p. 305. PALMA, Maria Fernanda. *Direito Penal - Parte Geral,* 2017, p. 203 ("*em todo o caso, foi atingido o objecto típico do crime de homicídio - uma pessoa*"). KÜHL, Kristian. *AT,* 2012, §13, n.m.20, p. 440. JOECKS, Wolfgang. §16. *In*: HEINNEG, Bernd von Heintschel (Hrsg.). *Münchener Kommentar zum Strafgesetzbuch. Band 1.* München: C.H.Beck, 2017, §16, n.m.98, p. 858. PRITTWITZ, Cornelius. Zur Diskrepanz zwischen Tatgeschehen und Tätervorstellung. *GA* 1983, p. 129. BACKMANN, Leonhard. Die Rechtsfolgen der aberratio ictus. *JuS* 11 (1971), p. 114. Na literatura portuguesa mais antiga, veja-se: OSÓRIO, Luís. *Notas ao Código Penal Português. Vol. 1,* p. 119. Na jurisprudência portuguesa, vejam-se os julgados do STJ: JSTJ00030381, publ. 06/10/1995; JSTJ0003684, publ.30/05/1984.

1815. No regime do Código Penal Português de 1886, mesmo em se tratando de objetos distintos, punia-se o "crime realizado", ainda que não querido. Contudo, sendo o crime realizado de maior gravidade do que o "querido", a pena deveria ser atenuada. Veja-se: Na literatura portuguesa mais antiga, veja-se: OSÓRIO, Luís. *Notas ao Código Penal Português. Vol. 1,* p. 123.

1816. Veja-se: WALTER, Tonio. *Der Kern des Strafrechts,* 2006, p. 285.

1817. Veja-se: PALMA, Maria Feranda. *Direito Penal - Parte Geral,* 2017, p. 205. Também: HSU, Yu-An. *Doppelindividualisierung und Irrtum,* 2007, p. 211.

norma[1818], preenchendo todas as condições da responsabilidade dolosa. O que tradicionalmente se considera é que a identidade da vítima se afigura irrelevante[1819], desde que o agente não tenha em mira, diretamente (não a percepciona) a vítima pretendida. Aqui, aplica-se, portanto, o *error in persona*[1820]. No caso, o que se verifica é tão somente um erro de motivação[1821] e não um erro sobre a circunstância típica, nem um erro acerca do curso causal. Note-se, aqui, que mesmo a perspectiva finalista considera que a vontade do fato (*Tatwille*) se direciona à realização do tipo - o que ocorre no caso do *error in persona* - e não corresponde à motivação para o alcance de um objetivo individual[1822].

A posição divergente e minoritária é encontrada, especialmente, na literatura do início do século XX, de acento psicologista. Von Liszt, por exemplo, propunha que a medida para a solução dos casos de erro, seja do *error in persona* seja da *aberratio*, consiste na indagação hipotética sobre se o sujeito teria atuado na mesma, caso estivesse consciente do curso causal. Sendo negativa a resposta, o dolo resta excluído em todo caso, uma vez que o erro se considera essencial[1823]. Esta solução é excessivamente psicologista e se afigura de todo inadequada, na medida em que resolve tudo a partir de um fundamento "psíquico-individual" e perde sua medida objetivo-normativa, ou seja, faz tudo depender do acaso e da arbitrária representação individual do agente[1824].

Quanto à *aberratio ictus* (*Abirrung*), o tema apresenta outras nuances e a solução é, de fato, controvertida.

Nos casos "*standards*" de *aberratio*, o que ocorre é que o agente, no local e momento do fato, dispara contra seu inimigo mas, em face do erro de pontaria, se verifica uma divergência entre a representação e a capacidade de controle do agente, e outra pessoa acaba por ser atingida[1825]. Daí que a *aberra-*

1818. A se referir ao caso da bomba instalada no automóvel e a sustentar a imputação do resultado ao dolo, com base no conhecimento abstrato (acerca da regularidade do resultado) e da irrelevância do desconhecimento no sentido psicológico: HSU, Yu-An. *Doppelindividualisierung und Irrtum,* 2007, p. 218.

1819. Já assim, BINDING, Karl. *Die Normen und ihre Übertretung,* Bd.3, 1965, §175, pp. 193-196.

1820. Criticamente: WALTER, Tonio. *Der Kern des Strafrechts,* 2006, p. 287.

1821. E a motivação, em um Direito Penal do fato, não interfere para com o regime do ilícito doloso, sendo um problema exclusivo da mensuração da pena. Veja-se: BURCHARD, Christoph. *Irren ist menschlich,* p. 208.

1822. Veja-se: WELZEL, Hans. *Das deutsche Strafrecht,* 1969, p. 75.

1823. Veja-se: *Lehrbuch,* 1922, §40, p. 179. Contra, já então: BAR, Carl Ludwig v. *Gesetz und Schuld,* 1903, §188, p. 367, n.r.149.

1824. Neste sentido: HSU, Yu-An. *Doppelindividualisierung und Irrtum,* 2007, p. 69. Anota, o Autor, que a motivação, por exemplo, difere de pessoa para pessoa, permanecendo como algo privado, e sem nenhuma relação lógica com o tipo.

1825. Informativo: HERZBERG, Rolf-Dietrich. Aberratio ictus und abweichender Tatverlauf. *ZStW* 23 (1973), p. 867 e ss. JAKOBS, Günther. *AT,* 1991, §8, n.m.80, p. 303.

tio também seja conhecida, na literatura alemã, como "*Danebenschiessen*"[1826] ("tiro ao lado", em uma tradução possível). A representação se baseia em uma equivocada percepção ótica, acústica ou de outra natureza sensorial, e o erro dos sentidos acaba por impedir um prognóstico completo do curso do evento, bem assim um controle integral.

Nessas situações, não há um erro de identidade, mas sim um "desvio no ataque", em que a vítima visada (inclusive sensorialmente) ou bem não é atingida, mas apenas outro indivíduo que estava nas proximidades, ou bem são atingidas a vítima visada e a outra (*aberratio ictus plurilesiva*)[1827]. Caso haja identidade entre o objeto de proteção da norma[1828], o que se postula é que sendo atingida mortalmente, *verbi gratia*, a vítima não-visada, deve-se reconhecer um homicídio tentado em concurso com um homicídio culposo[1829] (teoria da concretização), ou, na posição minoritária, o homicídio consumado, resolvendo-se o caso de modo análogo ao *error in persona*[1830] (teoria da equivalência)[1831].

1826. KÜHL, Kristian. *AT,* 2012, §13, n.m.29, p. 444. A expressão "*Danebenschiessen*" é de difícil tradução direta, mas representa algo como "tiro ao lado", para indicar que a vítima atingida é a que se encontra próxima da visada. Claro que é algo restrita, pois não cobre todas as constelações de *aberratio*.

1827. Veja-se: STUCKENBERG, Carl-Friedrich. *Vorstudien...,* 2007, p. 362. Sobre a solução no CP Brasileiro da *aberratio* „plurilesiva", pelo concurso formal de crimes: BUSATO, Paulo César. *Manual de direito penal,* 2017, p. 626.

1828. Indisputado que, não havendo identidade, deve-se cindir a imputação. Veja-se, por exemplo: ROXIN, Claus/GRECO, Luís. *AT,* 2020, §12, n.m.162, p. 629. Também: HERZBERG, Rolf-Dietrich. Aberratio ictus und abweichender Tatverlauf. *ZStW* 23 (1973), p. 873.

1829. Roxin, na base da teoria da realização do plano, defende que muitas vezes o objeto escolhido é estritamente vinculado ao objetivo do agente, e o erro se equipara a uma falha. Assim, nos casos em que a individualização se revela relevante, a *aberratio ictus* deve ser considerada, excluindo-se a imputação do resultado ao dolo. *AT,* 2020, § 12, n.m.194, p. 646. O problema é que Roxin resolve os casos de *error in persona* como sendo irrelevantes, o que é incongruente com o ponto de partida "subjetivista", já que tanto quanto na hipótese de *aberratio ictus*, o "plano do agente" falhou.

1830. Sobre isso: HSU, Yu-An. *Doppelindividualisierung und Irrtum,* 2007, p. 210, a anotar que a solução é incontroversa, nos casos em que haja uma proximidade entre a vítima visada e a atingida. Para o Autor, o conhecimento abstrato do agente, no sentido de que o resultado, regularmente, pode ocorrer, e sua indiferença quanto a ele, justifica a imputação ao dolo. No Brasil, esta solução é determinada expressamente pela lei, no artigo 73 do Código Penal. Na literatura brasileira: BRUNO, Aníbal. *Direito Penal, Parte Geral. Vol.1,tomo II.* 2 ed. Rio de Janeiro: Forense, 1959, p. 124-125: "*não é o momento psicológico da ação que vai ser viciado, mas afase executiva que não vai corresponder exatamente ao querido pelo autor*". Também, sobre a disciplina do CP de 1940 (em seu artigo 53), e a defender a solução da equivalência, esclarecendo-se que todos os elementos essenciais da representação se fazem presentes ("*propósito de matar um homem, a morte de um homem e o nexo de causalidade entre a ação e o evento letal*"), veja-se: HUNGRIA, Nelson. *Comentários ao Código Penal,* Vol. I, tomo 2, 1957, pp. 242-243.

Veja-se ainda, com referência ao tratamento do tema no Direito Penal do século XVIII: ALVES, Sílvia. *Punir e humanizar. O direito penal setecentista*, 2014, p. 831, a anotar que a *aberratio* era inoperante.

1831. Explicativo, em uma síntese das duas perspectivas, com referência aos distintos resultados: PRITTWITZ, Cornelius. Zur Diskrepanz zwischen Tatgeschehen und Tätervorstellung. *GA,* 1983, pp. 111-112. A reconhecer a teoria da equivalência, o julgado do STJ Português: JSTJ00035325, publ.19/11/1998, acentuando-se: "*quando os crmes projectado e executado são iguais, o erro na*

A posição majoritária parte, para o deslinde, da "teoria da concretização" (*Konkretisierungstheorie*), e tende a negar o dolo no que se refere à vítima não-visada e atingida[1832], caracterizando-se o desvio causal como relevante, salvo nos casos em que o resultado esteja desde logo abrangido pelo dolo eventual (como nos casos em que o agente dispara contra a vítima que se encontra em uma multidão)[1833]. A razão para a diferenciação – no que toca ao *error in persona* – consistiria em que se pode interpretar que há duas ações, e que aquela que produziu o resultado não era igualmente representada e controlada pelo agente, ou seja, o domínio se apresenta diverso[1834]: o sujeito "domina" e "expressa" uma tentativa de homicídio contra a vítima visada, mas não expressa o mesmo controle no que toca à vítima atingida, em razão do desvio causal[1835]. Nesta última concepção, é certo que pode se dar um caso em que o agente efetua um único disparo contra a vítima, que se encontrava sozinha em um local, mas por um desvio vem a atingir um terceiro que ingressou inopinadamente na linha de tiro. Aqui, é de se admitir que o sujeito não controlava a ação nem tinha uma representação segura do risco criado, ou seja, não realizou um perigo doloso (e sim um perigo possivelmente – caso previsível – culposo)[1836], sendo norma-

execução (aberratio ictus) é de todo irrelevante, pois sendo o bem jurídico protegido o mesmo, é indiferente, sob o ponto de vista da culpa, a pessoa a quem a vida é tirada".

1832. Já assim, na literatura mais antiga: GEIB, Gustav. *Lehrbuch des Deutschen Strafrechts. Zweiter Band.* Leipzig: Hirzel, 1862, §97, p. 271. Contemporaneamente: HERZBERG, Rolf-Dietrich. Aberratio ictus und abweichender Tatverlauf. *ZStW* 23 (1973), pp. 883, 890-891. Também: JAKOBS, Günther. *AT,* 1991, §8, n.m.80, p. 303. JESCHECK, Hans-Heinrich. WEIGEND, Thomas. *AT,* 1996, §29, p. 313. BACKMAN, Leonhard. Die Rechtfolgen der aberratio ictus. *JuS* 11 (1971), p. 116. KORIATH, Heinz. Einige Gedanken zur aberratio ictus. *JuS* 37 (1997), p. 907. STRATENWERTH, Günter. Objektsirrtum und Tatbeteligung. *In*: ARZT, Gunther *et al.* (Hrsg.). *Festschrift für Jürgen Baumann*, zum 70. Geburstag. Bielefeld: Ernst und Werner Gieseking, 1992, p. 62. PALMA, Maria Fernanda. *Direito Penal - Parte Geral,* 2017, p. 204. DIAS, Jorge de Figueiredo. *Direito Penal - Parte Geral, Tomo I,* 2012, pp. 361-362. KÜHL, Kristian. *AT,* 2012, §13, n.m.32, p. 445. HETTINGER, Michael. Die Bewertung der aberratio ictus beim Einzeltäter - Gedanken zum Verhältnis von Sachverhalt und Gesetz, *GA,* 1990, p. 531 e 549. HRUSCHKA, Joachim. Die Herbeiführung eines Erfolges durch einen von zwei Akten bei eindeutigen und mehrdeutigen Tatsachenfeststellung. *JuS,* 1982, p. 318. Na literatura brasileira, há mais tempo, veja-se: SILVA, Antonio José da Costa e. *Código Penal dos Estados Unidos do Brasil commentado.* São Paulo: Companhia Editorial Nacionao, 1930, p. 171.

1833. Com referências: HSU, Yu-An. *Doppelindividualisierung und Irrtum,* 2007, p. 210. Veja-se ainda: JOECKS, Wolfgang. *MK,* 2017, §16, n.m.100, p. 859.

1834. Assim: PRITTWITZ, Cornelius. Zur Diskrepanz zwischen Tatgeschehen und Tätervorstellung. *GA* 1983, p. 128.

1835. Veja-se: PALMA, Maria Fernanda. *Direito Penal - Parte Geral,* 2017, p. 205. Segundo a Autora, as razões para a diferenciação entre a *aberratio ictus* e o erro sobre a pessoa são de ordem descritiva (= domínio da ação pela vontade) e teleológica (de merecimento de pena). Ainda conforme a Autora, a questão é saber se o agente teve condições de se motivar de acordo com a norma que proíbe o homicídio relativamente à sua ação nas circunstâncias concretas, o que, na *aberratio ictus*, não se verificaria. Op. cit. p. 206. Próximo, no que se refere aos casos de dolo eventual, em que o sujeito assume o risco de atingir a vítima não visada: KÜHL, Kristian. *AT,* 2012, §13, n.m.31, p. 444.

1836. Sobre isso: PUPPE, Ingeborg. *Vorsatz und Zurechnung,* 1995, p. 50. A mesma: *AT,* 2011, §10, n.m.40, p. 145.

tivamente aceitável o reconhecimento de um delito de homicídio tentado e de um homicídio culposo consumado[1837].

Mas a teoria da concretização se vê em especial dificuldade nas situações em que a identidade da vítima não configura um dado de relevo para o agente, como nos casos de ataques terroristas – ou alguém está disposto a negar a consumação aqui? –, ainda que o agente faça mira contra um alvo específico, atingindo outro, ou outros, que estejam na zona de tiro. Uma solução pela tentativa em concurso com homicídio culposo dificilmente se sustentaria em situações que tais[1838]. Além disso, em se tratando de delitos contra a propriedade, a teoria da concretização, incoerentemente, tende a reconhecer o ilícito consumado[1839], independentemente de ter sido atingida a "coisa" visada, quebrando-se a unidade sistemática. Isso também ocorre em se tratando de delitos cuja tentativa não é punível, nem há previsão da modalidade negligente, como o delito de "falsa suspeita" (§164, I, do *StGB*), caso em que o BGH já reconheceu o delito consumado em situação na qual a vitima pretendida não foi alvo da persecução penal, mas sim sua secretária[1840].

Não há dúvidas de que o padrão interpretativo da teoria da concretização é psicológico-naturalista, e não normativo, na medida em que se acentua que a medida de valoração é sempre a representação efetiva do agente e acaba por exigir,inclusive, uma concretização das elementares típicas, já não bastando uma "identidade de gênero"[1841].

Já para a minoritária "teoria da equivalência"[1842] (*Gleichwertigkeitstheorie*), o que se leva em conta é apenas o gênero da característica típica, que deve ser compreendido pelo agente. Uma vez que o sujeito queria realizar a ação de matar um homem, e mata de fato um homem, deve-se reconhecer o homicídio

---

1837. Assim: JESCHECK, Hans-Heinrich/WEIGEND, Thomas. *AT,* 1996, §29, p. 313. Para Roxin/Greco, que partem da teoria da realização do plano, a teoria concretizadora merece acolhida caso o plano do agente pressuponha um objeto concreto (uma vítima concreta). Em situações de vítima não individualizada, ou de *dolus alternativus,* deve se empregar a teoria da indiferença. Veja-se: ROXIN, Claus/GRECO, Luís. *AT,* 2020, §12, n.m.166, p. 631.

1838. Ainda que adira à teoria concretizadora, a reconhecer a não aplicação em tais casos: KÜHL, Kristian. *AT,* 2012, §13, n.m.36, p. 446. Veja-se, neste sentido: BGH 3 StR 139/06, 24.

1839. A reconhecer esta tendência da jurisprudência: FRISTER, Helmut. *AT,* 2015, §11, n.m.56.

1840. Sobre o julgado: HERZBERG, Rolf-Dietrich. Aberratio ictus und abweichender Tatverlauf. *ZStW* 23 (1973), p. 868. Também: JAKOBS, Günther. *AT,* 1991, §8, n.m.81, p. 304. A concordar com o resultado, mas por outros fundamentos: PRITTWITZ, Cornelius. Zur Diskrepanz zwischen Tatgeschehen und Tätervorstellung. *GA* 1983, p. 131. Mantém, o Autor, seu critério no sentido de que, não havendo, desde logo, percepção sensorial, o curso causal foi apenas objeto da representação, caso em que o desvio é irrelevante em sendo o bem jurídico, da mesma espécie, atingido.

1841. Veja-se, assim: BURCHARD, Christoph. *Irren...,* 2008, p. 83.

1842. Na literatura mais distante: KÖSTLIN, Christian Reinhold. *Neue Revision der Grundbegriffe des Criminalrechts*, 1845, p. 285. BELING, *Die Lehre vom Verbrechen,* 1906, p. 324. Com referências: HEUCHEMER, Michael. Zur Verabschiedung de Lehre vom konkreten Vorsatz und der Beachtlichkeit der *aberratio ictus* als Ausschnitt einer normativen Revision der Vorsatzlehre. *In*: BOCKEMÜHL, Jan (Hrsg.). München: C.H. Beck, 2015, p. 188. Explicativamente: PUPPE, Ingeborg.

consumado[1843], ainda que a vítima não visada tenha sido a atingida[1844]. Representações que não se referem ao tipo ("extratípicas"), expectativas e desejos, se apresentam irrelevantes no que se refere à imputação do dolo; caso contrário, caberia ao próprio agente, e não ao legislador, definir a extensão da imputação subjetiva[1845].

Uma das principais objeções opostas à teoria da equivalência, vai no sentido de que conduz a uma verdadeira "ficção de dolo", deduzindo-se que se A "quis" matar B, sendo B um homem, então A também "quis" matar C, porque é um homem[1846]. Mas a objeção é refutável: o que a teoria da equivalência aponta é que simplesmente não interessa, para a imputação do dolo - e também do resultado ao dolo -, a individualização da vítima[1847]. Esta a razão, em síntese, para a equiparação do *error in persona* e da *aberratio ictus*. Retomando-se tudo à luz da teoria da imputação hegeliana, o que importa ver é se o agente conhecia o caráter geral da ação e realizou um ataque contra a norma de dever[1848], nada interessando seus motivos no sentido psicológico[1849].

Vorsatz und Zurechnung, 1992, p. 10. Com distinções entre equivalência material" e „equivalência formal", também: HILLENKAMP, Thomas. *Die Bedeutung von Vorsatzkonkretisierungen bei abweichenden Tatverlauf.* Gottingen: Otto Schwartz, 1971, p. 126. A bem da verdade, Hillenkamp considera que a equivalência material somente se configura caso a individualização do objeto do ataque seja algo indiferente para o tipo, como se dá nos crimes contra a propriedade, o que não ocorre no homicídio, pois particularidades da vítima podem interferir na qualificação (descendente, ascendente etc). O Autor defende, por tanto, que a *aberratio ictus*, nos casos de bens jurídicos „elevadamente pessoais", deve ser considerada, mas não deve relevar em relação a bens jurídicos não dependentes de indivualização („teoria da equivalência material"). *In*: 32 *Probleme aus dem Strafrecht*, 2017, p. 74 e ss. Na literatura portuguesa, a defender a teoria da equivalência, mas aparentemente a se referir a um caso em que o desvio está coberto pelo dolo eventual, veja-se: CARVALHO, Américo Taipa de. *Direito Penal - Parte Geral. Questões fundamentais. Teoria geral do crime.* 2. ed. (reimp.). Coimbra: Coimbra, 2011, §589, p. 323. E em defesa da teoria da equivalência, em uma perspectiva finalista: ASCENSÃO, José de Oliveira. *Ação finalista e nexo causal*, 1956, p. 198.

1843. Já assim: KÖSTLIN, Christian Reinhold. *Neue Revision der Grundbegriffe des Criminalrechts*, 1845, pp. 286-287. Ainda: LOEWENHEIM, Ulrich. Error in objecto und aberratio ictus - OLG Neustadt, NJW 1964, 311. *JuS* 1 (1966), p. 312. Criticamente, mas informativo acerca do „Direito Comum" e das posições de Carpzov e Clarus, veja-se: LISZT, Franz v. *Lehrbuch,* 1922, §40, p. 180.

1844. Veja-se: WELZEL, Hans. *Das deutsche Strafrecht,* 1969, p. 73. SCHROTH, Ulrich. *Vorsatz und Irrtum,* 1998, p. 101

1845. PUPPE, Ingeborg. *NK*, 2013, § 16, n.m.73, p. 720 e n.m.96, p. 728.

1846. Sobre a imputação de ficção do dolo: KORIATH, Heinz. Einige Gedanken zur aberratio ictus. *JuS* 37 (1997), p. 903.

1847. Neste sentido: PUPPE, Ingeborg. Umgang mit Gegenmeinungen (*zu Koriath, JuS 1997, 901). JuS* 38 (1998), p. 288. Criticamente, a apontar que a própria teoria da equivalência, ao se referir a uma representação vinculada à espécie do objeto (ex.: homem), também se mantém em um duto psicologista: BURCHARD, Christoph. *Irren ist Menschlich,* 2008, p. 87.

1848. Assim: KÖSTLIN, Christian Reinhold. *Neue Revision der Grundbegriffe des Criminalrechts,* 1845, p. 286, a separar, estritamente, „*Vorsatz*" e „*dolus*" *(Absicht)*. Assinala, o Autor, que nada interessa para a ordem jurídica saber se a vítima do homicídio é amigo ou inimigo do agente, pois a norma diz „você não deve matar", apenas.

1849. Em uma perspectiva que parte de uma análise antropológica, bem assim ética, Burchard

Entre as duas teorias (da concretização e da equivalência), avalio, novamente, que o fator de deslinde não deva ser a vontade[1850], nem o conhecimento no sentido psicológico, nem exclusivamente a percepção sensorial (*sinnliche Wahrnehmung*) do sujeito tal qual, nem tampouco a referência à uma valoração pré-jurídica (em termos de "sentimento de justo"), mas sim, fundamentalmente, a natureza/qualidade do perigo criado[1851]. A relevância do desvio deve ser algo normativamente decido[1852]: "*não o arbítrio do autor, mas o Direito decide em que pontos a representação do autor precisa coincidir com a realidade, para que esta realidade lhe possa ser imputada como sua obra dolosa*"[1853].

Caso haja uma situação de proximidade entre as vítimas, e o perigo criado seja um perigo doloso e desprotegido, e o resultado de realização provável ou regular (em termos de conhecimento abstrato), nada impede o reconhecimento do homicídio doloso consumado, atingida que seja a vítima visada ou não-visada[1854] (no sistema brasileiro, isso é o que determina a lei, repise-se). Assim, se um sujeito, com uma metralhadora, dispara contra uma multidão para matar um único político, e acaba por atingir, por erro, outra, ou outras pessoas; ou se o sujeito atira à longa distância contra a vítima, que se encontra ao lado de outra pessoa, há de se reconhecer o delito de homicídio doloso consumado[1855], com fundamento no perigo doloso que o agente, conscientemente (ao menos no sentido do conhecimento abstrato), realizou[1856].

esclarece que o sujeito não pode ser privilegiado, em casos que tais, em virtude da "falibilidade humana". Ao contrário, é exatamente em virtude da tendência ao erro que o sujeito tem, em uma ética da responsabilidade, o dever de se preocupar com a esfera jurídica alheia. Se o agente toma uma decisão pelo ilícito, não pode se afastar da responsabilidade pelos resultados colaterais previsíveis, mesmo que não previstos, com apoio em sua própria falibilidade. Veja-se: *Irren ist menschlich,* 2008, p. 502.

1850. Também: HEUCHEMER, Michael. *FS-Heinegg,* 2015, p. 194.

1851. Veja-se: PUPPE, Ingeborg. *Vorsatz und Zurechnung,* 1992, p. 49.

1852. De acordo: HSU, Yu-An. *Doppelindividualisierung und Irrtum,* 2007, p. 74.

1853. PUPPE, Ingeborg. *NK,* 2013, § 16, n.m.74, p. 720. De acordo, no que tange à necessidade de decidir a questão em uma perspectiva normativa: PRITTWITZ, Cornelius. Zur Diskrepanz zwischen Tatgeschehen und Tätervorstellung. *GA* 1983, p. 125.

1854. Neste sentido: PUPPE, Ingeborg. *NK,* 2013, § 16, n.m.104, p. 731. Ainda que por outro caminho: COSTA, António Manuel de Almeida. *Ilícito pessoal, imputação objectiva e comparticipação em direito penal,* 2014, p. 636, n.r.145. Na jurisprudência recente, a se afastar a ab*erratio ictus* e confirmar o dolo: BGH 4 StR 369/08 (o agente, no caso, desferiu um golpe de machado contra o amante, e atingiu mortalmente a esposa, que estava deitada com este em um sofá).

1855. A reconhecer o homicídio consumado em tais casos, mas desde que o erro esteja contido na "decisão dolosa ampla", tendo o agente previsto e aceitado o resultado: PALMA, Maria Fernanda. *Direito Penal – Parte Geral,* 2017, p. 206. Note-se que em tais hipóteses (de dolo eventual), há ainda quem reconheça um delito de homicídio consumado em concurso com homicídio tentado: ROXIN, Claus/GRECO, Luís. *AT,* 2020, §12, n.m.164, p. 629. Essa solução contudo, não se sustenta, pois sobrevaloriza a motivação em detrimento do resultado, e da ligação entre este e o perigo doloso. Além disso, com o resultado-morte o dolo "se consumiu". No último sentido, corretamente: KÜHL, Kristian. *AT,* 2012, §13, n.m.31, n.r.39, p. 444.

1856. Note-se que os defensores da teoria da concretização afirmariam o dolo em tal situação,

A disputa se restringe, portanto, aos casos em que não se reconhece o dolo eventual no que toca ao resultado não-visado (*v.g.*, a morte da vítima não-visada)[1857], em que se vislumbra uma efetiva falta de controle do agente quanto ao último, imputável a título de culpa[1858]. Mas o critério, também aqui, há de ser a qualidade do perigo criado, que deve se referir, também, ao resultado efetivo[1859], e não o propósito ou a representação do agente quanto a aspectos irrelevantes de concretização.

O afastamento do dolo, no caso de uma vítima real que se localizava a uma distância considerável da vítima visada se dá porque o que constitui, no caso, o perigo doloso, é exatamente a circunstância de o agente *fazer pontaria*: disparar contra outrem, fazendo pontaria contra zona importante do corpo é um método idôneo de matar e configura um perigo doloso. Em relação à vítima não-visada, que não se encontrava próxima da objetivada, *não há pontaria*: há criação de um risco proibido, mas este é um risco de negligência. Isso é o que justifica a não-imputação do resultado ao dolo, pouco importando, para efeitos de exame dos fundamentos da teoria aqui defendida, que o resultado a que se chegue seja o mesmo daquele alcançado pela doutrina dominante, ainda que por outro caminho.

Outro problema surge nos casos de fronteira entre a *aberratio ictus* e o *error in persona vel objecto*, em que o sujeito não tem o controle directo e imediato da ação, como nos casos de autoria mediata ou, especialmente, de execução à distância[1860]. *"Bombenleger-Fall"*: "A" introduz uma bomba no veículo de "B", para matá-lo, com um dispositivo temporal, contudo "C" ingressa no veículo e o

uma vez que o dolo eventual, quanto à vítima não-visada, se faz presente. Por todos: ROXIN, Claus/ GRECO, Luís. *AT,* 2020, §12, n.m.164, p. 629.

1857. Já então, inclusive no que toca à eventual concurso material, caso haja dolo eventual quanto à vitima não visada: HUNGRIA, Nelson. *Comentários ao Código Penal,* Vol. I, tomo 2, 1957, pp. 244.

1858. A crítica de Yu An Hsu direcionada à Puppe, neste particular, é de todo injustificada. O Autor considera que mesmo nos casos em que o curso causal se apresenta "completamente extraordinário", a teoria da equivalência conduziria à afirmação do dolo: o sujeito que atira contra o companheiro, em um local deserto, e vem a atingir outrem que se encontrava atrás de uma rocha a assistir a contenda, haveria de ser condenado por homicídio doloso consumado, uma vez que queria matar um homem e, ao final, matou um homem. Contudo, a crítica desconsidera que Puppe, neste caso, negaria o perigo doloso contra o terceiro, pois disparar em um local deserto não é uma "estratégia idônea" de matar uma pessoa não visada. Curto: o perigo gerado, no que se refere ao terceiro, é um perigo de negligência. Não o que o agente quis realizar irá definir a imputação, e excluir o dolo no que se refere ao resultado, mas sim a qualidade do perigo criado. De qualquer sorte, Yu-An Hsu, logo em seguida, reconhece que o critério "posteriormente desenvolvido" por Puppe, do perigo doloso, soluciona corretamente os casos. Op. cit. p. 84.

1859. PUPPE, Ingeborg. Zur Revision der Lehre vom "konkreten" Vorsatz und der Beachtlichkeit der aberratio ictus. *GA* 1981, p. 1. A mesma: *Vorsatz und Zurechnung,* 1995, p. 50. PUPPE, Ingeborg. *NK*, 2013, § 16, n.m.106, p. 732.

1860. Informativo, com referências a múltiplas hipóteses: JAKOBS, Günther. *AT,* 1991, §8, n.m.81, p. 304.

artefato explode, matando-o; ou ainda, a bomba se instala, por erro, no veiculo do vizinho, que nele ingressa e é morto pela explosão[1861]. "X" envia uma carta-bomba para "Y", contudo o carteiro entrega, por erro, a carta a "Z", que morre em razão da explosão. Estes casos são catalogáveis como de *aberractio ictus* ou *error in persona*? Nestas situações, sustenta-se, em razão do domínio do fato e da falta de contato sensorial entre o agente e a vítima (tido como pressuposto geral da *aberratio ictus*[1862]), o tratamento segundo o *error in persona*[1863]. Mas as situações são mesmo limítrofes, tanto podendo ser manejadas como casos de *aberratio ictus* como de *error in persona*, sendo certo que a solução dependerá de particularidades do caso concreto[1864].

No caso da bomba instalada no veículo, parece não haver dificuldades em se afirmar o dolo caso algum membro da família da vítima visada se utilize do automóvel; integra o conhecimento abstrato do sujeito – como um membro de uma comunidade de vida – que um automóvel é utilizado de modo não personalíssimo, mas sim pelos membros de uma família. Contudo, a solução já parece ao menos clara no caso de um ladrão ingressar no automóvel para furtá-lo, provocando a explosão, o que se revela fora do âmbito da experiência normal, e da conexão com o risco proibido gerado pelo agente[1865]. O que é preciso acentuar é que a

---

1861. Veja-se o julgado: BGH NStZ 1998, 294. O BGH considerou que nestas situações o que se dá é algo equivalente a percepção sensorial, já que, face ao modo de execução, a vítima só é identificada mediatamente. Daí a classificação como sendo um caso de *error in persona*.

1862. Neste sentido, por exemplo: PRITTWITZ, Cornelius. Zur Diskrepanz zwischen Tatgeschehen und Tatvorstellung. *GA* 1983, p. 134.

1863. Assim: PALMA, Maria Fernanda. *Direito Penal - Parte Geral,* 2017, p. 208. Note-se que a Autora também reconhece o *error in persona* nos casos de instigação, em que o autor material erra sobre a identidade da vítima ("desvio de mandato"), rejeitando a solução pela *aberratio ictus*. Op. cit. p. 209. Também, a reconhecer o *error in persona*: PUPPE, Ingeborg. Zur Revision der Lehre vom "konkreten" Vorsatz und der Beachtlichkeit der aberratio ictus. *GA* 1981. A mesma: *Vorsatz und Zurechnung,* 1992, p. 52. JAKOBS, Günther. *AT,* 1991, §8, n.m.81, p. 304. PRITTWITZ, Cornelius. Zur Diskrepanz zwischen Tatgeschehen und Tätervorstellung. *GA* 1983, p. 130, a assinalar que no caso o sujeito controla apenas a sua representação, pois não tinha, desde o início, percepção sensorial. Contra, a reconhecer a relevância do erro, e a excluir a imputação do resultado: HERZBERG, Rolf-Dietrich. Aberratio ictus und error in objecto (1.Teil). *JA* 13 (1981), p. 473. Para Herzberg, nestes casos, em que não há percepção sensorial, o critério deve ser a „percepção mental", direcionada a um alvo específico.

1864. Não poderei me aprofundar aqui, por limites do trabalho, nesta questão. Sobre o assunto veja-se, por todos: HSU, Yu-An. *Doppelindividualisierung und Irrtum,* 2007, pp. 18-19; 216-220, com análise de julgados do BGH. Veja-se ainda, na doutrina portuguesa, a reconhecer as dificuldades de deslinde: PALMA, Maria Fernanda. *Direito Penal - Parte Geral,* 2017, pp. 207.

1865. Stratenwerth, nos casos de não-percepção sensorial da vítima, propõe que se a bomba é instalada no veículo, o risco se direciona, de modo concretizado, ao primeiro utilizador, permitindo-se, para o Autor, deslindar os casos de *aberratio ictus* e *error in persona*. A questão, para Stratenwerth, está na identificação dos pressupostos que o agente preparou para o ataque (não da vítima em si), ou seja, em saber se estes se verificaram, caso em que se dá um mero *error in objecto*, ou não, caso em que pode se configurar a *aberratio ictus*. *In*: *FS-Baumann*, 1992, pp. 60;61;69. Jakobs aponta um caso análogo: o agente envenena o remédio para o sono da esposa, para que esta o beba à noite. Contudo, um ladrão ingressa à casa e toma a bebida, o que provoca sua morte. Nesta situação, o

percepção sensorial da vítima concreta não consubstancia o critério único, nem mesmo o decisivo, da imputação do resultado ao dolo.

Não parece, de todo modo, possível oferecer, assim, solução apriorística que possa deslindar os casos de *aberratio ictus* e *error in persona*[1866], o que conduz a uma disputa sem esperança, no que se refere à classificação[1867].

Tudo a confirmar que o mais importante não é a *classificação* do erro, mas sim sua *relevância* para a imputação. E essa relevância não se define segundo um estado de consciência do agente quando do fato, nem da "imagem de espelho" (*Spiegelbild*) entre a representação e o curso causal, e sim a partir daquilo que a ação realizada expressou em face da norma, em termos de execução do risco proibido.

De se conceder integral razão à Puppe, no sentido de que o "erro cardinal" da teoria da *aberratio ictus*, na sua versão da teoria da concretização, consiste em que entrega ao agente a competência para decidir acerca da necessária concordância do resultado com a sua representação[1868], em uma inaceitável concessão psicologista, que tem sido refutada insistentemente durante toda esta investigação.

No plano normativo, o que a "teoria contretizadora" desconsidera é que o ilícito, mesmo nos delitos "contra bens jurídicos individuais", não se estabelece em face da lesão "do" bem individual, mas sim na *lesão do interesse geral na validade da norma que protege bens jurídicos individuais*[1869], que foi negada expressamente pelo agente. Por outras palavras, do que cuida o Direito Penal é da confirmação da validade da norma, e este há de ser o princípio orientador da teoria da imputação[1870]. Se é assim, o que interessa é avaliar se a ação representou uma negativa imediata e frontal da norma (que proíbe o homicídio, *v.g.*), e não qual era a motivação específica do agente (ex. matar "A" ou "B"), e nem tampouco a efetiva facticidade de uma representação equivocada na consciência do agente[1871]. Uma solução diversa, de acento psicológico, acaba por se revelar contraditória, na medida em que nos casos clássicos de *error in persona vel objecto* também há uma divergência, em termos de "motivação" e de "objetivo"

agente não criou um risco proibido no que se refere ao ladrão, não podendo ser imputado o resultado, nem mesmo à título de negligência. Veja-se ainda: KÜHL, Kristian. *AT,* 2012, § 13, n.m.27. WESSELS, Johannes/BEULKE, Werner / SATZGER, Helmut. *AT,* 2015, §7, n.m.364, p. 109.

1866. Assim: WALTER, Tonio. *Der Kern des Strafrechts,* 2006, p. 289.

1867. A recusar, expressamente, qualquer autonomia à *aberratio ictus*: HEUCHEMER, Michael. *FS-Heinegg,* 2015, p. 210.

1868. *NK,* 2013, § 16, n.m.103, p. 730.

1869. Neste sentido, corretamente: FRISTER, Helmut. *AT,* 2015, § 11, n.m. 58, p. 159. Também, com apoio na doutrina de Köstlin e dos hegelianos: HEUCHEMER, Michael. *Der Erlaubnistatbestandsirrtum,* 2005, p. 270.

1870. Assim: HEUCHEMER, Michael. *FS-Heinegg,* 2015, p. 204, com suporte no conceito de ação hegeliano.

1871. BURCHARD, Christoph. *Irren ist menschlich,* 2008, pp. 81;89.

da ação, entre o resultado e a meta do agente (=o plano falha). Ademais, ainda que assim não se queira compreender, no caso da *aberratio ictus* também é atingido um bem jurídico individual, como por exemplo a vida ou integridade corporal da vítima, e não apenas um "valor abstrato"[1872]. Somente no caso de a qualidade do perigo criado se alterar de modo relevante - como no caso do tiro à distância, em que terceiro, inopinadamente, ingressa na área de fogo - é que se justifica, enfim, a não imputação do resultado ao dolo. Nas demais hipóteses, haja (*error in persona*) ou não haja (*aberratio ictus*) "percepção sensorial", o resultado é de se atribuir ao dolo, independentemente da divergência entre a representação do sujeito e o curso causal, uma vez que basta o conhecimento, pelo último, como pessoa racional, do caráter geral da ação[1873].

2.9. O erro sobre as circunstâncias de uma causa de justificação (erro de tipo permissivo / *Erlaubnistatbestandsirrtum*)

Como já se assinalou, a revisão funcional da teoria da imputação subjetiva deve se realizar segundo um princípio unificador, e não de modo fragmentado, como se cada categoria do delito fosse um estrato completamente independente. Esta difícil tarefa recobra uma análise de um dos temais mais controvertidos na dogmática, especialmente até meados do século passado, qual seja, o do erro sobre as circunstâncias de uma causa de justificação e do erro sobre sua existência e limites, respectivamente designados como "erro de tipo permissivo" e "erro permissivo/erro de permissão" (ou de "proibição indireto").

No erro de tipo permissivo o agente reconhece mal a situação fática e supõe a existência de circunstância que, abstratamente, corresponderia ao fundamento de uma justificante existente[1874]; distingue-se do denominado "erro de proibição indireto" ou erro de permissão uma vez que neste o agente erra sobre a existência de uma justificante ou sobre seus limites normativos[1875], enquanto no primeiro, o erro incide sobre os pressupostos fáticos (*Tatbestand*) de uma justificante realmente reconhecida pela lei[1876].

Na Alemanha, o erro de tipo permissivo não recebeu tratamento autônomo, não se subsumindo diretamente nem ao §16, 1, nem ao §17 do *StGB*, o que

1872. De acordo: PUPPE, Ingeborg. *NK*, 2013, § 16, n.m.96. Observa, a Autora, que a lei protege ambos os interesses de igual modo através da mesma norma, não se exigindo qualquer concretização do dolo no que se refere ao objeto de ataque.

1873. De acordo: HEUCHEMER, Michael. *FS-Heinegg*, 2015, p. 210. Mais recentemente: VELTEN, Petra. Vorsatz und Kausalitat, *FS-Urs Kindhäuser*, p. 584.

1874. Explicativamente: KÜHL, Kristian. *AT*, 2012, §13, n.m.67, p. 462. HEUCHEMER, Michael. *Erlaubnistatbestandsirrtum*, 2005, p. 27.

1875. Veja-se: DIAS, Jorge de Figueiredo. *O problema da consciência da ilicitude em direito penal*, 1987, p. 437.

1876. Informativo: HEUCHEMER, Michael. *Erlaubnistatbestandsirrtum*, 2005, p. 28, permite uma ampla discussão na doutrina, inclusive de *lege lata*[1877]. Em Portugal e no Brasil o erro de tipo permissivo foi expressamente regulado pelo legislador[1878], e equiparado ao erro sobre as circunstâncias do tipo, e sempre conduz à exclusão do dolo, sem que haja qualquer indagação acerca dos seus fundamentos, em alinhamento com a teoria limitada da culpa.[1879] O erro só pode justificar, assim, a censura da negligência, caso presentes seus pressupostos, ou seja, caso o erro seja considerado como evitável[1880].

A *ratio* da equiparação do erro sobre as elementares do tipo e do erro sobre a presença de uma circunstância que excluiria a ilicitude do comportamento (caso efetivamente existisse), consiste, na visão da doutrina majoritária[1881], em que o agente atua, nos dois casos, de forma concordante com o valor acolhido na norma[1882]. O que se dá é que, no plano ôntico, há um desacordo fático

---

1877. Neste sentido, e a reconhecer que isso não se dá no que toca ao erro de tipo, face à redação do §16 do *StGB*: HEUCHEMER, Michael. *Erlaubnistatbestandsirrtum*, 2005, p. 274. Veja-se ainda, sobre a discussão na doutrina: SCHROTH, Ulrich. Die Annahme und das „für-möglich-halten" von Umständen, die einen anerkannten Rechtfertigunsgrund begründen. *In*: HAFT, Fritjof *et al.* (Hrsg.). *Festschrift für Arthur Kaufmann zum 70. Geburstag*. Heidelberg: C.F. Müller, 1993, pp. 595.

1878. Sobre a evolução da matéria no Direito Português, veja-se: DIAS, Jorge de Figueiredo. *O problema da consciência da ilicitude em direito penal,* 1987, p. 418 e ss. Na literatura brasileira, veja-se: Sobre a disciplina do CP de 1940, e a defender a solução da equivalência, esclarecendo-se que todos os elementos essenciais da representação se fazem presentes (*"propósito de matar um homem, a morte de um homem e o nexo de causalidade entre a ação e o evento letal"*), veja-se: HUNGRIA, Nelson. *Comentários ao Código Penal,* Vol. I, tomo 2, 1957, pp. 223, a equiparar o caso ao "erro de fato". NUCCI, Guilherme de Souza. *Curso de direito penal,* 2017, p. 572, a reconhecer que a legislação disciplinou a matéria conforme a teoria limitada da culpabilidade, mas a considerar que, a rigor, se trata de situação de erro de proibição e que o correto seria submetê-la à teoria extremada da culpabilidade.

1879. Na literatura portuguesa mais recente, veja-se: COSTA, António Manuel de Almeida. *Ilícito pessoal, imputação objectiva e comparticipação em direito penal,* 2014, pp. 612-613, a anotar que o comportamento, na perspeciva do "homem médio" não desvela a atitude de contrariedade ou indiferença ao dever-ser jurídico penal.

1880. Diametralmente contra: HEUCHEMER, Michael. *Erlaubnistatbestandsirrtum,* 2005, p. 294.

1881. Neste sentido: ENGISCH, Karl. Tatbestandsirrtum und Verbotsirrtum bei Rechtifertigungsgründe: Kritische Betrachtungen zu den §§19 und 40 des Entwurfs 1958. *ZStW* 70 (1950), p. 591. Próximo, e com apoio em Engisch: DIAS, Jorge de Figueiredo. *O problema da consciência da ilicitude em direito penal,* 1987, p. 424, embora, a ressaltar, que o "impulso" (derivado do conhecimento factual, no caso inexistente) deva ser sempre interpretado objetivamente, e não em uma chave psicológica. Criticamente, a ressaltar a inadequação da solução psicologista, que não perquire acerca das razões do erro: HEUCHEMER, Michael. *Erlaubnistatbestandsirrtum*, 2005, pp. 53-55; 273. Vejam-se dois interessantes exemplos apresentados pelo Autor, em que o erro de tipo permissivo se afigura mais censurável do que o erro de permissão em op. cit. pp. 51-53. A questão é demonstrar que nem sempre um erro sobre a factualidade se revela menos hostil ao Direito em comparação ao erro sobre a ilicitude.

1882. Assim: ROXIN, Claus. *AT,* 2006, §14, n.m.62. Também: KÜHL, Kristian. *AT,* 2012, §13, n.m.71, p. 465. Esclarece, o último Autor, que o agente não quer realizar o injusto e quer se manter no âmbito do permitido pelo Direito, mas apenas avalia mal a situação fática, não deixando de ser leal ao Direito. No mesmo sentido, mas com referência a sua concepção de ilícito pessoal subjetivo-objetivo: COSTA, António Manuel de Almeida. *Ilícito pessoal, imputação objectiva e com-*

entre a realidade e a representação, que não expressa, contudo, a negativa de reconhecimento de validade da norma, ou uma "decisão direta contra o bem jurídico protegido".

A discussão, no plano dogmático, não se torna despropositada, nem mesmo no que concerne ao Direito positivo português[1883] ou brasileiro[1884], uma vez que, ainda que a consequência seja a aplicação da pena do delito culposo, pode-se sustentar que isso apenas foi uma escolha de política criminal, que pode ser questionada no plano científico-dogmático. De mais a mais, esta é uma investigação teórica sobre os fundamentos da imputação subjetiva, e não se vincula ao direito positivo de determinado ordenamento (português, alemão ou brasileiro), pois também se propõe a criticá-lo, inclusive pela via da análise do direito comparado e com propostas de revisão de *lege lata* e *ferenda*.

A classificação do erro de tipo permissivo passa por uma já desgastada disputa entre as teorias "extremada" e "limitada" da culpabilidade[1885] (note-se que as "teorias estrita e limitada do dolo" solucionam o problema do mesmo modo do que a teoria limitada da culpa: pela via da exclusão do dolo, e por isto não serão autonomizadas). Começo por aqui e procurarei demonstrar que o problema há de ser solucionado por outra via, distinta da simples catalogação sistemática[1886].

Em termos da "teoria extremada da culpabilidade"[1887], apenas o erro (direto) sobre as circunstâncias do tipo exclui o dolo, o que conduz ao tratamento do erro

participação em direito penal, 2014, p. 615. A respeito da dicussão do problema, em base análoga, a considerar o erro sobre o tipo exculpante (*Entschuldigungtatbestandsirrtum*), veja-se: FRISTER, Helmut. *Die Struktur des „voluntativen Schuldelements". Zugleich eine Analyse des Verhältnisses von Schuld und positiver Generalprävention.* Berlin: Duncker & Humblot, 1993, p. 236 e ss. O Autor sustenta um paralelismo das soluções, e considera inadequada a negativa de se considerar o erro sobre a exculpante, na medida em que, na perspectiva do agente, ele não está a decidir-se contra o valor normativo.

1883. Sobre o tratamento legal e dogmático do erro sobre os pressupostos da causa de justificação, veja-se ainda: PEREIRA, Rui Carlos. Justificação do fato e erro em direito penal, 2004, p. 140 e ss.

1884. Por todos, em defesa da solução da lei: HUNGRIA, Nelson. *Comentários ao Código Penal,* Vol. I, tomo 2, 1957, p. 222 e ss. Diz o Autor: "*não se pode cogitar de dolo, ou, seja, de uma vontade conscientemente dirigida a um fim antijurídico, quando se verifica que precisamente a persuasão de que estava juridicamente autorizado à ação é que determinou o agente a empreendê-la*".

1885. Sobre o tema e o estado da questão, desenvolvidamente: HRUSCHKA, Joachim. Wieso ist eingentlich die "eingeschränkte Schuldtheorie" "eingeschränkt"? *In*: SCHÜNEMANN, Bernd *et al.* (Hrsg.). *Festschrift für Claus Roxin, zum 70.Geburstag am 15. Mai 2001.* Berlin: Walter de Gruyter, 2001, p. 441 e ss.

1886. Quanto a isso estou de pleno acordo com Figueiredo Dias, ao apontar que o fundamento para o deslinde é o conteúdo material da culpa. In: *O problema da consciência da ilicitude em direito penal,* 1987, p. 420.

1887. A "teoria extremada da culpa" (*strenge Schuldtheorie)* postula que o dolo, como portador da finalidade, tem por objeto exclusivamente as circunstâncias do tipo, e que todo o erro acerca daquilo que se encontra fora do tipo se faz inadequado para tocar o dolo (o erro sobre as circuns-

sobre a presença dos pressupostos de uma justificante como sendo um caso de erro de proibição indireto[1888], que exclui apenas o "dolo da culpa", resolvendo-se a problemática à luz do §17 do *StGB*[1889] (art.21 do CPB), com exclusão da culpa ou com uma apenas possível redução da pena em hipótese de erro evitável, pela via do §49, I, do *StGB*[1890] (no âmbito do regime de punibilidade do dolo). Isso se justificaria porque, no caso do erro sobre a elementar típica, o agente não teria o "impulso" para a evitação do comportamento, enquanto que, no caso do erro acerca dos pressupostos da causa de justificação, ele deveria ter refletido e buscado averiguar a situação que aparenta ser típica[1891]. É conhecida, aqui, a comparação de Welzel, no sentido de que matar um homem seja algo diverso de matar um inseto[1892]. O que se daria é uma confusão entre algo sem significado para o Direito, e algo apenas excepcionalmente permitido pelo Direito.

Contudo, objeta-se à teoria extremada da culpabilidade que o julgamento acerca da ilicitude pressupõe não apenas a afirmação de que um tipo de delito esteja preenchido, como também que se encontram ausentes quaisquer situações de justificação[1893]. Neste sentido, as permissões e proibições entram em uma relação lógica de complementariedade, donde se extrai que é tão pouco ilícito realizar um comportamento em que faltam circunstâncias do tipo, como um comportamento justificado[1894]. Em linhas gerais, é isso o que postula a "*teoria dos elementos negativos do tipo*", para a qual há uma unidade entre tipicidade

tâncias de uma justificante, assim, não afastaria o dolo do tipo). Veja-se, especialmente: GALLAS, Whilhelm. Zur Struktur des strafrechlichen Unrechtsbegriffs. *In:* KAUFMANN, Arthur *et al.* (Hrsg.). *Festschrift für Paul Bockelmann zum 70. Geburstag am 7. Dezember 1978.* München, 1979, p. 155. Em síntese, o erro de tipo permissivo não exclui o dolo do tipo, mas pode excluir o dolo da culpa, uma vez que não há a manifestação da "consciência desvalorosa" (*Gesinnungsunwert*). O dolo, no modelo finalista, se desarticula na atuação da vontade (no tipo) e na formação da vontade (na culpa), especialmente no modelo de Gallas. Criticamente, a partir de postulados epistêmicos da filosofia da linguagem: SCHROTH, Ulrich. *FS-Arthur Kaufmann,* 1993, p. 602.

1888. Criticamente: KÜHL, Kristian. *AT,* 2012, §13, n.m.75, p. 467. Observa, o Autor, que a afirmação, da teoria extremada, no sentido de que o agente tem conhecimento de que atua ilicitamente, não se sustenta. O que o agente sabe é que lesiona o bem jurídico, mas não que viola o Direito, na medida em que acredita que atua sob o abrigo de uma permissão.

1889. Assim: PAEFFGEN, Hans-Ulrich. In: KINDHÄUSER, Urs, *et al.* (*Hrsg.*). *Nomoskommentar. Strafgesetzbuch. Band 1.* 4. Aufl. Baden-Baden: Nomos, 2013, §32, n.m.108, p. 1336. O mesmo: Anmerkungen zum Erlaubnistatbestandsirrtum. *In*: DORNSEIFER, Gerhard (Hrsg.). *Gedächtnisschrift für Armin Kaufmann.* Köln: 1989, pp. 399 e ss; 409.

1890. Explicativo: FRISTER, Helmut. *AT,* 2015, §14, n.m.31, p. 192.

1891. Veja-se: KINDHÄUSER, Urs. *AT,* 2013, §28, n.m.16-17, pp. 235. Criticamente, a apontar que não se trata, na responsabilidade dolosa, do impulso, e sim de uma decisão valorativa: SCHROTH, Ulrich. *FS-Arthur Kaufmann,* 1993, p. 597.

1892. Assim: WELZEL, Hans. Die Regelung von Vorsatz und Irrtum im Strafrecht als legislatorisches Problem. *ZStW* 67 (1955), p. 210. O mesmo: *Das deutsche Strafrecht,* 1969, p. 81. Criticamente: SCHROTH, Ulrich. *FS-Arthur Kaufmann,* 1993, p. 599.

1893. Veja-se: FRISTER, Helmut. *AT,* 2015, §14, n.m.33, p. 192.

1894. Neste sentido: SCHROTH, Ulrich. *FS-Arthur Kaufmann,* 1993, p. 598. FRISTER, Helmut. *AT,* 2015, §14, n.m.33, p. 192.

e ausência de causas de justificação, em uma análise conjunta e global[1895], o que permite resolver os casos de erro de tipo permissivo como sendo hipóteses de "erro de tipo", sem romper com uma concepção natural-psicologista do dolo do tipo[1896].

Por sua vez, a principal crítica direcionada à teoria dos elementos negativos consiste em que esta exige, como conteúdo do dolo, uma 'consciência positiva' acerca da ausência de uma situação de justificação[1897]. Contudo, a isso se pode replicar no sentido de que não se exige a consciência positiva da falta de uma situação de justificação (isto é, que o agente *pense* sempre sobre isso), e sim que não haja um *erro* sobre isso[1898]. Em termos de uma "razão para a evitação" (função que cumpre o tipo objetivo), o pressuposto de uma justificante só joga um papel caso o sujeito tenha representado positivamente sua presença, hipótese em que já não teria razão para a evitação do comportamento; daí que a opinião de que não haja tal circunstância não possui qualquer função[1899]. Curto: o erro só tem relevo caso o agente, positivamente, parta da representação de que o pressuposto fático da justificante esteja presente; em outras situações, não há razão para se exigir um pensamento positivo acerca da ausência de tais pressupostos. Por fim, observa-se que a questão da participação, que seria resolvida apenas com uma teoria modificada da culpa que afirmasse o "dolo do tipo" e negasse o "dolo da culpabilidade" (as designadas "teorias limitadas da culpabilidade orientadas às consequências jurídicas", ou "teleologicamente orientadas" – "*Rechtsfolgeneinschränkende*"[1900]), não é motivo plausível para

---

1895. Primeiramente, veja-se: MERKEL, Adolf. *Lehrbuch des deutschen Strafrechts*. Sttutgart: Ente, 1889, §30, pp. 82-83. Veja-se, especialmente, inclusive sobre o desenvolvimento histórico: HIRSCH, Hans Joachim. *Die Lehre von den negativen Tatbestandsmerkmalen*. Bonn: Rohrscheid, 1960, pp. 21-33, 220 e ss., e, quanto à aplicação ao dolo, p. 267 e ss. Ressalte-se que, ao final, o Autor rejeita a teoria e defende que o tipo é o "*Leitbildtatbestand*", e não engloba os fundamentos de uma causa de justificação. Em poucas palavras, Hirsch acaba por defender, expressamente, os postulados da teoria extremada da culpa e considera todos os erros acerca de uma justificante, seja sobre a existência, limite ou pressupostos, com um erro sobre o ilicito/de proibição. Op. cit. p. 347.

1896. Informativo: COSTA, António Manuel de Almeida. *Ilícito pessoal, imputação objectiva e comparticipação em direito penal*, 2014, p. 614. De acordo, no geral, ainda que com outra fundamentação, que tem por base o hexágono deontológico: HRUSCHKA, Joachim. *FS-Roxin*, 2001, pp. 451-453. Para Hruschka, os tipos de justificação não são elementos típicos negativos do tipo de delito, mas sim exceções às normas proibitivas. Op. cit. p. 454.

1897. Ao considerar que a teoria dos elementos negativos se equivoca, pois os fundamentos da justificante não eliminam o tipo, a matéria de proibição, mas apenas a ilicitude da realização do tipo: WELZEL, Hans. *Das neue Bild des Strafrechtssystems. Eine Einführung in die finale Handlungslehre*. Göttingen: Schwarz, 1961, p. 71.

1898. Assim: SCHROTH, Ulrich. *FS-Arthur Kaufmann*, 1993, p. 600.

1899. KINDHÄUSER, Urs. *AT*, 2013, §29, n.m.21, p. 237.

1900. No sentido: JESCHECK, Hans-Heinrich / WEIGEND, Thomas. *AT*, 1996, § 41, p. 464. GALLAS, Whilhelm. Zum gegenwärtigen Stand der Lehre vom Verbrechen. *ZStW* 67 (1955), p. 46. Criticamente: FRISTER, Helmut. *AT*, 2015, §14, n.m.34, p. 192-193. HEUCHEMER, Michael. *Der Erlaubnistatbestandsirrtum*, 2005, pp. 186-187. A crítica de Heuchemer tem o mesmo alvo da

uma subversão do conceito de dolo. Se há uma lacuna no sistema, não cumpre fechá-la com um esgarçamento conceitual, e sim com uma reforma da lei[1901].

Há ainda a comum crítica valorativa, no sentido de que a teoria extremada conduz a resultados injustos, que atentam contra o "sentimento jurídico". Assim, o soldado que, por erro, confunde o camarada com o inimigo, poderia ser punido - caso o erro fosse tido como evitável, obviamente - por homicídio doloso[1902]. Mas se pode revidar, com Heuchemer, que a análise da jurisprudência, quer seja, dos casos concretos e não "idilicamente" criados, aponta é para a inadequação da exclusão da imputação dolosa, colocando em causa o argumento do "sentimento jurídico", classicamente esgrimido pelos partidários da teoria limitada da culpabilidade[1903].

Outra objeção à teoria extremada se dá por meio do "duplo erro de justificação" (*doppelter Rechtifertigungsirrtum)*: o agente, embora erre sobre os pressupostos fáticos da justificante, simultaneamente erra ao considerar que sua extensão é juridicamente mais restrita do que de fato é (considera, por exemplo, que não há legítima defesa caso o bem jurídico tutelado não seja a vida ou a integridade física). Nesta situação, argumenta-se, ainda que o erro sobre os pressupostos da causa de justificação fosse considerado inevitável, a teoria extremada se veria compelida a afirmar a punição pelo crime doloso, na medida em que o agente atua com consciência da ilicitude[1904], e não haveria, assim, um erro de proibição. Mas o que há, no caso, é um "erro permissivo reverso" (*umgekehrte Erlaubnisirrtum*) e um erro de tipo permissivo, que demandam tratamento separado[1905]. O erro permissivo reverso jamais permite fundamentar uma punição, na medida que se cuida de um mero delito ilusório/aparente, pois o agente interpreta, em seu prejuízo, as fronteiras do ordenamento como mais estreitas do que o são. Daí que, julgados separadamente, os dois erros, revelando-se inevitável o erro de tipo permissivo e não se cogitando, por outro lado, - nem pela teoria extremada da culpa ! - da punição do erro permissivo reverso, o resultado a que se chegará é a absolvição.

Já agora a "teoria limitada da culpabilidade" (*eingeschränkte Schuldtheorie)*, predominante na doutrina[1906] e na jurisprudência, postula que tanto o erro acerca

por ele também aplicada à teoria limitada da culpa, qual seja, não lidar corretamente com um erro de todo imperdoável, que deixa de receber a pena merecida (do dolo).

1901. De acordo: FRISTER, Helmut. *AT,* 2015, §14, n.m.33, p. 192. Também, neste aspecto: António Manuel de Almeida. *Ilícito pessoal, imputação objectiva e comparticipação em direito penal,* 2014, p. 616. SCHROTH, Ulrich. *FS-Arthur Kaufmann,* 1993, p. 600.

1902. Veja-se: JESCHECK, Hans-Heinrich. WEIGENG, Thomas. *AT,* 1996, §41, p. 464.

1903. Com referência aos casos concretos, alguns dos quais aqui repercutidos: HEUCHEMER, Michael. *Der Erlaubnistatbestandsirrtum,* 2005, p. 204.

1904. Sobre este argumentos, por todos: PUPPE, Ingeborg. *NK,* 2013, §16, n.m.145.

1905. Veja-se: HEUCHEMER, Michael. *Der Erlaubnistatbestandsirrtum,* 2005, p. 206 e ss.

1906. Veja-se: ENGISCH, Karl. Tatbestandsirrtum und Verbotsirrtum bei Rechtfertigungsgründe uma característica do tipo objetivo, como também acerca da circunstância que motivaria uma justificante afastam o dolo do tipo[1907], através de uma aplicação analógica do §16,1, do *StGB*, do artigo 20, §1, do CP Brasileiro e, no caso português, por determinação direta do artigo 16, 2, do CP Português. O argumento de base é o de que tanto no erro sobre as circunstâncias típicas como no erro sobre os pressupostos da causa de justificação há uma semelhança em termos de valoração, uma vez que o agente confunde ou ignora a facticidade sobre a qual atua. Assim, diferentemente daquele agente que supõe existente uma justificante não prevista, no caso do erro de tipo permissivo ele considera uma excludente prevista, e "apenas" erra sobre seus pressupostos de incidência, se revelando como a princípio leal ao Direito ("*prinzipielel Rechstreue*")[1908]. Um argumento que também postula equiparação se direciona à problemática da redação dos tipos e das justificantes, que poderia dar azo à soluções arbitrárias. Isto porque muitas vezes há referência, por exemplo, ao "consentimento" ou à "autorização" no âmbito do tipo-incriminador e outras apenas ao plano das causas de justificação (no tipo-justificador), e o deslinde seria dependente de um casuísmo legislativo, o que não legitimaria a distinção[1909].

Em termos pragmáticos, a "teoria limitada da culpabilidade", ao postular que deva ser aplicado, analogicamente, o §16, 1, do *StGB*, tem resultado coincidente com os da teoria dos elementos negativos do tipo, no sentido do afastamento do dolo. A distinção está em que, para a última, não se trata de aplicação analógica de *outra regra*, e sim de uma redefinição do próprio conceito de ilícito típico[1910]. Note-se que, para lidar com as hipóteses de autoria mediata, a doutrina portuguesa majoritariamente sustenta que nestas situações de erro

den. *ZStW* 70 (1958), p585. Criticamente, mas a reconhecer a predominância da teoria: HEUCHEMER, Michael. *Der Erlaubnistatbestandsirrtum,* 2005, p. 179.

1907. Sobre isso, resumidamente: OTTO, Harro. *AT, 2004,* §15, n.m.15-18, p. 235. Veja-se, ainda: SCHROTH, Ulrich. *Vorsatz und Irrtum,* 1998, p. 114-117. STUCKENBERG, Carl-Friedrich. *Vorstudien zu Vorsatz und Irrtum im Völkerstrafrecht,* 2007, p. 331 e ss. KÜHL, Kristian. LACKNER, Karl. *SK,* 2014, §15, n.m.33-34, p. 127. KINDHÄUSER, Urs. *AT,* 2013, §28, n.m.1-6, pp. 228-229.

1908. Assim, por exemplo: PUPPE, Ingeborg. *NK,* 2013, §16, n.m. 138, p. 743. Veja-se ainda: GROPP, Walter. *Strafrecht, Allgemeiner Teil.* 2. Aufl. Berlin: Springer, 2001, §13, n.m.102, p. 480. DIAS, Jorge de Figueiredo. *O problema da consciência da ilicitude em direito penal,* 1987, p. 433. HILGENDORF, Eric. VALERIUS, Brian. *Strafrecht, Allgemeiner Teil.* 2. Aufl. München: Beck, 2015, §8, n.m.48, p. 120.

1909. Sobre isso, com referências: DIAS, Jorge de Figueiredo. *O problema da consciência da ilicitude em direito penal,* 1987, pp. 427-428.

1910. KINDHÄUSER, Urs. *AT,* 2013, §28, n.m.20, 236. Veja-se também, a nivelar os resultados da teoria dos elementos negativos do tipo e da teoria limitada da culpa, embora a assinalar que estas partem de fundamentos distintos (aplicação "direta" do erro de tipo no primeiro caso, ou analógica no segundo): MOURA, Bruno de Oliveira. *A não-punibilidade do excesso na legítima defesa,* 2013, p. 240, n.r.793.

de tipo permissivo o que se exclui é o "dolo da culpa", mantendo-se intacto o "dolo do tipo"[1911].

Ao fim e ao cabo, é de se reconhecer, com Heuchemer, que o pressuposto para a correção material da teoria limitada da culpa consiste em demonstrar que sempre, em qualquer caso, o erro sobre uma facticidade deva valer como indício de maior fidelidade ao Direito do que um erro sobre a ilícitude[1912]. Mas esta demonstração não é entregue[1913]. Ao contrário, há múltiplas situações nas quais o erro de tipo permissivo desvela a hostilidade ao Direito típica do comportamento doloso, em que o agente, por completa indiferença, não avalia minimamente a situação fática e atua na tutela dos próprios interesses[1914].

Em boa verdade, a doutrina majoritária, em concordância com os postulados da teoria limitada da culpa, toma o erro como algo estritamente psicológico e autoriza a exclusão do dolo caso o agente, *por qualquer fundamento que seja*, erre acerca da presença dos pressupostos da causa de justificação[1915]. Figueiredo Dias, a empregar o critério welzeliano para objetar ao próprio Welzel, insiste em que uma coisa é saber "o que é isto" outra coida é saber "se está autorizado", sendo a primeira questão um pressuposto fático que deve ser conhecido para a resposta à última[1916]. E é precisamente este aspecto que se está a por em questão aqui: não se pode, sem um ponto de partida valorativo, aceitar, sem mais, que a visão do agente sobre "o que é isto" seja o critério exclusivo de medida do erro[1917].

Tomado o erro sobre os pressupostos fáticos da justificante em um sentido estritamente psicológico, abre-se a possibilidade - normativamente inadequada (!) -, de se tratar de modo favorável o sujeito sem escrúpulos e desconsiderado, que não procura comprovar minimamente sobre se sua atuação é de fato justificada, em detrimento do agente precavido e escrupuloso, que considerou a possibilidade de estar a atuar fora dos parâmetros da excludente[1918]. E não se está a cogitar aqui do puro e simples "dever de informar-se", conexionado ao dever geral de cuidado integrador da negligência, mas sim de casos em que a hostilidade ao Direito é expressada de forma induvidosa, na qual o sujeito, de

---

1911. Veja-se: MORÃO, Helena Marisa Pinheiro da Costa. *Autoria e execução comparticipadas*. Tese de douoramento. Lisboa, 2011, p. 177.

1912. HEUCHEMER, Michael. *Erlaubnistatbestandsirrtum*, 2005, p. 169.

1913. Neste sentido: MARTELETO FILHO, Wagner. O problema do erro de tipo permissivo. Entre o princípio da responsabilidade e o princípio epistêmico. *RPCC*, 29 (2019), p. 485.

1914. Neste sentido: JAKOBS, Günther. *FS-Paeffgen*, 2015, p. 226.

1915. Assim: PUPPE, Ingeborg. *NK*, 2013, §16, n.m. 138, p. 743.

1916. *O problema da consciência da ilicitude em direito penal*, 1987, p. 434.

1917. Veja-se, sobre isso: RINCK, Klaus. *Der zweistufige Deliktsaufbau*, 2000, pp. 388 e ss.

1918. Neste sentido: HEUCHEMER, Michael. *Erlaubnistatbestandsirrtum*, 2005, pp. 54, 273 e 354.

modo absolutamente inaceitável, toma como presente pressuposto de uma causa de justificação, exatamente em razão de uma atitude de verdadeira indiferença perante a norma.

No sentido de possibilitar uma crítica concreta à posição dominante, afigura-se útil repercutir aqui a dois exemplos elencados por Michael Heuchemer, os quais desvelam decisões contraditórias, nas quais um erro permissivo, inclusive sobre os limites da justificante, se apresenta menos hostil do que determinadas hipóteses de erro de tipo permissivo. Alguns dos casos são apenas teoréticos, e outros foram colhidos, pelo referido Autor, na jurisprudência[1919].

Exemplo 1: o colecionador de vinhos, "W", procurou por uma garrafa rara de seu estoque e não a encontrou, concluindo que fora furtada. A um só tempo, "W" viu que uma janela que dava para a rua estava aberta e avistou "P" a passar, com uma garrafa embaixo do braço. Imediatamente, "W" chama por "P" e ordena que este pare. "P" acredita que pode ser um ataque e corre para o seu carro. Uma vez que "W" vê algo a brilhar, toma como uma arma e atira em "P", que é ferido mortalmente. "P" estava desarmado e com uma garrafa barata de *Chianti*. A janela da casa de "W" havia sido aberta pela própria esposa, e não ocorrera furto algum. O BGH decidiu pela presença de um erro de tipo permissivo, que teve por objeto pressuposto fático da legítima defesa, e afastou o dolo[1920].

O que se pode avaliar é que o erro de "W" não foi fundado em qualquer tipo de valoração minimamente relevante, para além de ter se revelado absolutamente crasso. A pergunta então é: em uma teoria da imputação subjetiva normativamente orientada, justifica-se a exclusão da pena do dolo em situação que tal? Os fundamentos do erro de "W" devem ser de todo desconsiderados, conduzindo, um quadro psicológico defasado com a realidade, de modo automático e inflexível, ao afastamento da censura dolosa? A situação aqui ventilada identifica a hipótese classificada por Klaus Rinck como de *dolus ignorantiae juris causa*, na qual o dolo é de ser, ao contrário, afirmado[1921].

Exemplo 2: um orgulhoso proprietário de um veículo, que havia sido lavado e polido por ele (P), visualiza, à distância, um indivíduo com vestimentas de estilo "*punk*"-anarquista (J), se aproximar do automóvel. No momento em que "J" abre sua bolsa – para fins de retocar sua maquilagem, a olhar pelo brilhante para-brisa do automóvel –, "P" valora, sem qualquer fundamento plausível, e

---

1919. Cumpre insistir: este não é um trabalho de pesquisa jurisprudencial. Os casos recolhidos sempre o são no objetivo de testar a legitimidade de soluções dogmáticas, e não no de indicar um verdadeiro padrão decisório, como em uma pesquisa de corte documental.

1920. BGHSt 45, 378. Citado e comentado por Michael Heuchemer. *In*: *Erlaubnistatbestands-irrtum,* 2005, p. 178.

1921. Veja-se, a lidar com outro exemplo: *Der zweistufige Deliktsaufbau,* 2000, p. 387.

em razão de uma visão egoísta e desconsiderada, a situação como um ataque ao veículo, o qual, acaso fosse real, justificaria uma ação de defesa. Em face disso, "P" se vale do único meio de que dispunha, uma espingarda antiga, e dispara contra "J", ferindo-o gravemente. Na hipótese de se manter o caso no regime do §16 do *StGB*, do artigo 20, §1, do CP Brasileiro e do artigo 16,2, do CP Português, o dolo do tipo já fica desde logo excluído, independentemente dos fundamentos hostis do erro, que em nada se conciliam com os valores do ordenamento jurídico[1922], e que não se adéquam à censura da negligência.

Essas factualidades -, que não se afiguram em nada distantes da vida concreta e dos casos enfrentados pelos Tribunais -, apontam para uma aguda distinção entre os comportamentos e aquilo que há de se imputar à culpa negligente, relacionada à atitudes descuidadas e que não colocam em questão, de modo tão direto, a validade da norma (no caso, a que determina o respeito à integridade física e à vida de outrem).

Há ainda outros problemas a considerar. Caso o erro, *per se*, abra as portas para a defesa, então também há de valer os mesmos princípios aplicáveis à defesa "real", isto é, mesmo o emprego de meios brutais e extremamente perigosos deve ser abrangido pela exclusão do dolo[1923], desde que tidos como necessários para repelir o (putativo!) ataque. O princípio da prioridade da preservação do direito do ofendido resta de todo subvertido, homenageando-se com a censura da negligência, de modo fixo e automático, o agente, ainda que seu comportamento se revele, em um parâmetro axiológico, absolutamente hostil ao Direito[1924].

Note-se, por oportuno, que mesmo na concepção psicológica[1925], há certo nível de normativização. Isso porque se exige que o agente efetivamente considere presente o pressuposto da justificante[1926], não bastando – na concepção predominante – que o "tome como possível"[1927] (a aplicar-se, reversamente, o critério do dolo eventual, o que é, sem dúvidas, já uma valoração).

1922. HEUCHEMER, Michael. *Erlaubnistatbestandsirrtum,* 2005, p. 60.

1923. Criticamente: HEUCHEMER, Michael. *Erlaubnistatbestandsirrtum,* 2005, p. 273.

1924. Sobre isso, veja-se: RINCK, Klaus. *Der zweistufige Deliktsaufbau,* 2000, p. 386.

1925. Designo "psicológica" toda a concepção que não considera os fundamentos do erro em caso algum para o afastamento do dolo, restringindo-se a considerá-los apenas para a aferição da evitabilidade.

1926. Acerca da problemática da prognose da necessidade do meio empregado, que deve ter por objeto uma facticidade efetivamente representada (o que é falso não é a prognose, mas a facticidade, que é o que fundamenta o erro): PUPPE, Ingeborg. *NK,* 2013, §16, n.m.139, p. 744. No sentido de que este modelo, contudo, é muito rígido: SCHROTH, Ulrich. *FS-Arthur Kaufmann,* 1993, p. 607. Para o último Autor, caso o sujeito parta por si („*Für-Sich-Ausgehen*") da presença da circunstância, é possível reconhecer o erro. Op. cit. p. 608. Veja-se que o acento, inegavelmente, está no „processo psicológico" do sujeito, ao tomar a circunstância justificadora como presente.

1927. KÜHL, Kristian. *AT,* 2012, §13, n.m.68, p. 463. ROXIN, Claus. *AT,* 2006, §14, n.m.90-92, pp. 637-638.

Por outro caminho, é possível defender que o principal dever de um sujeito leal ao Direito consiste em atentar-se para a esfera jurídica dos demais. Nos casos, *v.g.*, de defesa putativa o que se verifica não é apenas um conflito abstrato entre o indivíduo e a norma, mas também uma crassa violação da esfera jurídica da vítima, o que conduz à consideração necessária da origem da situação e da responsabilidade pela gênese do conflito[1928]. Caso a responsabilidade integral pelo erro seja do ofensor e o erro demonstre uma clara falta de lealdade ao Direito, então o dolo há de ser imputado[1929]. Daí que uma ignorância gritante, um erro completamente irracional, derivado de uma inegável cegueira perante a situação fática, ou seja, um desconhecimento motivado por indiferença[1930], não pode isentar o agente de responsabilidade, nem tampouco atenuar sua responsabilidade[1931], transferindo-a, *eo ipso*, para o regime da negligência. Por outras palavras, não é um erro qualquer, enquanto "facticidade psicológica", acerca dos pressupostos de uma justificante quem conduzirá, sem qualquer

---

1928. Crítico à solução "funcionalista" e à perspectiva "comunicativa", particularmente no que atina ao excesso da legítima defesa (que cataloga como causa de exculpação), por vislumbrar um possível esvaziamento arbitrário do "teor crítico-garantístico do princípio da culpabilidade": MOURA, Bruno de Oliveira. *A não-punibilidade do excesso na legítima defesa,* 2013, p. 201. Que essa crítica, – em si mesma justificada -, não alcança todas as possíveis concepções comunicativas do ilícito e da pena, notadamente as de corte funcional-retributivo e as "expressivas", me parece algo irrefutável. Além disso, de se destacar, que a esfera do ôntico – e mesmo do ontológico – também só se dá e se constrói na linguagem, de modo intersubjetivo, e não enquanto um *apriori* valorativo, como se houvesse um objeto de proteção do Direito Penal independente de certo grau de consenso, temporalmente situado e concretizado/validado na norma. Com efeito, as "razões ético-sociais" que legitimam a imputação do excesso estênico e a exculpação do astênico, v.g., se encontram na experiência intersubjetiva, ou naquilo que o fato, em tal contexto, *comunica* (demérito ligado à ira e empatia em face do medo), sendo mesmo relevante identificá-las para a interpretação da norma. Mas isso quem o diz, em última palavra, é a própria norma concretizada, cujo reconhecimento se põe, ou não se põe, em causa. E a imposição da pena depende desta comunicação e de seu significado face à norma (não reconhecimento da sua validade, com níveis distintos de intensidade), não do caráter, "em si" (ou "onto-antropológico", fundado na relação de "cuidado-de-perigo"), do afeto, muito menos ainda de seu significado psicológico (este último, com efeito e corretamente, não acentuado por Moura). Proximamente do aqui sustentado, quanto à exculpação do excesso astênico e punição do estênico, vinculadas à "*Obliegenheit*" e ao significado dos afetos em face da norma: PAWLIK, Michael. *Person, Subjekt, Bürger,* 2004, p. 85. Por fim, a reconhecer a necessidade des ponderar acerca da origem do conflito – como no caso em que o ofendido aponta um simulacro de arma contra o policial na fuga, e é alvejado por ele – veja-se: SCHROTH, Ulrich. *FS-Arthur Kaufmann,* 1993, p. 609.

1929. Corretamente: RINCK, Klaus. *Der zweistufige Deliktsaufbau,* 2000, p. 389. Também: HEUCHEMER, Michael. *Erlaubnistatbestandsirrtum,* 2005, pp. 353; 358. Nas palavras do Autor: "As teorias psicológicas são cegas para o ponto de vista da vítima".

1930. A esclarecer que a indiferença é o único fundamento para a equiparação do desconhecimento com o conhecimento, mas já não o erro: JAKOBS, Günther. Der sogenannte Erlaubnistatbestandsirrtum. *In*: STUCKENBERG, Carl-Friedric *et al.* (Hrsg.). *Strafe und Prozess im freiheitlichen Rechtsstaat. Festschrift für Hans-Ulrich Paeffgen zum 70. Geburstag am 2. Juli 2015*. Berlin: Duncker & Humblot, 2015, p. 224. Neste aspecto, Jakobs assinala que sua perspectiva se distingue da adotada por Heuchemer, que faz referência a outros aspectos, como o egoísmo, a leviandade etc.

1931. Assim: HEUCHEMER, Michael. *Erlaubnistatbestandsirrtum,* 2005, p. 274 e 159.

nível de valoração, e sem qualquer consideração da responsabilidade do agente e da vítima pela origem do conflito, à exclusão do dolo, em uma injustificada aplicação psicologista do conceito[1932].

E é essa última compreensão que, ao meu juízo, cobra uma teoria da imputação normativa, norteada pelos fundamentos e fins da pena, e livre de uma indevida submissão ao psicologismo individualista, como se os estados mentais do agente fossem os critérios, e não o objeto, de valoração. O tratamento normativo, em um sistema axiológico fechado e coerente, do dolo e do erro, que valora o substrato psíquico e busca saber sobre as razões do conhecimento e do desconhecimento, é o pressuposto de uma teoria da imputação subjetiva materialmente justificada. Nas palavras de Heuchemer: "*um erro que incorre em hostilidade ao direito não deve, nunca, conduzir a um resultado exoneratório na imputação*"[1933].

A solução pelo "deslocamento automático" de qualquer erro ou desconhecimento sobre a factualidade típica para o campo da negligência é mesmo algo incontornável para uma teoria construída em uma base exclusivamente psicologista[1934]: seja qual for o fundamento do erro sobre a factualidade, o dolo queda afastado, o que tanto se aplica ao "erro de tipo" quanto ao "erro de tipo permissivo". Daí que a exigência, normativamente fundada, de que o cidadão se preocupe, mesmo no que concerne às suas percepções sensoriais, com a esfera jurídica do co-cidadão, se dissolve por completo, homenageando-se a desconsideração crassa, mesmo quando fundada na mais absoluta indiferença ao Direito, com a punição do ilícito culposo; de outro lado, sobrecarrega-se o sujeito escrupuloso, que procura se inteirar dos fatos e da situação à luz da norma, antes de agir. E esta contradição valorativa só pode ser superada através de uma consequente normativização da imputação subjetiva[1935], de modo coerente e paralelo com o próprio postulado da teoria da culpabilidade, no que se refere ao conhecimento do ilícito[1936].

Um dos critérios, avançados por Jakobs, para a lida com os fundamentos do erro, consiste em avaliar se o agente, com o comportamento, revelou a ubiquitável e simples incompetência para a tratar dos próprios interesses, inclusive se colocando em risco (incompetência, não indicativa de hostilidade ao Direito), ou se simplesmente ignorou aspectos fáticos porque estava a perseguir os próprios

1932. Neste sentido: RINCK, Klaus. *Der zweistufige Deliktsaufbau,* 2000, p. 386. Também: HEUCHEMER, Michael. *Erlaubnistatbestandsirrtum,* 2005, pp. 33-34;38 e 156.

1933. *Der Erlaubnistatbestandsirrtum,* 2005, p. 54.

1934. Ainda que por outros fundamentos, isso também aponta Almeida Costa, *in*: *Ilícito pessoal, imputação objectiva e comparticipação em direito penal,* 2014, p. 620.

1935. De acordo: HEUCHEMER, Michael. *Erlaubnistatbestandsirrtum,* 2005, p. 56.

1936. Assim: HEUCHEMER, Michael. *Erlaubnistatbestandsirrtum,* 2005, pp. 103-104.

interesses, desonsiderando por completo a esfera dos terceiros (indiferença, desveladora da deslealdade ao Direito)[1937].

Ao fim e ao cabo, em que pesem todas estas considerações e objeções, a redação do artigo 16, 1, do CP Português e do art. 20, §1, do CP Brasileiro, fecha as portas para a consideração dos fundamentos do erro também neste quadrante, salvo no que concerne à possível imputação da culpa. No sistema alemão, ao menos quanto ao erro de tipo permissivo, não disciplinado expressamente pela lei, afigura-se possível, e recomendável, tomar um caminho diverso, de solução através da regra do §17 do *StGB*, que permite uma adequada valoração dos fundamentos do erro[1938], diante do regime mais flexível da referida norma, em comparação com o §16, 1 do *StGB*. Caso o erro seja tido por inevitável, o que se traduz em uma ausência de responsabilidade pela origem do conflito, a culpabilidade do agente é completamente afastada, seja a título de dolo ou de culpa. Na hipótese de o erro ser evitável, abrem-se dois caminhos: a)caso a responsabilidade pelo conflito debite-se integralmente ao agente, e o erro se revele absolutamente incompreensível e imperdoável, mantém-se intacta a responsabilidade dolosa; a expectativa do ofendido, de ser protegido contra um ataque desta natureza, é contrafaticamente correspondida e estabilizada através de uma pena não reduzida[1939] b) nas situações de responsabilidade menos intensa, em que o erro se afigura, embora evitável, compreensível, abre-se a possibilidade de uma efetiva redução da pena, com a aplicação analógica do §49[1940], do *StGB*. Este modelo, defendido de modo amplamente fundamentado por Michael Heuchemer[1941], merece acolhida na perspectiva da presente investigação.

1937. *FS-Paeffgen*, 2015, p. 226. Jakobs apresenta duas constelações: um sujeito nota um brilho no atelier do vizinho, um arquiteto que está a viajar, e acredita que se trata de fogo; o agente derruba a porta, causa danos, e verifica que na verdade tratava-se apenas de um reflexo causado pela luz solar. Em situação paralela, o sujeito, que também é arquiteto, só pensa em aproveitar a oportunidade de invadir a casa do vizinho, para espionar seus trabalhos, e diante do cenário favorável o faz, inclusive atingindo seu objetivo. No primeiro caso, há um erro e o agente "corta na própria carne"; no segundo, há indiferença quanto aos sinais da ausência de justificação, uma vez que o agente tem um interesse próprio ao agir. A pergunta que se pode fazer a Jakobs, contudo, a respeito destas constelações é: caso a facticidade da segunda situação tivesse sido dada como comprovada, a doutrina majoritária admitiria que há erro, ou afastaria o próprio erro, sem sequer precisar discutir sua evitabilidade? Esta questão, contudo, não afasta a possibilidade, notadamente em casos de legítima defesa putativa, verificar-se uma situação de erro vinculado à indiferença, com desvalor suficiente para enquadramento no regime doloso (no caso português, de *lege ferenda*).

1938. Neste sentido: HEUCHEMER, Michael. *Erlaubnistatbestandsirrtum,* 2005, pp. 34, 181, 295, 302 e 350. Note-se que Jakobs pretende manter os dois regimes, enquadrando o que designa como "justificação-negligente" (*Rechtifertigungsfahrlässigkeit*) no §16, 1, e a "justificação-indiferente" (*Rechtifertigungsgleichgültigkeit*) no regime do §17 do *StGB*. *FS-Paeffgen,* 2015, pp. 228-229.

1939. Assm: HEUCHEMER, Michael. *Der Erlaubnistatbestandsirrtum,* 2005, p. 323.

1940. Sobre os regramentos da aplicação do redutor do §49 para os casos gerais, veja-se, informativo: KÜHL, Kristian. HEGER, Martin. *SK,* 2014, §49, 2014, p. 369 e ss.

1941. *Der Erlaubnistatbestandsirrtum,* 2005, pp. 324; 329-330.

De toda sorte, nada obstante o entrave de *lege lata*, a discussão, especialmente à luz do erro de tipo permissivo, indica a necessidade de uma ampla reflexão sobre o tema do erro na dogmática. Aqui, o conhecido brocardo há de se aplicar às avessas: onde o legislador "fala", a ciência *não* se cala. Ainda que este trabalho não possa apresentar respostas específicas, extrapolando seu objeto uma análise casuística, é objetivo da presente pesquisa colocar em discussão a tese geral, no sentido de que sempre o erro fático - por qual fundamento que o seja - desvela uma menor hostilidade ao Direito do que o erro sobre o ilícito. O erro factual, por certo, pode exonerar, desde que compatível com um comporamento, em si, leal ao Direito; mas ele não deve exonerar, de modo cogente, da censura do dolo, caso oriundo de hostilidade aos valores do ordenamento, em situação na qual o conhecimento fático se afigurava de todo irrelevante para o agente, não havendo razão alguma para o afastamento do dolo.

2.10. Sobre os dois planos de normativização do elemento intelectual, em geral

Já analisada, por opção metodológica, a situação do erro sobre os pressupostos da justificante, traça-se agora um paralelismo para se ingressar na discussão concernente à avaliação do conhecimento (o agente conhece o risco, mas avalia mal) e também à possibilidade de se afirmar o dolo em determinadas situações de desconhecimento acerca das circunstâncias típicas, motivadas por cegueira perante os fatos provocada por indiferença ao Direito.

A normativização e a objetivização do conceito de dolo, resultantes do abandono, ainda que parcial, da perspectiva estritamente psicológica, parecem ser irreversíveis[1942], e já encontram certo consenso no que concerne ao elemento volitivo - que atualmente ou bem é afastado, ou bem é considerado de modo adscritivo[1943] -, conforme se vem a apontar em todo o curso deste trabalho. Contudo, a normativização do elemento cognitivo, ainda que parcial e circunscrita aos casos de cegueira ou grosseira indiferença, consiste em um ponto de intensa discórdia, quase mesmo que um "tabu dogmático". Mas este tabu deve ser, e será, enfrentado.

2.10.1. O primeiro plano de normativização: a avaliação do risco conhecido

No "primeiro plano", a normativização apenas consiste em transferir a competência para a avaliação do conhecimento do risco - possuído efetivamente

1942. Assim: VOGEL, Joachim. Normativierung und Objektivierung des Vorsatzes? *GA* 2006, p. 388.

1943. Também a rejeitar um conceito de dolo psicologista, que depende exlusivamente da constatação de um substrato psíquico - presença ou ausência de conhecimento - e que impede uma necessária normativização da imputação subjetiva: HEUCHEMER, Michael. *Der Erlaubnistatbestandsirrtum,* 2005, p. 33.

pelo sujeito – para o julgador. Tanto Herzberg como Puppe – que admitem ambos a indispensabilidade do conhecimento como dado psicológico, como já visto –, apenas não consentem em conferir ao próprio sujeito a competência para avaliar sobre o risco ou perigo conhecido[1944]. Não se trata, nestas propostas, portanto, de se tomar como suficiente o conhecimento potencial, nem mesmo nos casos de cegueira por indiferença ao Direito.

Não se compreende a razão de se honrar aquele sujeito grosseiramente indiferente aos bens jurídicos de terceiros, que realiza comportamentos intensamente arriscados, ou bem a desconsiderar de todo a elevadíssima probabilidade do resultado ilícito, ou bem a confiar, de forma "desavergonhadamente irracional" ou leviana, que tudo correrá bem[1945]. Ao contrário, aquele sujeito que toma o perigo a sério pode (em relação ao qual a posição predominante afirma o dolo), em tese, inclusive se portar melhor na situação, em termos de controle e preparação para o pior cenário, a revelar um perigo de menor entidade para o bem jurídico em face do sujeito grosseiramente indiferente[1946] (exonerado da censura dolosa).

Em uma perspectiva que considera o caráter simbólico/comunicativo da ação dolosa, especialmente aquilo que o agente expressa ao atuar com o conhecimento do risco, não há qualquer dificuldade em se defender – como aqui efetivamente se defende – que o processamento irracional do risco pelo agente, como que em uma "linguagem privada", não deve, em absoluto, exonerar.

O que interessa é apurar, primeiramente, se o sujeito tomou consciência do risco realizado, e o significado objetivo/geral de uma ação realizada em tais bases. O julgamento do sujeito, acerca do risco que realiza, não é, portanto, o decisivo, ou a medida de valoração. Note-se que a objeção de que isso borra as fronteiras do dolo e da culpa consciente pode ser afastada quando se esclarece que a natureza do perigo doloso é diversa – qualificativamente mais intensa – do que a do perigo culposo, conforme sustentam, com algumas distinções, Puppe, Herzberg, Viana (que agrega, por exemplo, a vulnerabilidade da vítima[1947]) e Pawlik, dentre outros, e já se apontou à exaustão em outros pontos desta investigação.

Além disso, nada conduz a uma interpretação psicologista, ou volitiva ou

---

1944. PUPPE, Ingeborg. *AT*, 2016, §9, n.m.5, p. 115. Na literatura brasileira, especialmente: VIANA, Eduardo. *Dolo como compromisso cognitivo*, 2017, p. 366.

1945. Trata-se de proibir, em obséquio ao princípio da isonomia, que o sujeito tenha a expectativa de receber um tratamento extraordinário. Veja-se: PAWLIK, Michael. *Das Unrecht des Bürgers*, 2012, p. 389. O erro básico da teoria da representação (como também da teoria da vontade) consiste em que se parte do ponto de vista do agente, e não da valoração da ordem jurídica. Op. cit. p. 391.

1946. Assim, corretamente: PAWLIK, Michael. *Das Unrecht des Bürgers*, 2012, p. 389, especialmente n.r. 778.

1947. *Dolo como compromisso cognitivo*, 2017, p. 320 e ss.

emocional da categoria da *conformação*[1948], enquanto exigência prevista na lei portuguesa (arts. 14 e 16 do CP), sendo de se tomar tal circunstância como um conceito disposicional (que se atribui mediante a interpretação de indicadores externos), e a partir da perspectiva de um agente racional: o sujeito que atua e que julga não perde sua condição de pessoa racional, e sua "conformação" com o resultado também se define nesta medida, intersubjetiva, e não de uma linguagem privada.

Pode-se identificar, a princípio, uma aproximação da objetivação do dolo, especialmente ao nível cognitivo, com as teorias do *dolus indirectus*[1949] e do *dolus ex re*, partindo-se destas categorias ou bem para, em novas leituras, propor um novo conceito de dolo completamente objetivado[1950], depurando-o de qualquer psicologismo[1951], como também para rechaçá-lo[1952].

Nesse viés, a transferência da competência para a avaliação do conhecimento não deixa de consistir em uma delimitada normativização, mantendo-se uma exigência psicológica (enquanto dado a ser possuído/apreendido pelo sujeito, no que se refere ao conhecimento do risco), mas permitindo-se uma análise normativa (quanto à avaliação do risco criado, segundo uma medida de racionalidade)[1953]. Esta "normativização limitada", por todas as razões desenvolvidas nas partes e capítulos anteriores, é acolhida integralmente nesta investigação e será aplicada, na próxima e última parte, quando da reapreciação de casos concretos e dos catálogos de indicadores.

Por fim, poder-ser-ia objetar, quanto ao último aspecto, que aquele sujeito que conhece o risco e o processa de modo irracional, e confia seriamente na boa saída, não tem a advertência necessária para recuar, sendo esta advertência necessária para a responsabilidade dolosa. Mas este modo de ver o problema se vincula a uma concepção preventiva do Direito Penal, essencialmente "negativa"

1948. A discussão sobre se a conformação é um problema para a vontade ou o intelecto me parece secundária. O que interessa é saber sobre sua racionalidade, para afirmá-la ou negá-la.

1949. A observar que, na verdade, o que de relevante há na doutrina do *dolus indirectus* não é a normativização da vontade, e sim do conhecimento, veja-se: PÉREZ-BARBERÁ, Gabriel. *El dolo eventual,* 2011, p. 169, com referência a Carpzov. Veja-se, ainda: LESCH, Heiko Hartmut. *Der Verbrechensbegriff,* 1999, p. 140. KÖSTLIN, Christian Reinhold, 1855, §73, p. 192.

1950. JAKOBS, Günther. Gleichgültigkeit als dolus indirectus. *ZStW* 114 (2002), p. 584 e 593. Neste sentido, como já se anotou alhures, o dolo independe de se o agente pensou ou não na realização das circunstâncias típicas, desde que o conhecimento do tipo fosse algo indiferente para o agente em termos da formação da decisão. Sobre isso, criticamente: GAEDE, Karsten. Auf dem Weg zum potentiellen Vorsatz? *ZStW* 121 (2009), p. 247.

1951. De acordo: HEUCHEMER, Michael. *Erlaubnistatbestandsirrtum,* 2005, p. 354.

1952. Compreendendo a figura do *dolus indirectus*, da qual parte Jakobs para a conformação do conceito normativo de dolo, como inassociável com o princípio da culpa, bem assim como uma inadmissível redução teleológica do §16 do *StGB*: VOGEL, Joachim. Normativierung und Objektivierung des Vorsatzes? *GA* 5 (2006), p. 388-389.

1953. Veja-se: PUPPE, Ingeborg. *NK,* 2013, §15, n.m.55.

e de controle de comportamentos, que não é aqui, em absoluto, acolhida. Ao contrário, do que se trata é de valorar, em termos de exigência da norma, se o comportamento do sujeito expressou, em um parâmetro de racionalidade – ao qual o agente, enquanto membro da comunidade, inescapavelmente se submete[1954] –, uma atitude de contrariedade direta/hostilidade ao comando normativo. Em caso afirmativo, e também porque – insista-se – o sujeito não perde sua qualidade de agente racional, inserido em uma comunidade jurídica com direitos e deveres, competências e incumbências, o dolo deve ser reconhecido no sentido de que a norma seja reafirmada com a intensidade exigida, independentemente do posicionamento emocional ou do estado psicológico do agente. Por fim e de resto, é a qualidade do perigo conhecido pelo agente quem cumprirá a ressaltada "função de apelo"[1955], e não o processamento irracional do risco[1956].

2.10.2. O segundo plano de normativização: o problema do desconhecimento no dolo

Talvez o problema atualmente mais sensível a analisar já não se situe apenas na competência para avaliar o conhecimento que o agente possui, e na normativização verificada nesse primeiro plano, e sim nas situações em que a própria falta de conhecimento "fático", conectada às incumbências e competências do agente em seu papel, se revele "escandalosa"[1957] e censurável, como nos casos de cegueira perante os fatos por absoluta indiferença ao Direito[1958] e em determinadas situações de "erro de tipo", inclusive o permissivo, acima já consideradas.

Nesta investigação, não se faz possível ingressar, de modo aprofundado, nas constelações fenomênicas de desconhecimento censurável[1959], seja ao plano

1954. A rechaçar uma possibilidade de que tudo se defina a partir de uma linguagem privada, e a reconhecer que o outro que julga está em nós que agimos: PALMA, Maria Fernanda. *Direito Penal - Parte Geral,* 2017, p. 150.

1955. A se referir à função de apelo no tocante aos conhecimentos não estereotipadamente permitidos, ainda que com referência ao erro de tipo permissivo, veja-se: JAKOBS, Günther. *FS--Paeffgen,* 2015, p. 228.

1956. Veja-se, desenvolvidamente: MARTELETO FILHO, Wagner. A normativização do dolo. Entre o princípio epistêmico e o princípio da responsabilidade. *REC,* 76 (2020), p. 136 e ss.

1957. Para uma visão do tema no que se refere a delitos sexuais, tendo por objeto "erros absurdos" acerca da presença do consentimento, veja-se: HÖRNLE, Tatjana. Der Irrtum über das Einverständnis des Opfers bei einer sexuellen Nötigung. *ZStW* 112 (2000), p. 357 e ss. Observa, a Autora, que de *lege lata* não há mesmo espaço para a valoração do erro, embora isso seja normativamente injustificado. De *lege ferenda*, por considerar que a afirmação do dolo também seria excessiva, a Autora propõe a formulação de um tipo de negligência. Op. cit. pp. 360 e 370; 378-380.

1958. Veja-se: PAWLIK, Michael. *Das Unrecht des Bürgers,* 2012, p. 392.

1959. Não irei aqui autonomizar a temática da *willful blindness*, muito discutida no direito anglossaxônico, e que também tem sido debatida no direito continental como "cegueira deliberada". Não o farei pelas seguintes razões: primeiro, muitos dos casos de cegueira deliberada se inserem no plano do dolo eventual, pois o sujeito parte da assunção do risco de que o conhecimento "recusado"

do conhecimento do ilícito[1960], seja no do conhecimento da factualidade típica. Uma concretização pressuporia não apenas uma pesquisa ao plano jurisprudencial, mas também dos próprios tipos penais em espécie, o que extrapolaria os limites da investigação. Mas cumpre apresentar um panorama geral e assumir uma posição, enunciando-se princípios vetores e critérios para a solução dos casos, em uma perspectiva normativa, conectada aos fundamentos da pena.

O que se põe desde logo em questão é: se no erro sobre a ilicitude o critério da evitabilidade se vincula às expectativas normativas direcionadas ao agente, e não à sua "consciência psicológica" (princípio da responsabilidade), qual a razão para que no caso do erro sobre as circunstâncias fáticas (sobre o "tipo") o parâmetro seja, exclusivamente, a capacidade psíquica do agente (princípio epistêmico ou do conhecimento), afastando-se, desde logo, o dolo, nas situações de desconhecimento e erro, por qualquer razão que seja?

Reconheça-se que há razões relevantes para a distinção. Isso não se põe em causa e essas razões têm sido aqui sempre explicitadas, especialmente no que se refere à evitabilidade facilitada, derivada do conhecimento[1961]. O que se põe em causa é que essas razões sejam sempre irrefutáveis. Comecemos pelas razões que justificariam as distinções.

pode conduzi-lo a atuar ilicitamente, não se encontrando, efetivamente, em uma situação cognitiva de desconhecimento; segundo, porque, na melhor hipótese, a cegueira deliberada é uma modalidade que se insere no plano do que aqui se considera desconhecimento por indiferença, que também – ainda que de *lege ferenda* – pode merecer a censura dolosa, em face de seu caráter comunicativo/expressivo. Assim, e para não extrapolar os limites do trabalho, a temática não será autonomizada. De toda sorte, acerca do tema, é importante ver: LUBAN, David. Contrived Ignorance. *The Georgetown Law Journal,* 88 (1999), pp. 957-980. O Autor, especialmente no que se refere à responsabilidade coletiva, em que altos funcionários de corporações se colocam deliberadamente na posição de não--saber, defende que podem ser resolvidos através da mobilização das estruturas da *cumplicidade* e da *ignorância maliciosa*, que equivalem ao conhecimento. Op. cit. p. 964.

Note-se que, no direito anglossaxônico, as dificuldades se apresentam, especialmente, em face da figura intermediária da *recklessness*, que acaba por abranger a maioria dos casos de *willful blindness.* Neste sentido, e também a observar que, nos sistemas continentais, grande parte dos casos de cegueira deliberada é abrangida pelo dolo eventual, veja-se: RAGUÉS I VALLÈS, Ramón. Mejor no saber: Sobre la doctrina de la ignorancia deliberada en derecho penal. *In*: VALENZUELA, Jonatan (edit.). *Discusiones. Numero XIII. "Ignorancia deliberada y derecho penal"*. Buenos Aires: EdiUNs, 2013, pp. 17 e 28. Veja-se ainda, criticamente, a rejeitar a associação direta da cegueira deliberada, e mesmo da *recklessness,* ao dolo eventual, e a apontar para o perigo do "transplante" de categorias de um sistema para outro: LUCCHESI, Guilherme Brenner. *Punindo a culpa como dolo*, 2018, pp. 124 e ss. 1 193 e ss.;

1960. O que foi tratado de modo amplo e detalhado, com a problematização da autonomia da falta da consciência da ilicitude, por Figueiredo Dias, na obra *O problema da consciência da ilicitude em direito penal,* tantas vezes aqui referida, para onde se remete.

1961. Na doutrina recente: JOECKS, Wolfgang. *MK,* 2017, §16, n.m.62, p. 849.

2.10.2. a) A função de alerta do tipo e a evitabilidade: o princípio epistêmico

Por um lado, como já observei alhures, chama-se a atenção para a circunstância de que, no plano do §17 do *StGB*, do art.21 do CP Brasileiro do art. 17 do CP Português, já está pressuposto (afirmado) o "dolo do tipo" (conhecimento e vontade)[1962], e do que se cuida é do componente do "dolo da culpa", o que justificaria o tratamento mais rigoroso conferido pela norma, no primeiro caso. Já ao nível do §16, 1, do *StGB,* do art. 20 do CP Brasileiro e do art. 16 do CP Português o que está em jogo é a função de apelo do dolo do tipo[1963], pressuposto tido como necessário para o preenchimento do "dolo da culpabilidade" (para a orientação da consciência ética, como insistentemente apontado por Figueiredo Dias, aqui já repercutido), sendo isso o que justificaria as maiores exigências feitas ao elemento cognitivo, e o tratamento menos rigoroso do erro de tipo/sobre a factualidade típica, pelo legislador[1964]. Nesse sentido, aquele que atua sob o conhecimento da circunstância típica já teria, ainda que sem o conhecimento sobre o ilícito, uma implícita noção da indignidade social da conduta, que lhe adverte para que não atue, bastando, para tanto, que o agente realize um "tensionamento de sua consciência"[1965]. Contudo, ao atuar sem este conhecimento, o agente não conta com qualquer impulso para a evitação do comportamento[1966].

Há, assim, na concepção predominante, uma indisfarçável equiparação do erro sobre a factualidade típica (e também do erro de tipo permissivo) a um erro sensorial, de percepção[1967], equiparação esta, quando menos, questionável em face dos tipos penais contemporâneos, prenhes de elementos normativos, o que se vê inclusive com mais clareza ao se por em mira o CP Português,

---

1962. Veja-se: DIAS, Augusto Silva. *Crimes culturalmente motivados,* 2016, pp. 360, 373 e 377, com articulação de aspectos culturais que interferem no conhecimento das circunstâncias típicas.

1963. Assim: WELZEL, Hans. *Das deutsche Strafrecht, 1969,* p. 163. Veja-se ainda: ARZT, Günther. Zum Verbotsirrtum beim Fahrlässigkeitsdelikt. *ZStW* 91 (1979), p. 860.

1964. Veja-se: GAEDEN, Karsten. *ZStW* 121 (2009), pp. 264; 268 e 274. Contra, criticamente: WALTER, Tonio. *Der Kern des Strafrechts,* 2006, p. 393 e ss. Anota, o Autor, que a função de apelo é questionável nos casos em que não há cobertura entre uma ética social e o Direito Penal, como nos casos do Direito Penal secundário, e também no plano do Direito Penal nuclear, em que a função de apelo se revela inútil. Op. cit. p. 396. No mesmo rumo, ao menos quanto a isto: PAWLIK, Michael. *Das Unrecht des Bürgers,* 2012, p. 320.

1965. Aliás, não foi outra, em termos político-criminais, a vantagem da teoria da culpa, que permitiu um tratamento mais rigoroso do erro sobre o ilícito (em comparação à teoria do dolo), impondo exigências mais densas à própria evitabilidade (em comparação com o dever geral de cuidado dos delitos negligentes). Veja-se, sobre isto: ARZT, Günther. Zum Verbotsirrtum beim Fahrlässigkeitsdelikt. *ZStW* 91 (1979), p. 861.

1966. Proximamente, ainda que com argumentos mais refinados: KINDHÄUSER, Urs. *FS-Eser,* 2005, p. 357.

1967. Com o clássico exemplo do caçador que atira e alveja o recolhedor de cogumelos, ou porque não o viu, ou porque o tomou como sendo um javali: SAFFERLING, Christoph J.M. *Vorsatz und Schuld,* 2008, p. 190. Veja-se ainda: PUPPE, Ingeborg. *NK,* 2013, §16, n.m.2, p. 696.

que equipara ao erro fático o denominado "erro intelectual" (sobre a proibição axiologicamente neutral). Para ademais, essa equiparação restaura uma superada distinção entre *error facti* e *error juris*[1968], na qual vai entranhada uma certa ingenuidade epistêmica e uma boa dose de inadequação normativa no que se refere à solução formal-dedutiva de múltiplos problemas.

Outro argumento que pretende justificar a distinção consiste na suposta identidade/coincidência de posicionamento perante o injusto, ou melhor, perante o valor, entre o agente que atua sob erro fático e o legislador[1969]. Assim, no caso de erro de tipo/sobre as circunstâncias típicas e de erro de tipo permissivo, o sujeito "não diverge", com o legislador, acerca da valoração do comportamento, mas sim atua com simples falta de atenção no que se refere à subsunção do comportamento ao tipo, porque avalia mal o contexto fático[1970].

Como já se viu, Puppe, defensora de uma tese "cognitivista-objetiva", insiste em que a falta de conhecimento, por mais censurável e "escandalosa" que se apresente, deve manter as coisas na grelha da negligência. Com efeito, para a Autora, tanto na órbita penal como da vida cotidiana, as pessoas não são julgadas apenas em face do que deveriam saber, em razão de seu papel social[1971], mas sim também em face daquilo que efetivamente sabem ao tempo da ação[1972]. Isso decorre, segundo a Autora, de que o conhecimento, diferentemente da vontade, pode e deve ser efetivamente comprovado, e uma sua "completa normativização" implicaria em rupturas inaceitáveis com o *standard* atual de julgamento geral[1973], seja no âmbito do Direito Penal, como da vida cotidiana.

1968. Neste sentido: PAWLIK, Michael. *Das Unrecht des Bürgers,* 2012, p. 319. Também: WALTER, Tonio. *Der Kern des Strafrechts,* 2006, p. 398.

1969. Na literatura brasileira, afirmava Hungria: "*se ao dolo é indispensável a relação psíquica entre o agente e o caráter antijurídico da conduta, e se um êrro, qualquer que êle seja, insuperável ou não, intercepta esta relação, não há falar-se em crime doloso: ao invés da mens rea, o que se apresenta é uma atividade psíquica de conformidade ao Direito*". *Comentários ao Código Penal,* Vol. I, tomo 2, 1957, pp. 223.

1970. Veja-se: FRISTER, Helmut. *AT,* 2015, §11, n.m.30, p. 149. Também: PUPPE, Ingeborg. *NK,* 2013, §16, n.m.137-138, p. 743.

1971. Contra: JAKOBS, Günther. Gleichgültigkeit als Dolus indirectus. *ZStW* 114 (2002), p. 586, especificamente a apontar que os conhecimentos especiais, desconectados do papel do sujeito, não podem incriminar, uma vez que não conduzem à afirmação da deslealdade ao Direito, diante da ausência de expectativa normativa. Ainda, o mesmo Autor: Tätervorstellung und objektive Zurechnung, 2017, p. 393 e ss. E contra a proposta de Jakobs: WALTER, Tonio. *Der Kern des Strafrechts,* 2006, p. 245. O Autor avança o seguinte exemplo: se o pai de uma criança reconhece, em razão de um conhecimento especial obtido ao acaso, em uma sala de espera do hospital, que o filho apresenta o diagnóstico de uma doença grave, então é exigível que o leve imediatamente ao médico (ainda que este conhecimento não fosse aquele conhecimento padrão, esperado de um homem médio no âmbito de seu papel).

1972. Der Vorstellungsinhalt des Dolus Eventualis, *ZStW* 103 (1991), p. 37. No mesmo rumo, a apontar a incompatibilidade da teoria que admite o dolo no caso de desconhecimento por cegueira com a legislação: ROXIN, Claus / GRECO, Luís. *AT,* 2020, §12, n.m.97, p. 595.

1973. Der Vorstellungsinhalt des Dolus Eventualis, *ZStW* 103 (1991), p. 37. Contra: PAWLIK,

No que se refere ao erro, consequentemente, Puppe se mantém filiada à teoria limitada da culpabilidade, e sustenta a exclusão do dolo nas hipóteses de erro de tipo e de erro sobre os pressupostos de uma causa de justificação, sejam quais forem suas razões.

No mesmo rumo, Urs Kindhäuser, a partir da função do dolo no sistema de imputação, assinala que o conhecimento fático (um dos aspectos/requisitos da capacidade de ação) é imprescindível para que o sujeito possa formar a motivação de evitação do comportamento, não se compatibilizando a estrutura do dolo com o desconhecimento por indiferença[1974].

Contudo, é de se conceder integral razão a Jakobs quando assevera que "*uma responsabilidade, da qual alguém pode se esquivar, na medida em que não se preocupa, por indiferença, com seus pressupostos, é nenhuma*"[1975].

Veja-se que, a rigor, o que está em causa não é o desconhecimento ou cegueira enquanto "fato bruto", mas sim aferir suas causas para, então, ajuizar sobre se a violação do dever se mantém ainda nas fronteiras da negligência (como expressão de "falta de amizade ao Direito", ou de descuido), mesmo que sob a forma da leviandade, ou se já ingressa nos domínios do dolo (como expressão mesmo de "hostilidade ao Direito", traduzida na negativa expressa e direta de validade da norma, em um comportamento totalmente incompatível com a máxima de evitação)[1976]. Assim, apenas sob o duplo pressuposto, ou seja, de que a cegueira perante os fatos resultante da indiferença ou desconsideração, em virtude da qual o agente ignore algo que uma pessoa racional e leal ao Direito poderia facilmente ter à mão para evitar o injusto, é que se pode, neste modelo teórico, imputar o comportamento como hostil (e doloso)[1977].

Resta, então, retomar a questão mais tormentosa: é normativamente viável tratar, segundo o "princípio da responsabilidade", também o erro sobre as cir-

Michael. *Das Unrecht des Bürgers,* 2012, p. 393, a anotar que isso implica em uma injustificável ruptura com a perspectiva objetivista de Puppe, e acaba por deitar fora a principal função da normativização: deixar de honrar a irracionalidade leviana e a total falta de consideração.

1974. *FS-Eser,* 2005, p. 357.

1975. Gleichgultigkeit als Dolus indirectus. *ZStW* 114 (2002), p. 586. O mesmo: *FS-Schreiber,* 2003, p. 954. Também: PAWLIK, Michael. *Das Unrecht des Bürgers,* 2012, p. 394, especialmente na nota 808. No sentido de que o sujeito não pode manipular os critérios de imputação, já se manifestava Thomas de Aquino, a respeito do "desconhecimento indiretamente querido". Veja-se: HSU, Yu-An. *Doppelindividualisierung und Irrtum,* 2007, p. 180. Próximo, ainda: RINCK, Klaus. *Der zweistufige Deliktsaufbau,* 2000, p. 389.

1976. A estupidez e o desconhecimento, em si, são "eticamente descoloridos", importando investigar suas causas. Assim: PAWLIK, Michael: *Das Unrecht des Bürgers,* 2012, p. 397. Anota, o Autor, que a perspectiva hegeliana de aproximação ao *dolus indirectus* é um modo correto de ver as coisas, o qual, contudo, necessita de concretização, uma vez que padece de uma grave falta de clareza. Daí que Pawlik busque definir os contornos e o conteúdo da ação ilícita predicada como hostil ao Direito. Op. cit., pp. 397 e ss.

1977. PAWLIK, Michael. *Das Unrecht des Bürgers,* 2012, p. 397.

cunstâncias típicas, inclusive o erro de tipo permissivo, equiparando-o ao erro sobre a ilicitude[1978]? Este é, assim, o que tenho designado no curso da investigação como "segundo plano de normativização do elemento cognitivo", em que está em causa avaliar sobre o potencial de desoneração do desconhecimento censurável[1979], em um paralelismo ao censurável desconhecimento da ilicitude.

2.10.2. b) O princípio da responsabilidade e o desconhecimento censurável

O problema de fundo está na suposta contradição entre o "rigor" normativo do §17 do *StGB*[1980], do art. 21 do CP Brasileiro e do art.17 do CP Português, em face do tratamento mais "amigável" do §16, do *StGB,* do artigo 20 do CP Brasileiro e do artigo 16 do CP Português. Neste sentido, os defensores de um viés "normativista", postulam que deve haver um tratamento coerente e unitário do erro sobre a ilicitude e do erro sobre o conhecimento das circunstâncias típicas, consagrando-se as premissas normativas que justificaram a prevalência da (normativa) teoria da culpa em face da(s) (psicológica) teoria(s) do dolo[1981]. Daí que, para a questão do dolo, o decisivo seria saber se o comportamento do agente demonstrou/expressou, de modo objetivo, o não-reconhecimento da norma e a infidelidade ao Direito; o desconhecimento fundado na indiferença ao Direito, então, não exonera[1982], e não só pode fundamentar a censura na moldura geral da negligência como também no regime do dolo. Curto: os casos de erro devem ser tratados segundo o "princípio da responsabilidade", e nenhum deles segundo o "princípio epistêmico"[1983]. E, por conseguinte, não é a localização

---

1978. Criticamente ao "surpreendente" psicologismo inerente ao tratamento do erro de tipo: JAKOBS, Günther. *Das Schuldprinzip,* 1993, p. 20. Contra, a sustentar que a inclusão do desconhecimento motivado por indiferença violaria, de *lege lata*, a proibição de analogia: WALTER, Tonio. *Der Kern des Strafrechts,* 2006, p. 244. Também: GAEDE, Karsten. Auf dem Weg zum potentiellen Vorsatz? ZStW 121 (2009), p. 265.

1979. A apontar que o problema do desconhecimento da norma não pode se resolver de modo unilateral, a partir da prova do conhecimento e do desconhecimento - o que, *cum grano salis*, se aplica ao problema aqui discutido - veja-se: TIMPE, Gerhard. *Strafmilderung des Allgemeinen Teils des StGB und das Doppelwertungsverbot. Untersuchungen zu den §§23 Abs. 2,13 Abs.2, 17 Satz 2,35 Abs. 1 Satz 2 und 46 Abs. 3 StGB.* Berlin: Duncker &Humblot, 1983, pp. 326-327.11

1980. Não poderei, aqui, retomar o desenvolvimento histórico do tratamento do erro, a partir da ideia inicial do *error criminal nocet* objeto da "teoria do dolo", passando pela destrinça entre erro de fato e de Direito, até se alcançar a "teoria da culpa". Sobre este desenvolvimento, veja-se, dentre outros, contemporaneamente: PAWLIK, Michael. *Das Unrecht des Bürgers,* 2012, pp. 311-318.

1981. Veja-se, assim: JAKOBS, Günther. *FS-Rudolphi,* 2004, p. 107. HEUCHEMER, Michael. *Der Erlaubnistatbestandsirrtum,* 2005, p. 109. Próximo: RINCK, Klaus. *Der zweistufige Deliktsaufbau,* 2000, pp. 373 e 381 e ss., ao se referir à *ignorantiae juris causa*. Contra ambos, veja-se: WALTER, Tonio. *Der Kern des Strafrechts,* 2006, p. 245.

1982. Assim. HSU, Yu-An. *Doppelindividualisierung und Irrtum,* 2007, p. 221. Com fundamento na *Obliegenheit,* veja-se: PAWLIK, Michael. *Das Unrecht des Bürgers,* 2012, p. 310. No mesmo rumo: RINCK, Klaus. *Der zweistufige Deliktsaufbau,* 2000, p. 382.

1983. Assim: HEUCHEMER, Michael. *Der Erlaubnistatbestandsirrtum,* 2005, p. 159.

sistemática do erro na teoria do delito, ou seu objeto de referência, quem deve, automaticamente, decidir sobre sua consequência[1984] (exoneração total ou atenuação da responsabilidade).

O ponto que parece nuclear, nesta discussão, se encontra na maneira de se lidar com a teoria do erro: uma abordagem psicológica, normativo-psicológica ou exclusivamente normativa[1985].

Em uma concepção normativa da imputação subjetiva, o objeto do erro – sobre a circunstância típica ou sobre a ilicitude – não é o fator decisivo da medida da censura[1986]. Já assim advertia Binding: "*o erro não deve nunca ser julgado em face de seu objeto, mas apenas em face da espécie de dificuldade que o sujeito tem de evitá-lo*"[1987]. Daí que, contemporaneamente, cresça o tom das vozes que postulam por uma equiparação, recusando-se a destrinçar, em termos de medida da imputação e de objeto de referência, e a partir da simples posição na estrutura sistemática do delito, o erro sobre a ilicitude e o erro sobre os fatos/circunstâncias típicas[1988].

Michael Pawlik, como já se destacou alhures, sustenta que a imputação ao cidadão[1989] deve ter por pontos de inflexão os conceitos de competência/responsabilidade (*Zuständigkeit*) e de obrigação/incumbência (*Obliegenheit*), o que implica em considerar os deveres de obtenção de conhecimentos, associados ao papel do indivíduo e às expectativas a ele conectadas, e conduz a uma não-exoneração, nos casos de cegueira por completa indiferença ao Direito, da imputação do dolo[1990]. Veja-se que a inobservância da incumbência, em si, não configura um ilícito[1991], e depende da exteriorização de uma ação ilícita no campo da competência/responsabilidade (*Zuständigkeitswidrig*), ação essa que será sempre imputada – independentemente de eventual desconhecimento do

1984. HEUCHEMER, Michael. *Der Erlaubnistatbestandsirrtum,* 2005, p. 29.

1985. Preciso: HEUCHEMER, Michael. *Der Erlaubnistatbestandsirrtum,* 2005, p. 109.

1986. Assim: WALTER, Tonio. *Der Kern des Strafrechts,* 2006, p. 397.

1987. *Die Schuld im deutschen Strafrecht. Vorsatz, Irrtum, Fahrlässigkeit*, 1919, p. 133.

1988. Enfaticamente: HEUCHEMER, Michael. *Das Erlaubnistatbestandsirrtum,* 2005, p. 76.

1989. Na sua classificação de imputação em três níveis, que parte da pessoa, para o sujeito e, enfim, para o cidadão, e com exigências mais concentradas em cada nível. Veja-se: *Person, Subjekt, Bürger,* 2004, p. 76 e ss. É possível, assim, legitimar uma imputação ao cidadão em situações nas quais esta não seria possível nos dois níveis anteriores.

1990. *Person, Subjekt, Bürger,* 2004, p. 85-86. Note-se que o Autor defende que não há, aqui, qualquer ruptura com a legislação, mas sim uma nova compreensão da própria lei, que seria mais racional e precisa. Veja-se ainda, o mesmo: *Das Unrecht des Bürgers,* 2012, pp. 345 e 393.

1991. A respeito da evitabilidade do erro sobre a ilicitude, e da irrelevância da violação da incumbência, no caso de o agente realizar o comportamento segundo a consciência da ilicitude exigível de um cidadão médio, veja-se: PAWLIK, Michael. *Das Unrecht des Bürgers,* 2012, p. 329. Em outros termos, se o agente, embora não tenha atendido às exigências da incumbência, atuou em um caso no qual a consciência da ilicitude se afigura duvidosa segundo a jurisprudência, para um cidadão comum, então a violação da incumbência – de colher a informação acerca da posição da jurisprudência –, em si, é irrelevante.

agente – caso se associe à falta de esforço (incumbência) para a obtenção das informações necessárias à evitação do ilícito[1992].

Já para Klaus Rinck, nos casos de "*dolus ignorantiae juris causa*", nos quais o agente, por completa indiferença ao Direito, desativa a percepção no que se refere às circunstâncias típicas, seja no que se refere às elementares do tipo, seja no que toca aos requisitos factuais das causas de justificação, atua com dolo. Isso, para o Autor, decorre da própria teoria da culpabilidade e do princípio da responsabilidade por esta acolhido, afigurando-se contraditório exonerar o agente, caso seu desconhecimento acerca das elementares tenha origem em um inescusável desconhecimento acerca do caráter ilícito do fato[1993].

No mesmo rumo, Michael Heuchemer, ao postular por uma teoria da imputação subjetiva de base normativa, apoiada na filosofia da imputação hegeliana, realiza um contundente ataque às perspectivas psicológicas, e propõe um modelo no qual o desconhecimento e o erro sejam sempre tratados a partir do princípio da responsabilidade, partindo-se dos pressupostos de que o agente é um sujeito racional e de que sua ação deve ser avaliada em um parâmetro de lealdade x hostilidade ao Direito[1994].

Por outro caminho, mais vinculado ao aspecto ôntico do que deôntico, Yu-An Hsu procura, novamente, resolver a questão sob a base do conceito dicotômico de "conhecimento abstrato x concreto", a postular que presente o primeiro, ou seja, afigurando-se o resultado como algo regular e necessário (da ação), o erro/desconhecimento sobre a circunstância não deve afastar o dolo[1995].

Essas interpretações encontram muitas resistências, sendo certo que a concepção predominante mantém a exigência da representação de todas as circunstâncias para a afirmação do dolo.

Mas a pergunta ainda persiste: em todos os casos o grau de reprovabilidade se estabelece a partir da espécie de erro? Todo erro que tem por objeto o contexto factual-típico revela, sempre e sempre, uma menos intensa hostilidade ao Direito, que justifica um tratamento menos rigoroso, com a automática exclusão do dolo?

A resposta para estas questões, ao meu juízo[1996], deve ser negativa[1997]. É

1992. Veja-se: PAWLIK, Michael. *Das Unrecht des Bürgers,* 2012, pp. 310-311.

1993. *Der Zweistufige Deliktsaufbau,* 2000, pp. 386; 388-391.

1994. *Der Erlaubnistatbestandsirrtum,* 2005, p. 356.

1995. *Doppelindividualisierung und Irrtum,* 2007, p. 199 e ss.

1996. Foi o que sustentei também em: A normativização do dolo. Entre o princípio epistêmico e o princípio da responsabilidade. *REC,* 76 (2020), p. 148, de *lege ferenda*.

1997. Neste sentido, especificamente quanto ao consentimento em crimes sexuais, e a apontar para a solução do ordenamento jurídico americano: HÖRNLE, Tatjana. Der Irrtum über das Einverständnis des Opfers bei einer sexuellen Nötigung. *ZStW* 112 (2000), p. 360.

possível conceber inúmeros casos em que, por manifesta indiferença, o agente não reconhece um perigo absolutamente intolerável e intenso, e revela a hostilidade ao Direito típica do comportamento doloso (em termos de expressão de sentido)[1998]; e também se podem conceber hipóteses em que o erro sobre a ilicitude se afigura plenamente desculpável, especialmente em se tratando de Direito Penal secundário, o que se confirma inclusive com a referência, no artigo 16, 1 do CP Português, ao "erro intelectual". Isso só reforça que a destrinça entre os casos, a partir da espécie do erro, não pode ser a solução adequada[1999].

Independentemente de uma resposta definitiva ao problema, que desafiaria outra investigação - a englobar competências e incumbências específicas, inclusive com referência às normas de comportamento da Parte Especial -, há ainda algumas considerações importantes a fazer.

O desconhecimento de que trata a norma se traduz na *ignorantia facti* ou apenas na representação (positiva) equivocada? Na primeira hipótese, uma vez aceita a ignorância como um verdadeiro caso de erro - o que de resto é o que defende a posição predominante[2000] -, o dolo deve ser rejeitado sem maiores indagações, de *lege lata*[2001]. No segundo caso, tomando-se o desconhecimento exclusivamente como uma falsa representação ou erro *stricto sensu*, a simples ignorância, motivada por indiferença, já não exonera[2002], nem mesmo de *lege lata*. Isso porque, nesta hipótese, estar-se-ia a valorar algo completamente irrelevante para a decisão, ou seja, um conhecimento que, *ex hypothesi*, estando presente em nada alteraria a decisão do agente, caso em que este seria injustificadamente favorecido com uma censura significativamente mais branda[2003].

1998. Contra, a sustentar que isso conduz a um ilícito objetivo e à censura pelo resultado: SAFFERLING, Christoph J.M. *Vorsatz und Schuld,* 2008, p. 190.

1999. Neste sentido: PAWLIK, Michael. *Das Unrecht des Bürgers,* 2012, p. 321.

2000. Sobre a inclusão da ignorância no erro, na literatura portuguesa mais antiga, veja-se: OSÓRIO, Luís. *Notas ao Código Penal Português. Vol. 1,* p. 117.

2001. É a posição majoritária. Contemporaneamente, veja-se: SAFFERLING, Christoph J.M. *Vorsatz und Schuld,* 2008, p. 189. JOECKS, Wolfgang. *MK,* 2017, §16, n.m.2, p. 832.

2002. Assim: RINCK, Klaus. *Der zweistufige Deliktsaufbau,* 2000, pp. 379-380. Para o Autor, o §16, I, do *StGB* pressupõe um "pensamento positivo", ou seja, uma representação errônea, não se contentando com a simples ignorância, quando esta foi causada por indiferença ao Direito. Trata-se do *dolus ignorantiae juris causa*: o agente atua sem a consideração acerca de uma determinada circunstância porque ele se mantém completamente indiferente, acerca de sua presença ou ausência. Op. cit. p. 383. Contra, a afirmar que o desconhecimento tanto pode consistir em um erro como também na ignorância: SAFFERLING, Christoph J.M. *Vorsatz und Schuld,* 2008, p. 190. Assim, se o sujeito pratica tiro ao alvo na floresta, e atinge o coletor de cogumelos que estava a passar por trás do alvo, sem tê-lo visto, o caso é de ignorância. Já o caçador que atira contra o coletor de cogumelos porque o toma por um porco selvagem, atua em erro. Nos dois casos, afirma Safferling, o dolo é excluído, com fundamento no §16.

2003. Sobre essas distinções preliminares, explicativamente: KINDHÄUSER, Urs. *FS-Eser,* 2005, pp. 346.

Esta última interpretação, a princípio, permitiria compatibilizar a realização do tipo, com desconhecimento fundado na indiferença, e de *lex lata*, com o dolo, o que seria um reconhecimento da culpabilidade normativa[2004].

Mas, enfim, uma redução teleológica do §16, 1, do *StGB*, do art. 16, 1 e 2, do CP Português, e do artigo 20 do CP Brasileiro seriam compatíveis com o princípio da legalidade estrita? A redação "naturalística" dos dispositivos não parece, a primeira vista, permitir uma hermenêutica que dela se distancie, seja para se valorar o desconhecimento, seja para se concebê-lo como um caso (restrito) de erro[2005].

Dentre outros, Stuckenberg objeta que, embora as distinções fenomênicas, cada erro pode ser representado como um desconhecimento, e que há que se empregar um supraconceito para ambas as constelações[2006], rejeitando, o Autor, uma interpretação restritiva.

Mas nesta investigação, cumpre indicar um posicionamento acerca de toda esta problemática, também de *lege ferenda*, e apontar os critérios, ainda que gerais, para a concretização.

Do ponto de vista da práxis, o que se verifica é que alguns exemplos elaborados, notadamente por Jakobs, para fundamentar a punição da cegueira perante os fatos, motivada por indiferença ao Direito, como sendo casos dolosos, são antes de conhecimento, ainda que abstrato e/ou de co-consciência, do que de efetivo desconhecimento[2007]: o terrorista que visualiza o polícia, por mais que o despreze como pessoa[2008], tem a imagem, mesmo que fugidia, de que se trata de um homem e sabe o quanto basta acerca da factualidade típica. O agente atua, aqui, ao menos, o denominado "pensamento-objeto" (*sachgedanklich*) com o que se ocupou tão detidamente Schmidhäuser, o qual se afigura suficiente para

2004. JAKOBS, Günther. Gleichgültigkeit als Vorsatz. *ZStW* 114 (2002), p. 584. Contra, a apontar que a teoria normativa da culpa é compatível com a distinta regulamentação do erro de proibição e sobre as circunstâncias típicas, bem assim que não há qualquer exigência de se conceber o dolo como *dolus indirectus*: KINDHÄUSER, Urs. *FS-Eser*, 2005, p. 347.

2005. Assim: GAEDE, Karsten. *Auf dem Weg zum potentiellen Vorsatz?* ZStW 121 (2009), p. 264. Também: WALTER, Tonio. *Der Kern des Strafrechts*, 2006, p. 244. VOGEL, Joachim. Normativierung und Objektivierung des Vorsatzes? *GA* 2006, p. 388. HÖRNLE, Tatjana. Der Irrtum über das Einverständnis des Opfers bei einer sexuellen Nötigung. *ZStW* 112 (2000), p. 360.

2006. *Vorstudien zu Vorsatz und Irrtum im Völkerstrafrecht*, 2007, p. 321.

2007. Veja-se uma interessante crítica de Tonio Walter, a respeito de um dos exemplos de Jakobs, em: *Der Kern des Strafrechts*, 2006, p. 413. Também, no que se refere ao exemplo do terrorista que deixa de perceber a presença do policial, pois não o considera uma pessoa: GAEDE, Karsten. *Auf dem Weg zum potentiellen Vorsatz?* ZStW 121 (2009), p. 258. O Autor ressalta que isso se deve à circunstância de que se toma o terrorista como um inimigo, de outra cultura, que tem outras percepções, o que se afigura obviamente um erro. Em síntese, uma „normativização radical" aqui não seria danosa, mas seria inútil.

2008. O exemplo do terrorista se encontra em: *Das Schuldprinzip*, 1993, p. 20.

a advertência ao agente acerca da dimensão típica de seu comportamento[2009]. A atuação, em uma máxima de comportamento desviada da norma, com este conhecimento abstrato, já configura a decisão contra a norma e demonstra a presença de uma situação de evitabilidade facilitada, que é a *ratio* da responsabilidade dolosa no plano teleológico (do controle da ação, para acompanhar a classificação de Frisch). Aqui, portanto, não se está em caso algum de cegueira, senão de (efetivo) conhecimento[2010].

Impõe-se, então, buscar outras constelações fenomênicas de efetiva cegueira perante os fatos por indiferença ao Direito. Nesse rumo, Michael Heuchemer avança vários exemplos[2011], que têm por objeto específico casos de erro de tipo permissivo, que indicam que muitas vezes o erro acerca da presença de pressupostos fáticos da justificante se afigura mais hostil ao Direito do que erros sobre a existência da justificante (tratado como um erro sobre o ilícito ou sobre a proibição (*Verbotsirrtum*), que não afasta o dolo[2012]. O que se extrai da casuística apresentada pelo Autor é que no mais das vezes a solução rígida a partir do §16 do *StGB* é mesmo normativamente inadequada e subverte o princípio de que a proteção da vítima deve ter primazia no que se refere ao tratamento do erro, especialmente o permissivo: caso o sujeito represente, por qualquer razão censurável e hostil ao Direito que seja, e de modo irracional a partir da perspectiva de um observador externo, uma situaçao de ataque, essa representação falha conduz, automaticamente, à exclusão do dolo. Esta é uma inegável concessão ao psicologismo e inviabiliza uma flexível valoração do erro, que poderia se realizar caso a norma condutora fosse o §17 do *StGB* (ou o artigo 17 do CP Português, e o artigo 21 do CP Brasileiro).

Mas, neste plano, objeta-se que existem, realmente, dúvidas sobre se seria justificado absorver a cegueira por indiferença como caso de dolo, em virtude de uma possível necessidade de pena, porque a casuística apresentada ainda não se afigura relevante em termos de demonstrar que existe[2013] uma lacuna no ordenamento, especialmente uma lacuna que, à luz de um conceito de conheci-

---

2009. Veja-se, sobre esta modalidade de conhecimento: FRISCH, Wolfgang. *Vorsatz und Risiko*, 1983, p. 177.

2010. Contudo, a apontar que nem sempre é assim, na medida em que há circunstâncias típicas que não são objeto imediato da percepção (como a autorização do morador para o ingresso na residência, por exemplo), veja-se: RINCK, Klaus. *Der zweistufige Deliktsaufbau*, 2000, pp. 380-381. Por isto, para o Autor, as soluções a partir da teoria da co-consciência não são adequadas, pois não abrangem as constelações fáticas possíveis, em que a cegueira implica em uma verdadeira ausência de conhecimento.

2011. Veja-se item 2.9, supra, em que foram abordados três casos.

2012. Veja-se: *Der Erlaubnistatbestandsirrtum*, 2005, pp. 60-61; 63;73-75.

2013. As possíveis lacunas e incoerências sistemáticas apontadas por Klaus Rinck, notadamente nos delitos contra a dignidade sexual, são de se levar mesmo a sério. Veja-se: *Der Zweistufige Deliktsaufbau*, 2000, p. 379 e ss.

mento "despsicologizado", não possa ser preenchida com o emprego de outros métodos legítimos de atribuição (efetiva) de conhecimentos[2014]. Este argumento, contudo, é rechaçável caso se arranque, na fundamentação da pena, de uma ética das virtudes, e não, ou não exclusivamente, de um ponto de partida utilitarista, conectado à prevenção geral.

Ainda por outro lado, sustenta-se que se a responsabilidade dolosa, em termos de teleologia, se associa à facilitada evitabilidade (derivada do conhecimento acerca da factualidade típica), não se afiguraria, *prima vista*, possível, sem ruptura com o princípio retor, afirmar que desconhecimento configura dolo[2015]. Poder-se-ia dizer que ou bem a evitabilidade se mantém, como dado intrínseco de fundamentação teleológica do conceito (nos moldes do que postulam, dentre outros, Kindhäuser e Frisch), ou bem se apresenta outro critério, para compatibilização com os casos de cegueira. Mas esta não é também uma objeção insuperável. A questão está no modo de se compreender a própria evitabilidade, e se conecta ao "*quem*" da imputação. Se o sujeito for a *pessoa*, vista à luz de seus papéis, competências e incumbências, e também da própria racionalidade, então a evitabilidade também se afere em termos *pessoais*. Ao contrário, caso estejamos a tratar do indivíduo enquanto entidade psicofísica, então a evitabilidade segue um parâmetro psicológico: ou bem o conhecimento existe, ou bem ele não existe. Uma vez que já se firmou aqui, inúmeras vezes, que o sujeito da imputação é a pessoa, o que se avalia é se esta, segundo seu papel e as expectativas a ele conectadas, realizou os esforços razoavelmente exigíveis para a evitação do ilícito (*Obliegenheit*). Daí que, sendo negativa a resposta, o desconhecimento, enquanto fato bruto, não deve isentar, seja no que se refere à factualidade típica seja no que se refere à consciência da ilicitude. E note-se bem: mesmo que tomado o sujeito enquanto indivíduo, ainda se verifica certo nível de normativização do conhecimento, pois a racionalidade deste, ao menos quanto às regras sociais e empíricas mais fundamentais (o homicídio e a lei da gravidade, para ficarmos com apenas um exemplo extremo de cada constelação), também é de ser atribuída, de modo conectado aos conceitos já avançados de "conhecimentos abstratos e mínimos".

Por fim, reconhece-se que em termos de *jure constito*, dificilmente se pode compatibilizar, por mais que isso se considere normativa e axiologicamente justificável, o efetivo desconhecimento (excluído o conhecimento abstrato e os conhecimentos mínimos, insita-se) com o dolo, dada a redação dos regramentos acerca do dolo e do erro de tipo, na Alemanha, em Portugal e no Brasil, exceto

---

2014. Assim: GAEDE, Karsten. *Auf dem Weg zum potentiellen Vorsatz?* ZStW 121 (2009), p. 261. O exemplo de ira, em que o sujeito esfaqueia a vítima em área nobre do corpo, assim, não é de cegueira, mas sim de conhecimento.

2015. Também: KINDHÄUSER, Urs. *FS-Eser,* 2005, p. 357.

no sistema alemão, conforme acima exposto, no que concerne especificamente ao não disciplinado erro de tipo permissivo.

2.11. Conhecimento abstrato x concreto: uma normativização parcial, de *lege lata*

Em uma determinada perspectiva também acentuadamente normativa da imputação subjetiva, defendida expressamente por Yu-An Hsu, considera-se que o desconhecimento, *per se*, realmente não fundamenta o afastamento do dolo, ao menos não enquanto "fato psicológico bruto". Mas há vários caminhos para a justificação desta assertiva, inclusive de *lege lata*. Uma delas é a distinção entre conhecimento abstrato e concreto, associando-se, a cada um destes níveis cognitivos[2016], outros aspectos relevantes para uma valoração. Tenho recorrido, em especial no desenvolvimento desta Parte, ao conceito de conhecimento abstrato, que exige aqui uma atenção específica.

O conhecimento abstrato é aquele que se vincula à normas sociais e regras da "racionalidade natural-científica"; ele tem uma validade objetivo-geral, sendo, portanto, possuído por todas as pessoas, salvo os inimputáveis. O conhecimento concreto, associado à percepção individual-subjetiva, por sua vez, é apenas válido subjetivamente, e não tem validade geral. Ele tem algo concreto como objeto de referência e se faz dependente da concepção do agente acerca do referido objeto[2017].

Pressupondo-se a capacidade racional do homem, a afirmação de um desconhecimento no que se refere à natureza da coisa (enquanto validade geral) tende a ser ignorada. O desconhecimento só pode ter por objeto características específicas de um conteúdo concreto, mas já não um sentido geral, uma vez que o desconhecimento destas normas gerais não são motivo para exoneração, e sim para a censura, salvo a hipótese de inimputabilidade. No exemplo de Yu-An Hsu: se alguém toma uma arma de fogo por um brinquedo, e dispara contra outrem matando-o, pode ser desculpado; mas se o agente não conhece a proibição do homicídio, ou ainda que disparar uma arma de fogo contra alguém pode provocar a morte, não será exonerado[2018].

Assim, partindo-se das normas racionais, caso seja possível interpretar o efeito da ação como algo *regular* ou mesmo *necessário* – em termos de regramentos sociais básicos ou das regularidades empíricas – então o conhecimento abstrato, de que todos os cidadãos de uma comunidade concreta dispõem, poderá

2016. Sinteticamente: HSU, Yu-An. *Doppelindividualisierung und Irrtum*, 2007, pp. 140; 189 e ss.
2017. HSU, Yu-An. *Doppelindividualisierung und Irrtum*, 2007, p. 140.
2018. *Doppelindividualisierung und Irrtum*, 2007, p. 141.

se fazer suficiente para o preenchimento do elemento cognitivo do dolo[2019], mesmo que o agente não o ative de modo explícito quando da ação.

Ainda seguindo o modelo de distinção entre conhecimento abstrato e concreto, Yu-An Hsu avança os seguintes exemplos: um sujeito, por mero prazer, e sem pensar nas consequências do ato, quebra uma garrafa de vidro em um estacionamento. Com base na experiência da vida cotidiana, vislumbram-se possíveis múltiplos efeitos: lesão corporal em um pedestre; dano nos pneus de um veículo; lesão corporal em uma criança que esteja a correr pelo local etc. Tais resultados não são regulares nem necessários, em um plano ôntico. Caso ocorram, o que a ação expressa é a falta de cuidado do agente, ou seja, uma inadvertida e equivocada falta de vontade de seguir a norma, caracterizadora da negligência. Agora, se o sujeito realiza a mesma ação em um parque infantil, onde brincam frequantemente várias crianças de tenra idade, poderá ocorrer, enquanto uma regularidade, o resultado de lesão corporal. Então, do ponto de vista normativo, o conhecimento abstrato de que dispõe o agente, acerca de tal resultado regular, é o quanto basta para a afirmação do dolo[2020], pouco interessando saber se aquele dispunha de um conhecimento concreto ou se, por total indiferença, "desativou suas propriedades racionais", ao modo do deslocamento proposto pelas teorias cognitivas de base psicológica. Em uma palavra: no último caso, em face da regularidade do resultado, o conhecimento abstrato já fundamentará o dolo[2021].

Outra hipótese: se o agente empurra a vítima do sétimo andar de um edifício, seu conhecimento abstrato já revela – ainda que desativado ou "repelido" o conhecimento – que o resultado morte irá se verificar com regularidade. Esse julgamento acerca da regularidade tem uma validade geral, validade esta que também é vinculante para o sujeito[2022], na medida em que este há de ser considerado, repise-se, como "pessoa em Direito", e sua ação foi realizada voluntariamente[2023].

As condições de aplicação das normas sociais encontram apoio nas regras da lógica, matemática e demais ciências empíricas, não podendo haver uma cisão entre elas. Se alguém impede outrem de respirar, por um longo tempo,

---

2019. Veja-se: HSU, Yu-An. *Doppelindividualisierung und Irrtum,* 2007, p. 144-148; 190-191 e 222-223. Observa, o Autor, que se do conhecimento abstrato o resultado se apresenta apenas possível (não provável ou regular), então o que se tem é a negligência. Op. cit. p. 178.

2020. *Doppelindividualisierung und Irrtum,* 2007, p. 223.

2021. Assim: HSU, Yu-An. *Doppelindividualisierung und Irrtum,* 2007, p. 224.

2022. Sobre a expressão de sentido em um mundo concreto, que não se encontra disponível para o sujeito: JAKOBS, Günther. Altes und Neues zum strafrechtlichen Vorsatzbegriff. *In*: PAWLIK, Michael (*Hrsg.*). *Günther Jakobs. Strafrechtswissenschaftliche Beiträge*. Tübingen: Mohr Siebeck, 2017, p. 607.

2023. Neste sentido: HSU, Yu-An. *Doppelindividualisierung und Irrtum,* 2007, p. 145.

isso implica em uma violação da proibição de matar. E a alegação do sujeito, no sentido de que ele "desconhecia" tal regra empírica (a necessidade de respirar), não irá isentá-lo[2024]. A afirmação não poderia ser compreendida em um nível comunicativo (salvo se o sujeito for inimputável) e não seria aceita como fundamento de uma desculpa. Curto: a imputação ao dolo resulta, se o tipo objetivo, na perspectiva do conhecimento abstrato, necessariamente ou regularmente se realizará. Em tais situações a alegação do desconhecimento da circunstância concreta se apresenta irrelevante[2025].

Contudo, em outra constelação fática, o conhecimento concreto, que pode inclusive demandar uma percepção sensorial direta, se faz exigível para o reconhecimento do dolo, caso o resultado não seja o reflexo de uma regularidade ou da necessidade, afigurando-se meramente possível (conquanto que previsível, já que, caso contrário decairia a própria imputação objetiva). No exemplo análogo, se o sujeito derruba a vítima do primeiro andar de um edifício, o conhecimento abstrato pode não ser suficiente para fundamentar o juízo de que a morte era um resultado regular. Contudo, se o sujeito conhecia que no térreo do edifício, em que a vítima foi lançada, havia dejetos de construção potencialmente perigosos – como ferros pontiagudos – então dispunha do conhecimento concreto de que a ação, regularmente, poderia produzir o resultado morte. Neste cenário, sem o conhecimento concreto das circunstâncias, o simples conhecimento abstrato não se revela suficiente para uma imputação do homicídio doloso[2026]. A imputação, aqui, deixaria de ser subjetiva, e acabaria por não se reconciliar com o princípio da culpa.

E as categorias do conhecimento concreto e abstrato serão aplicadas por Yu-An Hsu, consequentemente, para o tratamento do erro sobre as circunstâncias, negando relevo ao erro resultante de indiferença, caso esteja disponível o conhecimento abstrato[2027].

Este método de tratar o problema, distinguindo-se, em um viés normativo, os conhecimentos abstrato e concreto, na verdade, conduz a uma releitura das hipóteses mais recorrentes de cegueira, na medida em que desvela que em várias situações concretas não há, de fato, "cegueira perante os fatos", senão um verdadeiro "conhecimento abstrato". E isso facilita o caminho para a compatibilização de uma compreensão normativa do dolo e do erro, especialmente das exigências feitas ao elemento intelectual, com a legislação em vigor, seja

---

2024. Veja-se: JAKOBS, Günther. Strafrechtlich Zurechnung und die Bedingungen der Normgeltung. *ARSP* 74 (2000), p. 67. HSU, Yu-An. *Doppelindividualisierung und Irrtum,* 2007, p. 146.

2025. HSU, Yu-An. *Doppelindividualisierung und Irrtum,* 2007, p. 146, com apontamentos do julgado do BGH, que teve por objeto situação análoga (BGH NStZ 2005, 90, 91).

2026. Veja-se: HSU, Yu-An. *Doppelindividualisierung und Irrtum,* 2007, p. 145.

2027. *Doppelindividualisierung und Irrtum,* 2007, p. 199.

na Alemanha, Portugal ou Brasil. Se a proposta não soluciona todos os casos, não se deixa de reconhecer que consiste em uma avanço importante em termos de filtragem daquilo que se tem chamado de cegueira perante os fatos, e que pode assegurar resultados normativamente adequados, independentemente de uma arbitrária valoração individual do agente acerca do contexto de ação[2028].

3. Balanço

O que está na verdade em jogo, no que concerne à normativização do elemento intelectual do dolo – e também da própria teoria do erro como um todo –, consiste em responder a uma questão relativamente trivial: merece – em termos de fundamentos e fins da pena, mas também de culpa (!) –, ser agraciado com uma censura mais branda aquele sujeito que, ou bem conhece o que faz e, irracionalmente, confia em que tudo correrá bem (avaliação irracional do risco/confiança na boa saída / não levar a sério a possibilidade do resltado), ou sequer conhece o que faz, mas isto por razões elevadamente censuráveis e identificadas, objetivamente, com a hostilidade e indiferença ao Direito (desconhecimento censurável)?

Em meio às disputas e controvérsias, algo se pode defender com toda clareza nesta investigação: não é o conhecimento ou desconhecimento em si, como fato psicológico bruto[2029], fora de um contexto normativo, o dado empírico decisivo, mas sim o que este conhecimento ou desconhecimento, em termos de posição do agente perante a norma, manifesta/revela: deslealdade ao Direito, desinteresse, erro de cálculo, ou mesmo lealdade ao Direito[2030].

A questão essencial, portanto, mais do que uma rejeição de uma perspectiva psicológica da imputação, consiste em verificar as fronteiras em que a normativização pode, e deve, ocorrer, sem violação do princípio da culpa. Como já identifiquei, é possível visualizar dois planos distintos, embora conexos.

Uma normativização parcial ou de "primeiro plano", na linha proposta por Puppe e Herzberg, dentre outros, e Eduardo Viana, na literatura brasileira, conduz a responder negativamente à primeira indagação. Recusa-se a transferência da

---

2028. HSU, Yu-An. *Doppelindividualisierung und Irrtum,* 2007, p. 191.

2029. A criticar que os aspectos descritivos, ou fatos psicológicos brutos, sejam o decisivo: STUCKENBERG, Carl-Friedrich. *Vorstudien zu Vorsatz und Irrtum im Völkerstrafrecht,* 2007, p. 382. Observa, o Autor, que podem haver diferenças fenotípicas (na endoestrutura) que podem ser consideradas, axiologicamente (na exoestrutura) como de igual dignidade Penal.

2030. Quanto a isso, de acordo: MANSO-PORTO, Teresa. *Normunkenntnis aus belastenden Gründen,* 2009, pp. 109, 113 e 119. Conforme a Autora, „*um achado puramente fático-psicológico seria como a fronteira mínima (da imputação) completamente inadequado*". Também, ao se referir ao erro e sua valoração, em uma perspectiva funcional-normativa: HEUCHEMER, Michael. *Der Erlaubnistatbestandsirrtum,* 2005, p. 357.

competência para a avaliação do risco conhecido/representado (aqui, no sentido psicológico) ao próprio sujeito, em uma nova leitura das teorias da representação e da probabilidade, bem assim da categoria do *dolus indirectus*[2031]. Esta proposta é acolhida sem quaisquer ressalvas no presente trabalho, conectando-se com os fundamentos materiais (expressão da negativa de reconhecimento) e teleológicos (situação de facilitada evitabilidade) da qualificação da responsabilidade dolosa. Não é o sujeito, enquanto indivíduo ou entidade psicofísica, que através de controversos mecanismos de processamento do risco, definirá sobre a atribuição do dolo. O parâmetro é decisivamente normativo, importando aferir se o risco conhecido, face à sua qualidade, era de ser levado a sério, e não se o sujeito o levou a sério. Retomam-se, assim, as bases estruturais do *dolus indirectus*, em uma nova leitura, conforme ressaltado no curso da presente investigação.

Uma normativização integral ou de "segundo plano", na linha proposta por Michael Pawlik, Michael Heuchemer, Klaus Rinck, Teresa Manso-Porto, Yu-An Hsu, Heiko Lesch, Jakobs, dentre outros, implica em responder negativamente às duas indagações, com consequências particularmente relevantes para a teoria do erro. Embora não se negue relevo ao conhecimento[2032], como dado empírico, não se toma o desconhecimento, em todo e qualquer caso, como um fator de exclusão do dolo. O decisivo não é o desconhecimento ou erro enquanto fato individual, mas sim sua valoração, como resulta de uma ideia de Direito enquanto distribuição de liberdade, em uma medida normativa[2033]. Caso o desconhecimento seja censurável e resulte de uma atitude de completa indiferença perante a norma, e expresse, de modo objetivo, a situação de hostilidade ao Direito típica do atuar doloso (= a decisão contra a norma), então tal desconhecimento é equiparado ao conhecimento, e a censura do dolo se justifica[2034]. Caso contrário, havendo a geração de um risco proibido e desconhecido, mas de modo ainda associável à máxima da norma de comportamento (que não é questionada diretamente), mantém-se a imputação nos limites da negligência. No que se refere à última concepção, o desafio principal é o de saber se é, ou não, compatível com a *lege lata*[2035].

2031. Veja-se: PAWLIK, Michael. *Das Unrecht des Bürgers*, 2012, p. 375; 382 e ss.

2032. Veja-se: RINCK, Klaus. *Der zweistufige Deliktsaufbau*, 2000, p. 383, ao referir-se à excepcionalidade do reconhecimento do *dolus ignorantiae juris causa*.

2033. Neste sentido: HEUCHEMER, Michael. *Der Erlaubnistatbestandsirrtum*, 2005, p. 106 e 357. Assinala, o Autor, que o erro exonera apenas sob o pressuposto de que ele tenha valia como um indício (principalmente) de lealdade ao Direito. A falsa percepção do agente só joga um papel enquanto indício para a existência ou inexistência de lealdade ao Direito. Dái que a pena deva corresponder ao grau material de censurabilidade do erro.

2034. Veja-se, por todos: PAWLIK, Michael. *Das Unrecht des Bürgers*, 2012, pp. 375; 394-395, n.r.808, e 406.

2035. A afirmar que a normativização do conhecimento só poderia ocorrer de *lege ferenda*: FRISCH, Wolfgang. *Vorsatz und Risiko*, 1984, p. 242.

Na perspectiva aqui acolhida, já se viu, o caso "ordinário" (regular) de dolo é aquele em que o sujeito conhece o risco de que sua ação, no âmbito de uma área delimitada de competência, seja a realização da circunstância típica ou da produção do resultado ilícito[2036].

Contudo, em termos de *imputação extraordinária*, admite-se, ao plano teorético, que o desconhecimento das circunstâncias fáticas, desde que intensamente censurável, em uma situação na qual a norma de comportamento não se apresentou como fator relevante para a orientação da ação, não deveria bastar para excluir a censura dolosa, equiparando-se, nestes casos (nos quais a hostilidade ao Direito é revelada de modo objetivo), ao conhecimento[2037]. Nestas situações, o que se verifica é que o agente não percepciona as circunstâncias típicas em face da cegueira perante os fatos resultante de indiferença ao Direito, e esta falta de consciência (psicológica) não desvela a simples falta de cuidado, que integra a negligência, mas sim uma completa indiferença perante a norma, ao modo do *dolus ignorantiae juris causa*[2038]. Ainda por outras palavras, e na trilha de Jakobs, o conhecimento se afigura irrelevante para o agente, na medida em que dá-se por demonstrado que não modificaria a decisão de atuar, acaso presente.

De toda sorte, a redação psicologista dos dispositivos disciplinadores do dolo e do erro sobre as circunstâncias típicas parece impedir uma justificada normativização integral do conceito, de *lege lata*[2039], na Alemanha, em Portugal e no Brasil, ressalvado, no caso alemão, o erro de tipo permissivo, face à falta de disciplina expressa.

Por fim, é preciso realizar uma filtragem rigorosa dos casos de "desconhecimento", deles se excluindo os de conhecimento abstrato e os de conhecimentos mínimos, nas situações em que se trata de aplicação de regras jurídico-sociais essenciais e de regularidades empíricas só desconhecidas por um sujeito irracional (o que é um problema de imputabilidade, mas não de dolo).

Que o conhecimento não é sempre tomado como um "fato psicológico", nem mesmo pela doutrina dominante, é algo que facilmente se desvela no tratamento dos desvios causais, notadamente nas hipóteses de *dolus generalis*, *aberratio ictus* e *error in persona*, nas quais a própria aplicação do método tradicional, de avaliação da "relevância/essencialidade do desvio", põe a descoberto que o que se dá é uma avaliação segundo um parâmetro normativo, e não a partir de um

2036. De acordo: RINCK, Klaus. *Der zweistufige Deliktsaufbau*, 2000, p. 383.

2037. No mesmo sentido: JAKOBS, Günther. Gleichgültigkeit als dolus indirectus. *ZStW* 114 (2002), p. 586. PAWLIK, Michael. *Das Unrecht des Bürgers*, 2012, p. 394-395. HEUCHEMER, Michael. *Der Erlaubnistatbestandsirrtum*, 2005, pp. 280-282.

2038. Assim: RINCK, Klaus. *Der zweistufige Deliktsaufbau*, 2000, p. 387.

2039. A excluir a possibilidade de se punir o desconhecimento por indiferença como caso de dolo: SCHRTOH, Ulrich. *Vorsatz und Irrtum*, 1998, p. 11.

certo estado de consciência do agente. Essa constatação fortalece a concepção de que o dolo é um juízo, não um objeto de valoração, e não se confunde com os estados mentais do sujeito, que são sim *objeto*, mas não *medida*, de valoração.

Ao fim e ao cabo, o aparente entrave de *lege lata* em nada objeta uma tomada clara de posição por uma teoria da imputação subjetiva normativamente orientada, e crítica de toda a influência do psicologismo[2040]. Bem ao contrário: a investigação recomenda um *Plädoyer* por uma nova disciplina do dolo e do erro, que hão de ser tratados de modo coerente, conectados aos fundamentos e fins da pena, seja no que toca ao tipo[2041] seja no que toca à culpabilidade.

2040. Também assim: HSU, Yu-An. *Doppelindividualisierung und Irrtum*, 2007, p. 184: "*Se a valoração jurídico-penal se orientasse exclusivamente por aquilo que o agente escolheu conhecer, perderia o direito penal completamente sua medida correta*".

2041. Como se viu, isto já se verifica no tocante aos desvios causais, em que se parte do critério da essencialidade ou não do erro, e não do conhecimento/desconhecimento como fenômenos estritamente psicológicos. No mesmo sentido: HSU, Yu-An. *Doppelindividualisierung und Irrtum*, 2007, pp. 185 e 222-223.

CAPÍTULO II

SOBRE AS FORMAS DE MANIFESTAÇÃO DO DOLO

A partir da tipologia de classificação do dolo é possível reexaminar articuladamente, e de modo crítico, seus elementos, na medida em que em cada uma das formas há, segundo a posição majoritária, "*acento em um deles*"[2042].

As propostas de abandono da classificação tripartite, como as defendidas, ainda que com bases distintas, por Ingeborg Puppe[2043] e Wolfgang Frisch[2044], serão apreciadas, sem prejuízo de, neste momento, analisar-se a classificação tradicional, na medida em que, quando menos, serve a fins organizativos e analíticos ou, até mesmo, e quando menos, didáticos.

Nas modalidades tradicionais de classificação, os elementos cognitivo e volitivo jogam papéis distintos, ora acentuando-se a vontade (*Absicht*, dolo direto de primeiro grau), ora o conhecimento (*Wissentlichkeit / dolus directus zweiten Grades*), ora apresentando-se ambos em níveis fracos ou intermédios (*dolus eventualis / bedingter Vorsatz*)[2045].

2042. Assim: OTTO, Harro. *AT*, 2004, §7, p. 83. Também, observando que em todas as formas de dolo se verifica, com intensidades distintas, uma ligação entre os componentes volitivo e intelectual, veja-se: KREY, Volker. ESSER, Robert. *AT*, §*12*, 2012, n.m.377, p. 153. Também: GEPPERT, Klaus. Zur Abgrenzung von Bedingten Vorsatz und bewusster Fahrlässigkeit. *JURA* 11 (1986), p. 610.

2043. *Vorsatz und Zurechnung*, 1992, p. 74. Também: *NK*, 2013, §15, n.m. 114, p. 689.

2044. *Vorsatz und Risiko*, 1983, p. 496.

2045. Veja-se: SPENDEL, Günter. *FS-Karl Lackner*, 1987, p. 173. Assinala, o Autor, que essa classificação inclusive corresponde à técnica legislativa, que ora descreve "intencionalmente/propositadamente" (*absichtlich*), ora descreve "com conhecimento seguro" (*wissentlich*). A doutrina

No dolo direto de primeiro grau ou intenção (*Absicht*), o agente realiza, propositadamente, os elementos do tipo, sendo este o objetivo mesmo da ação[2046]. Nada importa aqui que tal realização proposital seja o meio intermédio necessário para a obtenção da *meta optata* ou o objetivo final (*finis ultimus)* do agente[2047]. A intenção designa a ligação subjetiva do agente com o resultado principal (*Hauptfolgen*), e também ao objetivo final e intermediário, consistindo na própria "vontade de realização final"[2048]. O nível de conhecimento exigido, em face da intensidade do elemento volitivo, é, para a posição majoritária, mínimo[2049].

Já no dolo direto de segundo grau (*Wissentlichkeit*) ou necessário, o sujeito procede com o conhecimento seguro de que, com sua ação, estará a realizar a conduta descrita no tipo penal; porém, a realização do tipo não é o que move o agente, senão um resultado colateral, tido como seguro, do objetivo pretendido[2050]. Predomina, aqui, o conhecimento (elemento cognitivo)[2051] em relação à vontade.

Por fim, no caso do *dolus eventualis* (*bedingter Vorsatz*), como já se apontou algures, as controvérsias entre as teorias se apresentam mais intensas e evidentes[2052], conduzindo a resultados distintos. Há, talvez, um único consenso[2053]: no caso do dolo eventual, o agente não tem o "propósito" de realizar o tipo, nem tampouco sabe com segurança que com sua ação preenche uma circunstância

tradicional, contudo, se utiliza da divisão tripartida: dolo direto/intenção (*Absicht*); dolo direto de segundo grau (*Wissentlichkeit*) e dolo eventual. Veja-se, ainda, na perspectiva do dolo como conceito tipológico: SCHÜNEMANN, Bernd. *FS-Hirsch,* 1999, p. 374. Também, explicativamente: KINDHÄUSER, Urs. *FS-Albin Eser,* 2005, pp. 347-348.

2046. BUNG, Jochen. *Wissen und Wollen im Strafrecht,* 2009, p. 193. STRATENWERTH,Günter/ KUHLEN, Lothar. *AT,* 2011, §8, n.m.102, p. 103.

2047. STUCKENBERG, Carl-Friedrich. *Vorstudien...,* 2009, p. 253. DIAS, Jorge de Figueiredo. *Direito Penal - Parte Geral, tomo I,* 2012, p. 367. STRATENWERTH, Günter/ KUHLEN, Lothar. *AT,* 2011, §8, n.m.105, p. 104.

2048. LESCH, Heiko H. Dolus directus, indirectus und eventualis, *JA* 10 (1997), p. 806. WELZEL, Hans. *Das deutsche Strafrecht,* 1969, p. 67.

2049. Veja-se, há mais tempó: HIPPEL, Robert v. *Die Grenze von Vorsatz und Fahrlässsigkeit,* 1903, p. 80, a observar, contudo, que o resultado deve ser „mostrar possível". Também: GESSLER, Theodor. *Ueber den Begriff und die Arten des Dolus,* 1860, p. 102. WÄCHTER, Carl Georg von. Zur näheren Bestimmung des Dolus-Begriffs. *GS* 16, 1864, p. 63.

2050. Assim: DIAS, Jorge de Figueiredo. *Direito Penal - Parte Geral, tomo I,* 2012, p. 367. Stuckenberg refere-se a um critério conhecido de delimitação entre os casos de intenção/propósito e de dolo direto (de segundo grau): pergunta-se sobre se o autor, sem a produção de um determinado resultado, vê sua ação como falhada. *Vorstudien zu Vorsatz und Irrtum im Völkerstrafrecht,* 2009, p. 254.

2051. JESCHECK, Hans-Heinrich/WEIGEND, Thomas. *AT,* 1996, §29, p. 298. Também: GEPPERT, K. Zur Abgrenzung von bedingtem Vorsatz und bewusster Fahrlässigkeit. *Jura* 11 (1986), p. 610.

2052. Para uma abordagem do desenvolvimento histórico, notadamente no final do século XIX e início do século XX, veja-se: STURM, Friedrich. *Die strafrechtliche Verschuldung*, 1902, p. 71 e ss.

2053. JOECKS, Wolfgang. *MK*, §16, n.m.31, p. 839.

ou produzirá o resultado delituoso (elementos volitivo e cognitivo débeis)[2054]. A isso se soma, para a concepção predominante, a exigência de que o agente, ao menos, precisa reconhecer o perigo de realização do tipo.

1. *Absicht / intention / dolus directus* de primeiro grau / propósito

Como já se viu, para as teorias volitivas, a forma principal de dolo é a intenção/propósito (*Absicht*)[2055], a partir da qual as demais – i.e. dolo direto de segundo grau e eventual – podem ser derivadas por equiparação[2056], buscando-se em todas elas um "conteúdo análogo de culpa"[2057], que corresponda ao referido posicionamento emocional hostil perante a norma[2058]. A intenção consiste, assim, no "protótipo da imputação linear"[2059].

Como já se anotou alhures, a antiga doutrina do dolo chegava mesmo a confundir a intenção, no sentido de propósito, com o próprio dolo, o que implicava em uma inadequada delimitação da sua área[2060].

Para a doutrina majoritária, na intenção (*unmittelbare Vorsatz),* ou dolo direto de primeiro grau (*dolus directus ersten Grades),* predomina o fator volitivo do dolo[2061]. O ponto decisivo é que o agente, uma vez representado o objetivo, atua em sua direção, buscando realizá-lo[2062], pouco importando se tal resultado seja o objetivo final (*Endziel*[2063]), o objetivo intermédio necessário (*Zwischenziel*)

2054. Veja-se: GEPPERT, Klaus. Zur Abgrenzung von bedingtem Vorsatz und bewusster Fahrlässigkeit. *JURA* 11 (1986), p. 610.

2055. Neste sentido: ZIEGERT, Ulrich. *Vorsatz, Schuld und Vorverschulden,* 1987, pp. 70 e 148. Aponta, o Autor, que no caso da intenção, o agente se encontra, for a de dúvidas, em uma situação de decisão dolosa. Criticamente, a sustentar que não deve haver uma diferença valorativa entre as distintas formas de dolo: SAFFERLING, Christoph J.M. *Vorsatz und Schuld,* 2008, p. 180.

2056. Veja-se, assim: HIPPEL, Robert v. *Die Grenze von Vorsatz und Fahrlässsigkeit,* 1903, p. 93. Criticamente, veja-se: MAURER, Ruth. *Das voluntative Element des Vorsatzes als Beweisthema vor Gerich*, 2007, p. 45-46.

2057. Veja-se, a traçar um paralelo com a teoria da imputação cotidiana: STUCKENBERG, Carl-Friedrich. *Vorstudien...,* 2007, p. 431.

2058. Criticamente: KORIATH, Heinz. *Grundlagen strafrechtlicher Zurechnung,* 1994, p. 642.

2059. KORIATH, Heinz. *Grundlagen strafrechtlicher Zurechnung,* 1994, p. 642.

2060. Sobre isso: LUCAS, Hermann. *Die subjektive Verschuldung im heutigen deutschen Strafrechte.* Berlin: R. v. Decker's, 1883, p. 9. Identificado o dolo com o dolo direto de primeiro grau, e coerentemente com sua perspectiva psicologista, também Feuerbach (cf. Parte III, supra).

2061. Veja-se: JESCHECK, Hans-Heinrich. WEIGEND, Thomas. *AT,* 1996, §29, p. 297. KREY, Volker/ESSER, Robert. *AT,* 2012 §12, n.m.378, p. 154. FRISTER, Helmut. *AT,* 2015, §11, n.m.14, p. 143. SAFFERLING, Chirstoph J.M. *Vorsatz und Schuld,* 2008, p. 180.

2062. Sustentando que o momento decisivo da culpa, no caso da *Absicht,* consiste no direcionamento da vontade para o resultado, veja-se: LUCAS, Hermann. *Die subjektive Verschuldung im heutigen deutschen Strafrechte,* 1883, p. 10.

2063. A rigor, o objetivo final dificilmente pode ser determinado. O agente, por exemplo, que pratica um roubo deseja enriquecer como meio para adquirir um veículo potente (o que pode ser o objetivo final); a aquisição deste veículo, porém, também poderá não ser o fim, mas sim a satisfação emocional de uma vaidade de possuir um veículo potente, e daí por diante, em uma sequência volitiva

ou o meio (*Mittel*) para sua realização[2064]. Mesmo Carpzov já identificava, em seu tempo, o *dolus directus* com a *voluntas directa et per se*, e com a vontade do resultado (*Erfolgswillen*)[2065].

O problema está em que a intenção *stricto sensu*, enquanto propósito, nem é suficiente para fundamentar o dolo, nem necessária para todas as suas formas. E se a intenção não é nem suficiente nem necessária, não pode ser a forma base ou principal de dolo[2066].

Mas isso não significa recusar à intenção qualquer papel no plano conceitual. Em termos de fundamento material, o que se sustenta é que o agente, no caso da intenção/propósito, contradiz a norma diretamente, pois realiza, propositadamente, exatamente aquilo que ela proíbe[2067]; em termos de psicologia cotidiana, sua ação sempre parece mais agressiva e reprovável, em relação à daquele que apenas viola a norma por descuido. Além disso, o agente "intencionado" é tomado como mais perigoso, na medida em que se esforça para alcançar o objetivo proibido, direcionando sua ação, e podendo repeti-la em caso de falha. Sustenta-se, de um prisma da "imputação linear", que o fato intencional pertence integralmente a seu agente, sendo mais difícil distanciar o último do comportamento ou de seu resultado, do que o autor que pratica a conduta em estado de simples conhecimento[2068].

Mas essa teleologia, que justificaria, a princípio, tomar a intenção como forma "mais grave", e também como padrão (para as teorias volitivas), de dolo,

infinita. Daí o porquê de ser preferível, no lugar de objetivo final, falar-se em resultado principal (*Hauptfolge*) como objetivo buscado. Sobre isso: SAMSON, Erich. Absicht und direkter Vorsatz im Strafrecht, *JA 10, (1989)*, p. 450. Veja-se ainda: SELLE, Dirk von. Absicht und Intentionaler Gehalt der Handlung. Ein Beitrag zum Absichtsbegriff beim Diebestahl und Betrug, *JR, 8, (*1999), p. 313, observando que as ambições ou desejos ulteriores, nos casos de furto ou fraude, não tornam a apropriação da coisa ou o enriquecimento intenções prévias de segunda ordem, mantendo-se essas como de primeira ordem.

2064. Assim se posiciona a doutrina de modo praticamente unânime: JESCHECK, Hans-Heinrich. /WEIGEND, Thomas. *AT,* 1996, §29, p. 297. STRATENWERTH, Günther/KUHLEN, Lothar. *AT,* 2011, §8, n.m.109, p. 104. LACKNER, Karl. KÜHL, Kristian. *SK,* 2014, §15, n.m.20, p. 120. MEZGER, Edmund, *Strafrecht,* 1949, p. 339. FREUND, Georg, *AT*, 2009, §7, n.m.65, p. 280. KREY, Volker. ESSER, Robert. *AT,* 2012, §12, n.m.378, p. 154. SAFFERLING, Chirstoph J.M. *Vorsatz und Schuld,* 2008, p. 180. PUPPE, Ingeborg. *AT,* 2011, §9, n.m.1, p. 112. KÜHL, Kristian, *AT,* 2012, §5, n.m.35, p. 94. JAKOBS, Günther. *AT,* 1991, §8, n.m. 15, p. 266.

2065. Sobre isso: LESCH, Heiko H. Dolus directus, indirectus und eventualis, *JA* 10 (1997), p. 803-804.

2066. Corretamente: KORIATH, Heinz. *Grundlagen strafrechtlicher Zurechnung,* 1994, p. 643.

2067. PALMA, Fernanda. *Direito Penal - Parte Geral,* 2017, p. 136.

2068. Neste sentido, veja-se: MOORE, Michael. *Placing blame,* 2012, pp. 408-409. O Autor sustenta que, embora possa haver o mesmo tipo de controle na ação consciente, seja intencional ou não, o peso da escolha, na ação intencional, em termos éticos, é maior, o que justificaria uma punição mais intensa. Matar por diversão ou prazer, em oposição a matar para obter um fim que poderia ser lícito, identificaria o caso paradigmático de verdadeiro mal. Sobre isso: STUCKENBERG, Carl-Friedrich, *Vorstudien...,* 2007, p. 436.

embora aparentemente plausível, desafia ampla crítica. Discutíveis se revelam as duas premissas supramencionadas: a) que o comportamento direcionado ao resultado ilícito seja especialmente abalador da confiança na norma[2069] e b) que o agente intencionado seja mais perigoso. Ambas são afirmações que não encontram, para muitos, qualquer comprovação empírica[2070].

Mas o que de mais releva é analisar sobre se a intenção tem força para transmudar as exigências subjetivas e objetivas, acerca da natureza do conhecimento (sobre a possibilidade do resultado) e do próprio objeto do conhecimento (um tipo de perigo)[2071].

1.1. A possibilidade concreta do resultado como requisito necessário e suficiente para o dolo na forma de intenção/propósito?

Neste ponto, impõe-se investigar o dolo direto de primeiro grau em sua relação com o elemento intelectual (*i.e.*: qual é o nível de cognição exigido nos casos de comportamentos intencionais?), bem ainda distinguir a intenção (em sentido técnico ou restrito) dos motivos[2072] e desejos e, por último, tentar compreender a intensidade de desvalor normativo do comportamento intencional, de modo a justificar (acaso justifique) a imputação em casos de baixa probabilidade do resultado.

Primeiramente, cumpre anotar que, fora dos casos de impossibilidade[2073], a doutrina majoritária defende que, nas hipóteses de propósito, se o resultado típico foi o objetivo da ação, basta sua previsão como possível[2074], pouco provável,

---

2069. Sobre a falta de prova empírica neste sentido, veja-se: SCHROTH, Ulrich. *Vorsatz als Aneignung*, 1994, p. 63.

2070. KÜHL, Kristian, *AT*, 2012, §5, n.m. 34, p. 94. De minha parte, sempre tenho grandes ressalvas ao argumento da "prova empírica", uma vez que em se tratando da justificação de institutos de justiça, como a pena, interessa mais saber o potencial de consenso argumentativo do que uma constatação estatística, geralmente impossível.

2071. Em sentido positivo, a doutrina majoritária. Em sentido negativo, com múltipas referências à doutrina dominante, veja-se: PAWLIK, Michael. *Das Unrecht des Bürgers*, 2012, pp. 380, n.r.716.

2072. Diga-se, desde logo, que a intenção não se confunde com o motivo. A intenção se direciona à realização do tipo; os motivos podem ser bem outros. O agente que golpeia o caixa da taberna para subtrair o dinheiro do caixa pode mesmo lamentar golpeá-lo; seu objetivo é apenas obter o dinheiro. Contudo, ao desferir o golpe para atordoar a vítima, fá-lo intencionalmente. Veja-se: SAFFERLING, Christoph J.M. *Vorsatz und Schuld*, 2008, p. 180.

2073. Mesmo para as teorias de acento volitivo, contemporaneamente trabalha-se com o filtro da imputação objetiva, anteriormente deslocados e resolvidos no âmbito do dolo com a destrinça entre desejo e vontade. Comportamentos altamente improváveis ou aventureiros quedam fora, desde logo, ainda que intencionais, do curso causal no plano normativo. Veja-se: SAFFERLING, Christoph J.M. *Vorsatz und Schuld*, 2008, p. 181. Contudo, destaca o Autor que no Direito inglês, por exemplo, renuncia-se, nas hipóteses de intenção, completamente ao elemento cognitivo. Isso, para Safferling, configura uma violação ao princípio da culpa, bem ainda à função "imagem de espelho" (*Spiegelbild*) do dolo. Op. cit. p. 181, n.r. 366, e p. 280. HEINRICH, Bernd. *AT*, 2019, §12, n.m.283, p. 106.

2074. ROXIN, Claus/GRECO, Luís. *AT*, 2020, §12, n.m.9, p. 543. FREUND, Georg. *AT*,

e até mesmo como improvável[2075], para a afirmação do dolo[2076]. Isso porque se o agente atuou, mesmo diante de uma probabilidade tão baixa, obviamente também teria atuado nos casos de probabilidade média ou certeza; o "conteúdo da culpabilidade", assim, se afiguraria ainda maior[2077]. Por outro lado, parte da doutrina adverte que a visão do agente deve se submeter a um julgamento racional-objetivo, ou seja: uma intenção juridicamente relevante depende de uma aceitável representação da causalidade[2078], em termos de uma lógica da imputação objetiva[2079]. Caso contrário, renunciando-se completamente ao elemento cognitivo, estar-se-ia admitindo um mero Direito Penal de consciência, para o qual o único fundamento seria o próprio *dolus malus*[2080].

Ainda no que se refere ao conhecimento e ao risco objetivo acompanho, novamente, Puppe: a intenção não pode substituir o critério da geração de um perigo (objetivamente) doloso, ou seja, não pode transmudar um perigo de entidade inferior (de negligência) em um perigo doloso[2081]. A intenção, no

2009, §7, n.m. 65, p. 280. JESCHECK, Hans-Heinrich/WEIGEND, Thomas. *AT,* 1996, §29, p. 297. KREY, Volker. ESSER, Robert. *AT,* 2012, §12, n.m.379, p. 154. KÜHL, Kristian. *AT,* 2012, §5, n.m. 36, p. 95. JAKOBS, Günther. *AT,* 1991, §8, n.m.17, p. 268. SELLE, Dirk von. Absicht und Intentionaler Gehalt der Handlung. Ein Beitrag zum Absichtsbegriff beim Diebestahl und Betrug, *JR 8,* (1999), p. 310. LESCH, Heiko H. Dolus directus, indirectus und eventualis, *JA*, 10 (1997), p. 806-807. FRISCH, Wolfgang. *Vorsatz und Risiko,* 1983, p. 21. Há mais tempo: LÖFFLER, Alexander. Die Abgrenzung von Vorsatz und Fahrlässigkeit. Mit Berücksichtigung des deutschen und osterreichischen Vorentwurfes, *ÖZStR* 2, 1911, p. 135. Veja-se ainda: SCHMIDHÄUSER, Eberhard. Strafrechtlicher Vorsatzbegriff und Alltagssprachgebrauch, 1985, p. 152. WELZEL, Hans. *Das deutsche Strafrecht,* 1969, p. 66-67, anotando que apenas no caso de o resultado ser atribuível, pelo agente, como decorrente do acaso, exclui-se a vontade de realização, ingressando-se na área do desejo ou da esperança. Analisando a questão a partir do perigo concreto para o bem jurídico: OTTO, Harro. *AT,* 2004, §7, n.m.31, p. 84

2075. HIPPEL, Robert von. *Die Grenze von Vorsatz und Fahrlässigkeit,* 1903, p. 76.

2076. A associar a intenção ao conhecimento abstrato, e a apontar a suficiência do primeiro, veja-se: HSU, Yu-An. *Doppelindividualisierung und Irrtum,* 2007, p. 165. Para o Autor, a execução da ação, no caso da intenção, sob a base do conhecimento abstrato já revela, de modo bastante, a "vontade do fato" (*Tatwille*), que configura, na sua concepção, o próprio dolo.

2077. Veja-se: ENGISCH, Karl. *Untersuchungen über Vorsatz und Fahrlässigkeit in Strafrecht,* 1995, p. 152-153.

2078. STUCKENBERG, Carl-Friedrich. *Vorstudien zu Vorsatz und Irrtum im Völkerstrafrecht,* 2009, p. 243. ROXIN, Claus/GRECO, Luís. *AT,* 2020, §12, n.m.8, p. 542, referindo-se ao caso do tiro à distância e afirmando a intenção. Por outro lado, no caso do envio da vítima à tempestade, na esperança de que seja morta por um raio, Roxin aponta para a falta de intenção, em face da inadequação objetiva (do ambicionado), inviabilizando-se a imputação. E a partir de uma abordagem da intenção segundo um silogismo prático, diferenciando-a do simples desejo, confira-se: BUNG, Jochen. *Wissen und Wollen im Strafrecht*, 2009, p. 142 e 149. Veja-se ainda: LESCH, Heicko H. Dolus directus, indirectus und eventualis. *JA* 10 (1997), p. 806.

2079. Defendendo que mesmo no caso da intenção a exigência que se faz do elemento cognitivo é basicamente a mesma: SAFFERLING, Christoph J.M., *Vorsatz und Schuld,* 2008, p. 182. Também, mas com outros fundamentos: PAWLIK, Michael. *Das Unrecht des Bürgers,* 2012, p. 381. Para este último Autor, a hostilidade ao Direito se define de modo objetivo, não podendo ser alterada em face da intenção do sujeito, pena de se estar a valorar a "má consciência".

2080. Assim: SAFFERLING, Christoph J.M. *Vorsatz und Schuld,* 2008, p. 182.

2081. Veja-se: *NK,* 2013, §15, n.m.106, p. 686.

sentido objetivo, de "realização de uma estratégia idônea para o alcance do resultado", pode cumprir uma função ao incrementar o risco – o agente, por exemplo, aponta a arma para a cabeça da vítima porque pretende matá-la – e pode revelar, de modo claro, a contradição direta e imediata com a norma. O que a intenção não pode, em caso algum, é ser o fator decisivo da imputação dolosa, reduzindo-se as exigências mínimas feitas ao elemento intelectual, e também ao perigo de uma determinada dimensão (qualitativamente mais grave do que um perigo proibido de negligência). Por tal razão, foi acima negada, na perspectiva deste trabalho, a imputação ao dolo no que toca à intenção de transmitir o vírus HIV em uma relação sexual convencional.

1.1.2. A extensão da intenção: circunstâncias típicas, resultados principais (Hauptfolgen) e colaterais (Nebenfolgen)

De início, cumpre anotar que as circunstâncias típicas presentes, tais quais, a qualidade de funcionário público, a qualidade de "alheia" da coisa empolgada, a gravidez, a idade da vítima etc, podem ser, na concepção tradicional, objeto exclusivamente do conhecimento. O querer e a intenção se direcionam sempre, nesta concepção, ao futuro; tudo o que "já é" pode ser, tão somente, conhecido/representado[2082]. A intenção não pode incluir algo que o agente não produza ou ao menos influencie; curto: que não esteja ele no lugar de alterar[2083].

A questão que se apresenta, porém, é que o agente pode, sim, fazer da circunstância existente ou representada o fundamento de sua ação, isto é, fazer com que da presença da circunstância dependa a própria execução da ação[2084]. Enquanto possíveis fundamentos da ação, as circunstâncias típicas presentes integram, sim, o comportamento intencional.

Neste sentido, o dolo direto de primeiro grau resta circunscrito aos resultados principais (*Hauptfolgen*), bem assim àquelas circunstâncias presentes que motivaram o agente à prática da ação. Isso não significa, bem entendido, que o resultado principal em si deva ser "agradável" para o agente. O posicionamento emocional do agente, quanto ao fim, ao meio necessário ou ao objetivo intermediário em nada altera a intenção: aquele que envenena o chá do tio, no sentido de auferir sua herança, pode mesmo ter afeto pela vítima, mas "recebe bem" o resultado morte, uma vez que somente por meio dele poderá alcançar seu objetivo final[2085]. Precisamente no sentido de se evitar qualquer vinculação

---

2082. Vejam-se: JESCHECK, Hans-Heinrich/WEIGEND, Thomas. *AT,* 1996, §29, p. 298. SCHMIDHÄUSER, Eberhard. *FS-Oehler,* 1985, p. 145.

2083. STUCKENBERG, Carl-Friedrich. *Vorstudien...,* 2009, p. 244.

2084. STUCKENBERG, Carl-Friedrich. *Vorstudien...,* 2009, p. 245.

2085. Assim, corretamente: KÜHL, Kristian. *AT,* 2012, §5, n.m.35, p. 94.

à motivação, a jurisprudência utiliza o critério do "receber bem" a produção do resultado típico para a identificação da intenção[2086].

Ponto mais delicado e controvertido corresponde à distinção entre os resultados principais (*Hauptfolgen*), e os resultados colaterais (*Nebenfolgen*), os últimos situados na área do dolo direto de segundo grau ou do dolo eventual[2087]. Geralmente, vincula-se o resultado principal como sendo o objetivo mesmo da ação, que coincide com a realização do tipo penal, ainda que para fins extratípicos (por exemplo, matar para receber a herança). Daí o porquê de a doutrina majoritária integrar, sem maiores dificuldades, o resultado principal ao elemento volitivo[2088], situando-o no âmbito da intenção. Também o resultado tido como meio necessário para o alcance do objetivo (*finis medius, Mittelzwecke)*, que na visão do agente se apresenta um estágio intermédio da ação, é inserido, sem maiores dificuldades, no âmbito do resultado principal[2089].

A relevância prática das distinções se dá, especialmente, nos casos dos tipos penais que exigem o dolo na modalidade exclusiva da intenção/propósito, não se contentando com o dolo direto de segundo grau nem com o dolo eventual.

Tome-se em consideração o exemplo concebido por Lesch[2090]: um sujeito pretende incendiar a casa para obter o prêmio do seguro. No segundo andar da casa, está guardado um modelo de trem, construído na infância pelo agente e seu irmão, do qual o primeiro muito se orgulha e possui estima; o trem, no caso do incêndio, será certamente destruído. Ainda no segundo andar, o agente toma como possível que esteja sua sogra, pela qual também tem estima, especialmente porque auxilia nos cuidados com os filhos menores. Pois bem. Caso a pólvora não se incendeie e a casa não seja destruída, o plano do agente, qual seja, receber o prêmio do seguro, falha. A destruição da casa pelo fogo, assim, é o resultado principal. De outro lado, caso ocorra o incêndio, mas por qualquer razão que seja, o modelo de trem permaneça intacto, ou a sogra sobreviva, o plano do agente não falha; estes últimos são resultados colaterais. Na hipótese de o modelo de trem ser destruído, o que era tido pelo agente como certo, reconhece-se o dolo direto de segundo grau. Caso a sogra do agente morra, o que ele teve como possível, afirma-se o dolo eventual.

Uma das principais formas de se definir o resultado principal é, realmente, a que o associa ao sucesso ou à falha do plano[2091]. O agente quer o resultado

---

2086. Assim: JESCHECK, Hans-Heinrich/WEIGEND, Thomas. *AT*, 1996, §29, p. 297.

2087. ZIEGERT, Ulrich. *Vorsatz, Schuld und Vorverschulden,* 1987, p. 78.

2088. Veja-se: BUNG, Jochen. *Wissen und Wollen im Strafrecht,* 2009, p. 212.

2089. Veja-se: STUCKENBERG, Carl-Friedrich. *Vorstudien...*, 2009, p. 253.

2090. LESCH, Heicko H. Dolus directus, indirectus und eventualis. *JA* 10 (1997), p. 805-806.

2091. LESCH, Heiko H. Dolus directus, indirectus und eventualis, *JA* 10 (1997), p. 806. Também: STUCKENBERG, Carl-Friedrich. *Vorstudien...*, 2009, p. 254; 259 e ss. O Autor apresenta o

principal "em si", ou o toma em sua vontade, na medida em que, caso contrário, seu plano se frustra[2092]. E caso se caracterize a intenção como a realização de um resultado principal buscado (seja o fim ou o meio), aquele que não consista, ao menos, um objetivo intermédio e que se revele penoso ou lastimável para o autor, ou mesmo lhe seja indiferente, só pode ser qualificado como um efeito colateral (*Nebenfolge*) da ação, estando fora do campo restrito da intenção. Para tomar o mesmo exemplo do incêndio, a sobrevivência da sogra, que se encontrava na casa e milagrosamente foi resgatada, não importa em afirmar que o agente fracassou em seu objetivo (destruição da casa e consequente recebimento do seguro)[2093].

O que ocorre é que tal distinção se revela sensivelmente mais complexa do que aparenta, e a divisão entre resultado principal e colateral acaba por depender da forma em que uma ação foi descrita ou interpretada[2094], em um quadro de intencionalidade objetiva.

Interessa-nos, no momento, destrinçar os resultados principais, da área cinzenta dos resultados colaterais necessários, os quais podem, em determinada perspectiva, ser interpretados como objetivos intermédios. Há, nesse âmbito, constelações duvidosas, que exigem análise, face às consequências práticas advindas.

Se o sujeito atira contra a perna do perseguidor, no escopo de torná-lo incapaz de prosseguir na perseguição, e se em razão da ferida o ofendido vem a óbito, não se pode, sem maiores cautelas, afirmar que o resultado morte tenha sido intencional. Isso porque, na interpretação da ação, a morte não era necessária para tornar o perseguidor incapaz[2095]. Claro que com isso não se está a afirmar que não pode ter havido dolo em qualquer caso[2096], mas apenas que não houve dolo sob a forma específica da intenção.

O conhecido caso das roupas da instituição (*Anstaltskleidung-Fall*) versa sobre a situação em que um preso empreende fuga com o uniforme do estabelecimento penal e, na primeira oportunidade, efetua a troca, descartando o uniforme. Para a literatura majoritária, a subtração das roupas do estabelecimento

exemplo do bombardeio de uma base militar. A destruição da base acarreta morte de civis. O agente considera sua ação como falhada quando a estrutura militar não é destruída, e não quando os civis sobrevivem. A morte dos civis, neste sentido, não é objeto da intenção *stricto sensu*.

2092. LESCH, Heiko H. Dolus directus, indirectus und eventualis, *JA* 10 (1997), p. 806.

2093. LESCH, Heiko H. Dolus directus, indirectus und eventualis, *JA* 10 (1997), p. 806.

2094. Assim: BUNG, Jochen. *Wissen und Wollen im Strafrecht,* 2009, p. 219.

2095. STUCKENBERG, Carl-Friedrich. *Vorstudien...,* 2009, p. 255.

2096. Imagine-se que o disparo foi efetuado com uma espingarda de grosso calibre, que produziu a mutilação completa da perna da vítima, a qual vem a óbito pelo intenso sangramento. Claro que a produção deste perigo, sendo conhecido pelo autor do disparo, pode ser considerado um método idôneo de matar, conduzindo à afirmação do dolo, seja necessário ou eventual.

foi um simples resultado colateral necessário, não se inserindo nem mesmo no objetivo intermediário e, portanto, na área da intenção; isto porque a apropriação das roupas não representava qualquer objetivo intermediário necessário para a obtenção do resultado pretendido[2097], nem tampouco qualquer intenção de enriquecimento. E a consequência prática é, obviamente, penalmente relevante: nessa hipótese, o delito de furto, que exige a intenção de apropriação (*Zueignungsabsicht*), estaria desde logo afastado[2098].

Já por outro lado, a intenção seria de se reconhecer, conforme a jurisprudência, na hipótese do furto das chaves da prisão (*Anstaltsschlüssel-Fall* – BGH MDR 1960, 689), na medida em que a apropriação destas consiste em uma etapa intermediária necessária para a consecução do fim[2099].

No conhecido "caso do curso de formação" (*Ausbildungs-Fall* – BGHSt 16,1) se passou que um funcionário, atrasado para o trabalho, em uma ocasião na qual participaria de um importante curso de formação, se decide por tentar enganar a fiscalização, uma vez que esqueceu-se do seu bilhete válido em casa, e que a aquisição de outro, ou tentar se explicar para funcionários da ferrovia, lhe impediria de chegar a tempo para o compromisso. A literatura é dividida quanto à presença da intenção, uma vez que o resultado de enriquecimento era indesejado pelo agente, tratando-se de um resultado colateral necessário (dolo direto de segundo grau, insuficiente para a configuração da fraude). Apenas na hipótese de o não pagamento da viagem ter sido algo "bem recebido" pelo agente, como resultado colateral, seria de se reconhecer a intenção[2100]. Esta solução se afigura excessivamente psicologista: o apelo ao posicionamento emocional do agente em relação ao fato contraria as premissas das quais se parte para a análise do comportamento intencional, já analisadas supra. Aqui, o engano do fiscal era necessário para que o plano não falhasse, e o enriquecimento patrimonial dele derivado, ainda que não tenha sido o objetivo final, há de se inserir no campo da intenção.

Vislumbra-se, ainda quanto ao resultado principal, a possibilidade da existência de uma "vontade disjuntiva": o agente quer a realização de um ou outro resultado, indiferentemente, mas não a realização de ambos. Nessas situações, a entrada de um deles, portanto, é de ser considerada querida; mas isso não por-

---

2097. Isso pode ser posto em discussão caso alterada a perspectiva, ou mesmo a base do exemplo: o preso seria mais facilmente identificado se estivesse a fugir nu; ou ainda, pode ter se apropriado de um uniforme de um guarda, o que era um meio necessário para a realização do seu plano de fuga.

2098. SELLE, Dirk von. Absicht und Intentionaler Gehalt der Handlung. Ein Beitrag zum Absichtsbegriff beim Diebestahl und Betrug, *JR 8,* (1999). Também: ROXIN, Claus/GRECO, Luís. *AT,* 2020, §12, n.m.13, p. 544.

2099. JESCHECK, Hans-Heinrich. WEIGEND, Thomas. *AT,* 1996, §29, p. 297.

2100. Assim: ROXIN, Claus / GRECO, Luís. *AT,* 2020, §12, n.m.13, p. 544.

que se torna querida em face de o resultado ter se produzido[2101] e sim porque já existia, quanto aos resultados alternativos, um querer precedente de um deles[2102].

Registre-se que, a partir da exigência expressa da intenção, o legislador pode estar a aumentar ou restringir a proteção do bem jurídico[2103]. No primeiro caso, se verifica uma antecipação da consumação, aproximando-se a intenção do conhecimento seguro (dolo direto de segundo grau). Na última hipótese, ao contrário, o bem jurídico não se vê protegido contra todo e qualquer ataque, mas sim apenas contra aquele motivado por uma finalidade determinada, como o enriquecimento ilícito, no caso da fraude (*Betrug*, §263 do *StGB*; estelionato, art. 171 do Código Penal Brasileiro; burla, artigo 217 do Código Penal Português). Nas últimas situações, a intenção não se vincula à lesão ao bem jurídico tal qual, mas antes cumpre uma função, no âmbito de um círculo maior de possíveis lesões, selecionar aquelas causadas por determinadas motivações, como puníveis[2104].

Ao fim e ao cabo, resta reconhecer que o dolo, na modalidade da intenção, cumpre uma função classificatória específica, na medida em que o objetivo de produzir o resultado pode ser uma exigência da incriminação no tipo penal. Contudo, em divergência com a posição predominante, defende-se, aqui, que o propósito, ainda que analisado objetivamente – de modo perspectivado (e não psicologista) –, não pode alterar as exigências da imputação ao dolo, não elevando à categoria de um perigo doloso um perigo de baixa entidade[2105]. A intenção tem relevo classificatório, de delimitação da punibilidade dolosa (quando exigida) e pode ampliar o risco (o agente faz mira contra a cabeça da vítima porque pretende matá-la), como também clarear a decisão direta de negativa de validade da norma, em termos comunicativos, mas nada além disso.

2. O dolo direto de segundo grau ou necessário (*Wissentlichkeit*)

O *dolus directus (Wissentlichkeit)*, dolo direto "em sentido restrito" (para quem o contrapõe à intenção), "dolo necessário" (como o denomina parte da

2101. Isso é que se postula na fórmula direcionada a fundamentar o querer do dolo eventual: querido no caso de que ocorra (*"für den Fall ihres Eintritts")*. Contudo, a fórmula condiciona o querer a um resultado futuro, transformando algo em querido apenas porque ocorreu, o que faz pouco sentido. A necessidade de se estende o conceito de vontade, novamente, cria dificuldades lógicas e linguísticas, que só podem ser resolvidas caso se desloque o problema para o plano do conhecimento. Veja-se: STUCKENBERG, Carl-Friedrich. *Vorstudien...*, 2009, p. 257-258.

2102. Assim, corretamente: STUCKENBERG, Carl-Friedrich. *Vorstudien...*, 2009, p. 257.

2103. ROXIN, Claus / GRECO, Luís. *AT*, 2020, §12, n.m.13, p. 546.

2104. SAMSON, Erich. Absicht und direkter Vorsatz im Strafrecht. *JA 10, (1989)*, p. 452.

2105. Como já se identificou na investigação, com referências a Puppe e Herzberg, esta entidade não depende, exclusivamente, da probabilidade, senão também da qualidade (perigo desprotegido) do risco.

doutrina portuguesa), ou dolo "direto de segundo grau" (*Dolus directus zweiten Grades*), tem por objeto o resultado colateral, e tão somente ele[2106], cuja entrada o agente, para o caso de realização do objetivo da ação, prevê como inevitável[2107].

Como se ressaltou supra, em linhas gerais, os resultados colaterais de uma ação são designados como aqueles que não são em si queridos como fins, nem tampouco como meios para o alcance do fim pretendido[2108]. Neste sentido, se os resultados colaterais não podem, *per definitionem*, ser interpretados como intencionais (*stricto sensu* = propósito) no sentido de buscados/almejados, procurou-se, desde cedo[2109], um modo de incluí-los no campo do dolo.

Na verdade, os resultados colaterais não são um pressuposto necessário para o alcance do objetivo (a tripulação do navio não precisa morrer para o agente obter o prêmio do seguro, no conhecido "caso Thomas"; o motorista do político não precisa morrer na explosão, para que o atentado tenha êxito; os civis não precisam morrer para que o objetivo da destruição da instalação militar se realize), mas são reconhecidos como um efeito colateral inevitável do comportamento[2110].

Do ponto de vista racional, aquele que atua na certeza[2111] de que um determinado resultado vai ser produzido, não pode se escusar afirmando que não o quis[2112], uma vez que não o desejou ou que preferia a sua não ocorrência[2113]. O

2106. KÜHL, Kristian. *AT,* 2012, §5, n.m. 39. Isso se dá porque apenas o resultado principal possui efeito motivacional, estando abrangido pelo dolo Direito de primeiro grau (*Absicht*). O resultado colateral é representado como certo ou possível, mas de toda sorte não motiva o autor a agir. Daí que a imputação do resultado colateral se divide entre o dolo eventual e direto de segundo grau. Veja-se: ZIEGERT, Ulrich. *Vorsatz, Schuld und Vorverschulden,* 1987, p. 78. Contudo, isso não deve conduzir a mal-entendidos. É possível que em uma determinada situação, convivam a intenção e o dolo de segundo grau, pois o sujeito pode, a um só tempo, ter um determinado objetivo e o conhecimento certo de que este será realizado. Veja-se: WALTER, Tonio. *Der Kern des Strafrechts,* 2006, p. 189.

2107. Veja-se: PUPPE, Ingeborg. *FS-Otto,* 2007, p. 395. STRATENWERTH, Günter/KUHLEN, Lothar. *AT,* 2011, §8, n.m.107, p. 104. Anote-se, por oportuno, que Stratenwerth não trabalha com a classificação bipartida do dolo direto, inserindo neste tanto as hipóteses de intenção como as de resultado colateral. Op. cit. n.m.109, p. 104.

2108. STUCKENBERG, Carl-Friedrich. *Vorstudien...,* 2009, p. 258.

2109. Veja-se: HIPPEL, Robert v. *Die Grenzen von Vorsatz und Fahrlässigkeit,* 1903, p. 82 e ss.

2110. KÜHL, Kristian. *AT,* 2012, p. 97 nm 39. Veja-se ainda: SAFFERLING, Christoph J.M. *Vorsatz und Schuld,* 2008, p. 182-183, explicitando a distinção entre o motivo e o dolo do tipo, especialmente clara nos domínios do dolo direto de segundo grau.

2111. Veja-se que certeza não implica em uma porcentagem de 100%, pois tudo envolve um prognóstico e o que se pode prever é uma alta probabilidade, que até pode se designar como uma posição subjetiva de que a coisa vai se dar. Veja-se: WALTER, Tonio. *Der Kern des Strafrechts,* 2006, p. 189.

2112. Veja-se: STUCKENBERG, Carl-Friedrich. *Vorstudien...,* 2007, p. 262.

2113. Assim: HASSEMER, Winfried. *GS-Armin Kaufmann,* 1989, p. 289. Também: STOOS, Dolus Eventualis und Gefährdung, *ZStW,* 15 (1895), p. 200. KÜHL, Kristian. *AT,* 2012, §5, n.m.4, p. 97.

posicionamento emocional do agente no que toca a tal resultado colateral, ou seja, a sua não desejabilidade, em nada altera a situação, em face da certeza quanto à inevitabilidade daquele[2114], para o caso de o objetivo ser alcançado. Curto: não é, uma vez mais, o *querer* no sentido psicológico quem vai decidir, a final, acerca da imputação, mas sim o *conhecer*. A pergunta não é se o agente "quis" algo, mas sim se é justo imputar-lhe algo que realizou com consciência plena[2115].

A responsabilidade qualificada do dolo exsurge, nesta modalidade, do fato de que o agente, consciente de que a circunstância típica estava presente ou de que o resultado iria se realizar (caso o objetivo da ação fosse alcançado[2116]), não se deixa contramotivar pela representação, e ainda assim atua[2117]. Tudo se resolve, uma vez mais, no plano cognitivo.

O exemplo de escola é o "caso Thomas": no sentido de receber a soma do seguro, o acusado provoca a explosão de um navio, na certeza de que as pessoas que eventualmente o estejam a ocupar, bem assim os passantes próximos, irão morrer, o que de fato ocorre, com dimensões catastróficas[2118].

Ainda no plano do elemento cognitivo, discute-se, na doutrina, se para o dolo direto de segundo grau é exigível a certeza ou se também pode se satisfazer com a elevada probabilidade. Engisch e Schroth defendem a última posição, apontando que, caso o agente tome o resultado como altamente provável, também deveria ter funcionado o contramotivo, abstendo-se ele de atuar; ao atuar, acaba o agente por se apropriar da circunstância constitutiva do injusto típico,

---

2114. Neste sentido: STRATENWERTH, Günter/ KUHLEN, Lothar. *AT,* 2011, §8, n.m.107, p. 104.

2115. Assim: KORIATH, Heinz. *Grundlagen strafrechtlicher Zurechnung,* 1994, p. 646.

2116. É importante acentuar que a certeza não se refere ao resultado "em si" mas sim à realização deste, no caso de o resultado buscado se produzir. Ou seja, o resultado colateral pode ser incerto, desde que o resultado buscado seja incerto. Veja-se: PUPPE, Ingeborg. Begriffskonzeptionen des dolus eventualis. *GA,* 2005, p. 70. Também: ZIEGERT, Ulrich. *Vorsatz, Schuld und Vorverschulden,* 1987, p. 78. ENGISCH, Karl. *Untersuchungen über Vorsatz und Fahrlässigkeit,* 1995, p. 170.

2117. Veja-se: SCHROTH, Ulrich. *Vorsatz als Aneignung,* 1994, p. 85, acrescentando, o Autor, que nas situações de dolo direto de segundo grau se verifica a "apropriação da circunstancia constitutiva do injusto típico", para ele o critério decisivo da imputação. Sob a perspectiva da prevenção, compare-se: FRISCH, Wolfgang. *Vorsatz und Risiko,* 1983, p. 500.

2118. Vejam-se, sobre o famoso "caso Thomas", os comentários em: BINDING, Karl. *Die Normen und ihre Übertretung. Bd. II, Hälfte 2, (*1916), 1991, p. 851, especialmente na nota 1. O Autor defende que a morte da tripulação, prevista como segura pelo acusado, há de se imputar ao dolo, independentemente de não ter sido seu objetivo. Thomas aprovou a destruição do navio, bem assim a destruição de todos os homens que nele se encontrassem no momento da explosão. Então, Binding ainda lança em discussão os problemas do início da tentativa, seja no tocante ao dano, seja no tocante aos homicídios, bem como da presença ou ausência do dolo no que toca às pessoas que se encontravam no cais. Op. cit. p. 856 e ss. Em conclusão, Binding defende que haverá homicídios dolosos consumados e tentados quanto à tripulação do navio *Moses*, e homicídios e/ou lesões culposas no que toca às pessoas que estavam fora da embarcação, podendo se reconhecer, a depender das circunstâncias fáticas, dolo eventual quanto à últimas vítimas (negando, apenas, a possibilidade de se reconhecer a tentativa). Op. cit. p. 859.

sendo isso o bastante para o reconhecimento do dolo direto de segundo grau[2119]. Em sentido distinto, Jakobs[2120] assinala que no caso da elevada probabilidade o agente representa uma pequena possibilidade de tudo correr bem, o que, nos casos de fronteira, pode ser essencial para a decisão, ao passo que na situação da certeza isso não se dá. A fina distinção de Jakobs se afigura útil apenas para o juízo de casos em que a lei exige a certeza para a configuração do dolo.

Cumpre repisar que, embora a realização do objetivo da ação possa ser representada como incerta (o agente supõe que a bomba possa ser descoberta ou que o dispositivo de acionamento possa falhar), mas na hipótese de sua entrada o resultado colateral seja tido como certo, isso já é o quanto basta para o reconhecimento do dolo direto de segundo grau[2121]. Assim, no exemplo da explosão do navio, o agente pode duvidar que o dispositivo incendiário funcione como planejado, mas sabe que, na hipótese de funcionar, o navio explodirá, causando a morte da tripulação.[2122].

Von Hippel, buscando resgatar o componente volitivo no plano do dolo direto de segundo grau, defendia que há, aqui, uma unidade, ou um complexo total (*Gesamtkomplex*), entre os resultados desejados/almejados e os colaterais necessários/certos, sendo equivocado cindir essa unidade, na medida em que, do ponto de vista psicológico, a diferenciação é irrelevante. Daí o porquê de atribuir-lhes o predicado de *queridos*. Segundo o Autor, a realização do "*complexo de representação unitário*" encontra fundamento na psique do agente, conforme interpretação dos juristas e psicólogos[2123].

Mas o que se dá, em boa verdade, é que não se fazem quaisquer exigências autônomas ao controvertido elemento volitivo, exatamente pela intensidade da cognição. O elemento volitivo aqui, em essência, se afigura absolutamente supérfluo[2124], na medida em que o posicionamento emocional do agente perante o fato é simplesmente algo indiferente para a imputação[2125].

3. O dolo eventual: a forma básica de dolo

Como tem sido repetido com frequência, a área do dolo eventual é a área

---

2119. Veja-se: SCHROTH, Ulrich. *Vorsatz als Aneignung,* 1994, p. 85. ENGISCH, Karl. *Untersuchungen über Vorsatz und Fahrlässigkeit,* 1930, p. 170. Também, neste sentido: WALTER, Tonio. *Der Kern des Strafrechts,* 2006, p. 189.

2120. *AT,* 1991, §8, n.m.19, p. 269.

2121. STRATENWERTH, Günter. KUHLEN, Lothar. *AT,* 2011, §8, n.m.108, p. 104, n.m. 108. JAKOBS, Günther, *AT,* 1991, §8, n.m. 18, p. 268.

2122. KÜHL, Kristian. *AT,* 2012, §5, n.m.42, p. 97. Também: LACKNER, Karl. KÜHL, Kristian. *SK,* 2014,§15, n.m.21, p. 121.

2123. *Die Grenze von Vorsatz und Fahrlässigkeit,* 1903, p. 85.

2124. Assim: STUCKENBERG, Carl-Friedrich. *Vorstudien...,* 2007, p. 316.

2125. Corretamente: JAKOBS, Günther, *AT,* 1991, §8, n.m. 20, p. 269.

da dúvida[2126], sendo ele considerado a "criança dolorosa" da ciência penal[2127]. Há aproximadamente dez teorias que procuram conceituar o dolo eventual[2128], sempre variando entre os eixos de acento intelectual (teorias da probabilidade e possibilidade; teorias do risco) e volitivo (teorias da aprovação ou consentimento; teoria da indiferença; e as mais contemporâneas teorias da decisão), todas já analisadas amplamente na terceira parte desta investigação e também no primeiro capítulo desta parte, para onde se remete o leitor, no escopo de se evitar repetições. Nada obstante, é preciso retomar a problemática com aplicação específica, agora, ao *dolus eventualis*.

O problema majoritariamente apontado está em que, se a representação da possibilidade do resultado é o requisito mínimo do dolo, esta não seria suficiente para a configuração do dolo eventual e para apartá-lo da culpa consciente, o que conduz ou bem a se procurar por um critério ao plano do designado elemento volitivo[2129] (como um posicionamento emocional), ou bem a se solucionar a questão em face do tipo de representação do risco (como propõe Frisch) e, ainda mais especialmente, da própria característica objetiva do perigo conhecido (nas perspectivas de Puppe e Herzberg, dentre outros).

Geralmente, os casos de dolo eventual se registram de modo negativo, na medida em que a realização do tipo não se situa na linha do objetivo da ação (nem em termos de meios), mas sim apenas se estabelece como uma ligação possível com aquele[2130], a título de resultado colateral. Nesse sentido, os componentes volitivo e cognitivo se apresentariam, para a doutrina dominante, em suas formas "enfraquecidas", em distinção aos casos de intenção (=vontade acentuada) e dolo direto de segundo grau (=conhecimento acentuado)[2131]. Tanto pode se dar que o agente preveja como possível que o alcance de seu objetivo passa por um caminho delituoso (*v.g.* o agente considera a possibilidade de que a resistência oposta pela mulher não é séria e segue no escopo de manter uma relação sexual), como também pode ocorrer que um resultado colateral da

2126. A frase parece ser de Blei. Veja-se: GEPPERT, Klaus. Zur Abgrenzung von bedingter Vorsatz und bewusster Fahrlässigkeit. *Jura* 11 (1986), p. 610.

2127. Em uma explícita rejeição do *dolus eventualis*, com abordagem do desenvolvimento histórico do instituto, é importante ver: BAR, Carl Ludwig v. *Gesetz und Schuld,* 1903, §168, p. 322 e ss.; §174, p. 341; §182, pp. 351-352. O Autor reconhecia a possibilidade do *dolus alternativus* na medida em que considerava que os resultados, indeterminados, eram buscados.

2128. Veja-se: SATZGER, Helmut. Der Vorszatz – enimal näher betrachtet. *JURA,* 2008, p. 112. Sobre o perigo desta multiplicidade de teorias, e da dependência de distintas considerações normativas para a resposta a uma questão pragmática, que implica na aplicação de uma pena privativa de liberdade de longa duração ou na simples punição por crime negligente, veja-se: SAFFERLING, Christoph J.M. *Vorsatz und Schuld,* 2008, p. 183.

2129. Na literatura mais recente, dentre muitos, veja-se: HENN, Arne. Der subjetktive Tatbestand der Straftat – Teil 1: Der Vorsatzbegriff. *JA* 10 (2008), p. 702.

2130. STRATENWERTH, Günther/KUHLEN, Lothar. *AT,* 2011, §8, n.m.110, p. 105.

2131. Sobre isso, por todos: SCHÜNEMANN, Bernd. *FS-Hirsch,* 1999, p. 363 e ss.

ação seja tido como possível e de todo indesejável ("caso Lacmann" e caso da "correia de couro"), sendo esta a modalidade de mais difícil solução, pois tal resultado não somente é desnecessário para o plano do agente, como também, no mais das vezes, indesejado (caso ocorra, o plano pode até mesmo falhar, como no "caso Lacmann").

Como já visto, as atualmente predominantes teorias da decisão[2132] partem do pressuposto de que o dolo exige mais do que o simples conhecimento do perigo de realização do tipo[2133], na medida em que o agente pode - em que pese tal conhecimento -, levianamente confiar em que o resultado não ocorrerá, atuando com negligência consciente. No plano do designado "normativismo volitivo"[2134], o dolo eventual pressupõe que o agente conheça as circunstâncias do fato, o risco de seu comportamento para o bem jurídico (elemento cognitivo, que é o pressuposto mínimo), e ainda assim "decida-se" pela ação (elemento volitivo)[2135], posicionando-se em face do resultado colateral (o denominado "componente de culpa" do dolo, em termos de um elemento emocional)[2136].

Portanto, os defensores das teorias volitivas continuam a exigir, mesmo para o dolo eventual, a presença do elemento volitivo[2137], sob a forma de certo posicionamento emocional do agente, revelado na decisão. Nesta perspectiva, mesmo aquele que atua com o conhecimento de um elevado risco de lesão para o bem jurídico de terceiro, ainda não se encontra necessariamente em uma situação de decisão por tal lesão[2138]. Dito por outras, quem confia na ausência do resultado lesivo para o bem jurídico, ou não leva o risco conhecido a sério, ou não "reconhece" o risco conhecido, ou ainda não se "conforma" com o resultado (art. 14, 3, e art. 15, "a", do CP português), atua apenas com negligência[2139], na medida em que não revela a desconsideração típica do atuar doloso. Por outro lado, como o agente permanece "internamente" em face do injusto, em termos exclusivamente emocionais/sentimentais, não é relevante para a pergunta acerca do dolo[2140].

2132. Com referências às várias espécies: ZIEGERT, Ulrich. *Vorsatz, Schuld und Vorverschulden,* 1987, p. 83 e ss. Veja-se, ainda: SAFFERLING, Christoph J.M. *Vorsatz und Schuld,* 2008, p. 178.

2133. Perigo este, majoritariamente considerado como o risco proibido, não distinto do exigido para a negligência.

2134. Além de Roxin, que alcunhou o termo, Safferling faz explícita referência a ele, aderindo à tal corrente: *Vorsatz und Schuld,* 2008, p. 184.

2135. Veja-se: SAFFERLING, Christoph J.M. *Vorsatz und Schuld,* 2008, p. 188.

2136. Assim: ZIEGERT, Ulrich. *Vorsatz, Schuld und Vorverschulden,* 1987, p. 158/

2137. Atualmente, dentre outros: BUNG, Jochen. *Wissen und Wollen im Strafrecht,* 2008, p. 270-271.

2138. Explicativamente apenas: JOECKS, Wolfgang, *MK,* 2017, §16, n.m.42 e ss., p. 842 e ss.

2139. Informativo, acerca da posição de culpa do dolo, com referências a Gallas e Jescheck, veja-se: AMBROSIUS, *Untersuchungen zur Vorsatzabgrenzung*, 1964, p. 9.

2140. Assim: SAFFERLING, Christoph J.M. *Vorsatz und Schuld,* 2008, p. 185. Veja-se ainda:

Note-se que a vontade, ao nível do dolo eventual, é considerada, atualmente, em uma perspectiva essencialmente normativa/atributiva e extrovertida. Há, assim, uma referência determinada ao resultado delituoso[2141], que se afigura "condicionalmente querido" para o caso de acontecer. Mas essa interpretação contém uma aporia e resulta em um certo "sem sentido": o sujeito quer o resultado, mas apenas caso ocorra, como um querer um futuro condicional[2142].

Como já se assinalou, o problema surge, precisamente, na delimitação das fronteiras entre o dolo eventual e a culpa consciente, sobretudo a partir dos critérios oferecidos para tal delimitação, de ordem emocional-volitiva[2143], sobre os quais parece não ter nunca se alcançado a necessária precisão, especialmente quanto a seus indicadores objetivos e subjetivos.

É, de um lado, amplamente reconhecido que traçar uma fronteira clara, para a delimitação entre as áreas do dolo eventual e da negligência consciente, consiste em uma tarefa quase impossível[2144]. Daí que a tendência seja a determinação de uma fronteira tipológica[2145], que leva em conta componentes de variada ordem, objetiva e subjetiva, com diferentes "pesos", em uma relação de compensação entre os componentes cognitivo e volitivo[2146]. Esta maneira de esclarecer o conceito de dolo eventual e seus limites corresponde à posição do BGH[2147], no que concerne ao emprego do "catálogo aberto" de indicadores externos objetivos e subjetivos, e também ao modelo do "dolo como decisão", que vem sendo aqui designado como "normativismo volitivo"[2148].

OTTO, Harro. Zur Abgrenzung von bedingter Vorsatz und bewusster Fahrlässigkeit. *JURA*, 11 (1986), p. 612. O difícil é compreender como se separa, com clareza, o "posicionamento interno" da "decisão", uma vez que os fatores internos e externos considerados para a explicitação da "decisão" também são de ordem emocional, relacionando-se à personalidade do autor, à sua relação com a vítima, aos motivos da ação etc.

2141. Assim: BUNG, Jochen. *Wissen und Wollen im Strafrecht,* 2008, p. 271.

2142. Veja-se: STUCKENBERG, Carl-Friedrich. *Vorstudien...,* 2007, p. 258.

2143. Nesta linha, o que se faz é buscar um "*Surrogat*" para o querer, que poderia tornar a situação equivalente à intenção, na forma de um aprovar, se por de acordo ou tomar em compra. Estes seriam fenômenos acompanhantes do atuar, que justificariam e equiparação com a principal forma de dolo. Criticamente, sobre isso: KORIATH, Heinz. *Grundlagen strafrechlicher Zurechnung,* 1994, p. 646. Aponta, o Autor, que se busca, em vão, nos trabalhos dos defensores das teorias volitivas encontrar os fundamentos normativos da imputação referentes aos referidos critérios emocionais, os quais são empregados ritualisticamente, seja pela doutrina seja pelos Tribunais, sem qualquer significado autônomo. E acrescenta, o Autor, que os critérios apenas desvelam uma função ideológica, que consiste em sustentar que a culpa corresponde à "má vontade" ou ao menos à ela deve se equiparar. Op. cit. p. 647.

2144. Em defesa do critério da realização do plano, e reconhecendo sua imprecisão: BUNG, Jochen. BUNG, Jochen. *Wissen und Wollen im Strafrecht,* 2008, p. 270.

2145. Assim, atualmente: SAFFERLING, Christoph J.M. *Vorsatz und Schuld,* 2008, p. 187. Essencialmente, o modelo do conceito tipológico do dolo foi desenvolvido por Schünemann: *FS-Hirsch,* 1999, p. 363 e ss. Cf. Parte III, Capítulo I, item 2.1.8.

2146. Veja-se: KÜHL, Kristian. *AT,* 2012, §5, n.m.43, p. 98.

2147. Veja-se, por exemplo: BGH, NStZ 2003, 431.

2148. SAFFERLING, Christoph J.M. *Vorsatz und Schuld,* 2008, p. 187. Segundo o Autor, esta

Ainda no que se refere à relação de compensação entre os componentes conceituais, o que se postula é que a presença intensa de um dos fatores permite que o outro se apresente em nível enfraquecido: se o sujeito parte de uma alta probabilidade, basta então um grau baixo de aceitação/conformação; se o sujeito atua com indiferença, então basta uma simples representação de possibilidade do resultado para o reconhecimento do dolo[2149]. Mas toda essa argumentação parece ocultar ou obscurecer a questão central: por que razão o designado componente volitivo no dolo eventual há de ter relevância no contexto de uma imputação normativamente orientada, que tem no pólo subjetivo uma pessoa racional, e não pode se referir a processamentos irracionais do risco, em uma perspectiva individual?[2150]

Por um lado, o que ainda se vê é um emprego muitas vezes ideologizado do "*Surrogat*" da vontade, através do manejo arbitrário e formal das expressões, tais como, "tomar em compra", "conformar-se" e "consentir" ou "aprovar"[2151], quando o que está mesmo em causa é definir em que medida o sujeito conheceu o risco de realização do resultado ilícito, bem assim qual é a qualidade do referido risco e qual seria, necessariamente, a avaliação de um sujeito racional perante ele. Ninguém, mesmo os defensores das perspectivas volitivas, parece disposto a negar o dolo em situações de perigos extremos e facilmente visualizáveis, com uma aplicação consequente dos pontos de partida psicologistas. Isso revela que a posição emocional do sujeito não possui, na verdade, a autonomia funcional pretendida para se afirmar ou refutar o dolo, e isso ainda que haja referência à ela na lei (caso da "conformação", do CP Português). Mesmo para aqueles que conferem algum significado a determinados posicionamentos emocionais, sempre o fazem considerando-os como "indícios refutáveis" para a afirmação ou afastamento do dolo, mas não como *critérios* autônomos de determinação.

Por outra via, como critério de delimitação entre o dolo e a culpa consciente, as teorias de corte cognitivo, como já se viu, tentaram solucionar tudo através do elemento intelectual, inclusive ao plano do dolo eventual, ora enriquecendo o juízo, ora enriquecendo o objeto de referência. Não se podendo contentar,

análise tipológica do comportamento se justifica diante das exigências funcionais, preventivo-gerais, de determinação, em um plano abstrato, dos comportamentos que se afiguram especialmente abaladores, e que demandam uma punição mais intensa. O que está em causa, assim, essencialmente, é a função do Direito Penal de proteger os bens juridicos, através da estabilização das expectativas recíprocas de comportamento. Criticamente, com referência ao chamado "caso-Aids", veja-se: PUPPE, Ingeborg. *AT,* 2011, §9, n.m.20-22, p. 120.

2149. Explicativo: KÜHL, Kristian. *AT,* 2012, §5, n.m.49, p. 101.

2150. Veja-se: KORIATH, Heinz. *Grundlagen strafrechtlicher Zurechnung,* 1994, p. 647. Também: PAWLIK, Michael. *Das Unrecht des Bürgers,* 2012, p. 380.

2151. De um ponto de vista semântico, o que se tem é que alguém aprova ou desaprova a ação de um terceiro, e não a própria. Veja-se-, corretamente: KINDHÄUSER, Urs. Der Vorsatz als Zurechnungskriterium. *ZStW* 96 (1984), p. 23.

com o simples conhecimento abstrato da possibilidade do resultado, procura-se qualificar o elemento intelectual, ou com uma determinada "predicação do conhecimento" (juízo de probabilidade - Welzel, Mayer, Jakobs dentre outros; juízo de possibilidade concreta - conhecimento especial de um objeto normal - como no modelo de Frisch) ou então com uma "predicação do objeto do conhecimento" ("perigo doloso" - Puppe; "perigo desprotegido" - Herzberg: conhecimento normal, de um objeto especial, não se indagando, nesta caso, sobre como o sujeito avaliou o risco)[2152].

Note-se que se o dolo eventual é uma forma geral e suficiente, salvo nos casos em que, por razões teleológicas, o legislador exige um fim especial de agir (intenção) ou um determinado tipo (qualificado) de conhecimento (dolo necessário, direto de segundo grau), então a forma prototípica do atuar doloso é o dolo eventual[2153], que contém o necessário, ainda que não em todos os casos o suficiente, para a adscrição do dolo. E é desta estrutura-base, e não das "formas qualificadas" que se deve partir para a construção conceitual.

No caso específico do dolo eventual, cumpre, portanto e principalmente, na perspectiva aqui defendida, esclarecer se o sujeito conhecia que estava a desencadear um "perigo doloso" (de determinada entidade, superior ao risco proibido da culpa)[2154] no sentido de realização do tipo, ou seja, com Puppe, se seu comportamento representa, em um quadro de racionalidade, uma "*estratégia idônea de realização do resultado ilícito*". O elemento volitivo não será o fiel da balança[2155], ou o fator decisivo, já que não pode, *per se*, transmudar a qualidade do perigo. Mais que isso, retomando-se as propostas de Herzberg e Puppe, caso o sujeito conheça que realiza um perigo doloso ou desprotegido, a avaliação subjetiva, possivelmente irracional do risco, não terá o condão de afastar o dolo: interessa saber se o sujeito conheceu um risco que tinha que levar a sério (posição minoritária, aqui defendida), e não saber se o sujeito levou a sério o risco (posição majoritária, aqui refutada).

O que está em causa, portanto, é definir, de modo normativamente justificado, quais os indicadores que podem apontar para a presença ou ausência do dolo e, caso se queira, da "conformação" no que se refere ao dolo eventual. Podem se defender a consideração de todos os fatores disponíveis, de natureza

---

2152. Explicativamente, sobre as teorias cognitivas: KINDHÄUSER, Urs. *AT*, 2008, §14, pp. 130-132.

2153. Assim: FREUND, Georg. *AT*, 2009, §7, n.m.70, p. 282. FRISCH, Wolfgang. *Vorsatz und Risiko*, 1983, p. 496.

2154. Criticamente, no sentido de que a perspectiva cognitiva é muito estreita: GEPPERT, Klaus. Zur Abgrenzung von bedingter Vorsatz und bewusster Fahrlässigkeit. *JURA*, 11 (1986), p. 613. Também: FRISTER, Helmut. *AT*, 2015, §11, n.m.29, p. 148.

2155. Assim: PUPPE, Ingeborg. *NK*, 2013, §15, n.m.67, p. 669.

objetiva e subjetiva (catálogo aberto) ou apenas dos indicadores objetivos (catálogo fechado).

A concretização dos critérios de atribuição do dolo, a partir dos fundamentos da responsabilidade dolosa e dos elementos conceituais é um problema particularmente importante para o *dolus eventualis*. Este assunto será objeto da última parte desta investigação, que se inicia agora.

PARTE V

DOS CRITÉRIOS PARA UM SISTEMA DE ATRIBUIÇÃO DO DOLO: *PLÄDOYER* POR UM "CATÁLOGO OBJETIVO" DE INDICADORES

CAPÍTULO I

SOBRE A ATRIBUIÇÃO DO DOLO

Antes de se ingressar no tema desta última parte, cumpre distinguir entre elementos conceituais e elementos/critérios de prova (indicadores)[2156]. Em outras palavras, não se podem confundir os indicadores com o próprio dolo, antes se exigindo, na construção do conceito, decidir, fundamentadamente, sobre quais os elementos que o integram e o sentido de tais elementos, para - só então (!) -, apontar para os "pedaços" da realidade empírica, seja ela subjetiva, seja objetiva, que serão tomados em conta, na decisão, como indicadores[2157].

Sustentar, como já pretendeu Winfried Hassemer, que o dolo se confunde com seus indicadores, e que esta concepção supera a "*cansativa disputa entre as teorias volitivas e cognitivas*"[2158], configura um equívoco, pois não decide acerca da *ratio,* nem do sentido dos elementos conceituais (seja do conhecimento, seja da vontade), e é precisamente sobre a *ratio* e o sentido que se deve previamente decidir para se curar dos indicadores[2159]. Dito de outro modo: caso se decida que

2156. Sobre o tema: PAWLIK, Michael. *Das Unrecth des Bürgers,* 2012, p. 388 e ss. Como já destaquei alhres, o *indicador* é uma facticidade que consiste no fundamento, ou em um fundamento para, atribuir-se algo; neste sentido, o indicador acaba por ser uma parte do significado do conceito atribuído, mas não se confunde com o conceito. Veja-se: PUPPE, Ingeborg. *Kleine Schule des juristischen Denkens,* 2014, p. 52. O indicador deve ser observável e possuir relevância disposicional. HASSEMER, Winfried. *GS-Armin Kaufmann,* 1989, p. 288.

2157. Diretamente ao ponto: PUPPE, Ingeborg. Begriffskonzeptionen des dolus eventualis, *GA* 2006, pp. 65-66 e 79.

2158. Neste sentido: HASSEMER, Winfried. *GS-Armin Kaufmann,* 1989, p. 289. A questão é que o Autor busca estabelecer o sentido do conceito de dolo através de seus indicadores objetivos, sem, contudo, justificar materialmente a decisão sobre a escolha dos indicadores.

2159. Assim: PUPPE, Ingeborg. Begriffskonzeptionen des dolus eventualis, *GA* 2006, p. 79.

há uma razão para se "autonomizar" o elemento volitivo, traduzido em determinado posicionamento emocional do agente perante o fato, aí – e só então aí! –, é que se pode referir aos indicadores externos que apontam para a presença ou ausência de tal elemento conceitual no caso concreto[2160], e não o contrário.

O que está em jogo, portanto, é mesmo a disputa entre as perspectivas normativas contemporâneas, ou seja, entre uma concepção de dolo que continua a exigir, como sendo seus elementos indispensáveis, o conhecimento e a vontade – "teorias normativo-volitivas" –, para a afirmação de uma "decisão contra o bem jurídico", e outra concepção que descarta o elemento volitivo (Herzberg), ou ao menos não o autonomiza (Puppe), mantendo, apenas o cognitivo – teorias "normativo-cognitivas", seja para a identificação de tal decisão seja para a expressão da violação do dever que revela a hostilidade ao Direito, configuradora do dolo.

As perspectivas normativo-volitivas postulam, de modo consequente com seu ponto de partida, que se levem em conta todos os fatores objetivos e subjetivos/ /emocionais do caso concreto, para a indicação e comprovação dos dois elementos conceituais, trabalhando, assim, com um "catálogo aberto" de indicadores[2161]; as perspectivas cognitivas propõem um "catálogo fechado", restrito à qualidade do perigo conhecido, para a indicação do elemento cognitivo, único necessário e suficiente para a afirmação do dolo[2162].

Antes de se ingressar na temática específica dos catálogos de indicadores, convém ressaltar, uma vez mais, quais são as bases comuns às perspectivas normativas. Após isso, a discussão e aplicação dos catálogos se farão vinculadas a casos concretos pinçados na jurisprudência portuguesa e alemã, que permitem a identificação das diferenças entre as perspectivas cognitiva e volitiva, bem

---

2160. Caso contrário, o que se dá é uma solução circular, em que se dá por pressuposto aquilo que se deve fundamentar. Por exemplo, pressupõe-se que o dolo consiste no "aprovar em sentido jurídico", ou no "tomar em compra", e se argumenta que somente o elemento volitivo pode integrar/ absorver essas circunstâncias. Ora, o que se deve justificar é, antes de mais, que o dolo exige um componente volitivo, que se identifica com o "assumir aprovadoramente", e estabelecer, a partir de indicadores objetivos e subjetivos, o que esclarece que o agente tomou em compra. Veja-se, sobre isso: PUPPE, Ingeborg. *AT,* 2011, §9, n.m.39, p. 128. Veja-se ainda, acerca da necessidade de indicadores objetivos para cada componente do dolo: KÜHL, Kristian. *AT,* 2012, §5, n.m.87, p. 116. O Autor aponta, como indicadores do elemento cognitivo: a objetiva perigosidade da ação; a percepção do agente quando do fato e sua capacidade de julgamento racional; a influência de álcool ou outras substâncias. E como indicadores do elemento volitivo: a atuação de comportamentos de evitação; a possibilidde de autolesão; a relação emocional entre o agente e a vítima; o comportamento posterior do agente, como uma tentativa de ressucitação etc. Op. cit. pp. 116-117.

2161. Assim: ROXIN, Claus. *FS-Rudolphi,* 2004, p. 246. Um dos problemas principais, apontados pelos críticos da teoria do catálogo aberto, é a incalculabilidade dos resultados, derivada da infinitude dos possíveis indicadores, e das dificuldades em estabelecer o peso de cada um deles. Veja-se, sobre isso: PUPPE, Ingeborg. *Kleine Schule des juristischen Denkens,* 2014, p. 52.

2162. Informativamente: PUPPE, Ingeborg. *AT,* 2016, §9, pp. 123-133, com análise de casos.

assim a avaliação material de seus resultados, sobretudo à luz do conceito de dolo aqui defendido.

1. O sentido social e a proibição de instrumentalização

Descartadas as perspectivas de acento psicológico, e acolhida, aqui, a perspectiva normativa[2163], – recapitulem-se os pontos principais: do que se cuida é de atribuir/adscrever o dolo, e não determiná-lo[2164]; o dolo não é um fato, senão um título ou juízo de responsabilidade[2165]; o agente é tomado como um sujeito racional (como pessoa), dentre seus pares, com capacidade para avaliar e julgar racionalmente seu comportamento à luz dos critérios objetivos que ostentam reconhecimento e validade geral –, cumpre enfrentar, agora, o principal desafio de tal perspectiva, ou seja, estabelecer seus limites deontológicos: não conduzir à completa instrumentalização do sujeito (em termos de uma "normativização radical"[2166]), imputando-lhe, injustificadamente, conhecimentos que este não possui – salvo por absoluta indiferença, nas situações já identificadas, de modo vinculado às incumbências e competências do sujeito –, por razões de necessidade de pena, em possível violação ao princípio da culpa. É mesmo isso – mas também é apenas isso – o que cobra o princípio da culpa, e o que ainda mantém a imputação do dolo na grelha da imputação subjetiva. *Subjetivo*, por outras palavras, não significa *individual*, nem exige quaisquer concessões ao psicologismo, mas demanda conexão com os conhecimentos do agente concreto, na sua esfera de competência ou papel.

Primeiramente, há de se destacar que caso ocorra uma divergência entre o "estado mental" do sujeito e a valoração, baseada no sentido social, de seu comportamento, isso não traduz, *tout court*, uma sua instrumentalização ilegítima. Caso o sujeito tenha tido todas as condições de se aperceber de tal divergência[2167], optando/decidindo-se pelo comportamento, então não poderá, na medida

---

2163. Atualmente, tanto as concepções cognitivas como volitivas consideram que o julgamento acerca da decisão pelo resultado não tem por objeto o estabelecimento de algo empírico, consistindo, antes, na interpretação do comportamento do sujeito. O núcleo da disputa está em saber em qual material fático a interpretação deve se apoiar. Veja-se: PUPPE, Ingeborg. Begriffskonzeptionen des dolus eventualis, *GA* 2006, p. 75.

2164. Assim: RAGUÉS I VALLÈS, Ramon. *El dolo y su prueba en el proceso penal,* 1999, p. 358 e ss. HRUSCHKA, Joachim. *FS-Kleinknecht*, 1985, p. 200. Note-se bem: a atribuição, em distinção à determinação de facticidades, é uma valoração ou interpretação e, portanto, uma questão de direito. As facticidades de relevo para a atribuição, para a valoração do comportamento, devem ser determinadas normativamente: são os indicadores. Veja-se, sobre isso, com clareza: PUPPE, Ingeborg. *AT,* 2016, §9, n.m.8, p. 120.

2165. VIANA, Eduardo. *Dolo como compromisso cognitivo,* 2017, p. 366.

2166. Criticamente à "normativização radical", ainda que tendo por referência a consciência do injusto, é importante ver: MANSO-PORTO, Teresa. *Normunkenntnis aus belastenden Gründen,* 2009, p. 103.

2167. Com a conseguinte percepção do "aviso da norma", que deveria ter sido, caso esta fosse um fator de decisão relevante, o bastante para inibir o comportamento.

em que vive em sociedade e em um processo de constante comunicação com seus concidadãos, afirmar que fora instrumentalizado ao ser punido pelo delito doloso[2168]. E ele não poderá fazê-lo porque a linguagem não lhe está disponível, sendo ela, ao contrário, o limite do seu próprio mundo (que também é, de resto, o limite do mundo do observador)[2169].

À evidência, exigir uma coincidência absoluta entre o "estado psicológico" do sujeito e o sentido social atribuído ao comportamento, para a legitimação de uma condenação, conduziria à renúncia de níveis mínimos de efetividade do Direito Penal.

Por outro lado, em uma perspectiva com capacidade de atingir, intersubjetivamente, algum nível de consenso, é de se admitir que aquele que pretende ter seus direitos fundamentais protegidos, deve estar disposto a assumir o risco, ainda que bastante reduzido, de se ver condenado sem que tenha "participado psicologicamente" de um fato nos moldes em que este foi valorado socialmente. Do que se cuida, pois, é de se explicitar quais são os riscos aceitáveis: quais são, afinal, os parâmetros normativos e objetivos mínimos para se adscrever o dolo[2170], e quais são as regras que devem nortear o juiz no julgamento, impedindo-se, ou pelo menos mitigando-se, a possibilidade de um indesejado decisionismo[2171].

O ponto de partida do Direito Penal é o de que os imputáveis contam com a mesma capacidade de realização de um juízo acerca do risco, não sendo objeto do questionamento, ao plano do dolo, acerca de aspectos individuais da personalidade do sujeito da imputação[2172].

2. O sentido social e as regras empíricas

Tanto no plano da imputação objetiva como subjetiva se impõe trabalhar

2168. RAGUÉS I VALLÉS, Ramon. *El dolo y su prueba en el proceso penal,* 1999, pp. 330 e 358. Por outro lado, observa, o Autor, que caso, a partir das circunstâncias externas do comportamento e das circunstâncias, não se puder valorar inequivocamente que o sujeito realizou o fato de modo consciente, então tal conhecimento não deve ser imputado. Op. cit. p. 333. Note-se que o Autor, em caso algum, em sua perspectiva, dispensa a determinação do elemento intelectual.

2169. Em uma análise dos motivos em uma perspectiva da sociologia, veja-se: PALMA, Maria Fernanda. *Dolo eventual e negligência consciente em direito penal,* 1982, p. 197-198.

2170. Sobre tudo isso, e com referências às posições de Ulrich Stein e Andreas Hoyer, veja-se, por todos: RAGUÉS I VALLÉS, Ramon. *El dolo y su prueba en el proceso penal,* 1999, p. 342 e ss.

2171. A apontar que a convicção judicial se vê delimitada pelo sentido social, obrigando o juiz a se curvar a critérios de atribuição que transcendem seu ponto de vista pessoal, veja-se: RAGUÉS I VALLÈS, Ramon. *El dolo y su prueba en el proceso penal,* 1999, p. 347. E sobre os riscos do decisionismo, com referência à jurisprudência mais recente do BGH, veja-se: PUPPE, Ingeborg. *AT,* 2016, §9, n.m.32, p. 131.

2172. Observe-se que isso não se confunde com a questão dos conhecimentos especiais, os quais podem ser comprovados e permitem, em termos da afirmação do conhecimento situacional, conduzir também a afirmar, agora do ponto de vista da valoração social, a presença do conhecimento do risco.

com sentenças empíricas, baseadas em probabilidades, probabilidades estas que, contudo, não correspondem ao critério suficiente para a legitimação do julgamento. Com efeito, tanto se conclui sobre a probabilidade da autoria de uma subtração, como também sobre a probabilidade da presença do elemento cognitivo acerca da qualidade de "alheia" da coisa empolgada. Não há, aqui, lugar para exatidão, nem no âmbito "objetivo" nem no "subjetivo", cumprindo assumir esse déficit e buscar critérios racionais para se estabelecer o que se exige para a atribuição, partindo-se da premissa de que, no palco do processo, julga-se sempre acerca de uma realidade passada[2173], com seus intrínsecos limites epistêmicos e normativos[2174].

Em termos de valoração social, Ramón Ragués i Vallès[2175] fornece um exemplo de interesse: suponha-se uma regra que afirme que toda pessoa adulta e mentalmente sã, saiba que disparar com uma pistola contra a cabeça de alguém cria um perigo de morte[2176]; e outra regra, segundo a qual nem toda pessoa adulta e mentalmente sã, saiba que disparar com uma pistola contra a cabeça de alguém cria um risco de morte. A definição de qual dessas regras é válida depende do sentido social e de uma comunidade de vida. Não parece haver dúvidas sobre que, no contexto social de uma comunidade ocidental, todo adulto mentalmente saudável sabe que disparar com uma arma de fogo contra a cabeça de alguém pode causar a morte da vítima (prognóstico racional). Daí decorre que uma condenação pelo delito doloso se encontra legitimada em um caso tal, desde que comprovado que o sujeito conhecia o que estava a realizar (=efetuar o disparo contra a cabeça), ainda que tenha "processado irracionalmente" o conhecimento deste risco, seja pela razão que for (superstição, otimismo desavergonhado, deslocamento mental do pensamento sobre o risco etc). O exemplo pode parecer um tanto quanto evidente, mas é útil como um guia para o tratamento de casos mais controvertidos.

2173. Sobre isso: FREUND, Georg. *Normative Probleme der Tatsachenfeststellung,* 1987, p. 19. Destaca, o Autor, que a possibilidade de se legitimar uma condenação, embora a possibilidade de um erro de julgamento, depende de específicas especialidades de possibilidades de prova, delimitadas por fronteiras empíricas e normativas.

2174. Dentre os normativos, releva apontar para o *nemo tenetur se detegere*, que confere uma ampla proteção ao arguido, especialmente no que toca às manifestações de cunho comunicativo. Sobre o princípio da não autoincriminação, seu desenvolvimento, extensão e limites, veja-se: MARTELETO FILHO, Wagner. *O Direito à não autoincriminação no processo penal contemporâneo.* Belo Horizonte: Del Rey, 2012, *passim.*

2175. *El dolo y su prueba en el proceso penal,* 1999, p. 359.

2176. A afirmar isto, de modo expresso, veja-se o julgado do Tribunal da Relação do Porto, Ac.TRP,6/4/2005,(http//docs.wixstatic.com/ugd/489f11_a73131b564f841588eb690c311390092.pdf.), e o julgado do Tribunal da Relação de Évora, Ac. TRE de 7.04.15, ao se ressaltar que "*o arguido, com especiais conhecimentos de tiro que detinha não podia ignorar a possibilidade de atingir o ofendido numa zona vital e com isso causar-lhe a morte, tendo avaliado essa possibilidade quando decidiu disparar conformou-se com a realização do fato punível*".

Tentar construir uma teoria em que se apresentam, dedutivamente, os indicadores de relevo a serem considerados pelo juiz para afirmar o conhecimento exigido pelo dolo nada mais significa do que procurar evitar que tudo se decida segundo o sentimento de justiça do julgador[2177]. Um modo de começar o trabalho consiste no aclaramento do conceito de "conhecimentos mínimos", derivados da racionalidade geral, e que não precisam ser demonstrados, podendo ser excluídos apenas no campo da culpa por força de uma situação específica (afeto intenso, déficit mental etc).

2.1. Novamente sobre os conhecimentos mínimos

Quando se afirma que alguém é uma "pessoa normal", com isso já se imputam conhecimentos necessários para se afirmar a "normalidade", ou seja, o reconhecimento da racionalidade prática do sujeito. A negação destes conhecimentos mínimos pressupõe, portanto, que se negue a própria "normalidade" do sujeito, o que ocorrerá nos casos de inimputabilidade por defeitos de idade ou de capacidade mental. A própria ideia de imputabilidade irá, portanto, excluir a possibilidade de determinados desconhecimentos[2178].

Com efeito, se é tida como aceitável a presunção de conhecimento acerca de determinadas normas nucleares do Direito Penal eticamente fundadas, nada impede que se aceite também a presunção do conhecimento acerca de determinadas circunstâncias típicas e de sua realização factual, salvo em hipóteses excepcionais e de inimputabilidade.

Não se concebe, por exemplo, nos dias de hoje, que um adulto ocidental, com socialização normal[2179], sustente, em um Tribunal, que não sabia que golpear com uma faca a garganta da vítima, produzindo-lhe um corte extenso e profundo, com sangramento abundante, seja a realização de uma "ação de matar", ou, na expressão de Puppe, de um "*método idôneo de matar*".

Também seria inaceitável e rejeitada, de plano, a alegação de um acusado, no sentido de que defenestrou a vítima do décimo andar de um edifício, sem o conhecimento racional-prático de que a queda iria certamente matá-la. Esses "conhecimentos mínimos", por alguns Autores também designados como "abstratos", são, assim, objeto de presunção e somente podem ser afastados caso o

---

2177. Veja-se: HERZBERG, Rolf Dietrich. Das Wollen beim Vorsatzdelikt und dessen Unterscheidung vom bewusst fahrlässigen Verhalten. Teil 2. *JZ* 1988, p. 640.

2178. RAGUÉS I VALLÈS, Ramon. *El dolo y su prueba en el proceso penal,* 1999, p. 381.

2179. Os casos de "socialização exótica", como no conhecido exemplo de Kasper Hauser, não são ubiquitáveis. Embora possam por em causa a regra geral, acerca dos conhecimentos mínimos, não serão tratados aqui de modo autonomizado. É de se reconhecer, obviamente, que uma socialização exótica pode retirar do sujeito determinados conhecimentos que são possuídos por qualquer adulto imputável em uma comunidade.

próprio agente não seja considerado como penalmente imputável, isto é, como participante autorizado de uma comunicação racional.

O conhecimento mínimo, assim, não é apenas um fundamento imanente da ação, mas também, propriamente, seu conteúdo comunicativo: isso implica em que o sentido de uma ação possa ser compreendido por outros, ainda que o agente não conheça concretamente a situação e seu sentido. O agente é reconhecido como sujeito racional, não como um indivíduo arbitrário[2180], situado fora do mundo social[2181].

A valia da abordagem pela via dos conhecimentos mínimos e/ou abstratos é a de conferir uma base normativa legítima e adequada para a solução de vários casos de processamentos irracionais do risco, que muitas vezes são aceitos pelas teorias psicológicas e também – ainda que de modo mais restrito – pelas concepções normativo-volitivas, para o afastamento do dolo.

Como já se anotou no curso deste trabalho, se o sujeito dispõe de um conhecimento do risco, o julgamento/avaliação que faz da própria ação, e a confiança de todo irracional em um bom desenlace, não poderá ser o parâmetro para a atribuição do dolo[2182]. É de se repetir aqui a advertência de Herzberg, já citada diversas vezes neste trabalho: não se trata de saber se o sujeito levou um perigo a sério, mas sim sobre se conhecia um perigo que tinha que ser levado a sério.

Não sendo, contudo, a presente investigação, um trabalho voltado especificamente à atribuição do dolo, não poderei aqui desenvolver uma casuística de conhecimentos mínimos ou abstratos, mas apenas desenhar os seus contornos conceituais. De qualquer sorte, o que importa é deixar consignado que os conhecimentos mínimos são atribuídos sem maiores dificuldades, e não são "revo-

2180. Assim: HSU, Yu-An. *Doppelindividualisierung und Irrtum,* 2007, p. 140.

2181. Não que não haja problemas também aqui. Mesmo a percepção sensorial de objetos depende de determinadas construções culturais. Se um indivíduo de "socialização exótica" ou pertencente a uma determinada cultura, não alcançar sequer a compreensão do sentido de uma elementar típica, é possível, no caso concreto, que se esteja diante de uma excepcional situação de erro sobre o tipo (que não seria concebível para um cidadão comum). Mas tal reconhecimento demanda, por vezes, inclusive prova pericial, com considerações antropológicas e de outra ordem, não se tratando de um problema generalizável/ubiquitável, que ponha em causa a valia do critério dos conhecimentos mínimos. Sobre este problema, que não posso aprofundar aqui, veja-se, por todos: DIAS, Augusto Silva. *Crimes culturalmente motivadas,* 2016, p. 365 e ss. O Autor discute, brevemente, a questão do "relativismo perceptivo" ou "cognitivo", que não põe em causa uma verdade objetiva, mas concede valor ao aspecto cultural e à mundividência do indivíduo para a percepção da realidade. Op. cit. pp. 367 e 369.

2182. Contra, a sustentar que se o sujeito não julga por si, não vê para si, ou se processa irracionalmente o risco conhecido, não se deve imputar o dolo: FRISCH, Wolfgang. *Vorsatz und Risiko,* 1983, p. 192. Esta é a principal divergência da proposta defendida nesta investigação, em relação à perspectiva cognitiva defendida por Frisch. Proximamente à proposta de Frisch, quanto a este aspecto: SAFFERLING, Christoph J.M. *Vorsatz und Schuld,* 2008, p. 178.

gáveis" em razão de supostos (e inacessíveis) estados mentais do sujeito, como o deslocamento do risco ou a confiança na boa saída. Isso é assim, insista-se, porque do que se trata é de uma imputação subjetiva *pessoal*, e não *individual*.

CAPÍTULO II

CATÁLOGO ABERTO OU FECHADO DE INDICADORES?

Já se anotou acima que a escolha dos indicadores do dolo pressupõe uma decisão fundamentada acerca dos seus elementos conceituais, e de modo algum dispensa esta decisão prévia[2183].

Em uma perspectiva "cognitivista", os indicadores do dolo relacionam-se, essencialmente, à qualidade do perigo que o sujeito, conscientemente, realizou[2184], não se valorando outros de natureza subjetiva (caráter, personalidade, estado emocional etc). O objeto de referência, assim, é um "perigo de certa entidade"[2185] e os dados que o consubstanciam. Outros dados subjetivos, como a relação entre o agente e a vítima; seu comportamento após o fato; seu caráter e outros que identifiquem um posicionamento emocional em face do bem

---

2183. Corretamente: PUPPE, Ingeborg. Begriffskonzeptionen des dolus eventualis, *GA* 2006, p. 68. E a partir do estabelecimento de regras de relevância para os dados empiricos (nos quais o Autor inclui os de natureza psíquica), veja-se: PÉREZ-BARBERÁ, Gabriel. *El dolo eventual,* 2011, p. 745 e ss.

2184. Assim, enfaticamente: HERZBERG, Rolf Dietrich. Das Wollen beim Vorsatzdelikt und dessen Unterscheidung von bewusst fahrlässigen Verhalten. Teil 2, *JZ* 13 (1988), p. 639.

2185. Assim: PUPPE, Ingeborg. Begriffskonzeptionen des dolus eventualis, *GA* 2006, p. 76. A qualidade do perigo também é considerado um indicador especialmente relevante, mesmo pela posição contrária que defende o catálogo aberto. Veja-se, na jurisprudência mais recente: BGH 4 StR 364/13; BGH 4 StR 608/11; BGH 3 StR 321/00; BGH 5 StR 224/08; BGH NStZ 2009,401; BGH NStZ 2007, 150 BGH 3 StR 199/15 (tiros desferidos a distância de cinco metros, na parte superior do corpo, a demonstrar que o agente não pode ter confiado na boa saída). (Todos os julgados do BGH, iniciados com "StR" (*Revision in Strafsache*), estão disponíveis no sítio do referido Tribunal -www.bundesgerichtshof.de. Os demais estão inseridos nas revistas citadas).

jurídico ou do resultado, são descartados. Também a confiança irracional na não ocorrência do resultado, presente o conhecimento do risco, é rejeitada, na medida em que se o agente realizou um perigo doloso, conscientemente, ainda que tenha confiado na não ocorrência do resultado, o que se dá é que lançou o bem jurídico em jogo, nada justificando a exoneração da censura dolosa[2186].

No plano oposto, na perspectiva "normativo-volitiva", defendida especialmente pelo BGH[2187], todos os fatores devem ser considerados, dentre eles os de ordem emocional/subjetiva, para a aferição da presença ou ausência dos elementos conceituais, que são o conhecimento e a vontade[2188]. A confiança, ainda que irracional, conquanto que "séria", na ausência do resultado conduz à exoneração do dolo. Esta é a posição predominante na jurisprudência[2189], encontrando ampla aceitação também na doutrina[2190]. O catálogo de indicadores é designado, por isso, como "aberto"[2191], e leva em consideração, dentre outros aspectos: a relação entre o agente e a vítima; a existência ou não de motivos

2186. Assim: PUPPE, Ingeborg. *AT,* 2016, §9, n.m.5, p. 118: *„esta indiferença em face da entrada do resultado, ou a vontade indireta, no sentido de produzi-lo, não é qualquer fato psíquico, mas o resultado de uma interpretação da ação do autor, e ela deve, em uma medida normativa e das regras da razão prática, ser atribuída como querida".*

2187. A justificativa para a referência à jurisprudência do BGH está em que a matéria tem sido por este objeto de tratamento específico. Veja-se, mais recentemente: BGH 3 StR 237/12; BGH 2 StR 54/14; BGH 2 StR 148/13; BGH 4 StR 163/14; BGH NStZ 2015, 266; BGH NJW 2014, 3382. A fazer referência expressa ao "exame global" das circunstâncias objetivas e subjetivas, veja-se: BGH 2 StR 180/13; BGH 1 StR 606/14, 8; BGH 2 StR 230/17; BGH 3 StR 172/17, afastando-se o dolo eventual e rechaçando-se o homicídio tentado. O caso teve por objeto uma contenda ocorrida em uma morada de asilados, em que o agente desferiu golpes de faca contra a vítima, sem lograr atingi-la, mas a provocar sua fuga por uma janela, o que resultou em lesões corporais, em face da queda. Apontou-se que, dentre os contraindicadores, o estado alcoolizado do agente prejudicou sua capacidade de decisão; que a desavença teve por base uma consciência política xenófoba do agente, mas que este não tinha qualquer motivo plausível para o homicídio; dentre outros aspectos subjetivos, ligados ao estado emocional e à personalidade do agente. No mesmo sentido: BGH 5 StR 456/08. Neste caso, considerou-se, inclusive, que a causa para a alcoolização do agente foi compreensível, uma vez que deveu-se à notícia de ferimentos graves sofridos por irmão daquele na guerra do Iraque. O estado de alcoolemia, motivado por tal circunstância "compreensível", teria prejudicado a capacidade reflexiva do agente, e foi considerada como um contraindicador da presença do dolo homicida, em decisão ratificada pelo BGH.

2188. A revogar decisão de tribunal do júri, que reconheceu a tentativa de homicídio exclusivamente em vista da elevada perigosidade do meio empregado, veja-se a decisão do BGH: 3 StR 233/07. E a chancelar esta orientação jurisprudencial do BGH: FRISTER, Helmut. *AT,* 2015, §11, n.m.29, p. 148. Também: KÜHL, Kristian. *AT,* 2012, §5, n.m.87, pp. 116-117. Criticamente: PUPPE, Ingeborg. *AT,* 2016, §9, p. 120.

2189. A elencar inúmeros outros precedentes, sobretudo do BGH: PUPPE, Ingeborg. *AT,* 2011, §9, n.r. 23, p. 114. A mesma: *AT,* 2016, §9, n.r. 4, p. 117. E na jurisprudência portuguesa, veja-se: JSTJ00001679 "*para se considerar existente a conformação, torna-se necessário que, para além da previsão do resultado como possível, o agente tome a sério a possibilidade de violação de bens jurídicos respectivos e, não obstante isso, se decida pela execução do fato*".

2190. Assim: HASSEMER, Winfried. *GS-Armin Kaufmann,* 1989, p. 289.

2191. Assim: ROXIN, Claus. *FS-Rudolphi,* 2004, p. 246.

compreensíveis para o sujeito realizar o resultado[2192]; a tentativa de ressuscitação da vítima, após o emprego da violência; a personalidade do sujeito (pacífico ou violento; afetuoso ou frio etc)[2193]; o estado emocional do agente; a influência de álcool ou drogas[2194]; a ocorrência do fato em uma dinâmica interacional de grupo (com influência sobre o agente)[2195]; dentre outros a serem pinçados do caso concreto[2196].

Antes de mais, e siga-se por um caminho ou por outro no tocante à "abertura" ou "fechamento" do catálogo, cumpre insistir em que os indicadores não consistem em qualquer elemento do dolo, mas sim, e apenas, servem de auxílio para a atribuição do dolo[2197]; são apenas indicadores, e não a "essência" da imputação dolosa. E é sobre isso, sobre o sentido da responsabilidade do dolo, que se deve decidir previamente, na construção conceitual[2198], para então tratar dos indicadores de relevância.

1. O catálogo aberto de indicadores

Já se viu que os defensores do catálogo aberto partem, tanto como os cognitivistas, da premissa de que a delimitação entre dolo e negligência não pode se dar sem uma medida normativa de valoração. Contudo, consideram que o substrato de valoração não pode ser, apenas, o conhecimento do risco e sua qualidade, devendo ser levado em consideração, no sentido de se saber se o agente "decidiu-se contra o bem jurídico", todos os fatores relevantes para

---

2192. O BGH, por exemplo, ora se vale do fundamento da falta de motivos para afastar o dolo, como se deu no caso em que um sujeito pisoteou a vítima na cabeça, sendo ela desconhecida do agente (BGH NStZ 1994, 585), ora deixa de considerar referido fundamento, como se deu no julgado em que foi reconhecido o dolo homicida do agente que atira pedras pesadas de cima de uma ponte contra veículos (BGH VRS 63, 1889). Acerca da incoerência destes precedentes, à luz do referido fundamento ("falta de motivos"): PUPPE, Ingeborg. *NK*, 2013, §15, n.m.91, pp. 678-679.

2193. Como se deu no "caso do caratê" (BGH NStZ 1988, 175).

2194. A apontar que o estado de alcoolemia pode ser considerado como indicador (por prejudicar o "instinto inibitório") ou como contraindicador (por reduzir a capacidade de controlo) do dolo, veja-se: BGH 3 StR 172/17, 8. É importante ver que o BGH tem ressaltado, – como o fez no referido julgado –, que a consideração dos indicadores, do seu peso e significado, é tarefa do Tribunal que julga a matéria fática, não sendo necessário que a avaliação seja vinculante, mas apenas possível e coerente, para que o Tribunal de revisão deva respeitá-la. 3 StR 172/17, 9.

2195. A reconhecer que isso possa influenciar como contraindicador, mas a não aplicá-lo ao caso julgado: BGH StR 435/14.

2196. Criticamente: Begriffskonzeptionen des dolus eventualis, *GA* 2006, p. 77. A Autora, ao meu juízo com toda razão, adverte para o elevado risco de manipulação dos indicadores, por razões político-criminais.

2197. Assim: SAFFERLING, Christoph J.M. *Vorsatz und Schuld,* 2008, p. 186. Veja-se que, no conceito atributivo há o conteúdo conceitual atribuído (por exemplo, a vontade e o conhecimento, para as teorias normativo-volitivas), e há os pressupostos de atribuição de tal componente, ou seja, os indicadores. Veja-se: PUPPE, Ingeborg. *Kleine Schule des juristischen Denkens,* 2014, p. 54

2198. PUPPE, Ingeborg. Begriffskonzeptionen des dolus eventualis. *GA* 2006, p. 69.

desvelar seu posicionamento perante a norma, sejam eles de ordem subjetiva ou objetiva[2199].

Diga-se, desde logo, que uma abertura para "o real posicionamento interno do agente", pode conduzir à consideração de práticas altamente irracionais de percepção e processamento de riscos a favor - ou contra[2200] - o agente concreto[2201], com evidentes problemas de fundamentação ao nível normativo (da *ratio* da responsabilidade qualificada do dolo)[2202], e do próprio conceito de pessoa que aqui vem sendo insistentemente defendido.

De toda sorte, Roxin, dentre vários outros, acentua que o indivíduo que vê, diante dos olhos, a possibilidade de lesão ao bem jurídico, e não confia em que o resultado não se dará, é mais reprovável do que aquele que, mesmo que por indiferença, sequer visualizou tal possibilidade[2203]. Analogamente, para Köhler, "*qualquer tentativa de objetivação do conceito de dolo há de ser rejeitada, sendo que o essencial, sempre, é a reflexão subjetiva do autor*"[2204].

Portanto, no catálogo aberto inserem-se fatores de ordem objetiva e sub-

---

2199. Assim: ROXIN, Claus. *FS-Rudolphi,* 2004, p. 257. De acordo: WESSELS, Johannes/ /BEULKE, Werner/SATZGER, Helmut. *AT,* 2015, §7, n.m.336, p. 100. FRISTER, Helmut. *AT,* §11, n.m.29, p. 148. Na jurisprudência alemã recente, veja-se: BGH NStZ 2014, 84; BGH 4 StR 399/17; BGH 1 StR 118/16, 12 (a ressaltar que em delitos praticados sob influência de álcool e emoção intensa, em que pese o conhecimento do risco, pode se dar de o agente confiar na boa saída, decaindo o elemento volitivo do dolo); BGH 4 387/15. Na jurisprudência portuguesa, a se referir à confiança na não-produção do resultado típico como critério para o reconhecimento da negligência consciente, em face do posicionamento do agente em face do bem jurídico, veja-se o precedente do STJ: STJ 1182/06, publ. 14/05/2009.

2200. A personalidade racista do agente foi considerada um indicador de que este não se importava com a vida da vítima, tomando em compra o resultado, para que o BGH reformasse decisão de instância inferior, e reconhecesse a possibilidade da tentativa de homicídio ao invés das lesões corporais: BGH 5 StR 435/14, 8, 10.

2201. A defesa desta perspectiva parte da consideração de que a função das características subjetivas do delito é a de esclarecer a situação de decisão, em que o autor do fato se encontra, e que aquele que não toma o perigo a sério, contorna um efetivo posicionamento acerca do resultado desvalorado. Assim, há mais tempo: STRATENWERTH, Günter. Dolus eventualis und bewusster Fahrlässigkeit, *ZStW* 71 (1959), p. 57. Criticamente: PAWLIK, Michael. *Das Unrecht des Bürgers,* 2012, p. 389, especialmente n.r. 778, a apontar que a perspectiva de acento emocional implicitamente pressupõe que o Direito há de conferir mérito à estratégias psicológicas de desvio ou inibição.

2202. Criticamente: PUPPE, Ingeborg. *AT,* 2011, §9, n.m.10, p. 117. A mesma: *AT,* 2016, §9, n.m.11, p. 122.

2203. *AT,* 2006, §12, n.m. 34, p. 451. Também: SCHROTH, Ulrich. Der bedingte Tötungsvorsatz im Spiegel der Rechtsprechung. In: *Strafverteidigung, Revision und die gesamten Strafrechtswissenschaften. Festschrift für Gunter Widmaier zum 70. Geburstag.* München: Carl Heymanns, 2008, p. 799.

2204. Urteilsanmerkung (BGH, 16.07.1980 - 2 StR 127/80), *JZ* 1981, p. 35. Contra: PAWLIK, Michael. *Das Unrecht des Bürgers,* 2012, p. 390. Acentua, o Autor, que não se pode, sem contradição, ao mesmo tempo respeitar alguém como sujeito racional e conceder-lhe a possibilidade de (auto) dispensar os padrões de racionalidade que ostentam reconhecimento geral. Isto é, a forma de existência livre, racionalmente enraizada, é a base, em todo caso, para a decisão sobre o tipo de ação, uma vez que o sujeito, em caso contrário, perderia o próprio *status* de racional.

jetiva/emocional, tais: a periculosidade objetiva da ação[2205]; a habituação do risco; a reciprocidade do perigo[2206]; a experiência prévia do agente em situações perigosas análogas; o controle do curso causal do evento, na visão do agente; a atuação da vontade de evitação; a reserva de proteção da vítima; a atuação em repentina explosão emocional[2207]; a proximidade emocional entre agente e vítima; a prática do ilícito em uma possível interação de grupo; o comportamento posterior ao fato dentre outros[2208]. Estes fatores funcionam como indicadores e contraindicadores, que devem ser sopesados em conjunto para a decisão sobre a presença do dolo[2209] [2210].

Particularmente interessante, aqui, afigura-se a recente tentativa de estabelecer valores específicos para os indicadores, a serem calculados com auxílio de um programa de computador: Lothar Phillips[2211] propôs, assim, uma construção que parte da lógica *Fuzzy*[2212], e que toma como metáfora a figura de uma árvore com seus vários ramos. Os ramos vão surgindo em direções opostas, ora apontando a favor, ora contra a presença de um dos diferentes elementos conceituais[2213]. Em um dos níveis, por exemplo, são cambiáveis critérios como a consciência do perigo; a proteção/cobertura do perigo; a situação emocional do sujeito. Em outro nível, se encontram fatores tais como a letalidade da arma empregada; a parte do corpo atingida pelo ataque; a preparação do agente; o controle, pelo agente ou pela vítima, do curso causal dentre outros. A fonte dos

---

2205. BGHR StGB §212 Abs.1 Vorsatz, bedingter 1,2,5,7; 5 StR 435/14.

2206. Sobre este contraindicador, que avalio como relevante, veja-se: MYLONOPOULOS,Christos. Vorsatz als Dispositionsbegriff. *In*: FREUND, Georg *et al.* (Hrsg.). *Grundlagen und Dogmatik des gesamtem Strafrechtssystems. Festschrift für Wolfgang Frisch zum 70. Geburstag*. Berlin: Duncker &Humblot, 2013, p. 354. O Autor oferece dois exemplos importantes: a)o do motorista que realiza a ultrapassagem proibida na curva não se decide pelo resultado, pois neste caso seria um suicida potencial; b) contudo, o motorista de um caminhão pesado, que transita em local proibido, ciente de que com uma colisão poderá causar danos ou a morte de um ocupante de um veículo pequeno, contudo sem que ele próprio esteja em risco, se encontra próximo do dolo eventual. Na jurisprudência recente: BGH 4 StR 399/17,12, no sentido de que se trata de indício de que o agente confiou seriamente na boa saída.

2207. BGH 3 StR 172/17; BGH 3 StR 233/07.

2208. Sobre isso: SAFFERLING, Christoph J.M. *Vorsatz und Schuld,* 2008, p. 185.

2209. PRITTWITZ, Cornellius. Nomeadamente no artigo Die Ansteckungsgefahr bei AIDS - Ein Beitrag zur objektiven und subjektiven Zurechnung von Risiken, *JA* (1989), 8-9, *passim*.

2210. Contra, a apontar que a amplitude da teoria, e da recolha dos indícios, a torna materialmente infundada e inaplicável na prática: HERZBERG, Rolf Dietrich. Das Wollen beim Vorsatzdelikt und dessen Unterscheidung von bewusst fahrlässigen Verhalten. Teil 1. *JZ* 13, (1988), p. 640.

2211. *FS-Roxin*, 2001, p. 365 e ss. O Autor esclarece, contudo, que não se trata de uma nova teoria, mas apenas de um novo método, e novo apenas em termos de explicitação, na medida em que na práxis se opera com ele de modo intuitivo. Op. cit. p. 369.

2212. A lógica *fuzzy* é utilizada para se alcançar decisões seguras em casos de aplicações de conceitos imprecisos, com fronteiras flexíveis, como se dá no âmbito de decisões econômicas e operações de crédito, por exemplo. Veja-se: PHILLIPS, Lothar. *FS-Roxin*, 2001, p. 366. Daí a possibilidade de aplicação ao dolo eventual, enquanto conceito indeterminado e tipológico.

2213. Veja-se: PHILLIPS, Lothar. *FS-Roxin*, 2001, p. 374.

fatores presentes na "árvore" é a doutrina e a jurisprudência, e não há quaisquer pretensões de completude[2214]. De toda sorte, vão se estabelecendo valores para os indicadores, que são lançados no programa computacional, para fins de um cálculo final. Contudo, caso o resultado seja considerado, pelo julgador, como normativamente inconsistente, o sistema é acionado com modificações nos valores de partida, até que se atinja o resultado considerado correto. A dúvida que surge, então, é algo óbvia: se a correção do resultado é, ao fim e ao cabo, decidida pelo operador, então não há, de partida, qualquer pretensão de exatidão. Mais que isso, questiona-se o próprio sentido de se contar com um complexo programa computacional de valoração, que não pode fornecer um resultado exato, e que pode ser manipulado segundo os critérios e sentimentos jurídicos do operador, até que se obtenha o resultado pretendido[2215]. Ou, ainda por outras: o que irá definir o julgamento, novamente, é a intuição do julgador, na consideração dos fatores globais, e concluindo-se pelo merecimento, ou não, da pena do dolo. Se o método conduz a uma complicação desnecessária para um resultado que, afinal, será intuitivo, só restaria deitá-lo fora pela "Navalha de Occam".

A título de primeira concretização do catálogo aberto, reporto-me, já agora, a dois casos semelhantes, julgados pelo BGH, e comentados por Roxin[2216], que permitem uma visualização geral do problema e dos critérios utilizados para solução.

Tratam-se de dois casos de homicídio de recém-nascido, nos quais o parto foi realizado pela própria gestante, sem qualquer assistência médica. No primeiro deles, a mãe, seguidamente ao parto, não tomou, durante os 10 ou 15 minutos posteriores, qualquer medida de cuidado para assegurar a vida do neonato, embora não estivesse incapacitada para fazê-lo, e aquele veio a óbito. No segundo, a mãe, consciente de que estaria incapacitada após aproximadamente 10 minutos do parto, fez tudo o quanto pôde para resguardar o recém-nascido, mas acabou por dormir e a criança faleceu. Além disso, neste último caso, a gestante ainda contava com a experiência anterior, de ter dado à luz com sucesso em condições semelhantes. O BGH acabou por reconhecer o dolo eventual no primeiro caso e apenas o homicídio negligente no segundo, pois considerou que neste último era possível admitir que a gestante "confiou na boa saída", em face de todos os fatores disponíveis, de ordem objetiva e emocional/subjetiva. Para Roxin, apenas a adoção da perspectiva volitivo-normativa permitiu ao BGH chegar a tais resultados, que para ele, de resto, foram mesmo materialmente justificados.

2214. Assim: PHILLIPS, Lothar. *FS-Roxin*, 2001, p. 369.

2215. Criticamente: PUPPE, Ingeborg. Begriffskonzeptionen des dolus eventualis. *GA* 2006, p. 69. Segundo a Autora, ao fim e ao cabo, tudo e decide segundo o sentimento jurídico do aplicador. O programa de computador só teria serventia caso partisse de dados valorativos determinados.

2216. *FS-Rudolphi*, 2004, p. 252.

Isso porque, do ponto de vista objetivo, da qualidade do perigo conhecido, as situações eram idênticas[2217], o que conduziria à afirmação do dolo em ambos, caso fosse este o único critério de decisão.

Note-se, porém, que a aplicação do catálogo aberto tem conduzido à decisões altamente contraditórias[2218]. É ver.

Em julgado recente[2219] o BGH reconheceu o dolo homicida em um caso em que uma mulher, frequentemente agredida física e moralmente pelo marido, e após ter sido agredida novamente, desferiu dois golpes com um martelo contra a cabeça do ofendido, provocando-lhe lesões corporais de natureza grave. De acordo com o BGH, a jurisprudência do Tribunal sempre foi no sentido de que, em casos de violência grave, verifica-se um forte indicador de que o agente conheceu a possibilidade do resultado e o tomou em compra. Observou, por outro lado, que o elevado instinto inibitório, nos casos de homicídio, e outros aspectos associados à personalidade do agente, permitem concluir que, mesmo presente o elemento intelectual, o último ainda possa confiar que o resultado não se verificará. Todavia, se, em face da elevada gravidade da violência empregada, apenas um acaso pode evitar a morte, considera-se que a confiança do agente, na não-produção do resultado, foi apenas vaga, mantendo-se intacto o dolo. Por considerar que o cenário do caso em questão foi o último, – em que a acusada "tinha à mão" o conhecimento de que a violência realizada poderia produzir a morte –, o BGH, sem maiores exigências aos "fatores subjetivos", confirmou a decisão do Tribunal Estadual e manteve a condenação pelo delito de tentativa de homicídio. Note-se bem: o que se põe em questão aqui não é o resultado do julgamento, mas sim sua compatibilidade com as exigências gerais feitas pelo próprio BGH, notadamente quanto à aplicação da teoria do "elevado obstáculo psíquico", e à consideração da motivação[2220] e personalidade da agente, bem assim seu arrependimento, tudo que, na hipótese – pelos critérios do BGH[2221] – haveria de conduzir à aceitação da alegação da acusada, de que "não se conformou" com a morte do marido.

2217. *FS-Rudolphi,* 2004, p. 253.

2218. Farei referência a julgados elencados por Ingeborg Puppe (*AT,* 2011, §9, n.m.10, pp. 115-116) que se encontram acessíveis na revista *NStZ,* no sítio eletrônico: https://beck online.beck.de/?vpath=bibdata%2fzeits%2fNSTZ%2fcont%2fNSTZ%2ehtm#A, acessado em 13.11.2017.

2219. BGH NStZ 2007, 150.

2220. Sobre a falta de interesse do agente em provocar a morte, como contraindicador do dolo, veja-se: BGH NStZ-RR 2005, 304. Em sentido oposto, a afirmar que a falta de motivo compreensível não é um contraindicador do dolo em caso de homicídio: BGH 3 StR 246/09; BGH 5 StR 344/05; 2 StR 230/17, 9. No último precedente, deu-se por estabelecido que os arguidos espancaram a vítima, que se encontrava embriagada, e desferiram inúmeros chutes contra sua cabeça, provocando-lhe lesões graves e assumindo o risco de provocar a morte. O julgamento do Tribunal inferior foi anulado, uma vez que se considerou haver elementos bastantes para se reconhecer o dolo eventual quanto ao homicídio, que deveriam ter sido considerados.

2221. Veja-se, dentre outros, o julgado: BGH NStZ, 2006, 169, em que o BGH reverteu uma

Apresentados os traços gerais da discussão, a análise mais detalhada de outros julgados permitirá avaliar sobre a correção normativa de adoção do catálogo aberto, que é, desde logo, posta aqui em questão. Antes, cumpre ainda uma análise mais detida do "catálogo fechado" e de seus indicadores.

2. O catálogo fechado de indicadores

O catálogo fechado é tradicionalmente construído sob as seguintes premissas: a) no plano conceitual, em termos de elementos psicológicos do dolo, deve ser considerado apenas e tão somente o conhecimento, por parte do agente, de um determinado tipo de perigo proibido (ou, por outras: conhecimento normal de um objeto especial); b) o perigo deve possuir determinada qualidade/entidade, ser de um determinado tipo, e é ele o indicador externo de relevo para a decisão sobre o dolo; c)fatores emocionais e subjetivos, especialmente o processamento irracional do risco conhecido, são todos irrelevantes para a decisão acerca do dolo.

O que se ressalta, em um primeiro plano, é que a avaliação do risco (conhecido) não pode ser objeto, em um sentido psicologista, do julgamento do agente, mas sim de um parâmetro exclusivamente normativo. Caso contrário, retomando-se os critérios psicológicos das teorias clássicas da representação, não se poderá superar, sequer, a própria censura imposta por seus defensores às teorias volitivas: a de que não se deve tomar o ponto de vista do agente, mas sim o da ordem jurídica[2222].

Do que se trata, para a proposta "normativo-cognitiva", na sua versão majoritária, não é de se presumir que o agente teve um conhecimento do risco, que ele não teve, mas sim de não lhe outorgar a competência para julgar a relevância da ação e do conhecimento do risco produzido, que ele teve[2223].

condenação por tentativa de homicídio por considerar que o Tribunal Estadual deixou de considerar, devidamente, todas as circunstâncias do caso, especialmente o estado de alcoolemia do acusado, e os estímulos resultantes da situação de contenda em que o acusado e as vítimas estavam envolvidos. Também: BGH 1 StR 128/16. E no sentido oposto: BGH NStZ 2006, 444. Neste último precedente, conhecido como "caso Carolina", o BGH acentuou que as constantes agressões contra a vítima e sua completa desconsideração, são fatores que afastam a aplicação da teoria do elevado instinto inibitório, devendo ser reconhecido o dolo homicida.

2222. Sobre isso, com apoio em Bekker e Grossmann, veja-se: PAWLIK, Michael. *Das Unrecht des Bürgers,* 2012, p. 391.

2223. Neste sentido: PUPPE, Ingeborg. *NK,* 2013, §15, n.r. 55, p. 665. Também: HERZBERG, Rolf Dietrich. Das Wollen beim Vorsatzdelikt und dessen Unterscheidung von bewusst fahrlässigen Verhalten. Teil 2. *JZ* 13, (1988), pp. 638-639. De acordo: PAWLIK, Michael. *Der Unrecht des Bürgers,* 2012, p. 392. A divergência entre Pawlik e Puppe, contudo, se situa nas fronteiras dos casos de leviandade grosseira e cegueira perante os fatos, os quais, como jpa destaquei, para a última, representam hipóteses de negligência por falta de conhecimento efetivo; para Pawlik isso implica em honrar o leviano e sem consideração, não devendo ser excluída a censura do dolo.

Há, em síntese, uma exigência qualitativa e quantitativamente mais elevada para o perigo doloso em relação ao perigo culposo, não bastando, para o primeiro, a simples transgressão consciente do risco permitido.

Questiona-se, então: no plano do dolo, o que se dá não é tão somente uma diferença quantitativa do perigo?[2224] Nesta hipótese, como compatibilizar o critério do perigo doloso com a realização propositada do resultado, em situações de baixa probabilidade?

É preciso assumir que, de fato, muitas dificuldades se apresentam, e derivam, inclusive, dos múltiplos critérios oferecidos pelos defensores das teorias cognitivas, que partem para uma delimitação já no campo do tipo objetivo.

Assim se, para uns, há que se considerar como um perigo doloso aquele que consiste em uma "*estratégia idônea para a produção do resultado*" (Puppe), para outros o perigo proibido deve ser predicável como "desprotegido e não distante"[2225] (Herzberg). Essas distinções revelariam, para os críticos, que a definição do perigo doloso comporta múltipas interpretações, não consubstanciando um critério suficiente, nem tampouco seguro, para a delimitação entre o dolo e a negligência[2226].

Quanto à censura de falta de exatidão, como já afirmou Puppe com alguma razão, "*quem possui telhado de vidro não deve lançar pedras*"[2227]. As teorias normativo-volitivas, com o seu catálogo aberto de indicadores, não são aptas, especialmente, a censurar de imprecisão as teorias adversárias. Uma réstia de indefinição, mormente nos casos limítrofes, é algo absolutamente inevitável, notadamente porque o conceito jurídico deve contar com algum nível de plasticidade para ser operacionalizado, não sendo razão para se descartar uma proposta conceitual exclusivamente pela alegação de imprecisão[2228].

Em termos de justificação normativa, a escolha do catálogo fechado diz para com a exigência de um Direito Penal da culpa pelo fato, que há de esclarecer, de modo claro e exclusivo, quais as facticidades devem ser consideradas para a fundamentação da censura dolosa, e também o porquê de o serem[2229]. Permitir, seja para o benefício ou prejuízo do agente, a valoração de dados aleatórios, como seu posicionamento emocional, sua relação com a vítima, seu comporta-

---

2224. ROXIN, Claus. *FS-Rudolphi, 2004,* p. 253.

2225. HERZBERG, Rolph Dietrich. Das Wollen beim Vorsatzdelikt und dessen Unterscheidung von bewusst fahrlässigen Verhalten. Teil 1. *JZ* 43 (1988), p. 575.

2226. Assim: ROXIN, Claus. *FS-Rudolphi, 2004,* p. 253.

2227. Veja-se: PUPPE, Ingeborg. *Kleine Schule des juristischen Denkens,* 2014, pp. 265-266.

2228. Corretamente: PUPPE, Ingeborg. Begriffskonzeptionen des dolus eventualis, *GA* 2006, p. 74.

2229. Assim: PUPPE, Ingeborg. Begriffskonzeptionen des dolus eventualis, *GA* 2006, p. 78. A mesma: *Strafrechtsdogmatische Analysen.* Bonn: Bonn University Press, 2006, p. 256.

mento pré ou pós-fato, seus mecanismos irracionais de processamento do risco conhecido, conduz a um inaceitável descontrole e manipulabilidade da decisão, muitas vezes por razões (sempre questionáveis) de política criminal.

Cumpre, agora, um maior detalhamento dos indicadores objetivos que tem sido apontados pelos defensores do catálogo fechado, para um subsequente posicionamento sobre sua suficiência ou sobre a necessidade de adoção de outros critérios de correção.

2.1. A intensificação do risco proibido como pressuposto objetivo da imputação ao dolo

O comportamento falho, isto é, a transgressão do risco juridicamente tolerado e sua conexão com o resultado, é uma condição mínima, exigida pela imputação objetiva, tanto para a culpa quanto para o dolo. O que fica em causa é a medida desta transgressão[2230]. Caso se pretenda partir de uma distinção, já ao plano do tipo objetivo, faz-se necessário apresentar critérios claros de definição do perigo doloso.

A teoria da probabilidade, já se anotou, falhou ao tentar resolver este problema de delimitação com um critério puramente quantitativo. Não conseguiu, esta teoria, resolver satisfatoriamente, por exemplo, o caso da roleta russa, em que a chance de ocorrência de um resultado ilícito é objetivamente baixa (01 para 05), embora a qualidade do risco criado seja inquestionavelmente grave[2231]. A tendência de afirmação do dolo em tal situação, ainda que o sujeito tenha confiado em sua boa sorte e tomado o risco levianamente, é clara e só pode partir, portanto, de uma diferença *qualitativa* entre as tipologias de riscos proibidos, que para alguns tem mesmo natureza fenomenológica.

Outro problema sempre apontado no que se refere ao critério quantitativo de atribuição consiste no tiro à longa distância por atirador imperito (caso Thyrén)[2232], com baixíssima possibilidade de êxito. A circunstância de a vítima ter sido alvejada e morta, em uma realização intencional, parece inviabilizar, em termos de valoração social, a negativa do dolo, independentemente de que, em um prisma estritamente objetivo e quantitativo, o risco criado houvesse, *ex ante*, sido avaliado como baixo.

2230. A doutrina dominante considera que a geração de um risco proibido é sempre suficiente tanto para o dolo como para a negligência. Assim, por exemplo: FRISCH, Wolfgang. *Vorsatz und Risiko,* 1983, p. 138. ROXIN, Claus. *FS-Rudolphi,* 2004, p. 248. FRISTER, Helmut. *AT,* 2015, §11, n.m.27, p. 148.

2231. Assim: HERZBERG, Rolf Dietrich. Die Abgrenzung von Vorsatz und bewusster Fahrlässigkeit - ein Problem des objektiven Tatbestandes, *JuS* 26 (1986), p. 253.

2232. THYRÉN, J.C.W. *Abhandlungen aus dem Strafrechte und der Rechtsphilosophie, 1894,* p. 139.

Daí que o fator quantitativo do risco (sua intensidade objetiva), embora de grande relevo, deva ser complementado ou corrigido com considerações qualitativas, dentre as quais a proteção/desproteção do perigo e o seu significado social, segundo parâmetros objetivos de racionalidade, e também axiológicos.

2.1.2. Dos critérios fenomenológicos de classificação do risco: proposta de associação entre o "perigo desprotegido" e o "perigo doloso"

Uma das tentativas de solucionar o problema da delimitação entre o dolo e a culpa a partir do tipo objetivo, e com apoio na fenomenologia do risco foi a desenvolvida, especialmente, por Rolf Dietrich Herzberg, através da cisão entre os casos padrão de perigo proibido protegido ou coberto, e de perigo proibido desprotegido ou descoberto. A proposta já foi objeto de análise geral na Parte II desta investigação, para onde se remete, e será retomada agora com acento mais específico nos conceitos de perigo protegido e desprotegido[2233].

Há múltiplas situações da vida cotidiana em que o agente despoleta um risco proibido, mas consciente de que a própria atenção, bem ainda a atenção e cuidado da vítima, integram uma "reserva de proteção", e podem inibir a entrada do resultado ilícito. A situação de risco objetiva e a visão subjetiva do risco coincidem, de certo modo, inclusive ao plano do significado social do comportamento.

Assim, no caso corriqueiro, e muitas vezes apreciado pelos Tribunais, do fugitivo que desrespeita a ordem de parada do polícia e segue com o automóvel em direção deste, o resultado ilícito pode ser evitado tanto pelo próprio ofendido - que pode saltar no último instante - como pelo motorista - que ainda conta com a possibilidade de um desvio arriscado. Verifica-se, em alguma medida, um caso de domínio, cobertura, ou proteção do risco, que embora se qualifique como juridicamente proibido, poderá quedar fora dos limites do dolo[2234].

Em tais hipóteses, de perigo protegido, a confiança do agente não se afigura irracional, antes encontrando algum apoio na experiência da vida cotidiana, no sentido de que a própria atenção, ou a atenção do terceiro, são a princípio suficientes para inibir o resultado. A confiança no bom desenlace, em outras palavras, é plenamente associável com uma análise racional do risco. Não se trata de autorizar o sujeito a, com base em um posicionamento emocional muitas vezes irracional de tomada de riscos, abrir o próprio caminho para escapar da censura do dolo, mas sim de se classificar, já agora com base em um critério de

2233. Na literatura brasileira, explicativo: VIANA, Eduardo. *Dolo como compromisso cognitivo,* 2017, p. 231 e ss.

2234. Neste sentido: HERZBERG, Rolf Dietrich. Die Abgrenzung von Vorsatz und bewusstes Fahrlässigkeit - ein Problem des objektiven Tatbestandes, *JuS* 26 (1986), p. 254.

base fenomenológica (pré-jurídico), o tipo de perigo criado, ou seja, um perigo de dolo (desprotegido) ou um perigo de negligência (coberto ou protegido).

No conhecido exemplo de Herzberg, do ajudante que é enviado a um andaime pelo mestre de obras, sem a devida proteção, o que se dá é que se o primeiro sobe e desce ileso não se afirmará que teve sorte, tal qual o ganhador da loteria. Ao contrário, o que se diz é que, caso ocorra uma queda, configurou-se um caso típico de azar[2235]. E o azar, ao menos na linguagem cotidiana, se identifica com a negligência. Ainda que o perigo gerado seja proibido - diz a norma: "não envie o funcionário ao aindame sem proteção" - a confiança do superior não configura uma leviandade grosseira, nem se faz destituída de qualquer fundamento racional, no sentido de que o funcionário, com sua especial atenção, poderá evitar a própria queda.

Como se viu alhures, o caso prototípico de perigo desprotegido é o da roleta russa: a partir do momento em que o agente aciona o gatilho, nada mais há que fazer; não há qualquer reserva de proteção, em termos de uma atenção especial do autor ou da vítima, que possa inibir o resultado, caso a bala esteja na câmara; tudo corre à conta do acaso, em um território de risco proibido. A qualidade do perigo criado, em face da completa incontrolabilidade da situação, não pode ser modificada por um posicionamento emocional do agente, que em uma visão supersticiosa ou injustificadamente otimista da situação de risco, confia na não ocorrência do resultado. Se a bala é expelida do cano a vítima morre, o que se tem a reconhecer é um homicídio doloso; se a bala não é expelida, o que se tem como configurada é a tentativa de homicídio. O resultado naturalístico, portanto, neste modo de ver as coisas, não altera a resposta em termos da presença do dolo.

Também como já se viu, o critério do perigo desprotegido, contudo, é submetido pelo próprio Herzberg a um corretor, nas situações em que o resultado se afigura distante e improvável. Assim, o exemplo de escola, da lavra do *Reichsgericht* (*RGSt* 21, 420), do sujeito que, tarde da noite, lança pela janela um objeto pesado em um local ermo, confiando que nada se passará, seria passível tão somente da censura por delito negligente, no caso de entrada do resultado. Mas isso não porque o próprio sujeito confiou na ausência do resultado, e sim porque, em um juízo racional objetivo, este parece, *ex ante*[2236], tão distante e improvável que equivale a um infortúnio, o que justifica o tratamento análogo ao dos casos-padrão de perigo protegido. E isso mesmo na hipótese de o sujeito ter

2235. HERZBERG, Rolf Dietrich. Die Abgrenzung von Vorsatz und bewusster Fahrlässigkeit - ein Problem des objektiven Tatbestandes, *JuS* 26 (1986), p. 254.

2236. Acerca da necessidade de que o juízo de prognose sobre o risco concreto seja *ex ante*: FRISCH, Wolfgang. *Vorsatz und Risiko,* 1983, pp. 127-128.

descartado o objeto acreditando seriamente que poderia atingir alguém, ou mesmo na má intenção de que alguém a passar casualmente fosse mortalmente atingido; este posicionamento emocional, que corresponde a um julgamento irracional, do agente não transmuda a qualidade do perigo, nem tampouco é suficiente, bem por isso, para fundamentar ou excluir a responsabilidade dolosa[2237].

Por sua vez, o critério do "perigo doloso" é, como já se viu, defendido especialmente por Ingeborg Puppe. Cuida-se de aferir se o comportamento do agente é a expressão de que a lesão do terceiro *deve* ou *pode ser* (*"sein soll"* ou *"sein darf")* tomando-se por pressuposto que um sujeito racional, naquele lugar (com o conheimento do risco), só teria atuado caso aprovasse o resultado[2238]. Daí que o perigo seja doloso no caso de representar uma *"estratégia idônea de produção do resultado"*[2239]. Isso pressupõe que a aplicação do aludido método represente uma chance relativamente alta de se alcançar o resultado.

No âmbito de uma análise objetiva, não se vê qualquer óbice em se aplicar, de modo articulado, os critérios do perigo desprotegido e do perigo doloso para a identificação do dolo, ao plano de um catálogo fechado ou objetivo. E a eles ainda devem ser somados outros dados/fatores, conquanto que de natureza objetiva e valorativa, como critérios de apoio ou correção. Disso trato agora, e ressalto que este aspecto distingue a posição aqui defendida daquelas de Puppe e Herzberg, ainda que em pequena medida.

2.1.3. Outros fatores objetivos de relevo e critérios de correção

A análise exclusiva da dimensão do risco, seja em termos quantitativos seja qualitativos, também pode conduzir a dificuldades e inconsequencias. Um dos principais problemas configura a realização intencional do resultado, com probabilidade baixa, que poderia quedar fora da área do dolo, em uma solução normativamente inaceitável, ou difícil de aceitar.

Uma alternativa para a solução do impasse consiste em se tomar como critério, para o julgamento acerca da aptidão do perigo, a própria valoração social do comportamento, em um aspecto comunicativo, que se distancia, nessa situação, do campo empírico. É isto o que propõe Ramón Raguès i Vallés[2240], para quem o dolo deve ser afirmado nesta hipótese, em conexão com a valoração/significado social do comportamento.

2237. Assim: HERZBERG, Rolf Dietrich. Die Abgrenzung von Vorsatz und bewusster Fahrlässigkeit - ein Problem des objektiven Tatbestandes, *JuS* 26 (1986), p. 256.

2238. PUPPE, Ingeborg. *NK,* 2013, §15, n.m.68. Também: BUNG, Jochen. *Wissen und Wollen im Strafrecht,* 2009, p. 267.

2239. PUPPE, Ingeborg. *NK,* 2013, §15, n.m.69, p. 670.

2240. *El dolo y su prueba en el proceso penal,* 1999, p. 476.

A bem da verdade, embora Puppe seja refratária desta interpretação[2241], não parece forçosa a conclusão de que efetuar um disparo, intencionalmente, fazendo mira contra outrem, a longa distância, não se afigure uma "estratégia idônea de realização do resultado", a tipificar um "perigo doloso". Se o critério, aqui, é *racionalístico*, e não apenas *probabilístico*, não se vê o porquê de rejeitar o dolo nesta situação, que não se amolda a uma simples realização de um risco negligente (e descontrolado).

No sentido acima exposto, seja da valoração social, seja com uma correção qualitativa da teoria da probabilidade (com os critérios do "perigo desprotegido" e/ou do "perigo doloso"), também podem se resolver os casos em que a criação de um risco grave, embora de baixa probabilidade, seja o próprio *sentido da realização da ação*. Assim, o caso da "roleta russa", embora não configure um risco de mais de 20% (consideradas uma bala, em um tambor de cinco), é de se solucionar como um homicídio doloso consumado, uma vez que a realização do jogo, - que cria um risco grave e, ainda assim, pouco provável de produção do resultado -, é o próprio sentido da ação, não possuindo, os participantes, qualquer possibilidade de contingenciamento do risco, uma vez acionado o gatilho (perigo desprotegido).

A definição do comportamento típico, em termos do risco, também deve levar em conta uma ponderação axiológica de interesses, ou seja, a possível relevância social da ação (ainda que ao plano do risco proibido) e a proteção do bem jurídico[2242], com precedência ao interesse do ofendido (em casos, especialmente, de erro de tipo permissivo, como já analisado supra). Isto influirá na própria definição do comportamento penalmente proibido. Os exemplos, aqui, eu os tomo a Frisch: uma coisa é o risco inerente à atividade judicial, no que se refere à prolação de uma sentença pelo juiz, com alguma margem de dúvida; outra, e com maiores exigências, é o risco de que a vítima esteja de acordo ou não com a relação sexual, no que se refere a um possível estupro; ou de que a mercadoria extremamente barata e sem nota seja produto de crime, em uma transação comercial realizada na via pública. O juiz, pela relevância e necessidade social da execução da atividade jurisdicional, se vê "coagido" a julgar, sendo de maior amplitude, assim, o risco tolerado no que toca à uma possível decisão equivocada (representada pelo julgador como possível); já o parceiro sexual conta com uma margem menor de ação, cumprindo-lhe, na dúvida, se abster de atuar, já que a tolerância ao risco, por razões sociais, é muito menor[2243].

2241. *NK*, 2013, § 15, n.m. 78-79, pp. 672-673.

2242. Que a qualidade do bem jurídico interfere, inclusive, na problemática do equacionamento do risco é algo já afirmado pelo STJ. Veja-se: STJ 3554/02.

2243. Veja-se: *Vorsatz und Risiko*, 1983, p. 360.

Por fim, como já se assinalou algures, a atuação efetiva de uma vontade de evitação consiste em um fator objetivo de relevo, que indicia – ainda que não fundamente, de modo isolado – o afastamento do dolo, a desvelar que, em uma interpretação racional-objetiva, o agente não se conformou com o resultado.

É a consideração global destes fatores, todos eles de ordem objetiva (qualidade do perigo) e axiológica (qualidade do bem jurídico associada à relevância social do comportamento, bem assim à valoração social do comportamento em termos de fundamentos da ação), quem poderá, no caso concreto, conduzir a uma decisão justificada, e com menor risco de manipulação, acerca do dolo. Por fim, observe-se que o "fechamento" do catálogo não possui o sentido de uma indicação taxativa dos indicadores, mas sim o de apontar para a natureza ou qualidade exclusivamente objetiva daqueles, em oposição ao denominado "catálogo aberto" (que congrega indicadores subjetivos, associados a posionamentos emocinais do agente em face do risco).

3. Análise de julgados recentes à luz dos catálogos de indicadores

Cumprirá agora considerar julgados em que, ou bem se consideraram todos os fatores para a decisão (catálogo aberto) ou que ainda, que não declaradamente, a decisão acabou por se fundamentar de modo quase que exclusivo no conhecimento do perigo (catálogo fechado), no sentido de se avaliar sobre se os resultados foram normativamente justificados segundo a perspectiva aqui defendida. Os casos comentados, sem prejuízo de outros referenciados nas notas de rodapé com a mesma tendência, podem ser considerados como "exemplos-padrão", para fins de se permitir a concretização da posição sustentada nesta investigação. Esclareça-se, em termos metodológicos, que a maior parte dos julgados foi buscada na jurisprudência do BGH, em razão do tratamento particularizado do tema, notadamente do "catálogo aberto", por aquele tribunal, e também pela qualidade da fundamentação.

3.1. O caso do golpe de caratê (*Karateschlagfall*, BGH NStZ 1988, 175)

As circunstâncias do "caso do golpe de caratê" (*Karateschlagfall*) foram as seguintes: o acusado estava a cuidar de três crianças, duas delas sendo seus próprios filhos e a outra o filho de sua namorada, de nome *Sven*. Irritado com os gritos de *Sven*, o acusado, um lutador de caratê com formação, desferiu uma violenta pancada na cabeça da vítima, com o canto da mão. Ato seguido, o argüido alimentou o ofendido com uma banana e lhe deu um banho; uma vez que a vítima voltou a gritar, o acusado desferiu-lhe outro violento golpe de caratê contra a cabeça, causando, com isso, sua morte. O Tribunal Estadual condenou o acusado por homicídio doloso, mas o BGH anulou a condenação, reconhecendo que houve erro na valoração da prova, notadamente quanto aos dados subjetivos (associados ao caráter do agente)[2244].

O BGH considerou que o Tribunal, na avaliação da prova, apenas tomou como fundamento que o acusado conhecia a periculosidade do golpe de caratê, com o canto da mão, desferido contra a cabeça da vítima[2245]. Contudo, para o BGH, o Tribunal deixou de considerar a elevada inibição que se dá face ao resultado morte (teoria da *Hemmschwelle*, aqui já referida e criticada[2246]), nem tampouco a personalidade do acusado e outras particularidades do caso concreto. Para o BGH, o Tribunal deixou de considerar, especialmente: o posicionamento do acusado e sua relação afetiva com as crianças; o fato de jamais ter atuado com violência semelhante; a circunstância de o acusado ter alimentado a vítima com uma banana, entre os atos de violência, bem ainda de ter dado um banho na criança; as tentativas desesperadas de ressuscitação, e outros aspectos relevantes para a aferição do dolo[2247].

O que resta evidenciado, neste julgamento, é que o BGH concedeu prioridade ao caráter do agente e a sua consciência, bem como ao seu posicionamento emocional face ao resultado, em detrimento da forma da ação e do perigo vinculado à ela - conhecido pelo agente (!) - no que toca ao resultado ilícito[2248].

Em defesa da decisão, Roxin considera que a valoração de todas as circunstâncias disponíveis revela que o resultado a que chegou o BGH foi justificado, uma vez que demonstra que o arguido não pensou seriamente que a vítima poderia ser morta com o golpe, nem tampouco se decidiu, eventualmente, por sua morte[2249]. Isso, especialmente, porque o acusado não teria qualquer motivo

---

2244. BGH NStZ, 1988, 175. Veja-se uma breve síntese do julgado em: PUPPE, Ingeborg. Begriffskonzeptionen des dolus eventualis. *GA* 2006, p. 76. Também sobre o julgado, confira-se: SCHUMANN, Zur Wiederbelebung des "voluntativen" Vorsatzelements durch den BGH, *JZ* 1989, p. 427-434.

2245. Veja-se: SCHUMANN, Zur Wiederbelebung des "voluntativen" Vorsatzelements durch den BGH, *JZ* 1989, pp. 428-429.

2246. A inadequação da teoria do elevado instinto inibitório deriva, para além do seus psicologismo, de que vem sendo aplicada com inegável base político-criminal. Assim, por exemplo, o BGH não a faz incidir em casos de violência motivada por xenofobia, uma vez que tais situações tem "motivações desumanas". Sobre isso: PUPPE, Ingeborg. Begriffskonzeptionen des dolus eventualis, *GA* 2006, p. 77. Não se questiona que a motivação desumana esteja mesmo caracterizada, mas se o que está em causa é o tal instinto inibitório, não se faz consequente aplicar a teoria em determinados casos e afastá-la, *a priori*, em outros. E isso ainda que o resultado seja normativamente consequente. O problema está no critério, não no resultado, insita-se.

2247. ROXIN, Claus. *FS-Rudolphi,* 2004, p. 246.

2248. Reconheça-se que, em um outro julgado recente- BGH NStZ 2014, 35, o BGH afastou o dolo homicida em um caso no qual os acusados, seguranças de uma casa noturna, espancaram o ofendido, com socos no corpo e pontapés, provocando seu óbito em razão de uma laceração do fígado. Os fundamentos utilizados na decisão, para o afastamento do dolo, foram semelhantes. Veja-se, criticamente: Veja-se: PUPPE, Ingeborg. *AT,* 2016, §9, n.m.33-36, pp. 131-132.

2249. *FS-Rudolphi,* 2004, p. 246. Para o Autor, isso se deve a que entre dolo e culpa não se

compreensível para possuir, na estrutura de sua personalidade, uma motivação homicida.

Mas com tudo isso se perdeu o essencial: o que representou o acusado ao desferir um golpe de caratê contra a cabeça da criança, que poderia ser mortal mesmo se aplicado contra um homem adulto? O que está em causa é responder se um afeto intenso - no caso a ira despertada no agente, em face dos persistentes gritos da criança - obliterou sua visão das coisas e afastou sua consciência acerca da periculosidade do golpe, o que poderia, em tese, excluir o dolo[2250]. Curto: é o conhecimento do perigo elevado, (mas não, insista-se, sua avaliação pelo próprio agente), que se faz decisivo para a atribuição do dolo, e não o caráter ou a personalidade do arguido, nem tampouco outras circunstâncias acompanhantes reveladoras de um posicionamento emocional perante o resultado.

A reconstrução do caráter do acusado, se é que tem algum sentido neste plano (do ilícito), é, além do mais, controvertida. Como sugere Puppe, caso se "desvie o olhar da banana" e da desajeitada tentativa de ressuscitação[2251], e se observe a violência com que o acusado atuou por duas vezes, bem ainda sua absoluta falta de paciência com os gritos da criança, o que se pode concluir é que aquele possui um caráter agressivo e totalmente inapto para cuidar de crianças. Mas o que importa é aferir, qualitativamente, se o método empregado pelo agente - desferir golpes de caratê contra a cabeça de uma criança - revela-se como um método adequado para matar, segundo um padrão objetivo-geral, e que o próprio agente teria utilizado caso a morte fosse seu objetivo. E, para Puppe, a resposta é afirmativa[2252]. A crítica da Autora é, ao meu juízo, justificada e merece acolhida. O erro de julgamento, portanto, debita-se ao BGH, e não ao Tribunal de origem, que reconheceu o homicídio doloso.

3.2. O caso da Aids (*Aids-Fall* - BGH 36, 1)

O denominado "caso-Aids" contou com as seguintes circunstâncias factuais[2253]: o acusado, HIV-positivo, foi esclarecido pelo médico acerca de sua condição de saúde, e advertido de que só deveria manter relações sexuais com proteção de preservativo. O imputado informou-se, através de livros, que a pro-

verifica apenas uma distinção de tipo de injusto, mas também de culpabilidade. Op. cit. p. 249. No mesmo sentido do posicionamento de Roxin, a referir-se a uma "valoração global dos indicadores" - e não de um deles apenas -, bem como a defender o julgamento do BGH neste caso específico: HASSEMER, Winfried. *GS-Kaufmann,* 1989, p. 307-308. Note-se, contudo, que Roxin, posteriormente, altera sua posição, e afirma a ocorrência do dolo eventual. *AT,* 2006, §12, n.m.80, p. 474.

2250. Assim: PUPPE, Ingeborg. *AT,* 2011, §9, n.m.25, p. 122.

2251. AT, 2011, §9, n.m.24, pp. 121-122.

2252. Assim: Begriffskonzeptionen des dolus eventualis. *GA* 2006, p. 74.

2253. Confira-se: BGH 36,1, disponível em: *NJW* 1989, p. 781. Comentários sobre o julgado em: MAURER, Ruth. *Das volunative Element des Vorsatzes als Beweisthema vor Gericht,* 2007, p. 170 e ss. Também: PUPPE, Ingeborg. *AT,* 2011, §9, n.m.15 e ss., pp. 118-120.

babilidade de contágio, em uma relação sexual não violenta, variaria entre 0,1 a 1%. Então, o acusado manteve, por duas vezes, relação sexual com parceiro do mesmo sexo, com prática de sexo anal, e não esclareceu o parceiro acerca de sua condição; no curso da relação, o acusado utilizou, antes da ejaculação, um preservativo. O contágio do parceiro não chegou a ser determinado. O Tribunal Estadual de Nürnberg condenou o imputado pelo delito de tentativa de lesões corporais graves, absolvendo-o da acusação de tentativa de homicídio, o que restou confirmado pelo BGH[2254].

O BGH considerou que, embora não se possa derivar o dolo do simples conhecimento do agente acerca do risco de infecção, a "consideração global das circunstâncias" do caso permite a conclusão acerca da aprovação no sentido jurídico; mas esta conclusão se restringe, na visão do BGH, apenas ao delito de lesões corporais graves[2255], na medida em que, quanto ao resultado morte, não apenas a incidência da teoria do elevado obstáculo psíquico (*Hemmschwelle*), como também a esperança na cura da doença, não levam a afirmar que o imputado tenha aprovado o resultado morte[2256].

O que importa é acentuar, neste ponto, que o Tribunal Estadual e o BGH empregaram o "catálogo aberto" de indicadores para a afirmação do dolo de lesões e também para a exclusão do dolo homicida, levando-se em consideração não somente o conhecimento do risco e sua qualidade, como também fatores de variada ordem (personalidade do agente, relação com a vítima, esperança na cura etc).

Dentre os fundamentos para a afirmação do dolo de lesões, o BGH considerou: a não utilização de preservativo, desatendendo recomendação médica enfática; a ausência de qualquer "desculpa" válida para o comportamento arriscado[2257]; o conhecimento do agente, (face à informação prestada pelo médico), acerca do risco de contaminação, que foi "tomado em compra". Analisemos, pois, cada um deles.

Primeiramente, quanto à não utilização do preservativo, este é o fator que torna a conduta, em si, penalmente relevante, uma vez que a relação sexual,

---

2254. PUPPE, Ingeborg. *NK,* 2013, §15, n.m.36, p. 659.

2255. Também no sentido do reconhecimento do delito de lesões graves, em casos de contaminação com o HIV, veja-se a jurisprudência mais recente do BGH: 3 StR 248/07, 6.

2256. De acordo com a decisão do BGH, veja-se, dentre outros: WESSELS, Johannes. BEULKE, Werner. SATZGER, Helmut. *AT,* 2015, §7, n.m.335, p. 100. Criticamente: PUPPE, Ingeborg. *AT,* 2011, §9, n.m.16-17, p. 119. A Autora aponta que há uma contradição na decisão com a teoria do dolo direto de segundo grau, uma vez que a correta representação do agente acerca da ocorrencia da lesão corporal também deriva a representação segura acerca do subsequente resultado morte, independentemente da existência de intenção (quanto ao objetivo do agente) ou de dolo eventual. Isso obrigaria, por coerência aos fundamentos da decisão, a afirmar a tentativa de homicídio.

2257. BGHSt, 36, p. 14.

per se, é permitida; então, este não é um fator de análise concernente ao dolo, mas sim um pressuposto mínimo da própria imputação objetiva, em termos de definição do risco proibido. Não se trata, pois, de fator de relevo para a indicação do dolo.

Quanto à ausência de "desculpa" para o comportamento, como é óbvio, não se trata de questão para o dolo e sim para a culpa, até mesmo porque, houvesse um fator de desculpa, o dolo não seria *eo ipso*, afastado[2258]. O que se poderia considerar, aqui, desde que em termos axiológicos, é que sequer havia um relevante interesse social para a realização da conduta, circunstância que reduz a margem de ação e torna mais rigorosa a análise do risco proibido criado, como já apontado supra (item 2.1.3); não haveria, neste aspecto, um contraindicador do dolo, a ampliar a margem do risco.

No que concerne ao conhecimento do risco e à sua qualidade objetiva, o que se tem é que a probabilidade de contaminação em uma relação sexual heterossexual se afigura mesmo muito baixa, não representando, assim, um método racionalmente adequado de produzir o resultado (seja de lesões corporais ou morte) e embora qualifique um perigo desprotegido, este é de se considerar como sendo distante. Isso já seria o bastante, – caso se parta de uma compreensão objetiva –, para o afastamento dolo, seja de lesões, seja de homicídio. Se a situação desafia a tipificação de um crime de perigo abstrato específico, direcionado à proteção da saúde pública, já é um outro problema, que não discutirei aqui porque exorbitaria o objeto do trabalho.

Note-se que, para se rechaçar o dolo de homicídio, o BGH reportou-se, especialmente, à teoria do elevado obstáculo psíquico, como também à crença ou esperança na ausência de contágio do parceiro[2259]. Mas isso se revela intrinsecamente contraditório: aceita-se que o sujeito não levou a sério o risco de morte, resultado este que, havendo a contaminação, é altamente provável; ao mesmo tempo, rejeita-se a possibilidade de que o agente não tenha levado a sério o risco de contágio (confiado na boa saída), que é, empiricamente, baixíssimo[2260].

O que parece questionável, portanto, não é o afastamento do delito de tentativa de homicídio, mas sim a condenação pelo delito de tentativa de lesões corporais graves.

Nesse rumo, Puppe assinala que a inconsequência do julgamento não se restringe à inocorrência do perigo doloso, mas também alcança as próprias bases

---

2258. Corretamente: MAURER, Ruth. *Das volunative Element des Vorsatzes als Beweisthema vor Gericht,* 2007, p. 172.

2259. BGHSt, 36, p. 15.

2260. No sentido de que, mesmo para a teoria do "levar a sério", o dolo haveria de ser afastado por tal fundamento: HILLENKAMP, Thomas. CORNELIUS, Kai. *32 Probleme aus dem Strafrecht Allgemeiner Teil,* 2017, p. 13.

das teorias emocionais-volitivas: para os adeptos destas perspectivas, sempre se aceitou que a "confiança séria" na não-ocorrência do resultado deveria excluir o dolo[2261]. Então, a questão a se colocar é: como se pode negar que o agente, diante de uma baixíssima probabilidade de contágio, não possa ter confiado, racionalmente, na boa saída?[2262] Ainda como assinala Puppe, ao meu juízo de modo consequente, o que mais preocupa no julgado, que seguiu uma clara motivação político-criminal, não é apenas a manipulação dos critérios do "levar a sério" e "assumir aprovadoramente" a favor do imputado, mas sim uma sua aplicação em evidente prejuízo do último! Ora, porque a esperança na ausência de contágio foi um fator de relevo para o afastamento do dolo de homicídio e já não mereceu qualquer consideração quanto ao dolo de lesões corporais?[2263] O que permite, aqui, afirmar que o agente se conformou com o resultado, na perspectiva da própria teoria defendida pelo BGH?

O presente julgado, portanto, se afigura paradigmático, seja para chamar a atenção para a elevada manipulabilidade dos critérios empregados seja para o afastamento do dolo, seja para sua atribuição, sobretudo no que concerne à referência ao elemento volitivo. Não há qualquer dúvida de que o resultado dá prevalência aos supostos objetivos de política criminal em detrimento da segurança jurídica, da isonomia, e do controle da decisão judicial, o que parece um mau caminho[2264].

Enfim, a se considerar que, caso houvesse contágio, o risco de morte se afigurava elevadíssimo, então deveria ter sido reconhecido o dolo homicida; e a se considerar que o risco de contágio é baixíssimo, e que a confiança do agente no bom desenlace é um fator de relevo - premissa de que parte o BGH, e também o STJ Português[2265] - então deveria ter sido negado o dolo, inclusive de lesões corporais.

Caso se parta de um catálogo fechado, a solução, aqui, seria o afastamento do dolo[2266], pois o perigo de contaminação, embora configure um perigo proibido, não configura, qualitativamente, desde logo, um perigo doloso, enquanto

2261. Por exemplo: WESSELS, Johannes. BEULKE, Werner/SATZGER, Helmut. *AT,* 2015, §7, n.m.308, p. 93.

2262. Veja-se: PUPPE, Ingeborg. *AT,* 2011, §9, n.m.20, p. 120. E, embora a concordar com o resultado a que chegou o BGH, veja-se: Veja-se ainda: PRITTWITZ, Cornelius. Strafrechtliche Aspekte von HIV - Infektion und AIDS. *In*: PRITTWITZ, Cornelius *et al.* (Hrsg.). *Aids, Recht und Gesundheitspolitik.* Berlin: Sigma Bohn, 1990, p. 149.

2263. A apontar para essa contradição: FRISCH, Wolfgang. Gegenwartsprobleme des Vorsatzbegriffs und der Vorsatzfeststellung am Beispiel der AIDS-Diskussion. *In:* GEPPERT, Klaus *et al.* (Hrsg.). *Gedächtnisschrift für Karlheinz Meyer.* Berlin: Walter de Gruyter, 1990, p. 542.

2264. Enfaticamente assim: PUPPE, Ingeborg. *AT,* 2016, §9, n.m.22, p. 127.

2265. STJ 3554/02, de 20/10/2010.

2266. Como aqui: VIANA, Eduardo. *Dolo como compromisso cognitivo*, 2017, p. 271.

estratégia idônea de realização do tipo[2267] (de lesões ou de homicídio), e qualifica um perigo desprotegido, mas distante.

3.3. O caso do PKW (BGH NStZ 1984, 19)

As circunstâncias factuais do denominado "caso do PKW" foram as seguintes: o acusado, no escopo de por fim a uma contenda corporal entre "F" e "W", decidiu-se por atropelar "F" com seu PKW, para fins de torná-lo incapacitado de prosseguir na luta. Foi dado como provado que o acusado tinha a compreensão de que ao esmagar "F" com seu veículo contra a parede iria lesioná-lo seriamente. A pergunta que se postou foi, qual o delito a reconhecer: lesões corporais graves, em face do perigo para a vida, ou tentativa de homicídio?[2268]

O BGH reformou o julgamento do Tribunal Estadual e negou a presença do dolo homicida, e portanto do delito de tentativa de homicídio simples, valendo-se dos seguintes fundamentos: a) como indicador "pró" o reconhecimento do dolo (homicida), tem-se a periculosidade da situação, ou seja, o atropelamento de "F" com o veículo e o pressionamento da vítima contra a parede, causando lesões corporais de natureza grave. b) como indicadores "contra" o reconhecimento do dolo (homicida): a falta de motivos para o homicídio, uma vez que o acusado apenas tinha a intenção de tornar "F" incapacitado para prosseguir na luta; o elevado instinto inibitório, no que concerne ao resultado morte (novamente com aplicação da "teoria da *Hemmschwelle*"), dentre outros.

No que se refere à qualidade do perigo conhecido, tem-se que este assume a dimensão de um perigo doloso conectado ao resultado morte, pois configura, em uma perspectiva racional-objetiva, um método idôneo de matar. Uma vez tomado como comprovado que o agente tinha o conhecimento acerca de um perigo desta dimensão (perigo doloso), isso poderia conduzir à afirmação do dolo homicida.

E, no que se refere aos apontados indicadores contrários à afirmação do dolo homicida (elevado obstáculo psíquico + ausência de motivos), nada mais há a dizer no que concerne à teoria do elevado obstáculo psíquico, já amplamente criticada aqui[2269]. No que concerne à ausência de motivos, o que cumpre ressaltar é que, surpreendentemente, o BGH considerou a vontade em um sen-

---

2267. Sobre esta conclusão: HILLENKAMP, Thomas. CORNELIUS, Kai. *32 Probleme aus dem Strafrecht Allgemeiner Teil,* 2017, p. 13.

2268. BGH NStZ 1984, 19. Vejam-se os comentários em: GEPPERT, Klaus. Abgrenzung von bedingtem Vorsatz und bewusster Fahrlässigkeit. *JURA* 11 (1986), p. 611. Também: MAURER, Ruth. *Das volunativ Element des Vorsatzes als Beweisthema vor Gericht,* 2007, p. 163.

2269. Com especial atenção aos casos de delitos passionais, ou com influência de drogas, que na verdade demonstram que o tal instinto ou bem não atuou ou falho, veja-se, de modo contundente: PUPPE, Ingeborg. §15, n.m.93, pp. 679-680, com referência a inúmeros precedentes do BGH.

tido psicológico, ou seja, de um "querer direto", como que um "desejar" ou "bem-receber", o que consubstancia um fundamento de todo inadequado para a decisão sobre o dolo[2270], e inclusive contraditório com a própria jurisprudência baseada na "aprovação em sentido jurídico". Por fim, quanto à "não-repetição" da ação - um novo atropelamento após a vítima ter tido sua capacidade de luta eliminada - isso também não pode ser considerado - exceto para a análise de uma possível desistência voluntária - uma vez que, a coisa há de ser vista, por força do princípio da simultaneidade, no momento da ação.

Em termos de resultado, o que se tem é que a solução do caso segundo o catálogo aberto conduziu à rejeição do dolo homicida, enquanto a aplicação do catálogo fechado implicaria no seu reconhecimento, uma vez que o agente conhecia que estava a realizar um perigo doloso para a vida e não se vislumbra a presença de quaisquer fatores objetivos de correção, como a realização da vontade de evitação, o valor social do comportamento etc. Daí deriva que, ao empregar uma estratégia idônea de realização do tipo, e ao executar um perigo desprotegido (não controlável pelo agente nem tampouco pela vítima), e inexistindo contraindicadores objetivos, o agente *se conformou* com o resultado morte, configurando-se uma tentativa de homicídio por dolo eventual.

3.4. O caso da gasolina (*Benzin-Fall*, BGH NStZ 2000, 583)

O conhecido "caso da gasolina" (*Benzinfall*[2271]) contou com as seguintes circunstâncias fáticas: o ofendido, adepto do masoquismo, solicitou à acusada que o algemasse à cama e banhasse seu corpo com gasolina, bem como, em seguida, aproximasse um isqueiro aceso de sua pele. Na primeira vez, não houve qualquer queimadura; ao se repetir o procedimento, contudo, ocorreu uma violenta explosão, que resultou na morte da vítima, bem como em queimaduras em 20% do corpo da acusada.

O BGH anulou a decisão do Tribunal Estadual, por considerar que houve erro na valoração jurídica dos elementos indicativos do homicídio doloso. Considerou, fundamentalmente, o BGH, que a instância inferior incorreu em um "erro de valoração jurídica" ("*rechtsfehlerhafte Wertung*"). A acusada, para o BGH, ao se revelar "feliz" com a primeira conduta sem resultado, reconheceu o elevado perigo de que se verificasse um incêndio, não sendo correto aceitar que aquela tenha confiado na boa saída; ao contrário, ainda que o resultado fosse de fato indesejável e colocasse a própria acusada em situação de perigo, o que se poderia reconhecer era a simples esperança de que nada se passasse,

2270. Assim: MAURER, Ruth. *Das volunative Element des Vorsatzes als Beweisthema vor Gericht*, 2007, p. 165.

2271. BGH NStZ 2000, 583. Também conhecido como "caso do isqueiro" ("*Feuerzeugfall*"). Vejam-se os comentários em: PUPPE, Ingeborg. *AT*, 2016, §9, n.m,24, p. 128.

mas não já a confiança. Ao reconhecer o elevado perigo e atuar, a acusada, para o BGH, "tomou em compra o resultado", procedendo, assim, com dolo homicida. Por último, concluiu o BGH que o Tribunal *a quo* fez exigências muito elevadas ao elemento volitivo[2272].

Mas qual o critério de distinção entre o tomar em compra ou o levar a sério neste caso e o "caso do golpe de caratê"? Por que a análise global dos dados objetivos e subjetivos, aqui, resultou em uma conclusão desfavorável à ré – que inclusive sofreu graves consequências pessoais, com o corpo parcialmente queimado e ficando próxima da morte – e resultou em um tratamento atenuado do carateca, que espancou, sem qualquer risco pessoal e com elevada violência, uma criança de tenra idade? Mais que isso: o que conduziu o BGH, neste caso, a desconsiderar por completo a tradicional doutrina do "elevado instinto inibitório" aplicada reiteradamente pelo referido tribunal ao homicídio?

Recentemente, também em direção oposta da adotada neste julgado, o BGH confirmou a decisão de instância inferior afatando-se o dolo eventual no que toca ao resultado morte, em um caso muito semelhante[2273]. Deu-se que dois agentes, após uma contenda com a vítima, embeberam o corpo desta com *tynner* e atearam fogo. De seguida, passaram a tentar apagar o incêndio, só conseguindo após derramarem um balde d´água sobre o corpo da vítima. Os agentes acionaram o resgate e a vítitma veio a óbito no dia seguinte. O BGH considerou, dentre outros aspectos: a) que os agentes não tinham motivo compreensível para pretender o resultado morte; b) que os agentes estavam alcoolizados, o que prejudicou a capacidade de raciocínio; c) que os agentes subestimaram o poder lesivo da ação; d) que os agentes acionaram o resgate. Acontece que vários destes fatores estavam também presentes no "caso da gasolina" e foram neste simplesmente desconsiderados[2274].

Note-se que para Puppe, embora defensora do catálogo fechado, mesmo à luz do elevado perigo realizado, o caso não era mesmo de dolo. Isso porque não se cuida, para referida Autora[2275], de se aferir o perigo realizado de modo puramente objetivo/quantitativo, devendo-se atentar para a representação do perigo que teve o sujeito. De acordo com Puppe, a acusada, ao se equivocar sobre a redução do risco na segunda ação, não teve uma representação efetiva do risco criado e não empregou uma estratégia idônea de produzir o resultado. Esta falta de consciência da dimensão do risco, para a Autora, deveria implicar no afastamento do dolo.

2272. Veja-se: PUPPE, Ingeborg. *AT,* 2016, §9, n.m.26, pp. 128-129.
2273. BGH NStZ 2013, 159.
2274. Corretamente: PUPPE, Ingeborg. *AT,* 2016, §9, n.m.31-32, pp. 130-131.
2275. Assim: *AT,* 2016, §9, n.m.28, p. 129.

Claro que a solução de Puppe para o caso, à luz de um catálogo fechado, também pode ser questionada. Se do que se trata é da representação, mas não já do julgamento/avaliação, do risco pelo próprio sujeito – o que reverteria, em caso contrário, as bases da imputação, concedendo-lhe o domínio para decidir, algo que Puppe rejeita em face dos critérios de racionalidade[2276] – seria possível concluir que a decisão do BGH foi correta, ainda que pela via errônea no que concerne à fundamentação (que deu primazia a elementos emocionais, tais como o fato de que a acusada "ficou feliz" com a inocorrência do dano no primeiro ato). Curto: se a acusada reconheceu um elevado perigo de que o corpo da vítima – que estava algemada – fosse consumido pelas chamas e ainda assim seguiu em frente com o plano, realizou um perigo de dolo, ou um perigo completamente desprotegido e próximo – pois, uma vez posto em execução, não mais podia ser controlado pela especial atenção da agente ou da vítima, ou de terceiro -, não jogando papel algum sua avaliação irracional do risco. A única defesa à posição de Puppe, aqui, seria admitir que não houve sequer conhecimento do risco, o que parece inverossímel, diante da factualidade descrita.

Em síntese, o resultado a que se deve chegar, por coerência, com emprego do catálogo aberto ou fechado de indicadores, é o mesmo: reconhecimento do dolo homicida. Os fundamentos são, contudo, distintos. No plano do catálogo aberto, consideram-se fatores de ordem emocional-subjetiva, tais como a posição emocional da vítima, sobretudo a circunstância de ter quedado feliz com o bom desenlace no primeiro ato, conduzindo à conclusão de que levou o risco a sério e tomou em compra o resultado. No plano do catálogo fechado, está em causa que o método utilizado afigura-se uma estratégia idônea de executar um homicídio – já que a vítima estava com o corpo embebido em gasolina e algemada na cama – bem assim um a realização de um perigo próximo e desprotegido, estando ausentes contraindicadores do dolo, como a realização da vontade de evitação e o valor social do comportamento, tudo a apontar para que a acusada se conformou com o resultado morte.

3.5. O caso do *very-light* (Portugal)

O denominado "caso do very-light"[2277] contou com a seguinte matéria de fato: o arguido, apoiador do Benfica, durante uma partida entre Benfica e Sporting, efetuou o lançamento de um foguete do tipo "very light", – cuja potência e características conhecia –, no escopo de que este, em uma trajetória elíptica, sobrevoasse a arquibancada oposta, em que se encontrava a claque rival. Neste primeiro lançamento, o foguete correspondeu à trajetória prevista,

2276. Veja-se: *NK*, 2013, §15, n.m.55, p. 665 e n.m.67, p. 669.

2277. Acórdão do Tribunal de Círculo de Cascais, de 13 de fevereiro de 1998. Publicado em: *Sub Judice, Causas*, n.2, abril-junho 1998. Comentários em: PALMA, Maria Fernanda. O caso do very-light. Um problema de dolo eventual? *Themis*, Ano I, n.1 (2000), pp. 173-180.

ultrapassando a bancada norte do estádio, e veio a aterrar em local inócuo, sem causar vítimas. Momentos depois, ao celebrar um gol do Benfica, o arguido, uma vez mais, lançou o foguete, contudo com uma maior inclinação, o que alterou sua trajetória; o artefato realizou uma trajetória em linha reta e veio a atingir a vítima, que se encontrava no lado oposto da bancada do arguido; a vítima sofreu ferimentos graves, com laceração da traqueia, crossa da aorta e lobos pulmonares, e veio a óbito.

Deu-se como comprovado que o arguido conhecia a potência e características do foguete, inclusive que este tinha capacidade para percorrer uma distância superior a 200 metros.

Ao plano dos requerimentos da acusação, articulou-se que o arguido, intencionalmente, lançou o foguete na direção da bancada da claque rival, para intimidar os adversários, e previu a possibilidade de que alguém fosse atingido. Imputou-se, ainda, que o arguido tinha ciência de que, caso o impacto ocorresse, era suscetível de causar a morte, e admitiu tal resultado, conformando-se com sua verificação.

O Tribunal, na decisão, considerou, primeiramente, que o Código Penal português perfilhou a "fórmula positiva de Frank", no sentido de que o agente doloso, ao prever o resultado como possível, de qualquer jeito não deixa de atuar, aconteça o que acontecer[2278]. Neste sentido, o agente pretende realizar um fato e, subsidiariamente, aceita a realização de outro. Contudo, pontuou o Tribunal, não se comprovou que o arguido tenha prefigurado a possibilidade de o foguete atingir a bancada frontal à sua; ao contrário, o que se comprovou, em face do lançamento em arco, foi que o arguido pretendia que o artefato transpusesse a arquibancada oposta; assim, uma vez que o arguido não previu que o lançamento pudesse atingir qualquer pessoa, resta desde logo afastada a responsabilidade dolosa. Destacou, enfim, o Tribunal, que não se comprovou o elemento intelectual do dolo, na medida em que não se demonstrou que o arguido tenha previsto o resultado como concretamente possível, sequer se adentrando na discussão do elemento volitivo - inicialmente indicado, com a referência à "fórmula de Frank" - para o afastamento do dolo[2279].

2278. Sobre a exigência da "conformação" e o acento no elemento volitivo, vejam-se os seguintes precedentes do Supremo Tribunal de Justiça Português: JSTJ00034148, publ.01/10/1998, a se afirmar que a indiferença não basta; JSTJ00030342, publ.30/06/1996; JSTJ00012690, publ.12/04/1989, *"o art.14, n.3 do Código Penal exige hoje, sem margem para dúvidas, para que exista dolo eventual, dois requisitos: que o agente represente o fato como consequência possível de sua conduta e que actue conformando-se com ele";* JSTJ00038310, publ.07/10/1999; JSTJ00017493, publ.06/07/1992; JSTJ00001918, publ.11/07/1990, *"há dolo eventual (...)se o agente, ao comprar a coisa, admite a proveniência ilícita e se conforma com ela".*

2279. Veja-se este breve resumo dos fundamentos do julgado em: PALMA, Maria Fernanda. O caso do very-light. Um problema de dolo eventual? *Themis,* Ano I, n.1 (2000), p. 176.

Desde logo, cabe destacar a falta de razão argumentativa para a referência, no caso, à controvertida "fórmula positiva de Frank", acolhida pelas teorias da vontade estritas, e que encontra ampla rejeição, conforme já examinado na Parte II desta investigação. E se o Tribunal considerou que as exigências ao elemento intelectual não foram supridas, não se vê qualquer motivo para que se tenha iniciado o processo de fundamentação da decisão judicial com uma "declaração de intenções", no sentido de que a "fórmula de Frank" foi acolhida pela legislação portuguesa[2280].

Feito o registro, de cunho analítico, cumpre avaliar, de fato, a correção dos fundamentos aplicados para o afastamento do elemento intelectual, que redundaram no afastamento do dolo.

Primeiro, deu-se como estabelecido algo que poderia ser posto em causa: afinal, o agente representou, ou não, a possibilidade de o foguete atingir a claque na bancada oposta? É dizer, o arguido teve, em sua representação, apenas a ação projetada - trajetória em arco - ou também a ação real - trajetória reta? Em outros termos: a possibilidade do desvio do processo causal foi objeto da representação?

De acordo com Fernanda Palma, caso se aceitasse o pressuposto de que o agente previu, em uma situação de risco elevado, a possibilidade do desvio do processo causal, preenchendo-se o elemento intelectual do dolo, a única justificativa para eventualmente excluí-lo haveria de ser encontrada no plano do elemento volitivo, não submetido a indagações efetivas pelo Tribunal, na medida em que, para a Autora, se "simplificou" a análise do elemento intelectual. Para a Autora, no caso em análise, "*a matéria de fato* não revela, no campo das motivações, elementos de suficiente peso para afirmar a conformação com a realização do *fato* típico". E isso não pela aplicação da "fórmula de Frank", mas sim pela interpretação da lógica entre as motivações do agir e o resultado da ação, numa perspectiva de raciocínio prático[2281]. Conclui, a Autora, que o fim lúdico associado ao disparo, não desvela uma personalidade determinada para a aceitação da morte de outrem; além disso, a reação de desconformidade do arguido, em sua casa, também aponta para a "*deficiência de consistência racional da ação*", e para a não-conformação com o resultado[2282].

Pois bem. Retomando-se os critérios aqui já expostos e defendidos, o resultado a que chegou o Tribunal foi correto, ainda que a fundamentação tenha sido insuficiente.

2280. Neste sentido, corretamente: PALMA, Maria Fernanda. O caso do very-light. Um problema de dolo eventual? *Themis,* Ano I, n.1 (2000), pp. 177.

2281. PALMA, Maria Fernanda. O caso do very-light. Um problema de dolo eventual? *Themis,* Ano I, n.1 (2000), p. 178.

2282. PALMA, Maria Fernanda. O caso do very-light. Um problema de dolo eventual? *Themis,* Ano I, n.1 (2000), p. 178.

Partindo-se de que, ao plano do risco proibido doloso, este deva ser qualitativamente superior ao negligente, o que se tem é, a partir da análise fática e das provas referidas, que o agente despoletou um risco proibido, mas *negligente*.

Acaso houvesse sido demonstrado que o agente fez pontaria direta contra a bancada adversária, inclusive ciente do potencial de alcance do foguete, haveria então, ao plano objetivo, executado um perigo doloso e desprotegido, afigurando-se um "método racional e idôneo" de provocar a morte de outrem (=perigo doloso), sendo certo que o resultado não poderia ser evitado pela especial atenção do agente ou de uma possível vítima (= perigo desprotegido). Ademais disso, e também dando-se por demonstrado que o agente tivesse conhecido referido risco – já que sabia das características e potencial de alcance do foguete – tal seria o quanto basta para a imputação do resultado ao dolo, não alterando a imputação o posicionamento emocional e o processo motivacional do agente, nem tampouco a confiança, apenas subjetiva, no bom desenlace. Neste cenário, apenas a existência de contraindicadores axiológicos-objetivos poderiam afastar a conclusão pela conformação, e não havia nenhum deles no caso em questão.

Contudo, visto que na hipótese o que se teve por demonstrado foi um desvio relevante/essencial do processo causal representado, o risco realizado – efetuar o disparo para cima, com um desvio de trajetória não previsto – não pode ser classificado como um método racional de execução do tipo, ainda que fosse esta precisamente a intenção do agente, no sentido de propósito (matar um membro qualquer da claque adversária, na hipótese de a trajetória se alterar).

Por fim, na medida em que as exigências objetivas não se revelaram satisfeitas – em termos de qualidade do risco, e considerado o desvio causal dado como comprovado –, até mesmo as indagações ao elemento intelectual parecem desnecessárias no caso vertente, devendo se reconhecer o homicídio negligente, já por uma questão do alcance do tipo objetivo.

E esta análise reforça a argumentação no sentido de que a construção de um conceito de dolo centrado no elemento intelectual, que toma a vontade em um sentido extrovertido, bem assim que exige, ao plano objetivo, um perigo de determinada entidade, não só não amplia – como muito se alega – a área do dolo, mas sim, em determinadas casuísticas não infrequentes, de fato a restringe.

3.6. O caso do atropelamento por autocarro (Portugal)

Trata-se, aqui, de um caso em que o condutor de um autocarro, ciente de que havia duas pessoas dependuradas na janela, acelerou o veículo e realizou uma curva acentuada, o que provocou a queda de uma delas, que foi esmagada sob as rodas e veio a óbito. De relevo factual, foi anotado que o arguido já havia tido um problema semelhante com a vítima fatal e, na ocasião dos fatos, deu-se uma nova discussão entre estes, momento em que a vítima e seu irmão aboletaram-se nas janelas do autocarro, o que irritou e assutou o arguido, afetando seu estado emocional.

O conhecimento do risco intenso (de que as vítimas caíssem e fosses trespassadas pelo autocarro, com elevada possibilidade de morte) bastou, no essencial, para a afirmação do dolo, inferindo-se a "conformação", sem maiores indagações acerca das condições psicológicas em que o arguido se encontrava[2283].

Veja-se, primeiramente, que no acórdão explicita-se uma rejeição à "*conotação meramemente psicologista da confiança na não produção da consequência representada como possível e, em vez dela, avulta, normativamente, o essencial: o indício que a afirmação do dolo do tipo confere de existência de uma culpa dolosa*". Frisou, o Tribunal, que se o agente tomou a sério o risco de produção do resultado, e não omitiu a conduta, se pode concluir que "a seus olhos", o propósito "valeu bem o preço" de realização do tipo. Aduziu, o Tribunal, que o agente revelou uma atitude de absoluta indiferença pela violação do bem jurídico, decidindo-se pelo risco e conformando-se com sua realização.

Nada disso se põe em causa; o que se pretende desvelar, aqui, é que o fator quase que exclusivo de análise foi a dimensão do risco conhecido, que assumiu a qualidade de um "perigo doloso", enquanto estratégia idônea de realização do tipo, e não já a posição emocional do agente em face do resultado.

Note-se, por oportuno, que o Tribunal chegou mesmo a consignar, após uma análise que teve por substracto as regras da experiência comum, que o arguido, ao conduzir o veículo em tais circunstâncias, "*tinha necessariamente de tomar em atenção o sério risco sobre a possibilidade de as vítimas caírem no solo e serem colhidas pelo rodado*". Ora, daí que é de se admitir uma estreita aproximação da perspectiva de Herzberg, que inverte em boa verdade a fórmula do "levar a sério", normativizando-a sensivelmente (não interessa saber se o agente levou o risco a sério, mas sim se ele conheceu um risco que tinha que ser levado a sério).

Tudo visto, o que se pode reter é que o STJ português, no presente julgado, acolheu, na sua essência, o catálogo fechado ou, ao menos, objetivo de indicadores, dando especial relevo à qualidade do risco realizado, acentuando o valor do bem jurídico em jogo (vida/integridade física), despsicologizando-se a confiança e, em certo sentido, inclusive ao afirmar o elemento intelectual de modo parcialmente normativizado, quando ressaltou que, face à dimensão do risco, o agente "tinha que levá-lo a sério".

Em termos de resultado e fundamentação, portanto, o acórdão se aproxima da perspectiva defendida neste trabalho.

2283. STJ 3554/02.

3.7. O caso do "racha" de Berlin

No ano de 2017, o Tribunal de Berlim julgou um caso[2284] de grande repercussão, que envolveu uma disputa automobilística não autorizada em uma avenida movimentada da cidade. O caso teve o seguinte contexto factual: dois jovens, em veículos altamente potentes, disputaram uma corrida ("racha"), por volta de 01:00 hora da manhã, em uma avenida movimentada de Berlim. Para alcançarem a chegada, os corredores deveriam atravessar mais de 20 cruzamentos, alguns deles com sinalização semafórica. Apurou-se, pericialmente, que os veículos desenvolveram velocidades superiores a 170 km/h. Em um dos cruzamentos, o veículo conduzido por um dos corredores, ao ultrapassar um sinal vermelho, colidiu com um Jeep Wrangler, conduzido pela vítima, em velocidade baixa, provocando um violento choque, que arremessou o veículo *Jeep* pelo ar, provocando lesões no ofendido, que o levaram à morte.

No primeiro julgamento, o Tribunal de Berlin decidiu-se pelo a afirmação do dolo homicida (os réus foram condenados pelo crime de homicídio qualificado, em virtude do emprego de meio que gera perigo comum, que é punido com prisão perpétua[2285]), mas o BGH cassou a decisão, e determinou novo julgamento. Para o BGH, não houve análise devida de todos os indicadores objetivos e subjetivos, para a decisão sobre o dolo, o que se fazia necessário. Considerou-se que: a) a ocorrência do resultado se apresentava incompatível com o objetivo dos corredores (qual seja, concluir a corrida); b) se os acusados efetivamente tivessem representado o resultado, não teriam realizado a corrida, até mesmo porque seus amados veículos e suas próprias integridades físicas estariam em risco[2286]; c) a decisão do tribunal de Berlin acabou por reconhecer um (irrelevante) "*dolus subsequens*", uma vez que quando os acusados decidiram realizar a disputa, não havia dolo em face do resultado e, quando do resultado, os acusados já não mais possuíam controle ou capacidade de evitação.

A análise dos indicadores objetivos presentes, especialmente a qualidade

---

2284. LG Berlin, 27.2.2017 - 535 Ks 8/17 (LG Berlin JZ, 2017, 1062). Comentários em: PUPPE, Ingeborg. LG Berlin, 27.2.2017 - 535 Ks 8/17 (Mordurteile gegen Berliner Raser). *ZIS*, 7-8(2017), p. 439-444.

Após a cassação do julgamento pelo BGH, o Tribunal de Berlim novamente condenou os acusados por homicídio doloso qualificado (532 Ks 9/18, de 26.03.2019). O caso regressou ao BGH e será novamente apreciado em junho de 2020.

2285. Não vou problematizar aqui nem a questão da qualificadora do homicídio, nem tampouco do concurso de agentes, porquanto escapam dos objetivos da presente análise.

2286. Sobre os fundamentos do BGH, vejam-se: VIANA, Eduardo. TEIXEIRA, Adriano. A imputação dolosa no caso do "racha em Berlim". Comentários à decisão do Tribunal de Berlim, de 27 de fevereiro de 2017 - (535 KS) 251 JS 52/16 (8/16), *Revista do Ministério Público do Estado de Goiás,* 36 (2018), p. 84. Ainda: VIANA, Eduardo. *Dolo como compromisso cognitivo,* 2017, p. 276.

do risco realizado, demonstra que a razão estava com o tribunal de Berlin, e não com o BGH[2287].

Os acusados criaram um um risco proibido elevado, manifesto e concreto, e com isso executaram um comportamento revelador de completa indiferença em face da possibilidade de produção do resultado[2288]. Os acusados, em tal contexto, não podiam, por outras palavras, "confiar no bom desenlace". Os autores conheciam a concreta perigosidade do comportamento e, embora não desejassem a morte de ninguém - e ainda menos lesões em si próprios ou danos em seus veículos - *aprovaram* tal resultado, ou, quando menos, o subordinaram à pretensão de vencerem a corrida. Cuida-se aqui, na feliz análise de Puppe, de uma versão moderna do "caso Lacmann"[2289] (já objeto de exame aqui).

Em poucas palavras, os agentes atuaram com crassa irracionalidade, na medida em que, embora não quisessem que nada de mal ocorresse, criaram um elevadíssimo perigo de causação do acidente fatal, que veio a se concretizar. Em razão disso, e a partir de uma medida racional, o tribunal de Berlim, corretamente, condenou os acusados pelo delito de homicídio doloso.

Note-se que: a)os agentes criaram um risco intenso de produção do resultado, transpassando vários cruzamentos e sinais vermelhos, em uma avenida movimentada de Berlin, em velocidade elevadíssima (quase três vezes acima da permitida); b) os agentes tinham conhecimento pleno deste risco; c) os agentes, em uma perspectiva racional (de um observador externo), não poderiam confiar na não ocorrência de um acidente grave, com potencialidade fatal (=perigo doloso); d) o resultado não poderia ser efetivamente evitado em razão de especial atenção deles próprios ou da vítima (=perigo desprotegido).

A partir desta síntese dos indicadores objetivos, e considerando que fatores exlcusivamente emocionais (dentre os quais o "elevado obstáculo psíquico", a manifestação de arrependimento pós fato etc) e/ou a avaliação irracional do risco não possuem relevância para a avaliação do dolo, é de se concluir, na perspectiva desenvolvida em toda esta investigação, que o julgamento original do Tribunal de Berlim foi correto, reconhecendo-se o dolo quanto ao resultado morte[2290].

2287. Neste sentido: ROXIN, Claus/GRECO, Luís. *AT,*2020, §12, n.m.88x, p. 585-586. Note-se que os Autores sequer excluiriam a possibilidade de reconhecimento de tentativa de homicídio, no caso de não ocorrência do resultado e de haver vítima determinada submetida ao risco.

2288. Assim: PUPPE, Ingeborg. LG Berlin, 27.2.2017 - 535 Ks 8/17 (Mordurteile gegen Berliner Raser). *ZIS,* 7-8(2017), p. 440. Contra, a postular pela consideração da realidade subjetiva do agente, bem ainda pela relevância de processamentos irracionais do risco, de modo contundente: STÜBINGER, Stephan. *FS- Kindhäuser,* 2019, p. 529-530.

2289. PUPPE, Ingeborg. LG Berlin, 27.2.2017 - 535 Ks 8/17 (Mordurteile gegen Berliner Raser). *ZIS,* 7-8(2017), p. 441. O "não querer" o acidente não tem a ver com o interesse em preservar a incolumidade física alheia, e sim com o próprio interesse dos autores, de vencer a aposta. Daí que este "não querer" não mereça, em nada, uma censura atenuada em face de um querer positivo.

2290. Como aqui: VIANA, Eduardo. *Dolo como compromisso cognitivo,* 2017, p. TEIXEIRA,

4. Balanço

O problema da atribuição do dolo é menos (um problema) dos resultados a que se chega, do que de fundamentos. Isso porque, por um caminho ou por outro, seja partindo-se de um conceito "normativo-volitivo" do dolo, com aplicação de um "catálogo aberto" de indicadores, seja partindo-se de um conceito "normativo-cognitivo", com aplicação de um "catálogo fechado/objetivo", centrado na qualidade do perigo conhecido, os resultados serão, em regra, muito próximos, quando não mesmo idênticos. Vale à pena, então, ingressar em uma disputa longa e aparentemente sem esperança? Penso que sim.

O controle da decisão judicial, segundo parâmetros racionais, é uma garantia fundamental do arguido e, notadamente, dos valores da isonomia e da justiça. É este controle quem pode "bloquear", no limite, considerações típicas de política criminal, especialmente daquelas voltadas para a imputação de responsabilidade além daquilo que é devido (como se viu, por exemplo, nos casos de reconhecimento de dolo homicida nas ações praticadas contra residências de estrangeiros, não identificáveis como a execução de um perigo doloso). Faz-se necessário ter o máximo de clareza acerca daquilo sobre o que se indaga - vontade e conhecimento (normativismo volitivo), ou somente conhecimento (normativismo cognitivo) - e sobre aquilo que é tomado como prova daquilo que se indaga (dos indicadores - objetivos ((catálogo fechado)) e subjetivos +objetivos ((catálogo aberto)). Somente assim atinge-se o nível de controle intersubjetivo necessário da decisão judicial.

Na perspectiva do dolo aqui defendida, de acento cognitivo, e consubstanciada no caráter simbólico-comunicativo do atuar doloso, considera-se que o conhecimento de um "perigo doloso e desprotegido", que configure uma "estratégia idônea de realização do resultado típico", consiste no dado de maior valor/relevo para expressar aquilo que corresponde à *ratio* da pena do dolo. No âmbito da atribuição do dolo, a restrição de indicadores e contraindicadores objetivos que devem se levar em conta àquilo que baste para a identificação de uma tal comunicação, por certo reduz a margem de manipulabilidade da decisão judicial. "Ganha-se" no plano da isonomia, ainda que, eventualmente, admita-se uma possível "perda" em termos do sentimento de justiça da decisão do caso concreto. E estes são dois valores a levar em conta (isonomia e justiça do caso concreto), que possuem certamente pesos distintos; o peso que se dá a cada um destes valores é, no limite, uma decisão que cabe a cada um, da qual não se deve esquivar.

De *lege lata*, tomando-se o conhecimento como elemento do conceito de

Adriano. VIANA, Eduardo. A imputação dolosa no caso do "racha em Berlim". Comentários à decisão do Tribunal de Berlim, de 27 de fevereiro de 2017 - (535 KS) 251 JS 52/16 (8/16), p. 93.

dolo, o catálogo de indicadores deve, assim, ser objetivo, - ainda que não taxativo ou fechado em um sentido estrito - restringindo-se aos aspectos objetivo-axiológicos, especialmente: a) a qualidade do perigo doloso e/ou desprotegido, que consiste em uma elevação do risco proibido de negligência, ao qual se atribui, dentre os indicadores, o maior peso; b) a necessidade de atuação na situação, em conexão com a utilidade social do comportamento (ainda que configure um risco proibido) c) a realização objetiva de uma vontade direcionada à evitação do resultado ilícito; d) a conexão entre a intenção - objetivamente interpretada - a ação e o risco para o bem jurídico, ao plano de uma valoração social do comportamento; e) a prioridade da preservação dos interesses do ofendido, na avaliação dos casos de erro sobre a presença de pressuposto fático de circunstância justificante, dentre outros a serem formulados segundo o mesmo princípio normativo retor (objetivo-axiológico). Uma margem de dúvida é algo inerente à plasticidade do conceito e não pode ser superada de modo dedutivo, exigindo uma detida análise do caso concreto.

CONCLUSÕES

1. O dolo é um juízo, e não um "objeto" de valoração; não se trata, portanto, de um *dolus naturalis,* essencialmente psicológico, nem tampouco ontológico.

1.1. Os elementos psicológicos integralizáveis ao conceito de dolo são, eles sim, objetos de valoração e não possuem autonomia, nem para a afirmação nem para exclusão do dolo. Curto: o dolo não "é" nem vontade, nem "é" conhecimento.

1.2. O conceito de dolo deve ser concebido em uma base funcional-normativa, estritamente conectada aos fundamentos e fins da pena.

1.3. A imputação do dolo nunca é, portanto, um simples derivado de processos psicológicos.

2. A pena é a resposta para uma comunicação de grave negativa de reconhecimento recíproco, e sua finalidade precípua é a de confirmar, contrafaticamente, a validade da norma, estabilizando-a.

2.1. O comportamento doloso comunica/expressa, objetivamente, de modo mais intenso, direto e imediato, a negativa de validade da norma, e exige, *eo ipso*, uma punição também mais intensa. Tal a *ratio* da responsabilidade qualificada, associada a uma perspectiva funcional-retributivo-expressiva da pena criminal.

3. Para a verificação da comunicação direta de negativa de validade da norma, podem ser considerados dados ônticos/empíricos e axiológicos, mas não posicionamentos emocionais do agente.

3.1. O controle da ação, derivado de um conhecimento factual efetivo, é um dado ôntico de relevo, na medida em que indica que o agente se decide pela realização típica, fazendo-o com pleno conhecimento e domínio do fato. Disso deriva a especial relevância do elemento intelectual do dolo e da qualidade do risco.

A exclusão do dolo, em casos que tais (de conhecimento efetivo e domínio, e da presença de um risco de determinada entidade), não pode se dar em face de posicionamentos emocionais (internos) do agente, mas sim, e apenas, em razão da presença de contraindicadores objetivos e/ou axiológicos. São estes contraindicadores que podem conduzir, nestas hipóteses, à conclusão, em um sentido disposicional, de que o agente, como pessoa racional, "não se conformou" com a realização típica (=negligência consciente).

3.2. A realização de uma "estratégia idônea de produção do resultado", em um parâmetro exclusivamente racional-objetivo de interpretação do comportamento, revela que o agente ou bem "quis" ou bem "conformou-se" com a realização do resultado, o que expressa, de modo claro e objetivo, a negativa direta de validade da norma, nada importando o posicionamento emocional do agente e/ou processamentos irracionais de avaliação/deslocamento do risco conhecido, em uma perspectiva psicológica.

3.3. De outra banda, ao realizar conscientemente um "perigo desprotegido" e próximo, embora o controle não se faça presente de modo intenso e integral como nas situações acima delineadas, o que se verifica é que o agente "lança em jogo" o destino do bem jurídico, sem condições de interferir no desenlace, e o resultado fica a depender do acaso. Esta modalidade de comportamento, embora desvele um menor domínio do fato, também expressa que a norma não foi tomada pelo agente como parâmetro relevante para a decisão, o que fundamenta a censura dolosa, ressalvada a presença de contraindicadores objetivos e/ou axiológicos (a serem referidos infra), e excetuados os casos de perigo desprotegido distante.

3.4. Por fim, em casos de desconhecimento factual, mas desde que demonstrado, por elementos objetivos - inclusive com análise das incumbências e competências do agente, em seu papel, e do contexto factual -, que esse desconhecimento deriva de indiferença perante o Direito, o agente comunica, com o seu comportamento, que o conhecimento se afigurava de todo irrelevante para a decisão, e que a norma penal não foi um parâmetro válido, justificando-se, materialmente, a censura dolosa, ainda que de *lege ferenda*.

3.5. Em todos estes casos, portanto, a questão está em interpretar/valorar o comportamento, no sentido de se buscar um denominador comum, para a afirmação do dolo, qual seja, a comunicação direta e frontal de negativa de validade da norma, o que se apoia em aspectos ônticos (=conhecimento e controle) e axiológicos (indiferença em face da norma), não se reduzindo, em caso algum, a simples estados mentais (conhecimento, vontade e, ainda menos (!), posicionamento emocional perante o resultado).

4. A imputação subjetiva não é uma imputação *individual*, mas sim *pessoal*, e se conecta, objetivamente, ao sujeito racional enquanto integrante de uma comunidade normativa concreta, em seu papel.

4.1. A racionalidade do agente, seu papel social, suas competências e incumbências a ele conectadas, são os critérios relevantes de imputação, e não os inacessíveis (e muitas vezes arbitrários) processos psicológicos "internos" do sujeito concreto, em uma perspectiva individualista, psicologista e de linguagem privada.

4.2. Em uma comunidade jurídica fundada na ideia de liberdade e igualdade, a estabilidade normativa demanda que todos os cidadãos co-realizem, na esfera de suas competências e incumbências, os valores normativos. Para o gozo da liberdade, espera-se que o agente não apenas não ataque, de modo propositado, os bens jurídicos de terceiros, mas também que, em sua esfera de competência e incumbência, se coloque em posição de evitar o ilícito. O grau de distanciamento do agente, em face do dever e das incumbências, é quem irá, em última análise, definir a qualidade do ilícito, ou seja, a predicação do comportamento como negligente ou doloso, em uma relação de nivelamento normativo (*plus-minus*, e não de *aliud*).

5. No plano teleológico, reconhece-se que o conhecimento, enquanto dado empírico, conduz a uma mais facilitada evitabilidade – pressuposta a vontade leal ao Direito –, sendo este, por isto, um dado de especial relevo, e o único referente psicológico do dolo, no plano da imputação ordinária.

5.1. A evitabilidade facilitada (derivada do conhecimento) não deve ser considerada, contudo, em um sentido individual e psicologista, devendo ser conectada às estruturas da responsabilidade/competência (*Zuständigkeit*) e da incumbência (*Obliegenheit*), bem ainda às estruturas onto-antropológicas dos conhecimentos "abstratos" e "mínimos", possuídos pelo sujeito já enquanto pessoa racional, integrante de uma comunidade de vida.

5.2. O desconhecimento e o erro acerca da factualidade típica não são, em todos os casos, estados "neutrais", eticamente "descoloridos", e também não configuram, em todas as situações, uma simples desatenção ao dever geral de cuidado que caracteriza a negligência.

6. A vontade, no sentido psicológico, não possui autonomia no plano do conceito de dolo, ressalvada sua interpretação como sendo uma vontade "extrovertida", em termos de análise intencional, segundo o modelo de um silogismo prático. Trata-se, portanto, de um conceito *disposicional-atributivo*, e não *psicológico-descritivo*.

6.1. A vontade para o seguimento da norma é presumida pelo Direito, e seu déficit, salvo quando não debitável à competência de organização do próprio sujeito, não o exonera. Isso deriva da necessidade de estabilização das normas jurídicas que, à diferença das empíricas, são "fracas" (sua contrariedade não conduz, necessária ou regularmente, à falha do plano).

6.2. Presente o conhecimento, cumpre ao sujeito formar a motivação para a evitação do comportamento - o que é assunto seu - não interferindo, aqui, quaisquer processos psicológicos individuais (*de internis non iudicat praetor*). Disso decorre que qualquer exigência de uma "vontade positiva", enquanto um "querer o ilícito" no sentido psicológico (Feuerbach), se afigura de todo supérflua para a imputação geral do dolo.

6.3. A vontade direcionada ao ilícito só tem relevo em termos de se identificar o fundamento da ação, no âmbito de uma comunicação intersubjetivamente relevante. Este o sentido atribuível ao dolo como "intenção" ou "propósito" (dolo direto de primeiro grau), cuja relevância específica depende de exigências do tipo penal.

Fora dos casos especialmente previstos, a comprovação da intenção só ganha relevo ou bem porque pode revelar um maior controle da ação – como no caso em que o sujeito quer matar e faz mira contra região nobre do corpo da vítima – ou porque, ao plano da valoração social, expressa, de modo claro e linear, a negativa direta de validade da norma, nas situações em que a probabilidade do resultado é baixa.

6.3.1. Em casos de riscos baixos, mas direcionados pelo agente no sentido do resultado, e com um nível objetivo de controle, a intenção - enquanto fundamento da ação -, consubstancia um elemento de relevo para a atribuição do dolo. Porém, em casos de riscos proibidos muito baixos, que não configuram um método objetivamente racional de realização do tipo – contaminação com o vírus da SIDA em uma relação sexual convencional –, e em que o resultado se aproxima do mero acaso, a intenção, *per se*, não basta para a imputação do dolo. Distintamente do que propõe a doutrina dominante, na perspectiva deste trabalho, as realizações intencionais com possibilidade de êxito muito baixa, que não configurem uma estratégia idônea de realização do tipo nem um perigo desprotegido próximo, não são compatíveis com o dolo.

7. O posicionamento emocional do agente em face do resultado ilícito, ou seja, se ele "bem recebeu", "aprovou", ou lamentou o resultado, em um sentido psicológico, é um dado irrelevante para a imputação do dolo, não sendo suficiente nem para sua afirmação, nem tampouco para sua refutação. Isso porque tal posicionamento emocional não interfere nem com o controle da ação, nem com o aspecto comunicativo-expressivo do comportamento, à luz da expectativa normativa.

8. O fator essencial e de maior peso, que se apresenta regularmente (ou seja, no plano da imputação ordinária do dolo), é a realização consciente de um risco proibido qualitativamente superior (em comparação com o risco negligente), ou seja, de um "perigo doloso" e/ou "desprotegido".

8.1. O processamento irracional de um risco conhecido, o "não levar a sério o resultado" e o "confiar na sua ausência", não bastam para a exclusão do dolo, nos casos em que o comportamento comunique, objetivamente, a negativa de validade da norma, típica do atuar doloso, estando o sujeito ciente do risco realizado.

8.2. No dolo eventual, como também no dolo direto de segundo grau, o que está em causa, especialmente, é o conhecimento de um perigo de determinado tipo (sempre no tocante ao resultado colateral da ação), e não saber qual foi a posição emocional do agente em relação ao referido perigo de determinado tipo (se o agente o tomou, ou não o tomou, a sério).

8.3. Não compete ao agente classificar/ajuizar o perigo por ele conhecido e sim ao ordenamento jurídico, por meio do julgador: o parâmetro deve ser sempre normativo.

Importa, primeiramente, verificar se o agente conhecia o risco, e se este tinha a dimensão de um "perigo doloso" (como sendo uma estratégia idônea de realização do tipo) e/ou "desprotegido", que tinha que ser levado a sério, e não saber se o agente levou tal perigo a sério - o que implica em uma completa inversão da fórmula tradicional (do dolo como "levar a sério").

8.4. A "conformação", ou não, do agente com o resultado se afere segundo parâmetros racionais-objetivos, e não psicológicos, e tem a natureza, também, de um conceito *disposicional-atributivo*.

Partindo-se da hipótese do conhecimento do perigo doloso/desprotegido, apenas a presença de contraindicadores, de natureza axiológico-objetiva, podem autorizar o afastamento do dolo (catálogo objetivo/fechado de indicadores).

Delineado, portanto, e acolhido de *lege lata* – na medida em que nada obriga a uma interpretação da lei que permita a integração do processamento irracional do risco e de fatores emocionais para a imputação do dolo - o "primeiro plano" de normativização do elemento intelectual.

9. O desconhecimento, ou o erro, enquanto fatos "psicológicos brutos", não devem exonerar *per se*, com distinções a serem feitas de *lege lata* e *ferenda*.

9.1. O "conhecimento abstrato" e os "conhecimentos mínimos" devem ser sempre considerados, de *lege lata*, para a afirmação do dolo, ainda que não tenham sido objeto de reflexão do sujeito, uma vez que disponíveis em face da qualidade de agente racional do último e de sua inserção, como cidadão, em uma sociedade concreta.

9.2. O desconhecimento também não exonera, de *lege lata*, na hipótese de ter por referência aspectos do processo causal que não possuem relevância para a imputação do dolo, ou caso a conexão entre o risco doloso conscientemente realizado e o resultado tenha "transitado" entre os dois estágios (presente o conhecimento no primeiro estágio, e ausente no último), de modo que o primeiro risco realizado tenha condicionado o último e/ou configure uma ausência de falha na realização do plano.

9.2.1. Uma confirmação no sentido de que o desconhecimento, *per se*, não exonera consiste no tratamento conferido pela doutrina e jurisprudência aos casos de consumação antecipada ou postergada (*dolus generalis*), nos quais, uma vez admitida a "conexão do risco" e atendidos os demais pressupostos da imputação objetiva, o dolo quanto ao resultado é amplamente afirmado. Caso o conhecimento fosse mesmo considerado como um "fato psicológico" - como se propõe tradicionalmente, à partida -, todos os casos de consumação antecipada ou postergada deveriam ser julgados como sendo hipóteses de tentativa, eventualmente em concurso com delito negligente, o que não se verifica. Isso não demonstra a correção do critério, mas desvela que o conhecimento, como estado psicológico, não é exigido pela concepção dominante para a afirmação do dolo em todas as situações, de *lege lata*.

9.3. No mesmo sentido, a afirmação do dolo nos casos de *error in persona*, em que há divergência entre o objetivo do agente - matar "Y" - e o resultado - morte de "X" - sem que isso implique no afastamento da punição por homicídio doloso consumado, também desvela uma consideração não-psicologista do conhecimento como pressuposto do dolo.

9.4. Por fim, também nos casos de *aberratio ictus*, não será qualquer divergência entre a representação e o processo causal quem definirá a imputação do resultado ao dolo; antes basta que o agente conheça o "caráter geral da ação" realizada, nada importando, presente a conexão do risco realizado, que a vítima pretendida não tenha sido atingida, senão outra ("teoria da equivalência", em oposição à "teoria da concretização"). O resultado só não se imputará ao dolo caso a defasagem entre a ação realizada e a planeada revele uma alteração da própria qualidade do risco representado, como se dá na hipótese em que um terceiro, inopinadamente, ingressa na zona de tiro em que se encontrava apenas a vítima, o que aproxima a ação de um caso de acidente ou de falha do plano. Aspectos de individualização extratípicos, correlatos à motivação do agente, e referentes à vontade (no sentido psicológico, enquanto propósito), não são relevantes para a determinação da imputação do resultado ao dolo.

10. A teoria do dolo e a teoria do erro devem ser desenvolvidas em uma base normativa comum, e não-psicologista, de modo funcionalmente vinculado aos fundamentos e fins da pena criminal. Não é, assim, a espécie do erro, ou o objeto de referência do erro, mas sim seu fundamento, o critério de decisão.

11. O "segundo plano" de normativização, no sentido de se integrar ao dolo o desconhecimento motivado por indiferença ao Direito -, ou seja, em que o conhecimento factual se afigure irrelevante para a decisão, sendo derivado de uma quebra de incumbência -, equiparando-o ao conhecimento, não se afigura implementável de *lege lata*, diante da redação psicologista do §16 do *StGB*, dos artigos 18 e 20 do CP Brasileiro, e dos artigos 14 e 16 do CP Português.

11.1. A necessidade de se considerar o desconhecimento motivado por indiferença, - sob as cautelas de não se convocar, para tanto a personalidade do agente e de se examinar a quebra da incumbência de gerar o conhecimento -, pode conduzir, de *lege ferenda*, a uma normativização justificada da imputação subjetiva, evitando-se que fatos que expressem a rejeição direta da norma, típica do comportamento doloso, quedem impunes ou sejam punidos como simples casos de negligência.

A construção dos critérios objetivos e específicos para que esta normativização se consume, com apoio da estrutura da incumbência. demanda uma investigação autônoma e um esforço conjunto da doutrina e da jurisprudência, especialmente no que se refere às definições de competências gerais e específicas, bem assim das incumbências, conectadas às funções específicas das normas de comportamento previstas na parte especial dos Códigos Penais.

O que não se deve aceitar é que o debate científico se finde em virtude do Direito positivo, nem tampouco se dar como resolvida, "à pedra e cal", a questão de saber se um "erro fático" sempre e em qualquer caso, expressa uma inferior deslealdade ao Direito do que um erro sobre a ilicitude.

11.2. No que se refere ao "erro de tipo permissivo", a ausência de disciplina expressa no sistema alemão permite a recondução e solução no plano do §17 do *StGB*, em combinação com o §49, que, com sua flexibilidade, pode manter na moldura do dolo os casos em que o erro não se compatibiliza com o comportamento leal ao Direito, cuja origem se encontra na esfera de competência do agente, e não na esfera de competência da vítima. Nas situações em que o erro não desvele, neste sentido, a hostilidade ao Direito, e tenha conexão com a esfera da competência da vítima, é possível manter a aplicação analógica do §16, 2, do *StGB* reconhecendo-se a negligência. Em Portugal e no Brasil, contudo, de *jure constito*, a problemática continua a receber a disciplina do artigo 16, 2, do CP Português, e do artigo 20, §1 do CP Brasileiro, que não podem ser interpretados restritivamente, pois se tratam de normas penais que ampliam - ainda que ao custo de uma solução aqui tida como normativamente justificada - a esfera de garantia do agente. Em uma palavra: nos sistemas português e brasileiro, o erro referente aos fatos, seja qual for seu fundamento, implica no afastamento do dolo, excetuados apenas aqueles vinculados ao processo causal.

13. No âmbito da atribuição "ordinária" do dolo (ou seja, presente o elemento intelectual, portanto, enquanto conhecimento do risco qualificado), de *lege lata*, o "catálogo de indicadores" (e "contraindicadores") deve ser exclusivamente "objetivo" - ainda que não-taxativo ou estritamente fechado - restringindo-se aos aspectos objetivo-axiológicos, quais sejam, especialmente: **a)** a qualidade do perigo doloso e/ou desprotegido, que consiste em uma elevação do risco proibido de negligência, ao qual se atribui, dentre os indicadores, o maior peso; **b)** a necessidade de atuação na situação, em conexão com a utilidade social do comportamento (ainda que sempre já no campo do risco proibido), pois isso pode indiciar uma ausência de negativa frontal da norma, decorrente da flexibilização e modulação do risco proibido; **c)** a realização objetiva de uma vontade direcionada à evitação do resultado ilícito (que também pode indicar/ /comunicar uma atitude de não-hostilidade direta à norma, conquanto de que modo não-exclusivo); **d)** a conexão entre a intenção - objetivamente interpretada - a ação e o risco para o bem jurídico (face ao desvelamento, também em um plano comunicativo, da negativa direta de validade da norma); **e)** a reciprocidade do risco (que também configura um indício de não-negativa direta de validade da norma); **f)** a prioridade da preservação dos interesses do ofendido, na orientação da avaliação dos casos de erro sobre a presença de circunstância factual de uma causa de justificação (em que a responsabilidade pela origem do conflito deve ser considerada), dentre outros indicadores a serem formulados segundo o mesmo princípio normativo, a partir das normas de comportamento previstas na parte especial dos Códigos Penais e da casuística.

13.1. Com isso, acentua-se o aspecto da comunicação do comportamento doloso, no sentido da direta e frontal negativa de validade da norma, e também se viabiliza um julgamento com maior grau de segurança jurídica, inibindo-se - ou ao menos reduzindo-se - a manipulação conceitual, a partir de fatores subjetivos e emocionais correlatos à personalidade do agente, especialmente por razões de política criminal, seja para a afirmação seja para o afastamento do dolo.

BIBLIOGRAFIA

ABEGG, Julius. *Lehrbuch der Strafrechtswissenschaft*. Neustadt an der Orla: Wagner, 1836.

ALMEIDA, Luís Duarte de. Description, Ascription, and Action in the Criminal Law. *Ratio Juris* 20, 2 (2007), pp. 170-195.

ALMENDINGEN, Ludwig Harscher v. *Untersuchungen über das Culpose Verbrechen*. Giesen: Tasché und Müller, 1804.

ALVES, Catarina Abegão. *O erro sobre a validade espacial da lei penal*. Lisboa: AAFDL, 2017.

ALVES, Sílvia. *Punir e humanizar. O direito penal setecentista*. Lisboa: Fundação Calouste Gulbenkian, 2014.

AMELUNG, Knut. *Rechtsgüterschutz und Schutz der Geselschaft*. Frankfurt: Athenäum, 1972.

AMBROSIUS, Jürgen. Untersuchungen zur Vorsatzbegrenzung. Zugleich ein Beitrag zur dogmatischen Einordung des bedingten Vorsatzes in den Verbrechensaufbau. (tese) Freiburg, 1964.

ANSCOMBE, G.E.M. *Intention*. Basil: Blackwell, 2ª ed., 1963.

ANTOLISEI, Francesco. *Manuale di diritto penale. Parte generale*. (15ª ed.). Milano: Dott A. Giuffrè, 2000.

ARZT, Günther. Zum Verbotsirrtum beim Fahrlässigkeitsdelikt. *ZStW* 91 (1979), pp. 858-887.

ASCENSÃO, José de O. *Ação finalista e nexo causal*. Dissertação. Lisboa, 1956.

ASHWORTH, Andrew. *Principles of criminal law*. 4. ed. Oxford, 2003.

BACKMANN, Leonhard. Die Rechtsfolgen der aberratio ictus. *JuS* 11 (1971), pp. 113-120.

BAR, Carl Ludwig v. Dolus eventualis? *ZStW* 1898, p. 534-558.

_____; *Gesetz und Schuld im Strafrecht. Fragen des geltenden deutschen Strafrehts und seiner Reform. Band II: Die Schuld nach dem Strafgesetze.* Berlin: Guttentag, 1907.

BASEDOW, Hermann. *Die strafrechtliche Verschuldung. Ein Willensvorgang mit dem Bewusstsein Normwidrigkeit des Handlungserfolges.* Hamburg: J.W.Basedow, 1898.

BAUMANN1, Rudolf. *Untersuchungen zur Grenze zwischen Vorsatz und Fahrlässigkeit.* (tese) Hamburg, 1969.

BAUMGARTEN, Arthur. *Der Aufbau der Verbrechenslehre. Zugleich ein Beitrag zur Lehre vom Strafrechtsverhältnis.* Tübingen: C.B. Mohr, 1913.

BAURMANN, Michael. Vorüberlegung zu einer empirischen Theorie der positiven Generalprävention. *GA* 8 (1994), pp. 368-384.

BEKKER, Ernst Immanuel. *Theorie des heutigen deutschen Strafrechts.* Leipzig: Hirzel, 1857.

BELING, Ernst. *Die Lehre vom Verbrechen.* Tübingen: J. C. B. Mohr, 1906.

_____; *Grundzüge des Strafrechts.* 5. Aufl. Tübingen: J. E. B. Mohr, 1920.

BERNER, Albert Friedrich. *Grundlinien der criminalistischen Imputationslehre.* Berlin: Ferdinand Dümmler, 1843.

_____; *Lehrbuch des deutschen Strafrechtes.* Leipzig: Bernhard Lauchniss, 1857.

BIERI, Peter. *Das Handwerk der Freiheit. Über die Entdeckung des eigenen Willens.* Frankfurt am Main: 2013.

BINDING, Karl. *Die Normen und ihre Übertretung. Eine Untersuchung über die Rechtmässige Handlung und die Arten des Delicts.* Leipzig: Felix Meiner, 1914.

_____; *Die Normen und ihre Übertretung,* Bd.3, 1965, §175, pp. 193-196.

_____; *Die Schuld im deutschen Strafrecht. Vorsatz, Irrtum, Fahrlässigkeit.* Leipzig: Felix Meiner, 1919.

BIRNBAUM, Christian. *Die Leichtfertigkeit - zwischen Fahrlässigkeit und Vorsatz.* Berlin: Weissensee, 2000.

BITENCOURT, Cézar Roberto. *Tratado de direito penal. Parte geral. Vol. I.* 8 ed. São Paulo: Saraiva, 2003.

BLECKMANN, Frank. *Strafrechtsdogmatik - wissenschaftstheoretisch, soziologisch, historisch. Das Beispiel des strafrechlichen Vorsatzes.* Freiburg: Iuscrim, 2002.

BOCKELMANN, Paul. Bemerkungen über das Verhältnis des Strafrechts zur Moral und zur Psychologie. *In* KAUFMANN, Arthur. *Gedächtnitsschrift für Gustav Radbruch*. Göttingen: Vandehoeck & Ruprecht, 1968, pp. 252-259.

BRAMMSEN, Joerg. Inhalt und Elemente des Eventualvorsatzes - Neue Wege in der Vorsatzdogmatik? *JZ* 2 (1988), pp. 71-82.

BREMER, Ingeborg. *Grenze zwischen Vorsatz und Fahrlässigkeit*. Düsseldorf: G.H. Nolte, 1935.

BRUCK, Felix. *Zur Lehre von der Fahrlässigkeit im heutigen deutschen Strafrecht*. Breslau: Wilhelm Koebner, 1885.

BRUNO, Aníbal. *Direito Penal, Parte Geral. Tomo I*. 2. Ed. Rio de Janeiro, Forense, 1959.

BUBNOFF, Eckhart von. *Die Entwicklung des strafrechtlichen Handlungsbegriffes von Feuerbach bis Liszt unter besonderer Berücksichtigung der Hegelschule*. Heidelberg: Carl Winter, 1966.

BUNG, Jochen. *Wissen und Wollen im Strafrecht. Zur Theorie und Dogmatik des subjektiven Tatbestands*. Frankfurt am Main: Vittorio Klosterman, 2009.

BÜNGER, Über Vorstellung und Willen, als Elemente der subjektiven Verschuldung. *ZStW* 6 (1886), pp. 291-364.

BURI, Maximilian v. *Beiträge zur Theorie des Strafrechts und zum Strafgesetzbuche. Gesammelte Abhandlungen*. Leipzig: Von Veit &Comp. 1894.

BURSCHARD, Christoph. *"Irren ist menschlich". Vorsatz und Tatbestandsirrtum im Lichte der Veranwortungsethik und der Emanzipation des angegriffenen Mitmenschen*. Tübingen: Mohr Siebeck, 2008 (cit. "Irren ist menschlich...").

BUSATO, Paulo César. *Direito penal, parte geral*. 3 ed. São Paulo: Atlas, 2017.

_____; BUSATO, Paulo. Dolo e significado. *In:* o mesmo; *Dolo e direito penal. Modernas tendências*. 2 ed. São Paulo: Atlas, pp. 59-84.

CAMARGO, Beatriz Corrêa. *A teoria do concurso de pessoas. Uma investigação analítico-estrutural a partir da controvérsia sobre o conceito de instigação*. São Paulo: Marcial Pons, 2018.

CARPZOV, Benedict. *Benedictii Carpzovii practicae novae rerum criminalium imperialis saxônica. Pars prima*. Leipzig: J.F. Gleditisch, 1724.

CARVALHO, Américo Taipa de. *Direito Penal - Parte Geral. Questões fundamentais. Teoria geral do crime*. 2. ed. (reimp.). Coimbra: Coimbra, 2011.

CIRINO, Juarez Cirino. *Direito penal, parte geral*. Rio de Janeiro: Lumen Juris, 2006.

COMTE, August. *General view of positivism*. (trad. J.H. Bridges) London: Routledge, 1908.

CORREIA, Eduardo. *Direito criminal.* Coimbra: Almedina, 1968.

COSTA, António Manuel de Almeida. *Ilícito pessoal, imputação objectiva e comparticipação em direito penal.* Coimbra: Almedina, 2014.

COSTA, José de Faria. *Tentativa e dolo eventual. (Ou da irrelevância da negação em direito penal).* Coimbra: Coimbra, 1987.

_____; *Direito Penal.* Lisboa: Imprensa Nacional, 2017.

DAHM, Georg. *Das Strafrecht Italiens im ausgehenden Mittelalter. Untersuchungen über die Beziehungen zwischen Theorie und Praxis im Strafrecht des Spätmittelalters, namentlich im XIV. Jarhhundert.* Berlin: Walter de Gruyter, 1931.

DEMURO, Gean Paolo. Il dolo tra affetto ed effetto. Alberto di Simoni e la scienza penalistica italiana dela seconda metà del XVIII secolo. *Diritto@Storia,* n.10 (2011-2012), pp. 1-30.

DEITERS, Mark. Bedingter Vorsatz als Beweisthema im Strafprozess, *ZIS,* 7-8 (2019), pp. 401-406.

DIAS, Jorge de Figueiredo. *Direito Penal - Parte Geral. Tomo I. Questões fundamentais. A doutrina geral do crime.* 2. ed. 2. reimp. Coimbra: Coimbra, 2012.

_____; *O problema da consciência da ilicitude em direito penal.* 2 ed. Coimbra: Coimbra, 1987.

DIAS, Augusto Silva. *«Delicta in Se» e «Delicta Mere Prohibita». Uma análise das desconstinuidades do ilícito penal moderno à luz da reconstrução de uma distinção clássica.* Coimbra: Coimbra, 2008.

_____; Uma recensão a Heiko Lesch, *Der Verbrechensbegriff - Grundlinien eine funktionalen Revision, Ed. Carl Heymanns, Köln-München, 1999. RPCC* 11, (2001), pp. 323-329.

_____; *Crimes culturalmente motivados. - O direito penal ante a "estranha multiplicidade" das sociedades contemporâneas.* Lisboa: Almedina, 2016.

DOHNA, Alexander Graf Zu. *Willensfreiheit und Verantwortlichkeit.* Heidelberg: Carl Winter's Universitatsbuchhandlung, 1907.

DUFF, R.A. *Intention, agency & criminal liability. Philosophy of action and the criminal law.* Oxford: Basil Blackwell, 1990.

DUTTGE, Gunnar. §15. *In*: HEINEGG, Bern von Heintschel (Hrsg.). *Münchener Kommentar.* 3. Aufl. München: C.H. Beck, 2017.

ENGISCH, Karl. Zur natur der Sache im Strafrecht. In: *Festschrift für Eberhard Schimidt.* Göttingen: Vandenhoeck & Ruprecht, 1961, pp. 90-121.

_____; *Untersuchungen über Vorsatz und Fahrlässigkeit im Strafrecht. 2.Neud.* Berlin: Scientia Verlag Aalen, 1995 (cit. *Untersuchungen...*)

_____; Tatbestandsirrtum und Verbotsirrtum bei Rechtifertigungsgründe: Kritische Betrachtungen zu den §§19 und 40 des Entwurfs 1958. *ZStW* 70 (1958), pp. 565-615.

ESER, Albin *et al.* (Hrsg.). *Schönke/Schröder Strafgesetzbuch Kommentar.* 29ª Aufl. München: C.H.Beck, 2014 (cit. *Schönke/Schröder SK).*

FEUERBACH, Paul Johann Anselm. *Lehrbuch des gemeinen in Deutschland gültigen peinlichen Rechts.* 9. Aufl. Giessen: Georg Friedrich Heyer, 1826.

_____; *Grundsätze der Criminalrechts-Wissenchaft.* Giessen: Georg Friedrich Heyer, 1825.

FERREIRA, Manuel Cavaleiro de. *Direito penal português.* Lisboa: Verbo, 1981.

FINGER, August. *Lehrbuch des deutschen Strafrechts. Erster Band.* Berlin: Car Heymanns, 1904.

FLETCHER, Georg P. *Basic concepts of criminal law.* New York: Oxford University Press, 1998.

FRANK, Reinhard. Vorstellung und Wille in der modernen Doluslehre. *ZStW* 1890, pp. 169-228.

_____; *In*: FRANK, Reinhard (Hrsg.). *Festschrift für die juristische Fakultät in Gießen zum Universitäts-Jubiläum.* Gießen: Topelmann Verlag, 1907, pp. 519-547.

_____; *Das Strafgesetzbuch für das Deutsche Reich.* (18. Aufl.). Tübingen, 1931.

FRANKFURT, Harry G. Willensfreiheit und der Begriff der Person. In: BIERI, Peter (Hrsg.). *Analytische Philosophie des Geistes.* (4. Aufl.). Basel: Beltz, 2007, pp. 287-302.

FREUND, Georg. Die Definitionen von Vorsatz und Fahrlässigkeit. *In*:HILLENKAMP, Thomas. WOLTERS, Jurgen (Hrsg.). *Festschrift für Wilfried Küper zum .70 Geburstag.* pp. 63-82.

_____; *Normative Probleme der Tatsachenfeststellung. Eine Untersuchung zum tolerierten Risiko einer Fehlverurteilung im Bereich subjektiver Deliktsmerkmale.* Heidelberg: Müller, 1987.

_____; *Strafrecht, Allgemeiner Teil. Personale Straftatlehre.* 2. Aufl. Berlin: Springer, 2009.

FRISCH, Wolfgang. *Vorsatz und Risiko. Grundfragen des tatbestandmässigen Verhaltens und des Vorsatzes. Zugleich ein Beitrag zur Behandlung aussertatbestandlicher Möglichkeitsvorstellungen.* Berlin: Carl Heymanns, 1983 (cit. *Vorsatz und Risiko*).

_____; Vorsatz und Mitbewusstsein. Strukturen des Vorsatzes. In: DORNSEIFER, Gerhard *et. al.* (*Hrsg.*). *Gedächnitschrift für* Armin Kaufmann. Köln: Carl Heymanns, 1989, pp. 311-350.

_____; *Tatbestandsmässiges Verhalten und Zurechnung des Erfolgs*. Heidelberg: C.F.Müller, 1988.

_____; Gegenwartsprobleme des Vorsatzbegriffs und der Vorsatzfeststellung am Beispiel der AIDS-Diskussion. *In:* GEPPERT, Klaus *et al.* (Hrsg.). *Gedächtnisschrift für Karlheinz Meyer*. Berlin: Walter de Gruyter, 1990, pp. 532-566.

FRISTER, Helmut. *Strafrecht, Allgemeiner Teil.* (7. Aufl). München: C.H.Beck.

_____; *Die Struktur des „voluntativen Schuldelements". Zugleich eine Analyse des Verhältnisses von Schuld und positiver Generalprävention.* Berlin: Duncker & Humblot, 1993.

_____; FRISTER, HELMUT. A dogmática do dolo na Alemanha. Trad. Wagner Marteleto Filho. *REC,* 76 (2019), pp. 7-22.

_____; FRISCH, Wolfgang *et al.* (Hrsg.). *Lebendiges und Totes in der Verbrechenslehre Hans Welzels,* 2015, pp. 217-255.

GADAMER, Hans-Georg. *Wahrheit und Methode.* Tübingen: J.C.B. Mohr, 1975.

GAEDE, Karsten. Auf dem Weg zum potentiellen Vorsatz? Problematik und Berechtigung der zunehmenden Tendenzen zur normativen Relativierung des Vorsatzerfordernisses, *ZStW* 121 (2009), pp. 239-279.

GALLAS, Wilhelm. Zur Struktur der strafrechtilichen Unrechtsbegriffes. In: KAUFMANN, Arthur *et al.* (Hrsg.). *Festschrift für Paul Bockelmann. Zum 70. Geburstag,* 1979, pp. 155-179.

_____; Zum gegenwärtigen Stand der Lehre vom Verbrechen. *ZStW* 67 (1955), pp. 1-47

GEHLEN, Arnold. *Der Mensch.* Frankfurt am Main: Athenäum, 1966.

GEIB, Gustav. *Lehrbuch des deutschen Strafrechts. Zweiter Band.* Leipzig: Hirzel, 1862.

GEPPERT, Klaus. Abgrenzung von bedingtem Vorsatz und bewusster Fahrlässigkeit. *JURA* 11 (1986), pp. 610-613.

GERLAND, Heinrich Balthasar. *Deutsches Reichstrafrecht.* Berlin: Walter de Gruyter, 1922. GERLAND, Heinrich Balthasar. *Deutsches Reichstrafrecht.* Berlin: Walter de Gruyter, 1922

GESSLER, Theodor. *Ueber den Begriff und die Arten des Dolus.* Tübingen: Lauppschen Buchhandlung, 1860 (Nachdruck Zentralantiquariat, 1970).

GIMBERNAT-ORDEIG, Enrique. *Estudios de derecho penal.* (3. ed.). Madrid: Tecnos, 1990.

GOMES, Enéias Xavier. *Dolo sem vontade psicológica. Perspectivas de aplicação no Brasil.* Belo Horizonte: D'Plácido, 2017.

GONZÁLES-RIVERO, Pilar. *Strafrechtliche Zurechnung bei Defektzuständen. Zugleich ein Beitrag zur allgemeien Zurechnungslehre*. Berlin: Duncker & Humblot, 2001.

GRASNICK, Walter. Über Schuld, Strafe und Sprache. Systematische Studien zu den Grundlagen der Punktstrafen- und Spielraumtheorie. Tübingen: J.C.B. Mohr.

GRECO, Luís. *Lebendiges und Totes in Feuerbachs Straftheorie. Ein Beitrag zur gegenwärtigen strafrechtlichen Grundlagendiskussion*. Berlin: Duncker & Humblot, 2009.

_____; Dolo sem vontade. In: ALMEIDA, Luís Duarte de *et al.* (org.). *Liber Amicorum de José de Sousa e Britto em comemoração do 70° aniversário*. Lisboa: Almedina, 2009, pp. 885-903.

_____; Neue Wege der Vorsatzdogmatik - Eine Auseinandersetzung mit drei neuen Monographien zum Vorsatzbegriff. *ZIS*, 13 (2009), pp. 813-821.

_____; Wider die jüngere Relativierung der Unterscheidung von Unrecht und Schuld, in: GA 2009, S. 636-650.

GROBE, Hannes. Die allgemeine Vorsatzvermutung bei Feuerbach. *ZStW* 78 (1966), pp. 59-66.

GROLMAN, Karl v. *Grundsätze der Criminalrechtswissenschaft*. (2. Aufl.). Giessen: Georg Friedrich Heyer, 1805.

GROPP, Walter. *Strafrecht, Allgemeiner Teil*. (2. Aufl.). Berlin: Springer, 2001.

GROSSMANN, Hans. *Die Grenze von Vorsatz und Fahrlässigkeit. Ein neuer Beitrag zu einer alten Frage*. Hamburg: W.Gente, 1924

GÜNTHER, Klaus. *Schuld und kommunicative Freiheit. Studien zum personele Zurechnung strafbaren Unrechts im demokratischen Rechtstaat*. Frankfurt: Vittorio Klostermann, 2005.

_____; Zurechnung, Strafe und das Selbsverständnis von Personen. *In*: PRITTWITZ, Cornelius *et al.* (Hrsg.). *Rationalität und Empathie. Kriminalwissenschaftilches Symposium für Klaus Lüderssen zum 80. Gebürstag*. Baden-Baden: Nomos, 2014, pp. 9-37.

_____; Criminal Law, Crime and Punishment as Communication. In: Simester A.P. *et al.* (Org.). *Liberal criminal theory. Essays for Andreas von Hirsch*. Oxford:Hart Publishing, 2014, pp. 123-139.

HAFT, Fritjoft. Die Lehre vom bedingten Vorsatz unter besonderer Berücksichtigung des wirtschaflichen Betrugs. *ZStW* 88, (1976), pp. 365-392.

HALL, Jerome. *General Principles of Criminal Law*. 2. ed. New Jersey: Lawbook Exchange, 2010.

HALL, Karl Alfred. *Fahrlässigkeit im Vorsatz*. Marburg: Elwert, 1959.

HÄLSCHNER, Hugo. *Das gemeine deutsche Strafrecht*. Bd 1. *Die allgemeine strafrechtliche Lehren*. Bonn: Marcus, 1881.

HARDWIG, Werner. *Die Zurechnung. Ein Zentralproblem des Strafrechts*. Hamburg: De Gruyter, 1957.

HART, H.L.A. The Ascrition of Responsability and Rights. *Procedings of the Aristotelian Society,* 49 (1948-1949), pp. 171-194.

_____; *Punishment and Responsability*. 2 ed. Oxford: Oxoford University Press, 2008.

HARTMANN, Nicolai. *Ethik*. Berlin: Walter de Gruyter, 1962.

HASSEMER, Winfried. Grenzen des Wissens im Strafprozess. Neuvermessung durch die empirischen Wissenschaften vom Menschen? *ZStW* 121, (2009), pp. 829-859.

_____; Kennzeichen des Vorsatzes. *In*: DORNSEIFER, Gerhard *et al.* (Hrsg.) *Gedächnitschrift für* Armin Kaufmann. Köln: Carl Heymanns, 1989, pp. 289-310.

_____; *Einführung in die Grundlagen des Strafrechts*. 2. Aufl. München: C.H. Beck, 1990.

HEGEL, Georg Wilhem Friedrich. *Grundlinien der Philosophie des Rechts*. Berlin, 1821.

HEGLER, August. *Die praktische Thätigkeit der Juristenfakultäten des 17. Und 18. Jahrhunderts in ihrem Einfluss auf die Entwickung des deutschen Strafrechts von Carpzov ab*. Freiburg: J.C.B. Mohr, 1899.

HEIDEGGER, Martin. *Ser e tempo*. (trad. Fausto Castilho). Vozes: Petrópolis, 2012.

HEINRICH, Bernd. *Strafrecht, Allgemeiner Teil*. 6. Aufl. Stuttgart: Kohlhamer, 2019.

HEINZEL, German. *Die Vorstellungstheorie*. Munchen: Hübschmann'sche, 1934.

HELMI, Mona. *Die Tötungshemmschwelle als Indiz zur Begründung bedingten Vorsatzes*. Hamburg: Dr. Kovac, 2012.

HENN, Arne. Der subjetktive Tatbestand der Straftat - Teil 1: Der Vorsatzbegriff. *JA* 10 (2008), pp. 699-703.

HENKEL, Heinrich. Die "praesumtio doli" im Strafrecht. In: *Festschrift für Eberhard Schimidt*. Göttingen: Vandenhoeck&Ruprecht, 1961, pp. 578-601.

HETTINGER, Michael. Die Bewertung der aberratio ictus beim Einzeltäter - Gedanken zum Verhältnis von Sachverhalt und Gesetz, *GA,* 1990, pp. 531-554.

HERZBERG, Rolf Dietrich. *In*: PAWLIK, Michael *et al.* (Hrsg.). *Festschrift für Günther Jakobs*. Köln: Carl Heymanns, 2007, pp. 147-173.

_____; Die Strafdrohung als Waffe im Kampf gegen AIDS? *NJW* 24 (1987), pp. 1461-1466.

_____; *Die Unterlassung im Strafrecht und das Garantenprinzip*. Berlin: Walter de Gruyter, 1972.

_____; Die Abgrenzung von Vorsatz und bewusster Fahrlässigkeit - ein Problem des objektives Tatbestandes, *JuS* 1986, pp. 249-262.

_____; Aberratio ictus und abweichender Tatverlauf. *ZStW* 23 (1973), pp. 867-892.

_____; Aberratio ictus und error in objecto (1.Teil). *JA* 13 (1981), pp. 369-374.

_____; Aberratio ictus und error in objecto (2.Teil). *JA* 13 (1981), pp. 470-475.

_____; Das Wollen beim Vorsatzdelikt und dessen Unterscheidung vom bewusst fahrlässigen Verhalten. Teil 1. *JZ* 13 (1988), pp. 573-579.

_____; Über die Behandlung von Wollensfehlern und von Wissensfehlern. *ZStW* 101 (1989), pp. 516-537.

_____; Setzt "vorsätzliches Handeln" ein "Wollen" der Tatbestandsverwircklichung voraus? JZ, 2018, pp. 122-130.

HEUCHEMER, Michael. *Der Erlaubnistatbestandsirrtum*. Berlin: Duncker & Humblot, 2005.

_____; Zur Verabschiedung der Lehre vom konkreten Vorsatz und der Beachtlichkeit der *aberratio ictus* als Ausschnitt einer normativen Revision der Vorsatzlehre. *In*: BOCKEMÜHL, Jan (Hrsg.). *Festschrift für Bernd von Heintschel-Heinegg zum 70. Geburstag*. München: C.H. Beck, 2015, pp. 189-210.

HIPPEL, Robert von. *Die Grenze von Vorsatz und Fahrlässigkeit*. Berlin:Guttentag, 1903.

_____; *Lehrbuch des Strafrechts*. Berlin: Julius Springer, 1932.

HILGENDORF, Eric. VALERIUS, Brian. *Strafrecht, Allgemeiner Teil*. (2. Aufl.). München: Beck, 2015.

HILLENKAMP, Thomas. *Die Bedeutung von Vorsatzkonkretisierungen bei abweichendem Tatverlauf*. Gottingen: Otto Schwartz, 1971.

_____; Garantenpflichtwidriges Unterlassen nach vorsätzlichem Tatbeginn? In: DANNECKER, Gerhard *et. al* (Hrsg.). *Festschrift für Harro Otto*. Koln: Carl Heymmans, 2007.

_____; Dolus eventualis und Vermeidewille. *Gedächnitschrift für* Armin Kaufmann. Köln: Carl Heymanns, 1989, pp. 351-369.

_____; HILLENKAMP, Thomas. CORNELLIUS, Kai. *32 Probleme aus dem Strafrecht Allgemeiner Teil*. 15. Aufl. Heidelberg: Franz Vahlen, 2017.

HIRSCH, Hans Joachim. *Derecho Penal. Obras completas, Tomo I*. (trad.CEREZO MIR, José). Buenos Aires: Rubinzal Culzoni, 1998.

_____; HIRSCH, *Die Lehre von den negativen Tatbestandsmerkmalen*. Hans Joachim. Bonn: Rohrscheid, 1960.

HOERSTER, Norbert. *Muss Strafe Sein? Positionen der Philosophie*. München: C.H. Beck, 2012.

HÖRNLE, Tatjana. *Straftheorien*. Tübingen: Mohr Siebeck, 2011.

_____; Der Irrtum über das Einverständnis des Opfers bei einer sexuellen Nötigung. *ZStW* 112 (2000), pp. 356-380.

HORTA, Fredrico. *Elementos normativos das leis penais e conteúdo intelectual do dolo. Da natureza do erro sobre o dever extrapenal em branco*. São Paulo: Marcial Pons, 2016.

HORST, Schröder. Aufbau und Grenzen des Vorsatzbegriffs. In: *Festschrift für Wilhelm Sauer zu seinem 70. Geburstag am 24.Juni 1949*. Berlin: Walter de Gruyter, 1949, pp. 203-248.

HOYER, Andreas. *Strafrechtsdogmatik nach Armin Kaufmann. Lebendiges und Totes in Armin Kaufmanns Normentheorie*. Duncker & Humblot: Berlin, 1997.

HRUSCHKA, Joachim. *Strafrecht nach logisch-analytischer Methode*. Berlin: Walter de Gruyter, 1988.

_____; Über Schwierigkeiten mit dem Beweis des Vorsatzes. *In:* GÖSSEL, Karl Heinz. KAUFFMANN, Hans. (Hrsg.). *Festschrift für Theodor Kleinknecht zum 75. Geburstag am 18.August 1985*. München; C.H. Beck, 1985, pp. 191-202.

_____; Wieso ist eingentlich die "eingeschränkte Schuldtheorie" "eingeschränkt"? In: SCHÜNEMANN, Bernd *et al.* (Hrsg.). *Festschrift für Claus Roxin, zum 70.Geburstag am 15. Mai 2001*. Berlin: Walter de Gruyter, 2001, pp. 441-456.

_____; *Strukturen der Zurechnung*. Berlin: Walter de Gruyter, 1976.

_____; HRUSCHKA, Joachim. Die Herbeiführung eines Erfolges durch einen von zwei Akten bei eindeutigen und mehrdeutigen Tatsachenfeststellung. *JuS,* 1982, pp. 317-325.

HSU, Yu-An. *Doppelindividualisierung und Irrtum. Studien zur strafrechtlichen Lehre von der Erfolgszurechnung zum Vorsatz*. Berlin: Duncker & Humblot, 2007.

HUNGRIA, Nelson. *Comentários ao Código Penal. Vol.1, tomo 2*. Rio de Janeiro: Forense, 1953.

JAKOBS, Günther. *Strafrecht, Allgemeiner Teil. Die Grundlagen und die Zurechnungslehre*. Berlin: Walter de Gruyter, 1991.

_____; Vermeidbares Verhalten und Strafrechtssystem. In: STRATENWERTH, Günter. *Festschrift für Hans Welzel zum 70. Geburstag am 25. März 1974*. Berlin: De Gruyter, 1974, pp. 307-325.

_____; *Das Schuldprinzip*. Opladen: Westdeusche, 1993.

_____; Das Strafrecht zwischen Funktionalismus und "älteuropäischem" Prinzipiendenken - Oder: Verabschiedung des "alteuropäischen Strafrechts"? *ZStW* 107 (1995), pp. 843-876.

_____; Gleichgültigkeit als dolus indirectus. *ZStW* 114 (2002), pp. 584-599.

_____; *Norm, Person, Geselschaft*. 3ª ed. Berlin: Duncker & Humblot, 2008.

_____; Über die Behandlung von Wollensfehlern und von Wissensfehlern. *ZStW* 101 (1989), pp. 516-537.

_____; *Schuld und Prävention*. Tübingen:Mohr, 1976.

_____; Dolus Malus. In: ROGALL, Klaus *et al.* (Hrsg.). *Festschrift für Hans-Joachin Rudolphi*. Neuwied: Luchterhand, 2004, pp. 107-122.

_____; *Sobre la normativización de la dogmática jurídico-penal*. (trad. Manuel Cancio Meliá e Bernardo Feijoó Sánchez). Madrid: Civitas, 2003.

_____; *Sociedad, norma y persona en una teoria de un derecho penal funcional*. (trad. Manuel Cancio Meliá *et al.*). Madrid: Cuadernos Civitas, 2000.

_____; Altes und Neues zum strafrechtlichen Vorsatzbegriff. *In*: PAWLIK, Michael (Hrsg.). Günther Jakobs. *Strafrechtswissenschaftliche Beiträge*. Tübingen: Mohr Siebeck, 2017, pp. 606-640.

_____; Strafrechtliche Zurechnung und die Bedingungen der Normgeltung. *In*: PAWLIK, Michael (Hrsg.). *Günther Jakobs Strafrechtswissenschafliche Beiträge*. Tübingen: Mohr SIebeck, 2017, pp. 163-179.

_____; Der sogenannte Erlaubnistatbestandsirrtum. *In*: STUCKENBERG, Carl-Friedric *et al.* (Hrsg.). *Strafe und Prozess im freiheitlichen Rechtsstaat. Festschrift für Hans-Ulrich Paeffgen zum 70. Geburstag am 2. Juli 2015*. Berlin: Duncker & Humblot, 2015, pp. 221-230.

_____; Handlungsteuerung und Anstriebsteuerung - Zu Hans Welzels Verbrechensbegriff. *In*: AMELUNG, Knut *et al.* (Hrsg.). Strafrecht, Biorecht, Rechtsphilosophie. Festschrift für Hans-Ludwig Schreiber zum 70. Geburstag am 10. Mai 2003. Heidelberg: C.F.Müller, 2003, pp. 949-958.

JESCHECK, Hans-Heinrich. WEIGEND, Thomas. *Lehrbuch des Strafrechts. Allgemeiner Teil*. 5. Aufl. Berlin: Duncker &Humblot, 1996.

JOECKS, Wolfgang. §16. *In*: HEINNEG, Bernd von Heintschel (Hrsg.). *Münchener Kommentar zum Strafgesetzbuch. Band 1*. München: C.H.Beck, 2017.

KANT, Immanuel. *Metaphysik der Sitten*. Leipzig: Durr'schen Buchhandlung, 1870.

KAUFMANN, Armin. Der Dolus eventualis im Deliktsaufbau. Die Auswirkungen der Handlung und der Schuldlehre auf die Vorsatzgrenze. *ZStW* 8 (1958), pp. 64-86.

_____; Zum Stande der Lehre vom personalen Unrecht. *In*: STRATENWERTH, Günther *et al.* (Hrsg.). *Festschrift für Hans Welzel zum 70. Geburstag am 25 März 1974.* 1974, pp. 393-414.

KAUFMANN, Arthur. *Das Schuldprinzip. Eine strafrechlich-rechtsphilosophische Untersuchung.* Heidelberg: Carl Winter, 1961.

KARGL, Walter. *Der strafrechtliche Vorsatz auf der Basis der kognitiven Handlungstheorie.* Frankfurt a.M., 1993.

KELSEN, Hans. *Hauptprobleme der Staatsrechtslehre Entwickelt aus der Lehre vom Rechtssatze.* Tübingen: J.C.B. Mohr, 1923.

KERSTING, Wolfgang. *Macht und Moral. Studien zur praktischen Philosophie der Neuzeit.* Paderborn: Mentis, 2010.

KINDHÄUSER, Urs Konrad. Der Vorsatz als Zurechnungskriterium. *ZStW 96 1984,* p. 20-35.

_____; *Intentionale Handlung. Sprachphilosophische Untersuchungen zum Verhältnis von Handlung im Strafrecht.* Berlin: Duncker & Humblot, 1980.

_____; Gleichgültigkeit als Vorsatz? In: ARNOLD, Jörg *et al.* (Hrsg.). *Menschengerchtes Strafrecht. Festschrift für Albin Eser zum 70. Geburstag.* München, Beck, 2005, pp. 344-358.

_____; *Gefährdung als Straftat. Rechtstheoretische Untersuchungen zur Dogmatik der abstraten und konkreten Gefährdungsdelikte.* Frankfurt am Main: Vittorio Klostermann, 1989.

_____; *Strafrecht. Allgemeiner Teil.* 6. Aufl. Baden-Baden: Nomos, 2013.

KLESCSZEWSKI, Diethelm. *Selbständigkeit und Akzessorietät der Beteilung an einer Straftat.* (Habilitationschrift): Hamburg, 1998.

KLEE, K. *Der Dolus indirectus als Grundform der vosätzlichen Schuld.* Berlin: R.V. Decker, 1906.

KLEIN, Ernst Ferdinand. *Grundszätze des gemeinen deutschen und preussischen peinlichen Rechts.* Halle: Hemmerde und Schetschke, 1796 (Nachd. Goldbach:Keip, 1996).

KLEINSCHROD, Gallus Aloys Kaspar. *Systematische Entwicklung der Grundbegriffe und Grundwahrheiten des peinlichen Rechts nach der Natur der Sache und der positiven Gesetzgebung. Erster Theil.* (3. Aufl). Erlangen: Palm, 1805.

KÖHLER, Michael. Vorsatzbegriff und Bewusstseinform des Vorsatzes. Zur Kritik der Lehre von sachegedanklichen Mitbewusstsein. Zur Kritik der Lehre vom «sachgedanklichen Mitbewusstsein». *GA* 128 (1981), pp. 285-290.

_____; *Die bewusster Fahrlässigkeit.* Heidelberg: 1982.

_____; *Strafrecht, Allgemeiner Teil.* Berlin: Springer, 1997.

_____; Urteilsanmerkung (BGH, 16.07.1980 - 2 StR 127/80), *JZ* 1981, pp. 35-37.

KORIATH, Heinz. *Grundlagen strafrechtlicher Zurechnung.* Berlin: Duncker & Humblot, 1994.

_____; Über Vereinigungstheorien als Rechtfertigung staatlicher Strafe. *JURA* 12 (1995), pp. 625-635.

_____; Einige Gedanken zur aberratio ictus. *JuS* 37 (1997), pp. 901-907.

KÖSTLIN, Christian Reinhold. *System des deutschen Strafrechts. Ableitung 1. Allgemeiner Teil.* Tübingen: 1855.

_____; *Neue Revision der Grundbegriffe des Criminalrechts.* Aalen: Scientia Verlag, 1970 (reimpressão - Tübingen: Universität Freiburg, 1845).

KRAUSS, Detlef. Der psychologische Gehalt subjektiver Elemente im Strafrecht. *In*: FRISCH, Wolfgang *et al.* (Hrsg.). *Festschrift für Hans-Jürgen Bruns zum 70. Geburstag.* Koln: Carl Heymann, 1971, pp. 11-31.

KREY, Volker. ESSER, Robert. *Deutsches Strafrecht. Allgemeiner Teil.* (5. Aufl.). Stuttgart: Kohlhammer, 2012.

KRIES, Johannes Adolf v. Ueber den Begriff der Wahrscheinlichkeit und Möglichkeit und ihre Bedeutung im Strafrechte. *ZStW,* 9 (1889), pp. 528-537.

KUDLICH, Hans. Ein Schnäpschen in Ehren - die Giftfalle des Apothekers - BGH, NJW 1997, 3453. *JuS* 38 (1998), pp. 596-601.

KÜHL, Kristian. *Strafrecht. Allgemeiner Teil.* 7. Aufl. München: Vahlen, 2012.

_____; KÜHL, Kristian/HEGER, Martin. *Strafgesetzbuch Kommentar.* 28. Aufl. München: C.H.BECK, 2014.

KUHLEN, Lothar. Vorsätzliche Steuerhinterziehung trotz Unkenntnis der Steuerpflicht? In: ALBRECHT, Peter-Alexis *et al.* (Hrsg.). *Festschrift für Walter Kargl zum 70. Geburstag.* Berlin: Berliner Wissenschaft, 2015, pp. 297-308.

KÜPPER, Georg. *Grenzen der normativierenden Strafrechtsdogmatik.* Berlin: Duncker & Humblot, 1990.

LACMANN, W. Uber die Abgrenzung des Vorsatzbegriff. *GA* 1911, pp. 109 e ss e pp. 307-309.

LAMPE, Ernst-Joachim. *Das personale Unrecht.* Berlin: Duncker & Humblot, 1967.

LARENZ, Karl. *Hegels Zurechnungslehre und der Begriff der objektiven Zurechnung. Ein Beitrag zur Rechtsphilosophie des kritischen Idealismus und zur Lehre von der "juristischen Kausalität".* Leipzig: A. Deichertsche, 1927.

LEITE, Alaor. *Dúvida e erro sobre a proibição no direito penal. A atuação nos limites entre o proibido e o permitido.* São Paulo: Atlas, 2013.

_____; Notstand und Strafe. Grundlinien einer Revision des Schuldbegriffs. Berlin: Duncker & Humblot, 2019.

LEITMEIER, Lorenz. Bedingter Vorsatz bei Tötungsdelikten - Hemmschwellentheorie ohne Erklärungswert. *NJW* 39 (2012), pp. 2850-2853.

LESCH, Heiko Hartmut. *Der Verbrechensbegriff. Grundlinien einer funktionalen Revision.* München: Carl Heymanns, 1999.

_____; Zur Einführung in das Strafrecht. Über den Sinn und Zweck staatlichen Strafens. (1.Teil). *JA* 26 (1994), pp. 510-519. (2.Teil), pp. 590-599.

_____; Die Begründung mittäterschaflicher Haftung als moment der objektiven Zurechnung. *ZStW* 105 (1993), pp. 271-294.

_____; Dolus directus, indirectus und eventualis, *JA* 10 (1997), pp. 802-809.

LIEPMANN, Moritz von. *Die Reform des deutschen Strafrechts. Kritische Bemerkungen zu dem "Strafgesetzenwurf"*. Hamburg: Gente, 1921.

LING, Michael Andreas. An der Grenzen rationaler Aufhellbarkeit. Überzeugung und richterliche Verantwortung am Beispiel des Vorsatznachweises bei atypischen Sachverhalten. *JuS* 54 (1999), pp. 335-342.

LISZT, Franz v. Der Zweckgedanke im Strafrecht. Frankfurt am Main: Vittorio Klostermann, 1943. (texto publicado, primeiramente, em *ZStW* 3 (1883, pp. 1 e ss.).

_____; *Lehrbuch des deutschen Strafrechts.* (23. Aufl.). Berlin: Walter de Gruyter, 1922.

LOBE, Adolf. *Die allgemeinen strafrechtlichen Begriffe nach Carpzov.* Leipzig: Von Veit &Comp. 1894.

LOENING, Richard. *Geschichte der Zurechnungslehre. Die Zurechnungslehre des Aristoteles.* Gustav Fischer: Jena, 1903.

LOEWENHEIM, Ulrich. Error in objecto und aberratio ictus - OLG Neustadt, NJW 1964, 311. *JuS* 1 (1966), pp. 310-315.

LÖFFLER, Alexander. *Die Schuldformen des Strafrechts. In Vergleichend-Historischer und Dogmatischer Darstellung.* Leipzig: Von C.L.Hirschfeld, 1895.

LUBAN, David. Contrived Ignorance. *The Georgetown Law Journal,* 88 (1999), pp. 957-980.

LUCAS, Hermann. *Die subjektive Verschuldung, im heutigen deutschen Strafrechte. Mit besonder Berücksichtigung der Praxis.* Berlin: R.V.Decker, 1883.

LUCCHESI, Guilherme Brenner. *Punindo a culpa como dolo. O uso da cegueira deliberada no Brasil*. São Paulo: Marcial Pons.

LUDEN, Heinrich. *Abhandlungen aus dem gemeinen teutschen Strafrechte. Zweiter Band. Ueber den Thatbestand des Verbrechens*. Göttingen: Handerhöd und Ruprecht, 1840.

LUHMANN, Niklas. Die Funktion des Rechts: Erwartungssicherung oder Verhaltenssteurung? *ARSP,* 8 (1974), pp. 31-45.

MAIHOFER, Werner. Der Soziale Handlungsbegriff. *In*: HOHENLEITNER, Siegfried *et al*. (Hrsg.). *Festschrift für Theodor Rittler*. Insbruck: Scientia, 1957, pp. 141-162.

MAYER, Hellmuth. *Strafrecht. Allgemeiner Teil. Ein Lehrbuch*. Stuttgart: Kohlhamer Verlag, 1967.

MAYER, Max Ernst. *Der allgemeine Teil des deutschen Strafrechts*. (2. Aufl.). Heidelberg: Carl Winters, 1923.

MANSO-PORTO, Teresa. *Normunkenntnis aus belastenden Gründen*. Baden-Baden: Nomos, 2009.

MANTOVANI, Ferrando. *Diritto Penale. Parge generale*. (4ª ed.). Milani: Cedam, 2001.

MARINUCCI, Giorgio. DORCINI, Emilio. *Manuale di diritto penale. Parte generale*. Milano: 2004.

MARTELETO FILHO, Wagner. *O direito à não autoincriminação no processo penal contemporâneo*. Belo Horizonte: Del Rey, 2012.

_____; A normativização do dolo. Entre o princípio epistêmico e o princípio da responsabilidade. *REC,* 76 (2020), pp. 126-152.

_____; O quarto de Locke e a culpa penal: breves reflexões sobre liberdade, determinismo e responsabilidade. *Anatomia do crime* 1 (2015), pp. 173-192.

_____; O problema do erro de tipo permissivo. Entre o princípio da responsabilidade e o princípio epistêmico. RPCC, 29 (2019), pp. 459-486.

_____; Recensão a Michael Pawlik, Das Unrecht des Bürgers. Grundlinien der Allgemeinen Verbrechenslehre. *Anatomia do Crime,* 8 (2018), pp. 151-166.

_____; *Dolus indirectus* ontem e hoje. *RBCCRIM* 168 (2020), pp. 69-90.

_____; Problemas do princípio da coincidência entre o dolo e o fato. De volta ao *dolus generalis*? *In*: PALMA, Maria Fernanda. DIAS, Augusto Silva. MENDES, Paulo de Sousa. BRITO, Teresa Quintela. CAIRES, João Gouveia. ALVES, Catarina Abegão (Orgs.). *Livro em memória do Professor João Curado Neves*. Lisboa: AAFDL, 2020, pp. 89-102.

MAURACH, Reinhart. ZIPF, Heinz. *Strafrecht. Allgemeiner Teil.* Karlsruhe: C.F. Müller, 1992.

MAURER, Ruth. *Das volutative Element des Vorsatzes als Beweisthema vor Gericht.* Saarbrucken: Alma Mater, 2007.

MENDES, Paulo de Sousa. *O torto intrinsecamente culposo como condição necessária da imputação da pena.* Coimbra: Coimbra, 2007.

_____; Was dürfen wir vom Kriterium der Risikoverringerung erwarten? Ein Beitrag zur Kritik der Theorie der objektiven Zurechnung. *GA* 10 (2011), p. 557-577.

MERKEL, Adolf. *Kriminalisstische Abhandlungen.* Leipzig: Dreittopf und Bärtel, 1867.

_____; *Lehrbuch des deutschen Strafrechts.* Sttutgart: Ente, 1889.

MERKEL, Reinhard. Anmerkung zum Handlung im Straftatmodell Urs Kindhäuser. *In In*: BÖSE, Martin et al. (Hrsg.). *Festschrift für Urs Kindhäuser zum 70. Geburstag.* Bonn: Nomos, 2019, pp. 275-292.

_____; *Willensfreiheit und rechtliche Schuld. Eine strafrechtsphilosophische Untersuchung.* 2. Aufl. Baden-Baden: Nomos, 2014.

MEZGER, Edmund. *Strafrecht. Ein Lehrbuch.* 3. Aufl. Berlin: Duncker & Humblot, 1949.

_____; Die subjektiven Unrechtselemente. *GS 89* (1924), pp. 207-314.

MICHELET, Karl Ludwig. *Das System der philosophischen Moral.* Berlin: Schlessinger, 1824.

MÖLLER, Pierre. *Der eventuelle Vorsatz im heutigen Strafrecht.* Leipzig: Robert Noste, 1909.

MORÃO, Helena Marisa Pinheiro da Costa. *Autoria e execução comparticipadas.* Tese de douoramento. Lisboa, 2011.

MOORE, Michael S. *Placing blame. A theory of the Criminal Law.* Oxford: Oxford University Press, 2012 (reimp).

MORSELLI, Elio. Die subjektiven Elemente der Straftat aus kriminologischer Sicht. *ZStW,* 107 (1995), pp. 324-360.

MOURA, Bruno de Oliveira. *A não-punibilidade do excesso na legítima defesa.* Coimbra: Coimbra, 2013.

_____; *Ilicitude penal e justificação. Reflexões a partir do ontologismo de Faria Costa.* Coimbra: Coimbra, 2015.

_____; MOURA, Bruno. A imprudência como sucedâneo do dolo faltante. Nótula sobre o argumento a maiori ad minus no direito penal. *REC,* 69 (2018), pp. 21-49.

MÜLLER, Ingo. Vorsatz der Rechtsbeugung. *NJW,* 43 (1980), pp. 2391-2395.

MYLONOPOULOS, Christos. Das Verhältnis von Vorsatz und Fahrlässigkeit und der Grundsatz in dubio pro reo. Eine Strafrechtlich-rechtstheoretische Untersuchung. *ZStW,* 99 (1987), pp. 684-720.

_____; *Komparative und Dispositionsbegriffe im Strafrecht.* Frankfurt am Main: Peter Lang, 1998.

_____; Vorsatz als Dispositionsbegriff. *In*: FREUND, Georg *et al.* (Hrsg.). *Grundlagen und Dogmatik des gesamtem Strafrechtssystems. Festschrift für Wolfgang Frisch zum 70. Geburstag.* Berlin: Duncker &Humblot, 2013, pp. 349-362.

NAUCKE, Wolfgang. Über die Zerbrechlichkeit des rechtsstaatlichen Strafrechts. Materialien zur neueren Strafrechtsgeschichte. Baden-Baden: Nomos, 2000.

NEUMANN, Ulfried. Neue Entwicklungen im Bereich der Argumentationsmuster zur Begründung oder zum Ausschluss strafrechlicher Verantwortlichkeit. *ZStW* 99 (1987), pp. 567-594.

_____; Anfragen an Hegels Straftheorie aus „nachmetaphysischer" Sicht. *In*: HIRSCH, Andreas v. NEUMANN, Ulfried. SEELMANN, Kurt. (Hrsg). *Strafe - Warum? Gegenwärtigen Strafbegründungen im Lichte von Hegels Straftheorie.* Baden-Baden: Nomos, 2011, pp. 159-171.

_____; The "deserved" punishment. In: SEMESTER, AP et al (edit.).*Liberal criminal theory. Essays for Andreas von Hirsch.* Oregon: Oxford and Portland, 2014, pp. 67-84.

_____; Institution, Zweck und Funktion staatlicher Strafe. In: PAWLIK, Michael *et al.* (Hrsg.). *Festschrift für Günther Jakobs*: zum 70. Geburstag am 26. Juli 2007. Köln: Heymann, 2007, pp. 435-450.

NEVES, João Curado. *A problemática da culpa nos crimes passionais.* Coimbra: Coimbra, 2008.

NOWAKOWSKI. Rechtsfeindlichkeit, Schuld, Vorsatz. *ZStW* 65 (1953), pp. 379--402.

NUCCI, Guilherme de Sousa. *Curso de direito penal. vol. 1. Parte geral.* 2. Ed. Rio de Janeiro: Forense, 2017.

OTTO, Harro. Personale Unrecht, Schuld und Strafe. *ZStW* 87 (1975), pp. 539-597.

_____; *Grundkurs Strafrecht. Allgemeine Strafrechtslehre.* 7. Aufl. Berlin: Walter de Gruyter, 2004.

_____; Der Vorsatz. *JURA,* 9 (1996), pp. 468-476.

PACELLI, Eugênio. CALLEGARI, Andre. *Manual de direito penal. Parte geral.* São Paulo: Atlas, 2015.

PALMA, Maria Fernanda. *Dolo eventual e negligência consciente em direito penal. Justificação de um critério de vontade.* Lisboa: Tese de Mestrado, 1982.

_____; Guilt and the time of consciousness. *Anatomia do crime* 3 (2016), pp. 11-30.

_____; O dolo e o erro: Novas leituras do elemento intelectual do dolo. *In*: ANDRADE, Manoel da Costa *et. al* (org.). *Estudos em homenagem ao Prof. Doutor Jorge de Figueiredo Dias.* Vol.III. Coimbra: 2010, pp. 75-88.

_____; *A justificação por legítima defesa como problema de delimitação de direitos.* Lisboa: AAFDL, 1990.

_____; *Direito Penal - Parte Geral. A teoria geral da infracção como teoria da decisão penal.* 4. ed. Lisboa: AAFDL, 2019.

_____; Questões centrais da teoria da imputação e critérios de distinção com que opera a decisão judicial sobre os fundamentos e limites da responsabilidade penal. *In:* PALMA, Maria Fernanda (coord.). *Casos e materiais de direito penal.* Almedina, 2009, pp. 53-99.

_____; A exclusão do dolo por erro. *In*: Costa, José de Faria *et al.* (org.). *Direito Penal - Fundamentos Dogmático e Político-criminais. Homenagem a Peter Hünerfeld.* Coimbra: Coimbra, 2013, pp. 612-635.

_____; *O princípio da desculpa em direito penal.* Coimbra:Almedina, 2005.

_____; Do sentido histórico do ensino do direito penal na universidade portuguesa à actual questão metodológica. *RPCC* 9 (1999), pp. 351-447.

_____; O caso do very-light. Um problema de dolo eventual? *Themis,* Ano I, n.1 (2000), pp. 173-180.

PAEFFGEN, Hans-Ulrich. Notwehr und Notstand (§32). *In*: KINDHÄUSER, Urs, *et al.* (Hrsg.). *Nomoskommentar. Strafgesetzbuch. Band 1* (4. Aufl.). Baden-Baden: Nomos, 2013.

_____; Anmerkungen zum Erlaubnistatbestandsirrtum. *In*: DORNSEIFER, Gerhard. (*Hrsg.*). *Gedächtnisschrift für Armin Kaufmann.* Köln: Heymanns, 1989, pp. 399-425.

PAWLIK, Michael. *Das Unrecht des Bürgers. Grundlinien der Allgemeinen Verbrechenslehre.* Tübingen: Mohr Siebeck, 2012.

_____; *Person, Subjekt, Bürger. Zur Legitimation von Strafe.* Berlin: Duncker & Humblot, 2004.

_____; Strafrechtswissenschaftstheorie. *In*: PAWLIK, Michael. ZACZYK, Rainer (*Hrsg.*). *Festschrift für Günther Jakobs.* Köln: Carl Haymanns, 2007, pp. 469-495.

_____; »Der wichstigste dogmatische Fortschritt der letzten Menschenalter«? Anmerkung zur Unterscheidung zwischen Unrecht und Schuld im Strafrecht. In: DANNECKER, Gerhard *et al.* (Hrsg.). *Festschrift für Harro Otto zum 70. Geburstag am 1. April 2007.* Köln: Carl Heymanns, 2007, pp. 133-153.

_____; Der rechtfertigende Defensivnotstand im System der Notrechte. *GA* 1 (2003), pp. 12-24.

PERALTA, José Milton. Positive Generalprävention als Achtung der Rechtsordnung. *ZIS,* 10 (2008), pp. 507-517.

PEREIRA, Rui. *O dolo de perigo. Contribuição para a dogmática da imputação subjectiva nos crimes de perigo concreto.* Lisboa: Lex Edições Jurídicas, 1995.

_____; PEREIRA, Rui Carlos. Justificação do fato e erro em direito penal. In: PALMA, Maria Fernanda *et al.* (org). *Casos e materiais de direito penal.* 3ª ed. Lisboa: Almedina, 2004, pp. 139-157.

PÉREZ-BARBERÁ, Gabriel. *El dolo eventual. Hacia el abandono de la ideia de dolo como estado mental.* Buenos Aires: Hammurabi, 2011.

_____; Probleme und Perspektive der expressiven Straftheorien. Eine diskursive und deontologische Rechtfertigung der Strafe. *GA* 2014, pp. 505-525.

_____; Problemas y perspectivas de las teorías expresivas de la pena. *InDret,* 4 (2014), pp. 1-44.

PHILIPS, Lothar. Dolus eventualis als Problem der Entscheidung unter Risiko, ZStW 85 (1973), pp. 27-44.

_____; An der Grenze von Vorsatz und Fahrlässigkeit - Ein Modell multikriterieller computergestützter Entscheidung - *In*: SCHÜNEMANN, Bernd *et al.* (Hrsg.). *Festschrift für Claus Roxin.* Berlin: Walter de Gruyter, 2001, pp. 365-378.

PICOTTI, Lorenzo. *Il dolo specifico. Un'indagine sugli "elementi finalistici" delle fattispecie penali.* Milano: Dott.A.Giuffrè, 1993.

PINTO, Frederico de Lacerda da Costa. *A categoria da punibilidade na teoria do crime.* Coimbra: Almedina, 2013.

PLATE, Hartwig. *Ernst Beling als Strafrechtsdogmatiker. Seine Lehren zur Begriffs - und Systemsbildung.* Berlin: Duncker & Humblot, 1966.

PLATZGUMMER, Winfried. *Die Bewusstseinsform des Vorsatzes. Eine strafrechtsdogmatische Untersuchung auf psychologischer Grundlage.* Wien: Springer, 1964.

PRITTWITZ, Cornelius. Strafrechtliche Aspekte von HIV - Infektion und AIDS. *In*: PRITTWITZ, Cornelius *et al.* (*Hrsg.*). *Aids, Recht und Gesundheitspolitik.* Berlin: Sigma Bohn, 1990, pp. 125-150.

_____; Die Ansteckungsgefahr bei AIDS. *JA* Heft 8/9 (1988), pp. 427-440.

_____; Zur Diskrepanz zwischen Tatgeschehen und Tatvorstellung. *GA* 1983, pp. 110-135.

PUPPE, Ingeborg. *Kleine Schule des juristischen Denkens*. 3. Aufl. Göttingen: Vandenhoeck, 2014.

_____; *Strafrecht, Allgemeiner Teil. Im Spiegel der Rechtsprechung*. 2. Aufl. 2011.

_____; *Strafrecht, Allgemeiner Teil. Im Spiegel der Rechtsprechung*. 3. Aufl. Baden-Baden: Nomos, 2016.

_____; Der Aufbau des Verbrechens. *In*: DANNECKER, Gerhard *et al*. (Hrsg.). *Festschrift für Harro Otto zum 70. Geburstag am 1. April 2007*. Köln: Carl Heymanns, 2007, pp. 389-401.

_____; Begriffskonzeptionen des dolus eventualis. *GA* 2006, pp. 65-79.

_____; *Vorsatz und Zurechnung*. Heidelberg: Decker und Müller, 1992.

_____; Der Vorstellungsinhalt des Dolus Eventualis. *ZStW* 103 (1991), pp. 1-42.

_____; Zur Revision der Lehre vom "konkreten" Vorsatz und der Beachtlichkeit der aberratio ictus. *GA* 1981, pp. 1-20.

_____; Die Logik der Hemmschwellentheorie des BGH - Zugleich eine Besprechung von BGH, Urteil vom 7.11.1991 - StR 451/91 (LG Passau). *NStZ* 12 (1992), pp. 576-577.

_____; *Strafrechtsdogmatische Analysen*. Bonn: Bonn University Press, 2006.

_____; §15. *In*: KINDHÄUSER, Urs *et al*. (Hrsg.). *NomosKommmentar. Strafgesetzbuch, Band 1*. (4. Aufl.). Baden-Baden: Nomos 2013.

_____; Vorsatz und Kausalabweichung. Zugleich Besprechung von BGH, Urteil vom 26.7.2007. *GA* 9 (2008), pp. 569-574.

_____; Umgang mit Gegenmeinungen (*zu Koriath, JuS 1997, 901)*. *JuS* 38 (1998), pp. 287-288.

_____; LG Berlin, 27.2.2017 - 535 Ks 8/17 (Mordurteile gegen Berliner Raser). *ZIS*, 8 (2017), p. 439-444.

_____; Der dolus eventualis und sein Beweis. *ZIS*, 7-8 (2019), p. 409-411. Versão em português, com o título: Dolo eventual e sua prova. Trad. Beatriz Corrêa Camargo e Wagner Marteleto Filho. *In*: PUPPE, Ingeborg. *Estudos sobre imputação objetiva e subjetiva no direito penal*. CAMARGO, Corrêa Beatriz. MARTELETO FILHO, Wagner (Coord). São Paulo: Marcial Pons, 2019, pp. 65-81.

_____; Vom Naturalismus zum Normativismus, von der Systematik zur Topik. Der niedergang der deutschen Strafrechtswissenschaft vom Allgemeiner Teil. *ZIS*, 4 (2020), pp. 143-150.

QUISTORP, Johann Christian Edlen v. *Grundsätze des deutschen peinlichen Rechts. Erster Teil.* Deutschland (?), 1796 (6. Aufl.).

RADBRUCH, Gustav. Über den Schuldbegriff. *ZStW* 24 (1904), pp. 333-349.

_____; *Der Handlungsbegriff in seiner Bedeutung fur das Strafrechtssystem.* Berlin: J.Guttentag, 1904.

RAGUÉS I VALLÈS, Ramon. *El dolo y su prueba en el proceso penal.* Barcelona: Bosch, 1999.

_____; Mejor no saber: Sobre la doctrina de la ignorancia deliberada en derecho penal. In: VALENZUELA, Jonatan (edit.). *Discusiones. Numero XIII. "Ignorancia deliberada y derecho penal".* Buenos Aires: EdiUNs, 2013.

RAMB, Michael. *Strafbegründung in dem System der Hegelianer. Eine rechtsphilosophische Untersuchung zu den Straftheorien von Julius Abegg, Christian Reinhold Köstlin, Albert Friedrich Berner und Hugo Hälschner.* Berlin: Duncker & Humblot, 2005.

RENZIKOWSKI, Joachim. *Restriktiver Täterbegriff und fahrlässige Begehung.* Heidelberg: Mohr Siebeck. 1997.

_____; *Direito penal e teoria das normas. Estudos críticos sobre as teorias do bem jurídico, da imputação objetiva e do domínio do fato.* (LEITE, Alaor, TEIXEIRA, Adriano, ASSIS, Augusto, org.). São Paulo: Marcial Pons, 2017.

ROSS, Alf. Über den Vorsatz. Baden-Baden: Nomos Verlagsgeselschaft, 1979.

RINCK, Klaus. *Der Zweistufige Deliktsaufbau.* Berlin: Duncker & Humblot, 2000.

ROBLES-PLANAS, Ricardo. Das Wesen der Strafrechtdogmatik, *ZIS,* 5 (2010), pp. 357-365.

ROHLAND, Woldemar v. *Willenstheorie und Vorstellungstheorie im Strafrecht.* Freiburg im Breisgau: Trömers, 1902.

RÖNNAU, Thomas. Der Irrtum und seine Rechtsfolgen. *JuS* 2004, pp. 667-674.

ROXIN, Claus. Zur Abgrenzung von bedingtem Vorsatz und bewusster Fahlässigkeit, *JuS* 1964, 4, pp. 52-61.

_____; Zur Normativierung des dolus eventualis und zur Lehre von der Vorsatzgefahr. *In*: ROGALL, Klaus *et al.* (Hrsg.). *Festschrift für Hans-Joachin Rudolphi.* Neuwied: Luchterhand, 2004, pp. 243-257.

_____; *Strafrecht, Allgemeiner Teil. Band I. Grundlagen. Der Aufbau der Verbrechenslehre.* 4. Aufl. München: C.H. Beck, 2006.

_____; /GRECO, Luis. *Strafrecht, Allgemeiner Teil. Band I. Grundlagen. Der Aufbau der Verbrechenslehre.* 5. Aufl. München: C.H. Beck, 2020.

_____; *Kriminalpolitik und Strafrechtssystem.* Berlin: Walter de Gruyter, 1970.

_____; Sinn und Grenzen staatlicher Strafe, *JuS* 1966, pp. 377-408.

_____; *Strafrechliche Grundlagenprobleme*. Berlin: De Gruyter, 1973.

_____; Gedanken zum "Dolus Generalis". *In*: HERREN, Rüdiger *et al*. (Hrsg.). *Kultur. Kriminalität.Strafrecht. Festschrift für Thomas Würtenberger zum 70. Geburstag am 7.10.1977.* Berlin: Duncker &Humblot, 1977, pp. 109-128.

_____; Zur Kritik der Finalen Handlungslehre, *ZStW* 74 (1962), pp. 515-561.

_____; Zur jüngsten Diskussion über Schuld, Prävention, und Verantwortlichkeit im Strafrecht. In: KAUFMANN, Arthur *et al*. (Hrsg.). *Festschrift für Paul Bockelmann zum Geburstag am 7. Dezember 1978*. München: Beck, 1979, pp. 277-309.

RYLE, Gilbert. The concept of mind. Chicago: University of Chicago, 2000.

SAFFERLING, Christoph J.M. *Vorsatz und Schuld. Subjektive Täterelemente im deutschen und englischen Strafrecht*. Tübingen: Mohr Siebeck, 2008.

SAMSON, Erich. Absicht und direkter Vorsatz im Strafrecht, *JA 10, (1989)*, pp. 449-454.

SANTOS, José Beleza dos. *Lições de direito criminal*. Coimbra: Almedina, 1949.

SATZGER, Helmut. Der Vorsatz - einmal näher betrachtet. *JURA* 2008, pp. 118-121.

SAUER, Whilhelm. *Allgemeine Strafrechtslehre*. Berlin:Walter de Gruyter, 1949.

SAVIGNY, Friedrich Karl. *System des heutigen römischen Rechts. Band 3*. Aalen: Scientia Verlag, 1981(2ª. Neud. der Ausgabe Berlin, 1840).

SCHAFFSTEIN, Friedrich. *Die allgemeinen Lehren vom Verbrechen in ihre Entwicklung durch die Wissenschaft des gemeinen Strafrechts*. Aalen: Scientia, 1986 (2 Neud. des Ausg.1930).

SCHEFFLER, Uwe. J.S.F. von Böhmer (1704-1772) und der dolus eventualis. - Kann der grosse Professor der alten Viadriana dem heutigen Strafrecht noch etwas geben? *JURA* 7 (1995), pp. 349-356.

SCHEWE, Günther. *Bewusstsein und Vorsatz*. Berlin: Hermann Luchterhand, *1967.*

SCHILD, Wolfgang. Zurechnung zum Verhaltensunrecht. In: PAWLIK, Michael *et al*. (Hrsg.). *Festschrift für Günther Jakobs, zum 70. Geburstag*. Köln: Carl Heymanns, 2007, pp. 601-613.

SCHLEHOFER, Horst. Risikovorsatz und zeitliche Reichweite der Zurechnung beim ungeschützten Geschlechsverkehr des HIV-Infizierten. *NJW* 33 (1989), pp. 2017-2026.

_____; *Vorsatz und Tatabweichung. Zur Auslegung der §§16 Abs. 1 Satz 1, 22 StGB*. Köln: Heymanns, 1996.

SCHLÜCHTER, Ellen. *Grenzen strafbarer Fahrlässigkeit. Aspekte zu einem Strafrecht in Europa.* Nürnberg: EuWi, 1996.

SCHMIDHÄUSER, Eberhard. Strafrechtlicher Vorsatzbegriff und Alltagssprachgebrauch. *In*: HERZBERG, Rolf Dietrich (Hrsg.). *Festschrift für Dietrich Oehler. Zum 70. Geburstag.* Köln, Berlin, Bonn, München: Carl Heymann, 1985.

_____; *Vorsatzbegriff und Begriffsjurisprudenz im Strafrecht.* Tübingen: J.C. MOHR, 1968.

_____; Der Verbotsirrtum und das Strafgesetzt § 16 I Satz 1 und §17 StGB): Zugleich zum Beschluß des Bundesverfassungsgerichts vom 17. 12. 1975 über die Verfassungsmäßigkeit des § 17 StGB: JZ 1976, 91, BVerfGE 41, 121. *JZ* 1979, pp. 361-369.

_____; *Strafrecht, Allgemeiner Teil.* 2. Aufl. Tübingen: J.C.B. Mohr.

_____; Die Grenze zwischen vorsätzilicher und fahrlässiger Straftat ("dolus eventualis" und bewusste Fahrlässigkeit), *JuS* 1980, pp. 241-252.

SCHMIDT, Eberhard. Vergeltung, Sühne und Spezialprävention. *ZStW* 67 (1955), pp. 177-195.

_____; *Einführung in die Geschichte der deutschen Strafrechtspflege.* 3.Auf. Göttingen: Vandenhoeck & Ruprecht, 1995.

_____; Soziale Handlungslehre. *In*: BOCKELMAN, Paul *et al.* (Hrsg.). *Festschrift für Karl Engisch zum 70. Geburstag.* Frankfurg am Main. Vittorio Klostermann, 1969, pp. 339-352.

SCHMITT, Carl. Über Schuld und Schuldarten. Eine terminologische Untersuchung. (2 aufl.). Berlin: Duncker &Humblot, 2017.

SCHRÖDER, Horst. Aufbau und Grenzen des Vorsatzbegriffs. *In*: WEGNER, Arthur (Hrsg.). *Festschrift für Whilhelm Sauer zu seinem 70. Geburstag am 24 Juni 1949.* Berlin: Walter de Gruyter, 1949, pp. 207-249.

SCHROEDER, Friedrich-Christian. §15. In: JESCHECK, Hans-Heinrich *et al. Strafgesetzbuch. Leipziger Kommentar.* 10ª Auf. Berlin: Walter de Gruyter, 1978.

SCHROTH, Ulrich. *Vorsatz als Aneignung der unrechtskonstituirenden Merkmale.* Frankfurt: Peter Lang, 1994.

_____; *Vorsatz und Irrtum.* Frankfurt: Peter Lang, 1998.

_____; Die Annahme und das „für-möglich-halten" von Umständen, die einen anerkannten Rechtfertigunsgrund begründen. *In*: HAFT, Fritjof *et al.* (Hrsg.). *Festschrift für Arthur Kaufmann zum 70. Geburstag.* Heidelberg: C.F. Müller, 1993, pp. 595-610.

_____; Der bedingte Tötungsvorsatz im Spiegel der Rechtsprechung. *In*: SATZGER, Helmut *et al.* (Hrsg.). *Strafverteidigung, Revision und die gesamten Strafrechts-*

wissenschaften. Festschrift für Gunter Widmaier zum 70. Geburstag. München: Carl Heymanns, 2008, pp. 779-799.

SCHUMANN, Zur Wiederbelebung des "voluntativen" Vorsatzelements durch den BGH, *JZ* 1989, pp. 427-434.

SCHÜNEMANN, Bernd. Vom philologischen zum typologischen Vorsatzbegriff. *In* WEIEGEND, Thomas. KÜPPER, Georg (Hrsg.). *Festschrift für Hans Joachim Hirsch zum. 70 Geburstag am 11.April 1999*. Berlin: De Gruyer, 1999, pp. 363-378.

_____; Einführung in das strafrechtliche Systemdenken. *In*: SCHÜNEMANN, Bernd (Hrsg.). *Grundfragen des modernen Strafrechtssystems*. Berlin: Walter de Gruyter, 1984, pp. 1-68.

SCHWEICKERT, Heinrich. Strafrechtliches Haftung für riskantes Verhalten? *ZStW* 1958, pp. 394-411.

SEEBAS, Gottfried. *Wollen*. Frankfurt am Main: Vittorio Klostermann, 1993.

SELLE, Dirk von. Absicht und Intentionaler Gehalt der Handlung. Ein Beitrag zum Absichtsbegriff beim Diebestahl und Betrug, *JR, 8 (*1999), pp. 309-315.

SEELMANN, Kurt. Hegels Straftheorie. *In*: HIRSCH, Andreas v. NEUMANN, Ulfried. SEELMANN, Kurt. (Hrsg.). *Strafe - Warum?* Baden-Baden: Nomos, 2011, pp. 79-85.

_____; Does punischment honour the offender? In: SEMESTER, AP *et al.* (edit.). *Liberal criminal theory. Essays for Andreas von Hirsch.* Oregon: Oxford and Portland, 2014, pp. 111-121.

SILVA, Antonio José da Costa e. *Código Penal dos Estados Unidos do Brasil commentado.* São Paulo: Companhia Editorial Nacionao, 1930.

SPENDEL, Günter. Zum Begriff des Vorsatz. *In*: KÜPER, Wilfried (Hrsg.). *Festschrift für Karl Lackner zum 70. Geburstag*. Berlin: Walter de Gruyer, 1987, pp. 167-183.

STERNBERG-LIEBEN, Detlev/SCHUSTER, Frank. §15. In: ESER, Albin *et al.* (Hrsg.). *Schönke/Schröder Strafgesetzbuch Kommentar*. München: C.H. Beck, 2014.

STOCO, Tatiana. *Culpabilidade e medida da pena. Uma contribuição à teoria da aplicação da pena proporcional ao fato*. São Paulo: Marcial Pons, 2019.

STRATENWERTH, Günter. Objektsirrtum und Tatbeteiligung. In: ARZT, Gunther *et al. (Hrsg.). Festschrift für Jürgen Baumann*, zum 70. Geburstag. Bielefeld: Ernst und Werner Gieseking, 1992, pp. 57-70.

_____; Dolus eventualis und bewusste Fahrlässigkeit. *ZStW,* 71 (1959), pp. 51-71.

_____; KUHLEN, Lothar. *Strafrecht. Allgemeiner Teil. Die Straftat.* 6ª Aufl. München: Beck, 2011.

STRENG, Franz. Schuldbegriff und Hirnforschung. *In*: PAWLIK, Michael. ZACZYC, Rainer (Hrsg). *Festschrift für Günther Jakobs zum 70. Geburstag am 26. Juli 2007.* Berlin: Carl Heymans, 2007, pp. 675-692.

STRUENSEE, Eberhard. Versuch und Vorsatz. *Gedächnitschrift für* Armin Kaufmann. Köln: Carl Heymanns, 1989, pp. 523-539.

STÜBEL, Cristoph Carl. *System des allgemeinen peinlichen Rechts. Erster Band.* Leipzig: Sommerschen Buchhandlung, 1795 (Nachdruck 1986 - Frankfurt: Keip).

STÜBINGER, Stephan. Bedingter Tötungsvorsatz beim unbedingten Rasen? *In*: BÖSE, Martin et al. (Hrsg.). *Festschrift für Urs Kindhäuser zum 70. Geburstag.* Bonn: Nomos, 2019, pp. 515-532.

_____; *Das "idealisierte" Strafrecht.* Frankfurt: Vittorio Klostermann, 2008.

STUCKENBERG, Carl-Friedrich. *Vorstudien zu Vorsatz und Irrtum im Völkerstrafrecht. Versuch einer Elementarlehre für eine übernationale Vorsatzdogmatik:* Berlin: De Gruyter Recht, 2007. (cit. *Vorstudien...*).

_____; Vorsatz, Unrechtsbewusstsein, Irrtumslehre. *In*: FRISCH, Wolfgant *et al.* (Hrsg.). *Lebendiges und Totes in der Verbrechenslehre Hans Welzels,* 2015, pp. 87-109.

_____; Zum ontologischen Status mentaler Zustände. *In*: BÖSE, Martin et al. (Hrsg.). *Festschrift für Urs Kindhäuser zum 70. Geburstag.* Bonn: Nomos, 2019, pp. 533- Bedingter Tötungsvorsatz beim unbedingter Rasen? *In*: BÖSE, Martin et al. (Hrsg.). *Festschrift für Urs Kindhäuser zum 70. Geburstag.* Bonn: Nomos, 2019, pp. 533-552.

STURM, Friedrich. *Die strafrechtliche Verschuldung.* Breslau: Schlettersche Buchhandlung, 1902.

_____; *Die Schuldarten und der Vorentwurf zu einem deutschen Strafgesetzbuch.* Breslau: Schletter, 1910.

TEIXEIRA, Adriano. *Teoria da aplicação da pena. Fundamentos de uma determinação judicial da pena proporcional ao fato.* São Paulo: Marcial Pons, 2015.

THYRÉN, J.C.W. *Abhandlungen aus dem Strafrechte und der Rechtsphilosophie.* Lund: Gleerupska Univ.-Bokhandeln, 1894.

TIMPE, Gerhard. *Strafmilderung des Allgemeinen Teils des StGB und das Doppelwertungsverbot. Untersuchungen zu den §§23 Abs. 2,13 Abs.2, 17 Satz 2,35 Abs. 1 Satz 2 und 46 Abs. 3 StGB.* Berlin: Duncker &Humblot, 1983.

TOEPEL, Friedrich. Sich Abfinden mit der Tatbestandsverwirklichung. *In*: STUCKENBERG, Carl-Friedric *et al.* (Hrsg.). *Strafe und Prozess im freiheitlichen Rechtsstaat. Festschrift für Hans-Ulrich Paeffgen zum 70. Geburstag am 2. Juli 2015.* Berlin: Duncker & Humblot, 2015, pp. 175-191.

TRECHSEL, Stefan. Das unbewusste Motiv im Strafrecht. Bemerkungen zur tiefenspsychologischen Strafrechtskritik. *ZStW* 93 (1981), pp. 397-424.

TRÜCK, Thomas. Die Problematik der Rechtsprechung des BGH zum bedingten Tötunsvorsatz, *NStZ* 5 (2005), pp. 233-241.

VELTEN, Petra. *Normkenntnis und Normverständnis*. Baden-Baden: Nomos, 2002.

VIANA, Eduardo. *Dolo como compromisso cognitivo*. São Paulo: Marcial Pons, 2017.

_____; Sobre a estrutura do dolo, *REC*, 77 (2020), pp. 61-107.

_____; TEIXEIRA, Adriano. A imputação dolosa no caso do "racha em Berlim". Comentários à decisão do Tribunal de Berlim, de 27 de fevereiro de 2017 - (535 KS) 251 JS 52/16 (8/16), *Revista do Ministério Público do Estado de Goiás*, 36 (2018), pp. 77-98.

VOGEL, Joachim. Normativierung und Objektivierung des Vorsatzes? *GA* 2006, pp. 386-389.

WÄCHTER, Carl Georg von. Zur näheren Bestimmung des Dolus-Begriffs. *GS* 16, 1864, pp. 56-69.

WALTER, Tonio. *Der Kern des Strafrechts. Die allgemeine Lehre vom Verbrechen und die Lehre vom Irrtum*. Tübingen: Mohr Siebeck, 2006.

_____; *Deutsches Strafrecht, Vorlesungen*. Leipzig: Breitkopf und Härtel.

WEIGEND, Thomas. Zwischen Vorsatz und Fahrlässigkeit. *ZStW* 93 (1981), pp. 657-700.

WELZEL, Hans. Kausalitat und Handlung. *ZStW* 51 (1931), pp. 703-720.

_____; *Abhandlungen zum Strafrecht und zur Rechtsphilosophie*. Berlin: Walter de Gruyter, 1975.

_____; *Das deutsche Strafrecht*. Berlin: Walter de Gruyter, 1969.

_____; *Das neue Bild des Strafrechtssystems. Eine Einführung in die finale Handlungslehre*. Göttingen: Schwarz, 1961.

_____; Die Regelung von Vorsatz und Irrtum im Strafrecht als legislatorisches Problem. *ZStW* 67 (1955), pp. 196-228.

_____; Der Irrtum über die Rechtswidrigkeit des Handelns. *SJZ* 1948, pp. 368-375.

Werner, J.T. Ueber die Theorie der Strafrechtsbegründung. *ArchCrim*, 1 (1802), pp. 105-120.

WESSELS, Johannes. BEULKE, Werner. SATZGER, Helmut. *Strafrecht Allgemeiner Teil. Die Straftat und ihr Aufbau*. 45. Aufl. München: C.F. Müller, 2015.

WITTGENSTEIN, Ludwig. *Tratado lógico-filosófico. Investigações Filosóficas.* (trad. M.S. Lourenço). 6. ed. Lisboa: Calouste Gulbenkian.

WOHLERS, Wolfgang / WENT, Florian H. Die Bedeutung der Straftheorie Hegels. *In*: HIRSCH, Andreas v. NEUMANN, Ulfried. SEELMANN, Kurt. (Hrsg.). *Strafe - Warum? Gegenwärtige Strafbegründungen im Lichte von Hegels Straftheorie.* Baden-Baden: Nomos, 2011, pp. 173-203.

WOLLF, Ernst Amadeus. Die Grenzen des Dolus eventualis und der willentlichen Verletzung. In: LACKNER, Karl *et al.* (Hrsg.). *Festschrift für Wilhelm Gallas zum .70 Geburstag am .22 Juli 1973.* Berlin: Walter de Gruyter, 1973, pp. 197-226.

_____; Das neuere Verständnis von Generalprävention und seine Tauglichkeit für eine Antwort auf Kriminalität. *ZStW* 97 (1985), pp. 786-830.

_____; *Der Handlungsbegriff in der Lehre vom Verbrechen.* Heidelberg: Carl Winter - Universitätsverlag, 1964.

WOLTER, Jürgen. Der Irrtum über den Kausalverlauf als Problem objektiver Erfolgszurechnung - zugleich ein Beitrag zur versuchten Straftat sowie zur subjektiven Erkennbarkeit beim Fahrlässigkeitsdelikt. *ZStW* 89 (1977), pp. 649-705.

WRIGHT, Georg Henrik von. *Explanation and Understanding.* New York: Routledge, 2012.

WOOTON, Barbara. *Crime and penal policy. Reflections on fifty years' experience.* London: George Allen & Unwin, 1978.

ZACZYK, Rainer. Zur Begründung der Gerechtigkeit menschlichen Strafens. *In*: ARNOLD, Jörg *et al.* (Hrsg.). *Menschengerchtes Strafrecht. Festschrift für Albin Eser zum 70. Geburstag.* München, Beck, 2005, pp. 207-220.

_____; *Das Unrecht der versuchten Tat.* Berlin: Duncker & Humblot, 1989.

ZAFFARONI, Eugenio Raul. SLOKAR, Alejandro. ALAGACIA, Alejandro. *Derecho Penal, Parte General.* 2 ed. Buenos Aires: Ediar, 2002.

_____; PIERANGELI, José Henrique. *Manual de direito penal brasileiro. Parte geral.* São Paulo: RT, 1997.

ZIEGERT, Ulrich. *Vorsatz, Schuld und Vorvershulden.* Berlin: Dunckler & Humblot, 1987.

ZIELINSKI, Diethart. *Handlungs-und Erfolgsunwert im Unrechtsbegriff. Untersuchungen zur Struktur von Unrechtsbegründung und Unrechtsauschluss.* Berlin: Duncker &Humblot, 1973.